“十三五”国家重点图书出版规划项目
湖北省学术著作出版专项资金资助项目

改革开放以来
中国翻译研究概论
(1978—2018)

许 钧 主编

著 者（以姓氏拼音为序）：

胡安江 胡开宝 蓝红军 刘军平 刘云虹
穆 雷 屈文生 屠国元 王斌华 王传英
王宏印 王克非 许 钧

长江出版传媒 | 湖北教育出版社

本书为

中国翻译研究院重大研究项目成果

内容提要

改革开放以来的四十年，是中国翻译文化事业繁荣昌盛的四十年，是翻译活动日益频繁、不断丰富的四十年，是中国翻译研究不断探索、快速发展的四十年，也是中国翻译学科从无到有、砥砺前行的四十年。

《改革开放以来中国翻译研究概论（1978—2018）》一书全面回顾和总结这四十年以来中国翻译研究的探索历程，对在新的历史起点上继续推动翻译和翻译研究的发展，有着重要的学术价值、重大的现实意义和深远的历史意义。

本书立足于中国翻译研究的现状和未来趋势，以实事求是的态度，对在改革开放这一伟大社会实践中中国翻译研究所取得的重要成果作了较为完整和认真的梳理与评述，通过对中国翻译研究发展历程的回顾、所取得的成果的评价，对存在的问题的分析，以及对未来研究的展望，把握翻译发展的时代脉搏，确立新时代背景下翻译学的发展路径，为推动中国翻译文化事业、中国翻译教育、中国翻译话语体系的建设做出应有的贡献。

目录

绪论

2018年，中国迎来改革开放40周年。改革开放以来，中国取得了举世瞩目的成就，政治、经济、科技、文化、教育等各方面都发生了历史性的变化，哲学社会科学工作也获得了巨大的发展，国家宏大而独特的改革开放实践为学术繁荣提供了强大的动力和广阔的空间。在迈进民族伟大复兴的新时代之际，习近平总书记给我们指明了方向，我们哲学社会科学工作者要坚持道路自信、理论自信、制度自信和文化自信，按照立足中国、借鉴国外，挖掘历史、把握当代，关怀人类、面向未来的思路，构建具有自身特质的学科体系、学术体系、话语体系。

在这样一个历史语境中，中国翻译学界有必要回顾与检视改革开放40年来所走过的道路，从中外文化与文明交流、互学互鉴的高度，对中国的翻译事业，尤其是翻译研究所取得的重要成就和存在的不足进行梳理与总结，进而以当前实际为新的起点，做到不忘本来、吸收外来、面向未来，进一步加强翻译学科建设，构建具有主体性、原创性的翻译学理论，为繁荣和发展我国哲学社会科学做出翻译学应有的贡献。

考察改革开放40年以来的中国翻译学发展，可以看到，我们的翻译研究始终贯穿着对学科知识的自主性追求，在回应国家、社会和语言服务行业的发展需求中不断调整学科理念、人才培养观念和翻译实践观念，我们的学术视野与对象领域不断拓展，思维方式与理论话语不断丰富。翻译研究，作为一种有着悠久历史的知识生产活动，不仅受这一时代的历史使命和人文精神的召唤，在改革开放的推动下向前发展，也以自己独特的方式，在“引进来、走出去”和“讲好中国故事、传播好中国声音”的实践中发挥着无可替代的作用，促进了国家各方面的建设、国家和民族形象建构，以及对外科技、经济和文化交流，为“一带一路”倡议、“人类命运共同体”建设等国家方略的实施提供着强有力的理论支撑、智力支持和人才支持。

第一节　改革开放以来中国翻译研究的发展特征

在改革开放的宏大背景下，我国翻译研究从初始开放和借鉴、引介现当代西方翻译理论，到强化交流与反思，加强国内外学术交流，学习和探索研究方法，再到关注理论话语建设，注重跨学科综合创新，我们一直致力于翻译学科建设、学术研究与行业实践的同建共构，不断改善学科环境，发展翻译教育，培养翻译行业人才和学术研究队伍，探索具有自身学术品格的理论体系，走的是一条“开放、探索、互动、创新”的发展之路。

一、以开放的精神，拓展翻译研究领域

改革开放之前，我国译学尚未进入现代译论阶段，翻译理论主要以古典文艺美学、传统哲学为理论根基，以个体经验总结、直觉体悟为基本方法，与外国译学界的交流受到了政治和意识形态因素的限制，我们对西方译论知之甚少，了解不深，更谈不上有真正意义上的交流。改革开放开始后，和诸多其他领域一样，我国译学的对外学术交流迎来了科学的春天，在对外的开放中，拓展新的空间，获得了越来越多的机会，研究机构和出版机构陆续恢复或创立，翻译研究开启了一个崭新的发展时期。

开放之初，我们对外国译论的引介一改唯苏联马首是瞻的做法，引进的译论成果呈现出国别多样化的特点，重点是 20 世纪六七十年代在英美国家得以发展的语言学翻译理论。奈达、纽马克、卡特福德、穆南和西方其他学者的翻译理论和思想陆续被介绍到国内，以其系统性和科学性打开了中国翻译研究者的视界，我们的翻译研究由此而走上了科学化的探索之路。

20 世纪 90 年代，中国译学研究进入了全面开放的时期，增强了译论引

介的全面性、多样性、系统性和批判性，引介方式由翻译和转述变为评述和阐释，引介重点逐渐由语言学翻译理论转为文化翻译理论和解构主义翻译理论，引介中政治考量的色彩越来越淡，理论来源地也从英美扩及德国、法国和低地国家，并开始从宏观层次关注西方翻译理论发展的整体脉络。

进入21世纪后，我们对外国译论的引介呈现出更加动态多样的特点，各学科途径、各流派、各具体研究领域的翻译理论纷纷登场，后殖民主义、女性主义、新历史主义、食人主义、权力话语、场域等理论概念在翻译研究中层出不穷。

当前，国内外学术交流的信息化程度极大地提高，对外学术交流的渠道更加畅通。我国译学界与国外同仁探讨与交流的前沿性、即时性明显增强，国外的翻译研究成果一经面世，国内即可获得，学界能迅速且系统地把握国际翻译研究的最新成果和发展趋势。同时，国内翻译学术期刊和论著受到外国学者的关注，学术出版机构引进的国外原版翻译理论著作也空前丰富，涉及符号学、人类学、文学理论、哲学、美学、心理学、历史学、社会学等各种学科视角，即使在语言学视角之下，也有以认知、功能、关联、话语、语境等不同理论框架探究翻译现象之别。目前国内已有的西方翻译理论资料堪称丰富，学者们对形形色色的西方译论有了较为充分的了解，对外国翻译研究现状了解滞后的情况得到了根本的改观。

对外开放拓展了我国翻译研究的理论视域，引导了研究发展的方向，同时也拓宽了我们的研究问题域，丰富了研究方法，为翻译学学科地位的确立创造了条件。各种学科途径的研究，各种性质的研究包括探索性研究、描述性研究、预测性研究、解释性研究、评估性研究和行动研究；归纳研究和演绎研究；定性研究和定量研究等都已为中国翻译学者所熟悉和熟练运用，实证主义方法论指导下的文献法、历史法、观察法、比较法、归纳法、调查法、实验法、访谈法和其他技术方法（包括现代信息技术）越来越受到重视，翻译的复杂性被更全面地揭示，翻译研究的科学性愈加凸显。我们的研究不再局限为对翻译实践的技巧总结和翻译原则的抽象归纳，而是由主观思想的概括，走向对具体翻译现象、翻译事件和翻译过程的描写与分析，关注范围不断延伸，由译者主体的经验感受转向所译文本的语言结构，寻找语言转换规律以及功能再现模式，继而又扩大到对文本之外的社会文化语境、意识形态、权力话语等因素的关注，现在又加强了对文本生成过程、译作接受与传播过程、译者心理认知过程、翻译管理过程、翻译政策制定过程等的关注，翻译研究由过去单一范式的研究变成了现今多元范式并存的研究。

简而言之，改革开放开创了中国翻译事业的新局面，有力地推进了中国翻译研究的发展。

二、积极探索，加强翻译学的基础建设与理论建设

改革开放以来的40年见证了我国译学界对具有自身学术品格的翻译理论的不懈探索。从翻译学科理论、翻译基本理论，到译学分支领域的理论和跨学科理论，学者们筚路蓝缕，上下求索。

虽然早至20世纪50年代初董秋斯就发出了建立“翻译学”的声音，但长时间以来翻译研究能否成为一门学科却从未获得理论层面的论证。改革开放之后，翻译研究向科学化发展的同时，翻译学者的学科意识也得到进一步强化。20世纪80年代后期，学者们再次旗帜鲜明地呼吁建立翻译学，并开展了一场关于翻译（科）学的大讨论。学者们发表文章提出了各具特色的译学设想，出版了《翻译学》（2000）等多部以“翻译学”为名的专著，讨论了翻译学的学科定位，明确了译学学科性质、功能和理论特征，提出了学科架构，指出了学科分支领域的划分等，为翻译学在中国获得独立的学科身份奠定了理论基础。

过去的40年里，我国翻译学者对翻译的基本问题进行深刻的思考，积极探索“翻译标准多元互补论”（1987）、“翻译层次论”（1987）、“翻译层面论”（1998）、“变译论”（2002）、“翻译的距离论”（2013）等代表性译论，出版了如《文学翻译比较美学》（2000）、《翻译与语言哲学》（2001）、《文学翻译学》（2001）、《翻译论》（2003）、《文化翻译》（2016）、《译学研究叩问录——对当下译论研究的新观察与新思考》（2016）等一批理论专著。学者们对翻译的讨论扩及翻译本体、翻译客体、翻译主体、翻译受众、翻译的社会和文化功能等，既对翻译的语言符号转换、社会话语实践，以及心理思维活动进行了较为详尽的分析，也致力探究翻译的各种社会文化

影响因素及其矛盾所在，拓展翻译研究的途径，深化对翻译的认识与理解。

过去的40年里，中国学者在翻译的跨学科研究中也取得了丰硕的理论成果。谢天振的译介学就是其中最具代表性的成果，译介学不仅拓展了翻译研究的对象域，更是对翻译研究方法论的创新。王宁在翻译研究与文学研究、跨文化研究的结合方面，发表了丰富的理论著述，并在国际学术界发出了“中国声音”。胡庚申的生态翻译学理论也在批评中不断成长，吸引了国内外众多学者以之为理论框架开展有关的专题研究。此外还有“翻译思维学”“翻译美学”“文化翻译学”“翻译认知心理学”“翻译生态学”“翻译地理学”“翻译经济学”“翻译诗学”“翻译社会学”等跨学科翻译研究成果问世。

文学翻译研究方面，学者们从各种角度讨论了文学翻译的基本原理，40年间出版的文学翻译专题的学术著作达320多部，以文学翻译为主题的研究文章达到3万多篇，其中不乏具有特色的理论成果，如许渊冲的“三美”译论，既承继了中国传统译论中的古典美学思想，也革新了人们对翻译忠实的传统认识。从翻译路径来看，汉译外正发展成为我国翻译研究极具自身学术个性的研究领域。进入新世纪之后，我们的文学翻译研究越来越重视翻译语对的多样性。

改革开放以来，我国学者的翻译史研究也成果颇丰，先后有数十部翻译史著作问世，《西方翻译简史》（1991）、《中国译学理论史稿》（1992）、《影响中国近代社会的一百种译作》（1996）、《翻译文化史论》（1997）、《汉籍外译史》（1998）、《重释“信达雅”——20世纪中国翻译研究》（1999）、《中国科学翻译史》（2000）、《中国口译史》（2002）、《中国现代翻译文学史（1898—1949）》（2004）、《中国翻译通史》（2006）、《二十世纪中国翻译文学史》（2009）、《中国翻译简史》（2009）、《中国译学史》（2011）等是其中的一些具有代表性的著作。这些著述不仅证明了翻译有史，而且证明了翻译历史的悠久与宏大，从而为翻译学获得合理的学科身份提供了充分的历史基础，为翻译学研究提供了重要的历史资源。王宏志、邹振环、赵稀方、屈文生等学者则以深入的个案研究展示了翻译史实的多元面貌，让人们认识到翻译活动在人类历史发展进程中所产生的作用。此外，中国翻译研究界还在文学翻译史、法律翻译史等研究领域取得了可喜的研究成果，出版了《中国近代翻译文学概论》（1998）、《二十世纪中国的日本文学翻译史》（2001）、《德语文学汉译史考辨：晚清和民国时期》（2004）、《中国20世纪外国文学翻译史》（2007）、《二十世纪法国文学在中国的译介与接受》（2007）、《中国的英美文学翻译（1929—2008）》（2009）、《从词典出发——法律术语译名统一与规范化的翻译史研究》（2013）等重要著作。在新的历史时期，翻译的路径发生了变化，中国翻译学界也开始注重中国文学外译的历史研究，如用法文撰写的《中国现代文学在法国的翻译与接受》（2016）在法国加尼埃经典出版社出版。

在译学探索的过程中，中国翻译学者还及时梳理中国传统译论，总结与展示中国翻译研究的重要成果，出版了《翻译论集》（1984）、《译学新论（1982—1992）》（2003）、《面向21世纪的译学研究》（2002）、《翻译批评研究之路：理论、方法与途径》（2015）等具有学术积累价值的重要论集。

随着翻译行业的兴盛和主流翻译对象的变化，翻译学界对应用翻译研究给予了越来越多的关注，《科学翻译学》（2004）、《应用翻译学》（2013）、《应用翻译研究》（2015）等是应用翻译研究理论的代表作。在翻译批评研究领域，自1992年最早将翻译批评理论化的《文学翻译批评研究》问世以来，陆续又有《翻译批评导论》（2005）、《文学翻译批评论稿》（2006）、《译者行为批评：理论框架》（2014）、《翻译批评研究》（2015）等十多部翻译批评理论著作问世，它们推进了我国翻译批评的系统化理论建构。在翻译教育方面，《中国翻译教学研究》（1999）、《中国英汉翻译教材研究》（2001）、《翻译教学：理论与实务》（2003）、《我国翻译专业建设：问题与对策》（2007）等十多部专著和万余篇以“翻译教学”为主题的论文对翻译教学与教育进行了较为全面的探讨。

概言之，改革开放以来，译界学者一直弘扬科学的探索精神，不断拓展中国翻译研究领域，深化对翻译基本问题的思考，推进了翻译学各领域的理论建设，取得了丰硕的研究成果。

三、多维互动，推进中国翻译与翻译研究事业的全面发展

改革开放，促进了思想解放。改革开放以来，我国译学界不断解放思想，

突破狭隘的翻译观念，在实践是检验真理的唯一标准这一思想的指导下，加强多维互动，既有理论与实践的互动、国内外的互动，也有跨学科的互动和跨行业的互动。

在中国，翻译具有悠久的历史，在数千年的翻译历史中，翻译活动不断丰富。然而，对翻译的认识，在很长的一个历史时期内，都限于语言的简单转换这一观念。改革开放以来，中国翻译学界积极吸收国外的翻译理论，对中国丰富的翻译实践展开了多层面、多途径的研究，理论与实践相结合，在实践的研究中提升理论认识，又在理论的指导下，深化对翻译实践的认识。尤其需要指出的是，改革开放以来，随着翻译在中外交流，尤其是在中外文化交流中的地位的凸显，翻译活动所涉及的一些根本问题得以被认识、被探究、被揭示，这促使人们以超越翻译实践的目光来关注和看待翻译活动，从而开始了漫长而艰辛的翻译理论建构之途。对翻译本质、翻译价值、翻译的选择与接受、翻译的质量与评价等翻译理论问题的不懈探索，不仅使翻译研究逐步摆脱了被忽视、被轻视的边缘化地位，也为传统的外语学科拓展了研究空间、增加了研究维度、注入了新的生命力。在新的历史时期，在多元文化的语境下，翻译学者更是自觉地从文化交流的高度来认识翻译的跨文化交流本质，肩负起了维护文化多样性、促进世界文明的互学互鉴、共同丰富与提高的崇高历史使命。

随着时间的推进，我国翻译学界在国内的学术交流和互动日益频繁和深入。1984 年开始，中国翻译工作者协会（该会成立于 1982 年，2005 年更名为“中国翻译协会”，均简称“中国译协”）开始举办各类翻译会议。1985 年，首届全国中青年文学翻译经验交流会在烟台举行。1987 年，首届研究生翻译理论研讨会和第一次全国翻译理论研讨会分别在南京和青岛召开。此后翻译研究方面的学术活动不断开展，规模不断扩大，主题日益集中。我们与国际译学界的直接交流与互动明显增多，学者们积极参加国际译学研讨会，与外国同行进行面对面的交流，还有越来越多的学者出国访学与工作，国际译学名家也频繁地来到中国开设讲座和授课。研究生的国际交流和联合培养趋于正常化，越来越多中国学者的名字与成果出现在国际翻译学术场域和国际知名出版机构的出版物上，除了发表研究成果和受邀担任国际译学出版物的编审著作人员之外，中国学者还积极创办国际性译学刊物和研究会。

我们的行业协会、研究会、高等院校和研究机构为学科内外的互动提供了必要而充分的条件。中国译协作为翻译领域的全国性社会团体，是译学互动组织者中最重要的一个。1982 年成立的中国译协，由与翻译及与翻译工作相关的企事业单位、社会团体及个人自愿结成。协会的宗旨之一就是开展翻译学术交流、行业交流，以及与国内外相关组织之间的交流。中国译协成立以来，充分利用自身的资源优势，经常举办翻译行业和学术交流活动，积极组织行业专家和知名学者开展翻译人才培训。已经连续举办了 30 届的“韩素音青年翻译奖”竞赛，影响深远，为海内外英汉翻译爱好者提供了译技切磋的平台；1997 年开始创办的“暑期全国英汉翻译高级研讨班”成为了高端翻译人才和翻译专业师资培训的国际性示范项目。2017 年，中国译协年会在北京召开，吸引了来自中国国家机关、国内外相关研究机构和智库、高等院校、大型跨国企业、翻译出版机构、外国翻译协会、行业组织及商会等领域 700 余名代表参加，产生了重大的社会影响。中国译协还积极推动翻译行业各项国家标准的制定与实施，积极组织开展与国外译界的合作，于 1987 年加入国际翻译家联盟，于 1995 年发起并组织“国际译联亚洲翻译家论坛”系列活动，2008 年与国际翻译家联盟在上海共同主办第 18 届世界翻译大会，获得巨大成功，赢得国内外翻译界广泛赞誉。此外，中国比较文学学会翻译研究会、中国英汉语比较学会以及各省市各层级各类别的翻译协会也开展了大量的学术与行业的互动交流活动。

2014 年，中国翻译研究院成立，这是我国最高规格的以翻译和对外话语体系应用性研究、对外重大翻译项目策划实施和高端翻译人才培养为特色的专业研究机构。它致力于集聚国内外知名翻译家、汉学家、跨文化传播专家、中国问题研究专家以及国际翻译组织专家，研究中国时事政治及经典中国文化翻译中的重大问题，策划实施国家级重大翻译项目，培养多语种高端翻译人才，搭建翻译与国际传播领域的国际化交流合作平台。目前，研究院的多个项目受到国际社会的广泛关注，如“中国关键词”多语种对外信息传播平台被媒体誉为“让世界读懂中国的支点”；其年度专题报告成为政府相关部门、行业协会制定政策和发展规划的重要依据。另外，中央文献翻译研究基地、沙博理研究中心、许渊冲翻译与比较文化研究院以及其他各类翻译（学）研究机构也举办了丰富多彩的面向汉学家、中国问题研究者、翻译行业人士、翻译学者、翻译教师和翻译学研究生的研讨、研修、培训和实地体验等专题交流活动，有效提升了他们对翻译、翻译研究与中西文化的深度认知。2017年在浙江大学成立的中华译学馆，旨在“传承文化之脉，发挥翻译之用，促进中外交流，拓展思想疆域，驱动思想创新”，计划在三个层面展开积极的工作：在译的层面，推出包括文学、历史、哲学、社会科学等学科的系列译丛，“译入”与“译出”互动，积极回应国家战略需求，参与国家重要出版工程；在学的层面，就翻译活动所涉及的重大问题展开思考与探索，出版系列翻译研究丛书，举办翻译学术会议；在中外文化交流层面，举办具有社会影响力的翻译家论坛，思想家、作家与翻译家对话等，以翻译与文学为核心展开系列活动。

在学术交流互动中，我们的翻译学术期刊发挥了十分重要的作用。《中国翻译》《上海翻译》《中国科技翻译》《东方翻译》《语言与翻译》《外语与翻译》《民族翻译》《翻译论坛》《翻译教学与研究》《翻译研究与教学》《译界》《翻译界》等翻译学术期刊和各种外语类专业期刊创设了各具特色的译学栏目，展示、积累、评价和传播研究成果、引领翻译研究方向，促进学科人才培养，为学术交流搭建了重要的平台，为翻译学科的理论建设做出了积极的贡献，其中《中国翻译》连续获评最具国际影响力的学术期刊，有力地证明和提升了学科的社会认同度与学术影响力。

多维互动还包括翻译教育发展中的政校行企合作。在职业化的翻译教育和教学探索中，各高校互相学习，同时借鉴国外高校翻译专业的成功办学经验，在人才培养方案制定和专业课程开发过程中广集学校教师、行业专家和课程专家的智慧，吸引行业人士担任课程教学和实践指导工作，充分发挥政府部门、高校、语言服务行业和翻译企业在翻译人才培养中的重要主体作用，共建校内外生产性实训基地、语言服务中心、创业教育实践平台等，以真实的翻译项目驱动翻译教学，促进教学改革，切实提高翻译人才培养质量。

可见，正是由于理论与实践、学科内外、国内外、行业内外的多维互动，中国翻译学科和译学研究获得了良好的生态环境，展现出蓬勃的发展活力。

四、不断创新，努力建设具有中国特色的翻译学

改革开放以来，我们的翻译研究取得了巨大的进步，从研究的整体情况来看，进步主要表现为：①翻译学科基本框架趋于稳定，学科分支领域与专题研究不断深化；②翻译研究对象域得到拓展，展现出翻译本质更多的维度；③翻译研究的学科意识、理论意识、方法意识和问题意识得到普遍提高，研究方法更为丰富多样；④研究队伍日益壮大，研究者整体学术水平提高；⑤研究成果数量迅速增多，质量不断提升。而从理论成果内部来看，学科进步突出地表现在学科理论基础的夯实与对翻译基本理论的深化上。这些进步的取得是学科队伍持之以恒追求创新的结果。

首先，在学科体系建构方面，我们的翻译研究有着良好的学科“自我意识”和“他者意识”，即从始至终，我们都在追求着自主性的学科发展。1986 年，桂乾元发表了一篇名为《为确立具有中国特色的翻译学而努力——从国外翻译学谈起》的文章，由此引发了关于译学“中国特色”的讨论。许渊冲、张柏然、潘文国等学者一直倡导建立中国学派的译学理论，而朱纯深、孙艺风、穆雷等则认为作为学科和科学的翻译学并无国界之分，过于强调国内翻译研究的“特色”会遮蔽整个人类翻译研究的“普遍性”，也会导致我们研究的自我封闭。这场争论并没有明确的定论，但争论本身就具有重要的学术史意义，它帮助我们澄清了对学科、理论、学派的认识，同时也反映了我们从学科建立伊始就具有的自我与他者、共性与特性之关系的意识。在创立学科的过程中，我们也以开放的心态向其他较为成熟的学科学习，却从未以其他学科的框架来简单规定翻译的学科体系。

其次，在翻译理论建构方面，虽然在改革开放的早期，我们急于补课学习，从国外“拿来”各种译论，但很快就意识到诸如“言必称奈达”之类现象的问题所在，从而增强了引介西方译论时的批判性。在批判性地吸收外国译论、紧跟国际译学前沿开展研究的同时，我们也一直在努力建构自己的原创理论，辜正坤的“多元标准论”、许渊冲的“优化论”、谢天振的“译介学”、方梦之的“一体三环论”等都是我们创新译论的代表性成果。诚然，我们的自创译论中有一些招致了较多的质疑，但一定也会有一些能经受住时

间的考验而成为经典译论。为了获得更深入的理论认识，翻译学者不断地从我们自己的翻译社会实践中去寻找理论资源。20 世纪 90 年代围绕《红与黑》汉译展开的大讨论和 2011 年的再次回顾，就构成了我国译学史上一次著名的学术争鸣活动，学者们深刻地分析了《红与黑》事件所反映的我们译学观念的滞后及其背后的深层原因，阐明了其在文学翻译的理论意识与理论建设上的积极作用。

为了提高理论创新能力，我们十分重视对科学研究方法的系统学习，引进的《翻译研究指南》《翻译研究的综合方法》《翻译史研究方法》《路线图：翻译研究方法入门》《翻译研究语料库初步》《语料库翻译研究：理论、发现和应用》《基于语料库的语言对比和翻译研究》等著作受到广泛的关注。同时也加强了对研究方法论的研究，近年来相继有李惠红的《翻译学方法论》（2010），穆雷等的《翻译研究方法概论》（2011），仲伟合等的《口译研究方法论》（2012），刁克利的《翻译学研究方法导论》（2012），姜秋霞、刘全国、张柏然的《翻译学方法论研究导引》（2012）等方法论著作与教材出版。

改革开放之初，我们的翻译研究很大程度上受到西方译学界的牵引，十分注意跟进国际“前沿”，跟着西方研究热点的变化而变化。但进入 21 世纪之后，我们的研究自主性明显增强，已经不再亦步亦趋紧随西方“转向”。在发现和捕捉热点研究问题方面，充分显现出了中国学者的理论自主意识。例如我们几乎是和西方同步开始关注“翻译伦理”这一主题。另如近年谢天振敏锐地洞察到信息化时代翻译的主流对象、翻译的方式、翻译的工具与手段等方面所发生的“根本的变化”，提出重新定位和定义翻译的倡议，《中国翻译》杂志组织学者进行讨论，引起了国际译学界的关注。

改革开放让我们的翻译学科获得了更为广泛的发展空间。在时代变化和行业发展的双重推动下，学科的社会功能不断增强，学科发展的主要任务开始转向内涵建设。译学界越来越意识到，除了继续加强学习和交流之外，还迫切需要开拓新的理论资源、构建我们自己的理论体系和融通中外的理论话语体系。在新的历史时期，翻译学者有了构建中国译学的更高的理论追求，正逐步走向深入融合古今中外、寻求理论创新的目标，期望在新时代语境下取得更多更新的理论突破。

第二节　全书撰写构想与内容安排

2009年，中国翻译学界曾就1949年至2009年新中国60年的翻译研究状况进行了历史的回顾、总结与反思，在《中国翻译研究（1949—2009）》一书中，著者就1978年至2008年改革开放30年的翻译研究发展状况展开分析，指出："改革开放以后，随着中国国际地位的迅速提高，翻译实践与翻译研究也步入快速发展的轨道。对外交流的繁荣极大地提高了对翻译的需求，新的翻译高潮为翻译研究提供了广阔的空间和丰富的实例，翻译活动与翻译思考形成充分的互动，翻译研究从对翻译标准的思考，到对俄苏翻译理论的介绍，进而到对西方翻译理论的引进，再到对中国传统译论的反思，开拓了汉译外研究、典籍翻译研究、口译实践及其教学研究、翻译工具研究等新的研究领域，不断提出新的研究课题。"① 通过这一具有判断性的分析与总结，我们可以看到，著者所要强调的，首先是改革开放事业所带来的"对外交流的繁荣"之于翻译事业与翻译研究的巨大推动作用，其次是翻译研究界在新的历史时期不断开拓的精神。在今天看来，上述判断在一定程度上仍然不失其合理性。

但我们必须看到的是，刚刚过去的10年，中国的翻译活动与翻译研究发生了重要的变化，仲伟合对新的历史时期中国的翻译与翻译研究所出现的变化，有着全面的总结：一是翻译方向发生了变化，二是翻译的内容和翻译的对象发生了变化，三是翻译的方式发生了变化，四是翻译手段的变化，五是翻译队伍的显著变化，六是学科发展和翻译研究的变化。② 可见，对翻译的认识与理解，始终处于动态的发展过程之中。以改革开放以来至今40年

---

① 许钧、穆雷《中国翻译研究（1949–2009）》，上海：上海外语教育出版社，2009年，第4页。

② 仲伟合《对翻译重新定位与定义应该考虑的几个因素》，《中国翻译》2015年第3期，第10–11页。

为一个时间段，充分认识翻译与翻译研究界发生的重要变化，发现发展过程中出现的新问题，把握其发展的趋势，全面总结中国翻译研究所取得的成就，深化翻译理论思考，加强翻译学科建设，明确新时代的翻译使命，便成为我们组织撰写《改革开放以来中国翻译研究概论（1978—2018）》的根本目标。

回望改革开放 40 年来翻译学界所走过的路，我们看到，无论是翻译实践、翻译研究，还是翻译学科建设，这 40 年来的发展都具有开创性与突破性，且呈现出我们在上文已经作了梳理与归纳的明显特征：一是改革开放开创了中国翻译事业的新局面，有力地推进了中国的翻译研究与理论建设；二是弘扬科学的探索精神，不断拓展中国翻译研究领域，深化翻译思考；三是加强多维度的互动，促进翻译学科的发展与翻译人才培养机制的建设；四是不断创新，积极构建具有中国特色的翻译理论体系。

在前面一节中，我们就改革开放以来中国翻译研究发展的特点作了概要性的总结。基于以上整体性的认识和趋势性的把握，我们确定了本书研究的写作重点和基本内容。就本书撰写设想和整体目标而言，我们力图做到如下四点：一是整体把握，对我国改革开放 40 年以来翻译研究所取得的成就进行全面梳理、总结和分析；二是重点评述，有选择地总结评述在改革开放的宏大背景下中国翻译研究在基础性领域所取得的成绩；三是紧贴时代，密切关注进入信息化和职业化时代之后翻译和翻译研究所面临的挑战和机遇，总结中国翻译研究在若干新兴领域中所取得的突破性、前瞻性成果，评说这些成果对翻译学科建设、翻译行业发展、国家文化战略实施的影响和推动；四是展望未来，在新时代，基于对中国翻译研究的整体把握，在中国社会不断发展与进步、中外文明互学互鉴的语境下，提出对中国未来翻译研究的展望。

基于以上的思考，我们从改革开放以来中国翻译研究的实际出发，选取了十一个具有代表性的方面，加以重点回顾总结、概述分析。全书除绪论外，共安排十二章。

一、整体把握改革开放以来中国翻译研究的成就

改革开放以来的 40 年不仅是我国翻译事业大发展的时期，也是我国翻译学创生的关键时期。在此期间，翻译获得了巨大的发展动力，对经济发展

和科技文化交流起着越来越重要的作用。社会发展对翻译的需求逐渐改变了人们对翻译的认识，翻译行业、翻译研究、翻译学科得到了前所未有的发展。要对近40年来的中国翻译研究进行科学定位与评估，就必须将之置于改革开放的大背景、大视野之中，同时也要从中国历史的大框架中去考察中国翻译研究的整体发展。

在绪论中，我们首先简要地阐明对改革开放以来的中国翻译研究进行梳理、分析、总结的必要性与重要意义，明确全书将着力于对改革开放以来中国翻译研究的探索、建设与发展历程作一整体性的梳理与重点评述，指出在新的历史时期，中国翻译研究界应该结合自身的发展，全面检视改革开放40年来所走过的道路，从跨文化交流和文化多样性建设的高度，对中国的翻译事业，尤其是翻译研究所取得的重要成就和存在的不足进行梳理与总结，加强翻译学科建设和理论建设，为繁荣和发展我国哲学社会科学做出译学应有的贡献。在此基础上，绪论就改革开放以来中国翻译理论研究的发展脉络与主要特征进行思考与总结，从开放、探索、互动与创新这四个方面，高度概括中国翻译研究所取得的成就，展示了开放、探索、互动与创新的精神，既是翻译精神的体现，也是翻译价值的体现。开放导向视野的开阔与精神疆界的拓展；探索驱动思想创新；理论与实践以及多层面的互动，有助于深刻意义上的交流；而创新精神，恰恰就孕育在翻译与翻译研究的活动中，改革开放以来中国翻译研究界在译学道路上努力奋进，致力于理论创新，取得了越来越重要的成果。在把握改革开放以来中国翻译研究四个主要方面的成就与特征的基础上，绪论就全书的写作背景、撰写主旨和内容作了总体说明。

从历时和共时角度全面梳理和再现翻译学科的整体发展是本书不可缺少的内容。翻译学科的建设，凝结了改革开放以来中国翻译学界同仁的共同努力与心血，翻译学科的建设者们呕心沥血，筚路蓝缕，经过改革开放以来40年的探索与发展，翻译学终于获得了应有的学科地位，成为外国语言文学一级学科下属的二级学科。第一章着力回顾改革开放以来中国翻译学学科建设的历程，展现中国翻译学科建设取得的重要成就，如学术团体的建设与作用、学术先辈的探索与奉献、学术期刊的创办与支持、学术队伍的培养和建设，以及翻译教育体系的创建与完善等。除了翻译学学科体制的建设之外，该章还着重评述翻译学科的理论建设问题，如学科理论研究的对象、研究的范畴、研究的方法等。

此外，本书还梳理与评价改革开放以来中国翻译学术出版的现状与成就。我们在本书的第十一章安排了这一方面的内容。该章首先重点检索改革开放以来中国翻译学界在专业翻译学术期刊和外语类专业期刊所开辟的翻译研究专栏上发表的学术论文，同时对中国知网硕士、博士学位论文库中涉及翻译研究的论文进行检索，继而对国内出版社推出的翻译研究丛书和出版的学术专著进行较为全面的梳理，勾勒出改革开放以来中国翻译学术出版的整体概貌。其次，该章有选择性地评介改革开放 40 年来中国翻译学术出版的重要成果与取得的历史性突破，同时也着力分析翻译学术出版所面临的难题，提出相应的建议及对策。最后，该章就翻译学术出版对翻译学学科建设及其发展所产生的作用与贡献进行客观的评述与分析。该章的研究，旨在全面展现改革开放 40 年来中国翻译学术出版的图景，把握翻译学学科发展的脉络，明辨未来翻译学术出版的动力与走向。

二、重点评述中国翻译研究在基础性领域的发展

我们根据本书拟达到的总体目标，从改革开放以来中国翻译研究的实际出发，选取了翻译学理论建设、翻译史研究、翻译批评研究、口译研究等基础性研究领域，加以重点回顾、概述、分析与总结。

第二章全面梳理翻译学的理论建设与发展状况。衡量一门学科或一个领域知识创新程度的重要指标就是其理论的建构与发展。改革开放之前，中国的翻译研究一直处于传统译论阶段，翻译理论缺乏现代性理论所要求的系统性和严密性。改革开放开始之后，中国翻译研究开启了新的篇章，逐渐形成了全国性的翻译理论研究共同体，理论意识不断增强，理论主题和理论话语日渐丰富，理论研究的发展和演变与改革开放以来中国社会发展密切相关，充分体现出了开放、独立与创新的精神。同时，中国的译学理论建设和翻译学科建设的整体发展互为推动，完成了从传统向现代的形态蜕变，进入了多元、多范式、多学科途径的现代译论发展阶段。该章第一部分回顾改革开放以来我国现代翻译理论体系的建设历程，从现代理论意识的增强，到翻译基

本理论探索的深入，再到翻译理论的体系化建构。第二部分着力描述我国翻译理论话语体系的发展，从以传统文论为主的话语形式，到现代西方多学科理论话语的引入，再到为构建融通中外的理论话语付出的努力。第三部分对我国翻译理论研究的问题进行反思，提出未来翻译理论发展的建议。通过回顾改革开放40年来我国的翻译理论建设，从译学论题的生发和丰富、译学论域的拓展和变化中，可以看到一个较为清晰的从相对单一走向多元、从引介交流走向自觉自立的过程。同这一时代背景下许多其他领域的理论建设一样，中国的译学理论建设交织着中与西、古与今、内与外、人文与科学、专业与社会、理论与实践的多重互动的关系。除此，还观照到翻译理论体系建设和理论话语体系建设方面取得的显著成就。

改革开放不仅展现了中外的不同，也凸显了今昔的差异。就中国翻译理论研究的特殊性而言，对外国翻译理论的研究和对中国传统译论的研究都占据着十分重要的位置。本书第三章聚焦改革开放以来翻译学界对中国传统译论整理、研究与阐发的历史与现状。中国的翻译理论史源远流长。近两千年来，经过无数知名和不知名的翻译家、翻译理论家的努力，形成了中国独具特色的翻译理论体系，即中国传统译论。该章分为三节，第一节梳理自改革开放起至20世纪90年代末中国翻译学界对中国传统译论文献资料的全面整理和初步研究状况，指出学术的发展离不开对学术文献资料的整理与研究，更离不开对中国丰富的翻译理论资源的挖掘。第二节就中国翻译学界对中国传统译论的研究与阐发加以评述，既有对总体状况的历史梳理，也有对代表性成果的重点评述。如对翻译家和翻译理论家的研究，对传统译论诸多专题的研究、对中西译论的比较研究、对传统译论与翻译学科建设关系的研究以及中国传统译论在国外的译介与影响状况的简要评述。第三节就中国传统译论在未来的发展进行展望，有针对性地提出需在四个方面进一步加强探索与研究。

第四章系统梳理、总结分析改革开放以来外国译论在中国的译介历程。一是改革开放40年来，中国翻译界是如何引进外国译论的；二是有哪些代表性的译介作品及学者，在译介和接受过程中发生过哪些激烈交锋或观点争论；三是在译介和引进外国译论过程中，有哪些方面值得反思；四是通过借鉴学习外国译论，给中国翻译界带来了哪些学术贡献，产生了哪些成效，以及如何历史而客观地看待外国译论与中国译论的融合创新。

第五章讲述改革开放以来翻译史研究在中国翻译学界所走过的路、存在的问题以及今后的发展。翻译史是翻译研究最为基础的领域之一。杨自俭在《论我国近期的翻译理论研究》中认为："翻译史和译理史研究，这也是译学研究的一项基本建设。"[①]法国著名翻译家、翻译理论家安托瓦纳•贝尔曼在《异域的考验——德国浪漫主义时代文化与翻译》一书中也表述了同样的观点："翻译史的构成是翻译现代理论的头等任务。对自身的反思，就是自身的确立，只有这种反思运动才有着现代性，而不是一种厚古的目光。"[②]改革开放后，中国翻译学界在不断探索中加强了理论自觉，不断拓展翻译史的研究领域，取得了重要的翻译史研究成果，涉及中外翻译史、翻译思想史、译学理论史，甚或翻译史学史。该章主要安排三个方面的内容：第一部分以10年为一阶段，全面回溯改革开放以来各时期的翻译史与翻译研究史的探索历程与基本状况；第二部分为40年来我国翻译史研究的面向和问题意识、翻译史的挖掘和译论史的编写情况；第三部分对未来翻译学界翻译史研究的方法作了反思与探索。围绕翻译史研究的跨界与边界、翻译史研究者群像等话题，提出了把翻译史研究从传统的文学依附中解放出来，将其纳入与文学翻译史研究同等重要的范畴之列的主张。

第六章全面总结梳理改革开放40年来中国翻译批评研究的发展历程，围绕翻译批评的理论探索、翻译批评实践与理论的互动以及翻译批评的建构力量与新时代翻译批评的责任三个方面展开。首先，阐明20世纪90年代初以来，翻译批评进入多元发展时期，批评范围的不断扩大、批评理论的逐渐完善、批评方法的不断丰富和批评成果的日益显著都将翻译批评的理论探索和实践推向了新的高度。其次，重点阐释翻译批评实践与理论之间存在三方面的密切关联：开展科学的翻译批评离不开翻译理论；翻译理论研究的深化与发展离不开翻译批评；翻译批评不仅是沟通翻译理论与翻译实践的桥梁，

---

① 杨自俭《论我国近期的翻译理论研究》，载杨自俭、刘学云编《翻译新论》，武汉：湖北教育出版社，1994年，第14页。

② Berman, A. *L' épreuve de l' étranger, culture et traduction dans l' Allemagne romantique*. Paris: Gallimard, 1984, p. 12.

更是促使两者形成积极互动的推动力。同时指出，实践与理论的互动也是翻译批评自身的内在诉求，翻译批评能否真正成为沟通翻译理论与翻译实践的推动力，这既取决于翻译批评自身理论的构建，也取决于翻译批评的实践在场与介入。此外，该章还选取了改革开放以来三个具有代表性的翻译批评个案为考察对象，通过对批评形式、内容、对象、目标、价值的深入分析，揭示翻译批评在理论与实践两方面所彰显的争鸣、反思和警示等。最后，对中国翻译批评的理论建设与发展路径提出了展望，指出在当前中国文化“走出去”的时代语境中，翻译在方法选择、观念树立与价值体现等方面遭受质疑并面临挑战，迫切需要翻译批评以介入的姿态、敏锐的目光与批判的勇气，承担起“批评”应尽的责任。

第七章重点梳理与分析中国口译研究的发展历史与现状。该章首先全面检视了改革开放 40 年来中国口译研究的发展历程，以近 40 年发表的外语类核心期刊口译论文、口译研究著作和博士论文以及中国学者在国际期刊发表的口译论文等文献计量数据为基础，从研究数量、研究主题、研究方法等方面分析了中国口译研究的发展脉络，总结主要成就，把握发展趋势，探讨发展前景。依据中国外语类核心期刊口译论文发表数量的分布时段，我们对改革开放以来中国的口译研究发展历程加以阶段的划分：1990 年之前的“萌芽期”、20 世纪 90 年代的“初步发展期”、21 世纪头十年的“新兴期”、21 世纪第二个十年进行中的“多元发展期”。特别值得关注的是，改革开放 40 年来，中国翻译研究界越来越重视口译研究。在研究方面，除了学术刊物发表的研究论文外，共出版口译著作 30 多部、论文集 10 多部、口译教材近 300 部，取得了重要的研究成果。与此同时，口译研究人才的培养也取得了突破性的进展。通过该章的梳理与分析，我们可以更为明确地把握改革开放 40 年来中国口译研究的历史进程，了解中国口译研究的特点，为今后的研究提供具有指向性的参照。

三、密切关注中国翻译研究在新兴领域的突破

改革开放 40 年来，中国翻译研究不断拓展、创新，有对研究领域、研究对象的拓展，更有研究方法的创新。其中，信息化技术的应用对整个翻译

行业和翻译研究的影响达到了一种前所未有的程度，信息化技术丰富和扩展了中国翻译研究的内容和方法，开辟和扩展了新的研究视角。服务国家战略是哲学社会科学的使命之一，对中国文学“走出去”和中译外研究的关注既体现了中国翻译研究对社会重大问题的关怀，也反映了我们的翻译研究与时俱进的状态。我们在本书的第八章和第九章安排了以上两个方面的内容。更为值得关注的是，改革开放以来，翻译职业的发展成为我国翻译研究新的关注点。本书的第十章将集中体现这个方面所取得的重要成就。

第八章主要对中国文学“走出去”与中译外的现状与相关议题作了总结阐释。第一节对中国文学自20世纪初以来的海外传播历程进行简要的回顾和勾勒，在此基础上，重点对改革开放以来的中国文学“走出去”的现状进行细致考察和深入分析；第二节从学界关于中国文学“走出去”与中译外的研究入手，勾勒中国现当代文学的历史演进、传播困扰与研究现状，提出中国文学“走出去”与中译外研究的未来可以参照的思路与视角；第三节则立足于翻译学等相关视角，从文学生产、文学消费和文学传播等环节，展望中国文学“走出去”的未来愿景与实现途径。

第九章主要梳理总结技术手段与翻译研究的发展状况。翻译研究的发展不仅受到科学、哲学、方法论的影响，也受到现代科技工具发展的影响。特别是改革开放以来，翻译研究的手段与方式呈现多元化、多学科共同参与的趋势，原本单纯的人文主义翻译研究越来越重视科学技术手段在研究中的运用，包括科学仪器和数据分析技术等在内的技术手段逐渐为翻译学者所熟知，一些原来只是在语言学、医学、心理学等学科使用的技术和设备被用来探索翻译认知过程，如语料库技术、键盘记录技术、眼动仪、脑电波扫描仪、近红外光谱扫描仪、核磁共振等，这在很大程度上促进了翻译认知研究的发展，推动翻译研究发展进入实验实证阶段，导致翻译研究方法发生重要变革，译学研究的内涵变得更为丰富。该章的主要内容共分为三节：第一节聚焦技术手段对翻译研究所提供的重要帮助；第二节主要介绍语料库在翻译研究中的实际应用，包括在译学研究中语料库的创建与应用，以及语料库翻译研究在翻译共性、译者风格、翻译规范、翻译教学等方面所取得的成就；第三节重点概说键盘记录技术、眼动仪与翻译研究的最新进展。

第十章对中国的翻译职业发展历史与现状进行了梳理与分析。该章首先对改革开放以来我国翻译职业的发展历程作了总体回顾，在界定翻译职业概念的基础上，对我国翻译职业化的动力、条件及历史分期进行概述，进而对我国在翻译立法、专业组织和行业协会、职业翻译教育体系及执业资格认证等职业化要素条件的构成加以分析。其次，鉴于改革开放以来翻译职业凸显其基础性、服务性、市场性、战略性功能，该章从翻译能力、翻译服务领域、翻译技术、翻译规范和翻译质量标准、翻译训练等五个方面介绍目前翻译职业研究取得的主要成果。最后，该章着力梳理我国翻译市场发展和主、客体要素研究的现状，剖析全球语言服务市场格局及我国翻译市场供求特征和面对的问题，从宏观翻译行业治理和微观翻译实践管理两方面入手，展望未来的发展。

四、在新时代，提出对中国翻译研究的未来展望

我们在以往的讨论中，曾提出过特别值得当前的翻译研究关注的五个问题：“1）翻译研究要关注历史的发展进程；2）翻译研究要关注现实的重大问题；3）翻译研究要关注文明的对话和交流；4）翻译研究要关注相关学科的发展；5）翻译研究要关注翻译事业未来的发展趋势。”[①] 回顾过去是为了展望未来，“以古鉴今”是为了照亮学科和领域未来发展的道路。在全面把握翻译研究的发展概况的基础上，我们要进一步密切关注翻译事业未来的发展趋势，思考社会发展对翻译、翻译企业、翻译人才和翻译研究提出的新要求，以采取积极的措施应对新时期出现的问题，发生的变化。为此，我们在本书的最后一章、即第十二章专论新时代翻译研究值得思考的问题与探索展望，这一章安排了两个方面的重要内容。其一，主要是在对改革开放以来中国翻译研究方方面面的成就与不足加以梳理、总结与反思的基础上，针对新时代的翻译研究中存在的一些困惑与问题，强调就翻译的本质、翻译的价值、翻译的伦理原则与中国文化“走出去”等四个方面问题展开进一步思

---

① 许钧、穆雷《中国翻译研究（1949-2009）》，上海：上海外语教育出版社，2009 年，第 16-17 页。

考的必要性，提出中国翻译研究界在今后的探索中应该对翻译的本质特征有深刻的把握，建立明确的翻译历史观与翻译价值观，同时应该积极回应重大的现实问题。其二，主要对中国翻译研究的未来之路加以展望，探讨中国翻译研究的发展趋势与探索重点，从克服翻译研究的泛文化倾向与翻译研究的本体性回归，挖掘翻译研究的理论性资源与理论创新的可能性，拓展翻译研究的本质内涵，加强翻译研究与其他学科的互动性和增强翻译研究的探索性与对重大社会问题的关注等四个大的方面对中国翻译研究所存在的深层次的问题、解决的路径和探索的方向进行思考，进一步明确新时代中国翻译研究应该担当的历史使命。

本着实事求是的态度，本书从“绪论”的整体论述、第一章翻译学科的发展到第十一章改革开放以来的翻译学术出版状况，再到第十二章新时代翻译研究值得思考的问题与探索展望，对改革开放以来中国翻译研究的一些重要方面作了较为全面认真的回望、评价与总结。通过对中国翻译研究发展历程的梳理、所取得的成果的评价，存在的问题的分析，以及对未来翻译研究的展望，使我们认识到改革开放以来，中国翻译学界不断拓展探索领域，丰富研究路径，在诸多领域取得的具有历史意义的发展与进步，不仅成为推动中国翻译文化事业、中国翻译教育事业、中国翻译学科建设向前发展的强大动力，同时也告诫我们，中国翻译学界也正面临新时代、新形势下的新问题、新挑战。

最后，可以毫不夸张地说，改革开放以来的40年，是中国翻译文化事业繁荣昌盛的40年，是翻译活动日益频繁、不断丰富的40年，是中国翻译研究不断探索、快速发展的40年，也是中国翻译学科从无到有、砥砺前行的40年。对这40年来中国翻译与翻译研究所走过的发展历程加以回顾、反思、总结，无论在理论层面，还是在实践层面，都具有重要的现实意义与学术价值。

第一章
翻译学学科建设

翻译研究历史悠久，伴随着翻译实践活动而展开并随之不断发展。翻译研究挣脱经验主义的羁绊，在哲学和文艺学的启发下经过多年的探索后，于20世纪50年代前后开始受到语言学研究方法的影响，用归纳法和思辨法以外的研究方法开展翻译理论研究，使得原本看起来仅凭经验积累的“翻译理论”有了较为科学的理论研究目的、对象和方法。当拥有了自己独特的研究对象和研究方法之后，“翻译学”作为一门独立的学科也就呼之欲出了。

理论的繁荣和学科的构建往往与实践的快速发展相伴而行。改革开放之后，我国的政治经济文化发展驶上了快车道，对外交流日益频繁凸显了对翻译实践的需求，加之对外宣传、政治经济、文化科技、军事外交等各个领域的口笔译工作量急速增长，主流翻译对象从宗教、文学翻译转为非文学翻译，翻译方向日益凸显出汉译外的重要性，翻译主体变得更为多样化。本地化和机辅翻译及其他翻译技术日新月异的发展推动了翻译职业化的进程，原有的译员/译者地位及其管理方式已经远远不能适应社会的发展，引发了相应的理论思考和学科设计。改革开放的不断深入促进了翻译实践的发展，翻译实践的发展则促进了对翻译理论的思考和研究，实践和理论的发展产生了对各类各层次翻译与翻译研究人才的大量需求，这些都从不同的方面推动了翻译学的学科建设。由于英文术语 translation studies 和 translatology 都被译作“翻译学”，有人会将前者译为“翻译研究”以示区分；也有人一直对翻译研究是否能够成为一门学科表示质疑。

要了解翻译学作为一门学科在我国的发展，就必须对其走过的历程作一回顾。

第一节　学科意识的萌芽

一般认为，学科承认有三种形式，即：①学科共同体内部的同行承认，即学科同行对于本学科的忠诚或者爱；②学科共同体之间的局外人承认，即学科共同体之间以尊重为原则，通过互动与交流而达成的权利的承认；③学科共同体外部的社会承认，即社会对学科价值的重视和承认。[①]这三种承认体现在学科制度化上，就是被现行的教育体制所接受，形成支撑学科发展的基础体系，即高等教育的课程体系。形成了高等教育的课程体系，就意味着进入了国家教育部门的学科体系。获得了学科承认，才有人才培养的基地和科研经费支持，也才具备学科发展的基本条件。

翻译从有人类活动以来就存在了。人类的社会活动，尤其是跨语言、跨民族的交流活动，没有翻译的帮助，想要很好地完成是不可思议的。然而，几千年来，译者的社会地位却并未与其对社会的贡献程度相匹配。

直到20世纪，除了少数能够成名成家的文学翻译家以外，多数非文学翻译工作者的辛苦工作甚至都无法从职业大典的分类和职称评定、行业管理等方面得到承认。社会对于翻译的认识停留在“懂外语就能做翻译”上，翻译工作饱含辛苦和无奈，翻译研究被忽视和边缘化，这些问题都难以得到解决。在国内的高校，“翻译理论与实践”是一个曾短暂存在且无足轻重的“专业方向”，从属于外国语言文学之下的应用语言学或其他相关学科。在很长的一个时期内，翻译研究的课题立项也分布在语言学、文学、哲学等学科，立项数很少。有识之士们认识到，要提高翻译从业者和研究者的社会地位，学科建设始终是重中之重。

“翻译学”这个术语虽然在20世纪20年代就有人提出过，且1951年

① 王建华《学科承认的方式及其价值》，《中国高教研究》2012年第2期，第12页。

董秋斯明确提出了建立翻译学的主张[①]，但真正作为严格的学科概念被提出却是在 20 世纪 70 年代，而由于历史原因，国人接触到“翻译学”这个术语已经到了 20 世纪 80 年代。20 世纪 80 年代初期，改革开放后第一批出国留学的学者回国后，发表文章介绍国外的翻译理论，才开始讨论翻译研究是否能够独立成为一门学科。

1987 年 5 月，在许钧等人倡导下，南京大学的研究生率先主办了“中国首届研究生翻译理论研讨会”，来自 27 所高校的 35 名在读研究生提交论文，其中，有 7 人讨论的话题是有关翻译学的，包括《创建一门新的学科——翻译学》《谈谈翻译学的学科性质》《从翻译思想的发展到翻译学的建立》《民族语文翻译学初探》《建立翻译学的具体条件与突破口》《论翻译学的语言学基础》以及《翻译的本体论、实践论和方法论——兼论普通翻译学的理论结构》。千百年来，对翻译的认识，人们一直羞于用“翻译理论研究”去表达，却成为中国首届研究生翻译理论研讨会的热门话题。与会青年学子旗帜鲜明地使用“翻译理论研究”这个概念作为会议的主题，并大张旗鼓地开展翻译理论研究，推出了一批研究成果，会后有多篇文章在期刊上发表。会议发言者的专业有英语、法语、俄语等，也有语言学、文学和翻译等不同的方向。从参考文献可知，他们确实接触了相关语言研究和翻译研究文献并受到影响。改革开放的浪潮给青年学子提供了睁眼看世界、出国留学参会、阅读外文文献、与国际学术界密切交流的难得的机遇，为他们打开了眼界，让他们更多地了解了国际学术研究的前沿成果。青年学子往往对新生事物比较敏感，容易接受新事物、新思想，他们的创新精神和批判精神，都成为不盲从和敢为人先的基础，他们也往往会成为新学科建设的主力军，翻译学的创生就是一例。

两个多月之后，即 1987 年 7 月，中国译协在青岛举办了“第一次全国翻译理论研讨会”，这是国内历史上第一次用“翻译理论”作为会议的主题。提交的近百篇论文中有十分之一讨论了翻译学和翻译研究的基本概念，包括《翻译学刍议》《翻译学是一门科学》《兼谈普通翻译学的理论结构》《发

① 董秋斯《论翻译理论的建设》，《翻译通报》1951 年第 4 期，第 6 页。

展与完善我国的译学研究体系——谈建立中国翻译学》《中国翻译理论建设基本原则刍议》《从翻译标准到翻译学》《试论建立笔译理论体系的途径》《加强译学理论的研究》《试论翻译学》以及《建立具有中国特色的翻译理论体系》等文章。谭载喜、方梦之、周清波、金隄、高烈夫、王士燮等学者从不同角度论证翻译研究作为一门学科的必要性和可能性。在这个标志性的重要会议上，翻译学学科建设的构想第一次被公开讨论，一下子吸引了参会的众多在读研究生的关注，他们中的一部分（包括许钧、王克非、辜正坤、穆雷、柯平、杨晓荣等）后来积极投身于翻译学的学科建设，成为我国翻译学学科建设的见证者、亲历者和探索者。

特别值得注意的是，当时成立不久的中国译协的主要领导，因应改革开放对翻译实践和翻译研究的发展需求，对翻译学的学科建设构想非常理解并大力支持。在 20 世纪 80 年代后期，中国译协举办了数次相关研讨会，在期刊杂志上组织学术讨论，在 20 世纪 90 年代成立了“翻译理论与翻译教学委员会”，组织高校翻译教师，致力于翻译学的学科建设。他们倾听高校教师的呼声，关注其研究成果，支持学者们开展研究。中国译协一直高度关注翻译学的学科建设，想方设法为学科建设搭建平台，帮助青年学子成长，为翻译学的学科建设提供了有力的支持。可以说，当初没有中国译协领导的支持和帮助，翻译学成为独立学科的进程恐怕会更加艰难。

新概念的接受并非一帆风顺，质疑和反对也十分强烈。就在青岛会议上，仍有部分学者坚持“翻译不用理论”“翻译理论无用”“翻译学根本不可能存在”等观点，会后也有论文发出质疑，建议大家“丢掉幻想，联系实际”①，认为“翻译学”，是“一个未圆且难圆的梦”②。这些质疑引发了后续众多学者参与讨论与争鸣。

翻译学这一概念首先受到一些翻译家的质疑。翻译家多为文学翻译工作者，他们有着丰富的翻译实践经验，也有重要的社会影响力。他们语言功底扎实，而且热爱文学，能文善诗，还有哲学或文艺学的深厚修养，他们能够

① 劳陇《丢掉幻想，联系实际》，《中国翻译》1996 年第 2 期，第 39–42 页。
② 张经浩《翻译学：一个未圆且难圆的梦》，《外语与外语教学》1999 年第 10 期，第 44–48 页。

领悟到翻译中的真谛，无师自通地把丰富的翻译经验凝练归纳成三言两语，而这些高度凝练的翻译经验，也成为指导后人从事文学翻译的“圣经”。他们觉得，自己没有翻译理论指导也能成为翻译家，那翻译理论何用之有呢？既然无用，费工夫去琢磨有什么用？翻译理论尚且无用武之地，翻译学的作用何在？经年累月的偏见造成了翻译研究发展缓慢的局面。

传统的翻译家们也许没有意识到，他们自己其实是有“理论”的。那些高度精练的概念，即他们用来指导自己实践或检验他人实践的标准，就是他们的“理论”。这些“理论”来自于他们多年来学识和经历的积累，来自于他们对翻译实践经验的思考和升华，且深深埋藏于博大精深的中国传统文化之中，潜移默化地影响着一代又一代的翻译家。只是对于这些翻译家而言，这些理论处于不自觉状态。

翻译没有成为独立学科之前，为数不多的翻译家并未被社会所重视，他们的声音往往淹没于其他成熟学科的“喧哗”中，能够走上翻译之路，接过他们事业接力棒的青年学者也是极少的。在很长时间内，翻译在我国找不到职业定位，翻译工作所创造的价值无法在国民生产总值中得到体现，译者和译员的社会地位不值一提，他们的工作得不到应有的尊重与回报，多数人认为“只要会外语就会翻译”。他们以为译员就是“机器”，输入源语，立即可以输出译语，很少有人理解翻译工作者的艰辛，认识到翻译是一种需要艰苦努力的职业。

社会对学科价值的认可首先建立在学科共同体同行内部的认可之上。自己都不认可自己的社会地位，他人怎么可能承认你呢？无论是共同体之间的局外人，还是共同体外部的社会，都会无视那些忽视自己的人。学科共同体内部的意见分歧，可以通过学术争辩慢慢达成共识，局外人和社会的认可则需要通过更加艰苦的努力。在长达几十年的岁月里，经由一代又一代学者的研究、宣讲、呼吁，逐渐使世人了解了翻译的艰辛和特殊，承认翻译的价值和地位，在此基础上争取各种社会资源，培养优秀的翻译人才，逐渐形成了翻译学的初步架构。在这个过程中，改革开放对翻译实践在量和质两方面不断提升的需求成为翻译学创建的催化剂，改革开放进程和对外交往过程中出现的种种翻译问题，成为翻译研究的对象，也成为翻译人才培养的活教材。

至于翻译学的任务，方梦之的提法比较有代表性，通过他的观点可以看出30年前我国学者对翻译学研究内容的认识。他认为：

> 总之，中国式的普通翻译学可以包括以下五个部分：
>
> 一、基础理论——包括翻译的本质、标准、过程、要求、可译性与等值翻译。中国翻译简史。
>
> 二、翻译技巧与文体——包括翻译技巧概论、文学翻译、科技翻译、政论翻译、新闻翻译、口语翻译、误译分析等。
>
> 三、翻译的个体性——包括译者的社会责任与素养、语言对比、翻译思维、翻译逻辑、翻译美学、翻译心理、翻译与修辞等。
>
> 四、翻译的社会性——包括翻译的社会需求与历史功用、译品的评论与评定、翻译教学、翻译的组织与管理等。
>
> 五、翻译的现状与展望——包括世界翻译理论的主要流派、我国及世界翻译组织及主要活动、机器翻译、工具书等。①

现在我们进一步反思会发现，方梦之的这个分类虽然标准有些不一致，不如谭载喜的三分法来得更具概括性，但是与国外学者的分类相比，开拓了一些重要的内容，如中国翻译简史（翻译史的分类尚付阙如，缺乏基本的学科定位）、译者的社会责任、翻译逻辑、翻译的组织与管理、工具书等。在当时的学术环境下，能够认识到这些已属不易。方梦之当年提出的上述任务，我国的翻译学者已经都有涉猎，在某些方面取得的成果甚至并不比国外译学研究落后。我们目前了解国际国内译学研究成果的渠道主要有：期刊论文、学术著作、会议宣讲、网络资源，以及硕士、博士论文等。其中博士论文是比较深入系统地研究某一课题的成果，却往往在学术综述中被忽视，加上许多博士毕业后的几年内忙于适应新的工作环境，或由于其他种种主客观原因，尚来不及发表或出版自己的博士研究成果，因此，不少博士论文的研究内容、研究方法和理论贡献尚未被发现。根据我们对国内千余篇翻译研究博士论文的跟踪研究发现，在某些领域，国内的部分研究已经领先于国际学术界，这

① 方梦之《发展与完善我国的译学研究体系——谈建立中国翻译学》，《外语教学》1988年第1期，第82页。

不能不说是改革开放以来翻译学学科建设的成就之一。

在学科意识萌芽阶段，一些先行者的研究和呼吁显得弥足珍贵。如谭载喜先后发表了《论翻译学的途径》[①]《必须建立翻译学》[②]《论翻译学的任务和内容》[③]《试论翻译学》[④]《中西现代翻译学概评》[⑤]《翻译学：新世纪的思索——从译学否定论的"梦"字诀说起》[⑥]和《翻译学：作为独立学科的今天、昨天与明天》[⑦]等重要文章，还出版了《翻译学》[⑧]和《翻译学：作为独立学科的求索与发展》[⑨]等著作。在这些论著中，他论证了翻译学的学科性质和基本特征，指出翻译学是一门综合性学科。刘宓庆也是先行者之一。他发表了《西方翻译理论概评》[⑩]《论中国翻译理论基本模式》[⑪]和《中国翻译理论的基本模式问题》[⑫]等文章，在第一次全国翻译理论研讨会上作了题为《中国翻译理论建设基本原则刍议》（1987）的发言，提出了翻译理论的三大职能和建立中国翻译学的构想。他还出版了《文体与翻译》[⑬]《现代翻译理论》[⑭]《新编当代翻译理论》[⑮]等著作，明确表达了自己对构建中国翻译理论体系的想法。先行者之一还有已故的杨自俭，正如张思永指出的："从某种意义上，青岛见证了中国新时期翻译理论学科建设的历程，曾分别在1987年、2001

---

① 谭载喜《论翻译学的途径》，《外语教学与研究》1987年第1期，第24-30+79页。

② 谭载喜《必须建立翻译学》，《中国翻译》1987年第3期，第2-7页。

③ 谭载喜《论翻译学的任务和内容》，《湖南师范大学社会科学学报》1987年第3期，第17-21+54页。

④ 谭载喜《试论翻译学》，《外国语》1988年第3期，第24-29页。

⑤ 谭载喜《中西现代翻译学概评》，《外国语》1995年第3期，第12-16页。

⑥ 谭载喜《翻译学：新世纪的思索——从译学否定论的"梦"字诀说起》，《外语与外语教学》2001年第1期，第45-52页。

⑦ 谭载喜《翻译学：作为独立学科的今天、昨天与明天》，《中国翻译》2004年第3期，第33-34页。

⑧ 谭载喜《翻译学》，武汉：湖北教育出版社，2000年。

⑨ 谭载喜《翻译学：作为独立学科的求索与发展》，上海：复旦大学出版社，2017年。

⑩ 刘宓庆《西方翻译理论概评》，《中国翻译》1989年第2期，第2-6页。

⑪ 刘宓庆《论中国翻译理论基本模式》，《中国翻译》1989年第1期，第12-16页。

⑫ 刘宓庆《中国翻译理论的基本模式问题》，《现代外语》1989年第1期，第5-9页。

⑬ 刘宓庆《文体与翻译》，北京：中国对外翻译出版公司，1985年。

⑭ 刘宓庆《现代翻译理论》，南昌：江西教育出版社，1990年。

⑮ 刘宓庆《新编当代翻译理论》，北京：中国对外翻译出版公司，2006年；（第二版）北京：中国对外翻译出版有限公司，2012年。

年、2009年召开过三次有重要影响的，甚至是标志性影响的全国性学术会议。作为其中几次会议的组织者和召集人，杨自俭先生为中国译学建设做出了重大的贡献。”①

总体来看，我国的翻译学学科建设大致经历了三个阶段，即理论与学科意识的萌芽期（改革开放之初—21世纪初）、学科体制的建设期（21世纪初—2015年）和学科理论的建设期（当前）。国内学者在改革开放之后接触到国际译学领域对翻译学的定义和观点，开始讨论翻译理论的必要性和翻译学学科的重要性，21世纪之初学界基本形成共识：有必要建设翻译学这个独立学科。2004年，上海外国语大学自主设置第一个翻译学二级学科学位点并于2005年开始招生；2006年，教育部批准招收翻译本科；2007年，国务院学位委员会批准设置翻译硕士专业学位；2014年12月至2015年8月，MTI教指委对2009年—2011年获得翻译硕士专业学位授权的144所院校进行了专项评估。至此，翻译学的学科建设在体制上大体走过了初创阶段，构建了本、硕、博完整的人才培养教育体系。同时，学术团体、学术期刊、学术队伍等方面的建设均取得显著成效。翻译学学科建设开始进入理论建设的重要时期。

第二节　学科体制的发展

一门学科从无到有，一般会经历漫长曲折的道路。“学科组织的生成需要由学者组成的共同体形成有序的组织结构，合理运用学术资源，完成知识创造、传播和应用等使命。在这一过程中，组织成员拥有共同信念和共同价值观，共享所认同的研究方法，开展学术交流活动。就外语学科而言，可能由组织内部学者自发生成，也可能由政府或者学校等外部规划催生，因所在高校、所处区域不同而有所差别”②。

① 张思永《刘宓庆翻译学体系建构述评》，《北京第二外国语学院学报》2017年第6期，第84页。
② 王雪梅《对国家战略视角下外语学科发展规划的思考》，《中国外语》2017年第5期，第32页。

我国现有学科体制把外国语言文学归于文学这一门类，而外国语言文学一级学科下则有英语、法语、德语等各语种和语言学及应用语言学等二级学科。很长一个时期内，翻译学都无立足之地。20 世纪 80 年代，曾有非常短暂的时期出现过“翻译理论与实践”，作为语言学及应用语言学二级学科之下的研究方向，后来就消失了。

从 20 世纪 80 年代中期开始，中国翻译学界的有识之士开始奔走、呼吁、论证，为新学科的设立殚精竭虑，筚路蓝缕。20 世纪末，翻译界内部终于达成共识：不再讨论翻译有没有理论、翻译学是否是一门独立的学科等问题。

翻译学是否能够成为独立的学科，跟社会对翻译的认知有较大的关系。普通百姓对翻译的认知多数来自文学或影视作品，他们阅读译著却很少关注译者信息，较少有人记住自己阅读过的文学译著的译者姓名；传统影视作品中的“翻译”还往往不是正面形象，被视作叛徒或汉奸，帮助日本侵略者为非作歹。查阅 1949 年以来教育主管部门制定的外语专业教学大纲，就不难发现，外语专业的培养目标之一就是“翻译”，即外语类大学生的就业途径之一就是从事翻译工作。既然翻译就是外语类大学生的目标工作，那就意味着，大学毕业的外语类学生就应该能够胜任翻译工作。然而，事实并非如此。无论是政府部门、事业单位，还是企业的翻译人员，很少有一上岗就能够胜任翻译工作的，大都需要经过多年的培训、锻炼，这就说明，仅仅具备外语能力还难以胜任翻译工作，翻译人员是需要专门培养的，翻译专业就是专门培养职业译员和译者的。

国人对翻译工作的忽视还有一个很少被人提及的原因，就是优秀的翻译工作者中，除了终身从事文学翻译的翻译家以外，其他领域的翻译工作者要么默默无闻地从事非文学翻译，“为他人作嫁衣”，如科技翻译、法律翻译等，要么“学而优则仕”，成长为外交官。整个翻译活动对于国家政治、经济、社会发展的重要作用较难体现出来。

仅仅认识到翻译专业的重要性和必要性，还不足以支撑翻译学的学科建设。进入 21 世纪之后，翻译界的学者们开始把翻译学的体制建设纳入议事日程。早在 20 世纪 80 年代，高考制度和研究生培养制度恢复之后，个别外语院校的研究生就开始了翻译理论相关研究，他们在外国语言文学一级学科博士点获得硕士学位和博士学位。20 世纪 90 年代中期，北京大学和南京大学开始培养翻译研究的博士生，申丹、许钧和张柏然成为早期翻译研究的博士生导师，他们借助自己丰富的翻译经验和深入的翻译研究成果，培养出蒋骁华、王东风、袁筱一、袁莉、姜秋霞等一批翻译学者。2003 年，上海外国语大学成立了高级翻译学院，第二年，就在本校的外国语言文学一级学科博士点下自主设立了翻译学的二级学科硕士点和博士点，随后开始招收翻译学的硕士、博士研究生。2005 年春，广东外语外贸大学成立高级翻译学院，2006 年又自主设立了翻译学二级学科硕士点和博士点，开始培养翻译学的硕士、博士。两年之后，北京外国语大学也自主设立了翻译学二级学科学位点。至此，北上广三家外国语大学均设立了翻译学的学位点，翻译学的学科制度建设取得了初步成果。2006 年，经教育部审核批准，广东外语外贸大学、复旦大学与河北师范大学开始招收翻译专业的本科生。2007 年 1 月，国务院学位委员会同意设置翻译硕士专业学位。2013 年，国务院学位委员会第六届外国语言文学学科评议组将翻译学正式列为外国语言文学一级学科的二级学科方向。由此，翻译学的学科体制建设基本完成，在高等教育的体制中完成了从本科到博士的课程体系建设，形成了包括翻译本科、翻译硕士、翻译学硕士和翻译学博士在内的较为完整的人才培养体系。

在各个层面的学位点设置中，最为困难的事情就是如何阐明翻译学与其他相关学科尤其是与翻译学原来所属的外国语言文学之间的关系，说明其间的区别何在，为什么需要单独设置一个学科。

以翻译硕士专业学位的设置为例。由国务院学位委员会办公室牵头，正式下文成立了翻译专业硕士学位论证组，20 余位专家于 2006 年 11 月在广东外语外贸大学就“翻译”专业学位的设置问题进行了深入细致的探讨与论证。[①]

经过热烈讨论和思想碰撞，大家基本上达成共识，对下一步的论证工作做了分工，由不同的专家[②]分组开展进一步的调研和文件起草，包括对国际国内翻译教学现状的调研、设置和试办 MTI 的必要性、设置和试办 MTI 的可行性、设置 MTI 的基本方案等多个文件。一个多月之后，在上海外国语

① 参考翻译硕士专业学位专家论证会纪要（2006.11，广州）。

② 领衔起草文件的专家包括仲伟合、谢天振、何其莘、许钧、穆雷等。

大学高级翻译学院召开了第二次论证会议，详细讨论修改了上述文件。2007年1月，专家组在广州召开了第三次论证会议，修改确认了上报给国务院学位委员会的设置方案和申请。前后数月的深入调研、认真的研讨和科学论证，对于这些专家学者而言，既是过去数十年教学科研经验体会的凝练和总结，也是对国际国内翻译教学与研究的回顾、探讨和展望。他们所起草的相关文件，既是对前人教学科研成果的提炼，更是对翻译学学科建设未来发展的规划，描绘了翻译学学科建设的宏伟蓝图。

翻译学界的专家付出的心血得到了回报，在国务院学位委员会第二十三次全体会议上，委员们一致通过决议，同意设置翻译硕士专业学位。在国务院学位委员会会议上，时任北京航空航天大学校长的李未院士及其他专家，对翻译专业教育的必要性和重要性给予了充分的理解和认同，使得论证报告顺利通过。加上已经开始招收的翻译本科生和翻译学硕士、博士研究生，翻译学在学科体制中终于获得了原本应有却长期缺失的地位。

2009年前后，教育部和国务院学位委员会的领导认识到，国内改革开放以后的学位制度已经不能适应快速发展的国民经济的需求，占硕士招生总数90%左右的学术型研究生难以适应和满足专业岗位高素质人才的要求，因此决定对研究生培养体系作战略调整，在三五年内，逐步增加专业硕士的招生，同时减少学术型硕士的招生。在这个调整过程中，翻译硕士专业学位研究生的培养走在了前列，提前完成了转型任务。翻译专业学位的发展使人们更加清楚地认识到翻译职业对于国民经济发展的重要作用，也推动了翻译学的学科建设。

仅仅10年时间，截至2018年4月，全国翻译本科招生单位已经有272所高校，翻译硕士专业学位培养点有249所高校，翻译学博士培养点超过40所高校（近5年每年招生人数超过百人），翻译学 / 翻译研究硕士的招生单位已经无法计算，因为多数拥有外国语言文学一级学科硕士点或二级学科硕士点的学校都可以培养翻译方向的硕士生。随着新一轮学科评估与申报工作的开展，又有一批高校加入上述行列。10年来，翻译学作为外国语言文学一级学科下的二级学科，已经成为不争的事实，而且发展势头良好。

自20世纪90年代迄今，我国高校已经培养出翻译研究博士千余名，他们几乎都在高校任教，加上前些年留在高校任教的翻译研究硕士，极大地改善了翻译学教师的学历和知识结构。师资队伍学历结构的改善，反过来推进了翻译研究和翻译实践，尤其是翻译学学科建设的步伐，许多博士论文出版或发表，博士们积极参与学科建设和理论建设，使得翻译这个过去多被人误解的工作为更多的民众所了解，也极大地提升了翻译工作者的社会地位。

2008 年，南京大学许钧教授指导的宋学智的博士学位论文《翻译文学经典的形成与影响——傅译〈约翰·克利斯朵夫〉研究》入选全国百篇优秀博士学位论文；2009 年，北京外国语大学王克非教授指导的张威的博士学位论文《同声传译与工作记忆的关系研究》入选全国百篇优秀博士学位论文；2010 年，许钧教授指导的高方的博士学位论文《中国现代文学在法国的翻译和接受》也获得了全国百篇优秀博士学位论文的称号；2011 年，上海师范大学孙逊教授指导的宋丽娟的博士学位论文《“中学西传”与中国古典小说的早期翻译（1735—1911）——以英语世界为中心》获得全国百篇优秀博士学位论文提名。[①] 在全国理工农医人文社科众多学科参与竞争的博士学位论文评选中，翻译研究能够连续三年榜上有名，这是一些成熟学科也难以做到的，因而充分展示了翻译学学科建设的重要作用。

翻译学学位点在现行教育体制中被认可并获得一席之地，使翻译学具有了独立的人文社会科学学科地位，高等院校有了翻译专业人才培养的平台，翻译职业和翻译研究者得以不断提高社会地位、获得社会认可，翻译理论研究也有了重要的学科支撑和资源保障。

根据国际通例和学术界公认的标准，一门学科的形成和被确认，除了要有区别于其他学科的有专门价值的理论体系和实践成果外，还需要具备一些保证其持续运作和发展的基本的外部条件，此外部条件至少包括：具有自己的行业协会团体，有自己的专业性刊物，在高等院校和专门研究部门中有自己的系科或研究所、设立专任的教授职位和系统的研究生（硕士、博士）教育体系，等等。

---

① “全国优秀博士学位论文评选”(简称“全国百篇”)是在教育部和国务院学位委员会的直接领导下，由教育部学位管理与研究生教育司组织开展的一项工作。该评选自 1999 年开始，2013 年以后不再开展。

从学科环境（行业协会团体）来看，1982年中国翻译工作者协会（现“中国翻译协会”，简称“中国译协”）成立，组织建设稳步发展。现已设置包括民族语文翻译委员会、文学艺术翻译委员会、社会科学翻译委员会、军事科学翻译委员会、对外传播翻译委员会、科学技术翻译委员会、外事翻译委员会、翻译理论与翻译教学委员会、翻译服务委员会、本地化服务委员会、法律翻译委员会和口译委员会等专业委员会。这些专业委员会在翻译学的学科建设中发挥了重要作用。其中，中国译协无疑是发挥作用最大的一个团体，尤其是其中的翻译理论与翻译教学委员会（成立于1995年），成立20多年来，一直为学科建设积极发挥作用。每年都要策划举办一些学术活动，如研讨会、培训班等，在这些学术活动中，宣扬学术理念，传播学术思想，为翻译学的学科建设呼吁呐喊，奠定基础。另外，全国翻译专业学位研究生教育指导委员会（简称“教指委”）下设学术委员会，吸收了一批翻译研究和教学专家参加教指委的年会，听取工作汇报和工作计划，为翻译学的学科发展建言献策。

专业性刊物方面，《翻译通讯》于1980年公开发行，1986年更名为《中国翻译》，通过搭建理论交流平台，开展学术活动，培养了一批又一批翻译研究者。各地翻译协会和一些专业委员会也积极创办学术刊物，如《中国科技翻译》、《上海翻译》（原名《上海科技翻译》）、《语言与翻译》、《外语与翻译》、《民族译坛》、《译友》、《翻译研究》等。还有香港翻译学会的《翻译季刊》，香港中文大学的《翻译学报》《译丛》等。2008年，《翻译教学与研究》（年刊）在复旦大学创刊；2009年，上海《东方翻译》创刊，2010正式发刊。《翻译界》《译界》《翻译论坛》等一批杂志也分别创刊，这些刊物和外语类院校的学报及其他高校的文科学报一起，给翻译学子提供了不少发表研究成果的平台。

第三节　学科理论的探索

学科的体制建设仅是翻译学学科建设的一部分，学科的理论建设任务更加艰巨。

习近平同志在《在哲学社会科学工作座谈会上的讲话》中指出："这是一个需要理论而且一定能够产生理论的时代，这是一个需要思想而且一定能够产生思想的时代。"① 这句话体现了需要理论和产生理论是国家哲学社会科学发展之需，翻译理论也是如此。翻译理论包含了学科理论、基本理论和应用理论等几个方面。必须对我国传统的翻译思想（观念、话语等）进行系统深入的挖掘和阐释，经过逻辑梳理、术语固化、现代阐释、整合假设、证实证伪等，才能逐渐升华为现代翻译理论。

进入 21 世纪以来，包括翻译学在内的人文社会学科纷纷进入理论反思阶段，学者们既有对回归中国传统翻译思想资源的有益尝试，如陈德鸿在 2004 年出版了《20 世纪中国翻译理论：模式、问题与论争》（*Twentieth-Century Chinese Translation Theory: Modes,Issues and Debates*）②，张佩瑶于 2006 年出版了《中国翻译话语英译选集（上册）》（*An Anthology of Chinese Discourse on Translation* (*Volume 1*)）③，也有关于是否应建立中国特色翻译学的争论，同时还存在着各种"焦虑"，如许钧提出的理论焦虑、技术焦虑、方法焦虑和价值焦虑④，还有穆雷补充的特色焦虑、话语权焦虑、流派焦虑和创新焦虑等⑤。正是上述种种焦虑，一方面使学者们对理论的建设有紧迫感和使命感，另一方面也导致部分学者盲目"创新"。在翻译理论研究中，学科理论的探索难度较大，因为学科理论是元理论研究，需要较强的理论思辨能力和反思批判能力，而且几乎没有前人的研究成果可资借鉴，需要从基础开始建构。在翻译的基本理论和应用理论研究方面，中国翻译学界经历了对外国译论从译介、引进、应用到反思、质疑、批判的过程。

---

① 习近平《在哲学社会科学工作座谈会上的讲话》，《人民日报》2016 年 5 月 19 日。

② Chan, T. *Twentieth-Century Chinese Translation Theory: Modes, Issues and Debates*. Amsterdam/Philadelphia: John Benjamins, 2004.

③ Cheung P. *An Anthology of Chinese Discourse on Translation* (*Volume 1*). London & New York: Routledge, 2006.

④ 引自许钧于 2017 年在全国高等院校翻译专业师资培训翻译理论研修班上的报告（西安，2017 年 7 月 23 日）。

⑤ 引自穆雷于 2017 年在中国翻译协会年会上的发言（北京，2017 年 12 月 2 日）。

1951年，董秋斯提出翻译学的构想时指出，翻译理论体系的建立，必须依靠正确的方法、广泛的调查和深入的研究，经过一段时期的努力，我们要完成两件具体的工作，写成这样两部大书：一、《中国翻译史》；二、《中国翻译学》。[①]这两部大书的出现，表明我们的翻译工作已经由感性认识阶段，达到了理性认识阶段，实践了"翻译是一种科学"这一命题。在当时的历史条件下，已属难能可贵。改革开放40年来，这两个任务早已完成，翻译学科理论的建设取得了长足进步。为了了解理论研究的现实状况，笔者做了大量的数据收集和整理分析工作。

首先，我们收集整理了包括港澳台地区在内的中国翻译研究博士学位论文[②]共计1 145篇（截至2017年10月31日），其中"翻译理论研究"229篇，占比约20%。资料搜索的主要渠道为，博士生导师及其学生帮助+网络下载+出版信息。[③]我们将这200多篇以"翻译理论研究"为主题的论文根据其题目和摘要目录等相关信息分类如下：

表1–1 翻译学博士论文中翻译理论研究类论文情况

序号	类别	数量	占比
1	翻译本体研究	63	35.80%
2	外国译论的阐释与反思	60	34.09%
3	中国译论的阐释与反思	33	18.75%
4	理论建构	19	10.80%
5	中外译论对比研究	1	0.57%

然后，我们又在国家社会科学基金项目中进行查找，得到的结果是：

① 董秋斯《论翻译理论的建设》，《翻译通报》1951年第4期，第3–6页。

② 博士学位论文必须遵守严格的学术规范，选题相对新颖，研究目的和研究对象相对比较明确，分析比较深入，在该领域的学术成果中占有一席之地。

③ 由于数据库更新及部分院校暂未公布博士论文等原因，目前国内数据库未能搜索到"翻译研究"类的全部博士论文；我们基于目前能获取全文或摘要的176篇"翻译理论研究"类博士论文进行分析，以期能管窥目前我国翻译理论研究与建构的样貌。

1993年以来一共立项769项（截至2017年11月30日），其中项目名称含“理论”二字者26项，含“译学”者15项，共计41项。排除非理论研究5项，合计36项。

表1-2 国家社会科学基金项目中翻译理论研究项目情况

序号	类别	数量	占比
1	中国译论的阐释与反思	13	36.11%
2	理论建构	12	33.33%
3	外国译论的阐释与反思	8	22.22%
4	翻译本体研究	2	5.56%
5	中外译论对比研究	1	2.78%

我们还在教育部人文及哲学社科研究项目（2000—2017）中进行了查找，结果是：2000年以来一共立项532项（截至2017年11月30日），其中项目名称含“理论”二字者28项，含“译学”者10项，去掉重合，共计36项。排除非理论研究3项，合计33项。

表1-3 教育部人文及哲学社科研究项目中翻译理论研究项目情况

序号	类别	数量	占比
1	中国译论的阐释与反思	18	54.55%
2	外国译论的阐释与反思	9	27.27%
3	翻译本体研究	4	12.12%
4	理论建构	1	3.03%
5	中外译论对比研究	1	3.03%

从目前的翻译理论研究类博士论文看，对翻译本体进行理论思考（占比35.80%）及对外国译论进行阐释与反思（占比34.09%）的成果较多，对中

国译论进行阐释与反思（占比 18.75%）的成果相对较少。这可能与青年学者的学识修养和学术视野有关，需要在博士培养中进一步引导他们关注本土的理论资源研究。

上述三个统计表清晰地告诉我们，中国学者对翻译理论的研究，并非印象中的那样，是“全盘西化”的，对外国译论进行阐释与反思的研究仅占三分之一强，而中国传统译论的阐释与反思、翻译本体研究、中外译论对比研究和理论建构类的研究仍占多数。对于一个新兴学科而言，研究借鉴外国的理论是必经之路，对于外国的翻译理论，我们已经经历了由翻译、介绍、引进、应用到反思、质疑、补充、推进的转变。目前存在的问题，已经不再是盲目跟风，唯国外译论马首是瞻，而是如何进一步深入探讨翻译过程和翻译活动中的具体问题，如何有针对性地解决这些问题，从而使已有的翻译理论更加具有针对性、合理性、科学性，继而推动翻译理论的健康发展。少数人依旧停留在盲从外国译论的阶段也属正常，因为人们的认识水平不可能整齐划一。部分人的思辨能力、研究能力和创新能力有待逐渐提高，这也正是翻译学学科建设面临的任务之一，即培养翻译理论研究人才，培养学科建设持续发展的后备军。

综合博士论文、国家级项目成果来看，理论建构类的研究成果相对缺乏，这与理论建构的现实难度有关。理论建构既要求建构者充分了解中外翻译理论和学科建设历程、具有学科与跨学科视野，同时还需有较强的逻辑思辨能力，这对于正处于学术成长期的博士生来说确实是一个不小的挑战。当下青年学者理论建构类研究的问题意识相对薄弱，研究者在进行理论建构之前应对理论的现实来源、该理论能否解决现实问题等有清晰的认识，而目前的研究在这方面的阐述不够。此外，对翻译学科理论的研究目前多见于期刊论文和学术专著，博士论文、国家级项目和论文集等成果缺乏代表性。

从研究方法层面对理论建构类博士论文作进一步分析可以发现，方法论意识有待进一步加强：19 篇理论建构类博士论文中，只有 12 篇论文（占比 63%）的作者明确阐述了自己所用的研究方法；其他论文的作者基本没有研究方法方面的表述。研究方法是科学研究（理论研究或实证研究）必不可少的组成部分，能否掌握并合理运用科学研究方法也是衡量博士生是否达到博士学位要求的重要标准。

此外还存在的问题是研究方法过于单一：现有的理论建构类博士论文中，研究方法以理论思辨法和文献法的运用居多，缺乏个案研究法、调查法、实验法、观察法等实证研究方法的运用，在一定程度上表明目前大多数理论建构类博士论文尚属于在文献梳理基础上所获取的一些感性认识或概念生产，缺乏概念生产后的“提出假设—验证假设—完善理论”等重要环节，使得为数不多的概念生产未达原定目标。

期刊论文方面，蓝红军对近30年来中国译学理论建设的成就和问题作了梳理与回顾[①]，他把所取得的成绩归纳为以下几个方面：①翻译学学科理论研究，②翻译基本理论研究，③跨学科翻译理论研究，④学科分支领域的理论研究。他给出的定义是：学科理论是关于学科性质、对象、目标、与其他学科的关系、内容结构、途径与方法等问题的系统性认识，是学科确立和发展需解决的前提性理论知识，它为学科学术研究的全面开展提供了路线图。他指出：

> 在对翻译学进行倡议、论证和辩护的学者中，谭载喜是最具影响力的一位，他……出版了《翻译学》(2000)专著，全面、系统、深入地论述了建立翻译学的重要性，翻译学的学科性质、学科内容，学科研究目的、范围、任务和方法等问题，对翻译学的创立和发展“起到了积极的推进作用”。《翻译学》是过去30年里我国译学理论研究当之无愧的代表性成果之一。[②]

蓝红军的这一观点值得特别关注。谭载喜于20世纪80年代初从英国留学回国，自此开始致力于翻译学的理论研究和建设，对翻译学学科理论的全部认识主要体现在他的新作《翻译学：作为独立学科的求索与发展》(2017)中。我国的翻译研究学者中，要论几十年如一日，孜孜不倦地“钟情”于翻译学学科理论研究者，非谭载喜莫属。他在《必须建立翻译学》《论翻译学

---

① 蓝红军《从学科自觉到理论建构——中国译学理论研究（1987–2017）》，《中国翻译》2018年第1期，第7–16页。

② 蓝红军《从学科自觉到理论建构——中国译学理论研究（1987–2017）》，《中国翻译》2018年第1期，第8页。

的任务和内容》《论翻译学的途径》《试论翻译学》《翻译学：新世纪的思索——从译学否定论的“梦”字诀说起》《翻译本质的绝对与相对属性》①等系列文章中，清晰地表达了自己对翻译学理论的认识。

早在 1987 年，谭载喜就认识到：“要对翻译理论有个本质的认识，使翻译理论得到长足的发展，就必须把翻译理论纳入翻译学，确立翻译学独立的学科地位。这必须作为一切翻译理论工作者的共识，没有这种共识，不把翻译学作为一门独立或相对独立的学科来加以发展，我们的翻译理论就永远也得不到充分发展。”②在当时的学术环境下，能具有这样超前认识的学者尤其是青年学者并不是很多。在 1987 年的青岛会议上，一些著名的语言学家都还坚持认为翻译研究只是语言学或者应用语言学下的一个分支，有人甚至断言翻译学不可能成为独立的学科。回顾 30 年来翻译学学科建设走过的历程，可以看到，谭载喜、方梦之、刘宓庆、许钧、吕俊、张后尘、刘重德、穆雷、朱纯深、王东风等学者一直在为翻译学的独立学科地位而争辩、努力。少数反对之声则成为学术思考的镜子，他们提出的质疑，成为学科建设绘制蓝图时深入思考的参照，学者们不断努力解决并回答反对者提出的问题，在思考中不断深化对翻译学学科理论的认识。因此从某种意义上说，双方共同推动了翻译学的学科建设。真理愈辩愈清，理论愈辩愈明，在不断的质疑、碰撞、辩论和思考中，翻译学的学科理论从无到有，成长壮大。

如何开展具体工作来推动翻译学的学科发展呢？谭载喜提出：

> （一）编写全面、系统阐述翻译学的纲领性著作；
>
> （二）鼓励产生并逐步完善各种翻译理论，如翻译的语言学理论、翻译的文艺学理论、翻译的美学理论、翻译的心理学理论、翻译的社会符号学理论、翻译的数控理论，等等；
>
> （三）利用宣传媒介，为建立并完善翻译学大声疾呼，扩大翻译学的研究队伍及其影响范围；
>
> （四）创办翻译学校、翻译学系和翻译研究机构，使翻译学

① 谭载喜《翻译本质的绝对与相对属性》，《广东外语外贸大学学报》2007 年第 1 期，第 5–9 页。

② 谭载喜《必须建立翻译学》，《中国翻译》1987 年第 3 期，第 4 页。

像语言学、美学等学科一样，在学术研究领域享有其应有的地位。①

若将此视为30年前翻译学学科发展的蓝图，今天对照审视的话，不难发现，上述四项任务已经基本完成。但这并不意味着，翻译学学科建设的工作已经全部完成，最为困难的应该还是学科理论建设。

首先，我们应该不断更新观念。30年前，谭载喜等学者开拓性地提出对翻译学的理论认识，但在新的历史时期，仍需要进一步深入探讨。谭载喜曾经指出：

> 我们的基本看法是：翻译学是研究翻译的科学，是一门介于语言学、文艺学、社会学（包括国情学、文化学等）、心理学、信息论、电子计算科学等学科之间的综合性科学，或称多边缘交叉性科学。②

在新的历史时期，中国翻译学界不断探索与思考，对翻译学已经有了新的认识，如在2015年，在进行外国语言文学一级学科的论证时，参与论证工作的翻译学者代表就明确提出：

> 翻译学和跨文化研究（当时拟定的二级学科名称）则借鉴文字文学研究的视角、方法和成果，关注不同语言转换过程中涉及的所有相关现象，包括翻译的对象、翻译的主体、翻译的过程、翻译的产品、传播与影响、文化与社会等各个方面。翻译学研究的内容主要有翻译理论、翻译批评、翻译史、口译研究、应用翻译、翻译教学、翻译政策、翻译技术和翻译管理等。翻译学研究借鉴语言学、文艺学、哲学、历史学、心理学、社会学、教育学、认知科学、文化研究以及计算机科学和数学等人文社会科学与自然科学的方法、理论和成果。③

这一定义虽然还可以进一步精练，但已经明确了翻译学的研究对象、研

① 谭载喜《翻译本质的绝对与相对属性》，《广东外语外贸大学学报》2007年第1期，第5–9页。

② 谭载喜《试论翻译学》，《外国语（上海外国语学院学报）》1988年第3期，第24页。

③ 参见外国语言文学一级学科论证报告。

究内容和借鉴的学科成果，从很大程度上拓展了谭载喜提出的定义。

其次，对翻译学理论的构建也需要加强。谭载喜曾将翻译学划分为普通翻译学、特殊翻译学和应用翻译学三个分支。30 年来，翻译学理论的研究成果基本上可以归入上述三个分支，这说明此种划分方法可行，而且可以帮助我们厘清一些认识。对“中国特色翻译学”的讨论，就是不断加深对翻译学认识的一例。

一直以来，国内翻译学者争论较多的一个问题就是，翻译学是否需要中国特色？对此，学界需要澄清“翻译学的中国流派”和“中国特色翻译学”这两个概念。翻译学研究需要有中国流派，但需要思考和回答下列问题：翻译学需要有国别特色吗？中国流派具有哪些特点？如果翻译学可以具备中国特色，这个特色是什么？由何产生？有何必要？

对上述这些问题，中国翻译学界有过探讨，乃至争论。有一种代表性的观点认为，中国的翻译作品具有中国语言文字的特色，中国的表意文字是独有且特殊的，“而这个建立在表意文字体系的中文与表音文字体系的非中文之间的翻译实践基础上的理论，肯定会与建立在表音文字语言彼此之间的翻译实践基础上的西方译论有很大的不同”①。对此，有学者提出不同的观点，认为中国的语言文字确实有自己的独特之处，建立在某种语言与中文之间的转换基础上的翻译理论也的确会不可避免地带有特色，但是，所有的翻译都是两种语言文字或符号之间的转换，由此产生的翻译理论不能仅仅考虑中文这部分而忽略另一种语言文字或符号。否则，该理论仅能针对中文本身解决问题，那我们的翻译理论是不是就无法对其他语言文字的翻译发挥作用了呢？再说，如果每涉及一种语言文字就需要一种翻译理论，那么，有多少种语言文字或符号就需要多少种翻译理论，可以想象这些翻译理论的适用性和针对性有多么片面。如果我们把翻译理论划分为普通翻译理论、特殊翻译理论和应用翻译理论，普通翻译理论解决各种语言文字或符号转换中普遍出现的问题，特殊翻译理论解决涉及具体语言文字或符号的转换中出现的特殊问题，上述困惑就迎刃而解了。

---

① 潘文国《构建中国学派翻译理论：是否必要？有无可能？》，《燕山大学学报》2013 年第 4 期，第 21 页。

中国传统的学术与西方的学术发展本来就有差别，不是谁完整谁不完整的问题，我们的思维方式、眼界视野、遇到的问题，乃至世界观和人生观都有差别，各有特点，在学术研究的某些方面一时落后于西方也不至于全盘否定我们自己的传统。无论是中国传统译论还是西方翻译理论，都是从翻译实践中获得感悟、总结经验而来的，后来西方翻译理论领先我们一步开始了系统科学的探讨，对于翻译实践史和翻译理论史的研究，我们过去确实做得不够，但近 30 年来已经有了很大的改善。事实证明，中国学者在改革开放以来的翻译研究中，已经开始逐步赶上国际译学研究的步伐，在某些方面甚至不再落后于国外的研究。

翻译学的产生，是为了解释翻译现象和解决翻译过程中的问题，推动翻译实践的发展，也推动人们对翻译活动的认识发展。如果我们的翻译理论不仅拥有可以指导中国翻译实践的理论依据（特殊翻译学），也拥有对其他语言文字或符号转换具有指导意义的理论依据（普通翻译学），还拥有对于各类文体的语言文字转换具有指导意义的理论依据（应用翻译学），这不正是中国的翻译学者对国际翻译学界的贡献吗？如果我们针对翻译实践和翻译理论中出现的问题，采用被普遍接受的概念术语和被普遍认可的科学研究方法，实实在在地解决了实践和理论中出现的问题，在研究中由中国学者提出新的问题、新的方法和新的理论，也具有自己的特点，形成师承和门派关系，那就会自然而然地产生“翻译学研究的中国学派”，从而在国际译学界拥有我们的话语权。

说到话语权，学界确实存在着一种“焦虑”，担心中国学者的研究成果在国际翻译研究领域没有话语权。其实，这个问题从内部来看，是译学研究学者的成果还没有达到让外国学者颔首称是、心服口服的程度，这种现象会随着理论的发展逐渐得到改善；从外部来看，现行的考评政策鼓励用外语在国外发表研究成果，而中国学者更多地使用母语在国内发表或出版研究成果，这些成果外国人看不懂，于是有人认为，只有中国学者用外语在国外发表研究成果，中国学者才会拥有话语权。对此，学界有不同看法。翻译活动本身涉及两种不同的语言文字和符号文化，翻译研究要透彻地解决相关问题，势必涉及母语，为了拥有“话语权”而特意用外语到国外发表或出版论著，固然能让国际翻译研究领域尽早了解我们的成果，但若因此而忽视了对研究对象、研究方法的把握，对研究质量本身的追求，是得不偿失的。如果我们的研究真的能够切实有效地解决翻译实践和翻译理论中的实际问题，真的对现有理论产生不可替代的影响作用，真的对理论研究的发展具有推动作用，一定会拥有应有的学术话语权。

翻译学科的理论建设也涉及对译学理论功能的认识。关于译学的理论功能，学界予以了特别关注，有过不少研究与探讨。在这方面，谭载喜的观点具有一定的代表性。他提出：

> 翻译学作为一门科学，其任务是对翻译过程以及对这个过程中出现的问题进行客观的描写，揭示翻译中具有共性的、带规律性的东西，然后加以整理，使之上升为能客观反映翻译实质的理论。同时，它又把通过描写和归纳上升为理论的东西作为某种准则，用来指导具体的翻译工作。这就是译学理论的两个功能，即它的描写功能和规范功能，同时也是译学研究的基本任务所在。①

这一认识没有涉及译学研究的其他几个主要功能，如认识功能、解释功能和预测功能等。相对于传统的翻译研究而言，译学理论不仅仅局限于对比描述两种不同语言之间的转换中语言本身发生的变化，从而找出规律，实现理论的描写功能和规范功能。译学理论的成果可以让更多的人深入了解和认识翻译现象，转变对翻译活动的认识和传统观念，解释翻译现象、翻译过程和翻译成果中出现的各种问题，从而在某种程度上可以预测翻译活动带来的影响。例如，在翻译硕士专业学位的设置论证过程中，我们不仅借鉴翻译理论研究成果更加清晰准确地定位翻译专业教育的地位和作用，而且通过研究成果的发表和宣讲等渠道，帮助更多的人转变传统观念，认识到职业翻译从业者接受翻译专业教育的重要意义，为翻译专业教育的健康有序发展奠定了基础。再如，在助力国家“一带一路”倡议和中国文化“走出去”战略实施的过程中，译学研究者通过对典籍翻译和中国文学文化精品译作的研究，通

① 谭载喜《论翻译学的任务和内容》，《湖南师范大学社会科学学报》1987年第3期，第17页。

过对已有译作在海外接受情况的了解分析，可以预测下一步工作的重点、难点和策略、方法等。上述两例说明，译学研究有助于人们拓宽并加深对翻译活动、翻译实践、翻译过程和翻译产品的认识，也有助于提高民众对于翻译的了解和理解，更有助于增强翻译从业者的行业自信心，提高翻译职业的社会认可度和社会地位。

在谭载喜的上述表述中，带规律性的东西“通过描写和归纳”可以上升为理论，这一认识与对理论的传统认识相关。过去人们普遍以为，翻译实践中得到的经验通过描写和归纳就可以上升为翻译理论，因此，几千年来我国的翻译家们总结归纳出的各种经验和认识都被称为“传统译论”。通过描写和归纳上升成为的“理论”，其目的主要用于指导翻译实践。然而，千百年来的事实证明，把规律进行描写和归纳得出的只是认识和假说，还需要对此进行验证，证实或者证伪，修正初期的认识和假说，才能逐渐形成一套理论。理论不是凭空构建起来的，在理论构建过程中，不仅要使用归纳的方法，还需要演绎，从一般到特殊，再从特殊到一般，反复验证，才能形成有说服力的理论。这样的理论不仅能够用于指导翻译实践，还能够深化人们对翻译活动的认识，并成为理论资源，为其他相关学科的研究提供借鉴，不仅输入，还能输出，这样的理论才能获得学术界的普遍认可，成为翻译学学科建设的基石。

改革开放以来，中国翻译学界非常关注翻译理论与翻译实践的关系。学界有一种普遍的看法，认为“理论必须从实践中来，理论必须能够指导实践”，理论与实践的关系越紧密，这个理论就越是“好理论”，反之则被视作“空谈理论”。近年的探讨加深了这一认识，认为理论与实践的关系从近到远，由密而疏，都有各自存在的理由和不同的功能。从翻译实践经验归纳上升得出来的理论，实践性强，规范性强，可以用于修正总结的经验，指导翻译实践。但是，翻译理论如果停留在这个阶段不再进步发展，仅仅用于指导翻译实践，其功能也仅限于归纳功能和规范功能是远远不够的。因为翻译实践和翻译活动随着社会的进步在发展，随时都可能遇到之前没有遇到过的矛盾和困难，也需要人们对其重新认识、深入认识、清晰解释，而翻译理论如果还停留在归纳和规范的初级阶段，就无法跟上实践发展的步伐，其自身也难以继续发展提高。翻译理论的来源不仅是翻译实践，还包括前人对翻译及其相关活动的认识（理论传统）、其他相关学科（哲学、文学、语言学、心理学、认知科学、社会学等）的认知方式及其理论（理论借鉴），以及根据理论发展规律从原有理论推导论证修改而来的理论（理论推导）。这些理论资源共同作用于翻译学的理论研究，才能在规范功能之外，发挥翻译理论的认识功能、解释功能、批评功能、鉴赏功能、反思功能、检验功能和预测功能等其他的功能。

在应该建设怎样的翻译学，如何认识翻译理论的功能这些涉及翻译学科建设的重要问题之外，采用怎样的翻译研究途径，也是翻译学界应该予以重视的问题。在《论翻译学的途径》一文中，谭载喜提出了翻译和翻译研究的途径包括文艺学途径、语言学途径、交际学途径、社会符号学途径、翻译学途径。[①] 改革开放以来我国翻译研究的成果表明，除了文艺学途径、语言学途径、交际学途径和社会符号学途径之外，翻译学研究还借鉴了哲学、社会学、教育学、心理学甚至管理学等多种学科的概念术语、研究方法、理论假设等，这些是否都可以视作翻译学研究的途径呢？

谭载喜还对中外翻译学的理论发展作过对比研究，他指出：

> 董秋斯的论文，在我国翻译理论史上占有十分重要的地位，因为它：（1）确认了“翻译是一种科学”的命题；（2）阐述了建设翻译理论的意义；（3）首次提出建立翻译学的观点。董秋斯在文章中阐发的这些思想，当时不仅在国内属于创先之见，即使在国外也是处于领先地位的。……在50年代，就翻译学的建设而言，我国所取得的成就并不比其他国家落后。[②]

后来，因为种种原因，我们的翻译实践、翻译理论研究一度落后了。改革开放以来，翻译学界对翻译与翻译研究的重要性有了新的认识，经过40年的努力，在学科建设上，特别是对翻译学科理论的探索，取得了显著的成

① 谭载喜，Eugene A.Nida《论翻译学的途径》，《外语教学与研究》1987年第1期，第24–30+79页。

② 谭载喜《中西现代翻译学概评》，《外国语（上海外国语大学学报）》1995年第3期，第14页。

绩。方梦之多年担任《上海翻译》的主编，长期以来一直关注并参与翻译学的理论建设，他曾对国际国内翻译学研究的成果作了对比分析，他指出：

> 各种译学总论或分论的系统文著如雨后春笋。笔者仅以“(翻)译学”为关键词，对我国出版的相关专著作了初步统计，已达70余种(多在新世纪出版)，还不包括译学会议论文集、研究集刊、重版书等。……作者统计分析了五种国际译学期刊10年的发文数据，指出国际上我国学者的发文数已名列前茅。对于国内出版的名目繁多的翻译理论专著，作者仅以“(翻)译学”为关键词做了统计，加以印证。这两项统计研究表明，中国不但是翻译大国，而且成为译学研究大国。但是，论著数量不是衡量科研水平的主要指标。我国学人的理论原创性欠缺，译学术语西化，学术话语不够丰富，与译学大国的地位不相称。①

如今，学界比较认同方梦之的研究结论。译学理论研究不能满足于追求发表和出版数量，沾沾自喜于自创了多少冠以“（翻）译学”之名的“理论体系”。回顾近30年来我国学者发表和出版的译学论著，其中归纳的名目繁多的译学“理论”中，不少是借用或套用其他学科的概念、术语、假说、结论等，是对原有的翻译概念和术语重新命名、重新解释，较少有人从问题出发，思考如何针对翻译活动中出现的问题展开研究。一个理论成果能够解决一个问题，数十种译学“理论”如果能够解决数十个翻译问题，那自然值得鼓励。可是事实并非如此。没有掌握基本的发现问题与解决问题的方法，就急于“创造”新的“理论”，其结果只能是欲速而不达。中国翻译学界自创的种种译学理论，不少受到质疑，难以形成学术影响力，其原因恐在于此。鉴于此，翻译学界渐渐认识到，我们需要转变观念，一步一个脚印，踏踏实实地首先掌握基本的研究方法，在翻译活动中发现真实存在的问题，科学地去研究问题、解决问题。在此过程中，可以借鉴前人或相关学科的观念、概念、假说等，但对他人的“理论体系”先不要急于“套用”，而要通过认真地思考辨识，逻辑地证实证伪，仔细地修改完善，再谨慎地应用检验，逐步

① 方梦之《翻译大国需有自创的译学话语体系》，《中国外语》2017年第5期，第95页。

把我们自创的理论加以完善，发展壮大。

自 1987 年起，穆雷对翻译学的相关问题进行了跟踪性研究，她认为我国翻译学界对翻译学的认识在不断深入，翻译研究的方法也不断发生新的变化。30 年甚至 20 年前，我国的翻译研究普遍存在“言必称奈达”（有人称之为“西化”）现象，相当多的博士、硕士论文采用的都是“×× 理论视角下的 ×× 研究”模式，套用理论分析文本，可近 10 年来我国有关翻译研究的博士论文让我们看到了翻译学学科建设后备军明显的进步。

仅以口译研究为例，30 年前我国的口译研究还基本限于口译员的经验总结，20 年前我国的口译研究尚未进入博士学位论文的主题范围，近 10 年来我国的口译研究类博士学位论文已经有了实质性的突破。截至 2017 年底，据不完全统计，包括港澳台地区在内，我国的口译研究类博士论文总数已达 86 篇。从研究主题来看，主要包含口译教育（教学模式及方法、学习者研究、教学评估与测试等）研究（占比 22%）、口译认知过程（理解、产出、同步性、输入变量、策略等）研究（占比 19.8%）、口译产品与效果（口译话语、源语—目的语对应）研究（占比 18.6%）、口译职业（社会、能力、质量评估、其他职业问题等）研究（占比 17.4%）、语言与记忆（双语研究和口译中的记忆）研究（占比 10.5%）、口译理论研究（占比 7%）、口译技术（口译设备、远程口译、自动化等）研究（占比 3.5%）及口译史（编年史、古代近代史、职业化史等）研究（占比 1.2%）。从研究方法论来看，有 76 篇口译研究类博士论文研究方法以实证主义研究方法论为指导，占总数的 88%，以人文主义研究方法论指导的论文有 10 篇，占 12%。依照研究目的的不同，口译研究类博士论文以描述性研究为主，占 65%，解释性研究占 24%，探索性研究占 11%。关于口译认知过程、口译能力发展、译员角色等的描述性研究是口译研究类博士论文选题的主要方向。在研究逻辑上，既有归纳法，也有演绎法；既有从归纳到演绎的，也有从演绎到归纳的。其中从演绎到归纳的博士论文有 34 篇，占 39.5%，该类研究从相关理论出发，进行理论推演，理论框架构建后，结合口译实践具体案例进行理论的演绎，最后通过实例总结规律，是口译实证研究的主要逻辑思路。

经列表分析，可以看到（见表 1-4），口译实证研究博士论文常综合使用多种研究方法，其中使用三种以上实证研究具体方法的论文有 23 篇。口译实证研究博士论文中（表 1–4 中的百分比为采用某一具体研究方法的论文在 68 篇口译实证研究博士论文中的占比，由于许多研究综合使用多种具体方法，故占比相加大于百分之百），实验法（占比 54.4%）、问卷调查法（占比 47%）、观察法（占比 42.6%）是最常使用的实证数据收集方法；数据分析方法多以理论思辨法（占比 55.9%）、话语分析法（占比 47%）、描述统计法（占比 60.3%）、推断统计法（占比 29.4%）及语料库研究法（占比 23.5%）等定性数据分析方法为主。

表 1–4　68 篇口译实证研究博士论文具体研究方法

类　别	具体研究方法	论文数量（篇）	所占百分比
数据收集方法	实验法	37	54.4%
	问卷调查法	32	47%
	观察法	29	42.6%
	访谈法	24	35.3%
数据分析方法	理论思辨法	38	55.9%
	话语分析法	32	47%
	内容分析法	10	14.7%
	描述统计法	41	60.3%
	推断统计法	20	29.4%
	语料库研究法	16	23.5%

有些研究方法在以往国际国内的口译研究中还较少使用，但确实能够有效地解决相关问题。例如，王有慧通过功能性磁共振成像（fMRI）探讨学生在进行口译测试时大脑的激活反应，通过 SPM 统计分析发现，母语为中文的学习者的语言解码模型与经典的 Wernicke-Geschwind 语言解码模型有所不同，从而提出口译教学方式的针对性建议。在伍志伟（2015）开展的口译学

习动机系统构建研究中，作者通过文献法构建口译学习动机理论，而后编制包含 11 个维度在内的口译学习动机量表，采用主成分分析法对量表效度进行验证。该研究通过方差分析、聚类分析发现口译学习动机个体差异，通过相关分析和结构方程构建口译学习动机影响模型。同时，该研究结合扎根理论，采用话语分析法描述学生口译学习动机变化阶段及特征，为口译学习者及学习过程研究提供了方法及工具，是对该领域已有研究在方法论上的拓展。许艺（2016）通过对口译策略能力的实证研究，推进了口译能力量化构成研究的发展。该研究采用文献法探索交替传译策略能力参数，在此基础上设计交替传译策略能力自评量表，通过理论思辨法、探索性因子分析构建交替传译策略能力模型，并采用结构方程模型建立交替传译策略能力概念模型、测量模型和结构模型，结合实验法、立即回溯访谈分析了交替传译认知策略、元认知策略与口译表现间的关系。以上述三篇口译研究博士论文为例，可以发现国内的口译研究，特别是近年来的口译研究博士学位论文在研究选题、理论贡献、研究方法论上已走在国际前沿，体现了翻译学与心理学、测试学、管理学等不同学科的交叉融合。以法庭口译、医疗口译、手语、视译及口译培训等不同场合、不同类型的口译为对象的研究迅速发展，除了几百篇期刊论文外，博士学位论文是深入系统研究的重要体现，一篇博士论文往往交叉使用多种研究方法，也会在理论上有比较深刻的思考和系统的论证。

上述研究尚未与国际口译研究博士论文进行整体横向比较，仅与国内其他方向（如笔译）研究的博士论文相比，且从 21 世纪以来翻译研究的纵向发展来看，我们的口译研究进步很快，研究对象包括口译实践、口译事件、口译过程、口译产品、口译质量、口译技术、口译能力、口译策略、知识迁移、言语监控、预制语块，以及口译教学中的教、学、测，不少研究问题来源于口译实践和口译教学实践，如口译教学中的焦虑、动机、坚韧人格等都是影响教学效果的重要因素，本科阶段口译能力研究也是研究我国教学实际所独有的现象。一些研究难度较大，很多量化研究要求有实验对象数量的保证，跟踪发展研究需要实验对象的配合。口译教学在我国起步较晚，目前的招生数量也不大，受教学规律的制约，口译班级规模小人数少，获得实验对象的理解和帮助不太容易。作口译研究的博士生克服了种种困难，积极开展实证研究，对口译理论提出了一些新的假说并加以验证，使得口译研究异军突起，引起了国际翻译界的关注。

改革开放打开了国门，也打开了翻译学者的国际视野。改革开放不仅推动了我国政治、经济、文化等领域的迅猛发展，也彰显了原本默默无闻的翻译职业的价值，翻译行业从幕后走到了台前，成为国民经济第三产业中语言服务行业的重要支柱，其生产总值快速增长，翻译职业也被列入国家的职业大典，走进百姓的视野，成为前景光明的就业领域。翻译事业的突飞猛进催生了翻译学这个学科，翻译学的学科发展不仅服务于翻译实践，而且对翻译研究提出了更多更高的要求。尽管时至今日翻译理论还是一个以输入为主的理论，主要用来描述、阐释、指导和预测翻译现象和翻译活动，但假以时日，我们相信，随着翻译学的深入发展，翻译理论一定会成为不仅输入而且输出的理论，能够在人文社会科学这个大家族中发挥作用，成为其他学科可以借鉴的理论，成为人文社会科学发展的一种理论资源，也成为推进翻译职业乃至语言服务行业发展的理论动力。

翻译学的学科建设，在初步完成体制建设之后，应该把学科建设工作的重点转移到学科内涵建设上来，如进一步完善学科体制（包括调整学科布局）、构建学科理论系统、加强学科方法论研究、建设多元化学科队伍、培养优秀的翻译实践人才和翻译研究人才、加快论证设置翻译博士专业学位，加强翻译研究成果的社会转化等，都应该纳入视野，提上议事日程。在国家“一带一路”倡议的实施和中国文化“走出去”的进程中，翻译已经发挥、正在发挥，也必将继续发挥无可替代的重要作用，这对翻译学的学科建设而言是一个巨大的发展契机和强大的推动力。

第二章
翻译学理论建设

知识创新是学术研究的目标与任务，衡量一门学科或一个领域知识创新程度的重要指标就是其理论的建构与发展。作为知识生产和理论创新活动的翻译研究，在我国有着悠久的历史，取得过丰富的理论成果，但在改革开放之前，我们的翻译研究一直处于传统译论阶段，所取得的理论性成果缺乏现代理论所要求的系统性和严密性，出于众所周知的原因，我们的翻译研究还一度陷入停滞[①]，翻译理论探索更是近乎停止。改革开放开始之后，我国的翻译研究开启了新的篇章，形成了全国性的翻译理论研究共同体，理论意识不断增强，理论主题和理论话语日渐丰富，理论研究的发展和演变与改革开放以来我国的社会发展密切相关，是整个哲学社会科学思潮在翻译研究中的体现：开放、独立与创新。同时，我们的翻译学理论建设和翻译学科建设的整体发展积极互动，完成了从传统向现代的形态蜕变，进入了多元、多范式、多学科途径的现代译论发展阶段。

如今，我国的翻译研究走到了改革开放以来第 40 年的历史节点，对我国翻译理论研究的发展进行回顾和总结非常必要。回

---

① 1966–1976 年间，我国的翻译活动并未完全停止，马士奎（2007）和李晶（2008）曾分别对 1966–1976 年间被忽略的翻译活动进行了梳理，他们挖掘出来不少史实，改变了人们对那一段特殊时期的翻译活动的认识。具体见马士奎《中国当代文学翻译研究（1966–1976）》，北京：中央民族大学出版社，2007 年；李晶《当代中国翻译考察 (1966–1976)》，天津：南开大学出版社，2008 年。因为翻译活动本身具有学术性，译者的翻译活动总伴随着其对翻译问题的思考，因而我们认为“文化大革命”期间我国的翻译研究活动也只能说是停滞不前，而不能说是停止。

顾这 40 年以来我国的翻译理论建设，从译学论题的生发和丰富、译学论域的拓展和变化中，可以看到一个较为清晰的从相对单一走向多元、从引介交流走向自觉自立的过程。如我们在本书绪论中所指出的，我们的译学理论建设交织着中与西、古与今、内与外、人文与科学、专业与社会、理论与实践的多重互动的关系，我们不仅在学科理论建设方面取得了显著的成绩[①]，还在翻译理论体系建设和理论话语体系建设方面取得了明显的成就。

第一节　翻译理论体系的建设

一、现代翻译理论意识的觉醒

改革开放初期，百废待兴，翻译研究也刚刚开始恢复生机，学界重新发起对翻译问题的讨论，但理论思维还极为薄弱。1979 年，改革开放刚刚开始不久，我国译界即着手创立学术交流平台，中国对外翻译出版公司创刊《翻译通讯》，1980 年正式公开出版。作为当时国内唯一的译学专刊，《翻译通讯》设有“翻译札记”“翻译杂谈”“问题讨论”“科技翻译”“中外翻译家”“译著 / 译者评价”“翻译练习”“翻译讲座”“简讯”和“信箱”等栏目，这些非固定开设的栏目的名称就显示出，当时译界所关注的主要是翻译实践中的经验和技巧，我们还没有理论专栏，也没有以理论为主题的专门讨论，所发表的文章多冠以“……略谈”“……浅谈”“……漫谈”这样的标题，而不是“……论”，主题散杂，讨论有感而发。这表明，改革开放初期，翻译研究重新起步，还限于对直观经验层面问题的探讨，还未形成理论层面的深入思考，更不可能以现代译学的概念、范畴、判断、推理来表达我们对翻译活动和翻译现象的内在本质与逻辑规律的认识。当时从事翻译研究的人还很少，理论研究共同体也无从说起。

---

① 相关成就见本书第一章。第一章对改革开放以来我国翻译学学科理论的发展进行了梳理和评述，本章对此不再赘述。

改革开放为翻译研究者打开了视野，他们首先关注的就是国外翻译研究的理论成果。谭理是最早介绍国外翻译理论的学者之一，他于1980年发表了《评介罗伯特·布格兰德著〈诗的翻译理论要素〉》，在该文中他介绍了著名翻译理论家霍姆斯(James S. Holmes)主编的《翻译学研究方法》(*Approaches to Translation Studies*）论著集之五——布格兰德（Robert de Beaugrande）所著的《诗的翻译理论要素》（*Factors in a Theory of Poetic Translating*）[①]一书。谭理之所以介绍该书，是因为该书“所涉及的问题远远超出了诗的体裁，有助于一般翻译理论的研究和发展”[②]。此后，他又于1981年和1982年发表了两篇介绍西方翻译理论成果的文章，一篇介绍了凯利（Louis G. Kelly）的《西方翻译理论和翻译实践史》（*The True Interpreter: A History of Translation Theory and Practice in the West*）[③]，另一篇则介绍了英美现代翻译理论的整体发展状况和代表性翻译理论家[④]，其中有萨瓦里（Theodore Savory）、雅各布森（Roman Jakobson）、奈达（Eugene A. Nida）、卡特福德（John Catford）、布林兰德、佛吉林（Charles. F. Voegelin）、纽马克（Peter Newmark）等。

1982年起，《翻译通讯》开始开设有关理论的专栏——“国外翻译理论评介”，这是国内最早专门引介国外翻译理论的栏目[⑤]，也是国内最早冠以“翻译理论”名称的栏目。该栏目所刊发的第一篇文章是王宗炎的《纽马

① 谭理将“Translation Studies”处理为“翻译学”，这体现出当时我们的翻译学者已经具有了明确的学科意识。另外，本章著者认为 *Factors in a Theory of Poetic Translating* 译为《诗歌翻译理论中的若干要素》会更为恰当。

② 谭理《评介罗伯特·布格兰德著〈诗的翻译理论要素〉》，《国外语言学》1980年第1期，第28页。

③ 谭理《〈西方翻译理论和翻译实践史〉评介》，《现代外语》1981年第1期，第74–75页。

④ 谭理《英美现代翻译理论侧记》，《国外语言学》1982年第2期，第10–14页。

⑤ 但栏目中发表的文章并不是最早引介国外译论的文章，最早的引介文章是郑南渡（1979）的《奈达》和林书武（1981）的《奈达的翻译理论简介》。这些译介性的文章最早让国内译界接触到奈达及其译论，前者简要介绍了奈达的生平和学术生涯，以及奈达1964年提出的“动态对等”翻译理论，后者第一次引述了奈达对翻译的定义，认为奈达的理论把翻译与其他学科联系起来考虑，扩大了翻译理论的领域。具体见郑南渡《奈达》，《语言学动态》1979第2期，第44页；林书武《奈达的翻译理论简介》，《国外语言学》1981年第2期，第1–7+14页。

克论翻译理论和翻译技巧》[①]，后来还分期刊发了谭载喜的《翻译是一门科学——评介奈达著〈翻译科学探索〉》[②]，王育伦摘译的德国学者库勒拉（Alfred Kurrela）的《翻译理论和实践》[③]，以及蔡毅的《翻译理论的语言学派——介绍巴尔胡达罗夫的〈语言与翻译〉》[④]等。这个栏目不仅打开了一扇小小的窗户，让国内学者得以透视到一个不一样的翻译理论的世界，见识到国外翻译研究发展的精彩内容，更重要的是提升了国内翻译学者的理论意识，如库勒拉的《翻译理论和实践》明确地提出了“是否有翻译理论”和“翻译理论能否成立”的问题，这成为后来很长一段时间内我国译学界讨论的话题。1982 年，中国翻译工作者协会成立，《翻译通讯》转为了中国译协的会刊。1983 年，《翻译通讯》刊文量明显增加，对国外翻译理论的介绍和评述成为了常规内容。此外，《国外语言学》《外语教学与研究》《现代外语》等刊物也积极刊发评介西方翻译理论（特别是语言学翻译理论）成果的文章。

1984 年，译学界开始了对翻译理论的专题研讨，是年 5 月，北京外国语学院（现北京外国语大学）外国语言研究所所长许国璋主持召开了“第一次外国翻译理论介绍会”[⑤]。许国璋指出当时我国的翻译理论研究工作多限于对“信达雅”翻译标准的探讨，而对国外翻译理论的了解不够。郑福熙、蔡毅、高厚堃、丛林、李逵六、周毅等分别介绍了英、法、俄、德、日以及东欧国家的翻译理论，其中包括法国的穆南（George Mounin）、苏联的巴尔胡达罗夫（Степан Г. Бархударов）、美国的奈达、捷克的列维（Jiri Levy）、德国的威尔斯（Wolfram Wilss）等翻译理论家的成果。通过学术期刊和研讨会的推介和讨论，国内学者对国外翻译理论的形态和内容慢慢熟悉起来，我们的现代翻译理论意识得到明显的提升。

---

① 王宗炎《纽马克论翻译理论和翻译技巧》，《翻译通讯》1982 年第 1 期，第 11–17 页。

② 谭载喜《翻译是一门科学——评介奈达著〈翻译科学探索〉》，《翻译通讯》1982 年第 3 期，第 4–11 页。

③ 阿尔弗莱德·库勒拉、王育伦《翻译理论和实践》，《中国翻译》1982 年第 5 期，第 15–20 页。

④ 蔡毅《翻译理论的语言学派——介绍巴尔胡达罗夫的〈语言与翻译〉》，《翻译通讯》1982 年第 6 期，第 12–17 页。

⑤ 简鲍《北京外国语学院召开外国翻译理论介绍会》，《翻译通讯》1984 年第 9 期，第 13 页。

改革开放初期，对中国译论史的梳理、总结和反思也成为我国翻译研究的重要内容，如罗新璋（1983）的《我国自成体系的翻译理论》①梳理了我国翻译理论的历史发展脉络，论证了“案本、求信、神似、化境”的体系结构，从而引发了我国译学界对翻译理论具有何种形态特征的思考。该文在我国译学界产生了长期而强烈的反响。1984年，《翻译论集》和《翻译研究论文集》②问世，前者为罗新璋所编，收辑自汉末以来有关翻译的文论180多篇；后者为中国翻译工作者协会《翻译通讯》编辑部所编，分上、下两册分别辑录了1894—1948年和1949—1983年我国“有关翻译理论”的论文51篇和63篇。此前虽然有刘靖之所编《翻译论集》于1981年在香港出版，但当时香港尚未回归，内地学者接触到该书的机会并不多，因此主要是《翻译论集》和《翻译研究论文集》为译学界提供了经过较为系统辑录的传统译论资料，它们成了年轻学者了解、学习和研究中国传统译论的案头必备资料。由此可见，我国译学界在对外开放学习的同时，也十分重视对我国已有的翻译研究成果的学习和整理。

1986年，国务院学位委员会第三批博士、硕士学位授予单位名录中首次出现“翻译理论与实践”硕士点；1987年，“中国首届研究生翻译理论研讨会”和“第一次全国翻译理论研讨会”召开。前者标志着我国教育体制确立了翻译人才培养中对理论队伍建设的目标和内容，后二者作为“探索中国传统翻译理论与西方现代翻译理论的结合点，为繁荣和发展我国的翻译理论研究事业”③而作的努力，标志着全国性翻译理论研究共同体的初步形成。1986年《翻译通讯》改名为《中国翻译》，1987年开始开设“翻译理论”栏目，表明译学界对翻译理论的需求和认识得以明确，翻译理论研究成果也逐渐丰富起来。

---

① 该文分两期连续刊出，具体见：罗新璋《我国自成体系的翻译理论》，《翻译通讯》1983年第7期，第9-13页；罗新璋《我国自成体系的翻译理论（续）》，《翻译通讯》1983年第8期，第8-12页。

② 罗新璋编《翻译论集》，北京：商务印书馆，1984年；中国翻译工作者协会《翻译通讯》编辑部编《翻译研究论文集（1894-1948）》，北京：外语教学与研究出版社，1984；中国翻译工作者协会《翻译通讯》编辑部编《翻译研究论文集（1949-1983）》，北京：外语教学与研究出版社，1984年。

③ 鲁正《承上启下——开创中国翻译理论研究的新局面》，《语言与翻译》1987年第3期，第1-2页。

二、翻译基本理论探索的深化

改革开放开始后，我国翻译学者很快就展现出明确的学科自觉和理论自觉，他们除了探索翻译学科理论，呼吁翻译学的建立之外，还清楚地认识到厘清学科元初概念、探索有关学科对象的基本问题的重要性，致力于翻译基本理论的探索。

古今中外的学者们从未停止过对翻译基本问题的思考。从我国古代“案本”“求信”的辩证观，到近现代“信达雅”的矛盾统一；从“五失本三不易”的操作规定，到“神似”“化境”的效果追求，我国传统译论一直较为重视对“如何译”的探讨。西方译学从西塞罗的“演说家式的翻译”、泰特勒的“三原则”，到奈达的“功能对等”，从“翻译即征服”和“翻译即阐释”，到“改写论”和“多元文化系统论”，各种翻译理论也一直围绕着翻译的基本问题来建构。正因西方学者的关注范围从“如何译”扩展到了“何为译”和“译何为”，西方译论得以发展得更为丰富多彩。

20 世纪 80 年代中期之后，学者们的讨论已经体现出较为深入的理论见解，开始紧密结合西方现代译论的内容和形式来开展翻译基本问题的讨论，致力于提出自己原创性的理论观点。当时译学界讨论较多的是翻译原则和翻译标准，其中最具代表性的新理论是辜正坤的“翻译标准多元互补论”。[①]该理论的核心思想成型于 1982 年，经过数年的酝酿之后，《论翻译标准的多元化及诗词翻译》在 1987 年的“中国首届研究生翻译理论研讨会”上宣读，其后陆续以《翻译标准多元互补论》全文或摘要形式在《北京大学研究生学刊》《中国翻译》《北京社会科学》上发表，产生了较大的影响。该理论构建了一个由绝对标准、最高标准和具体标准构成的翻译标准体系，打破了千百年以来人们追求普适各种文体、各种情境的单一标准观，标志着译学界对翻译标准的认识进入了全新的阶段。该理论以数万字的篇幅呈现，表达形式上传统与现代互补，思想内容上东方与西方互证，“有辩证法作为坚实的基础”，“合乎翻译的实际”，“适于广泛应用，具很大的包容性”。[②]“翻译标准

① 辜正坤《中西诗比较鉴赏与翻译理论》，北京：清华大学出版社，2003 年，第 551 页。
② 孙迎春《翻译标准多元互补论研究》，《外语与外语教学》2003 年第 8 期，第 44 页。

多元互补论”在提出之初也遇到了一些批评之声，但随着时间的推移，该理论展示出越来越强的现实解释力。

改革开放数年之后，译学界的现代理论意识已经获得了提升，对翻译基本理论的探讨很快达到了新的高度。1987 年，许钧在“中国首届研究生翻译理论研讨会”上宣读了《论翻译的层次》一文①，之后以同名文章在《中国翻译》上刊出②。该文提出并论述了译学界之前从未涉及过的一个主题——翻译的基本层次，即翻译的思维层次、语义层次和审美层次。它标志着我国翻译理论研究的转型，即由对传统译论中源自中国古代文论和古典美学的理论话题的讨论，转向对现代译论中基于现代哲学、语言学、符号学等相关学科的理论话题的关注，由偏重意念感悟、蕴含丰富灵活、具体情况具体分析的理论言说方式，转向概念边界清晰、结构完整严密、对现象作整体把握的理论建构方法。以翻译层次论为起点，许钧对翻译活动赖以进行的基础是什么的问题进行了更为深入的思考，他于 1998 年发表了《论翻译活动的三个层面》，从翻译的意愿、现实和道德层面分析了制约、影响翻译活动的多种因素，讨论了“要怎么译”“能怎么译”和“该怎么译”之间的矛盾关系。该文启发了译学界以系统的、社会的、发展的眼光去剖析翻译的可行性，将翻译的本质置于一个翻译主体与环境、观念与能力、利益与伦理等相互依存、相互矛盾的复杂关系中进行思考。

译学界的翻译理论意识随着改革开放的深入而不断强化，对翻译问题的讨论日渐广泛，除了讨论翻译的层次、层面和有关翻译原则和翻译标准之外，还探索其他一些基本的理论主题，其中较有代表性的有“可译性”，如翁显良、高健、王震民等结合诗歌和散文译例对文学翻译的可译性进行了讨论③；包振南、戈盾、张成柱等从语言和文化角度讨论了可译性的限度和不可译性的

① 鲁正《承上启下——开创中国翻译理论研究的新局面》，《语言与翻译》1987 年第 3 期，第 2 页。

② 许钧《论翻译的层次》，《中国翻译》1987 年第 5 期，第 12–16 页。

③ 翁显良《意态由来画不成——文学风格可译性问题初探》，《翻译通讯》1981 年第 2 期，第 1–7 页；高健《浅谈风格的可译性及其他——翻译英美散文的一点体会》，《翻译通讯》1985 年第 1 期，第 19–22 页；王震民《诗歌的可译性和译诗的艺术价值》，《中国翻译》1987 年第 6 期，第 17–21 页。

转化问题[①]。另外，学者们还译介了西方语言学翻译理论家的可译性思想，如吴旭东摘译了卡特福德的《可译性的限度》，沈宝基、佘协斌介绍了穆南对可译性的论述。[②]有关可译性的讨论一直持续到21世纪，后来还有陈登、邱懋如、王宾等发表文章表达观点。[③]虽然早在1914年胡怀琛在其《海天诗话》中开始述及“文学可译性”问题[④]，但诸多学者从各种不同的角度较为集中地讨论可译性尚属首次。

改革开放初期，译学界除了更为集中与深入地讨论一些经典的理论主题之外，也开始了对新的理论问题的探索，“翻译单位”就是其中一个新的论题。1978年，冯志伟发表了《国外主要机器翻译单位工作情况简述》[⑤]，该文是新时期我国最早对“翻译单位”的关注。1984年，罗进德明确提出翻译单位是现代翻译学的一个研究课题的观点[⑥]，他介绍了国际译学界对翻译单位的研究状况，特别介绍了匈牙利拉多·久尔吉博士有关翻译单位的理论观点：翻译活动是一种逻辑活动，“逻辑素”是翻译的单位，而逻辑素具有多样性。另外，罗进德还指出：

> 长久以来，一直把翻译理论看作是语言学的一个部门，把翻译活动看作是语言活动。但是，翻译学家们早已从经验中觉察到：翻译活动绝不仅仅是语言活动，翻译研究也绝不能仅仅依靠语言学的理论工具。五十年代以来，机器翻译遇到的困难和这些困难

---

① 包振南《试论可译性的限度》，《翻译通讯》1983年第5期，第12–16页；戈盾《从语言学看不可译性》，《翻译通讯》1984年第12期，第15–17页；张成柱《不可译性的存在与转化》，《中国翻译》1988年第3期，第7–10页。

② J.C.卡特福德、吴旭东《可译性的限度》，《福建外语》1985年第4期，第63–69页；沈宝基、佘协斌《乔治·穆南论可译性》，《中国翻译》1988年第2期，第47–50页。

③ 陈登《翻译中不可译性的限度》，《外语教学》1996年第1期，第70–73页；邱懋如《不可译性及零翻译》，《中国翻译》2001年第1期，第24–27页；王宾《“不可译性”面面观》，《现代哲学》2004年第1期，第82–87页；王宾《论不可译性——理论反思与个案分析》，《中国翻译》2001年第3期，第8–16页。

④ 见陈福康《中国译学理论史稿》，上海：上海外语教育出版社，2000年，第190–194页。

⑤ 冯志伟《国外主要机器翻译单位工作情况简述》，《语言学动态》1978年第6期，第20–25+40页。

⑥ 罗进德《翻译单位——现代翻译学的一个研究课题》，《翻译通讯》1984年第12期，第40–43页。

的解决，也证明翻译绝不仅仅是语言活动而已。①

从中可以看出，虽然改革开放之后我们引介的主要是西方语言学翻译理论，使我们的翻译研究由“语文学范式”进入了“结构主义语言学范式”阶段②，但改革开放初期，我们的学者已经认识到翻译活动不仅仅是语言转换活动，翻译研究也不能仅仅依靠语言学的理论工具。在冯志伟和罗进德之后，翻译单位成了我国翻译研究的一个热点话题，以“翻译（的）单位”为题的文章达到150多篇，相关研究由单纯的理论争辩逐渐转变为以语料库、认知心理过程描写等实证方法进行理论验证。

主体性是改革开放以来翻译学的一个重要的理论主题。17世纪笛卡尔（R. Descartes）提出“我思故我在”的命题，标志着人的主体性的觉醒，人类不再只专注于对外在世界的探索，也开始寻求对内在自我的发现与认识。相对于一门学科而言，主体性论题的出现标志着学科发展开始由对研究对象的探索逐渐走向对学科何以存在和发展的反思。20世纪80年代，我国哲学界掀起了对主体性问题的热议，有关主体性的讨论迅速渗入各相关学科领域。作为一门新生的学科，翻译学对主体性问题的关注明显迟于其他较为成熟的学科。改革开放进行了约20年后，我国译学界真正有了主体性意识的澄明自觉。

改革开放后，西方学界对翻译主体性的讨论也受到了国内学者的关注。1984年，法国阿尔勒举行了一次以译者为主题的研讨会，在该研讨会论文集的启发下，袁莉于1996年撰写了《也谈文学翻译之主体意识》③一文，发出了国内从理论层面探讨翻译主体性的先声。阿尔勒研讨会之后，西方接连出

① 罗进德《翻译单位——现代翻译学的一个研究课题》，《翻译通讯》1984年第12期，第41页。

② 吕俊、侯向群认为我国的译学研究经历了三种研究范式的变化，即语文学范式的翻译研究、结构主义语言学范式的翻译研究和解构主义的多元化的研究。他们认为，从时间上看，20世纪80年代之前都可以算是语文学范式翻译研究阶段，20世纪80年代到90年代中期是以结构主义语言学范式为主的翻译研究阶段，而自20世纪90年代中期以后是以解构主义多元化为特征的翻译研究阶段。具体见：吕俊、侯向群《翻译学——一个建构主义的视角》，上海：上海外语教育出版社，2006年，第54页。

③ 袁莉《也谈文学翻译之主体意识》，《中国翻译》1996年第3期，第4–8页。

版了一系列以“译者”为主题的翻译学专著，如《语篇与译者》（*Discourse and the Translator*）[①]、《译者登场》（*The Translator's Turn*）[②]、《译者的隐身》（*The Translator's Invisibility: A History of Translation*）[③]、《历史进程中的译者》（*Translators through History*）[④]、《译者行为的知识与技能》（*Knowledge and Skills in Translator Behavior*）[⑤]、《作为交流者的译者》（*The Translator as Communicator*）[⑥]等。这些著作对我国翻译研究中主体性论题的形成产生了积极的推动作用。同时，译介学关于“创造性叛逆”的讨论从学理上肯定了译者的再创造价值，确认了翻译家在文学史上的地位，主体性问题受到了更多学者的重视，肖辉，杨武能，查明建、田雨，穆雷、诗怡，许钧，袁莉，陈大亮，辜正坤等对“翻译主体”这一主题展开了讨论[⑦]，主体性由此成为了我国翻译研究的一个热点。学者们围绕着译者展开翻译主体性的理论建构，较为深入地讨论了译者的主体地位、主体性的表现和主体间性关系等，逐步确立了以形式化、理性化为基础的主体性原则。

与译者主体性问题的理论探讨趋热相应，从 20 世纪 80 年代末开始，我国译学界越来越重视对译者的描写。林辉的《中国翻译家辞典》[⑧]、陕西译

---

① Hatim, B. & Mason, I. *Discourse and the Translator*. London: Longman, 1990.

② Robinson,D. *The Translator' s Turn*.London:The John ' s Hopkins University Press,1991.

③ Venuti, L. *The Translator ' s Invisibility: A History of Translation*. London & New York: Routledge, 1995.

④ Delisle, J. &J. Woodsworth. *Translators through History*. Amsterdam:John Benjamns Publishing Co.,1995.

⑤ Wilss, W. *Knowledge and Skills in Translator Behavior*. Amsterdam; Philadelphia, PA: John Benjamins Publishing Co., 1996.

⑥ Hatim, B. & I. Mason.*The Translator as Communicator*. London & New York: Routledge, 1997.

⑦ 肖辉《翻译过程中翻译主体的思维活动过程》，《语言与翻译》2001 年第 3 期，第 34–38 页；杨武能《再谈文学翻译主体》，《中国翻译》2003 年第 3 期，第 12–15 页；查明建、田雨《论译者主体性——从译者文化地位的边缘化谈起》，《中国翻译》2003 年第 1 期，第 19–24 页；穆雷、诗怡《翻译主体的“发现”与研究——兼评中国翻译家研究》，《中国翻译》2003 年第 1 期，第 14–20 页；许钧《“创造性叛逆”和翻译主体性的确立》，《中国翻译》2003 年第 1 期，第 8–13 页；袁莉《文学翻译主体的诠释学研究构想》，《解放军外国语学院学报》2003 年第 3 期，第 74–78 页。

⑧ 林辉《中国翻译家辞典》，北京：中国对外翻译出版公司，1988 年。

协的《翻译家辞典》[①]、袁锦翔的《名家翻译研究与赏析》[②]、戴明瑜等的《译苑人物》[③]、林煌天和贺冲寅的《中国科技翻译家辞典》[④]、李亚舒的《译海采珠：科学家谈翻译》[⑤]、林煌天的《中国翻译词典》[⑥]、穆雷的《通天塔的建设者——当代中国青年翻译家研究》[⑦]、郭著章的《翻译名家研究》[⑧]、马珂等的《中国当代翻译工作者大辞典》[⑨]、林木椿的《福建翻译家研究》[⑩]、温中兰等的《浙江翻译家研究》[⑪]、张旭的《湘籍近现代文化名人·翻译家卷》[⑫]相继出版。

对个体译者的专题性研究标志着个体译者主体性的真正觉醒。吴洁敏等的《朱生豪传》[⑬]、高惠群和乌传衮的《翻译家严复传论》[⑭]、金梅的《傅雷传》[⑮]、丁言模的《曹靖华：百年翻译家传略》[⑯]、王友贵的《翻译家周作人》[⑰]、谢天振和李小均的《傅雷：那远逝的雷火灵魂》[⑱]、顾均的《鲁迅翻译研究》[⑲]、向洪全的《翻译家巴金研究》[⑳]等研究聚焦个体译者，但其中有一部分属于记录译者生平、梳理译者成果的传记类研究，其更为关注的不是译者在翻译过程中的行为选择，而是译者的翻译生涯概貌。这些研究长于对译者相关史料的收集与整理，而缺乏对译者个体活动与社会背景之间关系的分析。另外

① 陕西译协《翻译家辞典》，北京：中国文联出版公司，1989 年。
② 袁锦翔《名家翻译研究与赏析》，武汉：湖北教育出版社，1990 年。
③ 戴明瑜、马珂《译苑人物》，西安：陕西人民出版社，1990 年。
④ 林煌天、贺冲寅《中国科技翻译家辞典》，北京：中国对外翻译出版公司，1991 年。
⑤ 李亚舒《译海采珠：科学家谈翻译》，天津：天津科技翻译出版公司，1993 年。
⑥ 林煌天《中国翻译词典》，武汉：湖北教育出版社，1997 年。
⑦ 穆雷《通天塔的建设者——当代中国青年翻译家研究》，北京：开明出版社，1997 年。
⑧ 郭著章《翻译名家研究》，武汉：湖北教育出版社，1999 年。
⑨ 马珂、孙承唐《中国当代翻译工作者大辞典》，西安：陕西人民教育出版社，2001 年。
⑩ 林木椿《福建翻译家研究》，福州：福建教育出版社，2004 年。
⑪ 温中兰等《浙江翻译家研究》，上海：上海交通大学出版社，2010 年。
⑫ 张旭《湘籍近现代文化名人·翻译家卷》，长沙：湖南师范大学出版社，2011 年。
⑬ 吴洁敏、朱宏达《朱生豪传》，上海：上海外语教育出版社，1989 年。
⑭ 高惠群、乌传衮《翻译家严复传论》，上海：上海外语教育出版社，1992 年。
⑮ 金梅《傅雷传》，长沙：湖南文艺出版社，1993 年。
⑯ 丁言模《曹靖华：百年翻译家传略》，上海：上海外语教育出版社，1998 年。
⑰ 王友贵《翻译家周作人》，成都：四川人民出版社，2001 年。
⑱ 谢天振、李小均《傅雷：那远逝的雷火灵魂》，北京：文津出版社，2005 年。
⑲ 顾均《鲁迅翻译研究》，福州：福建教育出版社，2009 年。
⑳ 向洪全《翻译家巴金研究》，上海：复旦大学出版社，2016 年。

一些研究将对个体译者主体性的揭示推向了更高的层次，如张智中的《许渊冲与翻译艺术》[①]、商瑞芹的《诗魂的再生：查良铮英诗汉译研究》[②]、李寄的《鲁迅传统汉语翻译文体论》[③]、严晓江的《梁实秋中庸翻译观研究》[④]、蒋林的《梁启超“豪杰译”研究》[⑤]、朱安博等的《朱生豪文学翻译研究》[⑥]等。这些研究在对译者生涯介绍的基础上对译者的翻译思想、语言特色与风格进行分析，并基于翻译作品诠释与译者的个体主体性特征解读，论述译者如何实现其翻译目的。许钧、宋学智、胡安江的《傅雷翻译研究》[⑦]通过对著名翻译家傅雷的系统研究，拓展了译者研究的维度与空间，为“译者何为”提供了新的答案，也为译者如何走出自身主体性困境提供了重要的启示——构建翻译的精神世界。

新时期的翻译研究对译者这一主题的探讨，其意义在于将人作为获得翻译知识的基点，通过揭示翻译中主体与客体的对象性关系，去理解翻译何以发生和发展，进而理解人类自身的存在。改革开放以来，我们对译者有了较多的了解，学者们发现了译者的主体地位，论证了译者主体性的客观存在，描写了译者主体性的影响因素、制约条件以及具体表现，揭示了译者与其他翻译主体的间性关系等。研究者对译者能力、译者行为、译者惯习、译者心理认知机制等进行了科学的描写和分析，建构了一系列有关译者的理论概念和范畴体系。

随着改革开放的深入，学者们对翻译理论问题的讨论范围扩大到翻译本体、翻译客体、翻译主体、翻译受众、翻译的社会和文化功能等，既对翻译的语言转换活动、社会话语实践活动，以及心理思维活动进行了较为详尽的分析，也致力于弄清翻译的各种社会文化影响因素及其矛盾所在，形成诸多关于翻译的一般理论认识。40年间，译学研究者的理论关切点发生过多次变

---

① 张智中《许渊冲与翻译艺术》，武汉：湖北教育出版社，2006年。
② 商瑞芹《诗魂的再生：查良铮英诗汉译研究》，天津：南开大学出版社，2007年。
③ 李寄《鲁迅传统汉语翻译文体论》，上海：上海译文出版社，2008年。
④ 严晓江《梁实秋中庸翻译观研究》，上海：上海译文出版社，2008年。
⑤ 蒋林《梁启超“豪杰译”研究》，上海：上海译文出版社，2009年。
⑥ 朱安博等《朱生豪文学翻译研究》，北京：国防工业出版社，2014年。
⑦ 许钧、宋学智、胡安江《傅雷翻译研究》，南京：译林出版社，2016年。

化，学者们对翻译的科学性和艺术性（如黄振定、方克平、劳陇）①、翻译中的异化与归化（如孙致礼、王东风、刘艳丽、杨自俭）②等话题展开争鸣。《上海翻译》还于2003年发起了一次有关翻译理论与实践之关系的深入讨论，许渊冲、杨自俭、孙致礼、郭建中、王宏印、吕俊、王东风、张经浩、毛荣贵等人参与论争，共发表论文18篇。该讨论大大推进了人们对翻译理论的类别、功能、来源等的认识，构成了翻译学科发展史上的一个重要事件。

当翻译学开始走向成熟，学科结构渐趋稳定，围绕翻译基本问题的研究还将不断深化。改革开放以来，翻译学在我国发展迅速，这与我国的翻译学者不断推进对翻译基本问题的认识密切相关。随着时代的发展，翻译的主体、社会主流翻译对象、翻译的工具方法等都发生了巨大的变化，翻译现象也变得更为复杂多样，这在客观上要求研究者对翻译基本问题，特别是翻译的本质进行新的思考。2014年，谢天振呼吁重新定位与定义翻译，《中国翻译》于2015年、2016年组织了重新审视“何为翻译”的系列讨论，触发了学界对翻译基本问题的多样化思考，深化了人们对翻译的发展性、复杂性和历史性的认识。这是翻译学对自身学科起点与终点的一次反思，将成为新时期学科走向多样化知识生产和理论建构的标志。

三、翻译理论的体系化建构

经历了理论意识复苏的时期之后，我国的翻译研究于20世纪80年代中期开始进入深化翻译基本理论探索的阶段，而从世纪之交开始，我国的翻译理论研究又进入到一个新的历史阶段——翻译理论的体系化建构阶段。

所谓“体系”，指若干事物构成一个互相联系、互相制约的整体，其关键在于“若干”要素及其之间的内在逻辑关系。理论是由若干概念和范畴构

---

① 黄振定《翻译学：艺术论与科学论的统一》，长沙：湖南教育出版社，1998年；方克平《论翻译中的矛盾：忠实、科学与艺术》，《中国翻译》1999年第6期，第6-9页；劳陇《“翻译活动是艺术还是科学？”——对〈翻译学：艺术论与科学论的统一〉的一点意见》，《中国翻译》2000年第4期，第56-57页。

② 孙致礼《中国的文学翻译：从归化趋向异化》，《中国翻译》2002年第1期，第40-44页；王东风《归化与异化：矛与盾的交锋》，《中国翻译》2002年第5期，第24-26页；刘艳丽、杨自俭《也谈“异化”与“归化”》，《中国翻译》2002年第6期，第20-24页。

成的命题，中国传统译论具有神聚形散的特点，虽然有不同的概念，但往往既不注重对概念的界定，也不注重概念与概念之间的逻辑关系，因而人们通常认为中国传统译论缺乏形态上的体系特征。改革开放之后，我国的翻译研究开始现代转型，在理论建构方面开始重视对理论概念的界定和对概念之间逻辑关系的明晰化处理，进而追求宏大的结构。在改革开放 20 年之后，展现系统性理论成果的专著变得越来越多。

如前一章所述，我们在翻译学的学科理论建构过程中，开展了一次为期多年的关于应否、能否以及如何建立翻译学的大讨论，学者们提出了各具特色的译学建设设想，黄振定[①]，彭卓吾[②]，赵彦春[③]，吕俊、侯向群[④]等出版了以“翻译学”为题的专著，讨论翻译学的根本性质及其基本特征，提出学科体系构想，指出学科研究路径。作为对翻译学进行倡议、论证和辩护的代表性学者，谭载喜先后发表了十多篇论述学科体系的文章，并于 2000 年出版了《翻译学》[⑤]专著，全面、系统、深入地论述了建立翻译学的重要性和翻译学的学科性质，学科内容，学科研究目的、范围、任务、方法等问题。2009 年，许钧、穆雷主编的《翻译学概论》[⑥]以开阔的视野展现了翻译学发展的历史轨迹，该书的出版是我国翻译学学科理论体系基本形成的标志。

随着学科的发展，我国翻译学者的学科意识和理论意识逐渐增强，通过跨学科研究进行翻译理论构建的意识也在增强。尤其是进入 21 世纪以来，翻译学逐渐开始由争取学科地位朝建设学科内涵转变，学者们更加努力地进行跨学科的探索，各种冠名“翻译 ×× 学”和“×× 翻译学”的文章和专著不断问世，如《翻译思维学》[⑦]《翻译美学》[⑧]《翻译美学导论》[⑨]《文化

---

① 黄振定《翻译学——艺术论与科学论的统一》，长沙：湖南教育出版社，1998 年。
② 彭卓吾《翻译学——一门新兴学科的创立》，北京：北京图书馆出版社，2000 年。
③ 赵彦春《翻译学归结论》，上海：上海外语教育出版社，2005 年。
④ 吕俊、侯向群《翻译学——一个建构主义的视角》，上海：上海外语教育出版社，2006 年。
⑤ 谭载喜《翻译学》，武汉：湖北教育出版社，2000 年。
⑥ 许钧、穆雷《翻译学概论》，南京：译林出版社，2009 年。
⑦ 龚光明《翻译思维学》，上海：上海社会科学院出版社，2004 年。
⑧ 毛荣贵《翻译美学》，上海：上海交通大学出版社，2005 年。
⑨ 刘宓庆《翻译美学导论》，北京：中国对外翻译出版公司，2005 年。

翻译学：文化翻译理论与实践》[①]《翻译认知心理学》[②]《和合译学》[③]《翻译生态学》[④]《翻译地理学》[⑤]《生态翻译学：建构与诠释》[⑥]《翻译经济学》[⑦]《翻译诗学》[⑧]《共生翻译学建构》[⑨]等著述陆续出版。其中，胡庚申基于其《翻译适应与选择论》[⑩]而发展的"生态翻译学"已经形成了较大的影响，吸引了众多年轻学者以生态翻译学为理论框架开展研究。虽然生态翻译学理论立论理据、概念来源、推理逻辑等基本认识尚有待论证和验证，但作为我国学者自创的理论，生态翻译学体现了我国学者对构建自己的理论体系的积极探索。

此外，中国译学界学者还积极地进行译学分支领域的理论体系化探索，无论是在文学翻译研究领域，还是非文学翻译研究（应用翻译研究）领域，都取得了较为丰富的体系化的理论成绩。

文学翻译研究方面，改革开放的前10年里，仅有张今的《文学翻译原理》[⑪]是文学翻译理论专著。作为改革开放以来最早的体系化的翻译理论论著，该书提出了对文学翻译的定义，从哲学和美学角度研究文学翻译中的一些基本问题，分析了文学翻译理解过程中的六对矛盾和表达过程中的十对矛盾。进入21世纪之后，文学翻译研究理论专著明显增多。其中，郑海凌的《文学翻译学》[⑫]明确地将文学翻译和非文学翻译区别开来，以文学翻译的艺术问题为中心，用一整套概括性较强的概念系统及独具学科特点的知识框架，借助文艺学、美学、语言学、心理学等学科视角对文学翻译现象和命题作了理论勾勒，对文学翻译的审美观念、审美标准，译者的再创造、创造心理和文

① 王秉钦《文化翻译学：文化翻译理论与实践》，天津：南开大学出版社，2007年。
② 颜林海《翻译认知心理学》，北京：科学出版社，2008年。
③ 吴志杰《和合译学》，南京大学博士学位论文，2008年。
④ 许建忠《翻译生态学》，北京：中国三峡出版社，2009年。
⑤ 许建忠《翻译地理学》，哈尔滨：黑龙江人民出版社，2010年。
⑥ 胡庚申《生态翻译学：建构与诠释》，北京：商务印书馆，2013年。
⑦ 许建忠《翻译经济学》，北京：国防工业出版社，2014年。
⑧ 刘华文《翻译诗学》，北京：外语教学与研究出版社，2015年。
⑨ 刘满芸《共生翻译学建构》，上海：复旦大学出版社，2015年。
⑩ 胡庚申《翻译适应与选择论》，武汉：湖北教育出版社，2004年。
⑪ 张今《文学翻译原理》，开封：河南大学出版社，1987年。
⑫ 郑海凌《文学翻译学》，郑州：文心出版社，2000年。

学翻译的方法原则进行了研究。蔡新乐的《文学翻译的艺术哲学》[①]将含意本体论引入文学翻译研究，运用现象学的理论观点从精神、文化和语言等多元层面研究了文学翻译的本质属性、特征以及翻译过程，研究了文学翻译与精神之间、精神的境界与翻译的语境之间的关系。

从综合视角关注文学翻译问题的概论性著作还有王金铃的《文学翻译新论》[②]，张成柱的《文学翻译研究》[③]，成昭伟的《文学翻译概论》[④]，胡显耀、李力的《高级文学翻译》[⑤]，李冰梅的《文学翻译新视野》[⑥]和周方珠的《文学翻译论》[⑦]等。许钧的《历史的奇遇：文学翻译论》[⑧]对文学翻译本质、文学名著译介与评析等方面进行了全面的思考，从忠实、叛逆和再创造之间的辩证关系论述了文学译者的身份认同，从意愿、现实与道德等三个层面对翻译活动中制约翻译主体的因素进行了宏观的考察和具体的分析。该书还结合翻译所承担的使命论述了文学翻译过程中"译什么""怎么译"的各种选择，从翻译的文本生命历程入手对译作和原作的关系进行了新的观察，以确立译作应有的历史与文化地位，另外还讨论了文学翻译再创造的"度"。

进入21世纪之后，聚焦单一主题的文学翻译理论著作逐渐增多。其中文学翻译审美方面的问题引起了诸多学者的关注，相关研究成果有奚永吉的《文学翻译比较美学》[⑨]（该著作立足于本国古今文论、诗论、曲论、画论中的美学原理来论述文学翻译比较美学）、姜秋霞的《文学翻译中的审美过程：格式塔意象再造》[⑩]、刘华文的《汉诗英译的主体审美论》[⑪]、王平的《文

① 蔡新乐《文学翻译的艺术哲学》，开封：河南大学出版社，2001年。
② 王金铃《文学翻译新论》，北京：作家出版社，1999年。
③ 张成柱《文学翻译研究》，西安：陕西人民出版社，2002年。
④ 成昭伟《文学翻译概论》，北京：国防工业出版社，2007年。
⑤ 胡显耀、李力《高级文学翻译》，北京：外语教学与研究出版社，2009年。
⑥ 李冰梅《文学翻译新视野》，北京：北京大学出版社，2011年。
⑦ 周方珠《文学翻译论》，北京：中国对外翻译出版有限公司，2014年。
⑧ 许钧《历史的奇遇：文学翻译论》，南京：南京大学出版社，2015年。
⑨ 奚永吉《文学翻译比较美学》，武汉：湖北教育出版社，2000年。
⑩ 姜秋霞《文学翻译中的审美过程：格式塔意象再造》，北京：商务印书馆，2002年。
⑪ 刘华文《汉诗英译的主体审美论》，上海：上海译文出版社，2005年。

学翻译审美学》[①]、袁新的《文学翻译审美问题研究》[②]、胡兆云的《美学理论视野中的文学翻译研究》[③]和姜莉的《〈庄子〉英译：审美意象的译者接受研究》[④]等，都从不同的角度对文学翻译审美问题进行了探讨。

文学翻译的语境、创造、语言特质、主体性等都进入了学者们关注的视野，成为了体系性理论建构的主题。郑诗鼎的《语境与文学翻译》[⑤]和栗长江的《文学翻译语境化探索》[⑥]都以文学翻译的语境要素为主题，前者讨论了文学翻译与语境的关系，后者则借鉴语言学有关语境的研究成果，综合文艺理论、翻译理论，整合跨学科的理论资源对文学翻译进行了较为全面的描写和解释。韩子满的《文学翻译杂合研究》[⑦]和吴南松的《"第三类语言"面面观——文学翻译中的译作语言探索》[⑧]都聚焦于文学翻译的特质，前者对文学翻译中的杂合现象进行了全面的探究，后者则对译者所采用的一种介于源语和译语之间的"第三类语言"存在的必要性、普遍性，主要特征、影响因素等进行了讨论。董明的《翻译：创造性叛逆》[⑨]和王丹阳的《文学翻译中的创作论》[⑩]都围绕文学翻译的创造性展开讨论，前者探讨了文学翻译中创造性叛逆产生的原因、具体表现形式及其对目标语的语言、文化和文学的影响，后者结合个案分析探究了文学翻译中的创作行为以及文学翻译与文学创作之间的关系。

段峰的《文化视野下文学翻译主体性研究》研究了文学翻译主体从作者转换为译者的过程，作者主体性、译者主体性和读者主体性各自的地位与作用以及三者之间的关系。[⑪]申迎丽的《理解和接受中意义的建构——文学翻

① 王平《文学翻译审美学》，北京：国防工业出版社，2010年。
② 袁新《文学翻译审美问题研究》，北京：中国社会科学出版社，2011年。
③ 胡兆云《美学理论视野中的文学翻译研究》，北京：中国书籍出版社，2013年。
④ 姜莉《〈庄子〉英译：审美意象的译者接受研究》，北京：北京师范大学出版社，2014年。
⑤ 郑诗鼎《语境与文学翻译》，重庆：西南师范大学出版社，1997年。
⑥ 栗长江《文学翻译语境化探索》，北京：线装书局，2008年。
⑦ 韩子满《文学翻译杂合研究》，上海：上海译文出版社，2005年。
⑧ 吴南松《"第三类语言"面面观——文学翻译中的译作语言探索》，上海：上海译文出版社，2008年。
⑨ 董明《翻译：创造性叛逆》，北京：中央编译出版社，2006年。
⑩ 王丹阳《文学翻译中的创作论》，南京：南京师范大学出版社，2009年。
⑪ 段峰《文化视野下文学翻译主体性研究》，成都：四川大学出版社，2008年。

译中的“误读”现象研究》通过对“误读”现象的讨论研究了文学翻译中理解与接受中意义的建构。[①] 金兵的《文学翻译中原作陌生化手法的再现研究》研究了文学翻译中原作陌生化手法的再现。[②] 曹丹红的《诗学视角下的翻译研究》借鉴诗学理论对文学翻译活动的诗性内涵和层次进行了研究，重新审视了翻译标准、翻译方法和翻译忠实性问题，分析了文学性在作品中的表现形式，探讨了译者如何围绕对文学性的理解和把握，在翻译过程中实现形式转换、语义再生和价值重构的问题。[③]

改革开放40年以来也是我国应用翻译研究“异军突起”的一段时期。随着国家的改革开放，翻译市场开始发育，非文学翻译实践活动越来越多，应用翻译研究随之在法律、旅游、商贸、科技等许多领域展开。冯志伟、杨平的《自动翻译》[④]，方梦之的《科技翻译实用文体》[⑤]，陈忠诚的《法窗译话——法律翻译絮谈》[⑥]，李亚舒等的《科技翻译论著集萃》[⑦]，冯志伟的《自然语言机器翻译新论》[⑧]，冯志杰的《汉英科技翻译指要》[⑨]，李亚舒、赵文利、吴伟雄的《科技翻译论著精粹》[⑩]，黄忠廉的《翻译变体研究》[⑪] 和《变译理论》[⑫] 分别出版，应用翻译研究展现出多样化的理论与实践相结合的成果，分支学科形态初显。2003年，首届全国应用翻译研讨会召开，应用翻译得到更广泛的关注，开始形成系统化的研究领域。之后，郭建中的《科普与科幻翻译——理论与技巧》[⑬]、陈刚的《旅游翻译与涉外导游》[⑭]、冯志伟的

---

① 申迎丽《理解和接受中意义的建构——文学翻译中的“误读”现象研究》，上海：上海译文出版社，2008年。
② 金兵《文学翻译中原作陌生化手法的再现研究》，上海：复旦大学出版社，2009年。
③ 曹丹红《诗学视角下的翻译研究》，南京：南京大学出版社，2015年。
④ 冯志伟、杨平《自动翻译》，北京：知识出版社，1987年。
⑤ 方梦之《科技翻译实用文体》，上海：上海翻译出版公司，1989年。
⑥ 陈忠诚《法窗译话——法律翻译絮谈》，北京：中国对外翻译出版公司，1992年。
⑦ 李亚舒等《科技翻译论著集萃》，北京：中国科学技术出版社，1994年。
⑧ 冯志伟《自然语言机器翻译新论》，北京：语文出版社，1995年。
⑨ 冯志杰《汉英科技翻译指要》，北京：中国对外翻译出版公司，1998年。
⑩ 李亚舒、赵文利、吴伟雄《科技翻译论著精粹》，北京：气象出版社，2000年。
⑪ 黄忠廉《翻译变体研究》，北京：中国对外翻译出版公司，2000年。
⑫ 黄忠廉《变译理论》，北京：中国对外翻译出版公司，2002年。
⑬ 郭建中《科普与科幻翻译——理论与技巧》，北京：中国对外翻译出版公司，2004年。
⑭ 陈刚《旅游翻译与涉外导游》，北京：中国对外翻译出版公司，2004年。

《机器翻译研究》[①]等著作继续将翻译研究推向具体的应用领域。贾文波的《应用翻译功能论》[②]和黄忠廉、李亚舒的《科学翻译学》[③]的出版标志着我国应用翻译研究正式开始分支学科构建。10年之后，方梦之的《应用翻译研究：原理、策略与技巧》[④]和黄忠廉、方梦之、李亚舒的《应用翻译学》[⑤]出版，前者从翻译基本性质探讨和实践经验总结出发建构了应用翻译理论体系，清晰展现了应用翻译的研究路线图，后者系统地论述了应用翻译学作为翻译学分支学科的性质地位、理论来源、研究现状和体系构成。2015年，以应用翻译研究为特色的《上海翻译》创刊30周年，方梦之主编了《应用翻译研究》[⑥]，汇集了该刊30年里所刊发的优秀论文成果，集中呈现了应用翻译研究从理论意识萌芽到逐渐走向成熟的历史进程。

改革开放以来，我国译学界在翻译批评的理论研究方面成果不断，学者们除了积极运用理论开展翻译批评实践之外，还致力于建构具有学科自身特色的翻译批评理论。自许钧的《文学翻译批评研究》[⑦]之后，陆续有姜治文、文军[⑧]，周仪、罗平[⑨]，杨晓荣[⑩]，胡德香[⑪]，王宏印[⑫]，王平[⑬]，文军[⑭]，温秀颖[⑮]，吕俊、侯向群[⑯]，肖维青[⑰]，周领顺[⑱]，刘云虹[⑲]等学者的翻

① 冯志伟《机器翻译研究》，北京：中国对外翻译出版公司，2004年。
② 贾文波《应用翻译功能论》，北京：中国对外翻译出版公司，2004年。
③ 黄忠廉、李亚舒《科学翻译学》，北京：中国对外翻译出版公司，2004年。
④ 方梦之《应用翻译研究：原理、策略与技巧》，上海：上海外语教育出版社，2013年。
⑤ 黄忠廉、方梦之、李亚舒《应用翻译学》，北京：国防工业大学出版社，2013年。
⑥ 方梦之《应用翻译研究》，上海：上海外语教育出版社，2015年。
⑦ 许钧《文学翻译批评研究》，南京：译林出版社，1992年。
⑧ 姜治文、文军《翻译批评论》，重庆：重庆大学出版社，1999年。
⑨ 周仪、罗平《翻译与批评》，武汉：湖北教育出版社，1999年。
⑩ 杨晓荣《翻译批评导论》，北京：中国对外翻译出版公司，2005年。
⑪ 胡德香《翻译批评新思路：中西比较语境下的文化翻译批评》，武汉：武汉出版社，2006年。
⑫ 王宏印《文学翻译批评论稿》，上海：上海外语教育出版社，2006年；王宏印《文学翻译批评概论：从文学批评到翻译教学》，北京：中国人民大学出版社，2009年。
⑬ 王平《文学翻译批评学》，杭州：杭州出版社，2006年。
⑭ 文军《科学翻译批评导论》，北京：中国对外翻译出版公司，2006年。
⑮ 温秀颖《翻译批评：从理论到实践》，天津：南开大学出版社，2007年。
⑯ 吕俊、侯向群《翻译批评学引论》，上海：上海外语教育出版社，2009年。
⑰ 肖维青《翻译批评模式研究》，上海：上海外语教育出版社，2010年。
⑱ 周领顺《译者行为批评：理论框架》，北京：商务印书馆，2014年；周领顺《译者行为批评：路径探索》，北京：商务印书馆，2014年。
⑲ 刘云虹《翻译批评研究》，南京：南京大学出版社，2015年。

译批评理论性著作问世。许钧的《文学翻译批评研究》是我国第一部翻译批评理论专著，也是全世界最早的翻译批评理论专著之一。作者着力构建了一个基本的文学翻译批评的理论体系，从宏观上对文学翻译批评的方法论进行了规范，并结合具体实践案例为文学翻译批评提供了范本。王平的《文学翻译批评学》将文学翻译批评学的研究范畴划分为本体论、创作论、标准论、方法论、文本论、接受论，明确了文学翻译批评学的任务，讨论了翻译批评对象的选择，批评的标准、原则和方法，原译作的阐释与比较，文化和语言比较，文本审校，批评者的思维心理机制和素养等内容。王宏印的《文学翻译批评论稿》从中西互鉴的视角，以哲学、文论、译论相互阐发为基础，对文学翻译批评的基本理论问题作了深入的思考，透视当前的文学翻译现象，提出鉴赏性和研究性相结合的文学翻译批评概念，建立了独具特色的理论框架，指出了建立文学翻译批评学所需的条件和对学科结构的基本设想。

在改革开放以来的40年里，我国的文学翻译研究学者在进行文化研究的跨域探索中，也取得了新的理论成就。20世纪后半段，西方思想界出现了“文化转向”，受文化研究兴起的影响，文学研究将世界全球化进程中的各种文化问题纳入自己的研究视野之中，随着“文化转向”对跨文化交流的重视，比较文学又出现“翻译转向”，文学研究、文化研究和翻译研究开始结合起来形成了新的研究领域。

译介学就是这种跨越学科边界进行理论建构的重要成果。译介学在我国是文学界和翻译学界均为人熟知的概念，但在英语中却找不到合适的术语来表达，这体现出中国传统译介学理论的原创性。1997年，谢天振在与陈惇、孙景尧共同编著的《比较文学》[①]中以专门的章节讨论了翻译与译介学在比较文学中的地位、翻译中的创造性叛逆，以及翻译文学和翻译文学史等主题，其后又在其专著《译介学》[②]中对译介学的性质、研究内容以及翻译文学史的编写方法作了全面的阐述。《译介学》的出版标志着译介学从比较文学媒介学之下的一个概念发展成了一个跨越比较文学和翻译学两个学科的重要的

① 陈惇、孙景尧、谢天振《比较文学》，北京：高等教育出版社，1997年。
② 谢天振《译介学》，上海：上海外语教育出版社，1999年。

研究领域，拓展了文学翻译研究的学术空间。译介学既吸引了翻译研究学者中对文学和文化问题感兴趣的学者，也吸引了比较文学研究中关注翻译问题的学者，还吸引了一些从事文化传播研究的学者加入进来，从而不仅促进了学术领域之间的交流，同时也增强了文学翻译研究的实用价值。其后，谢天振的《译介学导论》①《比较文学与翻译研究》②《译介学（增订本）》③出版，译介学影响更加深入。张旭的《跨越边界：从比较文学到翻译研究》④是从译介学角度将比较文学和翻译研究结合起来进行理论建构的重要成果。该著作参照东西方知识谱系，就比较文学和翻译研究共同关注的相关问题展开讨论，厘清了比较文学与翻译研究之间的关系，论证了跨文化语境下比较文学翻译研究在跨越性研究途径上的适切性，并引入文献学，为防止比较文学翻译研究流于空泛提供了方法论的尝试。

译介学不同于传统的翻译研究。传统的翻译研究主要回答翻译实践中的应然问题，而译介学并不以指导翻译实践为目的，而是在接受翻译行为的实然结果、摆脱对译作好坏的判断的基础上展开对文学交流、影响、接受、传播等问题的考察和分析。传统的翻译研究多注重对语言转换过程及相关理论的研究，而译介学关注的不是源语与目的语之间如何转换的具体问题，而是原文经由翻译之后产生的信息失落、变形、增添、扩伸等现象，进而揭示翻译作为一种人类跨文化交流的实践活动所具有的独特价值和意义。译介学也不同于传统的比较文学研究。传统的比较文学研究并不太关注翻译问题，即使涉及也是将文学翻译作为追溯文学传播和影响的具体途径，或作为确认某作家受外国作家影响的依据，不关注文学翻译和翻译文学本身，而后者则正是译介学所关注的主要对象。谢天振从翻译角度考察了不同国家和民族间的文学关系史，分析了翻译文学的性质、归属和地位，从理论上肯定了译者的再创造价值，确认了翻译家在文学史上的地位。从学科发展的历史来看，译介学拓展了翻译研究的对象域，更是对翻译研究方法论的创新。刘小刚著的

① 谢天振《译介学导论》，北京：北京大学出版社，2007年。
② 谢天振《比较文学与翻译研究》，上海：复旦大学出版社，2011年。
③ 谢天振《译介学（增订本）》，南京：译林出版社，2013年。
④ 张旭《跨越边界：从比较文学到翻译研究》，北京：北京大学出版社，2010年。

《翻译中的创造性叛逆与跨文化交际》[①]一书对译介论中的核心概念的研究与阐发值得关注。

21世纪以来，越来越多的学者从文学和文化研究的视角思考文学翻译问题。王宁的《比较文学、世界文学与翻译研究》从翻译的视角考察文学和文化的全球化发展，从世界文学、民族文化的角度考察翻译的功能，从信息化的角度考察翻译的内涵，从全球文化发展趋势中去重新认识翻译学的学科地位，对于推动中国翻译学积极参与世界文学与文化的学术话语构建，推动翻译在中国文学与文化“走出去”过程中发挥作用，具有很好的指导价值。[②]姜秋霞的《文学翻译与社会文化的相互作用关系研究》着力揭示了文学翻译与社会文化之间的相互作用、相互影响的互动关系。[③]该著作结合实证研究，从宏观、中观、微观等层面进行探讨，得出结论：文化语境、文化意识决定翻译的主题、内容及取舍程度与方式；同时文学译介又反过来作用于文化语境、（文学）文化形态的结构与变化；文学翻译无论在宏观结构、价值取向上，还是在文本转换的具体方式上，都受社会文化意识的影响与制约。

在了解了文学译介与文化发展之间的互动关系之后，学界开始考察特定语境下具体国别文学、类别文学和文学文本的翻译对于国家文学与文化发展的影响。苏畅的《俄苏翻译文学与中国现代文学的生成》[④]即此类研究成果之一。作者认为，对翻译文学的文化研究恰恰是揭示跨语际实践中自我与他者、异域文学与本土文学、文学与政治意识形态等领域复杂关系的场所。该著作以现代中国译介最多的托尔斯泰译介为例考察了外国文学译介与中国现代文学主体性和现代性建构之间的关系。

在众多的文学翻译学者中，许渊冲是成就不凡的一位，不仅因为他获得了“北极光”杰出文学翻译奖，还因为他提出了独具一格的文学翻译理论。

---

① 刘小刚《翻译中的创造性叛逆与跨文化交际》，天津：南开大学出版社，2014年。

② 王宁《比较文学、世界文学与翻译研究》，上海：复旦大学出版社，2014年。

③ 姜秋霞《文学翻译与社会文化的相互作用关系研究》，北京：外语教学与研究出版社，2009年。

④ 苏畅《俄苏翻译文学与中国现代文学的生成》，北京：社会科学出版社，2013年。

改革开放后的40年里，他出版了专著《文学翻译谈》[①]《文学与翻译》[②]和《翻译的艺术（增订本）》[③]，发表了《文学翻译是两种语言的竞赛——〈红与黑〉新译本前言》[④]《知之·好之·乐之·三之论——再谈发挥译语优势》[⑤]《新世纪的新译论》[⑥]《再谈中国学派的文学翻译理论》[⑦]等一系列论文阐述其翻译思想，构建了极具特色的“美化之艺术，优势似竞赛”文学翻译理论，即“三美论”“三化论”“三之论”“翻译艺术”“发挥译语优势论”“三似论”以及“竞赛论”。许渊冲的文学翻译理论承继了中国传统译论中的古典美学思想，以主观感悟式的方式表达了颇具现代性色彩的翻译思想，突破了传统译论中的“原文中心主义”观点，提高了译者作为创造者的身份和地位，但其“发挥译语优势超越原文”“以创补失”等观点对传统译论中的忠实观构成了极大的冲击，因而也引起了颇多的争议。

除了学术共同体共同进行翻译理论的体系化建构之外，改革开放以来，翻译学者个人也对自己的译学思想进行了体系建构。在过去的40年间，许钧发表了诸多重要的论述，《翻译论》[⑧]是其代表之作，国际著名译学期刊 *Meta* 于2007年刊出了对该著作的评介。在该著作中，许钧以中西比较、古今参照与学科互鉴的方法把对翻译基本问题的单项思考引向整体阐发，把对翻译活动进行内部的、纵向的微观分析引向内外联系的、动态的宏观考察，把对翻译的语言符号层面的研究引向对翻译的社会文化层面的探讨。作为“理论的先锋”[⑨]，《翻译论》论述了翻译的本质、过程、意义、因素、矛盾、主体、

---

① 许渊冲《文学翻译谈》，台北：书林出版有限公司，1998年。
② 许渊冲《文学与翻译》，北京：北京大学出版社，2003年。
③ 许渊冲《翻译的艺术（增订本）》，北京：五洲传播出版社，2006年。
④ 许渊冲《文学翻译是两种语言的竞赛——〈红与黑〉新译本前言》，《外国语》1993年第3期，第23–28页。
⑤ 许渊冲《知之·好之·乐之·三之论——再谈发挥译语优势》，《外语与外语教学》1998年第6期，第34–38页。
⑥ 许渊冲《新世纪的新译论》，《中国翻译》2000年第3期，第2–6页。
⑦ 许渊冲《再谈中国学派的文学翻译理论》，《中国翻译》2012年第4期，第83–90页。
⑧ 许钧《翻译论》，武汉：湖北教育出版社，2003年。
⑨ 吕俊《一部值得认真研读的译学力作——读许钧教授新作〈翻译论〉》，《外语与外语教学》2004年第4期，第64页。

价值与批评，“破解了译学七大难题”[①]，是对翻译基本问题的一次全方位的论述。此外，许钧的《文学翻译批评研究》《文字·文学·文化——〈红与黑〉汉译研究》[②]《文学翻译的理论与实践——翻译对话录》[③]《当代法国翻译理论》[④]《翻译概论》[⑤]《翻译学概论》[⑥]《历史的奇遇：文学翻译论》[⑦]等著作均不同程度推动了翻译学的学科发展。

刘宓庆是中国当代著名的翻译理论家，他的翻译研究领域广、著述丰、影响大。他于改革开放后开始进行翻译理论的体系化探索，20世纪80年代中期先后发表了《交际语法的意义层次论与翻译理论的探讨》[⑧]《论翻译的虚实观》[⑨]《论翻译思维》[⑩]《翻译美学概述》[⑪]和《翻译美学基本理论构想》[⑫]等文章，出版了著作《文体与翻译》[⑬]，之后又陆续出版了《当代翻译理论》[⑭]《翻译美学导论》[⑮]《文化翻译论纲》[⑯]《翻译与语言哲学》[⑰]《翻译教学：

---

① 伍小龙、王东风《破解译学七大难题——评许钧教授的新作〈翻译论〉》，《中国翻译》2004年第4期，第54页。

② 许钧《文字·文学·文化——〈红与黑〉汉译研究》，南京：南京大学出版社，1996年；《文字·文学·文化——〈红与黑〉汉译研究》（增订本），南京：南京大学出版社，2011年。

③ 许钧《文学翻译的理论与实践——翻译对话录》，南京：译林出版社，2001年。

④ 许钧、袁筱一《当代法国翻译理论》，武汉：湖北教育出版社，2000年。

⑤ 许钧《翻译概论》，北京：外语教学与研究出版社，2009年。

⑥ 许钧、穆雷《翻译学概论》，南京：译林出版社，2009年。

⑦ 许钧《历史的奇遇：文学翻译论》，南京：南京大学出版社，2015年。

⑧ 刘宓庆《交际语法的意义层次论与翻译理论的探讨》，《翻译通讯》1984年第7期，第15-19页。

⑨ 刘宓庆《论翻译的虚实观》，《翻译通讯》1984年第10期，第14-17页。

⑩ 刘宓庆《论翻译思维》，《外国语》1985年第2期，第11-16页。

⑪ 刘宓庆《翻译美学概述》，《外国语》1986年第2期，第48-53页。

⑫ 刘宓庆《翻译美学基本理论构想》，《中国翻译》1986年第4期，第19-24页。

⑬ 刘宓庆《文体与翻译》，北京：中国对外翻译出版公司，1986年。

⑭ 刘宓庆《当代翻译理论》，台北：书林出版社，1993年；刘宓庆《当代翻译理论》，北京：中国对外翻译出版公司，1999年；刘宓庆《当代翻译理论》，北京：中国对外翻译出版公司，2005年。

⑮ 刘宓庆《翻译美学导论》，台北：书林出版社，1995年；刘宓庆《翻译美学导论》，北京：中国对外翻译出版公司，2005年。

⑯ 刘宓庆《文化翻译论纲》，武汉：湖北教育出版社，1999年；刘宓庆《文化翻译论纲》（修订本），北京：中国对外翻译出版公司，2007年。

⑰ 刘宓庆《翻译与语言哲学》，北京：中国对外翻译出版公司，2001年。

实务与理论》[1]《翻译美学理论》[2]等理论著作，这些著作的内容涉及翻译学的诸多领域，形成了他对翻译学结构的独特认识。刘宓庆构建了翻译学体系结构和理论维度的框架结构（如图 2–1），该框架既反映了翻译学理论的体系性，也是刘宓庆自己的翻译学思想体系化的表征。

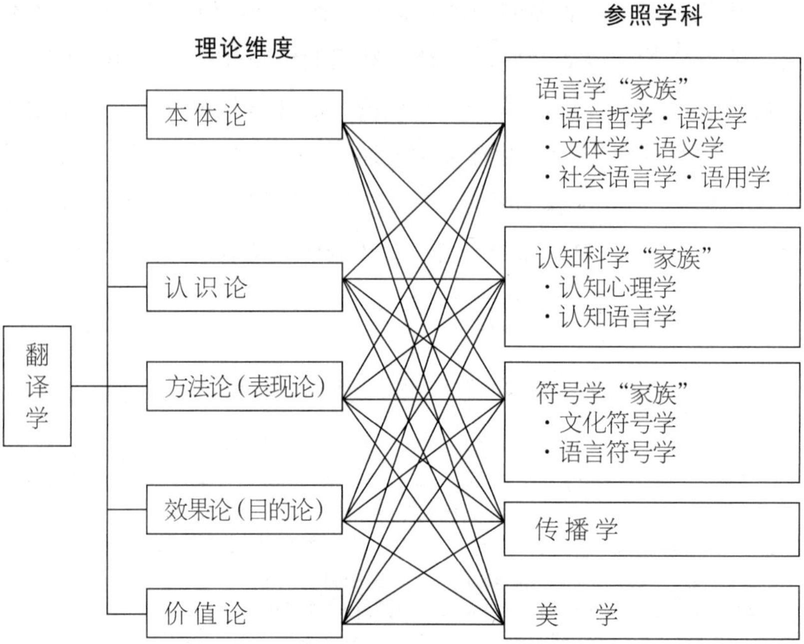

图 2–1　刘宓庆翻译学多维共同体示意图[3]

有学者对刘宓庆的翻译学体系思想进行了研究，认为他的翻译理论体系可分为应然体系和实然体系两个部分，并列示了刘宓庆翻译理论体系的发展历程和大致脉络（如表 2–1）：

① 刘宓庆《翻译教学：实务与理论》，北京：中国对外翻译出版公司，2003 年。

② 刘宓庆《翻译美学理论》，北京：外语教学与研究出版社，2001 年。

③ 刘宓庆《新编当代翻译理论（第二版）》，北京：中国对外翻译出版有限公司，2012 年，第 16 页。

表 2-1　刘宓庆翻译学体系研究发展历程表①

时　间	维　　度		
	体系归属	研究特征	代 表 作
20 世纪 80 年代	实然研究	分	关于翻译思维、翻译美学、翻译风格等的文章
1990 年	应然研究、实然研究	总	《现代翻译理论》
20 世纪 90 年代至 21 世纪初	实然研究	分	《翻译美学导论》（1995）、《文化翻译论纲》（1999）、《翻译与语言哲学》（2001）等
2003 年至今	应然研究、实然研究	总	《翻译教学：实务与理论》（2003）、《中国翻译理论研究的新里程》（2003）、《新编当代翻译理论》（2006、2012）

改革开放以来，我们的翻译学者逐渐展现出中西兼备的视野和在国际上发表系统性理论著述的能力，孙艺风就是其中的代表之一。他先后在南京大学、伦敦大学、剑桥大学、西敏斯特大学、伦敦城市大学、香港岭南大学和澳门大学学习、研究和工作，教授英语、翻译与文学课程，从事文化与翻译的理论研究。作为新时期有着中西学术背景的翻译理论研究学者，孙艺风的诸多论文发表于 *Modern Language Quarterly, ARIEL: A Review of International English Literature, Babel, Across Languages and Cultures, Perspectives, Comparative Literature Studies, Journal of Multicultural Discourses, Journal of Translation Studies, Neohelicon, Intercultural Communication Studies, Journal of Modern Literature in Chinese, Asia Pacific Translation and Intercultural Studies,*

① 张思永《刘宓庆翻译学体系建构述评》,《天津外国语大学学报》2017 年第 6 期，第 96 页。

International Journal of Linguistics and Communication, Telos：Quarterly Journal of Politics, Philosophy, Critical Theory, Culture, and the Arts 等外文学术刊物和《中国翻译》《上海翻译》《翻译季刊》等中文学术刊物。孙艺风深入地研究了全球化背景下发生了深刻变化的翻译活动的本质问题，在话语、文本、文化等方面揭示了文学翻译的特质，对翻译的主体意识[①]、译者的文化使命[②]、翻译的多元之美[③]、翻译的跨文化交际策略[④]、翻译的距离[⑤]、翻译的暴力[⑥]等理论话题进行了探索与阐释。他的《视角、阐释、文化：文学翻译与翻译理论》[⑦]《文化翻译》[⑧]和 *Translating Foreign Otherness：Cross-Cultural Anxiety in Modern China*[⑨] 系统地阐述了翻译与文化语境之间相互制约、相互依存的关系，以及文化差异所造成的普遍主义和特殊主义、后殖民主义和民族主义的叠加交织、错综复杂的关系，从若干个互为关联的视角，透视文化语境下的翻译研究，探究翻译的文化属性及所涉及的差异性和互通性、多元性和共享性；同时从跨文化角度切入，论证文化翻译的应对策略及可操作性，并挖掘由隐藏其后的文化预设与价值观等所引致的显性或潜在的矛盾与冲突。

进行跨学科研究是在承认学科间差异的基础上打破学科界限，通过不同学科的相互交叉与融合以实现创新发展。因而，跨学科研究作为一门学科拓展学术空间、发展学科理论的重要途径，是“社会科学的必然选择”[⑩]。在改革开放后的40年里，建立学科是译学建设的主要目标，建构翻译学学科理论和翻译基本理论也相应是这一时期翻译理论工作者的主要任务，但作为一门独立的、开放的、综合性的学科，翻译学本质上需要不断地满足社会发

---

① 孙艺风《翻译规范与主体意识》，《中国翻译》2003年第3期，第3–9页。
② 孙艺风《离散译者的文化使命》，《中国翻译》2006年第1期，第3–10页。
③ 孙艺风《翻译与多元之美》，《中国翻译》2008年第4期，第10–19页。
④ 孙艺风《翻译的跨文化交际策略》，《中国翻译》2012年第1期，第16–23页。
⑤ 孙艺风《翻译的距离》，《中国翻译》2013年第6期，第5–12页。
⑥ 孙艺风《翻译的暴力》，《中国翻译》2014年第6期，第5–13页。
⑦ 孙艺风《视角、阐释、文化：文学翻译与翻译理论》，北京：清华大学出版社，2004年。
⑧ 孙艺风《文化翻译》，北京：北京大学出版社，2017年。
⑨ Yifeng Sun. *Translating Foreign Otherness: Cross-Cultural Anxiety in Modern China*. New York: Routledge,2018.
⑩ 邹农俭《跨学科研究：社会科学的必然选择》，《浙江社会科学》2007年第1期，第2页。

展的需要，进行跨学科的理论探索。在改革开放以来的40年里，我国的译学研究者在跨学科研究中也取得了较为丰富的理论成果。

总而言之，过去的40年里，我国的译学研究取得了显著的理论成就。相关成果得到国外学者的广泛关注和充分肯定，国际著名译学期刊越来越重视对中国国内出版的译学理论著述的评介，中国学者在国际平台上发表的理论成果也日益增多。从以上简单综述中，我们已经可以看出改革开放以来我国翻译理论研究的大致状况：翻译学者不断拓展理论视野，明确理论目标，坚持进行理论建构方法的批判性反思，研究中的理论话题逐步多元分化，理论关切点发生过多次转移和变化，理论的现实性、应用性和实践性功能也不断增强，这些都使以翻译理论为核心和主要标志的翻译学研究得到了长足的发展。

第二节　翻译理论话语体系建设

一门学科的理论话语体系是该学科的理论体系和知识体系的表达形式，是学术共同体进行学术交流的工具，也是学科学术面貌的反映和体现。理论话语的功能在于说明研究内容、反映研究对象，助推理论认识和实践水平的提升。理论话语产生于一定的时代，它与理论的构建和传播密切相关，理论话语及其体系深刻地影响着学术共同体的思维方式和交流习惯。对学科理论的了解和对学科理论话语的掌握是学者走向成熟的必经之路，建构出自身独特的理论话语体系则是学科在整个人文社会科学领域中拥有言说自我的方式的标志，因而学科的建设不仅要建构自身的理论体系，同时需要建构兼具稳定性和开放性的理论话语体系。可以说，理论话语体系的建构是学科理论发生和发展的核心问题。改革开放40年以来，我国的翻译事业获得了空前的快速发展机遇，翻译研究也取得了前所未有的发展成就，人们对翻译理论的认识和认可逐渐增强，翻译理论推进翻译社会实践发展的能力和水平得以提升，翻译理论话语体系建构也获得了长足的进步。

改革开放以后，随着思想解放和翻译研究的不断深化，翻译学界的翻译理论意识和学科意识不断觉醒，开始致力于现代翻译理论话语体系的构建，经历了传统话语的沿用、当代西方翻译理论话语的引入，以及具有自身特色的融通中外的理论话语体系的探索等发展阶段。

一、翻译理论话语的建设与发展

学术期刊是学术交流的平台，也是理论话语展示的平台，翻译学术期刊是翻译理论话语发展最好的见证。改革开放之初，仅有一家翻译学术期刊创立，即《翻译通讯》（现更名为《中国翻译》）。因而，改革开放初期的翻译理论话语主要展示在《翻译通讯》这一刊物上。

改革开放初期，是翻译研究开始恢复，理论意识逐渐觉醒，翻译研究作为独立学科的诉求慢慢彰显的时期。当时，我国翻译研究所采用的语词和概念还处于沿用传统的阶段，对微观翻译技巧的讨论很多，相关内容以翻译方法、词句特殊结构的理解和表达来体现，如“拆句”“反译法”“断句技巧”“化静为动”“句子成分转换”“词类转换”“逐字译”“注释”“专名”“转换”“转移修饰语”“常用句型”“词”等。

那时，人们已经充分认识到翻译对于改革开放的重要性，相应的话语有“必要”“重要”“必须”等，但人们仍然十分重视对翻译中政治因素的考量，有关翻译研究的文章中，经常使用“四化”“马列导师”“马恩军事思想”“马克思和恩格斯”“列宁”“奋斗”“党和人民的重视”“清除……精神污染”等词语。当时市场经济尚未完全发展起来，还没有出现以市场为主导、为客户服务的“翻译公司”。学术话语和日常话语的区别并不明显，经常采用“难”“困难”“艰辛”“易和难”等主观性的话语评判翻译工作。

翻译要素的话语主要集中为“原文”“译文”和“译者”，当时尚没有“翻译主体”“翻译客体”“翻译研究主体”“翻译研究对象”等认识论概念。有关翻译主体的话语除了具体的翻译家姓名，如鸠摩罗什、玄奘、季羡林、李之藻、林纾、林同端、鲁迅、严复、徐光启、茅盾、梅益、伍光建、伍修权、张谷若、赵甄陶、杨宪益、瞿秋白、朱光潜、王佐良、巴金、草婴、傅雷、华蘅芳等之外，只有“翻译工作者”“科普翻译工作者”“国际翻译协会”“口译人员”等词语，这与当时翻译行业发展的现状相应。这些话语显示出，我们的翻译研究还没进行“什么是翻译主体”的追问。

改革开放初期，国家各方面的发展和建设对翻译人才的培养提出了迫切的要求，学界已经开始重视翻译人才培养的问题，讨论中涉及的话语有国外著名翻译教育机构的名称如“法国巴黎高等翻译学校”，还有“国际翻译人才”“国际翻译传译”“科技翻译队伍建设”“外事翻译人员”“翻译导游”“队伍建设”“基本素养”“基本要求”“记忆力”“培训”“培养”等词语。值得一提的是，这时人们只是意识到了翻译人才培养的重要性，却并没有真正的专门性、系统性的翻译教育，人们才刚刚开始讨论翻译教材《汉英翻译教程》的编写。

当时，人们用来表述翻译过程的话语很少，只有“吃透原文”“逻辑判断”“理解”“表达”“传播”等几个。有关翻译原则和标准的话语则较为丰富，有“翻译原则”“翻译标准”“信达雅”“信”“雅”“Euphony”“Lucidity”“Simplicity”“出神入化”“传神”“地道”“和谐”“简洁”“谨严”“审慎”“确切”“确译”“忠实性”“音韵美”“硬译”“名从主人”“清楚”“内容与形式的统一”“规范化”“顺”“通顺”等。虽然这些语词中有用英语表述的，但都缺乏严格的操作性界定，无论是“信达雅”之类的来自文章学的字词，还是“内容与形式的统一”等来自马克思主义哲学的表述，语意都较为宽泛，界限不明，“传神”和“出神入化”等来自传统文论的话语更是只可意会不可言传。可以说，就翻译原则和标准而言，我们还处于沿用传统话语的阶段。

随着改革开放的逐步深入，有关翻译类别的话语越来越多，除了“笔译”“口译”之外，出现了“机器翻译”“电脑翻译”“Computerized Translation”“Consecutive Interpretation”等新词语；除了传统的“文学翻译”“戏剧翻译”“小说翻译”“诗歌翻译”之外，还有根据实用文体划分的翻译类别词语，如“新闻翻译”“医学文献翻译”“法律文献翻译”“学术论著翻译”“外事翻译”“政译”“导游翻译”“理论著作翻译”“记叙文翻译”“科技翻译”“科普翻译”“科学翻译”“科技口译”“外贸函电翻译”“餐饮翻译”“影片翻译”“地名翻译”等，而有关翻译方向的表达有“英汉”“汉英”“德中”“俄汉”“日汉”“法语翻译”“满文翻译”等，表明我们的翻译语种逐渐多样化起来。

在对翻译研究的认识方面，引进了《翻译科学探索》和《语言与翻译》等语言学翻译研究著作，“翻译”与“科学”“语言”等经常搭配在一起，语言学相关的术语逐渐增多，如“语法分析”“语言学派”“语义对比”“被动句”“比较级”“倍数”“词性”“词义”“词源”“代词”“典故”“定语”“定语从句”“动宾结构”等。有了表达不同研究类别的术语，如“口译研究”“机器翻译研究”等明确的“研究”表述，开始体现出对理论与实践之区别的认识，如“翻译理论家”“翻译家”“翻译理论”“翻译理论和实践”等。将“巴尔胡达罗夫”“董秋斯”“纽马克”“亚瑟·威利”“奈达”“释道安”“彦琮”等归为翻译理论家行列，将他们与翻译家区别了开来。

关于翻译风格的语词主要采用文学方面的概念，有“文学风格”“原著风格”“译文风格”“笔调”“翻译腔”等，这些“风格”并没有具体参数的体现，还较为模糊，区分时侧重主观体验。改革开放之后开始出现了对“翻译的性质”的思考，有关翻译哲学层面的词语不断产生，将“辩证法”作为翻译的哲学方法论，用“可译性”来从语言哲学角度表现翻译之所以发生的前提条件，用“叛逆者”来表达译者在翻译过程中对原作的背离。另外，人们还使用“文化桥梁”来表明人们对翻译作为“文化交流”工具的理解。

二、翻译理论话语的现代转型

20 世纪 80 年代末到 90 年代，我国翻译研究进入现代译论话语阶段。当时，《语言与翻译》、《上海科技翻译》（现更名为《上海翻译》）和《中国科技翻译》已经创立[①]，其他外语类刊物也定期刊发翻译研究类文章。翻译理论话语拥有了更为丰富多样的展现平台。

20 世纪 80 年代末，改革开放日益深入，翻译研究发展迅速，学科化和科学化诉求强烈，许多学者呼吁建立翻译学，有关翻译学学科性质和学科内部结构的语词成为了热词，如“科学”“艺术”“人文”“跨学科”“综合学科”“潜学科”，以及“普通翻译学”“特殊翻译学”“应用翻译学”“对

① 《语言与翻译》《中国科技翻译》和《上海科技翻译》（现更名为《上海翻译》）分别创刊于 1985 年、1986 年和 1988 年。

比翻译学”等。而对翻译理论的学科来源也有了更多的认识，如“翻译的交际学理论”“翻译的语言学理论”“翻译的文艺学理论”“翻译的心理学理论”“翻译的社会符号学理论”等。

现代翻译理论与语言学之间有着不可切分的关联。在文化转向之前，西方现代翻译理论和方法论资源主要从语言学而来，翻译学研究学者最初从语言学的分支学科获得灵感，借鉴语义学、系统功能语言学等较为成熟的理论和方法论成果，从词汇、句段、篇章层面探讨翻译中的语言对等问题。随着奈达、纽马克、卡特福德等的语言学翻译理论被引入中国，语言学翻译理论术语成为热度很高的语汇，甚至达到了“言必称奈达”的地步，“对等”“等值”“动态对等”“功能对等”“翻译转换”“范畴迁移”“语用等值”“语篇分析”“衔接”“连贯”“文本功能”“文本类型”“语义翻译”“交际翻译”“顺应”等语汇经常出现在学术期刊上。后来，语言学途径的翻译研究又取得新的发展，如心理语言学、认知语言学、神经语言学、模糊语言学、话语语言学、对比语言学、社会语言学、功能语言学、计算语言学、语用学、文体学、修辞学等，这些语言学分支领域里的常用语（如“语域”“语境”“语旨”“主述位推进”“交际意图”“最佳关联”等）也为翻译研究者熟悉起来。从 20 世纪 90 年代开始，基于电子化语料库的当代语料库语言学为翻译学研究带来了深刻的影响，提供了很多新的研究课题，也带来了耳目一新的话语，如“翻译共性”（即“翻译语言普遍特征”）、“翻译语言变体”“结构容量”“显化”“隐化”“简化”“范化”“集中化”“整齐化”“非典型搭配”“干扰”“独特项”“语法标记”“风格标记”等。

从 20 世纪 90 年代开始，随着文化研究的兴起，女性主义、后殖民主义、食人主义、阐释学、解构主义、新历史主义、东方主义等文化哲学思潮蜂拥而至，作者死亡论、翻译的不确定论、语言游戏论等理论层出不穷，翻译学研究学者在理论话语方面有了更加丰富的选择。“异化”和“归化”引起了译学界较为热烈的争论，现在已经和“直译”和“意译”、“形合”和“意合”一样成为了本科翻译教学中最基本的词汇。“解构”“延异”“撒播”“抗阻式翻译”“操控”“赞助人”“诗学”“意识形态”“隐身”“翻译的政治”“边缘”“弱势”“性别意识”等让人们既感到新异，也感到迷惑。同一时期，社会学途径的翻译学研究也引起译学界的关注。“布迪厄”“拉图尔”“卢曼”成为了译学界熟悉的人名，社会实践理论、行动者网络理论、社会系统理论中的概念如“惯习”“资本”“场域”“行动者”“非人物体”“社会系统”“多元系统”“规范”“伦理”“偏离”等成为了许多学者常用的理论概念。

西方翻译理论话语在我国的传播、使用和发展是西学东渐的结果，也是我国的改革开放所带来的变化，得益于改革开放，我国的翻译研究得以在很短的时间内从传统译论话语的阶段进入现代译论话语阶段。

三、融通中外的翻译理论话语的构建探索

中国传统译论创造了丰富的理论话语，方梦之曾对中国传统译论的标识性概念和术语进行了梳理：

> 表述价值观和方法论的有：文、质、案本、达旨、八备、求真、喻俗、忠实、通顺、信达雅、信达切、善译、美译、会通、神似、神韵、虚实、意境、化境、三美、翻译标准、中学为体、西学为用等。
>
> 表述翻译主体的有：象胥、寄、象、象译、舌人、译人、译使、译师、译经家、通事、度语、译主、笔受、证梵、润文、证义、缀文、正字、总勘、翻译、译者、作者、读者等。
>
> 表述翻译策略的有：五失本、三不易、名与实、五不翻、六例、折中、名从主人、约定俗成、直译、意译、音译、译味、译意、引申、补偿、归化、翻法、得体、宁信不顺、兼顾两面等。
>
> 表述翻译过程论的有：重译、复译、回译、原本、译本、译作、译风、死译、逐字译、硬译、猜译、乱译、胡译、滥译、定译、译德、理解、表达、归化、欧化、西化等。[①]

改革开放40年来，我国的翻译理论话语体系发生了巨大的变化，可以说，中国传统译论话语“案本、求信、神似、化境”“信达雅”等已不再占据主要的、显赫的位置，我们现在使用的较为稳定的译学话语体系是一种典型的外部植入型，或来自外国翻译理论，或是在外国翻译理论基础上的发展。我

① 方梦之《翻译大国需有自创的译学话语体系》，《中国外语》2017年第5期，第96页。

们自身的具有中国特色而又能融通中外的翻译理论话语体系尚未形成。

构建中国翻译理论体系同时也是构建中国翻译理论的话语体系。改革开放以来，我国学者在努力构建自己的翻译理论的过程中也从未停止过话语创新的探索。例如，许渊冲提出了“三美论”“三化论”“三之论”“三似论”等极具特色的翻译理论话语。这些话语承继了中国传统译论话语的特点，简洁易识易记，但它们的概念边界并不清晰，没有适于统一操作的参数，转化为外国语言之后很容易失去原本的简洁性，因而并不便于让外国学者理解，或者说用其与外国学者交流时难以产生原话语在中国读者心中那样的简洁而意蕴丰富的效果。

我们的学者在努力建构新的理论体系，如生态翻译学、翻译生态学、翻译地理学、翻译经济学、大易翻译学等。这些“学”是典型的跨学科翻译理论建构，其中不乏话语创新的尝试。如生态翻译学“立足翻译生态与自然生态的同构隐喻”，“致力于从生态视角对翻译生态整体和翻译理论本体进行综观和描述”[①]。“翻译即生态平衡”“翻译即文本移植”“翻译即适应选择”等是生态翻译学提出的核心理念，生态翻译学者认为传递这些理念的语词“构建了生态翻译学的理论话语体系”[②]。该理论的建构者胡庚申还牵头创立了国际生态翻译学研究会，努力推广自己的理论。生态翻译理论无疑是中国学者努力构建自己的理论体系和理论话语体系的一个代表，“生态”“平衡”“文本”“移植”“适应选择”等均是大家早已熟知的概念，这些话语具有较好的融通性，却并不具有明显的独创性，要让这些话语获得国际译学界的广泛认可，将其作为被赋予了新的内涵的话语加以使用，生态翻译学者还需继续努力，提供更为充分的理据论证，如果不能针对性地解决其他理论所不能解决的实际问题，则势必会影响生态翻译理论话语的生命力。

另外，如大易翻译学提出了“生生之谓译”论，“太和”翻译标准，“阴化、阳化”翻译策略，“中和”翻译批评标准，“善、公、实、全”翻译批评原则，“生生为美”的翻译审美观，“利以合义”的翻译伦理观，“保合太和”的翻

① 胡庚申《生态翻译学：建构与诠释》，北京：商务印书馆，2013 年，内容简介。
② 同上。

译生态环境观，“适旨、适性、适变、适度”翻译距离调整原则等。[①]大易翻译学理论中，“大易”“生生”“太和”“中和”具有典型的中国传统文化特色，但这些话语是否具有很好的中外融通性还有待确认。我们为大易翻译学所采用的别具一格的中国传统文化语词而感到新奇和振奋的同时，也不妨思考一下，“阴化”“阳化”是传达了新的翻译理念还是给已有的翻译思想取了一个传统的名字？“太和”“中和”在实践中如何实现操作化？如何确定“适旨、适性、适变、适度”中“适”的范围？我们希望这些新创话语能历久行远，却也无法回避疑虑，上述这些问题都需要我们去回答和解决。

黄忠廉根据翻译变体现象提出“变译论”已将近20年了，该理论产生了广泛的影响。尽管学界对“变译”概念的界定尚存在争议，但作为对一种翻译现象的归纳，“变译”已然范畴化了，“变译”与“全译”成为了我国学者所提出的一对代表性译学理论话语。走向国际应该是变译论的目标之一，如何使“变译”及其下属的系列概念走向国际，这是变译论研究者要思考和探索的。还有学者从哲学层面提出了一些新的翻译理论概念，如蔡新乐曾提出“隐翻译”“反翻译”“元翻译”“翻译场”等新概念[②]，不过遗憾的是，这样的创新并不多见，学界对这些概念的关注不多，没有产生争论和深入的阐发，更没有形成系列的、学派性的理论论题。

改革开放以来我们的译学理论话语创新也取得了一定的成绩。例如，我们的学者几乎与西方学者同一时期关注到翻译伦理问题，提出“翻译伦理”概念。国际译学界于20世纪90年代直至世纪之交，开始对翻译伦理问题的重要性、翻译伦理的基础问题进行论述，国际译学期刊《译者》（*The Translator*）2001年组发了“回归伦理”（The Return to Ethics）特刊。我国学者许钧于1998年探讨了翻译的“要怎么译”“能怎么译”“该怎么译”三个层面[③]，恰恰对应着伦理学中的三个核心概念“行动目的”“行动自由”

---

① 陈东成《大易翻译学》，北京：中国社会科学出版社，2016年，内容简介。
② 蔡新乐《文学翻译的艺术哲学》，开封：河南大学出版社，2001年。
③ 许钧《论翻译活动的三个层面》，《外语教学与研究》1998年第3期，第49-54页。

以及“道德价值”[①]，是真正意义上具有理论深度的翻译伦理探索。吕俊2001年论述了在翻译学中开展伦理问题研究的必要性[②]，并于2006年正式提出了“翻译伦理学”的构想[③]。国内学者所采用的“翻译伦理”与国际译学界的“Translation Ethics”高度吻合，几乎不存在交流的障碍。另外，当前国内译学界对翻译技术、翻译工具、翻译管理、翻译政策等方面的研究与国际译学界相呼应，“翻译本地化”“翻译政策”“翻译质量管理”等进入了我们的译学话语体系中，我们已经很难分辨出这些话语究竟是从国外引入的还是国内外同时开始使用的。

上述描写显示出，改革开放40年以来，我们的翻译理论话语体系发生了很大的变化，先是改革开放初期理论话语的恢复，学者们在传统的话语体系基础上，发展出更加丰富的话语表达改革开放带来的新的翻译活动和翻译现象，然后通过引入西方现代翻译理论而转入现代翻译理论话语的阶段，并且不断地探索和构建具有中国自身学术特色的融通中外的理论话语。在理论话语体系的变化背后，有着学术共同体的努力，也有着方法论的基础性作用。

现代翻译理论话语基本上是跨学科的产物，都有其他学科或其他领域的理论为背景，这些理论话语的来源大体分为语言学理论、社会学理论、文化理论和哲学理论四种。语言学理论包括功能语言学理论、认知语言学理论、文本类型学理论、语篇语言学理论、语用学理论等；社会学理论包括卢曼的社会系统理论和自我指涉理论、布迪厄的文化资本理论、社会生物学理论等；文化理论包括文化系统理论、文化批评理论、文化人类学理论等；哲学理论包括解构主义理论、后殖民主义理论、女性主义理论、西方马克思主义理论、权力话语理论等，另外还有政治伦理学和精神分析学等。

20世纪90年代，我们大规模引入西方翻译理论，同时我们也大力推动翻译研究朝着科学化方向发展。形成这一发展趋势的原因，除了自然科学发展产生的影响之外，还有实证主义（positivism）哲学的根源和翻译研究对象

① 方薇《中西翻译伦理研究：方兴未艾还是根基未稳？——兼论国内“翻译伦理”概念界定》，《外国语》2013年第4期，第88页。

② 吕俊《跨越文化障碍——巴比塔的重建》，南京：东南大学出版社，2001年，第268–282页。

③ 吕俊、侯向群《翻译学——一个建构主义的视角》，上海：上海外语教育出版社，2006年，第248–280页。

的发展形成的力量。统计语言学则为翻译实证研究提供了设计方案和可行路径，为翻译学拓展研究空间提供了可能。心理语言学研究的发展及其在翻译学中的应用正帮助揭示译者的思维活动、语言分析、语码转换、脑力分配、认知程序、决策过程、翻译策略使用、翻译能力发展等方面的规律，这些研究取得了可喜的成果，也推动了译学理论话语的发展。

文化学派的翻译理论话语来源于比较文学的文化与翻译转向，斯奈尔—霍恩比（Mary Snell-Hornby）、勒弗维尔（Andre Lefevere）和巴斯内特（Susan Bassnett）等建议翻译理论研究者们抛弃“唯科学主义”的态度，把文化而不是文本作为翻译的单位。实际上文化学派除了倡议翻译研究的文化转向之外，并没有特定的研究范围和理论模式。文化研究具有充分的开放性，广泛包括文学、艺术批评、大众文化、媒体研究、跨文化交流、性别与种族、晚期资本主义、全球化研究等，其包罗万象的主题在带给翻译研究以活力的同时，也模糊了翻译研究和其他学科研究的话语边界。

翻译的社会性研究的发展及社会学、管理学方法在翻译学中的应用进一步推动着翻译理论话语的变化。翻译作为一种社会实践活动，理应被纳入对人类社会运行的研究之中，这是翻译学界的一个共识。翻译行业的兴起，使翻译的社会属性更加凸显。翻译活动是产生极大社会发展推动力的活动，译作不仅是译者个人的精神产品，也是在社会中消费和传播的产品。译者的个人成长和职业发展是社会化的结果，其观念、思想和技能都受到社会环境的塑造。翻译机构是社会化的产物，各类翻译主体的决策者也是社会化的结果。而当前翻译已经进入了“职业化时代”，翻译行业管理、翻译技术开发与应用、翻译产业发展、翻译政策与规范等方面都成了翻译学的研究对象。因而从社会学、管理学和传播学等途径开展翻译研究十分必要，一方面是借鉴相关学科的理论视角，另一方面是采用相关学科的研究方法，通过社会调查等手段获得有关翻译的社会运行状态的客观材料，发现并解决翻译管理和翻译传播中的实际问题，这都会促进翻译的社会性研究的发展，也推动着翻译社会学理论话语的确立。

与现代性学术话语发展相对的是我们对传统话语的眷恋，其背后是我们的传统哲学的影响。中国传统哲学方法论注重整体观和发展观，以这两者相结合的方式认识世界，但缺乏对细节的考察。受整体观方法论的影响，我国学者更为擅长综合和抽象，而弱于分析和细节描写。受中国传统哲学思维方法的影响，我国学者较习惯用直觉和体悟的方式探讨翻译，我们很多的翻译思想表述都是个体主观经验之谈。即使作为公认的代表性译论，无论是“信达雅”，还是“神似、化境”，都不是采用逻辑实证的方法获得的，这种理论的表述非常简洁，但其内涵并不十分确定。受中国传统哲学的影响，我国的翻译研究在价值取向上更侧重于“实用性”，而不是对翻译行为的理解，更不是对翻译内在机制的剖析或对翻译何以存在的纯理思考。另外，中国传统哲学的解经传统也深刻地影响了翻译理论话语的生发。古代先贤们推崇经典、讲究“述而不作”，即使有思想，也不作过多的阐述。这种传统造成我们在翻译研究中十分重视对已经作古的权威和外国译论家的翻译理论的阐释和应用，而不喜欢自我创造理论话语。

第三节　中国翻译理论的未来发展

经过40年的改革开放，我国综合国力的日渐强盛为包括翻译学在内的整个哲学社会科学的发展创造了良好的条件。历史证明，科技每一次跨越式发展都离不开重大的理论突破作为引领，国家的长足发展更离不开持续的理论创新。大国的崛起给予了我们理论创新发展的时代机遇，也赋予了我们更为重大的责任。翻译在世界全球化发展和国家战略中都具有不可替代的重要地位，这决定了翻译学者应充分认识自己的时代使命和当下责任——加快构建我们自身的翻译理论体系和翻译理论话语体系，共同致力于实现“理论中国”之梦。

自改革开放以来，我们的翻译工作越来越受重视，翻译行业发展迅速。学术回顾是为了创新，过去的40年里，我们的翻译理论研究取得了不容否定的成绩，改革开放为我国的翻译学学科创造了前所未有的发展机遇，国家“走出去”战略、“一带一路”倡议的实施提升了翻译的地位、提振了翻译的需求，这为我们翻译理论研究的发展提供了得天独厚的资源。我们有理由坚持我们自己的“理论自信”，这份自信不是满足于已有的成绩，而是对我们翻译理论发展的文化基础和未来前景感到自信。习近平总书记在《在哲学社会科学工作座谈会上的讲话》中为我们翻译学的理论建构指明了前景，“历史表明，社会大变革的时代，一定是哲学社会科学大发展的时代。当代中国正经历着我国历史上最为广泛而深刻的社会变革，也正在进行着人类历史上最为宏大而独特的实践创新。这种前无古人的伟大实践，必将给理论创造、学术繁荣提供强大动力和广阔空间”①。现在，在全民努力实现中华民族伟大复兴的历史进程中，作为哲学社会科学工作者中的一分子，我们的翻译学工作责任更显重大，前景更为光明。

然而，光明前景的实现需要付出艰辛的努力，说到翻译理论研究现有的成绩，实际上我们毫无理由自视过高，我们必须承认，“目前在学术命题、学术思想、学术观点、学术标准、学术话语上的能力和水平同我国综合国力和国际地位还不太相称”②，我们的翻译学并没有建立起自己的理论体系和话语体系，不少成果是在借鉴其他国家优秀的理论成果基础之上取得的。我们还没有达到一个能与西方理论界平等对话的程度，或者说，西方翻译理论界还没有真正接纳我们的原创理论，因为西方译学界还没有多少学者热衷于研究我们的原创性翻译理论。与其他学科相比，翻译学也还十分稚嫩。学科追求愈高远，愈需冷静客观地看待已有的理论成绩，愈不能妄自尊大，愈需要我们的理论创新。

理论创新的重要性是不言而喻的，如何进行理论创新是我们一直需要面对的课题。“从某种意义上说，理论创新的过程就是发现问题、筛选问题、研究问题、解决问题的过程”③，面向问题发展译学理论正越来越受到译学界的重视。作为一种社会存在，人类的翻译活动和翻译现象呈现出极大的复杂性、丰富性和历史发展性，这决定了人类面临的翻译问题将永无尽头。因为人类对翻译的认知受时代所限，翻译研究领域中以问题方式存在的研究对象也有限。而进入人们认知范围的翻译问题受人类总体认识水平和现实需求程度的限制。不同的时代，人们的翻译需求不同，所面对的翻译问题不同，

---

① 习近平《在哲学社会科学工作座谈会上的讲话》，《人民日报》2016 年 5 月 19 日。
② 同上。
③ 同上。

解决翻译问题的能力也不同，因而翻译研究中选择的研究对象也各异，对翻译理论的认识深度和全面程度也不同。

学科发展面临的问题既有实践的问题，也有认识的问题。翻译理论研究既需要提出行动方案以化解和消除翻译实践中的矛盾，也需要建立认知框架以论证和解答如何消除翻译实践中的矛盾的问题，前者是翻译研究致力于解决的实践的问题，后者为翻译研究需面对的认识的问题。解决实践的问题是翻译研究的出发点，解决认识的问题是为解决实践的问题服务的，就学科整体而言，翻译研究的终极任务是解决实践的问题。翻译理论研究不能只在范畴和概念中自我满足，只有捕捉到实践中所蕴含的理论问题，才有望取得真正具有创新性的理论发展。

翻译理论研究所面向的实践方面的问题包括：①翻译实践的问题；②社会实践活动中的翻译问题。前者是翻译实践活动本身所蕴含的各种矛盾，是整个人类社会所共同面对的问题，表现为翻译活动的要素构成、翻译的语言符号转换、翻译主体的心理认知、翻译主客体以及其他要素之间的关系、译者主体性与能力发展、翻译技术工具和资源利用等问题；后者是其他社会实践活动中所面临的有关翻译的矛盾，为特定时代、特定语境、特定主体所有，指翻译作为多种社会建构活动的一部分所需解决的问题，即如何利用翻译进行宗教传播、获得诗学体验、促进语言演化、进行文学创新和精神改良等活动，这些问题涉及翻译参与社会活动的目的、社会文化系统、活动主体类别特征等。翻译实践的问题主要表现为对翻译事实和现象中的规律（更确切地说是规律性特征）的提问，主要通过经验性研究方法来回答；社会实践活动中的翻译问题更多地和价值与意义相关，主要表现的是社会实践主体的理想期待、价值追求、体悟观念等，通常不能简单地用真理和谬误来评判，只能就其具有的时代意义和人文价值来辨别合理性。对翻译实践的问题的概括和论述构成了具有普适性的译学基本理论，对社会实践活动中的翻译问题所进行的论证和思考则形成了具有民族和时代特色的翻译理论。中西翻译理论之所以既有共性又有相异之处，其原因之一就在于中西既有相同的翻译实践问题，也有不同的社会实践需求。

翻译实践的问题和社会实践中的翻译问题并非互不相干，实际上它们是紧密相关、相辅相成的。当人们讨论翻译过程中的原则和方法时，就一定与具体的翻译活动所执行的社会功能相关，旨在进行宗教传播的翻译和旨在进行文学实验的翻译，这两者的原则和方法并不相同，我们不能用 A 理论去规范和指导 B 实践。不同的时代语境下，社会实践活动所面临的矛盾不同，需要翻译发挥的作用也不同，而如果没有对翻译实践活动中的矛盾的认识，就不可能利用好翻译以发挥其建构社会的作用。考察社会实践活动中的翻译问题时，其落脚点必定是翻译如何实践的问题。例如，将翻译视为殖民与反殖民活动的一部分，由此衍生出后殖民主义翻译理论，这种翻译理论主要揭示特定语境下翻译主体通过翻译活动所构建的译者和原作者、源语文化和译语文化、殖民者和被殖民者之间的伦理关系，以及为“抗阻殖民”而采取的翻译策略和方法。从后殖民主义视角获得的对翻译的认识最后需落实到具体的翻译方法（如“异化翻译”）之上，该理论也只有在后殖民主义的文化实践中才能发挥作用。

个体学者开展研究往往需要专注于某一类问题，但就学科整体而言，我们不能囿于某一类问题的讨论来谋求理论发展，翻译理论研究应该结合社会实践中的问题来开展讨论。中西翻译理论史上，人们最早回答的都是具体的社会实践活动中的翻译问题。西方译学理论的开篇人物西塞罗（Cicero）认为译者应采用自由翻译，追求译文对目标读者所产生的效果。而神学家斐洛（Philo）则认为翻译只能恪守原文意旨，不能变通与创造。前者将翻译视为吸引和打动听众感情的演说活动，而后者则将翻译视为传播《圣经》教义的活动，两者看似观点相左，但实际上因适用对象不同而并不相抵牾。我国翻译史上也有“案本求信”“硬译”“神似化境”等不同的翻译标准说，这些理论观点都是对“如何译”的回答，其差异在于：“案本求信”是佛经翻译家提出的，它回答的是佛教跨语言传播中如何进行翻译转换的问题；鲁迅提出的“硬译”也并非用以指导一切翻译的法则，而是对新文化运动中如何借助翻译进行语言革命的回答；“神似化境”论适用面较广，但也主要是回答如何获得异域文学体验的问题的。表面上看来，中西各种翻译标准所回答的都是翻译实践的问题，但其实各自针对的是不同性质的社会实践活动，因而得到的是不同的答案。

在古代，无论中西，翻译理论都较为单一，最初主要表现为对宗教翻译的认识，进入20世纪后半叶之后，翻译理论才获得空前的发展，变得异常丰富。其原因就是在古代社会宗教活动极为重要，翻译在宗教活动中的作用因此受到聚焦，二战之后世界经济全球化、文化多元化的发展步伐加快，人类的社会实践活动变得日益多元，宗教活动之外，其他精神活动、娱乐活动、物质生产活动、科技活动、经济活动、政治活动等都发展迅速，这些活动中遇到的翻译问题也日益增多，翻译在满足人们各种物质和文化需求过程中所扮演的角色越来越受到重视，由此孕育了现代翻译理论的发生。例如，女性主义翻译理论表达的就是女性主义（性别主义）文化实践在翻译中的表现，是对社会主体通过翻译这一渠道"'践行''操演'性别"，"完成性别等级以及社会不平等权力关系的建构或颠覆"的认识。[①] 在人们的现代社会生活中，政治生活成了一个重要的部分，翻译参与了人们各种类型的政治实践，对翻译与政治之间关系的认识也构建出了相应的翻译理论。人类社会实践活动的丰富性及其对翻译的需求彻底改变了以往专注讨论宗教翻译和文学翻译的状况，发展出了丰富多彩的翻译理论。

当前，我们想要取得翻译理论创新，就应更多地着眼于社会问题，了解各种社会实践对翻译的需求，了解翻译在相关社会实践活动中发挥着的和可以发挥的作用，以及翻译发挥其社会功能的机制与条件。正如翻译具有历史性一样，翻译理论也总是具体时代的产物。新时代的翻译理论将主要来自于我们对这一时代的社会问题的关切。例如，出于对人类战争与冲突所带来的问题的关切，英国学者贝克尔（Baker）基于对战争中的翻译所发挥的作用的认识，从叙事视角揭示了翻译与冲突的种种关系，建构了全新的翻译理论。[②] 当前民族问题、难民问题等都是国际社会共同面对的难题，而翻译在民族身份建构过程中和在国际化城市的社区建设过程中都扮演了重要的角色，对此开展研究必然富有现实意义和理论价值。文学创新问题也是一个永恒的社会文化问题，当前我们的本土文学实践急需观念和手段相结合的深度

---

① 孟令子《从女性主义翻译到性别与翻译》，《中国翻译》2016年第5期，第23-31页。

② Baker, M. *Translation and Conflict: A Narrative Account*. London & New York: Routledge Taylor & Francis Group, 2006.

创新，而这种创新需要立足本土文化、吸收外来营养、尊重差异和多元，学界早已深刻认识到了翻译在内容和形式相融合的文学创新中可以起到的重要作用，但在新的时代语境下究竟该怎样通过翻译来创新语言与文学，却依然需要我们去做出回答。深入关切文学实践中的现实问题才能让我们取得预期的文学翻译理论创新。

学术研究要关怀现实，指的就是要致力于发现和解决现实生活中的问题。如果在特定的社会历史时期，翻译研究不能适应时代的需求，不能捕捉到社会发展需要翻译解决的问题，不能确立翻译研究的时代主题，那么它将失去作为学科存在的必要性。作为一门学科，翻译学的现实批判性要求研究者围绕着国家、民族、文化、社会内部及其之间的社会实践确定自己的问题域。目前我们正在进行着极具时代性和民族性的社会实践，“走出去”战略的实施和“人类命运共同体”的建设会遭遇文明冲突的难题，以往任何已知的答案都不足以回答这一史无前例的社会实践中的翻译问题。毫无疑问，致力于对新时代社会问题的回答将孕育出新的译论，但正因为各种社会实践的差异性和复杂性，我们不能期望以某个单一的理论来解决各个不同语对、不同国家和地区、不同领域、不同形态的翻译问题。当我们对翻译问题、对与翻译相关的社会问题认识得越来越深入时，我们的翻译理论体系就会变得越来越丰富。

改革开放以来的40年里，各种新的翻译思想非常活跃，理论思潮迭起，但不同理论之间的对话与融合需要加强，系统的翻译学方法论研究还较为薄弱，年轻学者需要增强学科危机意识，加强学风建设，担负起学科建设主力军的责任。要创造出引领性的理论成果，需要我们建立起理论自觉，包括对理论在学科建设中的地位、价值和功能的认识，对理论发展规律和趋势的认识，对理论研究方法论的认识，以及对理论工作者在国家和社会发展中的历史责任担当的认识。理论反映当下而且预见未来，反映现实而且批判现实，理论研究者不仅要关注社会，发现社会问题，为解决社会问题寻找答案，而且要掌握理论研究的方法论，确保理论成果的科学性和批评性品质。

理论的长足发展要靠理论人才来加以实现。改革开放之后，翻译进入了职业化时代，我们的翻译教育因时而动，在多样化翻译人才培养上下了很大的功夫，探索并初步完善了职业翻译教育体系，但翻译学术队伍却存在一定的青黄不接的危机，虽然整体而言学术队伍在扩大，但受社会风气的影响，在年轻学者中存在急于求成、功利浮躁的现象。我们在翻译学博士生教育中应多注重其学术品格的培养，帮助年轻学者尽快形成自己清晰的学术面貌。一些学者在不同的场合都曾指出，当前我们的翻译学学科面临着一个极为严重的问题——理论人才匮乏。这与翻译行业兴盛的现状极不相称，若不解决，将严重制约翻译学学科的长足发展。

要加强翻译理论人才的培养，首先要区分好学术型教育和职业型教育的培养目标，尽量减少人才培养同质化的现象，其次要完善人才培养质量管理，改革教学方法，强化学术型研究生的理论意识、问题意识和方法论意识。当我们回顾过往时，不能只看到当时的年轻学者做出了什么成绩，还要分析是什么因素促成了他们做出这样的成绩，分析当前的年轻学者在做什么，他们能做出什么，还缺什么，然后创造条件为他们提供学术动力，帮助他们成长。除了翻译学人才培养单位以外，学术出版机构在理论人才培养的过程中也责任重大，翻译理论人才的成长需要整个学科的共同努力。

第三章
中国传统译论的阐发与研究

我国的翻译历史源远流长，在实践和理论两个方面均取得了举世瞩目的巨大成就。近两千年来，“经过无数知名和不知名的翻译家、理论家的努力，已经形成我国独具特色的翻译理论体系”[①]，即中国传统翻译理论，简称中国传统译论。就其学科基础而言，典型的中国传统译论，是以中国传统哲学、人类学、文学、美学、文章学、文艺学、语言学为理论基础和基本方法而形成的，因此在翻译论题上、研究方法上、表述方式上以及理论特质和精神旨趣上都表现出浓厚的传统国学味道。

我国学者对中国传统译论（本章以下简称为“传统译论”）的研究由来已久。中华人民共和国成立以前，我国学者对传统译论虽然有不少的探讨和论说，也有过一些努力和设想，但就其关注的问题而言，基本上以翻译实践为主。这些探讨和论说，总体上来看比较零散，未能形成真正意义上的传统译论研究。直到中华人民共和国成立以后，确切地说，是到了改革开放以后的新时期，关于传统译论才有了较全面而系统的研究。首先一项工作是资料整理，即对原始理论文献进行编辑和注疏并有初步研究，构成改革开放以后传统译论研究的第一阶段。1987 年至 1997 年这 10 年中，我国翻译界论争的主要问题之一，是继承传统译论与引进外国译论的问题。[②]诸多西方翻译理论的引入，拓宽了国内翻

① 罗新璋《翻译论集》，北京：商务印书馆，1984 年，第 18 页。

② 郭建中《中国翻译界十年（1987–1997）：回顾与展望》，《外国语》1999 年第 6 期，第 54 页。

译界的思维视野，同时也使一些学者对传统译论的价值，特别是对中国现代翻译理论建设的价值，产生了疑问，因而发生了关于如何看待传统译论的一系列论争。从 20 世纪 90 年代中期开始，传统译论的价值重新得到重视①，越来越多的学者开始进行传统译论研究，研究成果开始增多，传统译论研究进入转型期，即第二阶段。1997 年，张柏然与许钧在他们合编的《译学论集》的序言中明确提出建立“中国翻译学”的主张，呼吁翻译界在西方翻译理论引进的高潮中，结合当代学理开展中国翻译理论冷思考，对一些具有世界意义的中国译学经典进行现代性的“还原释读”，超越非此即彼的东西文化冲突模式，凝练出翻译研究的中国经验与中国智慧。两位教授认为，在大量引进西方现代译论和美学思想的同时，我们必须重新重视且广为弘扬我国传统的翻译理论和美学思想，“只有把握住了我们自己的传统，才可能在对话中充满底气，使弘扬落在实处，为创造打下基础”②。

2003 年，国内第一本系统阐述传统译论的专著《中国传统译论经典诠释——从道安到傅雷》问世。该书序言作者杨自俭认为，该书是“经过梳理、阐释、转换、终结、升华等过程完成的。这种方法既有很高的理论价值，又有很高的方法论价值，在我国译学的研究领域有不可低估的开创性意义，特别是在传统译论的研究上，这本书不能不说是新时期开始的重要标志”③。从该书本身取得的传统译论研究成就和出版后的实际影响来看，可将其视为传统译论研究经过短暂的转型期进入第三阶段的标志性成果。该书对传统译论进行了较为全面、系统的历史评价、理论评判和创造转化，实现了传统译论的基本论题、概念范畴和理论形态向现代译论的转换。当然，把改革开放以来的传统译论研究从时间上划分为以上三个阶段，只是以各阶段的工作侧重点为依据的，并非意味着第二、三阶段不再进行资料整理，或者说一些基本问题的讨论就不需要了。实际上，资料整理和问题的深入讨论至今仍在进行中，而随着研究的深入和拓宽，会有新的资料发现，论争关涉的问题也会

① 李林波《中国新时期翻译研究考察：1981–2003》，西安：西北工业大学出版社，2007 年，第 1 页。

② 张柏然、许钧《译学论集》，南京：译林出版社，1997 年，序言第 2 页。

③ 杨自俭《序》，载王宏印《中国传统译论经典诠释——从道安到傅雷》，武汉：湖北教育出版社，2003 年，第 2 页。

发生变化。

本章将对我国改革开放以来的传统译论研究加以梳理与分析，分为三节，分别就传统译论研究的文献整理、理论阐释和创造性转换进行概要评述，旨在总结40年来这一领域所取得的研究成就，并对这一领域未来的发展前景做出展望。

第一节　中国传统译论的文献整理与研究

我国是一个有着悠久的翻译传统和丰厚的理论资源的国家，中华民族也是一个具有强烈的史学意识的民族。自东汉时期的佛经翻译开始，逐渐积累了大量的关于翻译的论述资料，构成了传统译论的学术资源。这些资源散见于繁杂浩瀚的历史文献之中，多见诸译作之“序”“跋”，或是“例言”“凡例”“杂议”“译后剩语”等。传统译论研究的前提，首先就是对这些原始资料进行全面而系统的汇集、编辑整理和注疏。这项工作主要是在改革开放以后开展的。1983年，中国对外翻译出版公司出版了《翻译理论与翻译技巧论文集》。据其“编后记”，该文集的选编目的是“为广大翻译工作者和初学者提供一本简要而又可资查考、参阅和研究的读物”[①]。它共收录了31篇文章，其中22篇是中华人民共和国成立后问世的，不仅有翻译理论文章，也有不少专论翻译技巧的文章。因此，这个文集尚称不上真正意义上的传统译论资料整理成果。

1984年对于传统译论的资料整理工作是一个重要年份。这一年中国翻译工作者协会《翻译通讯》编辑部编的《翻译研究论文集》和罗新璋编的《翻译论集》出版问世。1992年，陈福康的《中国译学理论史稿》出版，它是国内第一本以翻译理论史的形式出现的专著，标志着中国翻译理论独立成史。关于传统译论资源的收集整理，罗新璋的《翻译论集》和陈福康的《中国译学理论史稿》是两部代表性选本。本节首先对以上著作进行重点评述。

① 中国对外翻译出版公司选编《翻译理论与翻译技巧论文集》，北京：中国对外翻译出版公司，1983年，第278页。

一、中国传统译论文献的开创性整理

《翻译研究论文集》封面上印有"译学丛书"字样，可见其译学理论研究的学科定位意识，而其第一集即上册的标题下面括号里的（1894–1948）则说明它的理论视野是近现代的历史分期。该书无序言，但有一个出版说明，其第一条为："译学丛书《翻译研究论文集》是中国翻译工作者协会根据章程的有关规定，委托《翻译通讯》编辑部编辑出版的。"[①]《翻译通讯》即是《中国翻译》的前身。第二条讲的出版计划如下：

> 第一集辑录了1894至1948年有关翻译理论的论文共51篇。第二集将辑录1949年建国以后有关翻译理论的论文。第三集将辑录我国翻译史资料及翻译家有关文章。以后视条件和需要，陆续按专题编辑出版。[②]

这样一个出版计划不仅是实际的，而且是可行的，它至少说明中国翻译协会在中国当代翻译理论建设上所起的主导作用，但由于厚今薄古的主流意识，该书比较倾向于现当代的理论关注。对于传统译论的全面收集和研究，还有待于后来者的努力。

同年出版的《翻译论集》，可以说是传统译论开创性整理的标志性成果。该书《例言》数条，对于其宗旨、体例、选材与编辑等有详尽的说明。以下是第三条：

> 本书收辑自汉末以迄编定之日有关翻译的论文一百八十余篇，略按时代，分为五辑：第一辑，汉魏唐宋；第二辑，明末清初；第三辑，近代时期；第四辑，"五四"以来；第五辑，解放以后。过去同类选本，大多起自严复以来的翻译理论，对古代译论甚少顾及。本书在这方面尚属初创，缺漏不周，知所难免。汉唐部分，大多系经卷序文，偏于择要；明末清初之际，所译多为科技哲理宗教等书，翻译论文渺不可见，但作为翻译史上不可或缺的一个

① 中国翻译工作者协会《翻译通讯》编辑部《翻译研究论文集》，北京：外语教学与研究出版社，1984年，第1页。

② 同上。

阶段，亦选列数文，聊备一格。[①]

第七条提到的书后所附的“论著与文章索引”，值得一提。其中列出1932年到1981年间出版的18种著作，最迟收到钱歌川的《翻译漫谈》和《翻译的技巧》，代表了编者对海外华人译论的关注。所列文章则收录了从“五四”时期的《新青年》《创造季刊》《新月》等，到中华人民共和国成立后的《翻译通报》《翻译通讯》，及《人民日报》《光明日报》《中国语文》等报刊及各大学学报中所刊载的重要翻译探讨文章。总计约列5 000余种论著与文章题目。虽然该索引之收集未必全面而无遗漏，但编者尽力之精神和学术之严谨，给人的印象颇为深刻。

该书的编法颇有讲究。各辑除正文部分的论文以外，还收录了若干关于前人论文的研究和辅助资料，称为“研究与资料”，附在后面。例如，第一辑古代部分不仅收录了有千年之久的佛经翻译的主要论文，而且收录了梁启超、胡适、钱锺书等现当代学者关于佛经翻译的珍贵研究资料。编者为该书撰写了序言，题为《我国自成体系的翻译理论》，将我国汉末以来的翻译理论发展分为三个时期，即汉末至近代以前、近代和“五四”时期、中华人民共和国成立以后，并对传统译论的各方面进行了较详细的分析和总结。下面是序言中一段发人深思的话，不仅给出了纲领性的结论，还具有理论高度：

> 我国的译论，原作为古典文论和传统美学的一股支流，慢慢由合而分，逐渐游离独立，正在形成一门新兴的学科——翻译学。而事实上，一千多年来，经过无数知名和不知名的翻译家、理论家的努力，已经形成我国独具特色的翻译理论体系。……据此，案本——求信——神似——化境，这四个概念，既是各自独立，又是相互联系，渐次发展，构成一个整体的；而这个整体，当为我国翻译理论体系里的重要组成部分。[②]

编者在序言最后向国内翻译理论研究界发出了号召，提出了发展中国特色的翻译理论的任务：

---

① 罗新璋《翻译论集》，北京：商务印书馆，1984年，第i页。

② 同上书，第18–19页。

> 识见超卓的前辈翻译家，已为我们建立我国的翻译理论体系奠定了最初的基石。我们应当开创新局面，在虚心学习国外先进译论，善于总结自身经验的基础上，不断实践，不断探索，发展我国独具特色的翻译理论，建立卓然独立于世界译坛的翻译理论体系！[①]

罗新璋《翻译论集》的编辑是一项具有开创性意义的工作，其对我国翻译理论研究的主要贡献有三：一是尽可能系统而完备地收集了传统译论各时期、各方面的论文和资料，构成了一个完整的理论资源库，为后人的研究提供了基本的文献资料。二是提供了十分必要而且比较系统的研究性资料，包括某一专题的相关研究资料和论文与论著索引，为后人提供了研究的方便。三是具有很强的史学意识和学科意识，对传统译论有系统而较为准确的论述，奠定了有关研究的基础。[②] 同时，编者还首次明确地提出建立我国独具特色的翻译理论和卓然独立于世界译坛的翻译理论体系的宏伟任务。

《翻译论集》“纵跨千余年，汇集百家言”，为我国译学界勾画了一幅翻译理论的全景画卷，其中的论点和见解广为学者们引用，如今不仅成为传统译论研究的必读书目，而且还被誉为我国翻译学界的“圣经”。[③] 我国学者或熟悉中国文化的外国学者在从事翻译研究，尤其是涉及传统译论和翻译史等领域的翻译研究时，该书也是他们经常参考的资料，例如，在国际期刊 *Meta* 1999 年第 1 期的 *The Theory and Practice of Translation in China*（《中国翻译理论与实践》）专号上所载的 16 篇文章中就有 9 篇引用了该书；在国际期刊 *The Translator* 2009 年第 1 期 *Chinese Discourses on Translation*（《中国翻译话语》）专刊上，8 篇文章（有 2 篇由国外非中国裔学者撰写）中有 4 篇引用了该书，其中之一是西班牙学者的文章，而且该期的“经典回顾（Revisiting the Classics）”栏目评介的书籍就是《翻译论集》。[④]

---

① 罗新璋《翻译论集》，北京：商务印书馆，1984 年，第 19 页。
② 王宏印《中国传统译论经典诠释——从道安到傅雷》，大连：大连海事大学出版社，2017 年，第 360-361 页。
③ 黄焰结《〈翻译论集〉的经典性及其建构要素》，《外国语文研究》2015 年第 4 期，第 60 页。
④ 同上。

二、中国翻译理论史的编纂

如果把传统译论视为中国翻译史的一部分，则对这一理论部分的深入理解和全面掌握，就离不开对中国翻译史的系统而有效的整理。迄今为止，中国翻译史整理成果中最有代表性的是马祖毅编撰的中国翻译史系列，包括《中国翻译简史》（1984）、《中国翻译史（上卷）》（1999）和《中国翻译通史》（2006）。《中国翻译通史》卷帙浩繁，论题甚多，涉及的传统译论及其研究资料十分丰富，包括汉族和少数民族的重要翻译史料与翻译理论，有些涉及传统译论的评论性研究也很见功力。

进入21世纪以来，我国的译学研究者一方面重视翻译历史资料的收集、整理与总结，另一方面开始从历史学、社会学和人类学的角度去审视翻译史，研究翻译现象。[①] 谢天振等所著《中西翻译简史》作了积极的尝试，把中西翻译发展史作为人类文明发展史上一个具有共性的文化交际行为，一个与译入语民族、国家的社会、政治、意识形态、诗学观念等都有着密切关系的文化交往行为整合在一起，以探索共同的发展规律，同时又把它们作为两个各具特色、各自独立发展的操不同语言的民族间的文化交流活动，予以互相关照、互证互识。[②] 通过中西翻译史的互相关照，作者指出两者之间的一些主要共同点，其中包括中西翻译的起源和大规模的发展都与宗教文献的翻译具有密不可分的关系，使得中西翻译界都秉持“原文至上”的翻译观、“忠实”翻译观，并一直沿用到后来对文学名著和社科经典的翻译，该书从互相关照、互证互识的角度梳理中西翻译史，是一种新的尝试。从内容比重上看，对西方翻译理论的关注明显重于对中国传统译论的关注。

除上述翻译史著作外，还有一些翻译史论著涉及传统译论的文献资料，如《中国翻译文学史稿》（陈玉刚，1989）、《中国科学翻译史料》（黎难秋，1996）、《翻译文化史论》（王克非，1997）、《中国科学翻译史》（李亚舒、黎难秋，2000）、《中国口译史》（黎难秋，2002）、《中国现代翻译

---

① 许钧、穆雷《中国翻译学研究30年（1978–2007）》，《外国语》2009年第1期，第85页。
② 谢天振等《中西翻译简史》，北京：外语教学与研究出版社，2009年，第V页。

文学史》（谢天振、查明建，2004）、《中国翻译文学史》（孟昭毅、李载道，2005）、《20世纪中国翻译史》（方华文，2005）、《中国近代翻译史》（李伟，2005）、《中国科技翻译史》（黎难秋，2006）、《中国佛典翻译史稿》（王铁钧，2006）、《中国佛籍译论选辑评注》（朱志瑜、朱晓农，2006）、《中国20世纪外国文学翻译史》（查明建、谢天振，2007）、《二十世纪中国翻译文学史》（杨义，2009）等，兹不详论。

明确以中国翻译理论史编撰为目的的专著问世，则是在1992年，这一年，陈福康的《中国译学理论史稿》出版，该书较系统而中肯地介绍了中国古今各家译论，其持论公允并有独到见解，兼有专著和教材的双重作用。作者不仅考察了罗新璋的理论主张和马祖毅的历史分期，而且在编写上有所回应和继承。2000年，该书出了修订版，除了文字、表达上的修订外，主要是增写了蔡元培、邹韬奋等专节，对严复、鲁迅、周作人、瞿秋白、钱锺书等节作了较多补充，对书末翻译论著参考篇目也作了增补。另外，作者认为中国历史编写中除"古代"以外，"近代""现代""当代"的提法不准确，故而删掉这些提法，直接以时间为题，"古代"之外，用"晚清民初""民国时期""新中国成立后"等概念，显得更为明晰。该书的编写和出版理由，在修订版的《引言》中说得十分明确：了解历史真相、回答理论问题，满足外语教学和翻译研究需要，开展翻译研究，提高理论水平，有益于相关学科的科学研究。[①]该书的编写方法，主要是按照历史发展顺序，挑选一些重要的译论者，分别作介绍和评述，"通过记述评说历代有代表性的，或有较大影响和意义的译论家和译学流派的观点，大致勾画出中国译学理论的轮廓和梳理出其流变的线索"[②]。赵秀明为该书初版撰写了书评，指出：

> ……很有价值，为我们展现了丰富翔实的资料，也勾勒出我国译论发展的明晰线索。对我们了解和研究传统译论，建设我国的译论都是一份很好的资料。……虽然前辈们有很多译论没有充分展开论述，但它们已形成命题，为我们深入讨论奠定了基础。

① 陈福康《中国译学理论史稿》（修订版），上海：上海外语教育出版社，2000年，第ii-iii页。
② 同上书，第vii页。

> 至于我国的译论能否成为系统科学的独立体系，关键在于我们的挖掘和总结。正是如此，所以我们有充分理由要求在此基础上建立我们自己的译论体系，……这便是该书的重大意义所在。[①]

当然，正如该书作者所言，这部理论史离真正意义上的翻译理论史尚有一定的距离。严格说来，从翻译理论史到翻译研究专著的产生，需要两个过程，一是各家理论研究的积累过程，它特别适合于从单独一种理论的专门研究开始，发展为多家理论的研究规模；另一个是对中国译论总体精神的顿悟与深入认识过程，因为要真正贯通性地认识和掌握译论精髓，总体的认识必不可少。这两个方面的完全具备，则是一部真正意义上的翻译理论史产生的必要条件。[②] 因此，理想的中国翻译理论史的撰写仍需更多的学术努力，其关键的基础性工作是对传统译论整体的系统探索和对各家理论的深入阐发与研究。

传统译论整理与研究的主要成果，除了以上论及的改革开放以来出版的重要的传统译论文献选本、中国翻译理论史论著和中国翻译史论著中有关传统译论的内容之外，还有香港翻译协会刘靖之主编的《翻译论集》（1981）和《翻译新论集》（1991）、香港中文大学王宏志的《重释信达雅：二十世纪中国翻译研究》（2007）等史论著作。这些成果为翻译理论史研究提供了独特的视角，积累了重要的学术研究资料。

第二节　中国传统译论的阐释

从改革开放开始到1998年的20年间，据不完全统计，发表在公开刊物上的翻译研究论文达14 000多篇，有关翻译的专著有近500部，论文集有

① 赵秀明《从〈中国译学理论史稿〉的出版看我国的译论研究》，《中国翻译》1996年第3期，第37页。

② 王宏印《中国传统译论经典诠释——从道安到傅雷》，大连：大连海事大学出版社，2017年，第369页。

20余部。[①] 这些成果中相当一部分是关于传统译论的。21世纪以来，关于传统译论的理论研究论文成果在数量上稳步增加，研究问题日益深化和细化，研究范围逐渐扩大，传统译论中的主要理论专题及概念、范畴都得到了不同程度的梳理与阐述，在资料征引和义理阐发上也有所进步。另外，传统译论研究的视野较前有所拓展，出现了对传统译论的整体性、综合性考察，如深入研究传统译论范畴的思维特征、逻辑义法、认知模式、表述方式以及其内在体系结构等，以充分认识、把握传统译论的理论形态和理论特质；传统译论研究的方法也日益科学严谨，考察传统译论的理论、视角也日益多样化。[②] 经过多年发展，特别是从改革开放开始到21世纪初，经过文献资料整理与初步研究阶段，传统译论研究进入阐释性研究阶段，正在向整合创新阶段发展。[③] 我国译学界对传统译论的价值逐渐达成基本共识，穆雷、王斌华分析指出，继承传统译论是建设现代译论的需要，对传统译论的研究也是在现代译论的建设过程中展开的。[④] 诚然，"当代译学理论也不能机械地建立在传统译论之上。首先，传统译论中存在着如前所述的自身不足；其次，大多数古代译论，自有一套范式用语"。对传统译论的阐释，意味着"将古代译论作为资源，把其中那些具有普遍意义且与当代译学理论在内涵方面有着共通之处的概念及有着普遍规律性的成分清理出来，赋予其新的思想、意义，使其与当代译学理论融合，成为具有当代意义的译学理论的血肉"，"在于激活那些具有生命力的古代译论部分，获得现代阐述，使之成为当代译学理论的有机组成部分"。[⑤]

本节首先对改革开放以来的传统译论研究成果进行综合梳理，然后对传统译论阐释的代表性成果予以重点评述。

---

① 黄任《翻译研究与翻译实践》，华东地区第四次翻译研讨会论文，1998年。转引自郭建中《中国翻译界十年（1987–1997）：回顾与展望》，《外国语》1999年第6期，第53页。

② 赵巍《中国传统译论研究综述》，《西安外国语大学学报》2014年第2期，第104页。

③ 李林波《中国传统译论研究的后顾与前瞻》，《上海翻译》2006年第1期，第7–12页。

④ 穆雷、王斌华《译学研究发展的新成就——2006年译学研究综述》，《中国翻译》2007年第3期，第30–34页。

⑤ 张柏然、张思洁《翻译学的建设：传统的定位与选择》，《南京大学学报》2001年第4期，第92–93页。

一、中国传统译论研究的论题和领域

笔者用“中国传统译论”为主题词检索中国知网，得到百余篇研究论文（不包括书评和综述类文章），依据其研究内容可大致分为对传统译论与翻译学科建设关系的研究、对传统译论的整体研究及现代阐释和转换研究、对翻译家和翻译理论家的研究、对传统译论诸专题的研究、对中西译论的比较研究等 5 个主要领域。[①] 下面结合翻译学界对一些较重要的著作的简评，对这些成果作一概要性评述。

1. 传统译论与翻译学科建设研究

传统译论与翻译学科建设关系的研究，是新时期以来一个重要的研究论题，我国翻译学界予以了特别关注。21 世纪初期，国内翻译学界就传统译论研究对中国翻译学的重要意义和作用基本达成了共识。2000 年，刘重德对传统译论作了整体性的思考与探索，指出我国传统译论研究的成就令人瞩目，且不断深入发展。基于此，他提出编写出版一套具有中国特色的翻译学论著的初步设想，其中心书籍为《中国翻译学》，该书由两部分组成，上卷可称《中国传统译论》，下卷则可称为《中国现代翻译理论》。[②] 张柏然、张思洁认为，当代译学理论的建设，只能以现代译学理论为基点；现代翻译理论赖以构筑的核心理论应以民族语言文化为立足点，通过挖掘、发扬传统译论的长处，同时运用西方科学、系统的研究方法对传统译论进行改造和升华，生成既蕴含了中国丰厚文化内涵，又融合了西方研究方法优点而且体现了时代精神和风貌的新型翻译理论。[③] 王宏印、刘士聪首先假定存在两种翻译学，即普遍的翻译学和国别的翻译学，而把建设中的中国翻译学作为终极的普遍翻译学的一个组成部分，由此认为中国翻译学理应是传统译论的一个合乎逻辑的演进阶段和中国翻译传统的一个历史的发展结果，因此应对传统译论进

---

① 实际上，关于传统译论的研究论文成果并不限于这些方面，但所有论文大致可以分属上述 5 个领域。这 5 个领域彼此存在着一定程度的重叠，而某篇论文或著作的归类则依据其主要的论题而定。

② 刘重德《事实胜雄辩——也谈我国传统译论的成就和译学建设的现状》，《外语与外语教学》2000 年第 7 期，第 34 页。

③ 张柏然、张思洁《翻译学的建设：传统的定位与选择》，《南京大学学报》2001 年第 4 期，第 87 页。

行科学而有效的现代诠释，使其朝着中国翻译学的理论体系和现代形态这一理想转化。[①]

在这个时期，这一领域重要的研究论题还有两个方面：一是传统译论研究的现状和努力的方向；二是传统译论的对外传播和教学问题。李林波对传统译论的研究现状进行分析，指出评价和总结性质的研究所占比重较大，而对传统翻译思想和观点的挖掘和提炼还有待于深入。[②]李林波认为，传统译论研究已进入了阐释性研究阶段，而未来的研究应继承传统译论的优势，也就是它所蕴含的人文思想和资源，继承的渠道是通过现代诠释将它有价值的思想和认识融入现代理论的构建中，创造出具有人文性和科学性且相互协调的现代译论。[③]王宏印以其在传统译论上的阐释与现代转换问题为核心，说明传统译论的性质和现代转换的必要性与可能形态，针对西学东渐的学风和建立翻译学的努力，列举了中国翻译学建设中所涉及的十大论争问题。[④]该领域中系统而独富建树的研究成果当属张柏然的一系列著述，他自21世纪之初开始在《光明日报》与香港《文汇报》相继发文，倡导在多样性的世界文化中对一些具有世界意义的中国传统译学经典进行现代性“还原释读”，从其文化精神的内核中，提炼出具有中国现代特色的译学理论，同时对极其丰富复杂的中国翻译现象进行系统搜集、整理、考订和理论把握，即“现象统观”，从而建立起一种具有东方神采的“感悟翻译哲学”，在西方译论走向形式科学的同时，促使中国译论走向生命科学，创立一种包含着丰富的中国智慧的“文化—生命翻译诗学”。较为新近的研究成果中，方梦之分析指出，作为翻译大国，中国应创立自己的译学话语体系。[⑤]关于传统译论的对外传播和教学问题的研究有：陶友兰从翻译教材建设角度讨论了传统译论的战略传承与传播问题，认为不但要加快经典性传统译论外译步伐，面向国际传播，

---

① 王宏印、刘士聪《中国传统译论经典的现代诠释——作为建立翻译学的一种努力》，《中国翻译》2002年第2期，第3页。

② 李林波《创新与承续——论中国传统翻译理论的继承》，《天津外国语大学学报》2005年第4期，第6页。

③ 李林波《中国传统译论研究的后顾与前瞻》，《上海翻译》2006年第1期，第7页。

④ 王宏印《中国传统译论研究与翻译学建设十大问题》，《民族翻译》2008年第1期，第18页。

⑤ 方梦之《翻译大国需有自创的译学话语体系》，《中国外语》2017年第5期，第93页。

而且要加强传统译论教学力度[①]；傅敬民、袁丽梅探讨了新时期我国译学研究中存在的主要问题，指出译学体系化建设不能只关注翻译宏观理论的构建，而应该以翻译实践和教学为本体，切实加强中观和微观层面的研究，构建整体性的宏、中、微三环良性互动的译学体系[②]。

2. 传统译论的整体性和阐释性研究

改革开放以来，我国学者对传统译论的整体性和阐释性研究构成了传统译论研究的主要论题之一，较多学者关注对传统译论的继承和发展问题的研究，并就如何进一步继承传统译论的宝贵遗产达成了共识。中国现代翻译理论的建设，需要在传统译论中寻找其学术源泉，并把形成中的中国现代翻译理论视为中国传统译论的一个合乎历史和合乎逻辑的发展。这种发展不可能是由传统译论自然而然地转换为现代译论，而应当进行现代学理意义上的转换。为了实现这个转换，最需要做的就是对传统译论进行现代诠释。成功而有效的现代诠释会促成中国现代译论的诞生乃至于中国翻译学的建立，从而为普遍翻译学的建立提供必要的理论准备。传统译论的现代诠释，应当包括三个方面或三个层次的理论任务，即对传统译论问题的清理、对传统译论意义的阐释、对传统译论形态的转换。

王宏印的《中国传统译论经典诠释——从道安到傅雷》是这一方面主要的代表性成果，涉及了对传统译论的历史评价、理论评判和创造转化。石永浩、孙迎春认为，创造性地继承传统译论是中国当代译学建设的必然要求，必须对其进行一系列的现代阐释与现代转化，现代阐释是现代转化的基础，而现代转化必须在对传统译论的实际运用中逐步进行。[③]张柏然指出：“任何一个文化大国，它在建设自己的翻译理论体系的时候，都要以本国的翻译经验作为自己最基本的认知材料，作为整个知识体系的骨架和网络。……本土的翻译现象和翻译经验，是产生原创性译学原理的最深

① 陶友兰《中国传统译论的战略传承与传播——翻译教材建设视角》，《上海翻译》2015年第4期，第14页。

② 傅敬民、袁丽梅《新时期我国译学体系化的思考》，《外语学刊》2017年第3期，第80页。

③ 石永浩、孙迎春《中国传统译论的现代阐释与现代转化》，《北京航空航天大学学报》2007年第4期，第61页。

厚、也最值得珍惜的文化资源。”[①] 张佩瑶从推动本土及国际翻译学发展的角度，阐释重读/阅读传统译论的重要性，指出传统译论不但有助于本土翻译学响应软实力构建的时代需求，同时还有助于本土翻译学响应反西方中心主义思潮带来的学术及文化需求，满足西方一般知识分子因中国崛起而对阅读中国产生的浓厚兴趣。[②] 潘文国指出，中外互译实践与印欧语之间的互译实践的不同决定了中国特色翻译学是个必然的选择；建设中国特色翻译学的途径之一是跳出西方框架，回归中国语境，寻找中国话语；从“文质之争”到“信达雅”的提出，证明中国译学传统是一个不同于西方的文章学传统。[③]

近年来，这方面的研究更加侧重于传统译论研究如何融入现代译论建设的问题。例如，程永生认为，传统译论中有许多现代译论元素，但缺乏系统的理论建构，因而在西方现代译论面前显得有些分量不足，直译意译研究就是典型的例子，对之重新解读与改写，或许能建构中国的现代译论。[④] 但这一观点有把现代西方的直译意译和中国古代的文质概念相混同的危险。关于如何继承传统译论，曾利沙论述了开放性译学理论研究范畴体系的整合与建构的研究路向，探讨了如何从理论研究范畴化角度继承与发展传统译论。[⑤]

其他一些主要论题包括，对传统译论发展的历史分期和分类研究，如蒋童（1999），朱志瑜、张旭（2009）；总体特征研究，如王晓农（2006）、王占斌（2008）；文化渊源研究，如朱瑜（2008）、魏建刚（2015）、刘敬国（2015）；传统译论术语和概念研究，如赵巍、薄振杰（2008），孔祥立（2013）等。近年来，有学者尝试构建传统译论的系统，例如郭建中尝试用系统论的原理和方法，构想一个涵盖十个层次子系统的传统译论体系，并逐

---

① 张柏然《中国译论：直面“浴火重生”》，《中国外语》2008 年第 4 期，第 86 页。

② 张佩瑶《重读传统译论：目的与课题》，《中国翻译》2008 年第 6 期，第 6 页。

③ 潘文国《中国译论与中国话语》，《外语教学理论与实践》2012 年第 1 期，第 1 页。

④ 程永生《我国传统译论中的现代元素——以直译意译研究为例》，《外语研究》2017 年第 2 期，第 84 页。

⑤ 曾利沙《论翻译学理论研究范畴体系的拓展——兼论传统译学理论的继承与发展》，《中国外语》2017 年第 1 期，第 90-96 页。

项论述了其研究方法。[①] 王向远认为，中国古代翻译学在翻译文本的识别与评价方面形成了五对范畴（即“胡本 / 梵本”“全本 / 抄本”“异本 / 合本”“旧译 / 新译”“失本 / 得本”），而在翻译行为的经验论、实践论与操作论方面，形成了分条论列的四种“条式”，由此形成了独特的内在构造与理论体系。[②]

我国学者编撰的翻译研究辞典都设置了传统译论条目。例如，方梦之主编的《中国译学大辞典》，收录了王宏印撰写的有关“中国传统译论”的 57 个词条，而“中国传统译论”一条包括了传统译论的“主线说”“文化资源”“缺陷”“发展阶段”“基本问题”“现代转换”“终结”“研究三法”等 8 个子条目。[③] 进入辞书是传统译论研究不断深入与沉淀的一个佐证，值得肯定和关注。

3. 翻译家和翻译理论家研究

过去 40 年中，我国的译学界对我国翻译家、翻译理论家的研究是传统译论研究的一个重要领域，就我们所了解的论著而言，受到较多关注的译论家有支谦（如李腾龙、张政，2016）、道安（如戚健，2011）、鸠摩罗什（如王克非，1988；王晓农，2013、2016）、彦琮（如颜治强，1995）、玄奘（如袁锦翔，1993；李雪涛，1994）、马建忠（如王洪涛，2005；王晓农，2007；辛红娟、马孝幸，2011）、林语堂（如王少娣，2011）、曾虚白（如李林波，2003；邢力，2007）、焦菊隐（如张思永，2011）、贺麟（如范先明，2016）、金岳霖（如陈大亮，2017）、钱锺书（如崔永禄，2006；张佩瑶，2009；罗选民，2015；杨全红，2015；赵玉珍，2017），而研究最为集中的是严复。下面拟对改革开放以来的严复研究进行简要评述，以反映这方面探索的基本情况与历史进展。

许钧指出，我国有关严复翻译思想，特别是“信达雅”的探讨一直没有停止，这表明了“信达雅”思想的重要性，完全有必要深入挖掘下去。

在持续一个多世纪的严复翻译研究热潮中，相当长的一段时间内，不

---

① 郭建中《进一步深入研究中国传统译论——探索构建中国传统译论体系》，《上海翻译》2015 年第 1 期，第 1 页。

② 王向远《中国古代译学五对范畴、四种条式及其系谱构造》，《安徽大学学报》2016 年第 3 期，第 67 页。

③ 方梦之《中国译学大辞典》，上海：上海外语教育出版社，2011 年，第 50–68 页。

少学者将严复的“信达雅”翻译规范与英国泰特勒（Alexander Fraser Tytler, 1747—1814）所著《论翻译的原则》（*Essay on the Principles of Translation*）中提出的“三原则”[①]相互联系甚至相互混淆，更有不少学者在以讹传讹的境况中，指认严复的翻译思想系抄袭泰特勒的翻译言说。钱锺书的《中国翻译史上的一章》（*A Chapter in the History of Chinese Translation*，原载 *The China Critic*，*VII*，1934，重印于《钱锺书英文文集》）是目前所见国内较早为严复翻译理论正名的学术论述。针对 20 世纪初叶商务印书馆出版的周越然所编《英语读本》中认为严复“三字诀”本于泰特勒的翻译“三原则”的说辞，钱锺书引用吴汝纶答严复的信，指出“严复对他的第三点（雅）有疑问，正是吴汝纶给了他勇气。吴不懂外语，对远离原作也就没有不安；身为散文巨子，他自然地将风格想象为擦玻璃或抹地板之类工作的结果”；至于“说严复翻译论来自亚历山大·弗雷泽·泰特勒的《翻译原理论集》，却是错的。严复很可能根本没听说过泰特勒的《论集》”。赵巍、石春让鉴于两种翻译理论在中西翻译界的突出地位，追溯两种理论在各自文化体系内的渊源，比较两种理论的异同，分析了混淆、抄袭说出现的原因，指出，“抄袭之说是对西方译论盲目推崇，对中国译论缺乏信心的必然结果”。研究揭示，“相通性”是翻译思想发展的主要特征，它不受不同语言文化的制约。毫无疑问，不同的语言文化在不同的历史时期，都产生过不同的翻译思想。但这种不同多为表象。例如，虽然中西翻译理论家各有各的译论术语，各有各的翻译经验，对待翻译问题也各有各的理论取向，但在认识论的深层，他们在诸如翻译原则、方法、标准、操作规则、程序以及翻译类别等基本问题上，却表现出惊人的相似。[②]

国内较早对严复翻译思想进行现代转换解读的典型学者有王佐良

---

① 1. 翻译应是原著思想内容的完整再现；2. 翻译应具备原著所具有的通顺；3. 译文的风格和手法应与原著属同一性质。泰特勒的翻译原则主要针对文艺翻译尤其是诗歌的翻译，但他的原则广义地说适应于所有的翻译，他强调原文读者和译文读者的反应的一致。郑振铎在《译学的三个问题》中比较系统地阐述了他的翻译观，首次向中国翻译界介绍了泰特勒《论翻译的原则》一书。

② 赵巍、石春让《比较译学的个案研究引发的思考——从严复的“信达雅”与泰特勒的三原则说起》，《外语学刊》2005 年第 5 期。

（1981）、王克非（1987,1988,1992）和王宏印等。王佐良的 Two Early Translators Reconsidered 一文基于对严复翻译社会科学著作和科技术语的认识，重新评价严复的“信达雅”标准，认为，其中“雅”的标准不仅为“行远”所必需，也是“求达”所不可或缺，更是一种“招徕之术”，以期赢得更广大的读者。[①]王克非是早期系统研究严复翻译话语的学者，曾撰文《〈严复集〉译名札记》《鸠摩罗什与严复》《论严复〈天演论〉的翻译》，全面深入分析严复的译法、译名、按语、文体等，揭示社会文化语境以及宏阔的历史境遇对于严复翻译选择的影响。[②]王宏印对严复“信达雅”的现代诠释和转换研究的最初成果首见于 1989 年陕西师范大学出版的《英汉翻译综合教程》，进一步的成果见于 2010 年大连海事大学出版社出版的《英汉翻译高级教程(修订版)》。对严复翻译理论研究较为全面的论著有《论信达雅——严复翻译理论研究》（沈苏儒，1998）、《重释“信达雅”：二十世纪中国翻译研究》（王宏志，1999）、《翻译的最高境界——“信达雅”漫谈》（沈苏儒，2006）、《语言、翻译与政治——严复译〈社会通诠〉研究》（王宪明，2005）与《严复话语系统与近代中国文化转型》（韩江洪，2006）等，这些论著从社会语言学、意识形态、政治话语等视角展开对严复翻译思想及其现代转型的深入探究。王佐良的英文著述 *Degrees of Affinity—Studies in Comparative Literature*（《论契合——比较文学研究集》）（部分内容在《英语世界》上发表过）是英文世界影响较大的重要著作，他将严复在《天演论》中关于翻译的文字译为英文，有助于我们理解严复关于翻译的观点。其中，尤为值得一提的是《论信达雅——严复翻译理论研究》一书，该著述是沈苏儒对严复“信达雅”之说进行探索的系统性成果，全书共七章，分别为“绪言”“严复的‘信、达、雅’说”“名家对‘信、达、雅’说的评价及各种新说”“在我国流传较广的几种外国译学学说”“从翻译的本质看‘信、达、雅’”“从翻译的实践看‘信、达、雅’”和“继承和发展‘信、达、雅’

---

① 王佐良 Two Early Translators Reconsidered，《外语教学与研究》1981 年第 1 期，第 1–5 页。

② 具体参见王克非所撰《〈严复集〉译名札记》（《外语教学与研究》1987 年第 2 期）、《鸠摩罗什与严复》(《中国翻译》1988 年第 4 期)和《论严复〈天演论〉的翻译》(《中国翻译》1992 年第 3 期）。

学说”。许钧认为，作者以严复的“信达雅”之说为研究对象，以阐释、梳理严复的翻译思想为基础，但不囿于严复的学说本身，而是以强烈的理论意识和开阔的学术视野，通过百年来国内译学界对“信达雅”之说的各种评价与新说的检阅与审视，“探索其生命力之所在，找出其‘合理的内核’，予以继承，加以发展”[①]；同时通过与在我国流传较广的几种外国译学学说的比较，将严复的“信达雅”之说置于一个国际学术的大背景下进行剖析，以阐明中外译学研究在一些基本的、带有共性的问题上的相通之处，并揭示出严复的翻译原则根植于中华文明沃土，具有其独创性和特殊的意义。然而，理论的阐发与梳理，学科的建设与发展，并不是终极的目的，作者从文化交流的根本目的着眼，就严复翻译理论对翻译实践和跨文化交流活动的指导价值进行了分析，具有独到的眼光。[②]

4. 传统译论有关专题研究

对传统译论的专题研究主要涉及传统译论的美学研究（如张柏然、张思洁，1997；陈大亮，2009），翻译风格理论研究（如伍先禄，2003），翻译技巧、方法与标准研究（如司显柱，2002；赵巍、马艳姿，2010），术语与译名理论研究（如郭丹，2011；赵巍，2011；李崇月，2015；高存，2016）和佛经译论的文质研究（如张春柏，2006；赵巍，2009）。其中，一些学者通过对文质翻译与直译意译关系的研究，厘清了二者在概念上的区别，如王宏印、吕洁通过研究佛经译论的文质和今日之直译意译，认为二者有着根本的差异[③]；后续的相关研究将其文质之争与现代的直译意译之争区别开来，澄清了传统译论的一些基本问题及其与西方现代译论的关系。也有学者对传统译论不同历史时期的理论进行了比较研究，如杨冬敏（2007）；从认知语言学的视角研究传统译论，如王明树（2009）；从西方译论的视角尝试阐释传统译论，如苏艳（2008）、谢思田（2014）等。

---

① 沈苏儒《论信达雅——严复翻译理论研究》，北京：商务印书馆，1998 年，第 11 页。

② 许钧《译学探索的百年回顾与展望——评〈论信达雅——严复翻译理论研究〉》，《中国翻译》1999 年第 4 期，第 47-48 页。

③ 王宏印、吕洁《佛经译论上的文质不等于今天的直译意译》，载《汉英对比与翻译国际研讨会暨中国英汉语比较研究会第五次全国学术研讨会论文集》，2002 年，第 614-623 页。

张思洁的《中国传统译论范畴及其体系》（2006）是中国传统译论研究的又一重要成果，被纳入了张柏然与许钧主编的《译学新论丛书》。该书的论述框架如下：①绪论：论述传统译论范畴何以成为问题；②正文涉及传统译论范畴的源流、本体论、认识论、审美过程论以及范畴体系及其蕴含范式，最后是结论。该书最突出的特点，一是通过大量阅读，作者对于中国古典哲学和儒、释、道三教文化传统有相当深入的认识，将一些基本范畴总结了出来，例如“天道”“人道”，作为传统译论的基本范畴加以讨论；二是将一些中西对比哲学的因素纳入叙述过程，例如关于中国和西方本体论、认识论主客体范畴及命题，以及逻辑思维样态的比较，这一部分研究虽然并不直接切题，但在思路上往往给人以启发，构成研究的思想背景；三是引入西方过程哲学概念，其基本原理对于中国翻译理论的过程思想有参照价值，但基本上是哲学性的，由此进入“传统译论范畴体系图”[①]，是其精华部分，后续的“传统译论范畴层级表”[②]，也有相当的价值。作者的结论性认识是，传统译论过于依赖国学传统，故而对其能否独立成学持怀疑态度，认为传统译论范畴分布不平衡，大部分规约其宏观走向的文化语境和言外之意的把握，缺乏翻译操作与语言转换范畴，绝大多数范畴具有具象性、参悟性、品鉴性，“似乎有术无学”，缺乏理论自觉意识。因此，作者认为：“虽然传统译论范畴体系所涵盖的研究范式为传统译论理论样态的历史性与合理性提供了辩说，但从现代学术需要来看，则深刻而单一，需要加以时代的丰富。”[③]这项研究对于传统文化的基本特点的认识比较全面而深刻，对于传统译论的文化资源与哲学基础的研究有所拓宽和加深，尤其是通过中西哲学比较和引入西方过程哲学，对于传统译论翻译过程的认识有重要启示。

值得关注的，还有王平的《中国传统译论的美学特色研究》[④]，该书探讨了传统译论的本体论、主体论、翻译标准论、文本论等问题，同时对同时代的西方国家的文艺美学进行了比较分析。

---

① 张思洁《中国传统译论范畴及其体系》，上海：上海译文出版社，2006年，第257页。
② 同上书，第258页。
③ 同上书，第296–297页。
④ 王平《中国传统译论的美学特色研究》，杭州：浙江工商大学出版社，2011年。

对译名原则、方法及统一问题的讨论是贯穿中国翻译理论 / 思想史研究的一条重要线索。香港理工大学朱志瑜和西安外国语大学黄立波合著的《中国传统译论：译名研究》[①]也是这一领域的重要研究成果，该书内容包含对佛经翻译时期的有关翻译名义的分析，天主教和基督教有关圣名（上帝之名）译法的论述，及科技翻译、人文社科和文学翻译中有关译名问题的争论等。邢杰认为该书对中国翻译思想史研究有一定贡献：一是定位清晰、聚焦精准，涉及中国传统翻译思想史上所有有关译名的讨论，通过对比找出后世学者对前人承袭、批判及创新的部分；二是始终紧扣译名所涉及的核心问题展开论述；三是除了关注译名翻译思想的梳理，也注重译名实践经验的总结，同时从描写出发，进而超越描写，为构建译名研究的中国传统翻译话语体系作了有益的尝试。[②]

5. 中西译论比较研究

国内较早进行中西译论比较研究的是邹东旗，他从考察西方古今译论主要流派的角度，探讨了它们与“信达雅”翻译理论的联系，认为尽管西方翻译研究的视角不同、术语不同，但都在探讨怎样求得译文对原文的“信达雅”。[③]译论比较的途径，有利于拓展对译论的认识。这方面的研究以中西译论总体比较为主，如周艳（1998），李智、王子春（2005）等。一些学者通过比较中西译论，对它们各自的整体特点有了较深入的认识，如谭载喜通过分析中西译论体系间的不同，剖析了译论比较对译学发展的意义。[④]吴义诚认为中国译论较模糊，重悟性，体现了较强的人文主义精神；西方译论较明晰，重理性，体现了较强的科学主义精神。这一差异是由各自文化语境中的不同翻译实践决定的。[⑤]关于国内译学研究方法论，辜正坤认为，就理论阐述而言，中国理论的优势在于：由于汉语言文字自身在表意上的综合性和形象简洁性，所以在宏观理论的阐述上往往长于高度的理论概括，常能高屋建瓴、一语中

① 朱志瑜、黄立波《中国传统译论：译名研究》，长沙：湖南人民出版社，2013 年。
② 邢杰《描写及其超越——〈中国传统译论：译名研究〉评介》，《中国翻译》2014 年第 6 期，第 44–47 页。
③ 邹东旗《西方译论与“信达雅”》，《衡阳师专学报》1991 年第 1 期，第 103–108 页。
④ 谭载喜《翻译学必须重视中西译论比较研究》，《中国翻译》1998 年第 2 期，第 12 页。
⑤ 吴义诚《中西翻译理论的比较》，《外国语》1998 年第 3 期，第 47 页。

的、直逼真理。但是缺点也就正好在产生优点的地方显示出来，中国理论（尤其是古代理论）往往弱于条分缕析的量化陈述，流于模糊、抽象的定性概括，在具体论证上显得草率。[①] 李靖民、徐淑华通过分析中西两大翻译体系中的研究模式，认为两者各有特色，各具优势，不能简单地以优劣区分，在研究的方法上两大翻译体系应取长补短、相得益彰，在研究的方法与途径上形成一个多元共存的和谐局面。[②] 朱桂成认为西方译论在世界近现代译论史上一直占据话语霸权，对我国译论的正面影响是拓宽了我们的思维视野，而其负面影响则是既导致了我们对民族译论记忆的淡薄，又束缚了民族译论的原创性，因此当务之急是在发现中西译论差异性的基础上寻求两者的有效对话，由此建构我们的原创性译论体系。[③] 也有学者对中西译论的具体理论进行了比较研究，如赵巍、石春让对严复的"信达雅"与泰特勒的三原则的比较研究[④]。这个方面一个新的研究动向是，有的学者开始通过研究传统译论，用以反观西方译论的问题。例如王向远通过运用词义考论、概念考古的方法考察辨析传统译论中"翻""译"及"翻译"概念中所包含的丰富的翻译思想，发现"译"与"翻"是两种不同的运作方式，并指出中国传统的"翻""译"思想对解决持续已久的"可译 / 不可译"争论是有效的，可弥补西方译论的不足。[⑤]

对中西译论各自优缺点的认识，译学界似乎已达成共识。张柏然、张思洁在全面梳理 20 世纪末期以来的中西译论对比研究的基础上，进行了全面总结与反思[⑥]；刘宓庆的研究表明传统 (译论) 的理论和命题基本上来源于

---

① 辜正坤《当代翻译学建构理路略论——〈文学翻译学〉序》，《中国翻译》2001 年第 1 期，第 9-14 页。

② 李靖民、徐淑华《中西译论研究基本模式对比》，《四川外语学院学报》2002 年第 4 期，第 106 页。

③ 朱桂成《中西译论对话的不可能、可能及其他》，《外语教学》2005 年第 1 期，第 86 页。

④ 赵巍、石春让《比较译学的个案研究引发的思考——从严复的"信达雅"与泰特勒的三原则说起》，《外语学刊》2005 年第 5 期，第 96 页。

⑤ 王向远《"翻"、"译"的思想——中国古代"翻译"概念的建构》，《中国社会科学》2016 年第 2 期，第 138 页。

⑥ 张柏然、张思洁《翻译学的建设：传统的定位与选择》，《南京大学学报》2001 年第 4 期，第 90-91 页。

我国古典哲学—美学，特别是古典文艺学。[①] 张柏然、张思洁认为“几乎所有的译论命题都有其哲学—美学渊源”[②]，表现在以中和为主、讲求和谐，尚化实为虚、讲求含蓄，重感性体悟、讲求综合。然而，利乃弊所依。传统译论在充分享受其美学优势的同时，也把自身的缺陷显露无遗：一是“就美学体系而言，各种译论之间仍存在着间断性和非系统性”；二是“（传统译论）虽然抽象地反映了美和翻译艺术，却没有对其中的具体因素和复杂关系作多边探求和立体研讨”；三是“我国的翻译理论在思维模式上更倾向于从主观的而非客观的、感性的而非理性的、体验的而非分析的角度来品评翻译和译品”。谭载喜对中西译学的历时比较表明，就译论性质而言，宏观上中国译论体系中似乎语文学和诠释学的翻译理论较为发达，而西方译论体系中则是文艺学和语言学的翻译理论较为发达。[③] 吴义诚从模糊与明晰、悟性与理性、人文性与科学性三方面对中西译论进行比较后认为：“中国翻译学的基础建设是否牢固，将取决于中西译论结合性研究的完善程度。人文性强的中译论与科学性强的西译论融会贯通，相辅相成，将是中国翻译学研究走上宏富之路的必由途径。”[④] 杨自俭从传统哲学的优缺点互为依存又相互统一的特点出发，对传统译论在哲学和思维上的优劣势进行了思辨，他认为：“（传统哲学）从本体论上讲，是整体观伴以结构性弱点；从价值论上讲，是知情意一体化认知结构伴以狭隘的人伦技术化倾向；从方法论上讲，是直观类比伴以不同层次过渡的模糊性。”[⑤]

二、中国传统译论阐释研究的代表性成果

在 20 世纪 80 年代后期和 90 年代，我国翻译界曾围绕继承传统译论与引进外国译论的问题展开过激烈的争论。之所以出现这样的争论，很大程度上是因为对传统译论还没有进行系统的总结和深入的研究，有些学者凭借印

---

① 刘宓庆《中国现代翻译理论的任务——为杨自俭编著之〈翻译新论〉而作》，《外国语》1993 年第 2 期。

② 张柏然、张思洁《中国传统译论的美学辨》，《现代外语》1997 年第 2 期。

③ 谭载喜《翻译学必须重视中西译论比较研究》，《中国翻译》1998 年第 2 期。

④ 吴义诚《中西翻译理论的比较》，《外国语》1998 年第 3 期。

⑤ 杨自俭、刘学云《翻译新论》，石家庄：河北教育出版社，1995 年，第 7 页。

象甚或按照西方学术观点对传统译论发表见解，甚至认为中国没有理论，更没有传统翻译理论。在这样的背景下，王宏印的专著《中国传统译论经典诠释——从道安到傅雷》于2003年由湖北教育出版社收入“中华翻译研究丛书”中推出。这是我国学者所写的第一部关于传统译论的研究专著，引起了翻译学界的广泛关注，并产生了持续的影响。10余年后，该书作者对初版内容加以修订、扩充、深化，新增10余万字，于2017年推出了新版《中国传统译论经典诠释——从道安到傅雷》。

早在20世纪80年代，在西方译论风头正劲的时候，我国译学界就响起了“发展我国独具特色的翻译理论，建立卓然独立于世界译坛的翻译理论体系”的呼声。关于翻译学到底是一门什么样的学科，我国译学界有过激烈的争论。1997年，张柏然明确提出建立“中国翻译学”的主张，呼吁译学界在西方翻译理论引进高潮中，结合当代学理开展中国翻译理论冷思考。2001年末，张柏然在《光明日报》上发文，呼吁“发展中国的译学研究”，倡导在多样性的世界文化中发展我们的中华文化，让中国译学走向世界。[①]时隔数月，2002年春，张柏然在香港正式发声，明确提出“建立有中国特色的翻译理论”，《香港文汇报》两地书栏目刊发长文《为翻译学画龙点睛——张柏然教授访谈》[②]，专题报道张柏然建设有中国特色的翻译理论的学术主张，在香港人文学者中产生广泛影响。2001年，中国译协于青岛召开全国译学学科建设研讨会，会上王宏印提出，在理论上承认国际化的普遍翻译学的前提下，应优先进行传统译论研究以建立中国翻译学的主张，认为对传统译论进行系统的梳理总结是21世纪初翻译研究的重要任务之一，得到了多数与会者的支持。这在会议文集中可以看得出来，如穆雷认为：“中国当代翻译理论的发展必须以中国的传统译论为基础和出发点。”[③]此后，2002年第3期《中国翻译》又发表了王宏印、刘士聪的论文《传统译论经典的现代诠释——作为建立翻译学的一种努力》。2003年，《中国传统译论经典诠释——从道安到傅雷》出版。该书代表了我国翻译界对翻译学建设的一种思路，可谓独树一帜。方

① 张柏然《发展中国的译学研究》，《光明日报》2001年12月25日，B03版。

② 余平《为翻译学画龙点睛——张柏然教授访谈》，《香港文汇报》2002年3月6日，PC2版。

③ 穆雷《传统译论与翻译》，载杨自俭《译学新探》，青岛：青岛出版社，2002年，第234页。

梦之主编的《译学辞典》（2004）为该书专设词条。罗新璋在写给该书作者王宏印的信中说："尊作以现代学理阐发传统译论，拓展一片新天地，确乎具经典意义。……论说合理，令人信服，实近年译学研究中一大创获。"[①]

在学理上，这是一部隐含西方哲学史发展路径和运用解释学方法系统清理传统译论的中国理论翻译学专著，涵盖了从东汉末期到当代，从佛经翻译到外国文学翻译的理论研究，研究覆盖的时间跨度约有两千年。全书精选道安、彦琮、玄奘、赞宁、严复、章士钊、贺麟、金岳霖、钱锺书、傅雷十家有代表性的传统译论进行了详细解析和现代阐释，采用了历史评价、理论评判和理论创造转化三位一体的研究方法，史论结合、以理论批评为主，力图实现传统译论基本论题、概念范畴、理论形态的现代转换。该书明确提出了传统译论的概念界定，总结了中国传统学术和译论的五个基本特征：①以道德为本位，强调译者道德修养和敬业从业为本的主体性意识；②服务公众和社会的群体本位思想；③人文主义的语言观而不是科学主义的语言观，始终是中国传统翻译实践潜在的理论导向；④人文社科类作为主要文本翻译的类型，在材料内容、语言类型和运思方式上都倾向于文学翻译的艺术性，而不是科学翻译的科学性；⑤哲学的而非科学的、美学的而非宗教的，是中国传统译论的始终如一的理论基础。而它的三个缺点是理论意识不强、基本范畴缺乏、学术基础薄弱。[②]

该书采用了两个历史分期系统，从外部即社会政治发展史角度把传统译论划分成古代、近现代、当代三个时期（以此为全书论述架构），同时又从内部即译学自身运演的发展过程和规律角度，把传统译论划分为肇始、古典、玄思、直觉四个阶段。该书从中清理出传统译论极有价值的问题，包括质派文派、直译意译、音译意译、直译重译、译意译味、神似形似、翻译标准、可译性、境界、语言、译者，然后根据现代译论的总体问题设计或要讨论的范畴，将其转换和归纳为六个方面的问题，即本体论、方法论、认识论、标准或原则、主体性、可译性。通过对照比较，作者发现了传统译论在五个方

---

① 王宏印《中国传统译论经典诠释——从道安到傅雷》，大连：大连海事大学出版社，2017 年，第 264 页。

② 同上书，第 5–6 页。

面比较缺乏或严重缺乏的理论问题，即翻译过程、效果评价、文体对应、语义转换、翻译批评。经过对十家具有代表性的传统译论进行阐释性研究，作者提出了三点认识：

> （1）传统译论竟然在第一阶段讨论佛经翻译时就涉及了“五失本，三不易”这样重要的本体论、主体论等问题，同时隐含了本体论失落的大手笔和大思路，而西方的翻译理论史也未必有如此卓越的表现和如此深刻的哲学思想。
>
> （2）以今天的观点来看，古人和近人竟然在没有翻译学学科建设意识的前提下，就有了对翻译的哲学玄思，而在哲学玄思阶段之后才有了涉及文学翻译的直觉阶段。这是令人费解的，但也许可以说明传统译论回归文学传统的趋势。
>
> （3）从传统译论的历史演进中，竟然可以看出一个由涉及重大问题的初步的探索和粗糙的设想，到日益精致和琐碎的本体论的滑落的倾向。换言之，今日翻译理论的精密和“主义”的分野，是以牺牲对翻译原始问题的混沌观照和原始思维的质朴考察为代价的。[①]

该书出版后，引起了译学界的关注，不久即有多名学者陆续发表书评，例如朱徽、赵秀明。朱徽从“继承与激活传统”“中西译论的共存与对话”“跨越时空的视野和比较观照的方法”“对建构中国现代译论的呼唤”几个方面肯定该书价值，并指出全书以其理论性、系统性、实用性、新颖的方法和丰富的资料受到译学界关注。[②]赵秀明认为，该书将笃信诚实的学风与创造性阐发相结合，以建设现代译论为明确的理论目标，建立了清理、阐释、转换三结合的研究方法，实现了学术性、理论性、独创性三超越的理论开拓，打破了长期以来传统译论研究的就事论事的蹒跚局面，开启了我国传统译学研

① 王宏印《中国传统译论经典诠释——从道安到傅雷》，大连：大连海事大学出版社，2017 年，第 264 页。

② 朱徽《让传统走进现代——评王宏印著〈中国传统译论经典诠释〉》，《中国翻译》2004 年第 5 期，第 43–45 页。

究的新局面，是我国翻译理论界一部极富学术品位的力作。[1] 张佩瑶认为该书是传统译论研究之现代诠释派的代表。[2]

值得关注的是，王宏印推出的新版《中国传统译论经典诠释——从道安到傅雷》，对传统译论又有了更深入的认识，如对佛经翻译的十大范畴（“味、境、化、隔、圆、妙、和、真、言、修”）提取和略说，并努力将其转换成为新的翻译理论概念，融入新的翻译理论体系。在翻译理念上，该书着力挖掘我国的固有文化资源，利用具有民族的、原始的东方思维特征的思想原型构建新的翻译观，提出文学翻译笔法的理论范畴，并对其进行了本体论阐释和现象学描述。在翻译研究方法论方面，在进一步完善初版“清理、诠释、转换”的研究方法的基础上，作者结合个人学术研究的方法和习惯，运用了个人口述历史与中西学术研究的大历史的双向互动途径，具有重要的翻译研究方法论的参照意义。该书的学术特质与贡献得到了学界的好评，因而获得了国家社科基金中华学术外译项目资助，由王晓农执译的英文版 *A Critique of Translation Theories in Chinese Tradition: From Dao'an to Fu Lei* 于 2018 年由美国学术出版社（American Academic Press）出版。

张柏然、辛红娟 2016 年出版的翻译研究文集《译学研究叩问录：对当下译学研究的新观察与新思考》[3] 是传统译论阐释研究的又一重要成果。该书试图对翻译理论作整体性的把握和多方位的思考，秉持中国传统译学理论、借鉴西方译论话语，从某一特定视角出发，对所论议题进行剖析，在具体分析中去探索译学的奥秘。该书还积极尝试以哲学、美学为纲绳，探测、挖掘翻译的内涵。书中论及的传统译论研究文章主要有《中国传统翻译理论的当代价值与意义》《传统译论的现代转化问题》《我国传统译论美学思想》《传统译论的科学精神辩》《马建忠翻译思想的现代转换示例剖析》等。

该书通过一问一答的形式梳理中国译论建设的关键话题，厘清核心概

---

① 赵秀明《中国传统译论研究的新突破——评〈中国传统译论经典诠释〉》，《外国语》2004 年第 3 期，第 71−77 页。

② 张佩瑶《传统与现代之间——中国译学研究新途径》，长沙：湖南人民出版社，2012 年。

③ 张柏然、辛红娟《译学研究叩问录：对当下译论研究的新观察与新思考》，南京：南京大学出版社，2016 年。

念，反思中国译论建设现状，总结创新思路。全书分为上、中、下三编，上编考察中国传统译论的现代转换，中编探讨中西译论的契合及其对中国文学英译的启示，下编尝试拓展数字化时代中国译论建设的新领域。全书围绕“古今沟通：中国传统译论的现代转换”“中西融通：中西译论的互补与融合”“与时俱进：大数据时代的中国译学建设”三个层次展开对新时代中国译学理论建设图景的全面描述。作者认为，传统译论要真正促进当今中国译学建设，关键在于现代转换。译论现代化并非西化，更不是消灭传统，关键在于创新。系统梳理传统译论体系，整体把握传统精神和特征，清理其中具有普遍意义和规律性的部分，融入当代译学理论血肉，生成新思想和意义，展开“理性的理论性分析，目的在于激活那些具有生命力的古代译论部分，获得现代阐述，使之成为当代译学理论的有机组成部分”①。从中西译学比较入手，把握中西译论的差异，通过外在比较实现内在超越，实现中国译学古典形态的现代转换，重建既具有中国特色又具有世界意义的中国译学话语系统。

《译学研究叩问录》一书基于“中国译学建设不仅要以中国传统译论为根基，同样需要汲取西方译论营养”这一核心观点，从如下三个层面具体阐述了中西融通之道：

其一，西方语言学的修辞学零度—偏离理论对翻译研究具有启发作用。作者以王希杰的相关研究为切入点，剖析了零度—偏离理论普遍的认识论意义，继而从符号学、解构主义的角度，结合王希杰的“四个世界”理论和钱锺书关于翻译中“距离”的论证，阐述了翻译作为“越界”行为的偏离实质，“零度”是理想化的概念，“偏离”是应对现实的策略，翻译永远只能是“对理想状态的变异和偏离”。②

其二，西方翻译研究的文化范式刺激了中国译学研究文化向度的主体性自觉。作者认为文化学派无限扩大了翻译研究对象的外延，一定程度上遮蔽了翻译本体研究，中国译学研究必须保持“文化研究向度的主体性自觉和作

① 张柏然，辛红娟《译学研究叩问录——对当下译论研究的新观察与新思考》，南京：南京大学出版社，2016 年，第 170 页。

② 同上书，第 160 页。

为新的知识形态的自觉”[1]，以主体为生存和解放的力量，朝向国外和古代，进行创造性的融合，丰富文本与文化现象的呈现方式与阐释向度。

其三，中国古代旅行文化和西方传统奥德赛情结在翻译哲学层面形成相互印证的态势。作者从语源学入手，结合爱德华·赛义德的旅行理论指出，文化旅行涵盖“以文化吸收为主的异质文化认同”和“以文化身份确认为目的的自我文化认证”[2]，旅行主体在辩证的动态过程中形成对自我文化的认识和他者文化的想象，融汇出新的文化视野。在文化研究转向的全球趋势下，中西译论融通，有利于中国译学走出局限，多向度展开跨学科描述性研究。

三、中国传统译论经典文献的外译与介绍

改革开放40年来，中外学者用外文（主要是英文）发表了数篇有关中国传统译论的介绍性或研究性文章，如严阳（1992）、陈德鸿（2000）、Mundy（2001）、孔慧怡（2004）、Miller（2010）等。国外译学论著中有的也含有对中国传统译论的介绍和评论，例如1998年Baker主编的《劳特里奇翻译研究百科全书》（*Routledge Encyclopedia of Translation Studies*）第二部分“History and Traditions”，就收录了孔慧怡与他人合作撰写的“中国传统”（Chinese Tradition）概要。[3]中国传统译论文献资料的外文翻译选本主要有两部，一是香港岭南大学陈德鸿的*Twentieth-Century Chinese Translation Theory: Modes, Issues and Debates*，该书2004年由荷兰约翰·本杰明出版公司（John Benjamins Publishing Company）作为该出版社的*Benjamins Translation Library*丛书的一种出版。二是香港浸会大学张佩瑶编译的英文版*An Anthology of Chinese Discourse on Translation Volume 1: From Earliest Times to the Buddhist Project*，2006年由英国哲罗姆出版公司（St. Jerome Publishing）出版，后由上海外语教育出版社2010年引进国内出版。这样的中国传统译论原典外文翻译版本身也具有研究性质，因此既是资料整理成果，也是学术研究成果。

---

① 张柏然，辛红娟《译学研究叩问录——对当下译论研究的新观察与新思考》，南京：南京大学出版社，2016年，第170页。

② 同上书，第175页。

③ 参见Baker, M. *Routledge Encyclopedia of Translation Studies*. London & New York: Routledge, 1998, pp. 365-375.

陈德鸿领衔编著、英译的 *Twentieth–Century Chinese Translation Theory: Modes, Issues and Debates*（《20 世纪中国翻译理论：模式、问题与论争》）的宗旨是“系统梳理二十世纪中国的翻译理论史，通过对元文本材料（翻译理论和批评文本）的研究以理解在特定时间点上存在于特定社会的翻译规范”[①]。该书除序言外，共有 42 篇文章，包括 4 篇论文和 38 篇中国译论文章的译文，分别构成该书第一和第二部分。第一部分的 4 篇研究论文是主编者曾发表过的研究成果，分别是《传统译论的印象化特征》（*The Traditional Approach: Impressionistic Theories*）、《中国 20 世纪 20 年代和 30 年代的“现代”译论》（*“Modern” Theories of the 1920s and 30s*）、《后殖民视角下的翻译理论》（*Theories from a Postcolonial Perspective*）、《世纪末：“新译论”的影响》（*End of the Century: The Impact of “New Theories”*）。主编者第一篇论文《传统译论的印象化特征》在 4 篇论文中具有统领性地位，重点研究了严复“信、达、雅”，傅雷“神似”，钱锺书“化境”五个译论范畴，认为中国 20 世纪翻译理论的主要特征是偏好评价、总体上轻视语言学方法，混淆了理论和批评的界限。[②] 译文部分 38 篇文章的原文发表时间跨度从 1901 年到 1995 年，分为 8 个主题单元，英译分别由 20 位译者完成。其中涉及严复译论及其回应 (Responses to Yan Fu，4 篇)、神似论 (Spiritual resonance，4 篇)、艺术与科学之辨 (Art vs. science，5 篇)、翻译的语言问题 (The language of translation，5 篇)、直译和意译 (Literal translation vs. sense-translation，5 篇)、诗不可译问题 (The untranslatability of poetry，4 篇)、中国翻译理论 (Translation theory for China，5 篇)、创造性和翻译 (Creativity and translation，6 篇) 等论题。作为全书主体的论文译文部分，每个单元都有小引，每篇译文都附有注释。就第二部分总体而言，其英译以学术英语语言较准确地译出了原文的核心思想内容，但在中国传统译论术语的翻译方面，其科学性、统一性与灵活性上需要得到更好的处理。

---

① Chan, Leo Tak–hung (陈德鸿). *Twentieth–Century Chinese Translation Theory: Modes,Issues and Debates*. Amsterdam, The Netherlands / Philadelphia, USA: John Benjamins Publishing Company, 2004, p. xiii.

② 同上书，p. 10。

An Anthology of Chinese Discourse on Translation Volume 1: From Earliest Times to the Buddhist Project（《中国翻译话语英译选集（上册）：从最早期到佛典翻译》）由张佩瑶主编、主译，中国译协常务副会长林戊荪任该书编撰顾问。计划中的《中国翻译话语英译选集》是一个两卷本，其内容的时间跨度从最早期到20世纪前10年。这里仅就已出版的上卷进行评介。

就选材而言，该书包括两部分，第一部分：从早期到东汉，包括25种文献，其中有《论语》《孟子》《老子》《庄子》《易经》《礼记》《尚书》《国语》等，选其与语言和交际有关的片段进行注疏，属于间接的翻译理论资料。第二部分：佛典翻译（分为三个时期），共包括67种文献，收录的文章的作者分别为道安、僧肇、彦琮、玄奘、赞宁等，属于直接的翻译理论资料，收集比较全面详尽，有的是片段，有的是全文收录，均具有代表性。这部书中95%的文献是第一次翻译成英文，所以翻译的质量和翻译理念是应该关注的首要问题。该书旨在把翻译作为文化的再现，而不仅是语际交流。其翻译宗旨如下：

> 就本书的中国翻译话语读本而言，我们力求从四个方面实现其厚重翻译（Thick Translation）理念：
>
> （1）如何可以表达中国翻译话语的关键概念的丰富含义，而不是依赖目的语中显而易见的对应概念加以替代，以免忽略其中重要的差异和区别？
>
> （2）如何可以超越语言与文化的鸿沟，能确保中国翻译话语的突出特点获得充分表现？
>
> （3）如何可以使关键概念所植根的文化传统得以表达或文化传统的感觉得以激发出来？
>
> （4）如何可以提供必要的历史与其他背景信息以便促进理解？①

---

① Cheung, Martha P. Y.（张佩瑶）. *An Anthology of Chinese Discourse on Translation Volume 1: From Earliest Times to the Buddhist Project*. Manchester, UK: St. Jerome Publishing, 2006, p. 3.

继承传统学术精神和善于吸收新的研究成果是这个选本的一大特点。① 例如，在关于道安“五失本，三不易”的评论中，注释者首先提到了古人如彦琮的研究，其后着重介绍了现当代著名学者的研究情况，如梁启超在“翻译文学”基础上从形式、风格、语言特点等文类因素的丧失角度对道安问题的认识。钱锺书既认为道安的论述重要，但也认为其有不足，所以力图就翻译的性质和可能性的理论问题有所探讨并着力推进。罗新璋则力图在“文革”之后进入历史和传统，拨乱反正，认为传统译论有其自身的体系，而“案本”是其关键术语之一。王宏印认同罗新璋的思想，认为发展中国译论必须重新认识传统译论，在更新传统中产生新知，特别是要从本体论的哲学高度研究传统译论经典文本。②

强烈的读者意识和服务意识，构成该书编写时的一条基本原则。例如，在体例上，该书除了大量正文、脚注和疏解、评论以外，在书前书后还有大量的附录。书前的包括：①地图：丝绸之路：21 世纪初的东方，实际上构成和西方的对应关系；②中国历史朝代纪年表；③汉英系统发音对照表。书后的包括：①书中人物小传；②引文出处索引；③分类参考文献；④主题、姓名及一般文献索引等。为了帮助西方读者确切地了解中国古代的翻译情况，该书在地域及其语言方面比较详细地介绍了中国古代的“西域”概念和“胡语”概念，区分了和“西方”相对的地理知识，及与“梵语”相对的“胡语”知识。该书的标题使用“话语”而不用更常见的“理论”“思想”等术语，自然有其学术的考虑，其本身的说明尤其体现了编者学术思想的新颖和敏锐，同时也避免了中国有无理论一类学术观点的争论：

> “话语”一词是在普通的含义上的话语：“思想的表达；尤其是口头或书面语中的正式的普通的表达”，而且“话语”也是福柯和其他后现代批评家所使用的意义：“话语”暗示这样一种观点，口头和书面表达决非纯粹而单纯，而是与意识形态和权力

---

① 王宏印《中国传统译论经典诠释——从道安到傅雷》，大连：大连海事大学出版社，2017 年，第 363 页。

② Cheung, Martha P. Y.（张佩瑶）. *An Anthology of Chinese Discourse on Translation Volume 1: From Earliest Times to the Buddhist Project*. Manchester, UK: St. Jerome Publishing, 2006, p. 82.

> 处于交错的关系之中，它能规范知识，建立认识论框架，塑造心态。本选集标题中所使用的“话语”一词是处心积虑的仔细选择的结果，可选项目包括诸如“中国翻译理论读本”“中国诸家翻译理论读本”“中国翻译思想读本”。其目的在于强调一点：没有书面文章是在意识形态真空中完成的。赞助人、诗学、经济状况在本书的篇章中处处打下烙印。①

该书的编辑、翻译和出版体现了三条成功经验：一是它创造了一种中与外、大陆与港台、学术界与出版商多边多人多方合作的典范；二是创造了一种向西方世界开放和对话的文本翻译模式，包括正文的翻译与注释疏解、各种附录与参考索引，以及面向西方读者和学术界的序言与话语系统；三是它确立了中国传统学术在现代西学东渐条件下的一种崭新的学术姿态，面对西方现代译论的大潮涌动，中国翻译话语展现了其悠久的历史与深厚的学养。该书融选编、英译、注释、评论为一体，在西方译学界产生了不小影响，如著名汉学家闵福德（J. Minford）等学者撰写了书评，翻译理论家Tymoczko、Trivedi等学者也给予高度评价。

第三节　中国传统译论研究的前景展望

一个理论、一个体系能否得到发展，就看其是否有被使用的需要、能否被使用。传统译论的前景和未来怎样，就看其能否与当前的翻译实践相联系，为我们当前翻译问题的解决提供思路和方法。作为我们的传统文化的一部分，经过近两千年发展的传统译论为我们的翻译研究提供了重要的理论资源。

作为翻译思想，传统译论必然有其超越性的一面。然而，这种资源中带有超越性的东西并不能直接拿来就用，因为传统译论与现代翻译理论之间还存在着时空的殊隔、表达方式的差异，更存在着思维方式的不同。那些具有

---

① Cheung, Martha P. Y. (张佩瑶). *An Anthology of Chinese Discourse on Translation Volume 1: From Earliest Times to the Buddhist Project*. Manchester, UK: St. Jerome Publishing, 2006, p. 82.

超越性的思想精华，需要经过挖掘、提炼才能显现，需要经过整理、阐释和转化才能与现代的学术体系兼容。以简约见长，微言大义，体悟为重，玄妙莫言，这既是传统译论的独特之处，也是实现传统译论的现代转化的困难所在。传统译论的未来发展之路，首先集中为怎样填平语言之间和思维之间的裂隙，对具有时代超越性的传统翻译思想进行跨时空重构。怎样以现代知识生产的方法重构中国传统翻译思想，使之能融入现代学术体系，发挥其解释翻译现象、指导翻译行为、预测翻译发展的作用，这是中国当代翻译研究者的使命之一。

如前面所述，当代学者对传统译论开展了诸多研究，也取得了相当丰富的成果，但相对于传统译论的深厚积淀而言，我们的研究才刚刚开始，仍需要我们付出更大的、持续不断的努力。有学者对如何使传统译论在现代语境中焕发出新的生机发表过看法，如蓝红军认为可做的工作有：

> （1）从传统译论中汲取思想，用现代理论话语重释原来的理论；（2）对传统译论进行类别划分，使之对应不同类别和不同层次的翻译基本问题，整合同类、补充缺项，建构原本隐含的体系；（3）在传统译论基础上拓展，使其边界延伸向新的领域，扩大其解释范围；（4）寻求某种框架将传统译论和现代译论融合在一起，以产生新的理论，解释新的翻译现实。①

此外，我们还认为，未来的传统译论研究可考虑在以下几个方面加大研究力度：

一、进一步展开对中国传统译论的系统性研究

传统译论所反映的是先贤的翻译思想，从某个角度上来说，对传统译论的研究就是对中国传统翻译思想的重构，属于思想史研究的范畴。任何“史”的书写，都有再现其发展脉络和整体结构的要求，这就要求我们要进一步展开对传统译论的整体性、系统性的研究。

---

① 蓝红军《从学科自觉到理论建构——中国译学理论研究（1987–2017）》，《中国翻译》2018 年第 1 期，第 7–16 页。

对传统译论的整体性、系统性的研究不仅需要有翻译家和翻译理论家个人学说及理论的结合，更要着眼于具有连续性的中国翻译思想的演化进程；不仅要有对翻译史上翻译理论著述、学说和主要议题的梳理，更要有对影响我国各民族翻译行为、翻译事件发生发展的深层思想和文化的反思，既在语义微观层面考察具体翻译论述的思想内涵，也在宏观层面考察历史上各种翻译论述在各朝各代文化思想发展中的作用，从而描写出传统译论发展的整体脉络特征。

仅就目前的思考而言，似乎应当注意着力解决下列问题：一是将理论史和实践史加以吻合，包括分期、开端和下限，使二者能够相互说明。二是可以尝试以翻译评论和翻译方法为中介，力争说明理论与实践之间的联系。三是从二者相对超前的一方，说明理论在何种程度上依赖实践，反之亦然。四是说明中国翻译理论在中西文化交流史以及汉族和少数民族交流史上的地位和作用，指明中国翻译理论和实践的发展方向，以及和外国翻译界打通和结合的前景。

二、进一步开展对中国传统译论的现代转化

在一般话语形式或者表述的层面上，传统译论采用的是感悟式的、随感评点式的言说方式。如果以现代性理论的逻辑论证式的言说方式为参照，传统译论很难被人接受为“理论”。虽然这并不意味着传统译论与现代翻译理论、西方翻译理论在各个层面上都处于不相容的状态，但要让传统译论在现代语境中发挥作用，显然需要有效地实现其理论形态的现代转化。

继续挖掘中国传统文化的译学遗产，发扬传统译论的长处，同时运用西方科学、系统的研究方法对传统译论进行改造和升华，使国学传统从古代形态向现代形态的理论转化得以完成，以建立起完整意义上的中国翻译理论。首先要注意解决的问题有三：一是在翻译理念上深入挖掘中国固有的文化资源，以期利用具有民族的原始的东方思维特征的思想原型构建新的翻译观。二是在翻译方法研究上全面吸收中国文学艺术各门类技法层面的营养，尤其是提高和汉语有关的语言转换技能意识并完善汉外—外汉转换执行系统，使其能达到对整个文本和各种文体的覆盖，较好地解决各种文体和风格的翻译

问题。三是在翻译评论上更新或完善传统译论中的翻译原则和评判标准，力求建构一套适用而有效的新的翻译评价标准和评价程序，以便形成以文学翻译及其评论为主体建构的传统译论研究的优势领域。

三、进一步开展对中国传统译论的解释与阐发

传统译论蕴含深厚丰富的翻译思想，以古汉语为话语表达方式，具有多重阐释的空间，其理论生命力也在中西互鉴、传统与现代的交互中得以延伸。

在传统译论和西方现代译论交融的过程中，努力使中西译论在理论上进行相互阐发，互相启迪，以期对中西译论的认识在学术互动中加深和扩展。在这一方面，可注意解决以下问题：一是以西方现代译学和哲学为参照框架，进一步对传统译论中的相关问题进行清理，寻找有价值的相关论题，加以理论阐释，使之条理化和明晰化，以形成和国际译界对话的资格和条件。这是一个理论资源问题和研究思路的民族化与国际化问题。如能解决得好，就有做不完的课题，用不尽的思想和资料。二是把传统译论中最有价值和特色的理论加以整理和提炼加工，主要是在原理基础上增加演绎系统和合理的逻辑推演，使其具有现代译论的明晰性特征和生机勃勃的时代精神，成为现代译论的一部分，例如“文质”问题、“神似”问题、“化境”问题、“译味”问题等。也可以结合西方的文艺学思想和相关的范畴，例如语言哲学的意义理论、文艺学上的意象理论，以及在翻译上的应用可能，再按照现代学术的理论逻辑组织方式，组织成一个现代的理论系统。三是从传统译论或文论中吸取可用的概念，对西方现代译论中的相关问题进行比较与阐释，发掘其中的隐秘意义，以便形成中西文化资源上的最佳结合。例如，可借助中国传统哲学中的某些概念，如老子的“道器”“有无”，儒家的“诚”“仁”，佛家的“如”“相”等，对西方现代哲学、文论和译论中相关的基本问题进行阐释，如翻译起源问题、翻译本体问题、主体客体及其关系问题、主体间性问题、语言问题，使其具有东方哲学的博大精神而不显得过分条分缕析和支离破碎。四是将国学的训诂学优势和西方的语言学、解释学相结合，将佛学世界观原理与西方的现象学相结合，将中国的诗学与西方的诗学相结合，将中国传统的文章分析学与西方的语文学和篇章分析相结合，等等。由此形成

中西现代学术相互对接的统一基础，作为译学的理论资源和思路启发。

四、进一步加强对中国传统译论的传播研究

传统译论有自身独特的本体价值与精神传统，传统译论不仅属于中国，更是中国贡献给世界的一种思想成果，它只有在传播中才能更好地发挥功能和价值。

在国家实施“走出去”战略、鼓励中华学术外译的有利形势下，努力发挥翻译界本身的研究和翻译人才优势，争取更多的传统译论研究类图书获得中华学术外译项目资助，加大与国外智力资源和出版机构的合作。不但要用外文在国外发表和出版与传统译论相关的学术研究成果，而且也要通过学术外译让更多的传统译论经典文献和当代传统译论研究成果“走出去”，让国外同行更多地了解中国悠久的翻译理论传统，听到更多的中国翻译理论的声音，形成有效的跨文化的学术对话和交流，为世界译学的普遍原理之建构做出贡献。

第四章
外国翻译理论的引介与反思

我国有着悠久的翻译历史，但中国传统翻译理论主要以话语形式而非理论形式呈现。改革开放 40 年来，在译介和借鉴外国翻译理论的基础上，我国的翻译话语正逐步由印象式、随感式的话语言说或翻译经验总结的模式，过渡到对外国翻译理论的译介述评、引进吸收、消化改造、建构创新的范式阶段。

改革开放以来，我国对外国译论的引进，从单个外国翻译理论的引进，发展到全方位、系统的引进，经历了整整 40 年。外国翻译理论在与中国本土翻译理论不断碰撞、交流和融合的过程中，逐步汇入中国翻译学科自身的理论体系之中。

它山之石，可以攻玉。西方翻译理论的引进，对我国传统译论和当代翻译理论的进一步理论化、系统化和规范化发展，起着不可替代的作用。在改革开放以来的 40 年中，有哪些学者率先译介了哪些外国翻译理论？以什么样的方式引进，以什么样的态度对待外国翻译理论？在译介和接受外国翻译理论过程中，发生过哪些激烈交锋或观点争论？在译介和引进外国翻译理论过程中，有哪些方面值得反思？中国翻译理论研究是坚持中国特色之言说，还是突出融合理论的普适性？通过借鉴外国翻译理论，我国的当代翻译理论呈现了什么样的研究范式？结合中国翻译理论和翻译学科的建设来看，外国翻译理论给中国翻译界带来了什么学术贡献，产生了什么样的效果？如何历史而逻辑地看待外国翻译理论与中国传统翻译理论的融合创新？

第一节　外国翻译理论的译介状况

改革开放之前，由于我国与西方各国的学术关系还没有完全正常化，国内对西方翻译理论的系统研究几乎为空白。有学者指出："改革开放20多年里，我国的翻译研究同各项事业一样取得了长足的进步。单从发表的论文看，每年我国外语界在百余种相关学术期刊上发表外国语言研究类论文3 000多篇，其中翻译研究类论文占20%，即每年约有600篇左右的翻译理论文章发表。著作的出版也逐渐增多，近十几年间已出版翻译研究论著数十种。可是相比之下，我们对国外翻译研究的译介却很少，迄今仅有奈达（摘选）、卡特福德、斯坦纳（摘译）以及苏联的巴尔胡达罗夫等少数几家。"[①] 早期对外国翻译理论的译介采取的主要形式有编译、摘译、评论、比较研究。随着译介的深入，不少学者开始做较为全面和系统的研究。本章所涉及的外国翻译理论的译介或研究，主要包括一些有影响的论文和著述，不包括用外国理论来指导具体个案研究的情形。

由于外国翻译理论涉及的国别地区、译家人物、翻译理论观点有所不同，译介时间先后不一，翻译理论流派及理论观点千差万别，因此，笔者按照译介时间的先后顺序，将外国翻译理论的译介大致分为三个时期：第一个时期（1978—1988）是初步译介阶段；第二个时期（1989—1999）是借鉴吸收阶段；第三个时期（2000—2018）是整理消化和融合创新阶段。这三个阶段是按线性划分的，其部分译介内容可能有所交叉，或跨越某一时间段的界限，或由于主题相近而放置在一起讨论。

一、第一个时期（1978—1988）：初步译介阶段

在20世纪60—70年代，国外翻译理论研究已经取得了重要进展，从语言学角度研究翻译获得较大的突破，出版了一批有分量的有关翻译标准、翻译本质、翻译学科的著述。1978年，改革开放之后，国内对外国翻译理论的

---

① 《编者序》，载韦努蒂《译者的隐形——翻译史论》，张景华、白立平、蒋骁华译，北京：外语教学与研究出版社，2009，第1页。

译介和研究才开始起步。这一时期对外国翻译理论的引进是不完整的，或者说基本上只有零星的介绍文章。早期的译介主要突出翻译技巧、翻译标准或书评等方面的探讨，但正是这些译介文章让国内学者了解到了国外翻译界的研究状况，起到了不可忽视的发轫作用。改革开放之初，孙慧双在法语翻译理论与技巧方面译介了法国达尼卡·塞莱丝科维奇的《国际会议译员：言语与交际问题》(1979)，3年后又译介了瑞士让·艾赫贝尔的《口译须知》。前者通过具体事例，从多个角度论述了即席翻译和同声传译的有关问题和技巧；后者是作者50年口译生涯的经验总结，讲述了口译工作的任务、口译工作者应遵循的原则。数年后，孙慧双又译介了加拿大让德利尔的《翻译理论与翻译教学法》，主要涉及职业翻译教学、代码转换等值和语境等值等方面的问题。

西方翻译研究得以最终成为一门学科，要归功于现代语言学结构主义学派在语义、语用、语言对比、社会语言学等多个分支学科的理论突破。布拉格学派的领军人物雅各布森提出了著名的“语内”“语际”和“符际”三分说，奈达受乔姆斯基的转换生成语言学核心观念的启发，提出了“动态对等”的翻译思想。改革开放初期，我国学者们最早接触的是20世纪五六十年代产生、到20世纪七八十年代这个阶段的外国翻译理论。1981年，林书武发表了《奈达翻译理论简介》。1982年，王宗炎撰文《纽马克论翻译理论和翻译技巧》；庄绎传发表了《〈圣经〉的新译本与关于翻译的新概念》；包振南在《外语教学与研究》上发文介绍了卡特福德的翻译著作，即《开拓翻译理论研究的新途径——介绍卡特福德著〈翻译的语言学理论〉》，1990年，穆雷全文翻译了卡特福德的这部重要著作。可以看出，西方的早期翻译研究主要体现了结构主义语言学的影响，而国内的译介也反映了这种趋势。

1983年，中国对外翻译出版公司编著了《外国翻译理论评介集》。这部只有11万字的文集搜集了英国、美国、苏联以及民主德国等国家著名翻译理论家的若干评论及编译文章：王宗炎介绍纽马克的翻译理论和翻译技巧，罗书肆介绍泰特勒的翻译理论，群力谈费道罗夫关于可译性问题的说明及确切翻译的原则，王育伦介绍阿库勒拉伦的翻译理论和实践，谭载喜评述雅各布森论翻译的语言问题，谭载喜评介奈达著《翻译科学探索》，包振南介绍卡特福德著《翻译的语言学理论》，蔡毅介绍加切奇拉泽的《文艺翻译与文学交流》，蔡毅介绍巴尔胡达罗夫的《语言与翻译》，谭理评介《西方翻译理论和翻译实践史》，庄绎传介绍《圣经》的新译本与关于翻译的新概念，共计 11 篇书评和介绍文章。这些文章曾先后在《翻译通讯》或其他期刊上发表过，将它们收录成集为此后系统引进外国翻译理论作了一个初步尝试。可以看出，王宗炎、谭载喜、包振南、蔡毅、庄绎传等学者在译介外国译论上用功甚勤。

值得一提的是，改革开放初期，译介外国翻译理论方面的先行者谭载喜对西方翻译理论的译介和评价最为系统和全面。1982 年，他撰写了《翻译是一门科学——评介奈达著〈翻译科学探索〉》，主要论及奈达翻译理论的翻译原则、翻译功能、语义原则及翻译方法等四个特征。1983 年，发表《奈达论翻译的性质》，内容涉及翻译的定义以及翻译中的重点。1984 年，谭载喜出版了《奈达论翻译》这一译介著述，较为完整地介绍了奈达的翻译理论观点，后来又出版了《新编奈达论翻译》。谭载喜的上述译介和研究在国内产生了较大的影响。由于奈达的翻译研究运用语言学、现代信息学和符号学观点，对翻译理论中的主要问题分析透彻，见解独到，其理论给改革开放初期我国的翻译研究注入一股清风，成为翻译研究者讨论的热点，以至于在相当长的一段时间内，我国学者们谈论翻译都“言必称奈达”。

20 世纪 80 年代以来，随着译介的国外翻译理论越来越多，谭载喜在 1987 年更旗帜鲜明地提出“建立翻译学”的学科主张。这是在借鉴西方把翻译作为科学来探索翻译实践的规律的前提下的一个宣言。毫无疑问，其明显受到霍姆斯关于翻译学构建的主张的影响。不仅如此，他先后发表了《必须建立翻译学》（1987）、《论翻译学的途径》（1987）、《论翻译学的任务和内容》（1987）、《试论翻译学》（1988）、《翻译学与语义》（1991）、《中西翻译学概评》（1995）、《翻译学必须重视中西翻译理论比较研究》（1998）等 10 多篇论文，这些论文体现了他对西方翻译理论深邃的理解和转化创造。此外，谭载喜在译介外国译论的同时，尤为注重翻译史与翻译理论的关系研究：“西方翻译史的另一个侧面，是翻译理论的发展。同其他工作一样，翻译先于理论，也不依赖于理论而生存，但翻译的实践总是引出了理论，理论又反过来指导实践，促进了翻译事业的发展。”[①] 通过澄清翻译实践与理论的关系、翻译理论与翻译史的关系，谭载喜的这些振聋发聩的观点为后期中国特色翻译理论的建构奠定了基础。

另外，这一时期林书武（1981）、谭载喜（1982）、吴新祥和李宏安（1984）、蔡毅（1987）、时和平（1987）、陈宏薇（1987）、孙迎春（1988）、郑伟波（1988）、林克难（1988）、罗进德（1988）、劳陇（1988）、钱霖生（1988）等众多学者，先后发表了涉及奈达语言学、信息学和符号学的翻译理论观的译介和研究文章，引起了国内翻译学者的关注。这一时期奈达的翻译理论研究无疑是国内研究的热点。

改革开放初期，除了主要译介奈达、纽马克等人之外，国内学者对外国译论的介绍和研究中既关注语言学流派的代表人物，也关注文学流派的代表人物，其中阐释学翻译理论在20世纪80年代中期进入了国内。1984年，刘重德在《外国语》上发表《阿诺德评荷马史诗的翻译》，介绍了西方荷马史诗的翻译，涉及纽曼、蒲柏等人的不同翻译观点和风格。实际上，常被人忽略的是，阿诺德与纽曼之争不仅是西方直译与意译之争，而且涉及归化及异化翻译风格的问题。同年，联合国日内瓦办事处语文司翻译罗进德发表了《翻译单位——现代翻译学的一个课题》，其中介绍了匈牙利翻译家拉多·久尔吉的《系统翻译学概要》，认为它是“现代翻译理论向独立学科发展进程中的一系列标志之一”[②]。罗进德这篇论文的主旨是试图确立翻译研究的分析单位——“逻辑素”（logeme）。这个概念的阐述抓住了翻译学的一个关键，使翻译研究从比附于语言学或比较语言学的语言学派翻译理论向前跨进了一步。1986年，张复星在《中国翻译》“国外翻译界”栏目中节译了尤金·奈达的《西方翻译史话》，提及英国亚历山大·弗雷泽·泰特勒的《翻译原则》以及西方的直译与意译之争的传统。在《论西方的翻译对等概念》（1986）中，郭建中则剖析了西方翻译理论各学派对“对等”概念的不同认识，比较了雅各布森、卡特福德、奈达及巴斯内特的不同视角，得出了西方对等已从重视信息的形式，转移到重视信息的内容和读者的反应上来的结论，

---

① 谭载喜《西方翻译史话》，《翻译通讯》1985年第7期，第36页。

② 罗进德《翻译单位——现代翻译学的一个课题》，《中国翻译》1984年第12期，第40页。

颇具启迪意义。同时1986年，庄绎传在《中国翻译》上发表了《介绍*After Babel*》。接着，他于1987年编译出版了乔治·斯坦纳的《通天塔——文学翻译理论研究》，简明扼要地介绍了斯坦纳的翻译学理论及文学阐释学观点，译介了斯坦纳的阐释翻译思想及其著名的阐释翻译四步骤：信任（trust）、侵入（aggression）、吸收（incorporation）、补偿（restitution）翻译策略，翻译的阐释学派初步为国人所识。《通天塔之后》（*After Babel: Aspects of Language and Translation*）自1975年初版面世以来，成为阐释学翻译的一部里程碑式的著作，其中的“理解即翻译”的阐释学观点在国内外产生了较大的冲击，研究意义问题、语言问题、人类交际问题、翻译与阐释问题的学者，皆从中获得启迪。这一时期我国的翻译学科还没有创立，国内大部分高校仅有国别语言文学下设的翻译研究方向，大部分外国原文著述不容易得到，主要依赖翻译研究者的译介。就整体而言，这一时期在国外翻译理论的译介方面，译述多于深入研究。

20世纪80年代末期，国内加快了对外国翻译理论译介的步伐，译介的国别和流派也逐渐增多。林小芹在《纽马克论交际翻译与语义翻译》（1987）一文中，探讨了英国翻译理论家彼得·纽马克出版的著述《翻译初探》的主要内容，涉及交际翻译与语义翻译的性质及理论基础、交际翻译与语义翻译的区别及特点，以及交际翻译与语义翻译的运用等。接着，杨国斌（1989）对纽马克的《翻译教程》进行了译介述评。1987年，沈寿源在《中国翻译》上译介了《翻译各种流派的翻译理论》；同年，时和平撰写了《功能翻译理论的补充与发展：介绍奈达近作〈从一种语言到另一种语言〉》一文，主要节译了美国翻译理论家简·德·沃德和尤金·奈达合著的《从一种语言到另一种语言》的部分内容，按照奈达的原作将翻译理论大体分为四个流派：语文学派、语言学派、语言交际理论学派和社会符号学派。这一时期，通过译介，英国的纽马克、卡特福德，美国的奈达等逐渐被国内翻译界所熟悉。1987年，桂乾元发表了《记联邦德国的三位翻译理论家》，其中重点介绍了弗米尔的翻译理论，这是我国介绍德国功能主义的第一篇文章。可惜的是，彼时大部分国内学者对这一理论还不太了解。

除了口译理论之外，相较于对英美翻译理论的译介，20世纪80年代末期对法国翻译理论的译介稍稍滞后。杨建钢发表了《乔治·穆南论文学翻译的质量概念》（1986），介绍了穆南的《语言学与翻译》一书中的主要观点，即考察文学翻译的质量应该从分析翻译操作的性质入手，同时略述了语境与翻译质量、译文的忠实性与翻译方法等。接着，杨建钢在《中国翻译》上又发表了《法国的翻译理论研究》（1987），介绍了法国翻译理论研究的发展概貌，概述了自1947年法国翻译家协会成立及1953年国际翻译工作者联合会成立以来法国翻译理论研究的不同阶段，介绍了维内、达贝尔纳、卡里、穆南、拉德米拉尔等法国主要翻译理论家及其观点。

由于受苏联的意识形态的影响，改革开放初期，对苏联语言学及文艺学派的翻译理论的译介成为热点。苏联的语言学及文艺学翻译有着悠久的历史，在其翻译理论历史上一直占据着主导地位。早在20世纪50年代，中华书局就引进了费道罗夫的《翻译理论概要》（1955），我们得以了解其“等值翻译理论”。20世纪80年代初期，蔡毅、段京华等学者对苏联翻译理论界的代表人物巴尔胡达罗夫、加切奇拉泽的翻译理论进行了较全面的译介。1983年，蔡毅在《中国翻译》上介绍了“苏联翻译理论的两大流派”；1984年，亦云接着撰文《苏联著名翻译家加切奇拉泽》。此后，巴尔胡达罗夫的《语言与翻译》（1985）和加切奇拉泽的《文艺翻译与文学交流》（1987）以及《文学翻译理论引论》成为国内研究外国翻译理论的主要参考文献。巴尔胡达罗夫的翻译理论在20世纪后期的国际译学界无疑占有举足轻重的地位。他认为：①翻译理论是一门语言学学科；②翻译理论的主要任务是描写；③语义问题必须从三个方面（所指意义、实用意义、符号内部意义）加以研究和传达；④应在六个层次上建立等值翻译，即音位层、词素层、词层、词组层、句子层和话语层。《语言与翻译》是20世纪70年代苏联语言学派翻译理论的一部力作，融合了当时世界上翻译理论研究中语言学派的最新成果。蔡毅、虞杰编译的加切奇拉泽所著《文艺翻译与文学交流》的主要观点是：①文艺翻译必须坚持创造性原则，②文艺翻译必须运用现实主义方法，③文艺翻译不能纳入语言学研究范围。语言学派关切的主要问题是语义及其等值，而文艺学派关注的是翻译的艺术性再现。加切奇拉泽系统而深刻地论述了苏联文艺翻译学派的基本理论，缜密地阐述了这个学派的见解，将苏联的文艺学派的现实主义翻译理论发展到一个新的阶段，其理论观点在国内文艺翻译界有着较大的影响力。蔡毅还在《外语教学与研究》上发表了《国外语言学中的翻译理论问题——西方十二位语言学家谈翻译》（1987），介绍了科米萨罗夫主编的《国外语言学中的翻译理论问题》，涉及英、法、德、美等国十二位语言学派学者的翻译理论。巴尔胡达罗夫、加切奇拉泽等苏联翻译理论家的翻译理论具有真知灼见，通过译介在国内产生了较大影响。

改革开放后第一个十年，国内所涉及的外国翻译理论，无论是论文的译介还是著作的译介，总的数量还比较少，但它们在一定程度上填补了我国在外国翻译理论研究上的空白，为今后的系统引进打下了较为扎实的基础，具有一定的时代意义。与此同时，中外翻译理论界的互动也越来越频繁。1987年，中国翻译工作者协会正式加入了国际翻译家联盟，叶水夫、罗进德在翻译理论小组和文学翻译小组宣读论文，标志着中国学者开始进入国际翻译理论界。另一方面，外国学者来华交流也越来越多，仅美国翻译理论家奈达就曾数次来华，先后在北京、广州、南京、上海等地讲学，并与中国学者就翻译理论和社会语言学中的一些重大问题进行了深入的探讨。奈达的论著《翻译科学探索》和《翻译理论与实践》通过国内一批学者的译介，也一时被奉为圭臬。奈达的研究范围从翻译史、翻译原则、翻译过程和翻译方法到翻译教学和翻译的组织工作，从口译到笔译，从人工翻译到机器翻译，从语义学到人类文化学，几乎无所不包，丰富并拓展了翻译研究领域。他在语言之间、文化之间通过寻找对等语，以适当的方式重组原文形式和语义结构的观点，促进了人类之间语言的交流和理解。其翻译理论的译介和研究对中国翻译理论的构建，有着润泽和启迪之功。

值得注意的是，这一时期我国翻译界沐浴着改革开放的春风，热情高涨，翻译理论研究主要关注翻译实务、翻译技巧和翻译经验。1980年到1989年间，“共得论文2 550篇（外语论文总数约15 000篇），月均20余篇。时隔十年，论文的产出比前30年的总量翻了两番多”[①]。在这一时期，在发表的所有翻译理论文章中，译介引进的外国翻译理论论文总数不到100篇，相较国内翻

① 方梦之《20世纪下半叶我国翻译研究的量化分析》，载罗选民主编《结构 解构 建构》，上海：上海外语教育出版社，2009年，第465页。

译研究的论文，引进论文的数量和质量还有待突破。

二、第二个时期（1989—1999）：借鉴吸收阶段

20 世纪 90 年代，学者们就翻译标准、归化与异化、翻译单位、文化的可译性以及翻译学存在的必要性等方面的内容展开了探讨，掀起了一个翻译研究的小高潮。“这一年代的翻译理论文章多达 5 600 篇，月均 47 篇，比上一年代的翻译理论文章数又翻了一番。”① 形成对比的是，“迨至 20 世纪后期，西方翻译理论更是新理踵出，百花齐放，百家争鸣。西方翻译理论家们对翻译实践，或探微发幽，或高屋建瓴，从结构主义、后结构主义、解构主义、阐释学、意识形态、女性主义、后现代研究、功能学派、后殖民研究、文化研究和批评理论等不同角度，全方位地契入翻译理论研究，形成了较为完备的理论总结。这些总结对我们认识借鉴西方学者的研究成果，认识和把握西方翻译学的本质及其内在发展脉络，更好地开展对西方翻译理论的研究，具有重要的意义”②。20 世纪 80 年代末到 90 年代末，外国翻译理论的译介一方面主要围绕纽马克、卡特福德、奈达、穆南、塞莱丝科维奇等人的翻译理论深入展开，另一方面，外国新发表的理论观点能够较及时地在中国得到传播，并在国内形成研究热点。此外，法国的口译理论也开始全面进入中国学者的视野。

自 20 世纪 80 年代以来，法国释意派出版了一系列重要的翻译理论成果，研究范围也从最初的口译逐步扩展到笔译和一般翻译理论。20 世纪 90 年代初，汪家荣译介了塞莱丝科维奇和勒代雷 1984 年合著的口译教程《释意翻译》，该著作用语言学、逻辑学、心理学的成就来阐述翻译的理解和表达过程，对比口笔译的异同，揭示即席翻译及同声传译的基本规律。刘和平翻译了勒代雷的《现代翻译——释意模式》。释意派认为，翻译的性质与目的如下：翻译是交际行为，其目的是传递交际意义，认知知识与认知语境对理解交际意义非常重要。自被译介进入中国以来，释意派理论一直在口译界有很大的

① 方梦之《20 世纪下半叶我国翻译研究的量化分析》，载罗选民主编《结构 解构 建构》，上海：上海外语教育出版社，2009 年，第 465 页。

② 刘军平《西方翻译理论通史》，武汉：武汉大学出版社，2009 年，第 V 页。

影响。继 20 世纪 80 年代杨建钢对法国翻译理论的译介之后，20 世纪 90 年代许钧探讨了乔治・穆南的《翻译的理论问题》，发表了《当代法国翻译理论评价》(1997)。此外，他还对当代法国翻译理论界的贝尔曼、拉德米拉尔、梅肖尼克等人的理论动态作了较为系统的评介，后来又出版专论进行了系统的研究。

这一时期，英语世界的翻译理论在中国的译介和研究逐步全面展开。金隄本人与奈达曾有过学术合作关系，其《等效翻译原则探索》(1988) 主要探讨翻译学与等效论，以及文学翻译中的等效原则等内容，尝试将外国翻译理论与本土翻译实践相结合。谭载喜的《西方翻译简史》(1991) 从跨度上横贯西方古代翻译理论，中世纪翻译，文艺复兴时期翻译，近代翻译及现、当代翻译，从国别上涉及中欧翻译理论、当代英国翻译理论、当代美国翻译理论、当代德国翻译理论、当代法国翻译理论、低地国家及以色列等地的翻译理论、苏联翻译研究中的文艺学派和语言学派，时间长，涉及面广，是系统论述西方翻译历史的力作。此后，谭载喜又推出了《跨语际交际》。林克难 (1992) 比较了奈达的功能对等原则与纽马克的语义翻译与交际翻译原则的异同，杨士焯 (1998) 解释了纽马克的翻译关联法。上述学者的研究比 20 世纪 80 年代初期的译介涉及面更广，研究更深入。通过上述译介和研究，中国学者能够较为全面地重新审视奈达、纽马克、卡特福德等人的翻译理论，总结其有无，评价其优劣。

许钧的《文学翻译与世界文学——歌德对翻译的思考与论述》(1991) 就歌德对翻译的思考作了评述，重点介绍了歌德对三种翻译类型的区分。刘重德在《浑金璞玉集》(1994) 中，简介了萨沃里、托尔曼、纽马克、勒曼等人的翻译理论观点。刘军平 (1995) 探讨了庞德的意象派诗歌翻译、其拆字拆句法及其创造性阐释翻译理论观。此外，孙玉 (1994)、邱懋如 (1994)、吴义诚 (1994)、刘军平 (1996)、张经浩 (1998，2000)、张春柏 (1998)、郭建中 (2000)、马会娟 (2001)、周流溪 (2005) 等对奈达的翻译等值、翻译功能等理论问题，分别作了进一步的译介或探讨。

真正对外国译论进行较为大规模的译介的时间节点是 20 世纪 90 年代中后期。1998 年，许钧、袁筱一编著的《当代法国翻译理论》由南京大学出版社出版。该书探讨了法国翻译理论的语言学基础、翻译理论研究的基本问题、翻译诗学理论、翻译的释意派理论、翻译教学理论、翻译的社会语言学观、翻译的文化视界、建设性的文学翻译批评理论等内容。它结合法国的语言学、文学、社会学等交叉学科对翻译理论产生的影响，来探讨法国翻译理论，既突出当代法国翻译理论，又梳理了法国传统理论及翻译史的研究方法，是一部不可多得的翻译理论著作。接着，许钧（1999）述评了法国翻译理论家巴拉尔的《从西塞罗到本雅明》一书，概述了其研究动机，探讨了翻译理论对翻译实践的指导作用。此外，黄振定所著《翻译学——艺术论与科学论的统一》（1998）中的“西方传统翻译理论的文艺观与语言观”对西方两种传统翻译观作了回顾。谢天振撰写的《译介学》（1999）中的第一章“翻译和翻译研究中的文学传统”和第二章“二十世纪文学翻译研究的趋向”，分别对西方翻译史上的文艺学派及语言学派、俄国及东欧翻译史上的文艺学派作了简略的审视。

20 世纪 90 年代，西方关联翻译理论及语用翻译理论通过译介和述评进入了中国。林克难（1994）发表的《关联翻译理论简介》最早概述了关联理论在格特翻译理论中的应用，说明关联翻译理论的解释力。黄子东（1999）的《语用与翻译研究述评》简明扼要地介绍了国外与语用相关的翻译研究，具体介绍和译述了贝尔的《翻译与翻译过程：理论与实践》、格特的《翻译与关联：认知与语境》，以及哈蒂姆和梅森的《作为交际者的译者》这三本书的主要内容，概述了翻译理论的语用途径。其他学者如赵彦春（1999）、戈玲玲（2002）、张春柏（2003）、王建国（2003）、李寅和罗选民（2004）等对关联翻译理论的概念、顺应论与翻译、语用翻译标准、关联理论对翻译的解释力等内容作了进一步的探讨。由于关联理论不是翻译理论，且具有强烈的语用学色彩，其对翻译理论到底是否具有解释力一时成为国内争论的焦点。时至今日，仍见仁见智。这一时期，国外的费道罗夫、雅各布森等人的结构主义语言学翻译理论、穆南的比较语言学翻译理论、奈达的转换生成语法翻译理论、维内和达贝尔特的风格翻译理论、卡特福德的系统语法翻译观、巴尔胡达罗夫的比较语言学翻译观、豪斯的语用翻译观、威尔斯的语篇翻译理论、格特的关联翻译理论纷纷被译介到国内，一时间语言学翻译理论在中国成为强势理论。此后语言学派的篇章语言学、社会语言学、心理语言学、描述学派、文化研究逐渐替代了传统的语言学理论，成为译介和研究外国翻译理论的支撑理论。

20 世纪 90 年代中后期，各种新的国外翻译理论接踵而至，纷至沓来，令人目不暇接。目的论是较早进入中国的西方翻译理论。虽然 20 世纪 80 年代末有人介绍过德国翻译理论家弗米尔，但对其较为系统的译介还是在 20 世纪 90 年代中后期。陈小慰（1995）、薛思亮（1997）、仲伟合和钟钰（1999）、陈德鸿（2000）、段自力（2000）等学者对弗米尔、赖斯等人的目的论及其基本内容作了述评，使国内学者初步了解到德国目的论学派。这一时期，由于该理论刚刚进入国内，不同学者把 Vermeer 的名字翻译成“弗美尔”“弗米尔”和“费尔美”等。2000 年之前，德国目的论在中国的介绍和接受没有引起太大的关注，对该理论的研究和运用并没有充分展开。直到改革开放 20 年之后，目的论才在中国大行其道。不难看出，改革开放初期，外国翻译理论中的人名翻译各行其是，缺乏统一的译介学术话语。

除目的论外，国内一批学者如蒋骁华（1995）、赵家琎（1996）、韩加明（1996）、刘军平（1997）、罗选民（1997）、林克难（1998）、张美芳（1998）等开始提及西方当代翻译理论体系中的多元系统说、解构主义与互文性等理论学说，可以说是对西方当代翻译理论自觉引进与研究的肇始。[①] 赵家琎（1996）介绍了 20 世纪 90 年代西方的翻译理论流派如美国翻译培训营、翻译科学、翻译学、多元系统论及解构主义，简要提及了外国翻译理论研究的文化转向（Cultural Turn）。[②] 赵家琎对翻译研究的文化转向的介绍，当时在国内并没有引起反响。随着解构主义浪潮冲击外国翻译理论界，国内也及时进行了译介。蒋骁华的《解构主义翻译观探析》（1995）从本雅明的“纯语言”概念出发，评述了解构主义翻译观的实质，认为解构主义翻译观在给我们一定思想启迪的同时也不无消极影响。刘军平的《解构主义翻译观》（1997，2009）比较结构主义与解构主义的理论取向的差异，阐明了德里达解构主义翻译理论的六个维度及其翻译特点。在这一阶段，解构主义作为一

① 刘军平《西方翻译理论通史》，武汉：武汉大学出版社，2009 年，第 2 页。
② 赵家琎《当代翻译学派简介》，《中国翻译》1996 年第 5 期，第 47 页。

种主要人文思潮在翻译界也颇具影响力。解构主义在与结构主义的抗争中，试图以解构消解结构，以无中心反中心，以书写抵抗言语，以互文性代替模式，以差异代替同一，以缺席代替在场，以游戏攻击缜密系统，显示出自己的去中心化的特征。“在1998—2011年9月的CSSCI被引文献的统计数据中，国外翻译界最具影响力的翻译学理论资源来自法国。法国翻译理论家和哲学家德里达无论是被引文献的种数（161种）、在CSSCI总体被引用率（1 748篇次），还是其理论资源的跨学科流动范围（11个），都高居首位。美国翻译理论家奈达的理论资源仍然具有很大的影响，其被引用率（660篇次）和流动范围（9个），高居第二。”[①] 可以看出，随着奈达、纽马克等人的翻译理论引进高潮的过去，译介潮水暂时回落。客观地说，至少在1998年之前的国内翻译界，奈达的理论资源毫无疑问是影响最大的。这一译介高潮过后的回落时期，被杨晓荣、林克难等学者称为“翻译理论研究的调整期”（1996）或“理论沉寂期”（1998）。很显然，随着译介高潮的过去，国内对外国翻译理论的译介步伐有所减慢。

“在介绍和评论国外翻译理论时，初期的热闹过去之后，进一步深入的研究似显不够。这样，在终于谈腻了奈达、巴尔胡达罗夫、彼得·纽马克之后，就好像一下子失去了目标，国外翻译理论的接受好像又开始了一轮新的搜索。”[②] 如杨晓荣所述，在20世纪90年代中期，中国对外国翻译理论的译介、引进掀起了一个高潮，在苏联翻译理论引进之后，法国的释意派独领风骚一阵。西方的文化学派正积蓄力量，酝酿着一场翻译研究的大变革，而国内的译介和自身的翻译研究却一时失去了目标，显然处于一个瓶颈发展时期。“翻译理论在经历了七八十年代的辉煌之后，到了九十年代后期，出现了一个低潮。面对这种情况，有人疾呼翻译理论研究走进了死胡同，让大家‘丢掉幻想’。”[③] 改革开放以来，外国翻译理论的引进与借鉴起起伏伏，从零星到小规模，从小规模到大规模，再从高潮到平整期。中国翻译理论界对外国翻译理论的译介和评述显然处于发展的十字路口，对外国翻译理论经

① 杨柳《国外翻译理论资源在中国影响力研究》，《江苏社会科学》2012年第4期，第158页。
② 杨晓荣《翻译理论研究的调整期》，《中国翻译》1996年第6期，第8页。
③ 林克难《对理论沉寂期的反思》，《中国翻译》1998年第6期，第10页。

过 20 多年的译介、引进、述评和研究之后，下一步到底该何去何从？

三、第三个时期（2000—2018）：整理消化和融合创新阶段

这一时期是全球化语境下的翻译理论时代，国外的翻译研究如火如荼，方兴未艾。进入 20 世纪 80—90 年代，西方翻译理论发生了重大转向，这种转向当然对我国翻译理论界产生了强烈的冲击力。在经历短暂的沉寂后，我国对外国翻译理论的引进和研究迎来了新的爆发期，在译介、消化和转化外国翻译理论的同时，我国的翻译理论本身经过对外国翻译理论的反思批评，迎来了融合创新的空前的跨越式发展。

具体表现形式和特征有：①学术期刊持续不断地译介评价外国翻译理论；②学者纷纷编著或撰写专著研究外国翻译理论；③国内学者编写了一系列外国翻译理论教材，对外国翻译理论进行了一定规模的注疏与评价；④出版社大规模引进原版外国翻译理论著述；⑤翻译界组织翻译外国翻译理论专著。为叙述方便，下面按照外国翻译理论流派的译介以及外国翻译理论著述的类别分而述之。

1. 学术期刊：是引进、译介和研究外国翻译理论最迅速、最有效的一种途径

进入 2000 年之后，国内学术期刊对外国翻译理论的引进与研究主要涉及以下八种西方翻译理论流派：

（1）对多元系统翻译理论的译介和研究。多元系统理论又被称为“描写学派”或“操纵学派”，也包括描写及系统范式的翻译理论。李欣（2001）发表文章介绍了赫曼斯的新著《翻译研究的系统视角》，评价了它与“文化转向”的关系。谢天振（2003）发表了《多元系统理论——翻译研究的新拓展》，对多元系统的基本观点进行了详细的阐述，说明其与文化转向的关联及其理论的有效性。廖七一（2004）概述了佐哈尔的多元系统、图里的翻译规范及切斯特曼的三种翻译规范内容。朱志瑜（2009）的《翻译研究：规定、描写》厘清了描写翻译学的核心概念与意义。多元系统理论在这一时期成为了国内翻译界讨论的热点话题。

（2）这一时期译介和研究德国翻译理论目的论的比较有影响的学者有：

范祥涛和刘全福（2002）、平洪（2002）、祝朝伟和李萍（2002）、朱志瑜（2004）、张美芳（2003，2005）。范祥涛、刘全福在《中国翻译》上撰文《论翻译选择的目的性》，较为深入地探讨了翻译目的论的实质、层次和表现形式并进行了个案分析。平洪的《文本功能与翻译策略》讨论了诺德提出的“纪实翻译”和“工具翻译”两大翻译策略，分析了两种策略的差异和应用。祝朝伟和李萍发文研究了赖斯的文本类型及其翻译功能，并与纽马克的文本类型作了比较。朱志瑜则讨论了功能主义的术语翻译、翻译文本类型，并对功能主义在翻译研究中的地位和局限作了反思。张美芳概述了德国功能主义翻译理论的历史渊源，聚焦于诺德的“功能加忠诚”的翻译观，并指出其局限性。目的论虽然在2000年之前在国内已有介绍和评论，但对其展开较深入的研究还是在这一时期。这一时期所发表的论文及出版的有关功能主义翻译观的数部著述，一下子将该理论的研究引向了深入。

（3）随着西方后殖民主义思潮介入翻译理论，斯皮瓦克、尼南贾纳、铁木志科、罗宾逊、坎波斯兄弟等人，在葛兰西、赛义德、霍米·巴巴等人的理论关照下，加入了众声喧哗的权力话语，形成了西方后殖民主义翻译理论流派。东方主义记忆与翻译、混杂性与翻译、翻译的政治与修辞、后殖民翻译的定位、食人主义翻译观、后殖民与帝国翻译纷纷登场。爱尔兰、巴西、印度等地的后殖民学者先后加入了后殖民翻译理论的盛宴，给西方翻译理论添加了一道另类饕餮大餐。国内学者林克难2001年在《外语教学与研究》上发表书评，介绍后殖民翻译理论研究学者铁木志科的《后殖民环境中的翻译——早期爱尔兰文学之英译》一书。铁木志科的翻译理论研究主要聚焦在文化翻译上，尤其是从爱尔兰后殖民翻译实践出发，探讨翻译在这个国家殖民化与去殖民化过程中的作用。曹山柯（2001）在《后殖民主义在我国翻译学上的投影》一文中指出，随着西方翻译术语进入中国，逐步与本土概念术语融合，在一定程度上消解了我国传统译学中集体无意识的倾向。李红满（2003）的《翻译研究的后殖民视角》涉及后殖民理论话语与翻译策略、翻译话语的不平衡等方面的内容，提出“新世纪翻译研究必须重视蕴含于翻译文本的权力差异和历史语境”[①]。王东风（2003）审视了后殖民翻译理论的

① 李红满《翻译研究的后殖民视角》，《四川外语学院学报》2003年第1期，第6页。

关键概念、解殖民化与翻译策略，分析了相关研究的理论价值。蒋骁华（2003）发表了《巴西的翻译："吃人"翻译理论与实践及其文化内涵》，该文探讨了"吃人"翻译理论与实践及其文化内涵，认为这一理论开始时强调"吃"透原文，进行创造性翻译的观点。[①] 西方学者从人类学、人种学以及文学角度全方位地积极研究宗主国与殖民地的文化、文学、身份认同与翻译的关系，这种新颖的跨学科研究方法为国内翻译界打开了眼界。例如食人主义翻译理论（Cannibalism）成为巴西文化翻译的一个生动的隐喻。著名翻译理论家巴斯内特（1991）、根茨勒（1993）以及维拉（E.R. P. Vieira，1999）、曼迪（J. Munday，2001）都从不同的角度对巴西食人主义翻译理论作过探讨。此外，费小平（2004）从斯皮瓦克"翻译的政治"理论出发，探讨了后殖民语境下民族文化身份认同、文化碰撞与对话与翻译研究的关联。李红玉（2009）较为系统地探讨了斯皮瓦克的作为阅读的翻译、作为暴力的翻译等翻译理论观点。蔡新乐（2010）的《斯皮瓦克的翻译思想：悖论与修辞误用》，探讨了其翻译生成、修辞误用下之翻译等。通过译介，后殖民翻译理论一时间在国内大行其道。

（4）从 20 世纪 80 年代后期开始，越来越多的翻译理论家开始关注女性与翻译的关系。1990 年，在巴斯内特与勒费弗尔主编的《翻译、历史与文化》文集中，参与撰稿的 13 位学者中有 9 位是女性。她们从女性主义话语理论和差异的理念出发，探讨差异和翻译的不等值因素，这些因素长期以来被翻译界所否定，而在女性主义翻译理论眼里却成为一种积极的力量。女性批评家和翻译理论家芭芭拉·戈达德（Barbara Godard）、雪莉·西蒙（Sherry Simon）、罗莉·张伯伦（Lorry Chamberlain）、苏珊·罗宾涅尔·哈伍德（Susanne de Lotbiniere-Harwood）、路易丝·冯·弗洛托（Luis von Flotow）等北美女性学者是女性主义翻译理论的杰出代表。国内对女性主义翻译理论的译介起步于 2000 年前后。廖七一（2002）详细分析了张伯伦（Chamberlain）的"翻译中的性别隐喻"，解读了"潘多拉匣子"与翻译关联，探讨了原文与译文的共生关系。刘亚儒（2001）撰文介绍了加拿

---

① 蒋骁华《巴西的翻译："吃人"翻译理论与实践及其文化内涵》，《外国语》2003 年第 1 期，第 64 页。

大女性主义译者苏珊尼的“重新女性化”。葛校琴（2003）从文化批评视角，阐释了女性主义翻译思想的起源，女性主义翻译之本质及其对译学的贡献。《中国翻译》2004年第4期设“女性主义翻译研究专栏”，分别发表了刘军平、蒋骁华、徐来的文章，推动了国内女性主义翻译理论研究。刘军平的《女性主义翻译理论研究的中西话语》主要从女性与隐喻翻译、女性与身体翻译、女性与他者理论的关系，考察了作者、译者、读者与文本的关系。蒋骁华的《女性主义对翻译理论的影响》从解构主义和后殖民主义出发，阐释了女性主义翻译观中的译者主体性。徐来的《在女性的名义下“重写”——女性主义翻译理论对译者主体性研究的意义》认为，女性主义翻译策略如“劫持”、增补、加写前言与加脚注等手段带有鲜明的性别特征。《中国翻译》上发表的女性主义翻译理论研究的专栏系列文章对推动女性主义翻译理论在国内朝着纵深发展功不可没。其他学者如孟翔珍（2002）、陈琳（2004）、张景华（2004）、杨柳（2007）、吴文安（2008）、李红玉（2009）等人从不同角度对女性主义翻译理论进行了译介、评价和接受研究。一些学者在借鉴西方女性主义翻译理论的基础之上，尝试解答了中国翻译实践与翻译研究中是否有女性主义的意识和视角的问题，将西方女性主义翻译理论研究与本土思考结合起来。

（5）互文性翻译理论在文学翻译中的引入与应用。国内学术界对克里斯蒂娃等人的互文性理论的译介起始于20世纪80年代，先进入语言学、文学和新闻学的研究范围，20世纪90年代进入翻译研究领域。西方学者哈蒂姆（1996）对翻译中的互文指涉进行了分类研究，归纳出三种互文类型。国内将互文性应用于文学翻译研究的学者主要有杨衍松（1994）、蒋骁华（1998）、赵静（1999）、秦文华（2002）、刘军平（2003）、祝朝伟（2004）、罗选民（2013）等。他们分别探讨了互文性与文学翻译的关系，他们的译介和研究在文学翻译领域产生了一定的影响。

（6）西方哲学翻译学论述的译介。王守仁（1996）评介了本雅明的《论翻译的任务》一文；张德让（2001）述评了伽达默尔哲学阐释学与翻译的关联；许钧（2003）探讨了翻译的主体间性与视域融合；张晓明（2009）译介了保罗·利科尔的阐释学翻译思想；刘军平（2009，2010，2015）探讨了西方哲学中的德里达翻译理论，以及主体间性及哲学方法论与翻译研究的融合途径；仲伟合、方开端（2011）述评了尼采的“翻译就是征服”的翻译观；蔡新乐（2011）评介了尼采的翻译思想；高乾、钟守满（2012）对本雅明的语言的本质、翻译的本质和译者的任务三个方面进行了解读；高乾（2014）比较了本雅明和德里达的翻译思想的异同；等等。很显然，西方不少哲学家都对翻译的隐喻、意义与语境、意义与语用、意义的不确定性或不可译性方面进行了精湛深入的研究，翻译理论家也纷纷诉诸哲学话语，以获得对其理论基础或观点的支撑。现代哲学家、学者和翻译家都不同程度介入哲学话语的翻译问题，使哲学与翻译研究的关系日益紧密。西方的雅克·德里达、W. V. 奎因、劳伦斯·韦努蒂、安东尼·皮姆、安德鲁·本雅明等学者的哲学翻译学论述通过不同渠道进入我国，并产生了影响。

（7）翻译社会学的译介。在借鉴西方社会学家布迪厄、拉图尔、卢曼等人的理论的前提下，图里、切斯特曼、赫曼斯、伍尔夫等人形成了各自的翻译社会学观点。早在 1972 年，霍姆斯就提出过翻译社会学的构想，直到布迪厄的“文化资本”概念出现，描写学派的学者才开始关注翻译产生的社会语境。胡牧（2006）、邢杰（2007）、李红满（2007，2008）、武光军（2008）、邵璐（2011）、王洪涛（2011）、耿强（2013）、徐慧敏（2013）、任东升和高玉霞（2015）、刘晓峰和马会娟（2016）、汪宝荣（2017）等学者陆续译介、述评或探讨了国外翻译社会学的研究成果。此后，国内学者借鉴和运用了布迪厄的社会学概念和理论模式，如场域（field）、惯习（habitus）、资本（capital）、社会制约性条件等概念范畴，来分析影响翻译生产、传播、接受和策略选择的社会因素。“根据 Citespace 软件所生产的突变术语表及其视图的显示，2012 年突变值较高的术语为‘Sociology of Translation’(翻译社会学)、‘habitus’(惯习)……在一定程度上客观反映了国际翻译学的最新研究动态。”[①] 毫无疑问，翻译社会学一时成为显学。但遗憾的是，时至今日，国外翻译学中一系列有影响的著述还没有翻译成中文。

---

① 李红满《国际翻译学研究热点与前沿的可视化分析》，《中国翻译》2014 年第 2 期，第 22 页。

（8）文化转向的后现代翻译理论的译介与研究。翻译与他者、翻译与政治、翻译与社会、翻译与意识形态、翻译与文化认同、翻译与异质性等问题成为20世纪后期西方翻译研究关注的重点，国内学者也积极加入西方文化转向以来的翻译探索之中。后殖民主义在政治上反对文化霸权，关注文化的异质性在全球化语境下如何得以保存，这就使得翻译的文化学派与后殖民主义产生了与生俱来的关联性。在翻译研究与文化研究的关系日益密切的背景下，民族文化的身份认同在不同文化之间的碰撞、对话、交融中得以实现。刘军平（2004）、胡德香（2006）、孙艺风（2007）、汤富华和申连云（2008）分别从后现代理论出发，探讨了他者与当代翻译研究的关系，认为翻译是介入他者，诠释和融合他者，尊重他者，使之朝着多元价值、多元视角方向发展。费小平（2009）研究了翻译的政治动机，李红玉（2009）和蔡新乐（2010）分别对斯皮瓦克的翻译思想进行了分析介绍，指出国际译介学对其翻译思想的关注度并不是很高的原因。王宁（2013）从霍米·巴巴的文化翻译理论视角，指出翻译在全球化时代的文化再定位作用。“呼吁翻译的重点应转向中译外，从而使得翻译以一种积极的姿态‘重新定位’全球文化，并为世界文学的重新绘图发挥重要的作用。”[①] 后殖民主义翻译思想引发的对文化他者的关注仍在持续，异化归化之争趋于理性化，并转向了对翻译“存异”伦理的探讨。后现代的背景下，文化间的不平等使得“翻译伦理”也越发显得重要了。刘亚猛（2005）、朱志瑜（2009）、王宁（2009）、郭建中（2009）、蒋童（2013）等学者进一步探讨韦努蒂翻译思想中的归化与异化问题，以及本体及其与后殖民主义的关系问题，使得人们对韦努蒂等人的异化思想有了更为全面的认识。

2. 有关外国翻译理论的编著和专著

世纪之交，我国在整理和消化外国翻译理论方面取得了显著的成绩。由许钧任主编的“外国翻译理论研究丛书”中，《苏联翻译理论》（2000）、《当代美国翻译理论》（2000）、《当代英国翻译理论》（2001）及《当代法国翻译理论》（2001）先后出版，有力地推动了我国引进、整理和研

---

① 王宁《翻译与文化的重新定位》，《中国翻译》2013年第2期，第5页。

究外国翻译理论的工作。蔡毅、段京华编著的《苏联翻译理论》探讨了翻译理论研究的对象、任务及实质、可译性与等值、翻译单位与翻译标准、语义与翻译、翻译中的语体问题、诗歌翻译问题等内容。其中的语言学派与文艺学派之争、翻译语用学、现实主义翻译理论颇具苏联翻译理论特色，涉及费道罗夫、卡什金、加切奇拉泽、科米萨罗夫、巴尔胡达罗夫等翻译理论家的观点。它不仅对苏联的翻译理论作了较全面的概述，而且对关键性的问题有自己的评论。郭建中编著的《当代美国翻译理论》概述了美国20世纪早期的翻译研究、阐释学与翻译研究、新批评与翻译研究、语言学与翻译研究、翻译学与翻译研究、符号学与翻译研究、文化与翻译、解构主义与翻译研究，以及诗歌和散文翻译理论等内容，涉及托尔曼、庞德、奈达、奎因、皮尔斯、勒费弗尔、韦努蒂、纳博科夫等美国翻译理论家。其中第二章的“翻译学与翻译研究”主要译介弗雷德里克·M.勒内的著述《阐释：语言和翻译——从西塞罗到泰特勒》。值得一提的是，郭建中专门辟出一章讨论旅美中国学者赵元任、欧阳桢、叶威廉、思果等人的翻译理论。此后，王东风、孙会军以书评《“一双透明的眼睛”——评郭建中编著的〈当代美国翻译理论〉》，对该著作作了积极评价。廖七一等编著的《当代英国翻译理论》介绍和评述了萨瓦里的翻译艺术、斯坦纳的文学阐释学、卡特福德的语言学理论、纽马克的科学与艺术翻译观、贝尔的认知记忆模式、哈蒂姆与梅森的语境翻译、赫曼斯的翻译规范、巴斯内特的文化翻译理论、贝克的语料库翻译研究等内容。该书是在廖七一《当代西方翻译理论探索》一书的基础上，参考了西方最新研究成果，由廖七一、李小均、祝朝伟等8位学者重新编著而成的。其中的哈蒂姆与梅森的语境翻译观、赫曼斯的翻译规范理论、巴斯内特的文化翻译理论、贝克的语料库翻译研究对国内大部分学者来说较新。该书追踪了外国翻译理论发展的新动向和新成果。

由许钧主编、湖北教育出版社出版的“外国翻译理论研究丛书”通过译介、评论、整理和研究的方式，对当代外国翻译理论进行了较全面系统的梳理，使国内翻译学者能够及时跟进外国翻译理论研究的最新发展动向。英、法、美、俄四国作为翻译理论研究的大国，其翻译理论研究在丛书中得以较全面地呈现，但作为翻译理论研究强国的德国，其翻译理论研究没有被纳入丛书之中。无论如何，相较于零碎的介绍，这样大规模的译介和研究丛书的出版在我国翻译理论研究历史上具有开拓意义，它体现了我国对外国翻译理论的整体评介与思考，为我国外国翻译理论的研究打下了重要基础。

廖七一等编著的另一部作品《当代西方翻译理论探索》（2000）系统评介了当代西方翻译理论的不同流派，如美国翻译培训派、翻译科学学派、早期翻译研究学派、多元系统学派、解构主义学派，同时对当代西方翻译理论家如奈达、卡特福德、威尔斯、纽马克、斯坦纳、巴尔胡达罗夫、费道罗夫、科米萨罗夫、穆南、塞莱丝科维奇等的翻译观点进行了评述和比较。该书根据美国著名翻译理论家根茨勒（1993）对当今西方翻译理论的划分，分门别类予以整理，对各个流派的主要代表人物的翻译理论思想作了简明扼要的介绍，对国外最新研究资料进行了较为全面的译介和梳理。在苏联翻译理论研究方面，吴克礼主编的近60万字的《俄苏翻译理论流派述评》（2006）值得特别关注。该书分上下两篇，上篇介绍自9世纪至今的俄苏翻译简史，转述了其丰富的翻译活动和翻译思想，探讨了其翻译理论的形成与发展，也讨论了各翻译流派与现代翻译学的关联。下篇挑选了13位有代表性的翻译理论家，以专章的形式对其著述和观点分别予以介绍和评论。楚科夫斯基、加克、列夫金、切尔诺夫、西里亚耶夫等翻译理论家的名字，可能对俄语学界以外的人显得陌生，但通过该书的系统介绍，中国翻译学界对俄罗斯现代翻译理论的基本理念、基本特点、翻译流派，以及俄苏翻译理论在世界译坛的地位，有了更清晰的认识。

随着外国翻译理论引介的不断推进，国内对西方翻译理论的认识也渐趋深入。刘军平所著《西方翻译理论通史》（2009）通过把握西方翻译理论各个学派的起源、发展规律、核心意义和内在发展轨迹，对西方各个学派的代表人物、理论特点进行系统的分析和评价，较为全面地展现了西方翻译理论的总体发展历史。该书从整体角度来梳理西方翻译研究的学术谱系，内容丰富，材料翔实。“《西方翻译理论通史》是同类著作中内容最丰、跨度最长、讨论最细腻的一部。作者既对西方翻译理论进行了系统梳理，又具有广阔的比较研究视域，古、今、中、外四维豁然贯通；既叙述了从古至今的翻译历史，又对历史上出现的各种理论流派及其代表人物的思想进行细致介绍，评判其内在逻辑与功过得失”[①]。此外，杨柳所著《20世纪西方翻译理论在中国的接受史》（2009）以接受美学为基本范式，对西方翻译理论在中国的接受以及对中国当代翻译理论模式的影响作了历时和共时的研究，分析了理论接受的效果及其与文化的关系，总结了西方翻译理论在中国接受的成就和经验教训，从翻译对等论在中国的接受、翻译目的论在中国的接受、多元系统论在中国的接受、后殖民主义翻译理论在中国的流行、女性主义翻译理论在中国的遭遇、解构主义翻译理论在中国的解构、阐释学翻译理论在中国的阐释以及口译理论在中国的传播等八个方面展开讨论，条理清晰，重点突出，有较高的学术价值。该著作从西方翻译理论视角，较为深入系统地关切到本土翻译实践行为和接受效果，丰富了翻译理论研究的内容，体现了中国学者对外国翻译理论评价的独特视角。

在外国翻译理论引介与反思的第三个时期，学者们将西方翻译理论与中国翻译语境进行了深层次的勾连。涉及不同的翻译理论流派，国内学者还对外国翻译理论的专门理论学派作了较深入的研究。自从外国各种理论的基本概念和思想被译介到中国，不同学者对其进行了综合性的探讨或具体的侧面研究。张美芳的《翻译研究的功能途径》（2005）、孙会军的《普遍与差异：后殖民批评视域下的翻译研究》（2005）和俞佳乐的《翻译的社会性研究》（2006）从社会语言学、文艺学角度，探讨了翻译的文化社会学观。穆雷等的《翻译研究中的性别视角》（2008）探讨了女性主义翻译论在西方的发展与现状以及在中国的接受，涉及女性主义视角下的忠实、译者主体性、翻译中的双性同体等内容。卞建华（2008）、吴文安（2008）等考察了后殖民翻译研究的起源、发展、理论来源以及在相关领域内的成长和影响，界定了后殖民翻译研究的研究术语和内涵，探讨了权力话语对后殖民翻译理论的影响。此类著作还有王富（2017）的《后殖民翻译研究与反思》等。

应该看到，涉及外国翻译理论的编著和专著既有引介的内容，也有中国学者的独立思考和评论分析，有一定程度上的融合创新。

---

① 覃江华《通古今之变，成一家之言——刘军平教授〈西方翻译理论通史〉评介》，《东方翻译》2013年第3期，第90页。

3. 教材编写、资料汇编与西方翻译理论的梳理评价

改革开放初期，国内有关西方翻译理论的资料比较匮乏，也较少出现中国学者编写的西方翻译理论教材和有关资料，这一情况在 2000 年之后有所改观。鉴于这一阶段翻译学科逐渐兴起，需要掌握西方翻译理论的研究资料，迫切需要编撰翻译理论教材。值得一提的是，国外有三部资料汇编书籍对我国学者编纂西方翻译理论论集产生了较大的影响，它们分别是：舒尔特和比古内特 (R. Schulte and J. Biguenent) 的《翻译理论：从德莱顿到德里达》（1992）、罗宾逊（Robinson Douglas）的《西方翻译理论：从希罗多德到尼采》（1997）、韦努蒂 (Lawrence Venuti) 的《翻译读本》（2000）。

毋庸置疑，涉及外国翻译理论，无论是出于教学或研究的目的，还是出于理论本土化的需要，中国都需要编纂自己的涉及西方翻译理论的读本或选集。由香港学者陈德鸿等编著的《西方翻译理论精选》（2000）较早收录了西方 20 位翻译理论家的 20 篇论文，既有经典的语文学派论者德莱顿和泰特勒、施莱尔马赫，也有当代的斯坦纳、德里达、弗米尔、诺德、佐哈尔、图里。每一篇论文的开头，编者介绍该翻译理论家的理论观点，帮助读者在错综复杂的论述中，寻找出清晰的脉络，以加深对翻译理论的理解。申雨平编著的《西方翻译理论精选》（2002）、文军主编的《西方翻译理论著作概要》（2007）、杨建华编著的《西方译学理论辑要》（2009）、马会娟和苗菊编著的《当代西方翻译理论选读》（2009）、刘军平和覃江华的《西方翻译理论名著选读》（2012）、韩江洪的《当代西方翻译理论研究导引》（2012）以及赵勇主编的《西方翻译理论导读》（2013），都是这一时期的西方翻译理论原著选读中的代表选集，部分学者还对其编写材料进行了译介、梳理和评注。其中，120 万字的《西方翻译理论名著选读》精选了 52 篇西方翻译理论的代表性论著，并按照其学术理路和演变脉络分为九大学派，文前辅以中文导读和评论，对西方翻译理论作了较为系统的梳理。国内各家编著者通过广泛搜集原文材料，摘取各家学说的精华，体现了中国翻译理论学者对西方翻译理论编选的取舍和评价。

4. 出版社大规模引进原版外国翻译理论著述

这一时期所呈现的另一个特点是，翻译理论的原文引进与翻译理论著述

的翻译同时进行，相得益彰。2001 年，上海外语教育出版社策划引进了“国外翻译研究丛书”的原版翻译研究专著和论文集。从《文化构建——文学翻译论集》（2001）第 1 种开始引进，到《翻译能力培养》（2016）第 40 种为止，历经长达 15 年的系统引进，丛书内容时间跨度从古代到现代，所选书目皆为外国翻译理论研究的经典之作，既有翻译理论探讨，也有应用型翻译的研究，还有翻译理论史著作，内容繁多，主题及体裁新颖，几乎涵盖了国外近半个世纪以来有关翻译理论的精华书目。 2007 年，“外研社翻译研究文库”也引进了 20 多部自 20 世纪 60 年代开始在欧美有影响的翻译理论著作，既有皮姆（Anthony Pym）的《翻译史研究方法》，也有肖福娜（Christina Schaffner）编著的《翻译与规范》。这些英文原版翻译学著作的引进，极大地满足了国内对外国翻译理论研究动态的了解需求，给国内翻译理论界提供了第一手弥足珍贵的研究资料。出版机构积极主动地开展外国翻译理论的引进工作，充分体现了出版机构的学术眼光，满足了国内翻译界对翻译理论资源的需求。

5. 外国翻译理论经典著述在国内的翻译

系统翻译引进外国翻译理论经典著作体现了改革开放以后中国学者的精品意识和学科建构意识。翻译理论译著应该不仅仅是翻译研究者阅读的内容，也应该成为其他学科可资借鉴的学术资源。具体而言，以下几种翻译理论译著在国内有一定的代表性：2001 年，许宝强、袁伟选编了《语言与翻译的政治》，其中收录翻译研究学者尼南贾纳、刘禾、斯皮瓦克、西蒙、韦努蒂等人的翻译理论文章。其中，斯皮瓦克的《翻译的政治》一文在国内有较大影响。宋伟杰翻译的《跨语际实践》（刘禾著）探讨了由不同语言间最初的接触而引发的话语实践，考察了新词语、新意义和新话语的兴起和代谢，以及在目的语语言中获得合法性的过程。《跨语际实践》研究的重心不是纯粹技术意义上的翻译理论，而是由不同语言间最初的接触而引发的话语实践问题。它对翻译理论的启迪作用主要体现在方法论上。陈永国（2004）主编的《翻译与后现代性》一书译介了当代外国翻译理论中翻译中的同一性与差异性、翻译中的界限与越界、翻译中的身体与爱欲、翻译中的征服与抵制，以及全球市场上翻译的双重言说等内容，收编了本雅明、德里达、保罗德曼、根茨勒、韦努蒂、斯皮瓦克、西蒙、张伯伦、霍姆斯等西方学者20多篇涉及翻译与政治、翻译与哲学、翻译与后殖民主义、翻译与女性主义等方面的文章。2005年，由香港理工大学翻译中心编的“当代西方翻译研究译丛”，翻译出版了改革开放20多年中在西方有代表性的十种翻译理论著作，学者王克非、谭载喜、朱纯深、朱志瑜、张美芳、王文斌、蒋骁华、李德凤、张景华等参与了丛书的翻译工作。译丛选编的初衷是，“改革开放20多年里，外国的翻译研究同各项翻译事业一样取得了长足的进步。单从发表的论文看，每年我国外语界在百余种相关学术期刊上发表外国语言研究类论文3000多篇，其中翻译研究类论文占20%，即每年约有600篇左右的翻译研究论文发表。著作的出版也逐渐增多，近十几年间已经出版翻译研究论著数十种。可是相比之下，我国对国外翻译研究的译介却很少，迄今仅有奈达（摘选）、卡特福德、斯坦纳（摘译）及苏联的巴尔胡达罗夫等少数几家。通英文的研究者可以直接阅读大部分西方原著，但英文之外的研究者就不易读到或读懂哲学翻译理论书籍。这种状况显然不利于翻译学科的发展”[①]。该套译丛基本上选译的是2000年前后西方当代翻译理论著述，分别涉及与语言学视角、语言交际功能、翻译综合性研究、文化研究、口笔译研究有关的主题。此外，谢天振主编的《当代国外翻译理论导读》（2008）选译了西方33位翻译理论家的33篇代表性论文，并配上简明扼要的导读。方梦之主编的《译学词典》（2004）也用较多的篇幅论述了外国翻译理论。王敬钦翻译了美国根茨勒的著作《当代翻译理论纵横》（又译《当代翻译理论》，2013）。

毋庸置疑，翻译理论著作的汉译对统一规范翻译术语有较大的作用，对述评及介绍国外最新翻译理论观点和开展翻译批评颇有裨益。改革开放初期，大量的西方翻译理论大都是通过片断式的章节，通过译介及评述进入中国的。外国翻译理论的系统译介，对翻译学科建设有直接推动。

这一时期对西方翻译论著的评介也呈现增多的趋势与及时的特色。许冬平、王东风（2000）分析了根茨勒的《当代翻译理论》；李欣（2001）梳理了赫曼斯的《翻译研究的系统论视角》；柯飞（2002）介绍了皮姆的《翻译

① 王克非、朱志瑜《总序》，载Mark Shuttleworth & Moria Cowie著《翻译研究词典》，谭载喜主译，北京：外语教学与研究出版社，2005年。

史研究方法》；邓红风、王莉莉（2003）评介了韦努蒂的另一名著《翻译的窘境》；杨晓荣（2003）评介了威廉姆斯的《路线图：翻译研究方法入门》；卢玉玲（2004）评论了道格拉斯·罗宾逊的《谁在翻译？——超越理性论译者的主体性》；张美芳（2002）介绍了贝克利用语料库调查译者的文体的翻译研究新方法；陈琳（2004）详细评介了加拿大十年间的翻译理论境况和研究成果。可以看出，改革开放以来，相当多的国外翻译理论正是通过书评或译介的方式，被国内翻译界所知晓的。

改革开放的头30年里，在我国的翻译研究中，引进的外国翻译理论占有明显的主导地位。国内翻译理论界所引进的外国翻译理论数量种类繁多，涉及英、美、法、德、俄罗斯以及东欧国家，引进的国别地区的范围在不断拓宽，各种理论流派应接不暇，极大地拓展了国内翻译界的研究视野，更新了翻译观念和研究方法。毫无疑问，译介外国翻译理论是构建我国翻译理论过程中不可跨越的阶段。

第二节　对外国翻译理论的反思

一、译介、述评及研究外国翻译理论中存在的问题

在改革开放以来的40年里，我国对外国翻译理论从开始零星地译介个别著述、流派，到全方位地引进、接受、融合与创新，走过了不平凡的历程。毫不夸张地说，基本上外国有影响的翻译理论在我国都有译介和研究。其中对外国翻译理论的误读、变形、怀疑、追风、争鸣等方面的种种问题是学者们必须面对的，那么国内翻译理论界从中应该吸取哪些经验和教训呢？

在笔者看来，相对比外国翻译理论，在改革开放头20年里，国内翻译理论归纳的多，思辨的少；重感性重审美的多，重理性探讨的少；材料和个案堆砌的多，深入分析、演绎说理的少；低水平重复的多，有含金量的少；对外国翻译理论介绍的多，批判反思的少；模仿、因袭的多，原创性的新理论、新模式、新观点少。近20年来，通过吸收反思西方翻译理论，国内翻

译研究的现状有所改观，具有理性精神、科学精神，注重实证研究，有创新性的著述越来越多。

总的来说，西方翻译理论极大地弥补了我国传统翻译理论的不足，丰富了我国翻译理论的研究内容。长达40年里对外国翻译理论的译介、述评、整理与研究是卓有成效的。存在的问题主要在以下几个方面：第一，对有些理论还流于片面和简单的介绍与理解。这一方面体现在注重寻章摘句式的引用和摘抄，有时却忽略了某种理论的精粹，而对于其不重要的地方却过度关注。比如说对于目的论，就有人认为目的论就是“为目的而目的”，而对于它的目的语策略和文本生成之间的关系却少有关注。第二，译介术语混乱，望文生义，缺少严谨的态度和理性的分析。“对等”是什么含义？“抗阻”和“异化”是什么含义？诺德的“忠诚”又是什么含义？对于这些问题就有过多种误解和误读发生，甚至出现以讹传讹的情况。此外，由于引进的西方翻译理论术语与中国传统译论中的术语被同时使用，翻译理论术语使用的不一致导致歧义丛生，严重影响研究的规范与表述。因此，新的学术专名、术语、范式亟待建构统一。第三，对西方翻译理论的整体性研究还不多，特别是对西方翻译理论的译介还缺乏系统性。具体对某一种西方翻译理论或翻译理论家的著述，或者按照时期或者按照流派划分的断代史研究或专论成果不多。第四，中西翻译理论比较、西西翻译理论之间的比较研究成果较少。第五，时间误置或错位。这主要体现在早期对西方翻译理论的引进不能同步，大部分时间落后于西方翻译理论所产生的时间，有的甚至落后一二十年。[①] 当然，近几年随着全球化时代和信息化时代的到来，外国理论的译介越来越及时，有的甚至达到同步译介的程度。

在外国翻译理论引介的初期，有一个比较普遍的现象，那就是不少研究者都用中国的翻译现象对外国理论和概念的有效性和可应用性进行验证，也就是用中国的本土材料佐证外国的理论。在过去数十年间，结合西方翻译理论在中国的接受和融合的思考还不够系统。也就是说，国内学者很少系统地提出具有普遍意义的翻译模式或构想，或对西方翻译理论对中国传统译论的

① 杨柳《20世纪西方翻译理论在中国的接受史》，上海：上海外语教育出版社，2009年，第128-129页。

冲击做出有效反应。

此外，我们还发现如下问题：翻译批评存在随意性、片面性和应景性，缺乏自主的批评理论体系和规范的批评标准。此外，目前的翻译研究有的过分追求定量定性分析和数量统计，只见树木不见森林，忽略了人文综合的倾向，忽略了译者作为人文主体的特点，用标准化、公式化的图解，解构充满活力和生命力的文本，朝着机械的、枯燥的数理模式方向发展。在引进西方实证定量分析的手段的同时，我们需要更多地考虑翻译作为人文学科的特性，一切分析和研究不应该离开作为译者的人和作为读者的人的因素。对西方自维科的《新科学》以来的人文思想，对作为人文精神科学的西方阐释学的理论传统，我们引进、理解和研究得还不够全面深入。总之，人文与科学、定性与定量应该相互补充，互为表里，而不应该相互排斥。

如何辩证地看待定性与定量研究？如何将思辨与实证统一？如何综合人文与科学？这些问题是国内学者在接下来的研究中应该解决的翻译理论研究的方法论问题。

二、 对外国翻译理论的误读及适用性问题的思考

从宏观角度看，改革开放40年来，由于对外国翻译理论的接受反应不一，不同时期都存在误读误解，同时也有质疑外国翻译理论的有效性和适用性的观点。

20世纪80年代，外国的对等论被引进后，国内少数学者发出了不同的声音，出现了一些从文化相对主义的观点看外国翻译理论的观点。刘英凯（1987）认为，功能对等的翻译理论在实质上否认了异质性，对异质文化进行了遮蔽。钱霖森（1988）认为，奈达的“读者反应”不能作为评价译文的标准。刘宓庆（1989）则批评等效原则是根本不可能达到的目标，因此只能是一个理想。吴义成（1994）认为，对等原则采用了一个不切实际的、假定的、理想化的对等概念，不仅对翻译研究没有指导意义，而且不宜用于翻译研究，因为它歪曲了翻译的基本问题。申丹（1997）在《论翻译中的形式对等》一文中对奈达提出的“形式对等”一词提出了批判，认为奈达的“形式对等”实为“逐词死译”的代名词。刘英凯（1997）甚至认为，奈达的“读者反应

论”在中国有负面作用。张春柏（1998）认为，奈达的对等翻译理论建立在不牢靠的普遍语法基础之上，忽略了语言的个性和文化的差异性对翻译的影响。孙致礼（1997）认为，对等理论是印欧语系内部的翻译实践总结，因此不适用于汉英翻译。刘宓庆等学者则强调中西翻译理论的差异性和本土的特殊性：“西方翻译理论与西方其他的理论体系一样，发源、发展于欧美，因此它有一个非常鲜明的特点，就是它的对象。西方各派翻译理论大抵以印欧语言之间、印欧语与斯拉夫语之间的转换为研究对象，许多翻译理论是专门针对拉丁语与印欧语中的其他语言、希腊语（特别是荷马的著作）与印欧语、印欧语与希伯来语（属于闪语系）之间的转换而发的，因此大部分都比较注重形式的转换机制，这就不同于汉语与印欧语之间的转换，我们显然应该更重视语义结构以及更为广泛意义上的意义转换机制。”[①]20 世纪八九十年代，奈达翻译理论进入中国后，由于部分理论只对某些特殊文本有解释力，质疑者就认为该理论并不适用，而给予部分或全盘否定，值得商榷。就总体而言，中国翻译学界的有关质疑和学术论辩对澄清是非、正本清源起到的是一种积极的作用。

实际上，这种强调本土特殊性的观点，并不太利于翻译理论的接受、融合与创新。以上批评观点体现了对西方翻译理论解释有效力的忧虑，有的学者不问对等原则或等效翻译原则涉及哪个部分的对等，站在“我族中心”的立场上对奈达等西方翻译理论进行批驳，实有误读之嫌。

翻译的等值或对等论是西方翻译理论中的一个关键概念，准确理解其含义有利于全方位地了解西方翻译理论的核心范式。在争论过程中，有些学者的观点显然比较过激，或者存在偏见。许钧明确指出：“翻译作为一种复杂的活动，若仅仅局限于一个领域进行研究，是无法揭示其性质及活动规律的……种种理论指导下取得的研究成果存在一致命弱点，那就是每一理论流派所认识的翻译在很大程度上具有片面性，揭示的只是翻译活动的一个方面，如同‘盲人摸象’……翻译研究必定要具有综合性。每一种理论流派所认识的翻译在很大程度上具有片面性，揭示的只是翻译的一个方面，难以深刻地

① 刘宓庆《论中国翻译理论基本模式》，载杨自俭、刘学云编《翻译新论》，武汉：湖北教育出版社，2003 年，第 428 页。

反映翻译活动的全貌。”① 同理，我们在评判西方翻译理论是否具有适用性或解释力的过程中，也需要保持清醒，不能以偏概全，攻其一点不及其余，而否定某种理论观点的启迪或指导作用。当然，也不能持中西翻译理论相互排斥，有你无我，相互轻视的倾向。

三、对引进的异化与归化翻译策略的讨论与反思

在引进西方翻译理论中异化与归化翻译策略的过程中，国内学界对异化与归化这两个概念存在着一定的误解，引发了较大的争论。然而，这场争论的意义远远大于观点的分歧，值得我国翻译界去检视与反思。

这场争论的起点源于刘英凯发表的一篇论文。1987 年，刘英凯在《现代外语》上发表了一篇题为《归化——翻译的歧路》的论文，认为归化法是“翻译的歧路”。该文用实例分析了归化在我国的几种表现：一是滥用四字格成语，二是滥用古雅词语，三是滥用抽象法，四是滥用“替代法”，五是无根据地予以形象化或典故化。刘英凯认为，翻译应采取“最大程度的直译”，以尽量表现出原文的“异国情调”，尽量忠实地“再现原文的形象化语言”，尽量“输入新的表现法”。② 该文主要针对国内英译汉时滥用四字格成语或成语典故的现状，而提倡采取直译方式，以输入新的表达法。彼时，韦努蒂的《译者的隐身——翻译简论》（1995）还没有出版，张景华、白立平、蒋骁华翻译的中文版本《译者的隐形——翻译史论》直到 2009 年才出版。但国内不少学者错误地认为，刘英凯发表的文章是关于异化与归化争论的起点。事实上，韦努蒂有关归化和异化的翻译观属于文化转向后的西方翻译理论，它进入国内要在刘英凯发表文章至少 10 年之后。2002 年，孙致礼发表了《中国的文学翻译：从归化趋向异化》一文，并在文章开头提及施莱尔马赫和韦努蒂的归化和异化论，认为“21 世纪的文学翻译将以异化为主调，这是提高文学翻译的必由之径”③。在当时异化语境占上风的背景下，孙致礼的观点有着较为典型的意义。对于这一话题，国内学者曾纷纷发文，各抒己见。20

---

① 许钧《翻译论》，武汉：湖北教育出版社，2003 年，第 56 页。
② 刘英凯《归化——翻译的歧路》，《现代外语》1987 年第 2 期，第 58 页。
③ 孙致礼《中国的文学翻译：从归化趋向异化》，《中国翻译》2002 年第 1 期，第 44 页。

世纪90年代至21世纪早期，刘重德、郭建中、杨柳、刘艳丽、杨自俭、王东风、刘亚猛、蒋骁华、马会娟等学者先后都发表过有关归化与异化的观点，更有为数众多的硕士、博士论文以异化翻译为出发点，探讨翻译问题。

值得注意的是，在文化转向后的背景下，韦努蒂提出的归化与异化和19世纪施莱尔马赫提出的翻译理论背景有很大不同，韦努蒂的异化策略与中国传统译论中的归化与异化翻译方法也非常不同。国内有的学者没有明辨它们之间的差异性，以至于认为异化等同于直译法，而归化就是意译法，也就是用地道的目的语去表达原文。至少到2001年孙致礼讨论中国不同时期的归化翻译法，并提出21世纪的文学翻译将以异化为主的论断时，涉及的还是中国传统译论讨论的异化翻译法，其讨论的傅东华、张谷若、朱生豪等人的翻译个案，主要涉及的是20世纪上半叶的中国文学翻译实践活动。虽然孙致礼在参考文献里列举了韦努蒂的书目，但基本上没有探讨韦努蒂的观点。因此，在2001年之前，在中国所展开的归化与异化的大讨论，基本上是对直译与意译这两种翻译方法的讨论，并没有涉及文化学派所涉及的有关异化的核心内容。

韦努蒂的异化理论是在西方理论话语，尤其是福柯权力话语、解构主义、后殖民主义等后现代理论话语的启示下构建的，旨在揭露隐藏在翻译实践活动中的种族中心主义，而提倡解构或抗阻式翻译。可以说，不少中国学者将异化与归化翻译方法当作直译与意译，实际是一种误读。在相当一段时间内，国内部分翻译专业的学生“言必称异化翻译”，以为韦努蒂的异化翻译策略就是直译，甚至认为刘英凯提倡的异化翻译法与韦努蒂的异化翻译策略如出一辙。此外，有人还把这个从德里达到路易斯和韦努蒂都常用的核心翻译术语abusive fidelity翻译成“放纵式忠实”“滥用式忠实”或“妄想式忠实”“反常式忠实”等。实际上，在Mark Shuttleworth和Moira Cowie的《翻译研究词典》里，它与“异化”或“抗阻”是相互参照的，其真实意思是“颠覆式翻译”。后来蒋骁华（2007）等人对韦努蒂的异化理论进行了重新解读和分析，澄清了误解。① 需要认真反思的是，我们研究西方翻译理论不能只停留

① 蒋骁华《重新解读韦努蒂的异化翻译理论——兼与郭建中教授商榷》，《中国翻译》2007年第3期。

在表面概念上，而应该深入其理论的奥堂、基础背景和发展脉络，追本溯源，探赜索隐，才能真正把握其含义的精髓。

改革开放以来，国内有关归化与异化的旷日持久的讨论，折射出国内翻译研究对西方理论的整体态度，反映了从陌生、接触、误解、套用、争论、否定，到再思考，最终达到理性认识的全过程。这场还在持续的争论，客观上使得国内翻译理论界对于韦努蒂翻译思想中有关文化他者、译者身份、翻译伦理、翻译操纵，以及后现代语境下翻译理论与实践的关系等多个核心问题，有了更为深刻的思考和理解。

四、对外国理论追风及套用问题的反思

值得我国翻译理论界反思的，还有国内翻译理论界对外国翻译理论的追风和套用问题。

有一个时期，外国什么理论时兴，国内有的学者和研究生就赶什么时髦，而实际上，他们对有些理论的本质特点以及在中国的适用性并没有完全掌握。20 世纪 80 年代末期，目的论传入中国，产生了较大影响。“据不完全统计，自 1987 至 2006 年，中国各学术期刊和论文集中有关目的论的研究文章有 100 多篇，有十多部学术专著与对该派理论的论述有关，其中，核心期刊刊登约 37 篇，研究范围涵盖翻译学的学科建设问题、翻译概念和标准、翻译策略和方法、文学翻译与非文学翻译、翻译教学等”①。由于目的论具有很强的应用性，在涉及外宣、影视、外贸、科技、商标、旅游，甚至文学等文本的翻译方面有较强的解释力，很多研究生在写论文时纷纷借用这一理论，这种滥用常常为翻译界所诟病。

另一种运用得较多较滥的外国翻译理论是多元系统理论。毫无疑问，多元系统理论把翻译研究引上了文化研究的途径，为翻译研究开拓了一个相当广阔的研究领域。虽然多元系统理论坚持“绝不以价值判断为准则来预先选择研究对象”的原则，并强调“批评”与“研究”之间的差别，但其对赞助人、诗学、意识形态的重视对我国的翻译研究颇有启迪意义，更为重要的是

① 杨柳《20 世纪西方翻译理论在中国的接受史》，上海：上海外语教育出版社，2009 年，第 128–129 页。

其突出翻译文学的理论特点，对翻译文学史的撰写以及对目的语的强调，对翻译文本的接受与效果颇有解释力。值得反思的是，物极必反，如果我们一味地突出目的语的文化地位、突出目的语的历史社会文化语境，则会对原作文本自身的翻译意义构成损害。此外，以20世纪中国语境来比附以色列的历史文化语境也是一个常用的套子。多元系统理论认为，当一国文学甫始建立，尚处于“幼年期”，它必定要从古老的文学传统中寻求现成的模式；当文学处于“边缘”或处于“弱小”状态，或兼而有之时，需要从他国输入翻译文学；当文学正经历某种“危机”或转折点，或出现文学真空时，翻译文学（Translated Literature）起关键作用。国内不少学人用“五四”时期的翻译实践或者“文化大革命”时期的翻译文本，来证明以上三点规则的有效性。总之，多元系统理论中的一些观点，在不同场合也被国内误读和误解，或者在实际操作上被误用。例如涉及20世纪上半叶的中国诗歌、戏剧等文学翻译研究，无一例外机械地套用此论。对其解释力的不充分性的批评，常常聚焦于其忽略了译者主体性。涉及多元系统理论其他方面的缺陷，如其突出目的语文化地位的做法，从另一种角度来看，不仅对原语语言文化来说是不公平的，也影响对原文的忠实或对等，甚至被打上自我种族中心或文化霸权的烙印。关于这一点，国内很少有反思性的批判文章出现。实际上，作为西方特殊时期产生的特殊翻译理论，其适用性在翻译研究进入了全球化时代的今天，被不合时宜地放大了。

改革开放以来，我国译学界译介了大量外国翻译理论，但少数学者为了赶时髦而理论追风。其具体表现在于，一方面用西方理论的套路模板来研究中国翻译的现实问题；另一方面食洋不化，喜欢使用新颖的外国翻译理论概念术语却没有真正弄懂其核心意义，或者过多使用西方翻译理论中的抽象概念或复杂句式。追风和套用是译介外国翻译理论过程中出现的典型问题。近年来，国内学者逐步意识到这两种问题的存在，并进行了反思和批判。

五、对特色派与普世派之争的反思

在引进外国翻译理论的过程中，国内有关翻译理论的思考与论争反映在中西二元对立思维模式上，将二者对立起来，采取一种非此即彼的态度，其具体表现就是“特色派”与“普世派”之争。“中国究竟有没有翻译理论，这个问题在中国译坛已讨论多年。中国学界对此议题有两大取向，一派坚持中国对翻译有自己的一套看法，另一派则倾向以西方近代流行的翻译理论作为判断标准”①。特色派强调我国自己的传统，认为应该努力建设我国自成体系的、独特的翻译理论；普世派主张以引进外国翻译理论为主，并利用它来整合中国传统译论。

早在改革开放之前，董秋斯（1951）就提出了翻译理论建设要立足于本土的倡议。改革开放以后，罗新璋（1984）、刘宓庆（1996）、张柏然（1997）、许渊冲（2001）等学者进一步提出，翻译学要立足于中华民族的语言、文化、思维方式，从本民族的语言与文化现状出发，从汉—外、外—汉语言文化对比研究的实际情况出发，描写翻译实践过程，翻译如果脱离特定的文化环境，也就失去其对策性了。部分学者反对中国翻译学“与国际接轨”的提法，提出建立中国翻译学必须走坚持科学与人文相结合的道路，提倡“有中国特色的翻译学”。值得思考的是，特色派有一个不证自明的预设是：中国传统资源能够开出现代翻译理论，应坚持从汉语资源中挖掘资源，无需依傍外国翻译理论构建中国译论。此外，中国历史悠久，翻译形态丰富，翻译思考深入，历史上有着重要的理论成果，且翻译研究自成体系，因此，我国的翻译研究并没有落后于西方，不必妄自菲薄。

以王东风（1999）、朱纯深（2000）、谢天振（2001）、孙艺风（2008）等为代表的普世理论派则认为，并不存在什么中国特色或外国特色的翻译学，片面强调有中国特色的翻译学是一种保守主义倾向，只会将理论研究导入误区。2000年前后，有关特色派与普世派的论争达到了白热化的程度。普世派认为，中国特色翻译理论从古至今不存在什么体系，也没有美国特色翻译理论或英国特色翻译理论，“特色”只能是研究的起点，不是理论归宿。在他们看来，中国翻译研究学者主张的“自成体系”和“特色论”已经成为中国译学互为表里、互为因果的两个误区，对它们的过分强调，既局限了自己的研究视野，也影响了中国译学体系与世界其他译学体系的互动，也不符合翻

① 张佩瑶《对中国译学理论建设的几点建议》，《中国翻译》2004年第5期，第3页。

译学科多元交叉互动的本质特征。

事实上，有些理论的产生源于对特殊现象、特殊翻译实践活动的解释，起初的诞生确实具有特殊性，但随着理论本身的完善和走向成熟，逐渐具备开放性和普世价值。杨平认为，翻译学作为一门新兴学科，仍处于不断发展与完善中，作为一门独立的人文学科已经是不争的事实。翻译学本身无国别之分，任何一种体系或流派都属于翻译学研究的一部分。[①] 刘军平认为，应该有中国特色的翻译理论（如德国目的论理论、以色列多元系统理论就是各自的特色理论），但也应分享全球翻译理论研究的共性和多样性。虽然不同的文化有差异，但毕竟异中有同。“和而不同”是我们建立现代翻译学的基础和遵循的基本原则，不断吸收西方翻译理论之长，来更新洗汰我们的观念，仍然显得有必要。[②] 多元下的统一（unity in diversity）是当代翻译研究的潮流。

从人与整体的客观自然的关系来看，全人类享有共性。这种关系反映在语言中，则使得语言都有一个共同的框架。人类之所以能够用不同的语言进行交流，其关键之处在于，不同的语言之间的翻译是以共同的语言逻辑为基础的。哲学家波普尔（Popper）提出的“三个世界”理论充分说明了这一共性。世界 I 指的是纯客观自然，世界 II 指的是思维，世界 III 则是指世界 I 和世界 II 共同创造的东西，也就是文化世界。每一种文化都具有其特殊性，正是这种特殊性才构成了世界文化的多元性。正因如此，不同语言具有共同的语言逻辑作为基础，尽管转换形式和策略存在差异，但探索规律性的理论话语，是中外翻译理论殊途同归的契合点。我们不应该以自身的特殊性来排斥共性，从而走上语言相对主义的歧径。任何翻译理论亦如是。

六、对中国翻译理论迟滞性（belatedness）的反思

中国翻译理论与西方翻译理论之间到底存在差距吗？一些学者认为，由于我们的现代学术起步晚于西方，在当代学术研究方面，中国当代学术和理论存在一定的迟滞性（belatedness）。同理，翻译理论研究作为一种现代学术，

---

① 杨平《对当前中国翻译研究的思考》，《中国翻译》2003 年第 1 期，第 3 页。

② 刘军平《西方翻译理论通史》，武汉：武汉大学出版社，2009 年，第 5 页。

我国也落后于西方。另一些学者却认为，我国的翻译实践有两千多年的历史，自成体系。当代本土翻译理论百花齐放，成果丰硕，与西方翻译理论并驾齐驱，并不落后。

运用定量分析法来研究我国的翻译理论，可以看出一些端倪。2017 年，王峰、陈文二位学者借助 CiteSpace 绘制出知识图谱，比较了国内 14 种刊登翻译研究的期刊如《中国翻译》《上海翻译》《外语教学与研究》等，国外 13 种刊登翻译研究的期刊如 *Meta*, *Translation Review*, *Perspective*, *Translator* 等的发文量。他们的结论是，从 1995—2015 年 20 年间的发文总量看，中国 6 433 篇，超过了国外的 4 694 篇。但从年代看，我国 1996—1999 年是翻译研究的低潮期，2000—2009 年是高速发展期，2010—2015 年是平稳期；国外 1995—2004 年保持平稳，2005—2015 年是高速发展期。单从发文量看，1995—2015 年中国译学研究并没有落后于西方同行。①

通过可视化分析，可以进一步了解国际翻译理论研究动态，追踪前沿热点，揭示国际翻译学研究的基本态势。然而，仅仅从 20 年间的发文数量来看我国翻译研究是否落后，不看研究质量和翻译理论的创新观点，显然是有问题的。此类研究不承认在改革开放初期的 20 世纪末期到 21 世纪初期的头 30 年时间里，中国翻译理论建设落后于西方翻译理论研究这样一个基本事实。另一个不争的事实是，我国的科研论文的发文数量在世界上比较靠前，但科研论文的质量与国际领先水准还有较大的距离。

此外，由于国际翻译界基本上都是用英语发文，故高产作者和高引用率的作者基本上来自美国、英国、奥地利、丹麦、西班牙、以色列及中国香港。②崔莹辉以国际译学的 5 种主要期刊为切入点，选择 2000—2005 年为考察时间段，考察了中国在国际译学成果中的参与情况，数据表明，目前中国的翻译研究在国际译坛已经初步突破以往失语的状态，但其影响力仍然有限，反映出目前中国翻译研究的一些问题。“在社会科学引文索引（CSSCI）里，检索 2000—2005 年以‘翻译研究’为主题的学术论文，共有 27 256 篇，其

① 王峰、陈文《国内外翻译研究热点与趋势——基于译学核心期刊的知识图谱分析》，《外语教学》2017 年第 4 期，第 83 页。

② 李红满《国际翻译学研究热点与前沿的可视化分析》，《中国翻译》2014 年第 2 期，第 22 页。

中用英文写作的占92.7%，法语占3.18%，德语占1.7%，而汉语只占0.24%”[①]。因此，从国际期刊发文及引用率和影响因子看，我们的翻译研究还需要进一步学术国际化，鼓励年青一代用英文在国际重要学术期刊发表研究成果，并把我国学者优秀的翻译理论著述通过中华学术外译项目翻译成其他语言，把更多具有原创性的翻译理论推向国际学术舞台，扩大其在国际上的学术影响力，让世界倾听中国翻译界的声音。

在改革开放的头20年里，我们的翻译理论研究基本上还是落后于西方的。许钧（1996）“中国当代翻译理论研究，在认识上比西方起码要迟二十年”[②]的判断，在当时，是通过较全面地比较中外翻译理论研究和学科发展的现状而得出的客观结论。国内少数学者无视西方翻译理论和翻译学科在20世纪60年代到90年代取得的成就，不能清醒地认识自身理论的缺陷和不足，也不利于借鉴西方翻译理论构建当代中国翻译理论话语系统。实际上，翻译理论界不少有志之士始终保持着清醒的头脑，正是在最近10年里，通过借鉴融合，使中国翻译理论研究迎来了欣欣向荣、锐意创新的大好发展局面。

七、对将内部研究与外部研究对立起来的做法的反思

另一个需要反思的问题是，随着西方文化转向的切入，西方翻译理论的重心从语篇之内转向了语篇之外的语境。近年来，有关翻译的内部研究和外部研究的问题屡屡被提及，以至于出现了翻译理论研究界的两个针锋相对的阵营。

传统中国译论较多关注内部研究，极少关注超越语篇之外的因素。中国翻译理论的发展线索被罗新璋概括为“按本——求信——神似——化境”。中国翻译理论话语一般关注的是字、词、句或者语篇，很少超越文本之外。相比较，20世纪后期，国外翻译理论研究发生了“三千年未有之大变局”，或者说发生了翻译理论发展史上的大事件。1976年在比利时的鲁汶举行了

① 崔滢辉《渐识庐山真面目：中国翻译研究在国际译学主要期刊中的位置》，《外语研究》2008年第2期，第88页。

② 许钧《一门正在探索的科学》，《中国翻译》1996年第1期，第3页。

翻译研讨会，此后出版了霍姆斯主编的《文学与翻译》论集（1978）。进入20世纪80年代，以苏珊·巴斯内特为首的翻译研究学者，结合多元系统理论及操纵学派理论，进一步明确了翻译研究的学科范围和使命。这一时期，几部划时代的著述的出版，进一步使描述翻译学朝跨学科、多视角的方法迈进：如翻译理论研究领军人物巴斯内特的《翻译研究》（1980）、赫曼斯主编的《文学操纵》（1985）、斯奈尔－霍恩比的《翻译研究综合法》（1988）。此外，图里和兰伯特创办了翻译研究刊物《目标》（1989）。进入20世纪90年代，文化转向为翻译研究注入了新的活力，勒费弗尔主编的《翻译、改写、文学名声的操纵》（1992）、《翻译、历史与文化资料书》（1992）、《文学翻译——比较文学视野中的实践与理论》（1992），韦努蒂撰写的《译者的隐身》（1995），巴斯内特和勒费弗尔合编的《文化构建——文学翻译研究论集》（1998）等一系列重要翻译理论著作的出版，标志着翻译研究进入了一个崭新的发展时期。尤其是1992年勒费弗尔主编的三本划时代的论集，成为翻译文化转向的宣言书和播种机。从此，翻译研究的涓涓细流汇成了一股滚滚洪流，这股思潮汇集在一杆大旗之下——翻译研究的文化学派。

与中国传统译论不同的是，翻译研究的文化学派从微观研究，转向了与翻译研究相关的社会、历史及文化因素研究，尤其是转向了对翻译有较大影响的权力话语、意识形态、赞助人等翻译研究的社会化过程研究。面对西方翻译理论的二次转向所带来的新理念、新概念、跨学科的新颖研究方法，国内有的学者认识不清，认为这种超越语篇或文本之外的翻译研究，不再属于翻译研究，而应该隶属于文化研究。

面对外国翻译理论这种颠覆性的革命，国内部分学者忧虑的是，翻译的重心是语言转换和等值问题，这种超出了文本之外的研究已经不再是翻译研究。一些研究者的翻译研究还习惯于停留在传统的方法上，只要一提及翻译研究就认为它只涉及翻译研究的本体，这个“本体”不能超越文本之外，从而将“外部研究”与“内部研究”绝对对立起来，或予以拒斥。实际上，翻译研究朝着历史、文化和社会纵深拓展是翻译研究的一大解放，促使我们不仅从微观，而且从更宏观的社会语境来全面系统地探讨翻译活动。拒斥文化转向以来的翻译理论，就等于拒绝西方翻译理论研究中先进的、有代表性的成果。

在全球化时代，持有此种抵制翻译的文化转向的态度或倾向，显然不利于我们保持一种海纳百川、博采众长的心态。毫无疑问，当今的翻译研究应该摆脱狭窄的语言文字层面的束缚，将其置放于广阔的跨文化语境之下。“由此可见，我们的一个当务之急便是对翻译这一术语的既定含义做出新的理解和阐释：从仅囿于字面形式的翻译（转换）逐步拓展为对文化内涵的翻译（形式上的转换和内涵上的能动性阐释），因此翻译研究本身就是一个文化问题，尤其涉及两种文化的互动关系和比较研究。翻译研究的兴衰无疑也与文化研究的地位如何有着密切的关系”①。的确，后现代的翻译含义不仅是文字翻译，更是一种文化的翻译和移植。后理论时代的一些主要文化理论思潮如流散与身份、全球化与文化、生态批评与生态文化、性别研究与怪异研究、图像批评与视觉文化研究都已渗透到西方翻译理论研究中，极大地拓展了我们对翻译的认知和定义。事实上，国际翻译学近10年的研究热点正聚焦于“翻译与伦理”“翻译与身份认同”“翻译与全球化”等所谓的“外部研究”的高频词或研究主题上。翻译作为一种定义，其内涵和外延在扩大、拓宽，翻译研究的途径和维度也在不断拓展。

不可否认，通过争鸣澄清观点，具有理论和实践上的积极意义。新的翻译实践呼唤新的理论，而西方文化学派的翻译理论作为一种从规范走向描写的理论正在考验我们的应对和反应。我们需要处理好两种研究的关系，即涉及文本本身的内部研究和涉及文本之外的外部研究。实际上，这两种研究方法都是翻译理论研究的有机构成部分。对于翻译研究中诸如微观和宏观、整体和局部、主观与客观、内容和形式、语言和文化、文内和文外、艺术和科学、本土与国外、具体和抽象、应用翻译和理论翻译、经验的和形而上的种种方法与视角，我们必须作整体性的辩证思考，做到有机统一，不可偏废其一。唯有如此，我们的翻译理论研究才能真正走向成熟。

---

① 王宁主编《视角：翻译学研究》，北京：清华大学出版社，2004年，第III页。

第三节　外国翻译理论的借鉴与融合

一、借鉴与融合已成为中国当代翻译理论的创新模式

在引介和接受外国翻译理论过程中，必然会遭遇语言与文化的碰撞。是夸大这种语言、历史、文化以及思维方式上的差异性，将外国翻译理论拒之门外，还是和而不同地接纳、洗汰、消化，然后进行翻译理论上的综合创新？改革开放以来，我国当代的翻译理论在引进、吸收外国翻译理论中，在与外国翻译理论的碰撞和争鸣中，进行创造性转换并不断发展，学者的理论建构意识逐步增强。“毫无疑问，这种融合中西之长的创新的译学模式，代表着未来中国译学的发展走向，也代表着世界文化发展的澎湃大潮”①。

当代西方翻译研究新论迭出，异彩纷呈，特点鲜明，思想活跃，呈现出百家争鸣的繁荣景象。这些新的理论、新的视角为中国翻译研究提供了可资借鉴的资源，开阔了我们的研究视野。改革开放 40 年来，在梳理、吸收和借鉴过程中，中国翻译理论界对洋洋大观的外国翻译理论的历史源流从局部到整体、从零星到系统，作了较为全面的译介、梳理和融通，卓有成效。从经验主义翻译理论，到科学范式，再到现代译论，西方语言学的翻译理论经历了从句法、语义到语用的三个阶段。经过语言转向之后，文化学派已取代语言学派成为当今西方翻译理论研究的主流，由此呈现出从“规范”转向“文化”，从“原文”转向“译文”，从“内部”转向“外部”的新的研究特点。新的观念不断涌现，新的翻译理论著述日新月异，在这 40 年里我们是如何应对汹涌而来的外国翻译理论的呢？

站在古、今、中、外四个维度，审视改革开放 40 年来我国译学界如何借鉴外国翻译理论和融通中西译论的历程，具有重要的现实意义。事实上，由于现代中国的“迟滞性”（belatedness），古、今、中、外四个节点已经简约为中、外两个互动的坐标系。在一定意义上，我们可以说，中国传统译论代表着传统，外国译论代表着现代。传统与现代的碰撞意味着中国译论一

---

① 刘军平《西方翻译理论通史》，武汉：武汉大学出版社，2009 年，第 V 页。

方面需要吸取传统资源，另一方面需要及时全方位地借鉴外国译论，重新洗汰、转化、塑造和熔铸我们的现代译论。令人感到欣慰的是，中国当代译学在改革开放后打开了国门，充分吸收了海内外研究成果和西方各种翻译学派的各种观点，这些外国翻译理论在中国的译介、接受，产生了重要影响。40年来，随着外国译论的输入，中国译论随之与其相互砥砺、对话、比较和融合，进入了中国译论的创造时期。张佩瑶、许钧、谭载喜、谢天振、孙艺风等一批学者自觉地运用理性精神，积极吸收外国译论的精粹，批判地运用西方的方法与理论，对中国传统译论有机地进行综合创新。全球化语境下，通过借鉴和融通外国译论，中国译学界积极探索，产生了具有创新性的学术思想和翻译理论。在我们看来，通过译介、比较、吸收、创新等手段，中国翻译理论的创造性转化成果大致可以分为以下几种模式。

1. 中西翻译理论的对话模式

构建中国当代翻译理论，需要实现东、西之间的对话与沟通。通过运用福柯的权力话语与知识的关系的论述，张佩瑶提出了建立“翻译话语系统”的认知模式，强调不同类型的论述之间的互动关系、平等关系，通过使用“直接式翻译话语”（分为潜藏型和外露型）和“间接式翻译话语”（分为内向型和外向型）等非定位术语，试图糅合传统翻译理论与现代西方翻译理论。中国在翻译研究领域与西方的对话中处于劣势，要走出这种尴尬处境有两条出路：一是展望未来，二是借鉴传统。所谓展望未来，就是要勇于承认自己当下的不足，然后努力学习西方，力求在不远的将来赶上和超过西方；所谓借鉴传统就是回到中国传统译论的原典，同时用现代学术眼光对这些翻译理论原典进行梳理与阐发，从中找出有价值的东西，然后据此与西方学界展开对话。而落实到中国翻译研究领域，近年来又形成了“横向移”和“回顾传统”两大模式。[①]

张佩瑶采用“中国翻译话语”（Chinese Discourse on Translation），而不用“中国翻译理论”（Chinese Translation Theory）是经过慎重考虑的。一方面体现了翻译这种“话语”与福柯等的解构主义的资源有着密切联系，赞

---

① 张佩瑶《对中国译学理论建设的几点建议》，《中国翻译》2004 年第 5 期，第 3 页。

同译者的编、译、评、注的动机凸显了意识形态的立场；另一方面，她试图提供“研究中国翻译话语理论模式以及中西话语对话的平台”[①]。鉴于中国传统译论在国际译坛长期处于失语状态，张佩瑶编著的英文版《中国翻译话语英译选集（上册）》通过采用“厚重翻译”的策略，较为系统地挖掘出了中国传统译论的精髓。这种对话模式不仅体现了翻译研究的中国主体意识，也体现了与西方平等对话的勇气和行为。它建立在知己知彼、中西互涉的基础之上。不仅如此，张佩瑶以独特的视角来审视如何复兴中国传统译论的课题，将太极推手（pushing-hands）路数创造性地用于翻译研究，为翻译研究开拓了新的研究路径，体现了翻译理论的自觉性和创新性意识。

中西翻译理论的对话在于倾听他者，珍视语言和文化的异质性。这种自觉意识或主体性并不是一种狭隘的民族主义心理，既不能把“本土中心主义”（ethnocentrism）作为本土翻译理论的尺度来衡量其他翻译理论，也不能一任“西风压倒东风”。全球化语境下的翻译理论建构，是一种主体间性的对话。“对话”概念的提出者巴赫金认为：“一切都是手段，对话才是目的，单一的声音什么也结束不了，什么也解决不了。两个声音才是生命的最低条件、生存的最低条件……对话的基本公式很简单：表现为我与别人对立的人与人的对立。”[②]中西翻译理论互为主体、相互对话并不意味着用西方翻译理论来解构中国翻译理论，或者用中国翻译理论来“格义”西方翻译理论，而是以他人的视域来认识世界，来理解世界。对话的目的就是克服“权力话语”与“本土话语”的对立，让“他者”登场。“文化‘他者’的存在正是差异确保多元存在的可能性，而开放性的‘存异求同’才能经由文化交流自觉整合各文化要素。这种‘存异求同’正是译者主体自我认识与再生的力量，而由于将‘他者’放入视野，翻译研究再一次聚焦于原先所忽视的领域，不再将西方概念化为单一实体的同时，也解构了以民族国家为单元的同质化的看法，而异质多元并存的文化思维使翻译真正跨越

① 参见张佩瑶编著《中国翻译话语英译选集（上册）》，上海：上海外语教育出版社，2010年，白立平导读部分。

② 巴赫金著《巴赫金全集》第5卷，钱中文等译，石家庄：河北教育出版社，2009年，第397页。

了国界 (translation-trans-nation)”[①]，倾听他者，尊重他者，与他者保持宽容平和的交流态度，是中西翻译理论对话的前提。不仅如此，翻译研究也应该关注文明的对话和交流，促成“技进于道”。“翻译研究应该关注如何以尊重和开放的心态去面对异质文化与文明，如何在异质文明中进行平等的双向交流，并促进异质文明的交流和对话，以维护语言文化的多样性为使命。翻译作为人类跨文化交流活动，是一项有多种因素参与的复杂活动，我们的研究应该克服就翻译论翻译的狭隘的技术性倾向，而把翻译置放在一个文化交流的大背景中去考察与研究，以把握翻译的内涵与本质，并从‘翻译的跨文化交流’这一本质出发去讨论翻译的标准、原则，去制定翻译的策略、方法与手段”[②]。

2. 中西翻译理论比较研究模式

毫无疑问，中西翻译理论比较是借鉴和融通中西翻译理论的良好途径。中国翻译理论必须关照中、西理论历史发展脉络和理论资源，认清其差异性、特殊性和共性。中西翻译理论的不同论说和研究途径，为我们理解翻译的本质提供新的视角，开启新的研究方向。谭载喜是这一领域有代表性的学者，他沿着这一思路，先后写下了《翻译研究中的中西观照》《中西现代翻译学概评》《中西翻译理论的相似性》《中西翻译理论的相异性》等多篇文章，体现其纵贯中西的宽广比较视角。“谭载喜是颇具影响力的一位，他先后发表了《必须建立翻译学》（1987）、《论翻译学的途径》（1987）、《论翻译学的任务和内容》（1987）、《试论翻译学》（1988）、《翻译学与语义》（1991）、《中西现代翻译学概评》（1995）、《翻译学必须重视中西译论比较研究》（1998）等十多篇论文，并出版了专著《翻译学》（2000），全面、系统、深入地论述了建立翻译学的重要性及翻译学的学科性质，学科内容，学科研究目的、范围、任务和方法等，对翻译学的创立和发展起到了积极推动作用”[③]。

---

① 刘军平《超越后现代的“他者”：翻译研究的张力与活力》，《中国翻译》，2004 年第 1 期，第 14–15 页。

② 许钧、穆雷《探索、建设与发展：新中国翻译研究 60 年》，《中国翻译》2009 年第 6 期，第 11–12 页。

③ 许钧《序》，载谭载喜《翻译学》，武汉：湖北教育出版社，2000 年，第 2 页。

的确，当代中国翻译理论的建构需要具有中西比较的睿智眼光。在这一点上，谭载喜等学者的理论研究充分体现了兼收并蓄、中西关照的特点。中国翻译理论更关心理论在解决翻译困难方面的实用性和针对性，而西方翻译理论更注重分析和演绎，西方翻译理论也更具抽象性、条理性、系统性。[①]由于中西语言文化的相异性，表现在翻译理论上的区别是中国翻译理论重悟性，话语表述含蓄；西方翻译理论重理性思维，重分析，重逻辑，概念表述确切。中西翻译理论的相似性与相异性主要表现在思维方式、翻译方法、隐喻转换、翻译的等值取向等方面。然而，中西翻译理论的借鉴意义和价值不可停留在对于表面差异的陈述，而更应该去挖掘深层的根源。我们认为，中西翻译传统必定受到各自所属社会文化传统的制约，由于思维方式的迥异，而深深打上各自社会历史文化的烙印。中西翻译理论研究的共性与个性的比较研究，给当代构建翻译学科提供了翻译研究范式通约性方面的思考，同时也给当代翻译理论建构提供了不可或缺的形而上的资源。

有学者在中西翻译理论方面作过较为深入的比较研究，指出了中西翻译理论的差异性，对西方翻译理论提出了激烈的批评，认为："西方翻译理论有以下局限性：一、精神匮乏即缺乏足以引导和支撑整个学科发展的导向理论，或者说缺乏主导思想（学科理念和人文思想）；二、忽视宏观的整体研究，只注意论题的精而微，以求新出奇为至上追求，导致学科整体性很薄弱；三、因此不可避免地将意义边缘化、空洞化；四、由于只顾疏离传统，热衷于出奇制胜，并竭力向商业利益倾斜因而主张及论述难免流于片面、武断、偏激，有不少浅薄之见，亦有仍自鸣得意者；五、理论话语缺乏理论应有的清晰性和深刻性，不少言论言不及义，品位不高，文风较俗；六、缺乏学术上健康的批评与自我批评……"[②]上述有关西方翻译理论的六条批评意见值得商榷。比较应该导向全面与客观的认识，而非对他者的贬斥。这些观点的存在，说明中西翻译理论比较的方法与路径还有待开拓，更需要客观性和实证精神。

---

① 谭载喜《翻译学：作为独立学科的求索与发展》，上海：复旦大学出版社，2017年，第142页。

② 刘宓庆《中西翻译思想比较研究》，北京：中国对外翻译出版公司，2005年，第289页。

3. 中西翻译理论的综合创新模式

改革开放以来，中国当代翻译理论研究通过消化吸收西方人文学科的最新养料，逐渐重视跨学科研究，试图从结构主义语言学、符号学、认知语言学、阐释学、文化人类学、话语语言学、比较文学、对比语言学等不同的学科方向，拓展其研究空间或研究方法，产生了一些有代表性的优秀成果。

许钧的翻译理论构建既不是完全富有中国特色的传统译论，也不是纯粹以西释中，而是在融合中西翻译理论资源的基础上，独立思考的结晶。其著作《翻译论》由翻译本质论、翻译过程论、翻译意义论、翻译因素论、翻译矛盾论、翻译主体论、翻译价值与批评论组成，探讨的内容涉及语言哲学的本质问题、阐释学问题、翻译的社会政治因素、翻译的辩证论、主体间性、翻译批评的原则与方法等内容。首先，许钧的著述具有鲜明的问题意识。翻译作为一种语言、艺术和跨文化活动，当然会涉及一系列复杂的问题。“诸如如何对待原作，是‘忠实’还是再创造？是致力于原作的文字形式转换的对等，还是寻求艺术效果传达的近似？是‘异化’还是‘归化’？翻译家如何协调处理作者风格和译者风格的关系？如何发挥翻译主体的作用并保持客观性？如何认识文学翻译的目的、功能和艺术本质？如何衡量、评价一部译作的成功与否？”[①] 其次，它最大的特点在于在对中外翻译理论资源充分吸收的基础上，进行系统而综合创新的转换，摆脱了中西翻译理论“两张皮”的现象。通过对中外哲学、语言学、美学、符号学、社会学、翻译学最新知识的充分吸收研究，从翻译的标准、原则、过程及作用，到翻译的形式与内容、风格与再现、神似与形似、形象思维与形象再现、翻译主体性、翻译批评与评价等十个方面作了全面系统的整体思考，广征博引，中外印证，互动共生，丰富了当代翻译理论。显而易见，中外不同理论资源的借鉴，是翻译研究发展的一条必由之路。“翻译理论本身是一个综合的、开放的系统，它与许多学科与艺术的门类息息相通，从语言学到文艺学、哲学、心理学、美学、人种学，乃至数学、逻辑学和新起的符号学、信息学等等，都有关系。然而，它又自有其独立性。例如，它与语言学的关系最密切，相互有不少交

① 许钧《翻译论》，武汉：湖北教育出版社，2003年，第435页。

叉和叠合，它可以借助语言学的原理来阐发语际转换的规律等，但它并不依附于语言学。它可以运用文艺学、文体学的原理来阐述翻译中的风格、神韵等问题，但它也不归属于文艺学、文体学。反过来说，翻译理论的成果，也可以对语言学、文艺学、心理学、哲学等的研究起到借鉴和促进作用。例如，比较文学中的影响研究，就必须借助于翻译理论为其媒介学的基础”①。再次，许钧通过对翻译的本质问题的求真探寻，剖析翻译的矛盾，提出了翻译的五种价值观，即翻译的社会价值、翻译的文化价值、翻译的语言价值、翻译的创造价值和翻译的历史价值。这些新颖的翻译理论观点糅合了中外不同学科的资源，来锻造其翻译理论，从而打造出其独具特色的综合创新翻译理论，进一步深化了我们对翻译本质的认识。

改革开放以来，以许钧、谢天振、孙艺风、吕俊等为代表的一批学者非常注重从国内外其他学科的理论资源中吸取营养，从跨学科的角度研究翻译的基本问题，不断增强学科意识和学科理论的主体意识，对其他学科产生了一定的学术影响，也就是文化研究的“翻译转向”。“翻译活动不是孤立的，它与人类社会的政治、经济、科技、文化等均有密不可分的联系，是人类思想交流一个特别重要的纽带与桥梁，因此，翻译研究不能把目光局限于翻译自身，而要立足于翻译，放眼于相关学科的发展。翻译学具有跨学科的性质，因此翻译学不可能孤立地发展，必须不断地吸取其他相关学科的理论资源，同时力求对其他相关学科产生影响。这就要求翻译学研究者不断增强学科意识和理论意识，把握研究的定位、研究的基本问题，确定发展规划，保持内在动力，鼓励形成本土的翻译流派或学派”②。值得一提的是，《翻译学概论》（2009）一书汇集了当今国内翻译学最为活跃的学者如王克非、许钧、刘军平、刘云虹、林克难、郑海凌、谭载喜、廖七一、穆雷等，他们运用不同研究方法，从不同学科分野和不同视角出发，合作编著的这部翻译理论著述，以开阔的视野，展现翻译学发展的历史轨迹，特别对近几十年来中西方学者在翻译研究领域所取得的成果作了系统的梳理，在把握现状和发展的基础上，

① 陈福康《中国译学理论史稿》，上海：上海外语教育出版社，1992 年，第 2-3 页。
② 许钧、穆雷《探索、建设与发展：新中国翻译研究 60 年》，《中国翻译》2009 年第 6 期，第 12 页。

融合中西视野，对当代翻译活动和翻译研究进行了独立的思考。

改革开放以来中国翻译研究学者能够在理性思考、实证运用、辩证思考，以及理论构建上的融合创新方面取得令人瞩目的成就，那是因为他们能充分关照不同学科的理论框架，尤其是融合外国翻译理论资源，为我所用。他们在概念体系和研究方法上，既有交叉，又有对话，既有质疑，也有借鉴；尤其是充分吸收外国翻译理论的精华，勤于思考，勤于探索，融会贯通，勇于创新；经过40载的不懈努力，逐步完成了对当代翻译理论大厦进行构建的宏伟目标。

二、未来的发展走向与任务

面对西方翻译理论的滚滚浪潮，新时期当代翻译理论必须敢做时代的弄潮儿。我们需要融化新知，提炼出隐含在中西翻译现象之中的普遍理论原则，加强基础理论研究，拓展理论资源，加强问题意识探讨，跟踪国际翻译理论前沿动态，革新理论观念。中国翻译理论需要从个性中推衍出共性，从旧的理论范式推演出新的理论范畴，从跨学科中开阔视野。更重要的是，双方需要从彼此身上吸取养分，相互借鉴和融通。在坚持自主性、独立性的过程中，不放弃多元的、普遍主义的预设，这种包容性和宽容性是贯通中西翻译理论的不二法门。易言之，各国翻译研究学者正在从不同的角度、以不同的方法对翻译现象进行跨学科、跨文化的动态研究，形成多元互补的特性，这种融合、交叉、相互接受、相互影响的发展态势，将是未来翻译理论发展的总趋势和未来译学的发展潮流。

概言之，我国翻译学者经过改革开放40年来的不懈奋斗，通过译介、吸收、融合和创新，在翻译理论研究领域取得了令人感到自豪的学术成就。建立了本科、硕士、博士完整的翻译与翻译研究人才的培养体系，学科发展逐渐走向成熟。一代翻译研究学者，曾经的翩翩少年，渐渐双鬓斑白，却依然笔耕不辍，一边选拔培养译学后生，一边继续殚精竭虑，思考翻译理论未来发展的走向。随着对西方翻译理论的译介和融通，以及对中国传统翻译思想的深耕和继承，我国翻译学的理论构架日渐清晰。

经过对外国翻译理论长达40年的译介、整理、对比、反思和创新，中国具有国际影响力的原创性翻译理论成果日渐受到国际同行的瞩目。在文化自信、制度自信、理论自信的背景下，翻译的权力话语正在从西到东发生迁移。在几代翻译学人的共同努力下，翻译理论精品必定持续涌现，重大理论突破也为期不远。在今天，翻译作为一个繁复多义的代名词，承载着信息传播、文化传承、对话交流、知识传递、语言服务、理论构建等多种功能和使命，将愈来愈彰显其强大的社会作用和不可替代的价值。

第五章 翻译史研究

改革开放以来，中国翻译与翻译学界的同仁在重启一项接一项翻译工程的同时，产生并形成了翻译研究的理论自觉。特别引人注目的是，改革开放以来，中国的翻译学界在翻译史研究领域，取得了显著的成就，翻译通史、断代史、区域史及个案史领域都有作品问世。

本章以改革开放 40 年来中国翻译史研究的发展与现状的梳理为基础，进而关注翻译史研究中存在的困难与问题、翻译史研究领域的拓深与出路、翻译史的内部研究与外部研究、翻译史的研究方法等基本问题。本章的主体共分三大部分，第一部分以十年为一个阶段，大致回溯改革开放以来各时期的翻译史研究作品；第二部分谈翻译史研究的问题与反思；第三部分谈翻译史研究展望。翻译史研究宜超越资料陈列的层次，宜超越文学翻译史研究范式，宜重视翻译史研究的外部研究方法。围绕翻译史研究的跨界与边界，翻译史研究的基本面貌、基本面向及翻译史研究的学科意识等问题，本章特别提倡把翻译史研究从传统的单一文学依附中解放出来，主张将实学（科学 / 自然科学加社会科学）的翻译史研究置于同文学翻译史研究同等重要的研究之列。文学翻译史、法律翻译史、外交翻译史、马克思主义文献翻译史、自然科学翻译史和汉籍外译史等几大面向是翻译史研究未来的出路。

改革开放 40 年来的翻译史研究现状表明，中国翻译史研究的构建尚未完成。就其根本意义而言，翻译史研究具有跨学科研究的性质。跨学科研究讲求学科内部和学科外部两大异质学术群体的合作，翻译史研究因此当采用某种基于学科而超越学科的研究范式。翻译内部研究者需密切关注翻译外部研究的动态。对于社会史、概念史、全球史、文化史等外部研究的研究方法，翻译史研究者宜加以借鉴。

在深入探讨翻译史研究存在的问题，对之加以反思，并进一步讨论翻译史研究的方法论之前，我们首先对改革开放40年来中国翻译学界在翻译史研究方面开展的工作以及取得的成就作了梳理，以呈现改革开放40年来中国翻译史研究的概貌。

第一节　改革开放以来翻译史研究概况

一、改革开放头十年的翻译史研究

改革开放的头十年（1979—1988）是翻译史研究初创期，其间最有影响力的翻译史著述有钱锺书等所著《林纾的翻译》、商务印书馆编辑部所编《论严复与严译名著》（1982）以及马祖毅所著《中国翻译简史——“五四”以前部分》（1984）等。

《林纾的翻译》共收录郑振铎《林琴南先生》、钱锺书《林纾的翻译》（同名）、阿英《关于〈巴黎茶花女遗事〉》及马泰来《林纾翻译作品全目》等四篇文章。该书虽是对译家林纾的个案翻译史研究，但四位作者从译者、译事与译论、译作及翻译史料等四个角度出发研究翻译史的路径，为后世学者提供了可资借鉴的模式。钱锺书在文中讲了些许文坛旧事，分析了林译的桐城派文体，比如他说“古文惯手的林纾和翻译生手的林纾仿佛进行拉锯战或跷板游戏”，又比如他提出“文学翻译最高的标准是‘化’”[①]，他还特别提到“彻底和全部的‘化’是不可实现的理想，某些方面、某种程度的‘讹’又是不能避免的毛病，于是‘媒’或‘诱’产生了新的意义……林纾的翻

① 钱锺书等著《林纾的翻译》，北京：商务印书馆，1981年，第18页。该文修订后收于钱锺书的《七缀集》内。此前已有版本学和翻译学学者注意到这句话后被修改为“文学翻译的最高理想可以说是‘化’”，参见钱锺书著《七缀集》，北京：生活·读书·新知三联书店，2002年，第77页。

译所起‘媒’的作用，已经是文学史上公认的事实”。他还提到“好译本的作用是消灭自己……坏翻译会发生一种消灭原作的效力……这类翻译不是居间，而是离间，摧灭了读者进一步和原作者直接联系的可能性”[①]，这段对读者与原作者来说“好翻译居间、坏翻译离间”的妙论颇能引起共鸣。需要说明的是，《林纾的翻译》一文并非写于1981年，而应当是1964年[②]，其首次被收录的集子既不是1981年商务版《林纾的翻译》一书，更不是2002年三联版《七缀集》，也非1979年的《旧文四篇》，而是《文学研究集刊（第一册）》[③]，但考虑到该文为改革开放后成长起来的学者所知，多自1981年商务版《林纾的翻译》始[④]，故将该书列入“改革开放以来的翻译史研究”的讨论范畴。

《论严复与严译名著》与《林纾的翻译》一书思路一样，也是在论述著名译家。众所周知，严复和林纾是晚清以降最有地位的两位译家，康有为曾有“译才并世数严林”的诗句。[⑤]该书收录的是王栻、王佐良、贺麟、侯外庐、王汝丰、冯友兰、张岂之、杨超及李泽厚等人关于严复及严复翻译行为的研究成果，其中王栻、王佐良的论文是专门为该书撰写的，李泽厚的文章曾先发表于《中国近代思想史论》（1979），其余六位的文章在1949年前后就已发表。该书还附有严复生平译著大事年表、严译简目、主要文献书目和研究论文索引等三则附录。这些史料和论文是研究严复及严译的基础文献。

《中国翻译简史——“五四”以前部分》出版于1984年，是我国第一部翻译史研究著作，著者在书中紧扣中国翻译史上无法绕开的佛经翻译、少

① 钱锺书等著《林纾的翻译》，北京：商务印书馆，1981年，第18-51页。

② 钱锺书在《旧文四篇》“卷头语”中对该文的完成时间有过交代，但语焉不详。参见钱锺书著《旧文四篇》，上海：上海古籍出版社1979年，第1页。

③ 参见钱锺书《林纾的翻译》，载《文学研究集刊（第一册）》，北京：人民文学出版社，1964年，第1页。

④ 该文还被刘靖之编《翻译论集》（香港：三联书店，1981年，第302-332页）、罗新璋编《翻译论集》（北京：商务印书馆，1984年，第696-725页）和中国翻译工作者协会《翻译通讯》编辑部编《翻译研究论文集（1949-1983）》（北京：外语教学与研究出版社，1984年，第267-295页）收录。此外，该文还被《中国翻译》1985年第11-12期全文转载。钱锺书之《林纾的翻译》一文以及1984年《林纾的翻译》一书在翻译史学史上的地位之高、影响之大，由此可见一斑。

⑤ 转引自钱锺书著《七缀集》，北京：生活·读书·新知三联书店，2002年，第102页。

数民族翻译活动和两次西学翻译运动等主题，开启了40年来中国翻译史研究中的佛经翻译和西学翻译两大研究传统，体系自成一派。邹振环在其最新著作《20世纪中国翻译史学史》中提出1984年是中国“翻译史年”的论断，他认为马祖毅此书的出版是1984年翻译史研究上三件具有标志性意义的大事之一，此书是“20世纪中国翻译史研究中具有学术标杆意义的代表性著作”[①]，其他两件大事分别是《翻译论集》（罗新璋编选）的出版和《翻译研究论文集（1894—1948）》《翻译研究论文集（1949—1983）》的出版。刘重德、张婷、夏婉璐、熊宣东等学者对马祖毅的这部著作或有推介或有批评。[②]

前述三本论文集并非严格意义上的翻译史研究作品，但因收录的多是晚清民国以降在外国文学领域有名学者的翻译研究文章，实际上从一开始就已经具备了浓重的译论史特性。此外，斯坦纳的译论史著作《通天塔——文学翻译理论研究》（1987）被庄绎传译成中文发表。特别要提到的还有王丽娜编著的《中国古典小说戏曲名著在国外》（1988）。该书颇具特色，第一辑是小说部分，第二辑是戏曲部分。该书是中国古典小说和戏曲西传文献整理与研究者绕不开的一部著作。

二、改革开放第二个十年的翻译史研究

改革开放的第二个十年（1989—1998）是翻译通史和译论史研究重要著作的频出期，其间有较大影响的包括陈玉刚主编的《中国翻译文学史稿》（1989），谭载喜所著《西方翻译简史》（1991），陈福康所著《中国译学理论史稿》（1992），熊月之所著《西学东渐与晚清社会》（1994），邹振环所著《影响中国近代社会的一百种译作》（1996）、王克非所著《翻译文化史论》（1997），马祖毅、任荣珍所著《汉籍外译史》（1997）以及郭延礼所著《中国近代翻译文学概论》（1998）等著述。

---

① 参见邹振环著《20世纪中国翻译史学史》，上海：中西书局，2017年，第212页。

② 参见刘重德《〈中国翻译简史〉评介》，《安徽大学学报》1985年第4期，第94-95页；张婷、夏婉璐《〈中国翻译简史——“五四”以前部分〉（增订版）疏漏考》，《中国翻译》2011年第1期，第82-84页；熊宣东《辨言责实 止于至善——读〈中国翻译简史——“五四”以前部分〉（增订版）》，《外语研究》2011年第5期，第91-94页。

《中国翻译文学史稿》是新中国第一部翻译文学史著作，该书对“鸦片战争”至“文化大革命”这一时期我国译介世界各国文学的历史作了概要性回顾，着重探讨的内容包括：1840—1919年间同文馆、梁启超、严复及林纾等翻译机构和译者的翻译活动与贡献；1915—1930年间《新青年》、文学研究会、创造社、未名社、鲁迅、茅盾、郭沫若、巴金等机构与译者在现代翻译文学发端时期的翻译活动；1930—1937年间“左联”、瞿秋白、林语堂、《译文》及《世界文库》的翻译活动；1937—1949年间上海“孤岛”、国统区、解放区、时代出版社、朱生豪、梅益、李健吾、傅雷、戈宝权、方重、肖三、姜椿芳等的翻译活动；以及1949—1966年间新中国翻译亚非拉、苏联、欧美各国文学的历史。翻译文学史既是翻译学研究也是比较文学研究的组成部分，该书在“翻译文学”与“文学翻译”类主题的论述中经常被提及或引用。

《西方翻译简史（增订版）》是外国翻译史研究领域的重要成果，是对西方译论和翻译大事件做的一次重要梳理，它“追源溯流，对古罗马以来各个时期西方译事的发展变化、主要流派及其动向，以及有关历史事件作了概要的回顾，涉及的人物不下300人，对其中杰出的翻译家和理论家的经历、代表译作和论著大都作了重点介绍”①。该书出版后在学界有较大反响，多篇书评散见于多家学术刊物之中。②

《中国译学理论史稿》的作者陈福康认为，尽管翻译在中国是一项古老而几乎不间断的活动，但翻译研究却发展缓慢，与国外某些当代翻译理论相比仍有差距，基于这一判断，他内心产生了构建“中国特色翻译学”的使命感和责任感，直面中国历代译论的丰富性与落后性间的矛盾，将研究重点置于译论和译家之上，也兼及译事与译作。该书问世后，获得了良好的学术反

---

① 南木《大胆的尝试，可贵的创举——〈西方翻译简史〉读后》，《中国翻译》1991年第2期，第50页。

② 该书的书评除上述南木的以外，主要还有以下几篇：蒋骁华《评〈西方翻译简史（增订版）〉》，《中国翻译》2005年第4期，第47–49页；邵璐、周欣《博综约取 示人门径——评〈西方翻译简史（增订版）〉》，《外语与外语教学》2006年第2期，第61–63页；陈芳《西方翻译史的文化演进——评〈西方翻译简史（增订版）〉》，《当代教育科学》2016年第6期，第1页；焦鹏帅《〈西方翻译简史（增订版）〉指瑕》，《东方翻译》2017年第2期，第35–38页。

响，赵秀明、梁新军等写过专门书评。[①]

西学翻译是翻译史研究的一个重要组成部分，《西学东渐与晚清社会》在写作范式上与一般意义上的翻译史作品不同，但翻译史研究的本意就在于展示翻译在中西文化交流中究竟发生过何种作用，从这个意义上讲，该书将研究背景置于晚清历史场域，将研究的重点紧紧扣在西学东渐的传播主体（翻译者等）、传播机构（译书机构等）、传播内容（泰西格致之学等）以及译书得失等方面，回答的恰恰是翻译史研究最核心的关切。作者没有像过往的中国科学技术史研究，仅关注数学、物理、天文、地理、医学、铁路技术及冶金技术是如何传入中国及如何影响中国的，也没有将关注点放在文学的翻译史上，而是将目光聚焦于近代以降译者“家国情怀”的优良传统之上，聚焦在译者的强国梦想、救亡图存理想之上。这部作品的特殊价值于是就体现出来了，它展现的不是翻译的局部面貌，而是晚清时期西学输入中国以及中国社会的反应全貌。《近代史研究》与《开放时代》等重要学术刊物刊登过该书的书评。[②]

《影响中国近代社会的一百种译作》为翻译史研究者和涉猎者提供了丰富的资料与学术线索，正如商务印书馆原总编辑陈原所言：“虽然它远不是一部近代中国翻译史，但在很大程度上给这门学科打下坚实的基础。”[③]该书作者邹振环是翻译界以外在翻译史研究领域深耕时间最久、用功最勤的学者，他在此后接连出版了数部翻译史研究作品，不断探索，为翻译学科的建设做出了重要贡献。该书出版后，《四川外语学院学报》等刊物刊登过该书

---

① 参见赵秀明《从〈中国译学理论史稿〉的出版看我国的译论研究》，《中国翻译》1996年第3期，第35–37页；梁新军《〈中国译学史〉述评：意义、局限与重写可能性》，《东方翻译》2017年第4期，第88–91页。此外，陈福康本人在《中国译学理论史稿》（修订本）后记中还提到赵武平、王宏志、郭建中等也评论过此书。

② 参见周育民《从世界的角度看西学东渐——熊月之〈西学东渐与晚清社会〉读后》，《开放时代》1996年第1期，第85–87页；于语和、庾良辰《关于近代西学东渐史研究的几点想法——兼评〈西学东渐与晚清社会〉》，《中国图书评论》1997年第1期，第4页；王扬宗《一部瑕瑜互见的西学东渐史——评熊月之〈西学东渐与晚清社会〉》，《近代史研究》1996年第2期，第296–302页；熊月之《对〈西学东渐与晚清社会〉书评的回应》，《近代史研究》1996年第5期，第172–181页；王扬宗、熊月之《关于〈西学东渐与晚清社会〉的再讨论》，《近代史研究》1997年第1期，第294–301页。

③ 陈原著《陈原书话》，北京：北京出版社，1997年，第122–123页。

书评。[①]

《翻译文化史论》“论证了翻译在文化史上的重要作用……将翻译置于文化史的大背景下加以考察”[②]，该书的研究对象主要包括中国翻译文化史和世界翻译文化史，偶涉比较翻译文化史，其中中国部分的主要研究面向是佛经翻译和近代以降的文学翻译，外国部分则有选择地讨论了文艺复兴时期的英国翻译高潮、俄罗斯翻译文学和日本明治时代的翻译文学，比较研究部分主要谈中日翻译事业比较和翻译活动在英国、俄罗斯民族文学兴起中起到的功用与意义。俞佳乐、许钧为该书撰写过书评。[③]

《汉籍外译史》共分六章，涵盖中国哲学社会科学著作的外译（但重点是中国文学的外译）、中国自然科学著作的外译及中国国内外译汉籍状况等主题，为后世学者了解与研究“中学西传”提供了重要资料与线索，但学界有人认为该书“大多还是对外译著述的简单罗列，基本上只能算是一部以目录学为线索的资料清理，少见对翻译活动背后的文化因素及其深层次原因以及译作的社会影响等加以剖析，重史实而轻论述”[④]。同样关注汉籍外译的，还有一部在翻译界不太经常被提到的著作，即彭斐章主编的《中外图书交流史》[⑤]，但它是一部典型的翻译史研究作品，其主要内容是汉魏至隋唐时期佛教典籍的传入与翻译、宋元时期的汉籍回传、明清西学图书的翻译、“五四”前后的翻译活动以及各历史时期汉籍外传和外译的历史。

郭延礼的《中国近代翻译文学概论》[⑥]是一部高被引著作，上篇讨论的是近代翻译文学的分期、翻译文学理论、翻译诗歌、翻译政治小说、翻译侦探小说、翻译科学小说、翻译戏剧及伊索寓言的翻译，下篇则是对梁启超、严复、林纾、苏曼殊、马君武、辜鸿铭、胡适、周桂笙、奚若、吴梼、戢翼翚、

① 侯向群《翻译研究的珍贵史料，历史探讨的独特视角——读〈影响中国近代社会的一百种译作〉》，《四川外语学院学报》2002 年第 2 期，第 127–128 页。

② 教育部社会科学研究与思想政治工作司组编《第三届中国高校人文社会科学研究优秀成果奖获奖成果简介》，长沙：湖南大学出版社，2003 年，第 60 页。

③ 俞佳乐、许钧《翻译的文化社会学观——兼评〈翻译文化史论〉》，《中国翻译》2004 年第 1 期，第 39–43 页。

④ 参见邹振环著《20 世纪中国翻译史学史》，上海：中西书局，2017 年，第 372 页。

⑤ 彭斐章主编《中外图书交流史》，长沙：湖南教育出版社，1998 年。

⑥ 郭延礼《中国近代翻译文学概论》，武汉：湖北教育出版社，1998 年。

陈嘏、伍光建、曾朴、陈景韩、包天笑、周瘦鹃、周树人、周作人、陈独秀、刘半农等译家的研究。该书甫一出版，就有多人发表书评。[①]

这一时期的翻译史研究著作还有钱林森所编《中外文学因缘》（1989），王寿兰主编的《当代文学翻译百家谈》（1989），施蛰存主编的《中国近代文学大系·翻译文学集（1–3）》（1990），臧克伦所著《中国翻译史话》（1991），高惠群、乌传衮所著《翻译家严复传论》（1992），戈宝权所著《中外文学因缘——戈宝权比较文学论文集》（1992），黎难秋所著《中国科学文献翻译史稿》（1993），热扎克·买提尼牙孜主编的《西域翻译史》（1994），杜承南、文军主编的《中国当代翻译百论》（1994），张泽乾所著《翻译经纬》（1994），黎难秋主编的《中国科学翻译史料》（1996），孙致礼所著《1949—1966：我国英美文学翻译概论》（1996），穆雷所著《通天塔的建设者——当代中国中青年翻译家研究》（1997），黄鸣奋所著《英语世界中国古典文学之传播》（1997），沈苏儒所著《论信达雅——严复的翻译理论研究》（1998），邹振环所著《江苏翻译出版史略》（1998）等。这些著作各有特色，篇幅所限，不再展开。

三、改革开放第三个十年的翻译史研究

改革开放的第三个十年（1999—2008）是翻译通史研究和专题翻译史研究齐头并进的发展时期，其间的主要成果包括穆雷所著《中国翻译教学研究》（1999），王宏志所著《重释“信、达、雅”——20世纪中国翻译研究》（1999），邹振环所著《译林旧踪》（2000），王秉钦所著《20世纪中国翻译思想史》（2004），黎难秋所著《中国科学翻译史》（2006），马祖毅等所著五卷本《中国翻译通史》（2006），季压西、陈伟民合著的有关“语言障碍与晚清近代

---

① 该书的书评有：一平《近代翻译文学：一个全新的学术视域——评〈中国近代翻译文学概论〉》，《中国图书评论》1999年第4期，第20–21页；薛海燕《文化交流中的中国近代翻译文学——读〈中国近代翻译文学概论〉》，《东岳论丛》1999年第5期，第141–142页；张学军《近代翻译文学研究的拓荒之作——评郭延礼的〈中国近代翻译文学概论〉》，《山东社会科学》1999年第5期，第91页；王汶成《新领域的开拓，新视角的创立——读〈中国近代翻译文学概论〉》，《明清小说研究》1999年第4期，第253–256页；高旭东《通向世界文学的桥梁——读〈中国近代翻译文学概论〉》，《文学评论》2000年第1期，第145–147页；贺庆兰《寻觅中国近代翻译文学的发展轨迹——读〈中国近代翻译文学概论〉》，《中国出版》2001年第4期，第57页。

化进程”的三部曲[①]等。

《中国翻译教学研究》以翻译史和外语教育史研究为基础，总结中国翻译教学的百年历史，梳理了国内外关于翻译教学研究的成果，是改革开放后第一部翻译教学史著作。不唯此，该书还具备推动翻译学科成长历史性价值的功用。许钧曾评价作者穆雷“具有强烈的学科意识”[②]，原因就在于作者在该书中抓住了翻译学科建设这个根本问题[③]，并敏锐地提出了“翻译学科是一门跨学科的综合性学科”这一命题。

《重释“信、达、雅”——20世纪中国翻译研究》一书的作者为香港中文大学王宏志，该书在书写和编写形式上均完全不同于内地同期出版的通史性研究专著，是一部开风气之先的作品。作者通过该书呈现了其对严复、梁启超、鲁迅、梁实秋、瞿秋白等译家文学翻译活动的微观史研究，全书除长篇绪论外，其余7篇均是中国翻译史上的个案研究。该书序言中的若干判断无论对于一般意义上的翻译学研究还是翻译史研究，都有启发意义。该书提出研究20世纪中国翻译至少可以从选材、译者、赞助人、读者、社会/文化系统等方面入手[④]，这样的视角在20世纪末是领先的。

《译林旧踪》同作者之前出版的《影响中国近代社会的一百种译作》风格类似，不过该书的研究重心不再是单一的译作，而是转而将晚清以来近百年间译林的人物、机构和译作三者皆作为叙事的中心。

《20世纪中国翻译思想史》将全书的论述着重落在了人物的翻译思想之上，该书选取讨论的主要有马建忠、梁启超、严复、林纾等人的西学翻译思想，“五四”新文学时期鲁迅、瞿秋白、郭沫若、成仿吾的翻译思想，20世纪40年代林语堂、朱光潜、艾思奇、贺麟、朱生豪、梁宗岱的翻译思想，中华人民共和国成立后茅盾、傅雷、钱锺书、焦菊隐的翻译思想，中西翻译思想融合时期王佐良、叶君健、季羡林、许渊冲的翻译思想以及中国翻译学

① 季压西、陈伟民《中国近代通事》《从“同文三馆”起步》《来华外国人与近代不平等条约》，北京：学苑出版社，2007年。
② 许钧《序》，载穆雷著《中国翻译教学研究》，上海：外语教育出版社，1999年，第1页。
③ 许钧《〈中国翻译教学研究〉简评》，《外语教学与研究》2000年第4期，第319页。
④ 王宏志《重释“信、达、雅”——20世纪中国翻译研究》，北京：清华大学出版社，2007年，第43页。

科建设时期多位当代学者的翻译思想。

《中国科学翻译史》作者黎难秋在其之前编著《中国科学文献翻译史稿》和《中国科学翻译史料》的基础上，先是同李亚舒共同主编出版了《中国科学翻译史》（2000），接着又独立出版了《中国口译史》（2002）。在上述四部作品基础上，黎难秋于2006年出版与其中一本同名的专著《中国科学翻译史》[①]。要特别留意的是，这里的科学既包括自然科学也包括社会科学，但其所论科学翻译史不包括宗教翻译史和文学翻译史。不仅如此，这部著作中还含有大量清末外交官史料、外交史研究、口译史研究的内容，还有郑和下西洋的翻译史研究。李亚舒为该书撰写过长篇书评。[②]

五卷本《中国翻译通史》的内容时间跨度长，上起公元前841年下迄公元2000年，是一部百科全书式的历代翻译史鸿篇巨制，著者在其已出版的《中国翻译简史——“五四”以前部分》和《汉籍外译史》的基础上或新增或增补了民国时期和改革开放后马克思主义与哲学社会科学各学科、自然科学各学科的翻译活动和译论史研究成果，著作并未将翻译史研究完全依附在文学及文学翻译史研究之上，其最大的特点是“全面”，是研究翻译史尤其是译论史不可多得的全景式参考书。杨自俭、许钧等学者注意到翻译通史（特别是其中的译论史）研究之于中国翻译理论体系、汉外翻译理论全貌和翻译哲学构建的价值。[③]

“语言障碍与晚清近代化进程”三部曲，即《中国近代通事》《从“同文三馆”起步》和《来华外国人与近代不平等条约》以恢宏的视角描述了中国近代史上的翻译问题，特别是来华外国人和中国近代通事在跨越语言障碍方面所作的种种努力，翻译之于中国近代重大历史所产生的正面与负面影响，以及翻译对于晚清近代化进程产生的直接或间接影响。作者在征引中文历史文献方面显示出的学术功力以及在选择具体研究主题方面显示出的学术眼光，值得特别关注。这三部著作的重要学术价值和创新价值迄今没有得到学

---

① 黎难秋《中国科学翻译史》，合肥：中国科学技术大学出版社，2006年。

② 李亚舒《〈中国科学翻译史〉的特色》，《中国翻译》2007年第1期，第42–45页。

③ 参见许钧、朱玉彬《中国翻译史研究及其方法初探》，《外语教学与研究》2007年第6期，第454页；杨自俭《序》，载马祖毅著《中国翻译简史——“五四”以前部分》，北京：中国对外翻译出版公司，1998年，第Ⅺ页。

界的充分肯定，大概是因为这套著作很少触及文学翻译史主题，进而未被翻译学界主流学者所重视，也有可能与作者极少使用外文原文作为参考文献有关。但这三部著作在“重写翻译史”方面所作的努力及其丰富的主题与史料，无疑会给今后的翻译史研究者提供某种启发，其学术地位在今后或许会得到应有的承认。

这一时期的翻译史著作还有马祖毅所著《中国翻译史（上）》（1999），陈世明所著《新疆现代翻译史》（1999），郭著章等编著的《翻译名家研究》（1999），谢天振所著《译介学》（1999），郭延礼所著《中西文化碰撞与近代文学》（1999），王晓丹所著《翻译史话》（2000），赵光育所著《中国翻译小说史论》（2000），王青建所著《科学译著先师徐光启》（2000），汪晓勤所著《中西科学交流的功臣伟烈亚力》（2000），王向远所著《20世纪中国的日本翻译文学史》（2000），王宏志所编《翻译与创作：中国近代翻译小说论》（2000），廖七一编著的《当代西方翻译理论探索》（2000），邹振环所著《20世纪上海翻译出版与文化变迁》（2000），邹振环所著《晚清西方地理学在中国——以1815至1911年西方地理学译著的传播与影响为中心》（2000），王向远所著《东方各国文学在中国——译介与研究史论述》（2001），王健所著《沟通两个世界的法律意义——晚清西方法的输入与法律新词初探》（2001），旺堆次仁等编著的藏文版《藏族翻译史及历代译师传略明鉴》（2001），钟叔河所著《从东方到西方——走向世界丛书叙论集》（2002），何寅、许光华主编的《国外汉学史》（2002），王建开所著《五四以来我国英美文学作品译介史（1919—1949）》（2003），王宏印所著《中国传统译论经典诠释——从道安到傅雷》（2003），罗选民主编的《外国文学翻译在中国》，谢天振、查明建主编的《中国现代翻译文学史：1898—1949》（2004），林本椿主编的《福建翻译家研究》（2004），卫茂平所著《德语文学汉译史考辨：晚清和民国时期》（2004），岳峰所著《架设东西方的桥梁——英国汉学家理雅各研究》（2004），李伟所著《中国近代翻译史》（2005），孟昭毅、李载道主编的《中国翻译文学史》（2005），平保兴所著《五四翻译文学史》（2005），方华文所著《20世纪中国翻译史》（2005），王宪明所著《语言、翻译与政治：严复译〈社会通诠〉研究》

（2005），文军主编的《中国翻译史研究百年回眸》（2006），王铁钧所著《中国佛典翻译史稿》（2006），李今所著《三四十年代苏俄汉译文学论》（2006），许钧、宋学智所著《20 世纪法国文学在中国的译介与接受》（2007），查明建、谢天振合著的上下卷本《中国 20 世纪外国文学翻译史》（2007），袁筱一所著《文字·传奇——法国现代经典作家与作品》，马士奎所著《中国当代文学翻译研究（1966—1976）》（2007），任东升所著《圣经汉译文化研究》（2007），胡翠娥所著《文学翻译与文化参与——晚清小说翻译的文化研究》（2007），邹振环所著《西方传教士与晚清西史东渐——以 1815 至 1900 年西方历史译著的传播与影响为中心》（2007），陈秀等编著的《浙江省译家研究》（2007），李晶所著《当代中国翻译考察（1966—1976）：“后现代”文化研究视域下的历史反思》（2008），彭建华所著《现代中国的法国文学接受——革新的时代、人、期刊和出版社》（2008），韩一宇所著《清末民初汉译法国文学研究（1897—1916）》（2008），何绍斌所著《越界与想象——晚清新教教士译介史论》（2008），以及吴笛等所著《浙江翻译文学史》（2008）等。

四、改革开放第四个十年的翻译史研究

改革开放的第四个十年（2009—2018）是翻译史研究成果丰硕期，也是翻译史研究内容逐渐呈现类型多样化和内容精细化的一个时期，其间的主要著作（译著）包括王宏志主编的《翻译史研究》辑刊（2011—2016）和邹振环所著《20 世纪中国翻译史学史》（2017）等。

《翻译史研究》辑刊（2011—2016）试图将翻译史研究重心从文学翻译活动转向文学以外的翻译活动之上。从主编王志宏本人 6 年来陆续在该辑刊上发表的《第一次鸦片战争中的译者》《大红毛国的来信：马戛尔尼使团国书中译的几个问题》《“给予”还是“割让”?——鸦片战争中琦善与义律有关香港谈判的翻译问题》《1816 年阿美士德使团的翻译问题》《“岂有城内城外之分？”——“广州入城事件”与〈南京条约〉的翻译》等主题论文（也是主体论文）来看，该刊明显传递出外交与政治在中国翻译史研

究中走向研究中心的信号。王宏志和该刊其他主要作者[①]正在给翻译史研究带来剧烈变化。这种研究重心发生的变化体现出翻译史研究者的翻译学科意识和理论自觉。正如郭西安所观察到的一样，作者是意图“把中国的翻译研究逐步从文学研究的依附中解放出来，赋予其丰富而且深重的学术内涵，使之……发展壮大为一项具有比较明确边界，又具备可持续挖掘课题的独立学科”[②]。

《20 世纪中国翻译史学史》是中国第一部翻译史学史著作，其主要研究对象是翻译史学的历史，具体而言是中国大陆、香港与台湾在 1902—2000 年出版的翻译史研究论著及其他类型学术成果的历史，作者称该书的写作目的就在于“将一些被遗忘的历史记忆展示给学界同仁”[③]。

这一时期，中国翻译学界还特别关注到美国哥伦比亚大学华裔学者刘禾的《帝国的话语政治：从近代中西冲突看现代世界秩序的形成》（2009 年译成中文）。该作品的核心关怀是从近代中西冲突看现代世界秩序的形成，以及中国作为一个古老帝国是如何被帝国的话语政治“塑造”成为现代民族国家的。该书延续了《跨语际实践》[④]的文化史叙事方式，无论是从结构安排还是从研究方法上讲，皆与中国大陆绝大多数的翻译史研究著作存在很大的差异，书中关于衍指符号“夷 /barbarian”字的符号学与文化史研究，引起包括翻译史和中外关系史研究者在内的学者的极大关注。

这一时期的翻译史著作还有刘军平所著《西方翻译理论通史》（2009），谢天振等所著《中西翻译简史》（2009），任淑坤所著《五四时期外国文学翻译研究》（2009），杨义主编的《二十世纪中国翻译文学史》（六卷本，

① 该刊的主要中文供稿作者除王宏志外，还包括关诗珮、李奭学、邹振环、沈国威、游博清、陈宏淑、黄克武、庄钦永、苏精、司佳、叶隽、徐光台、朱志瑜、钱南秀、崔文东、罗天、崔峰、陈力卫、潘光哲、杨承淑、潘琳、姚达兑、唐欣玉、马勤勤、冯锦荣、禹玲、赵柔柔、胡梦颖、崔隽、陈雅晴、徐黎明、叶树高、陶磊、叶霭云、陈力卫等。

② 郭西安《译学，不仅仅止于技术——评〈翻译史研究〉第一辑及其刊行意义》，《中华读书报》2011 年 8 月 17 日，第 10 版。

③ 邹振环《中国翻译史研究不该漠视前人成果》，《中华读书报》2017 年 11 月 29 日，第 10 版。

④ 刘禾《跨语际实践——文学，民族与被译介的现代性》，宋伟杰等译，北京：生活·读书·新知三联书店，2002 年。此书 2008 年经修订出版，2014 年再次修订出版。

2009），孙致礼主编的《中国的英美文学翻译1949—2008》（2009），蒙兴灿所著《五四前后英诗汉译的社会文化研究》（2009），林学忠所著《从万国公法到公法外交：晚清国际法的传入、诠释与应用》（2009），孙青所著《晚清之“西政”东渐及本土回应》（2009），吴笛所著《浙籍作家翻译艺术研究》（2009），王晓元所著《翻译话语与意识形态——中国1895—1911年文学翻译研究》（2010），温中兰等编著的《浙江翻译家研究》（2010），沈国威所著《近代中日词汇交流研究：汉字新词的创制、容受与交流》（2010），宋莉华所著《传教士汉文小说研究》（2010），杨全红所著《翻译史另写》（2010），李奭学所著《中国晚明与欧洲文学：明末耶稣会古典型证道故事考诠（修订本）》（2010），许钧主编的《傅雷的精神世界及其时代意义》（2011），张旭所著《中国英诗汉译史论——1937年以前部分》（2011），冯志杰所著《中国近代翻译史晚清卷》（2011），刘宏照的《林译小说翻译研究》（2011），邹振环所著《晚明汉文西学经典：编译、诠释、流传与影响》（2011），关西大学文化交涉学教育研究中心出版博物馆所编《印刷出版与知识环流——十六世纪以后的东亚》（2011），邹振环所著《疏通知译史》（2012），刘毅所著《他山的石头——中国近现代法学译著研究》（2012），张秀仿所著《河北省翻译史专题研究》（2012），朱志瑜、黄立波合著的《中国传统译论：译名研究》（2013），李琴所著《新世纪中国翻译文学研究》（2013），屈文生所著《从词典出发——法律术语译名统一与规范化的翻译史研究》（2013），程小娟所著《God的汉译史：争论、接受与启示》（2013），林大津总主编的《福建翻译史论》（2013），王宏志所著《翻译与近代中国》（2014），孙轶旻所著《近代上海英文出版与中国古典文学的跨文化传播（1867—1941）》（2014），张旭所著《近代湖南翻译史论》（2014），王友贵所著《20世纪下半叶中国翻译文学史：1949—1977》（2015），杨焯所著《丁译万国公法研究》（2015），李声凤所著《中国戏曲在法国的翻译与接受（1789—1870）》（2015），宋莉华所著《近代来华传教士与儿童文学的译介》（2015），邓联健所著《委曲求传：早期来华新传教士汉英翻译史论（1807—1850）》（2015），许钧、宋学智、胡安江所著《傅雷翻译研究》（2016），司佳所著《近代中英语言接触与文化交涉》（2016），黎难秋所著《同文三馆：晚清翻译家外交家的摇篮》（2016），李长森所著《近代澳门翻译史稿》（2016），彭桂芝、何世杰编著的《中外翻译史解读》（2016），宋丽娟所著《“中学西传”与中国古典小说的早期翻译（1735—1911）——以英语世界为中心》（2017），程梦婧所著《〈人权宣言〉在晚清中国的旅行》（2017），朱振武等所著《汉学家的中国文学英译历程》（2017），罗选民所著《翻译与中国现代性》（2017）等。

需要特别说明的是，改革开放40年来学界还有若干重要翻译史料的整理、编目与点校成果问世。[①] 翻译史料是翻译史研究十分倚重的，翻译史料可分为直接翻译史料和间接翻译史料两种。[②] 档案、报刊、日记、游记等典型史料的整理、编目、翻译、注释与出版工作是翻译史研究赖以进步的基础。因本节讨论的主要是翻译史学史，这里不再展开。

五、改革开放40年来翻译史研究的贡献

改革开放40年的翻译史研究留下了鲜明的时代特征，这一时期的学者重视百科全书式的翻译史研究，时代赋予这一时期学者的任务就是展现中国历史上的翻译活动、翻译人物和翻译作品的概貌，并绘制西方翻译简史地图，因此，这一时期的研究者既注重挖掘本土翻译思想，也留意译介西方的翻译历史（主要靠二手研究）。改革开放40年来的翻译史研究产生了若干有时

① 这里仅举数例，例如钟叔河主编的《走向世界丛书》，《中国丛报》（*The Chinese Repository*，研究者可先行参阅张西平主编，顾钧、杨慧玲整理的《〈中国丛报〉篇名目录及分类索引》及该书所附《二十卷中国丛报主题总索引》，以上是进入该《丛报》的便捷途径），《中国评论》（*The China Review*），《密勒氏评论报》（*Millard's Review of the Far East/The Weekly Review of the Far East/The China Weekly Review*），上海书店出版社的《民国丛书》（丛书共五编1 126种），江苏人民出版社的《1949—1979翻译出版外国文学著作目录和提要》，上海书店出版社的《晚清新学书目提要》，花城出版社的《中国文学在国外丛书》，书目文献出版社的《民国时期总书目（1911—1949）·外国文学》，吉林教育出版社的《中国学术译著总目提要·社会科学卷（1978—1987）》和《中国学术译著总目提要·自然科学卷（1978—1987）》，上海远东出版社的《中国现代文学翻译版本闻见录（1905—1933）》，知识产权出版社的《中国文学史资料全编现代卷——中国现代文学总书目·翻译文学卷》，北京图书馆出版社的《近代译书目》，齐鲁书社的《新编增补清末民初小说目录》，以及中华书局的《在华耶稣会士列传及书目补编（上下）》等。

② 郑锦怀、岳峰《翻译史料问题研究》，《外语教学与研究》2011年第3期，第446—448页。

代特色、有影响力的研究作品，凝聚了一批具有较高学术水平的研究力量，形成了学术合力，取得了不俗的成绩，这些工作为翻译学科的建设奠定了必要基础。

第一，通过翻译史研究，中国翻译史的知识地图已基本绘成。佛教翻译、民族翻译和西学翻译等各时期的翻译活动已基本交代清楚，中国历史上各时期的历次翻译高潮得以描述和建构，历史上的主要译者、译作和翻译事件等得到大致梳理。换言之，改革开放40年来的翻译史学者已大致完成了中国翻译史的知识考古，为翻译史研究的进一步推进和展开搭建了大致框架，提供了有据可考的线索。如果说，书写翻译史是一篇大文章的话，40年来的翻译史研究已经为后世学人做好了文献综述工作，并提供了足够多的提示与启发，后人可以站在这个基础上，按图索骥地往下构思和深入推进。

第二，中西译论的发展脉络通过翻译史研究已得到基本呈现。于我国翻译界而言，改革开放的40年是西方译论移植与本土化的40年，是中国现代译论得以初创、中西翻译思想频繁交融与比较的40年。翻译史研究（特别是近现代翻译史研究）将中西译论史上各时期、各流派的观点呈现了出来，为中西翻译思想的交锋做好了知识铺垫。一时间，我国古代译家如支谦、释道安、鸠摩罗什、玄奘等和近代译家如马建忠、严复、林纾、鲁迅、贺麟、傅雷等的翻译理论得到了关注与研究。与此同时，西方译家如哲罗姆、泰特勒、雅各布森、卡特福德、奈达、纽马克、莱斯、巴斯内特、勒弗菲尔、海德格尔、斯坦纳、德里达、本雅明、韦努蒂、斯皮瓦克等人的观点与理论，如交际论、等值论、创造性阐释、解构主义、功能理论、关联理论、文本类型、文化转向、操纵论、改写理论、意识形态、译者隐身、译者主体性、女权主义、后殖民主义、东方主义、翻译的政治、后结构主义、本地化、跨语际实践等一系列西方翻译学理论和翻译学术语[①]，随着西方译论的译介与评述或译论史的系统研究被我国翻译界所熟知。

第三，翻译史研究成为翻译学科建设的重要理据。翻译史研究是翻译学科的客观历史之根，对翻译学科的建设起到关键作用。倘如翻译研究只局限

---

① 若要熟悉西方翻译学的核心术语，可参阅朱塞佩·帕伦博（Giuseppe Palumbo）著《翻译学核心术语》，王东风注，北京：外语教学与研究出版社，2016年。

于翻译技巧，那只能将翻译置于“技”“术”或“手艺”的层面。翻译学科之所以能够具有今日相对独立学术门类的地位，是研究翻译技巧、翻译理论、翻译史等重点力量协力推动（外加自然科学和社会科学各分支有意无意地助力）的结果。

翻译学科在很大程度上是建立在翻译实践深厚丰富的历史基础之上的，而翻译实践悠久、丰富的历史过往需要被讲述、阐释、建构乃至重构。一般而言，翻译技巧研究基于实践，有着明显的实用性；翻译理论研究具有思想性；翻译史研究强调学术性与方法论。翻译史研究队伍的壮大、翻译史研究成果的发表和翻译史课程在翻译教学中的设置，特别是翻译史研究成果的不断推出，有助于增强翻译学科的独立意识。

改革开放 40 年来，翻译学发展至今已成为一个独立的学科。学科建立起来后，最重要的任务是让这个学科在获得独立地位的同时，具备向其他学科输出理论和方法的辐射力，但翻译学科目前的影响力还很有限，学界有必要进行认真的反思。

第二节　翻译史研究存在的问题与反思

翻译史研究不是一个能够自给自足的学科。翻译史，在某种意义上，是中外文化、思想、学术的交流史，翻译史研究必然具有跨民族、跨国界、跨语境、跨时代、跨空间、跨学科和跨文化的特点。翻译史研究具有跨学科的比较特质。[①]跨学科研究讲求的是异质人群的合作，翻译史研究采用的当是基于学科而超越学科的研究范式。翻译史研究需要依附于文学，但又不仅仅依附于文学。检视改革开放以来我国的翻译史研究，我们认为存在的最主要的问题有两个方面：一是翻译史研究的对象过于狭窄；二是翻译史研究的方法过于单一。在我们看来，在新的历史时期，翻译史研究首先需要跳出作者和作品本位，不落入由谁译、译什么及翻译活动对后世产生了什么影响这样

① 邹振环《20 世纪中国翻译史学史》，上海：中西书局，2017 年，第 387 页。

简单叙事的窠臼。

一、翻译史研究要素反思

与文学史研究三要素的作家、作品和事件十分近似，文献梳理的结果表明，改革开放 40 年来的翻译史研究主要集中在重点人物、重点译著和翻译理论等方面。杨自俭在 1997 年为马祖毅所著《中国翻译简史——“五四”以前部分（增订版）》撰写的序中曾提出“三个充分重视”的呼吁，他说：“写史的过程中要充分重视重点人物和重点译著，要充分重视翻译理论发展的脉络，还要充分重视中外文化尤其是翻译观念的相互影响。”[①]不难发现，杨自俭的“三个充分重视”提倡的是译者、译作和译论史三要素。

第一，翻译史研究的首要对象是译者[②]。受文学翻译史研究传统的影响，研究者最常关心的是翻译的主体，主要指译者，兼及翻译机构、赞助人、翻译助手、润色者等，有时还要顺便讨论原作者。译者研究方面的成果又集中于少数精英译家，如严复、林纾、鲁迅、傅雷、郑振铎、朱生豪、周作人等以文学翻译与创作为主的名家。

如果是做实学（科学 / 自然科学加社会科学）翻译史研究，研究的要素和视角就不能简化为几个要素，译者的要素固然仍然重要，但译者的生平与志业不一定是研究最重要的面向。拿法律翻译史研究来说，最需要做的恐怕是把翻译活动置于具体的时代背景，考虑翻译的动机——比如西方是否是出于了解在华贸易法律环境的目的而在 1810 年将《大清律例》翻译成英文；比如美国在华传教士丁韪良是目睹了中国人哪些外交大错后决意翻译《万国公法》的，《万国公法》又是怎样受到清政府资助翻译的；比如丁韪良为什么要在 1877 年这个时间点指导同文馆的联芳、庆常翻译马滕斯的《星轺指掌》，这一决定与中国在国内接受外国公使常驻北京和向国外派驻外交公使的时代背景有何关联？再比如清政府是基于什么样的背景要变法修律的，要变哪些法修哪些律？因为这与晚清的法典翻译选择关系紧密，可以说翻译什

---

① 杨自俭《序》，载马祖毅著《中国翻译简史——“五四”以前部分（增订版）》，北京：中国对外翻译出版公司，1998 年，第 XI 页。

② 皮姆《翻译史研究方法》，北京：外语教学与研究出版社，2007 年，第 xxiii-xxiv 页。

么不翻译什么此时几乎是由时代背景决定的。除时代背景外，东西方的民族因素也一定要考虑进去，比如谈欧洲和美国的政治法律制度，如果漏掉种族和宗教这两大核心要素的考量，那一定是欠周全的。

第二，翻译史研究的另一重点对象是作品。作品主要是指译作（包括不同版本的译作），比如《巴黎茶花女遗事》《红与黑》等，有时也兼指原作。在很长一个时期内，翻译研究及理论都是建立在原著的权威地位上的。[①]这种状况近年来得到明显改变。我们认为翻译史研究的作品研究对象应包括大型译文丛书，王晓明在这方面做过开拓性工作，比如他在研究20世纪80年代的翻译运动时，即以李泽厚主编的《美学译文丛书》、金观涛主编的《走向未来丛书》和甘阳主编的《文化：中国与世界丛书》为研究对象；他有一个有趣的发现：这三套丛书的主编此前都没有做过正式的翻译工作，李泽厚是美学家，金观涛是思想史学者，甘阳是研究西方现代哲学的学者，三人皆无译著问世。[②]

第三，翻译史研究还有一个重点面向，即译论史研究。在现有的成果中，本土译论史特别是翻译思想史研究不但数量偏少，而且不够细致深入，既零散又缺乏历史高度和哲学的深度。这一方面是因为译者在总结一项翻译实践时谈及的多是翻译的不易、翻译的技巧，很少有谈翻译思想的，加上大量翻译作品并非由治译学之人完成，这些译者往往没有翻译上的理论自觉，研究者由此只能在这些译者的前言、后记或译者序内发现他们只言片语、零零散散的不成体系的翻译思想。另一方面，翻译研究者中有不少在自觉不自觉地做“以西格中”的价值判断，他们由此会陷入一波接一波的西方译论当中，继而成为“欧洲中心主义”的追寻者。一个学科的发展除了本土问题的研究实践外，的确还需要开放性和国际化的学术视野[③]，但不能对国外译学成果过度借鉴、过度参考与过度依赖。我们需要的，是历史学研究一直力图遵循

---

① 王宏志《重释“信、达、雅”——20世纪中国翻译研究》，北京：清华大学出版社，2007年，第23页。

② 王晓明《翻译的政治——从一个侧面看80年代的翻译运动》，载酒井直树、花轮由纪子《西方的幽灵与翻译的政治》，南京：江苏教育出版社，2002年，第276页。

③ 郭西安《译学，不仅仅止于技术——评〈翻译史研究〉第一辑及其刊行意义》，《中华读书报》2011年8月17日，第10版。

的“价值中立”原则。[①]

40 年来的翻译史研究表明，从事西方翻译史和中国翻译史研究的学者试图寻求一套先验的、规范性的翻译理论，以指导一切翻译，而不问具体情形和翻译目的，殊不知，世界上根本就没有先验的译论，没有哪一套翻译理论是万能的。要避免这样的倾向，最好的办法是做比较译学，而比较译学最应该做的研究工作，是寻找中西译学的最大公度性或通约性——既要避免从中国中心主义跨到欧洲中心主义，也要避免从欧洲中心主义跨到中国中心主义。

中国译学不发达、中国的现当代译论之所以还未产生广泛影响、传统译论之所以难以在现代译论中立足，大概有以下几点原因：一是因为缺乏科学的分析，缺乏系统的理论框架[②]；二是“贵远贱近”观念作祟[③]；三是历史上的译家大都不是职业翻译家，中国古代有法律但缺法学的情况与此相似，也是缺乏职业法学家使然。好在眼下，已有人正在做这方面的努力，比如王向远从文化交流与建设的角度去审视古代翻译史上“翻”“译”之别，他从比较翻译学的角度出发，认为西方古今译论中关于“翻译”概念的论述，较之中国传统译论显得简单、粗糙，中国“翻译”概念及所包含的中国人对“翻译”活动的认识，要比西方人全面和深刻。[④]夏登山则从方法论上对王向远的发现提出商榷意见，他认为王向远是通过列举支持性的史料来论证自己的观点的，但这样的结论极容易遭遇反例……列举论证的方法在翻译概念史研究中不够充分，不能完整地勾画出“翻”“译”概念的发展、演变全貌，有筛选证据之嫌，难以面对反例的拷问。[⑤]这样的个案研究对推动中国传统译论和现代译论的构建具有重要的价值。

---

① 金观涛、刘青峰《历史的真实性——试论数据库新方法在历史研究中的应用》，《清史研究》2008 年第 2 期，第 90 页。

② 程永生《我国传统译论中的现代元素——以直译意译研究为例》，《外语研究》2017 年第 2 期，第 88 页。

③ “贵远”就是特别看重远方的、古代的；“贱近”就是贬低身边的、当代的。反正远方的就是对的，不敢去挑战，还要赋予它一种权威。参见辜正坤《对西方译论的反思》，《翻译界》2017 年第 2 期，第 24 页。

④ 王向远《“翻”、“译”的思想——中国古代“翻译”概念的建构》，《中国社会科学》2016 年第 2 期，第 152 页。

⑤ 夏登山《对古代翻译史上“翻”、“译”之别的再思考》，《中国翻译》2017 年第 6 期，第 82 页。

二、 翻译史研究视野反思

要想扩展中国翻译史研究者的视野，在主题拓展、方法创新以及与学科间理论对话等方面发生变化，就要关注世界范围内翻译史及文化史、新史学、语言接触史、报刊史、政治史、法律交流史等相近领域的重要研究成果与研究新动向。

主题拓展方面，研究者可参考汉字文化圈内的汉语著述（包括译著），比如韩迪厚所著《近代翻译史话》，张曼涛主编的《佛典翻译史论》和《佛典译述及著录考略》，实藤惠秀所著《中国人留学日本史》，裴源所著《明末清初东来耶稣会士翻译著述之研究》和《佛经翻译史实研究——中国翻译史纲（上篇）》，李奭学所著《译述：明末耶稣会翻译文学论》，黎子鹏所著《经典的转生——晚清〈天路历程〉汉译研究》，苏精所著《中国，开门!：马礼逊及相关人物研究》《马礼逊与中文印刷出版》《铸以代刻——传教士与中文印刷变局》和《上帝的人马——十九世纪在华传教士的作为》，孙江主编的《新史学（第二卷）：概念、文本与方法》，黄兴涛主编的《新史学（第三卷）：文化史研究的再出发》，以及刘禾的系列著作，包括《交换的符码》（*Tokens of Exchange*）、《语际书写》《跨语际实践》《帝国的话语政治》及《世界秩序与文明等级》等。

从方法论角度来看，翻译史学界虽普遍能够认识到史料钩沉的价值，但却无法避免百科全书式的写作惯性和资料简单罗列的研究惯性，不少研究“基本停留在资料陈列的层次上”①，大多数研究者乐于“将翻译史写成翻译通史”②。刘禾、王宏志、黄克武、苏精、邹振环、庄钦永、游博清、沈国威、关诗珮、金观涛、屈文生等翻译界内部和外部学者，通过各自的研究作品，以更加别致的研究路径和方法，使人们看到翻译史研究的对象除了可以依托于文学，还可以依附于法学（特别是国际法学）、外交学、政治学和历史学

---

① 王宏志《走向翻译的历史（代序）》，载王宏志编《走向翻译的历史——香港中文大学翻译研究中心四十周年纪念论文集第三卷翻译史》，香港：香港中文大学翻译研究中心，2013 年，第 32 页。

② 穆雷、欧阳东峰《从翻译史研究方法透视传教士译者研究》，载雷雨田、万兆元主编《宗教经典汉译研究》，北京：社会科学文献出版社 2013 年辑刊，第 101 页。

等多个实学之上；翻译史的写法除了采用通史式的宏大叙事方式外，还可以采用微观叙事的研究路径。可以这样说，微观史学的兴起正是对过往“宏大叙事”失望后做出的反应。[①] 这些外部研究的经验尤其值得翻译界借鉴。

翻译史研究在中国有着特殊的意义。“翻译史研究一个可能的贡献就在于，它可以为中国近代以降深受西学影响的各个学科及学科术语的形成与成长书写历史。翻译史研究不仅对于翻译学的学科建设起到关键作用，对于哲学社会科学各学科的发展史乃至中国近代史的书写也可提供帮助，甚至是改写或重写的可能”[②]。

肩负书写历史使命的翻译史研究既需要内部研究，也需要外部研究。很有可能，外部翻译史研究取得的成就要比内部翻译研究还要远大。朱光潜曾有“研究什么，翻译什么”的判断，并认为只有文学家才能胜任翻译文学作品。[③] 改革开放以来的翻译史研究是以文学翻译和文学译家为核心的，翻译史研究的重点面向是翻译文本，但客观地讲，近 40 年的翻译史研究并没有将文本翻译史研究做好，更遑论对构成文本的“词语”做精细的翻译史研究。翻译史研究要进一步深化，就要“实现由文学翻译史向思想文化交流史研究的转向”[④]。

史学研究重视内部研究法和外部研究法这两种相互对立但又互相补充的研究取径；内部研究法着眼于在本学科内解决问题，外部研究法重视来自学科外部的观点。[⑤] 翻译史研究同样有内部研究法和外部研究法之分，主要有文学化的翻译史研究和史学化的翻译史研究两种走向。文学化的翻译史研究通常以翻译人物、翻译策略、翻译思想、翻译标准为主线，惯于使用演绎逻辑，以西方概念理论为前提，对翻译活动与翻译事件进行评判，史料基础常显薄弱，常举西方翻译理论的旗帜，呈现的是西方中心主义与现代化范式。

---

① 彼得·伯克《什么是文化史》，蔡玉辉译，北京：北京大学出版社，2009 年，第 50 页。

② 许多、许钧《面向中西交流的翻译史研究——〈从词典出发：法律术语译名统一与规范化的翻译史研究〉简评》，《解放军外国语学院学报》2014 年第 5 期，第 139 页。

③ 转引自王秉钦著《20 世纪中国翻译思想史》，天津：南开大学出版社，2004 年，第 186 页。

④ 方梦之、庄智象《翻译史研究：不囿于文学翻译——〈中国翻译家研究〉前言》，《上海翻译》2016 年第 3 期，第 2 页。

⑤ 彼得·伯克著《什么是文化史》，蔡玉辉译，北京：北京大学出版社，2009 年，第 1–2 页。

史学化的翻译史研究讲究史料、史论与史观，研究者对史实与史料高度敏感，惯于使用归纳逻辑，从细节出发，研究常以某种史观为指导，力求使作品能够再现史实并形成合适的史论。

翻译内部研究者需要密切关注外部研究的动态。翻译的主体从来就不限于翻译学界。通过统计，我们可以发现哲学、经济学、政治学、历史学、法学、文艺学、伦理学、语言学、文学等学科40年来最重要的译著，很少出自翻译学界之手。在“西学东渐”的诸多人文社会学科中，法学或许是最为纯粹的一门“西学”。[①]法学本是经世致用之学，整个法律体系既为舶来品，与之配套的法学知识体系自然也都来自西方。[②]北京大学朱苏力曾做过这方面的研究，他曾根据中国社会科学引文索引提供的资料编制过法学译著中1998—2002年间他引最多的前20本译著[③]（其中18本是改革开放后翻译的），在这些作品的译者包括邓正来、贺卫方、蒋兆康、王亚新、黄风、沈宗灵、张军、张文显、朱苏力、吴玉章、梁治平、张志铭、夏勇、周叶谦等人，其中只有邓正来本科读过英文，其余译者全是法学科班出身，他们全部是法学教授或律师——这些人都做翻译实践，但却不是专门研究翻译的，因而并不属于翻译学界。从以上分析来看，有影响的法学翻译者一定是对法学专业理解得深入同时又能驾驭得了中外文的人，比如翻译法理学作品的邓正来、张文显本身就是法理学教授，翻译贝卡利亚之《论犯罪与刑罚》的黄风本身就是意大利法和罗马法等方面的专家，翻译波斯纳作品的朱苏力本身就是法律史、法律社会学、法律哲学、法律经济学等领域的著名学者。

文学翻译史不是翻译内部研究者的专利，实学翻译史不是翻译外部研究者的领地。研究者也完全可以搞哲学翻译史，也可以搞法学翻译史，但前提是一样的，要搞好某一学科的翻译史研究，须先对这门学科有深入的了解，这就意味着翻译史研究的门槛很高，但翻译史研究的大门是敞开的，它实际是等待其他学科的研究者“闯入”的。翻译史研究者自然不一定非得来自翻译学界。若要切实推动翻译史研究再上一个台阶，翻译史就不宜被翻译学界

① 胡永恒《法律史研究的方向：法学化还是史学化》，《历史研究》2013年第1期，第179页。
② 同上。
③ 朱苏力《也许正在发生——转型中国的法学》，北京：法律出版社，2004年，第66页。

割据，翻译史研究需要多领域学者协力完成。翻译史研究作品大多数之所以难有突破，还是因为研究者对相关学科没有充分的了解，说到底，制约研究的那只无形的手还是专业上的门槛。翻译史不光是跨学科的，还是带有学科依附性质的。但是，翻译史研究的主力在未来仍然要靠翻译界的力量，这是被翻译史研究的历史验证过的，也是历史的启发，既是历史的经验，也是历史的预言。

学术研究讲求的是个性和创新，学术就不该是陈陈相因、千篇一律的。做研究的目的在于发现问题、分析问题并解决问题；学者的使命不仅在于传播知识，更在于生产知识；倘若不是这样，那很有可能就是犯了“不以学问为目的而以为手段”[①]的学术禁忌。

第三节　翻译史研究展望

未来的翻译史研究该向何处去？这是一个值得深入思考的重大问题。

孙江曾指出：“一般所谓的中国近代知识是通过裔出欧美的‘近代知识’的移植——翻译而构建起来的。”[②]正因如此，翻译史研究应广泛渗透于文学、历史学、哲学（含宗教学）、法学（含外交学）、经济学、教育学、军事学、管理学、艺术学、理学、工学、农学和医学等各个学科领域。翻译史研究对象的多元性和多样性，决定了翻译史研究的复杂性、丰富性和多学科依附性。翻译史研究应当成为最具跨学科迁移能力的一个学科分支。翻译史研究只有同时依附多个学科，才会有未来，才会有出路。

一、翻译史研究的方向

首先是文学翻译史方向。郭西安曾说：“翻译研究领域的拓新，并不意味着对传统文本翻译研究的忽略，文本研究的扎实和深化仍然为多元翻译研

① 梁启超《清代学术概论》，朱维铮校注，北京：中华书局，2010 年，第 147 页。
② 孙江《语言学转变之后的中国新史学》，载孙江主编《新史学（第二卷）：概念、文本与方法》，北京：中华书局，2008 年，第 4 页。

究提供重要的基础和支撑。”[①] 翻译史研究在未来仍需牢牢依附于文学学科，一方面是因为在所有的翻译史研究成果中，文学翻译史研究的根基最牢，文学翻译史研究的积淀最为深厚，这就预示着文学翻译史研究的未来道路会最为平坦。另一方面，文学翻译实践的高难度性和不可替代性决定了文学翻译史研究的价值。文学翻译最需要译者的想象力，文学翻译也是最没有可能被人工智能翻译取代的领域，因为文学翻译的最高理想要达到化境，要求译者的作品不但能够“曲肖原著者的天然本来的风格”，还要起到导诱一些人去学外文、读原作的作用。[②] 要搞文学翻译史研究，先要治文学，其次治译学，最后再治史学，否则浅尝辄止式的研究尚有可能，但若要沉下去就难了。这些因素决定了文学翻译史方向是未来翻译史研究的第一出路。

但是，文学翻译史方向不应当是翻译史研究的全部或唯一重心。回顾改革开放 40 年的翻译史研究领域，佛教翻译、民族翻译和西学翻译皆是中国翻译史的传统研究对象，但佛教翻译和民族翻译远未同西学翻译形成鼎足之势。[③] 佛教翻译和民族翻译研究在未来也不会有太大的起色。就佛教翻译而言，受体制和宗教信仰的影响，不论在过去还是未来，佛教翻译研究都无法与西方的《圣经》翻译研究相提并论。就民族翻译而言，我们今天通常所说的翻译是指跨文化、跨语言、跨国别界限的实践，并不指涉同一民族和同一种语言内部的翻译。

传统上，西学翻译（西学汉译）主要包括实学翻译（科学 / 自然科学加社会科学翻译）和文学翻译。其中，文学翻译史研究一脉的发展势头又远盖过了实学翻译史研究，可以说改革开放以来的翻译史研究呈现出了文学翻译史研究独大的局面。翻译家往往是杂家，大多数译者也不是小说家或文学家，但由于移情或共情（empathy）的缘故，译者趋向于自我认同为文学家，这实际上是认知偏差。文学翻译史书容易写的观念也是认知出了偏差，是错误的。改革开放以来的翻译史研究之所以呈现出文学翻译史研究独大

① 郭西安《译学，不仅仅止于技术——评〈翻译史研究〉第一辑及其刊行意义》，《中华读书报》2011 年 8 月 17 日，第 10 版。

② 钱锺书《七缀集》，北京：生活·读书·新知三联书店，2002 年，第 77-80 页。

③ 主要有热扎克·买提尼牙孜的《西域翻译史》、陈世明的《新疆现代翻译史》和旺堆次仁的《藏族翻译史及历代译师传略明鉴》。

的局面，主要是由于翻译史和译论史多由翻译学界学者书写，而这些学者在情感上是偏向于文学的，毕竟为自己所属界别做事乃人的本性使然。文学翻译史是建立在虚构的文学作品之上的，翻译界不应只叙述文学的翻译史。翻译史研究者除了要关注虚拟文学的翻译史，也要关注实学（科学/自然科学加社会科学）的翻译史。只要翻译实践没有仅停留于文学领域，翻译史研究就不应仅依附于文学翻译之上。“文学独大、偏废实学”的翻译史研究局面应当被打破。

关于翻译史研究的文学倾向过重或文学翻译史研究传统，谢天振、孔慧怡和王宏志等学者此前已有提及。对于中国翻译史上的文学传统，谢天振认为：“自二十世纪初起，中国的翻译研究就已经带上了鲜明的文学研究性质。”① 孔慧怡认为：“中国有关翻译的话语都带有极强的文学偏向……文学翻译的中心性是由多方面的支持建立起来的，包括20世纪中国的社会及文化经验，中国传统文化对文学的一贯抬举，政府意识形态和政策，以及在某一时期国际学术圈子的文学偏向等等。”② 王宏志认为：“翻译史研究普遍有着一个文学性的倾向；今天有为数不少以翻译史为名的专著，占上最大比例的是文学翻译史。”③ 基于此，他提出以下观点：“翻译史研究的范围可以涵盖很广，不应只局限于文学翻译，还可以包括科学翻译史的个案，以至宗教、政治、法律、教育、思想、经济等各方面。”④ 从这个意义上讲，“重写翻译史”不只是对研究方法的革命，更主要的是我们须将翻译史研究从对文学的单一依附中解放出来，将实学翻译史（科学/自然科学加社会科学翻译史）研究纳入与文学翻译史研究同等重要的讨论对象之列，换言之，重写翻译史就是对翻译史研究领域的拓深。

其次是实学翻译史方向。“实学的介绍，比文学翻译来得早”⑤。但是，改革开放40年的翻译史表明，实学翻译史研究几乎成了翻译史研究的“弃儿”。要从实学学科汲取营养，借鉴新的研究方法，不然很难做出创新性的

---

① 谢天振《译介学》，上海：上海外语教育出版社，1999年，第74页。
② 孔慧怡《重写翻译史》，香港：香港中文大学出版社，2005年，第11页。
③ 王宏志《翻译与近代中国》，上海：复旦大学出版社，2014年，第3–4页。
④ 同上书，第7页。
⑤ 王宏志《翻译与创作：中国近代翻译小说论》，北京：北京大学出版社，2000年，第2页。

研究成果。在未来的翻译史研究中，我们不但要关注西学汉译，还要关注汉籍外译；因此，我们在展望时宜使用实学翻译史（科学 / 自然科学加社会科学翻译史）而不用西学翻译史这一概念。在实学翻译史的众多分支中，法律翻译史、外交翻译史、马克思主义文献翻译史、自然科学翻译史和汉籍外译史眼下最需要重点力量加持，据此我们判断，除文学翻译史外，法律翻译史、政治翻译史、外交翻译史、马克思主义文献翻译史研究将是未来很长一段时间的研究重点。下面稍作必要说明。

法律翻译史研究是一个很重要的翻译史研究领域。众所周知，与普通翻译不同的是，法律翻译要面对大量高度专业化与逻辑自洽性的法律词语。以法官、检察官、律师及法学研究人员为核心的法律职业共同体惯于使用那些表达或限定法学概念的约定性语言名称。法律词语翻译是跨法系、跨语际、跨文化的实践，近代以降的法律翻译是一项嘉惠士林的事业，起到了推动中国法制近代化、重塑中国法律的作用。没有对国外宪法、法律、法规、规章及法学著作的翻译，就没有中国近代的法律术语、法律体系、法学教育。中华人民共和国成立后，我国曾引进一批苏联法律和法学作品。改革开放后，法律翻译重新进入了一个活跃期，英、美、德、法、日等国的大量法律和法学作品被译成中文。目前，法律翻译的活跃程度超过了以往任何一个时代，正在发挥着沟通中西法律、服务法治中国建设、服务企业、服务社会的功能。法律翻译史研究可以从词典出发（马礼逊、麦都思、罗存德、清末民初法律词典）；可以从档案出发（美国国会解密档案，海关、领馆、“台北故宫博物院”的馆藏文献，也可以是《筹办夷务始末》等已经公开的档案）；可以从译者出发，诸如马礼逊、丁韪良、小斯当东、钟威廉、庄为斯、姜永琳、马建忠、黄遵宪、陈季同、严复、林则徐、伯驾等；可以按照译者的志业与身份，如传教士、商人、外交官、外侨等展开；也可以从翻译活动或翻译事件出发，国际法、条约、法学作品皆可成为解读的对象。此外，外国法的汉译与中国法的外译是一个待开采的富矿。对于法律文本和构成文本的法律词语翻译史研究尤其大有可为，这些方面也是史学研究文化史与概念史转向后的重点关切。

外交翻译史，特别是照会交涉与驻外机构的研究可以是未来翻译史研究的重点。外交机构永远是翻译人员发挥作用的场所，特别是驻外机构。[①]在这方面，可将外交翻译史与国际法翻译史联系起来研究，比如说，惠顿的《万国公法》（1836）是关于国际法原理的第一部英文著作，甫一出版，便受到西方国家的青睐，该书后在1864年被丁韪良翻译成中文，对中国和日本的近代史发生过深远的影响。特别值得一提的是，该作品是西方国家当时训练翻译工作者的必备书籍，是欧洲和美国外交官的必读书籍。正因如此，丁韪良才下定决心翻译此书，他要让中国人从这部普遍被接受的书籍中受益。[②]

翻译与政治，特别是翻译与制度移植是一个有魅力的研究领域。翻译被认为是政治性十分强烈的活动。[③]马克思主义著作与马克思主义理论体系是制度翻译史上最不应当绕开的领域，马克思主义文献的翻译与传播史研究应当是个重大研究课题。

中国的数学与自然科学翻译史目前也只是列出了大纲。几乎可以这样说，天文学、物理学、化学、地球科学、生物学和地理学等自然科学的分支学科在中国的发展史，就是一部翻译史。未来，我们需要的数学与自然科学的翻译史研究是文化史研究，而不是百科全书式的简单罗列。

翻译给近代中国带来了异质的文明，中国的思想与文化也在深刻改变着世界。汉籍外译史的认真梳理时不我待。“研究者要注意到，交流不可能是单向的。一部好的中国近代翻译史研究作品不应忽视中学西传。只有把西学东渐和中学西传都讲好了，才称得上达旨”[④]。

总之，我国有着世界上最为丰富的翻译研究资源，丰富的翻译研究资源为翻译史研究的拓展提供了得天独厚的资源优势。一是因为中国历史上有四次翻译高潮，翻译活动在我国的历史上几乎没有间断过。二是因为中国保存有历史上留下的不少的翻译活动记录，包括外交活动留下的大量翻译记录和记载。以上分析可为翻译史研究领域的拓展提供可能的方向。

---

① 李长森《近代澳门翻译史稿》，北京：社会科学文献出版社，2016年，第244页。
② W. A. P. Martin, *Wan-kuo kung-fa*（Peking, 1864）, English preface, pp. 1–2.
③ 王宏志《翻译与创作：中国近代翻译小说论》，北京：北京大学出版社，2000年，第1页。
④ 许多、许钧《面向中西交流的翻译史研究——〈从词典出发：法律术语译名统一与规范化的翻译史研究〉简评》，《解放军外国语学院学报》2014年第5期，第140页。

二、翻译史研究方法

李红岩认为：“史学方法可划分为宏观方法、中观方法、微观方法三个层次或界域。宏观方法属于思想方法与理论方法，具有‘方法论’的价值。微观方法属于实证方法与技术方法，具有‘操作法’的价值。中观方法介于二者之间，具有‘模式论’的价值。”[①] 学界对于胡适倡导的科学方法、傅斯年的史料学主张以及乾嘉史学的考据方法等方法论已多有讨论。比较史学、心态史学、计量史学[②]、系统论、跨学科、社会史、概念史、观念史、文化史、全球史等研究方法的讨论也有不少。其中尤其可供翻译史研究者借鉴的，概有以下研究方法。

第一，社会史研究进路。社会史是历史学的分支学科，也是历史学的叙事策略，该研究方法“主要将文本作为一种分析手段，用以考察其背后的情境”[③]。翻译界研究者自觉不自觉地采用的历史学研究方法大多是社会史的叙事方法，文本分析手段在翻译史界是最常见的。但如赵世瑜所言，社会史不应被误解为“通史”或“社会发展史”，而应被理解为一种新的史学范式，社会史作为一种整体研究，是新史学范式的具体表现。[④]

第二，概念史研究进路。与社会史研究使用的文本分析手段不同，概念史研究方法在讨论文本时非常关注“词语”，“概念史的主要工作是对文本的构成和语言进行诠释”[⑤]，比如冯天瑜在完成“封建”概念史专著时以小见大地认为，“封建”概念被泛化不单是一个语义学问题，还是历史学、文化学问题，可以总括为“历史文化语义学”问题[⑥]。另外，概念史的叙事方法有时会和社会史的叙事方法相互纠缠在一起。孙江强调历史研究要回到“历

---

① 李红岩《从社会性质出发：历史研究的根本方法》,《中国史研究》2017 年第 3 期，第 5 页。

② 在史料解读的基础上借鉴计量史学的方法，有助于避免筛选证据的嫌疑，参见夏登山《对古代翻译史上“翻”、“译”之别的再思考》，《中国翻译》2017 年第 6 期，第 82 页。

③ 孙江《语言学转变之后的中国新史学》，载孙江主编《新史学（第二卷）：概念、文本与方法》，北京：中华书局，2008 年，第 7 页。

④ 赵世瑜《再论社会史的概念问题》，《历史研究》1999 年第 2 期，第 20–21 页。

⑤ 孙江《语言学转变之后的中国新史学》，载孙江主编《新史学（第二卷）：概念、文本与方法》，北京：中华书局，2008 年，第 7 页。

⑥ 冯天瑜《“封建”考论》（修订版），北京：中国社会科学出版社，2010 年。

史现场”，他说：“所谓历史现场，就是通过表述而建构起来的文本世界，我之所以钟情于社会史和概念史，盖由于它们均重视文本分析的方法，前者关心文本背后的情境，后者重视文本自身的构成。”[①]概念史研究如果有明显缺陷的话，一是它容易使翻译史研究呈碎片化倾向。翻译史研究离不开考据，但苏亦工认为“考据不过是一种鉴别资料真伪的手段”，“考据只能是研究的起点而不能是终局”[②]，考据终究不全是目的，只是史家的基本功。二是前人的研究成果得不到应有的尊重。学界过去讲“治学先治史”，严谨的学者若要治史学，务须穷尽一切可穷尽的史料，务须穷尽前人研究成果，但新一代翻译史学人“显露出对于前人研究成果有意无意的忽略和无视……原本就尚未成熟的中国翻译史学科，渐渐被看作是一块丧失了历史记忆而没有准入门槛的荒芜领地”[③]。

第三，全球史研究进路。类似的，全球史既是新兴的史学分支学科，也是史学的研究方法。全球史研究不是概念史研究。全球史研究的主要对象是跨国、跨地域、跨语际的话语实践，形形色色的书写行为、翻译行为和学术行为。全球史不同于世界史，后者往往将本国的历史排除在视野之外。在全球史视野下展开话语实践的研究，必然要求跨学科的思维方式。[④]在这个意义上讲，要做好中国翻译史研究，就要将其“摆进社会进程、文化交流的大背景里去”[⑤]。当然，全球史研究离不开广泛的国别和区域研究，没有国别史和区域史作基础，全球史观是不可能形成的。

第四，文化史研究进路。采用文化史研究方法的学者关注“符号以及对符号内涵的解释”[⑥]。文化转向之后的历史研究热衷于文化叙事，俗称“讲故事”，轻视宏大叙事，讲求微观史。这一流派的学者带有反传统的特征，

---

① 孙江《近代知识亟需“考古”——我为何提倡概念史研究？》，《中华读书报》2008年9月3日。

② 苏亦工《法律史学研究方法问题商榷》，《北方工业大学学报》1997年第4期，第77页。

③ 邹振环《中国翻译史研究不该漠视前人成果》，《中华读书报》2017年11月29日，第10版。

④ 刘禾《世界秩序与文明等级——全球史研究的新路径》，北京：生活·读书·新知三联书店，2016年，第3-4页。

⑤ 王建开《翻译史研究的史料拓展：意义与方法》，《上海翻译》2007年第2期，第57页。

⑥ 彼得·伯克《什么是文化史》，蔡玉辉译，北京：北京大学出版社，2009年，第3页。

试图在“精英与大众、整体与区域、中心与边缘、宏大叙事与微观深描”之间寻求平衡。[①] 我国译学界学者在翻译史研究的文化史研究取向判断上既有洞见、共识，也有忧思。王克非在20世纪末就富有远见地提出“翻译文化史”的论题。潘文国认为“翻译史研究本质上是文化史研究”。[②] 王宏志主张描述性论述模式和文化史的研究路向，主张把个案放回历史的背景中研究，否则便不能解释为什么原文和译文之间会有这样那样的相同和歧异[③]，他由此认为不必纠缠于什么“以论带史”或“以史带论”，因为“史”“论”同等重要[④]。与此同时，历史学的研究方法让重视翻译史内部研究者开始思考翻译史的历史学化危险，换言之就是“翻译研究面临着失去自身的危险”，许钧曾提出“多学科介入的跨学科语境下，译学研究应如何保持自身体系的相对独立性”[⑤] 这样引人深思的问题。

史家常说“史无定法”[⑥]，没有哪一种方法是翻译史研究的最佳进路，我们现在需要的是深刻反思、充分的研究自由以及个性化的探索尝试。

翻译史研究有着综合性、跨学科性的性质，对学术性和方法论有着严格要求，是翻译学研究中最可能对其他学科的研究产生影响力的重要组成部分。我们期待的翻译史研究是能够推动翻译学科建设，能够对其他相关学科产生影响的超学科研究。

翻译史其实就是文化的跨语际实践史，是跨文化的人类交流史。“翻译史所述说的，是文化间互相角力的故事”[⑦]。翻译史上有很多未解之谜，研究者就是要像侦探一样，穷尽一切可利用的资源，破解这些谜团。中国翻译史研究的构建尚未完成，还需要内部研究者和外部研究者协力推进。

---

① 黄兴涛《序言：文化史研究的再出发》，载黄兴涛主编《新史学（第三卷）：文化史研究的再出发》，北京：中华书局，2009年，第2–3页。

② 潘文国《佛经翻译史三题——读陈寅恪〈金明馆丛稿〉札记》，《外语与翻译》2015年第1期，第5页。

③ 王宏志著《翻译与近代中国》，上海：复旦大学出版社，2014年，第8–9页。

④ 同上书，第10页。

⑤ 许钧《序》，载王东风著《跨学科的翻译研究》，上海：复旦大学出版社，2014年，第1页。

⑥ 李红岩《从社会性质出发：历史研究的根本方法》，《中国史研究》2017年第3期，第5页。

⑦ 张佩瑶《从二元对立到相反相济：谈翻译史研究的关键问题与太极推手的翻译史研究路向》，《中国文哲研究通讯》2012年第2期，第22页。

第六章
翻译批评研究

翻译历史悠久，涉及人类精神生活、社会发展与文化交流的方方面面，并在其中产生深远的影响。跨文化交流离不开翻译，我们的时代更对翻译有着越来越广泛而深刻的需求。有翻译就必然也必须有翻译批评，作为翻译活动健康开展的重要保障及翻译研究的三个组成部分之一，翻译批评日益凸显出重要的理论价值和现实意义。深化翻译批评研究、推动翻译批评实践不仅是翻译学科建设的内在需要，也是规范和引导翻译活动进而促使翻译价值得以最大程度体现的必然诉求。

今天，翻译学作为独立的学科存在已是毋庸置疑的事实，半个多世纪以来国内翻译研究的进步和发展有目共睹，而回顾当代翻译批评的历史，我们可以清晰地看到一个高潮与低谷交织的曲折进程。20 世纪 50 年代初期，随着我国翻译事业开始逐步走向繁荣，翻译批评进入了一个蓬勃发展的时期，当时最重要的翻译探讨和研究阵地《翻译通报》杂志在四五年间陆续刊登了七八十篇[①]有关翻译批评的学术论文。然而，由于历史原因，1954 年《翻译通报》停刊后，翻译批评便在一段较长的时间中基本处于停滞状态。此后，自改革开放起，随着翻译活动的日益丰富，翻译批评先后经历了“恢复期”和多元发展期。改革开放至 20 世纪 80

① 据《中国翻译研究 (1949–2009)》（许钧、穆雷主编，上海：上海外语教育出版社，2009 年，第 263 页）统计，1949 年至 1954 年在《翻译通报》上发表的翻译批评学术论文为 74 篇；据《科学翻译批评导论》（文军编著，北京：中国对外翻译出版公司，2006 年，第 33 页）统计，1950 年至 1952 年在《翻译通报》上发表的翻译批评文章为 80 篇。

年代末，翻译批评缓慢发展，批评文章数量有明显增加，但总体来看，以“挑错式”和“感想式”的评论居多，无论是批评的范围、对象，还是批评的形式、方法，都非常局限，更缺乏对翻译批评的理论探讨和系统化研究。20世纪90年代，由于翻译理论研究的日益深化以及由此开启的从经验到科学、从规定到描述、从语言到文化的翻译研究之路，人们对翻译活动的复杂性与丰富性有了更深入的认识和理解，从而为翻译批评开阔了视野、拓展了空间，促使翻译批评对自身的研究对象和研究内容有了更明确、更深入的认识，翻译批评因此逐步得以脱离经验主义的桎梏，开始以理性的目光看待和评价翻译。在这样的背景下，国内逐步出现较为系统的翻译批评研究。1992年，《文学翻译批评研究》出版，这部专著受到译学界普遍重视，具有重要的里程碑意义。从首部理论著作问世，到21世纪以来杨晓荣、文军、王宏印、胡德香、温秀颖、吕俊、肖维青、周领顺、刘云虹等学者撰写的翻译批评研究专著出版，从1995年的《红与黑》汉译大讨论，到21世纪初围绕《堂吉诃德》杨绛译本的争论、关于村上春树作品汉译的讨论等颇具代表性的翻译批评个案，再到近年就中国文学外译中凸显的诸多翻译根本性问题展开的探讨、反思与批评，改革开放以来，我国的翻译批评在理论与实践两个层面可以说都取得了重要进展。

第一节　翻译批评的理论探索

一、总体回顾

《中国翻译研究（1949—2009）》指出：“从建国之初的马列主义经典译著及前苏联文学译作评析，到目前基于多元理论视角的批评模式探究，我国翻译批评的理论和实践经历了一个从单一到多元、从零散到系统的不断发展过程。”[①] 相对于翻译理论与翻译史的丰富成果和研究深度而言，翻译批

① 许钧、穆雷主编《中国翻译研究(1949-2009)》，上海：上海外语教育出版社，2009年，第263页。

评不仅起步较晚，发展也较为缓慢，仍然是一个亟待译学界给予更多关注的年轻的学科研究领域。

改革开放至20世纪80年代末，翻译批评在20余年的漫长停滞后逐步开始恢复，取得了令人欣喜的进展，文军将其归纳为以下六个方面：①加强了对国外译论的评介，例如，对乔治·穆南的《论翻译理论问题》、卡特福德的《翻译的语言学理论》、巴尔胡达罗夫的《语言与翻译》等西方翻译理论著作的介绍；②加强了对优秀译作的评论；③强化了对汉籍外译的评介；④对译家的研究明显增加；⑤跨学科研究翻译初见端倪；⑥对翻译批评理论的探讨有了一定进展。[①] 但总体而言，这一时期的翻译批评成果在很大程度上囿于经验主义范畴，缺乏对翻译与翻译批评的理性探索和系统论述。

20世纪90年代初以来，翻译批评进入了多元发展时期，批评范围的不断扩大、批评理论的逐渐完善、批评方法的不断丰富和批评成果的日益显著[②] 都将翻译批评的理论探索和实践开展推向了新的高度，为日后翻译批评在理论与实践两方面的深入发展奠定了可靠基础。就翻译批评理论探索而言，这一时期有不少关于翻译批评的主要代表性成果问世。

二、代表性成果

1.《文学翻译批评研究》

1992年，许钧的《文学翻译批评研究》由译林出版社出版，这是国内第一部关于文学翻译批评的理论著作。[③] 书中开宗明义地指出，针对翻译这项极为复杂的活动进行理论研究，关键是必须形成合理的探讨基点，对翻译活动的本质及其活动规律加以科学认识，而科学认识的首要条件之一在于客观、全面地揭示翻译活动的层次。明确了这一点以后，许钧详细论述了翻译活动的三大层次：①翻译的基础层次，即翻译的思维层次；②翻译的语义层次；③翻译的美学层次。在澄清翻译本质的基础上，他指出当时

① 文军编著《科学翻译批评导论》，北京：中国对外翻译出版公司，2006年，第37–38页。
② 同上书，第38–40页。
③ 本节关于该著作的内容主要参见许钧《文学翻译批评研究》，南京：译林出版社，1992年，第33–47页。

我国的文学翻译批评存在“过死”和“太活”两种不良倾向：前者只处于翻译批评的基本层次，也可以说是最低层次，无需理论的指导，只要对照原文和译文，挑出其中的错误（往往是逻辑意义层次的错误），也就罢了；后者则超越这一基本层次，纯粹是感想式的，一册译文在手，不及细读，凭着自己的主观印象，以及自己的好恶，对译文做出结论式的评价。针对文学翻译批评的现状和存在的一些倾向性问题，许钧提出文学翻译批评的四个原则：①文学翻译批评不仅要对翻译的结果进行正误性的判别，更应重视翻译过程的深刻剖析；②文学翻译批评要突破感觉的体味，注重理性的检验；③文学翻译批评应该将局部的、微观的批评与整体的、宏观的评价有机地结合起来；④文学翻译批评应该注意发挥积极的导向作用，建立起新型的批评者与被批评者之间的关系。

科学、合理的翻译批评必然遵循一定的批评原则，同样也离不开一定的批评方法。对此，许钧认为必须明确两点：一是批评的范畴与内容，二是批评的视点与角度。任何一部译著的产生必然涉及诸多要素，这就意味着文学翻译批评的对象远远不是一个封闭的文字系统，而是诸多主客观因素共同制约与影响的结果。基于这样的认识，翻译批评过程中应该避免以下四种倾向：一是把译者的翻译活动理解成一种静止的、被动的和自足的活动；二是把批评的比较范围仅仅局限于译作与原作的语言平面；三是把各个可比较而又相互关联、影响的因素割裂开来，捉住一点，不及其余；四是对译作产生影响作用的诸因素缺乏客观公正的认识和了解，而凭自己的主观好恶进行感想式的评价。也就是说，虽然文学翻译批评的基本对象是译作，但这一“译作”不是纯粹意义上的“作品本身”，而是包括产生这一“译作”的各个方面及其相互作用的关系等。明确了文学翻译批评的范畴之后，还必须确定批评的视点和角度：一是在整个批评范畴内，你要选择哪个点、哪个面、哪个层次进行评价？二是作为批评者，你要选择怎样的批评角度？然而，无论是批评视点的确定，还是批评角度的选择，都有一个先决因素，即翻译批评的目的。不同的批评目的和意图事实上决定着批评视角和层次的选择，同时也在一定程度上决定了批评方法的采用。

在对翻译批评进行理论构建的基础上，许钧选取了傅雷的翻译风格、《红与黑》的翻译、《追忆似水年华》的汉译等代表性专题为研究对象，从实践的角度分别对名著汉译不同版本比较、译本整体效果评价、句子与翻译、形象与翻译、风格与翻译等论题进行了既有理论深度又言之有物的阐述，为翻译批评理论与实践的结合提供了可贵而有益的范例。实际上，立足实践，探索理论，注重理论与实践的结合与互动，这不仅是该书呈现出的一大特点，也是许钧在翻译和翻译批评研究中一贯的、自觉的学术追求，这源于他对翻译批评与翻译理论两者之间相互依存、互为促进的关系有着清醒而深刻的认识。

除此之外，许钧的文学翻译批评研究中还有另外两个显著特点：一是充分关注翻译的动态过程，重视译者作为翻译主体在翻译过程中的能动作用；二是强调翻译批评应采用内部研究与外部研究相结合的方法，从语言、文化和审美等多种角度对译作进行整体评价。这两个方面的特色不仅凸显出《文学翻译批评研究》一书重要的学术价值，更为翻译批评研究指明了方向，对国内的翻译批评研究产生了深远影响。有学者认为，许钧的《文学翻译批评研究》与周仪、罗平的《翻译与批评》“初步形成了我国‘文学翻译批评’的理论架构”[①]。就《文学翻译批评研究》一书中呈现出的理论探索价值与实践意义而言，这样的评价十分中肯。

多年来许钧一直呼吁积极开展翻译批评、加强翻译批评的理论建构，并身体力行地对翻译批评加以持续关注与深入探索。在《翻译论》中，他就翻译批评的理论和实践进行了更为深入的思考。[②]除了一如既往地重视翻译批评理论与实践的互动之外，许钧这一时期的翻译批评研究相较十年前而言呈现出新的特点，至少体现在两个方面：一是强调翻译批评的开展应立足于对翻译的本质与价值的理解和认识，即“建立一定的翻译价值观是进行翻译批评的基础”；二是强调翻译批评不仅应遵循合理的原则、采用科学的方法，还要加强自身理论建设，因循一定的理论途径。这也在很大程度上反映出翻译批评研究的发展方向。

---

① 王向远、王霞《近 20 年来我国翻译文学研究述评》，《苏州科技学院学报》2003 年第 1 期，第 109 页。

② 本节关于该著作的内容主要参见许钧《翻译论》，武汉：湖北教育出版社，2003 年，第 379-415 页。

翻译活动能否健康有益地开展、翻译事业能否真正走向繁荣，这取决于并决定着翻译的价值能否真正得以实现。在这个意义上，监督、引导翻译实践，从而保证翻译的价值得以实现，可谓是翻译批评的根本目的所在。那么，翻译在哪些层面上体现价值并发挥作用呢？只有明确了翻译之“用”，翻译批评才有可能是合理、有效的。因此，在探讨翻译批评的理论途径、原则与方法等本体论问题之前，许钧认为首先要澄清翻译的价值，即为翻译定位，探寻究竟“译何为”。许钧通过对翻译之“用”的讨论，意在以我们对翻译的认识和理解，即翻译观为出发点，对翻译的理想作用与实际影响进行较为系统的讨论，以建立我们的翻译价值观。而建立翻译价值观的目的正在于为进行翻译批评提供理论基础和评价依据。根据对翻译活动所具有的“社会性”“文化性”“符号转换性”“创造性”和“历史性”五个方面基本特征的梳理，他认为翻译的价值也体现在社会、文化、语言、创造和历史五个方面：①翻译的社会价值。翻译的社会价值主要体现在它对社会交流与发展的强大推动作用。②翻译的文化价值。人类相互交流的实现，必须克服语言障碍，而语言障碍的消除又必须依赖于翻译，在这个意义上，寻求思想沟通，促进文化交流，便是翻译的责任所在。③翻译的语言价值。从根本上说，翻译的语言价值就是翻译活动对语言产生的作用和影响。④翻译的创造价值。从社会角度看，翻译作为一种社会活动，必须以交流为基础，交流有利于思想疆界的拓展，而思想的解放又构成了创造的基础。从文化角度看，翻译中导入的任何“异质”因素，都是激活目的语文化的因子，具有创新的作用。从语言角度看，为了真正引入新的事物、新的观念、新的思路，翻译中就不可避免地要进行大胆的创造。⑤翻译的历史价值。树立翻译的历史价值观，包括两个重大方面的内容。首先，要充分认识翻译对于人类历史的发展所做的实际贡献。其次，要从历史的角度来看翻译的可能性。

对“译何为”这一问题的追问与探究对翻译批评的理论探索与实践开展都具有十分重要的意义，因为，翻译价值观的最终形成，有赖于对翻译本质的认识，也有赖于对翻译目的、翻译过程、翻译方法和手段的把握，以及对翻译结果的分析与判断，但反过来又为更进一步认识翻译的作用，把握翻译过程，正确地采取翻译方法和手段，更有效地发挥翻译之用，提供了价值判断依据，更为人们对翻译活动进行宏观与微观、外部与内部的批评提供了价值参考。

基于对翻译批评理论建设的重要性与迫切性的充分认识，许钧在《翻译论》中对翻译批评的理论途径进行了专门探讨，详细论述了国内外翻译界翻译批评理论研究的代表性成果。在对各种翻译批评理论途径进行分析、评介的基础上，他肯定了翻译批评理论探索的重要意义，再次呼吁“翻译批评应加强自身理论建设”，同时，也客观地看到，不同的翻译观和翻译理论可以为翻译批评提供一种可参照的理论途径，因此，不同的翻译批评理论途径只是从各自的角度出发，对翻译活动进行一个方面的考察与评价。也就是说，翻译批评涉及的是一个相当广的范围，它离不开理论的指导，但也不可能仅仅依赖于某一种理论的指导，各种理论途径都不可避免地存在一定的局限性，加强理论建设、拓展理论视野、探寻科学的翻译批评范式，这是翻译批评永远不应有所懈怠的追求。此外，许钧提出了翻译批评理论建设中四个不可忽视的基本问题：①树立科学的批评精神；②建立自主的批评理论体系；③探讨规范性的批评标准；④开放的批评视野与指导性的批评功能。

针对翻译批评理论建设的原则性意见提出之后，“如何开展翻译批评”这一具体到翻译批评实践的问题便随即呈现，而翻译批评原则的确立是解决这个问题的重要前提之一。在《文学翻译批评研究》中，许钧曾就文学翻译批评提出了四条基本原则，在《翻译论》中，他进行了两个方面的重要补充：一是翻译批评要坚持历史发展观，对翻译现象、翻译事件和具体文本的批评要从历史出发，将之置放于一定的历史环境中去考察；二是翻译批评要坚持文化观，要有一种宏大的文化视野，从文化交流的高度去评价翻译史和具体翻译活动中的一些重要问题，如翻译选择、文化立场、价值重构等。这两条原则主要针对传统翻译批评过分拘泥于语言、文本和翻译技巧层面这一局限，将翻译批评的视野拓展至历史、文化层面，有助于翻译批评真正走向内部研究与外部研究相结合的科学之途。

2.《翻译批评导论》

杨晓荣堪称国内重视翻译批评的理论建设并身体力行地从理性化层面对翻译批评进行深入探索的重要学者。2005 年，杨晓荣的代表性著作《翻译批评导论》由中国对外翻译出版公司出版。[①] 在力求厘定翻译批评的性质并廓清与翻译批评有关的诸如批评的主体、客体、参照系以及批评的原则、层次、方法等各种基本概念的基础上，该书对翻译批评的依据——翻译标准——着重进行了探讨，既有对“信达雅”、“神似”论、“化境”说等传统翻译标准的回顾与反思，也有对以动态、多元为特征的翻译批评标准新视野的探索与开拓。在被命名为“翻译批评理性化探索”的“前言”中，作者开宗明义地指出，在我国传统文论的影响下，我国翻译批评的感性化特征显著，理性化含量却亟待提高，而理性化的重要体现之一就是对方法论的重视和运用。这不仅言简意赅地表明了统摄全书的写作宗旨，更集中体现了作者构建翻译批评理论体系的学术追求。

既然该书的意图在于建立较为完备的翻译批评理论框架，那么，从概念范畴上厘清翻译批评的性质便是作者首先必须铺设的研究基础。基于这样的目的，该书开篇即提出并回答了“什么是翻译批评”的问题，认为“翻译批评主要针对具体的译作或与译作有关的某种翻译现象所发的评论”，并进一步指出，“从这个意义上说，翻译研究只要与具体译作、译者或其他具体的翻译现象有关，都具有翻译批评的性质”[②]。随后，该书对翻译批评的目的、功能、原则、视角、主体、客体、参照系以及翻译批评的层次、方法等基本概念和相关理论进行了全面梳理，从技术和学科两个层面阐述了翻译批评的方法论，展现了作者探寻翻译批评理性化之途并构建翻译批评理论框架的卓有成效的努力。

此外，该书另一个显著特色和重要价值在于集中讨论了翻译标准与翻译批评标准问题，从哲学途径深入论述翻译标准的制约因素，并提出翻译批评标准的新思路与新视角。杨晓荣认为，当代译论尽管在开阔视野、丰富思想的意义上取得了重要进展，但对翻译标准如何在理论上更科学、如何在实践上更有效的探讨仍然亟待深入。为此，她在翻译标准探索中引入“条件”的概念，将之视为翻译标准的依据，并明确指出“无条件即无法确定

① 本节关于该著作的内容主要参见杨晓荣《翻译批评导论》，北京：中国对外翻译出版公司，2005 年，第 98–202 页。

② 杨晓荣《翻译批评导论》，北京：中国对外翻译出版公司，2005 年，第 3 页。

标准”，无论在翻译教学、翻译批评还是翻译实践中都是如此。条件是确定翻译标准的要素，确切地说，是指随个案而明确的能对翻译标准形成不同程度制约的一系列相关因素，其中包括原作性质、翻译目的、对读者的考虑、译者状况以及由翻译活动发生的时代、地域等因素所形成的各种具体限制。“条件”对翻译标准的实践意义在于，对这一要素及其作用的充分认识有助于解释翻译标准的确定性和不确定性，并在此基础上建立符合实际的翻译标准理论体系。

在该书的最后一章，作者对翻译批评标准的传统思路进行了梳理，同时对此前三十年以来出现的翻译批评研究的新思路和新视角进行了归纳。具体来说，这个“新”字主要体现在以下三个方面：①多元、动态观念的提出；②对接受者的明确重视；③对译者作用及译语文化因素作用的重视。作者认为，这些新的思路和新的视角对翻译批评具有重要的理论意义，即：在对译作做出评价时，与原文的接近程度不再是唯一的或最高的衡量标准，译者为适应译入语社会的需要甚至为服务于特定目的而做出的种种调整具有了合法地位，对接受者的重视也包含在其中；批评者可以更充分地理解、更准确地解释译作与原作之间的各种差异，并揭示其背后社会文化历史因素所起的作用。在此基础上，杨晓荣因循翻译研究的哲学途径，提出以相关因素的协调为核心的翻译批评标准的中和之道，也就是说，翻译标准探讨的中心应是这种协调得以产生的条件，即对翻译标准起不同程度制约作用的各种相关因素以及这些相关因素的作用方式。

概括来说，基于对翻译活动复杂性的充分认识、对翻译研究跨学科本质的深刻了解以及对翻译实践的高度重视，杨晓荣从哲学角度对翻译标准问题进行深入而系统的研究，意欲形成一种重视相关制约因素、重视协调与平衡的翻译标准思想，力求更加准确地反映翻译实践中的实际情况、更加客观地揭示翻译实践中的特殊现象，并因此使翻译标准更显合理、更具有可操作性。这样一种以“多维度、综合性、描写与规范相结合”为基本特征的翻译批评标准的构建体现了杨晓荣对翻译批评理性化和实践性的双重追求。而理性化与实践性的结合正是越来越走向成熟并亟待进一步深入的翻译研究应具有的根本特征。

3.《文学翻译批评论稿》与《文学翻译批评概论》

王宏印是国内致力于翻译批评研究的又一位具有鲜明特色并产生了一定影响的重要学者，他在翻译批评领域的探索集中体现于《文学翻译批评论稿》（2006）和《文学翻译批评概论》（2009）两部专著。[①] 借鉴文学批评的学科建构和历史经验，为设定翻译批评条件提供重要的逻辑参照，进而从学科建设的高度探索文学翻译批评的理论与实践，这是王宏印的文学翻译批评研究呈现出的显著特点。

在《文学翻译批评论稿》中，王宏印开宗明义地指出，文学翻译批评是一个需要长期准备和经过多学科交互影响才能逐步建立起来的新兴学科。基于这样的认识，著者将其文学翻译批评理论架构的第一步命名为“理论的准备：从文学批评到文学翻译批评”，并意欲从三个方面为文学翻译批评建设进行必要的准备：一是考察西方文学批评史上的批评概念；二是梳理西方文学批评作为理论的探讨框架所要涉及的问题，并因循问题的解决途径考察西方文学批评的主要流派；三是回顾西方翻译理论的主要历程和翻译批评传统，评述当前翻译批评思潮的三个转向，并由此探寻中西学术交汇语境下的中国翻译批评发展策略。

理论准备之后，全书的结构框架呈现出明确的系统化特征，分七个部分对文学翻译批评的基本问题进行了全面的探讨，包括：翻译批评的性质、类型与功用；翻译批评的主体、方法与操作程序；翻译批评的原则、标准与评级；翻译批评的文本、文体与互文性；文学翻译批评与文化参与；文学翻译批评的写作类型；以及作为结论部分的翻译批评的学科地位与前景展望。其中比较有特色、有创见并最能显示出“王宏印文学翻译批评模式”特点的部分，主要是对文学翻译批评性质的界定、作为翻译批评标准的译作质量分级评价体系以及文学翻译批评的背景变量。

关于文学翻译批评性质的界定，王宏印认为，其基本性质可以归结为以下四点：第一，翻译在本质上是实践性的，而非理论性的；第二，翻译批评

---

① 本节关于这两部著作的内容主要参见王宏印《文学翻译批评论稿》，上海：上海外语教育出版社，2006 年，第 14-42，119-122，129-134，178-188 页以及王宏印《文学翻译批评概论》，北京：中国人民大学出版社，2009 年，第 37-40，101-113，224-226 页。

需要实证研究基础，缺乏实证研究基础的批评是空洞的；第三，翻译批评活动的认知方式基本上是知性的，虽然其中也有理性的参与；第四，文学翻译批评是一种高级的审美研究活动，兼顾了鉴赏与研究。

在试图建立文学翻译批评规范的过程中，王宏印把翻译批评标准作为“居于翻译批评的核心位置的核心问题”加以审视，首先确立翻译批评标准的客观性、全面性、准确性、简洁性和一贯性五大原则，进而以继承与创新的结合为思路，设定新的翻译批评标准的工作性定义，并借鉴中国传统文论中关于作品的分级概念，提出以译作品级划分的模式对译作质量进行评估。在借鉴中国传统文论中的文学批评标准基础上，他提出新的翻译批评标准的六条工作性定义：语言要素、思想倾向、文化张力、文体对应、风格类型和审美趣味；并明确指出，工作标准的设定并不意味着翻译批评标准的确立，而仅仅是为翻译评论提供若干可能并可行的考察路径；真正的翻译批评仍必须依赖更具有可操作性的译作质量评价体系。同时，他强调，译作质量的评估不应视为一个绝对的点上的确定（肯定或否定），而应当在一个更大的参照系统内来确定一部翻译作品的相对位置，并由此探讨对译作品级的划分问题。

翻译作为一种跨文化的交流活动，其社会性和文化特质不言而喻。王宏印对此有深刻认识并特别重视文学翻译批评中的文化参与问题，力求使文学翻译批评呈现出文学史的连贯性和跨文化交际大背景的文化交流性质。他提出，文学翻译批评中存在三大背景变量：一是文化态势，即交流中的文化双方所处的相对位置和所采取的策略态势；二是互动方式，即交流方式，主要依据双方在交流中的信息流向和所采取的态度来确定；三是介入机制，文化的介入机制依存于介入方式，就文学翻译而言，常见的介入方式包括外国文学的译入、中国文学的译出、民族文学的移植和往复翻译——文化反哺的特例。作为文化介入的基本方式，外国文学的译入和中国文学的译出是翻译界比较熟悉的，而对于民族文学的移植和往复翻译的关注则凸显出“王宏印文学翻译批评模式”中十分重要而可贵的特点：对中国少数民族文学翻译及中国文化典籍对外传播的高度重视与深入研究。在全球化和多元化的时代背景下，翻译责无旁贷地担负着向世界介绍中国文化经典并对新的世界文化格局的形成和发展做出贡献这一历史使命。把文学翻译批评与典籍翻译事业的发展密切联系在一起，促进翻译对文化交流和国家软实力建设发挥应有的作用，这不仅是王宏印在文学翻译批评研究中的显著特色，更是他对于文学翻译批评建设的重要贡献。

4.《翻译批评学引论》

作为翻译研究领域的重要学者，吕俊长期致力于翻译的理论探索和学科建构，对翻译学的机体框架、译学研究的范式、建构主义翻译学的理论构架等问题都进行了深入的研究。在《翻译批评学引论》[①]一书中，他首次提出“翻译批评学”的概念，并以价值哲学为基础、以评价理论为指导，对翻译批评学的孕育提供了科学思考。他首先分析指出，自 20 世纪 90 年代中期以后，由于翻译研究的范式发生了根本变化，解构主义取代传统的结构主义占据了主导地位。这种范式不再以文本和结构为研究重点，而是将关注的目光从内部转向外部，注重意识形态、文化差异、权力操控等外部因素对翻译活动的影响和制约，从而彻底破除了文本意义确定论和文本间等值性转换的神话。这种变化在某种程度上使人们对翻译批评的客观性、科学性和有效性都产生了怀疑，甚至对翻译批评的必要性也不再笃信。他认为，解构主义研究范式的盛行导致了翻译批评危机的出现，却让我们意识到，传统的翻译批评把翻译活动囿于文本之中与语言转换规律之间，使翻译批评失去了社会价值与文化意义。事实上，翻译批评应当是一种社会批评和文化批评，是对翻译活动及其成果的价值评估与判定，而不能单纯被理解为文字和语言层面上的对应与不对应的问题。而从文本批评和语言批评转移到社会批评、历史批评和文化批评，也就是把原来的翻译批评提升到翻译批评学的层面。

在提出构建翻译批评学的必要性的基础上，著者进一步从概念、内涵、研究对象、理论基础等方面对翻译批评与翻译批评学之间的区别加以解释和澄清。首先，翻译批评是一种以具体译文文本或具体翻译现象为客体对象的实践性活动，而翻译批评学则是一种以翻译批评的一般理论、原则与规律为客体对象的理论性活动。其次，翻译批评所涉及的理论是翻译理论，而翻译批评学的理论则是以价值哲学为基础的评价理论。在廓清翻译批评学的基本

---

① 本节关于该著作的内容主要参见吕俊、侯向群《翻译批评学引论》，上海：上海外语教育出版社，2009 年，第 3–17 页。

属性之后，作者着重对价值学视域下的翻译批评标准加以探讨，尤其借助评价理论对翻译批评标准的多元性与评价的客观性问题进行了颇有见地的分析和论述。

5.《翻译批评模式研究》

肖维青的《翻译批评模式研究》虽然也表现出明显的“概论”性质，对翻译批评的发展与研究现状、翻译批评的性质及其分类、翻译批评的基本要素、翻译批评标准、翻译批评的建构性等翻译批评的基本问题都给予了充分关注和细致论述，但该书的主要特色在于对中西学术史上重要的翻译批评模式进行了比较全面而客观的梳理与总结，并意欲在继承与发展相结合的基础上构建开放、多元、动态、选择的翻译批评观。她认为，坚实的理论基础和独特的批评视角是一种批评模式得以确立的基本条件，并由此列举出十余种在中西方翻译界比较有影响力和代表性的翻译批评模式：赖斯（Reiss）模式（目的论范式）、纽马克模式（系统实用的翻译批评步骤）、维尔斯（Wilss）模式（客观化翻译批评的探索）、休斯（House）模式（文本分析与功能对应）、奚永吉模式（文学翻译批评的比较审美研究）、黄国文与司显柱模式（功能语言学路径）、吴新祥与李宏安模式（定量分析的尝试）、逐渐科学的翻译测试研究、冯庆华模式（语料库视域下的翻译批评）、贝尔曼（Berman）模式（阐释学视角）、王宏印模式（文学批评的借鉴）、许钧模式（综合视角）、杨晓荣模式（翻译批评的理性化）以及梅肖尼克（Meschonnic）的翻译诗学批评和特拉维夫学派的功能主义翻译批评。

在对上述翻译批评模式的归纳与总结中，肖维青不仅对各个模式的理论基础、批评视角与途径、主要特征及其对翻译批评和翻译学发展做出的贡献等方面进行了全面分析，同时客观评价了其中存在的问题与局限性。

6.《译者行为批评：理论框架》

周领顺的《译者行为批评：理论框架》是近年翻译批评研究领域的代表性成果之一。该书力求突破传统的二元对立式评判模式，将翻译批评推进到行为视域与文本视域相结合的翻译社会学研究阶段，探索并构建贯穿翻译过程、聚焦译者行为、结合翻译内外的批评新途径。基于这样的理念与追求，作者立足于翻译活动的过程及其能动主体，将翻译批评聚焦于译者行为，并将之定义为“社会视域下译者的语言性翻译行为和社会性非译行为的总和”，力图通过行为视域与文本视域的结合，“考察意志体译者的语言性和社会性角色行为之于译文质量的关系”[①]，从而经由过程—主体—行为—文本的批评路径最终实现翻译批评的全面和客观。

翻译批评的发展不仅在于批评范围、对象、内容与方法的不断拓展与丰富，更取决于批评理论化和系统化程度的提高。因此，立足于坚实理论基础之上的翻译批评模式的构建具有至关重要的意义。《译者行为批评：理论框架》一书基于译者行为研究所进行的探索正凸显出翻译批评的理论诉求，具有强烈的模式构建意识。作者对翻译性质与译者作为意志主体在翻译过程中的核心地位有深刻把握，认为：“看待翻译活动，光从静态的语言上讲忠实，自然是不够的，因为针对的对象是翻译文化活动和这一活动中的人，自然还要从译者的意志性、社会性和翻译的社会性、社会化等角度加以讨论，动态地看待动态中的问题。”[②]在他看来，传统的翻译批评局限于单一、静态的文本分析与比较，在对待译文质量上易出现二元对立式的判断，而在译者行为批评的动态研究模式下，译者作为意志体的人，其本身具有的语言性和社会性的双重属性，以及翻译作为文化交流活动，其本身指涉的内部因素和外部因素的双重维度，都将得到充分关注与切实考察。透过这样的研究视角，翻译批评才有可能真正形成内部批评与外部批评之间的结合与互动。同时，作者对翻译批评研究的现状、局限与发展也有清醒而理性的判断与把握。他认为，翻译批评以翻译研究的“文化转向”为标志经历了两种主要研究范式：第一阶段是“翻译内的翻译学研究，寻求译文和原文的关系”，属于传统的翻译批评模式；第二阶段是“翻译外的社会学研究模式，考察译文产生的历史、译文的务实度和导致译文产生的所有的理性因素（如译者因素、意识形态因素等）”，形成于“文化转向”之后。在他看来，这两个阶段的研究由于仅仅立足于翻译内的文本视域或翻译外的文化视域，对翻译内外应有的关联缺乏必要的关注，因而“往往顾此失彼”，在维护“忠实”与强调历史的

① 周领顺《译者行为批评：理论框架》，北京：商务印书馆，2014 年，第 2 页。
② 同上书，第 76 页。

合理性之间难以顾全与平衡，“从而失却翻译批评的全面性和客观性”[①]。基于这样的认识，该书提出应将翻译批评目前与未来的研究推进到第三阶段，即以翻译内外结合为根本特征的翻译社会学研究，考察译者行为与译文质量之间的关系，并对二者进行双向评价。这一翻译批评模式有助于将行为批评与文本批评紧密结合，真正立足于翻译的动态过程，对译者行为进行“翻译内”与“翻译外”的综合考察，以提高评价的合理性、全面性。

翻译批评在本质上是一种评价行为，其科学性在很大程度上取决于批评标准是否合理、能否体现普遍价值。《译者行为批评：理论框架》以翻译活动与翻译主体共同具有的语言性和社会性为基本理据，构建了“求真—务实”译者行为连续统评价模式。正如作者所指出的，该模式“不固守某一个一元的标准或做二元对立式的判断”，而是通过“一种动态的分类观”用于翻译的描写，力求“能够在‘求真’和‘务实’译者行为间、在‘作者/原文’和‘读者/社会’文本间、在‘语言性’和‘社会性’译者属性间、在‘语言人’和‘社会人’译者身份/角色间、在‘文学型’和‘应用型’文本类型间、在任何相互对立的翻译策略和具体方法间等，描写连续统上两级的和中间的状态，以期呈现较为客观的和全面的批评视角，借以对翻译性质和翻译活动性质有个正确的把握和认识”[②]。在“求真—务实”连续统评价模式中，“求真”与“务实”分布在译者行为连续统的两端，而两者之间是互为条件的辩证关系，即“求真”制约“务实”，“务实”总体上又高于“求真”，并且在一定条件下，两者可以发生转换。因此，作者提出，对译者行为的评价标准“就落实在评价译者行为的合理度上，也即落实在对求真度（译文和原文）和务实度（译文和社会）及其对二者之间平衡度的把握上”[③]。在此基础上，作者对具体评价指标进行了补充和细化，提出译文和行为双向评价的三要素：文本“求真度”、效果“务实度”和译者行为“合理度”。三者相互制约，共同对译者行为的合理度进行考察，并据此对译文质量进行合理的评价、对某些翻译现象做出科学的解释，不仅彰显了该评价模式的科学性，也使之更

① 周领顺《译者行为批评：理论框架》，北京：商务印书馆，2014 年，第 2 页。
② 同上书，第 86 页。
③ 同上书，第 106 页。

具解释力与可操作性。

7.《翻译批评研究》

刘云虹的《翻译批评研究》是新时期推动并深化翻译批评理论探索的重要成果之一。立足于对我国翻译批评理论研究与实践开展现状的把握，该书首先力求厘清翻译理论与翻译批评之间的关系，指出翻译批评显著的实践性与主体性特征不能也不应遮蔽翻译批评对科学、系统的理论研究的诉求，强调翻译理论与翻译批评之间应相互依存、互为促进：一方面开展科学的翻译批评离不开翻译理论，另一方面翻译理论研究的深化与发展离不开翻译批评；并且，作为沟通翻译理论与翻译实践的桥梁，翻译批评是促使两者形成积极互动的根本推动力。[①]随后，该书对翻译批评的多元化理论途径进行了阐述，以语言学、多元系统论、现代阐释学、翻译伦理四种理论途径为代表，重点梳理和介绍语言学模式下的翻译质量评估、以“规范”概念为核心的描述性翻译批评、现代阐释学视角下的建构性翻译批评以及有助于确立翻译价值观的翻译伦理研究。

有翻译就必然有翻译批评，然而，长期的非理性状态与难以摆脱的种种经验主义二元对立使得翻译批评的处境不免尴尬，似乎印证了蒂博代就19世纪以前的文学批评状况所发出的感叹：“有很多批评文章，却没有真正的批评。”[②]在刘云虹看来，“如何才能使翻译批评成为一种‘大写的批评’，真正肩负起对翻译实践的监督、指导和促进作用”[③]，这个问题从根本上关乎翻译价值与翻译批评价值的实现，不仅翻译界应深入思考，翻译批评研究更要首先予以关注。她认为：“与其困扰于对标准和方法的无止境的争论，翻译批评有理由也有必要首先回归翻译的本质，从对翻译本质的探寻中澄清翻译批评的目的和原则究竟是什么。”[④]翻译批评理论与实践必须“回归翻译的本质”，基于这一根本性认识，《翻译批评研究》通过对翻译本质的深入探讨，清醒地看到作为一种文本操作与主体行为，翻译“必定要面临文本、

① 刘云虹《翻译批评研究》，南京：南京大学出版社，2015年，第59-62页。

② Carloni, J.-C. &Filloux, J-C.*La critique littéraire*. Paris : Presses Universitaires de France, 1963, p.7.

③ 刘云虹《翻译批评研究》，南京：南京大学出版社，2015年，第118页。

④ 同上。

意义与理解之间的复杂关系”[①]，并进一步明确文本意义是翻译的核心问题，意义的多元性、文本的开放性、复杂的翻译过程和能动的翻译主体都要求翻译批评必须深入关切文本意义的理解。据此，该书以语言哲学和现代阐释学为理论基础，着重探寻翻译批评的意义研究途径，构建以理解和对话为本质属性、关注翻译过程、强调译者在翻译活动中的中心地位和能动作用并以建设性为根本诉求的翻译批评。作者指出：“重视文本意义与理解的翻译批评不仅在于对翻译行为的规范与评价，更注重对翻译过程以及其中渗透着的翻译主体在特定历史文化语境和审美情趣下的种种选择加以描述和阐释，因而也大大有助于人们对翻译活动内容的丰富性与翻译行为过程的复杂性进行更深入地认识和理解。”[②]

关注翻译批评精神的建构是该书的显著特色与明确追求。刘云虹认为，对翻译批评这一“主体性的精神活动”而言，“与批评者的客观技能与素质相比同样重要甚至更为重要的是批评者的主观态度与精神”[③]，而批评精神的缺失在很大程度上正是翻译危机凸显与翻译批评无力的根本原因之一。基于这样的认识，《翻译批评研究》专辟一章，深入探讨开展翻译批评应具有的科学精神。首先，翻译批评应树立客观精神，恪守翻译批评的历史文化观，从特定的历史、文化背景出发来理解与评价翻译，同时坚持建设性原则，反对依赖于某种僵化的批评原则或固守某个理想化的批评标准，对译本进行一种求全责备的消极评判的破坏性翻译批评；其次，翻译批评应树立创造精神，在理论上开阔视野、丰富理论资源，在实践上探寻新的批评方法和途径、构建新的批评维度，真正将立足文本的内部批评与关注社会文化因素的外部批评有机结合起来；再者，翻译批评应树立求“真”精神，一方面批评者应以真诚与热情的主观姿态使批评成为一种有生命感悟的写作；另一方面批评者应对读者和社会怀有高度责任感，通过积极、有效的批评抵制翻译活动中的不良倾向，为翻译事业营造良好的社会环境和精神氛围。[④]

---

① 刘云虹《翻译批评研究》，南京：南京大学出版社，2015 年，第 134 页。

② 同上书，第 305 页。

③ 同上书，第 229 页。

④ 同上书，第 230-240 页。

《翻译批评研究》一书采用宏观与微观、理论与个案相结合的研究模式。理论方面，通过对翻译批评的本质、目标、价值、对象、标准、视野以及翻译过程、翻译主体进行深入分析和阐述，从积极的翻译批评空间、科学的翻译批评精神、开放的翻译批评视野、切实可行的批评标准、自主的批评理论体系等不同方面对翻译批评进行了系统性的深入研究。实践方面，该书选取文学翻译与接受史上有代表性的个案作为考察对象，通过对《红与黑》汉译大讨论等翻译史上影响深远的翻译和批评活动的客观回溯与理论分析，从语言、文本、历史、文化等多重角度反思翻译批评的要素，探讨翻译批评的价值所在及其得以体现的客观条件与主观因素，并由此凸显翻译批评在翻译理论与翻译实践的互动中发挥的纽带作用和建构力量，力图从翻译批评的角度为长期困扰翻译界的理论与实践脱节的问题提供解决思路。

从以上梳理中可以看到，改革开放40年来，在翻译事业繁荣发展的时代背景下，翻译批评研究日益走向系统化和理论化，并随着翻译学科建设的推进而不断收获令人欣喜的成果。如果说，翻译理论研究的深入推动翻译批评经历了一条从经验到科学、从语言到文化、从规定到描写的发展之路，且批评范围日益拓展、批评对象与内容不断丰富、批评方法和手段逐步多样，那么其间的每一步进展很大程度上都依赖并取决于翻译批评理论的不懈探索。

第二节　翻译批评实践与理论的互动

一、翻译批评与翻译理论之间的关系

实践性历来被视为翻译的根本属性，正如德国翻译理论家弗米尔所言：“翻译从本质上说是一种行为。”[①] 翻译活动与生俱来的实践特征在很大程度上使翻译实践对翻译理论研究长期持有一种排斥和抵抗的态度。直到近年，在翻译是否有理论、翻译理论是否有用的问题上仍有相当一部分人表

① 廖七一等编著《当代英国翻译理论》，武汉：湖北教育出版社，2001年，第364页。

示怀疑甚至否定。尽管在长期的翻译学科建设过程中，翻译界已经对“翻译无理论”说和“翻译理论无用”说予以回应，肯定并捍卫了“翻译理论之用”[①]，但翻译理论与翻译实践的关系仍难免引发争议。在这样的情形下，翻译批评实践与翻译理论之间的关系问题似乎更加复杂。首先，以保证翻译价值得以实现为根本目标的翻译批评，无论其对象是翻译作品、翻译过程还是翻译现象，都必然立足于具体的翻译个案并以文本为归依，因而与翻译活动一样，具有显著的实践性。其次，翻译批评是一种以理解为基础的评价活动，其中所蕴含的主体性毋庸置疑，而与“批评”联系在一起的也往往是“鉴赏”“阐释”“评判”等主体性的精神活动。再者，翻译批评在相当长的时期内往往囿于对译者在理解与表达两个层面上的谬误和“不忠”的指责，并通常缺乏更进一步的分析和说明，仅满足于对翻译作品本身做出“好”与“坏”的判断。可以说，由于翻译批评的实践性、主体性以及长期拘泥于“技”的层面的操作方法与实际经验，“就像有相当一部分人认为科学而系统的文学批评并不存在，反对翻译理论研究存在的人更加不相信翻译批评也（应该）具有科学性和理论性”[②]。似乎继翻译之后，翻译批评同样不可避免地遭遇到“无理论”和“理论无用”的论断，翻译批评实践与翻译理论的关系因而也就无从谈起，那么，翻译批评“是联接翻译理论与翻译实践的一条重要纽带”[③]这一句被翻译界一再援引的纽马克的名言又该如何理解？通常认为，明确的研究对象、系统的研究内容、特定的术语体系和多元的方法论是一门学科建立的标志，在这个意义上，对翻译批评与翻译理论应该具有和实际具有的关系究竟如何认识，这在很大程度上应是翻译批评得以科学开展的基础。

对于翻译批评实践与理论之间的关系问题，随着翻译学科建设的不断深化与发展，国内翻译界的不少学者已经开始加以关注和考察。例如，在《翻译批评导论》中，杨晓荣对翻译批评与翻译理论之间的关系进行了专门论

---

① 对于这一问题，可参阅许钧《翻译研究之用及其可能的出路》，《中国翻译》2012年第1期，第1-6页。

② 袁筱一、邹东来《文学翻译基本问题》，上海：上海人民出版社，2011年，第22页。

③ 转引自廖七一等编著《当代英国翻译理论》，武汉：湖北教育出版社，2001年，第197页。

述[①]，并将之视为“从概念范畴上厘清翻译批评的属性”这一工作中不可或缺的重要内容。她认为，翻译批评与翻译理论不仅密切相关，而且对于它们之间的关系“至少可以有三种理解：1. 桥梁；2. 基础；3. 部分与整体”。首先，她指出，翻译批评在翻译理论与翻译实践之间发挥着纽带作用，这是因为，翻译批评兼具实践性和理论性，实践性在于“翻译批评的对象总是具体的翻译现象”，理论性在于“翻译批评的论证过程又总是和种种理论直接相关”。同时，“翻译理论中的很多内容都是翻译批评会涉及到的，翻译批评既是对这些理论的应用，也是对这些理论的检验。反过来，翻译批评中出现的一些理论解释不了的问题，也对理论提出了新的要求，可以丰富理论研究的内容，促进理论研究的深入和发展”。因此，翻译批评成为连接翻译理论与翻译实践的一座桥梁，并“历来被认为是将翻译理论付诸实践的一个重要领域”。此外，杨晓荣认为，对翻译批评与翻译理论之间关系的第二种理解是：翻译理论是翻译批评的理论基础。因为，在翻译理论研究的范围内，诸如翻译标准问题等很多内容都与翻译批评有着直接而密切的关系。但她同时指出，由于翻译批评的开展需要借鉴多种相关学科的理论，狭义的翻译理论“只能说是翻译批评赖以立足的最基本的那一部分理论基础”。再者，基于霍姆斯对翻译学科体系的构想与划分，她提出“对翻译批评和翻译理论的关系还可以从翻译研究或翻译学或广义的翻译理论这个整体的角度去理解”，并强调翻译产品的描写性研究、翻译理论和作为应用翻译研究的翻译批评“三者之间的关系是交叉、互动的”，也就是说，“其中任何一方都在为另两方提供资料，也都在吸取和利用另两方的研究成果”。以上三种理解从不同角度和不同层次阐释了翻译批评与翻译理论之间的关系，概括来说，两者的关系在于：“翻译批评在借助翻译理论的同时，又会以自己针对实际问题所进行的研究以及更为广阔的理论背景，丰富翻译理论内容，促进翻译理论的发展。”[②]这一论述不仅表明了翻译理论对翻译批评的价值，肯定了翻译批评对翻译理论的建设意义，更凸显出翻译理论与翻译批评之间相互依存、互为促进的密切关

① 除特别注明外，本节关于杨晓荣论述翻译批评与翻译理论之间关系的内容参见杨晓荣《翻译批评导论》，北京：中国对外翻译出版公司，2005 年，第 7–9 页。

② 杨晓荣《翻译批评导论》，北京：中国对外翻译出版公司，2005 年，第 22 页。

系，以及翻译批评在翻译理论与翻译实践之间所应发挥的关联与互动作用。又如，在《翻译批评——从理论到实践》中，温秀颖在对翻译批评的建构协调功能的论述中就翻译批评、翻译理论与翻译实践之间的关系进行了分析，认为“翻译批评在翻译活动中，一方面起着协调翻译理论与翻译实践关系的作用，另一方面还起着矫正、推动实践和丰富、完善乃至修正理论的作用”。具体来说，一方面，“丰富多彩的翻译实践活动是翻译理论得以产生和发展的源泉，而作为翻译实践经验总结和理性升华的翻译理论，其建构和发展又需要翻译批评这一中介”。另一方面，“翻译批评依据翻译理论所提供的基本原理对翻译实践进行分析、判断和评价。在分析、判断和评价翻译实践的过程中，翻译理论本身也受到翻译实践的检验，并得到及时的调整和匡正”①。与杨晓荣一样，温秀颖也首先明确了翻译批评在翻译理论与翻译实践之间所发挥的纽带作用，并在翻译批评与翻译理论两者的关系上强调了它们之间相互指引、相互建构的作用与反作用力。再如，在《文学翻译批评论稿》一书的前言中，王宏印从翻译学科建设与发展的角度对翻译理论、翻译批评、翻译史这三个“彼此相关的分支学科”之间的关联与影响进行了反思。他指出，三者之间存在着必然的复杂联系，就翻译批评与翻译理论的关系而言，一方面，“翻译理论为翻译批评提供理论层面”的支持；另一方面，“翻译批评理论的建设，又要求我们熟悉翻译理论的基本问题和各个方面的发展，以便能够在宏伟的理论视野下考虑一系列翻译批评本身的问题”②。也就是说，无论翻译批评的实际操作过程还是其自身理论建设，都离不开翻译理论的指引和借鉴作用。在《文学翻译基本问题》中，袁筱一和邹东来同样对翻译学科的三个组成部分，即翻译理论、翻译批评和翻译史之间的关系进行了深入而细致的思考。在他们看来，这三个部分之间不仅仅相对独立、有所区别，更重要的在于它们之间相互包容、相互依存的关系：“我们很难想象如果不建立在翻译批评的基础之上，如果不对具体的翻译实践所显示出来的具有普遍意义的问题进行提取和剥离，如果不厘清构成翻译史的各翻译环境与翻译作品的关系，翻译理论如何能够成立。同样，我们也很清楚，离开翻译理论，

① 温秀颖《翻译批评——从理论到实践》，天津：南开大学出版社，2007年，第51页。
② 王宏印《文学翻译批评论稿》，上海：上海外语教育出版社，2006年，第10页。

单纯描摹性的翻译史和单纯点评性的翻译批评并不具备理论的价值，因而也不能进入大写的历史和大写的批评。”[①] 简单地说，如果没有翻译实践尤其是翻译批评作为坚实的基础，翻译理论将只能成为无源之水、无本之木。同样，如果没有翻译理论作为科学的指引，翻译批评也只能长期囿于点评或随感的模式，并将由于理论价值的缺失而无法承担起“批评”一词的伟大意义所在。

上述几位学者对翻译批评与翻译理论关系的论述和思考颇具代表性，从中不难看出，翻译界对两者的关系已经形成了一定的共识。基于这样的共识，对翻译批评实践与理论的关系可以从三方面来加以理解：第一，开展科学的翻译批评离不开翻译理论。翻译批评活动历史悠久，有学者认为最早的翻译批评文字可以追溯到三国时期。[②] 显然，翻译批评在翻译理论走向系统化和科学化之前就已经出现，但直到 20 世纪 50 年代，它的发展相当缓慢，批评的范围、对象、形式和方法都非常局限，所发挥的作用因而也十分有限。此后，正是翻译理论研究的语言学转向和文化转向以及由此带来的翻译研究的根本性发展使得人们对翻译活动有了更深刻的把握，在这一基础上，翻译批评也逐步得以脱离经验主义的窠臼，开始以科学而理性的目光、从历史与文化交流的角度来分析和评价翻译，翻译批评的对象也从单一的语言层面拓展到涉及翻译整个动态过程的诸多要素。应该说，翻译理论研究的深化为翻译批评拓展了视野与空间，促使翻译批评对自身的研究对象和研究内容有了更明确、更深入的认识，也使得翻译批评在坚实的翻译理论基础之上形成自身多元的方法论体系成为可能。第二，翻译理论研究的深化与发展离不开翻译批评。以上各位学者都不约而同地谈到翻译批评对翻译理论的建构作用，确实，以批评的目光关注并考察丰富多彩的翻译实践活动，进而探寻翻译行为的本质、把握翻译活动的客观规律，这是促进翻译理论形成和发展的源泉与基础。早在 20 世纪 50 年代初，董秋斯论及翻译理论建设的必要性和迫切性时就曾谈到翻译理论、翻译实践与翻译批评之间的相互关系。他认为，加强翻译批评工作应“提供时间和力量，广泛地寻找典型，优良的加以推荐，粗滥的加以

① 袁筱一、邹东来《文学翻译基本问题》，上海：上海人民出版社，2011 年，第 23 页。

② 文军认为支谦的《法句经序》是我国历史上第一篇有关翻译批评的文章，参见文军编著《科学翻译批评导论》，北京：中国对外翻译出版公司，2006 年，第 19 页。

批评”，其目的在于“不但提高翻译工作者的积极性，也给翻译理论的建设提供丰富的实例”[①]。翻译批评在翻译理论研究成果的指导下，以分析翻译过程、评价翻译作品、解读翻译现象为基础，实现经验总结与理性升华，既对已有的理论研究进行检验和修正，又进一步拓展理论研究视野，引导译学界深刻把握翻译活动的丰富性与复杂性，从而促进翻译理论研究的深化、发展与完善。在《对建立中国翻译学的一些思考》一文中，张柏然、姜秋霞指出建立翻译学的两个必要途径，除了“从翻译实践中总结理论，再以理论为依据调节具体操作”之外，还必须“从翻译本体纵观文化外围，再从文化外围透视翻译本体，进行多角度、全方位的探讨”[②]。在这个意义上，翻译理论研究应走出象牙塔，关注文本之外更多的文化、社会现象，争取更多的人关心翻译事业、思考翻译问题，如哲学家、社会学家、语言学家、作家等，更要重视对读者的关注，对读者的审美期待、文化价值取向等进行研究。无疑，若要实现这种“本体”与“外围”、翻译与文化的互动，翻译批评必须发挥不可或缺的沟通与促进作用。第三，翻译批评不仅是沟通翻译理论与翻译实践的桥梁，更是促使两者形成积极互动的推动力。在我国翻译界，理论与实践的脱节一直被认为是一个十分突出的问题，在翻译研究成果和翻译研究观念层面都表现出某种“重技轻道”的倾向，这其中固然有客观原因，例如中国的思维方式历来重经验不重理论以及翻译活动本身实践性极强等等。但正如有学者所言，“翻译理论有助于克服翻译活动的盲目性，而翻译实践有助于更为全面地理解翻译，研究翻译”[③]，因此，翻译事业的健康发展离不开翻译研究的理性引导，离不开翻译实践的坚实基础，更必须依赖于两者之间的密切沟通与良好互动。对于兼具实践性和理论性的翻译批评而言，立足翻译实践，推进翻译研究，实现两者之间切实的沟通与互动，这既是它的基本功能，也是它义不容辞的职责。

---

① 转引自陈福康《中国译学理论史稿》，上海：上海外语教育出版社，1992 年，第 367 页。

② 张柏然、姜秋霞《对建立中国翻译学的一些思考》，载张柏然、许钧主编《译学论集》，南京：译林出版社，1997 年，第 29 页。

③ 穆雷、许钧《关于翻译实践与翻译研究的互动关系——许钧教授访谈录》，《外语与外语教学》2006 年第 1 期，第 58 页。

二、实践与理论互动：翻译批评自身的内在诉求

有必要指出，实践与理论的互动也是翻译批评自身的内在诉求。翻译批评能否真正成为沟通翻译理论与翻译实践的推动力，首先取决于翻译批评自身理论的构建。文学批评不应被视为文学的附属品；同样，翻译批评，作为文学批评的特殊形式，也具有毋庸置疑的自治性，不应依附或从属于翻译。在《翻译批评论：约翰·唐》一书中，法国翻译家、翻译理论家贝尔曼力图廓清翻译批评的概念，为翻译批评正名，他认为，作为“大写的批评”，翻译批评必须摒弃其传统的裁决性的否定角色，转而着重于“肯定性”。贝尔曼意欲确立的翻译批评的“肯定性”首先针对翻译批评的自身理论构建而言，即翻译批评在彰显其肯定性价值之前必须要“肯定”自身，要让翻译批评成为“一种自省的，能以其自身特点为批评主体的，产生自身方法论的评论方式；它不仅要产生出自身的方法论，而且还试图将该方法论建立在有关语言、文本及翻译的明确的理论基础之上”[①]。可以说，翻译批评的科学性在很大程度上取决于其自身理论体系的确立，没有自主理论体系作为依托的翻译批评往往流于经验、缺乏理性，这不仅阻碍翻译及翻译理论的发展，还将导致批评自身的使命难以完成，自身的价值无法体现。同时，自改革开放至今翻译批评发展相对较为滞后，一直是翻译学的薄弱环节。其理论建构本身，包括翻译批评的概念、原则、方法、标准等整个研究内容和成果，又构成翻译理论研究中不可或缺的组成部分，对推动翻译理论的深化具有重要意义。

翻译批评能否真正成为沟通翻译理论与翻译实践的推动力，其次取决于翻译批评的实践在场与介入。改革开放以来，随着译学界对翻译批评的日益重视，翻译批评理论研究取得了相当的进展，但真正针对翻译文本或翻译现象展开的批评实践却远远不够，翻译批评在某种程度上缺乏“在场”的鲜活生命力。我们看到，翻译在社会发展与文化交流等多个方面的重要作用近年越来越得以凸显，然而，当前的翻译界却存在诸多值得警惕与反思的问题，

---

① Berman, A. *Pour une critique des traductions : John Donne*. Paris: Editions Gallimard, 1995, p.45.

突出表现在八个方面："一是翻译的价值观混乱；二是翻译批评缺乏标准；三是缺乏翻译的质量监督体系，翻译质量得不到保证；四是在中国文化'走出去'的战略实施过程中，存在着浮躁的心理；五是翻译文本的选择缺乏规划，表现出很大的盲目性；六是中国文化与文学对外译介有急功近利的倾向；七是翻译市场不规范，翻译从业人员资格制度缺乏法律保障；八是文学翻译中抄译、拼凑现象严重。"[①] 这些问题中既有长期存在的老问题，也有新形势下暴露出来的某些具有倾向性的新问题，都需要翻译批评界以敏锐的理论意识与坚定的介入立场在高度关注的同时积极展开批评。如果翻译批评不能切实改变缺席与失语状态，重构其失落的话语权，那么它理应具有的监督、引导与建构等作用必然难以发挥，更遑论真正成为"联接翻译理论与翻译实践的一条重要纽带"。

三、《红与黑》汉译大讨论：翻译批评实践与理论互动的成功范例

作为我国翻译批评史上最为重要而影响深远的事件之一，20 世纪末关于《红与黑》汉译的大讨论可以说是翻译批评发挥"纽带"作用的一次宝贵经验和成功范例。在由法国大学出版社"我知道什么"著名系列丛书收录的《翻译》一书里，题为"翻译理论"的一章专门论及这场讨论，并将它作为当代翻译批评实践与理论密切结合与互动的代表性案例详细加以介绍。[②]1995 年，围绕《红与黑》多个汉译本的问世及读书界关注的名著复译问题，南京大学西语系翻译研究中心与《文汇读书周报》联合发起了关于《红与黑》汉译的讨论。这场讨论在深化对文学翻译和翻译批评的认识、突破翻译批评拘泥于是非评判的简单化倾向、拓展文学翻译批评的形式、揭露与批判抄袭等不良翻译倾向等诸多方面对翻译事业的健康发展发挥了积极作用，尤其在推动翻译研究的深化、促进翻译理论与实践的互动上具有重要意义。

在这次大讨论中，《文汇读书周报》收到来自全国大部分地区的 316 封读者回函，不同年龄层次与文化层次的读者就《红与黑》的汉译和文学

---

① 许钧《论翻译批评的介入性与导向性——兼评〈翻译批评研究〉》，《外语教学与研究》2016 年第 3 期，第 435 页。

② Oustinoff, M. *La traduction*. Paris : Presses Universitaires de France, 2003, pp.64–65.

名著复译等问题各抒己见，进行了积极的讨论。针对读者、批评者就翻译提出的看法和疑问，译者通过对谈、通信、杂感等形式进行回应，或说明、解释，或商榷、反驳，阐述翻译观念、为译文辩护。在这样的相互交流中，译者的翻译追求、主观愿望与读者的审美要求、阅读期待之间形成了良好沟通。一方面专家学者们从读者的阅读体会中获取了不少关于翻译的新视角与新思路，另一方面译者在翻译活动中的主体地位得以彰显，译者的翻译观与主观能动性对译文的决定作用也得到了前所未有的关注。可以说，这场讨论引发了翻译界对“翻译主体”问题的深入全面的探索与反思，或者，正如王东风所指出的，“在中国译学界开启了译者转向”，“为中国翻译学界的译者研究提供了最直接也最丰富的第一手资料”[①]。正是在《红与黑》汉译大讨论之后的几年间，翻译界逐渐认识到翻译虽然是对文本的具体实践，但在文字与文本背后却隐藏着历史、文化、社会以及翻译观、翻译价值观等更为深刻的问题，而所有这些问题无一不与翻译主体息息相关。在这一认识的推动下，翻译主体研究很快成为翻译理论研究中的焦点论题，产生了一批在国内翻译界颇有影响的成果。以《中国翻译》为例，该刊 2003 年第 1 期专门设立“翻译主体研究”专栏，并在此后的两三年间先后刊登了多篇以“翻译主体”为关键词的学术论文，对翻译主体问题进行了多层次、多角度的深入探索，例如许钧的《“创造性叛逆”和翻译主体性的确立》、穆雷和诗怡的《翻译主体的“发现”与研究——兼评中国翻译家研究》、查明建和田雨的《论译者主体性——从译者文化地位的边缘化谈起》、屠国元和朱献珑的《译者主体性：阐释学的阐释》、陈大亮的《谁是翻译主体》等。无论翻译的定义如何被表述，翻译的本质如何被理解，在整个翻译过程中，译者作为翻译行为主体，肩负着促成两种文化沟通与交流的根本使命，其重要性不言而喻。因此，确立译者在翻译活动中的中心地位、探究译者在翻译过程中的能动性，并由此对翻译动态过程加以系统分析和把握，这在很大程度上是翻译研究走向理性的必由之路。而在这一步至关重要的跨越中，翻译批评的反思与推动作用无疑具有决定

① 王东风《“〈红与黑〉事件”的历史定位：读赵稀方“〈红与黑〉事件回顾——中国当代翻译文学史话之二”有感》，《外语教学理论与实践》2011 年第 2 期，第 22 页。

性意义，或至少是其中的关键因素之一。不仅如此，在《红与黑》汉译讨论结束十多年后，对于这一事件的相关思考仍然在延续，《外语教学理论与实践》2011年第2期专门设立“学术争鸣：《红与黑》汉译大讨论再思考”专栏，对这场讨论的意义与影响以及讨论中所涉及的翻译方法、翻译立场、翻译的可能性等翻译根本性问题进行再度审视。专栏“编者按”指出：“从历史到现实，从事件到理论，不同观点的交锋，拓展了人们对翻译思考的空间，丰富了对翻译理论探索的途径。”此外，在2011年出版的方梦之主编的《中国译学大词典》中，作为这场讨论阶段性总结的《文字·文学·文化——〈红与黑〉汉译研究》一书被列入中外“译论百部”，关于《红与黑》汉译的讨论也被该词典作为重要的历史事件载入“翻译史”。同年，译林出版社推出了《文字·文学·文化——〈红与黑〉汉译研究》的增订本。可见，这场讨论的意义深远，从事件的理论探索诉求本身到译学界的持续关注与不断反思，翻译批评对于翻译理论研究的推动与建构作用无疑得到了有力的彰显。

基于对翻译活动与译者主体性的深刻认识，这次讨论并没有局限于单纯的语言层面，更没有孤立地看待翻译策略与翻译方法的选择，而是力图深入到翻译过程中还原译者的翻译观，考察译者心目中对“忠实”概念的不同理解，以实践为基础，以理论为指向，探索译本形成的深层机理，并据此进一步从理论层面把握翻译立场对翻译结果的决定性作用。正如有学者所言：“《红与黑》的汉译之所以能够在十七年以前构成翻译界的一个重大‘问题式’，并且引起翻译界、文学界乃至整个文化界的关注，正是由于在翻译的‘思考’和‘经验’之间形成了一个有机的互动。”[①] 实际上，在有关《红与黑》汉译的整个讨论中，组织者“始终有一种清醒的理论意识”，所针对的正是“译界翻译探讨与翻译实践往往相脱节的状况”，并力求以实际案例说明两点：“一是翻译是有理论的，而且不仅有理论，还有不同的理论与观点；二是翻译理论是有指导性的，在不同的理论与观点的指导下，会有不同的实践。”[②]

① 邹东来、朱春雨《从〈红与黑〉汉译讨论到村上春树的林译之争》，《外语教学理论与实践》2011年第2期，第24页。

② 许钧《理论意识与理论建设——〈红与黑〉汉译讨论的意义》，《外语教学理论与实践》2011年第2期，第11页。

在这场讨论的组织者、积极参与者许钧看来，“讨论《红与黑》的翻译，其意义远远超过《红与黑》汉译本身，可以就《红与黑》汉译所遇到的问题扩展开去，对文学翻译的一些具有共性的基本问题进行探讨”。因为，这一极具代表性的翻译个案“几乎牵涉到文学翻译所能牵涉到的所有基本原则：文学翻译中实践与理论的关系问题（实践与理论谁先谁后？）；文学翻译的目的，文学翻译的功用；翻译与创作的关系（它在何种意义上可以被称为‘再创作’？再创作有没有应有的度？）；翻译的语言问题；翻译的风格问题（译者有没有自己的风格，应不应该有自己的风格？）等等，无一不被涵盖在内”[①]。从具体翻译实践出发，就其中凸显或折射的翻译共性问题加以分析与研究，这不仅有助于更为全面地理解翻译，也使得翻译理论与翻译实践的互动真正成为可能。更为重要的是，《红与黑》汉译讨论使“文学翻译理论的研究在实践的基础上迈向了文化的背景”[②]，并有意识地将文学翻译置于文字、文学、文化的有机结合与互动中进行考察。在整个讨论中既有对于人名、地名运用的细节探讨，也有从语言层面对文本风格的剖析，还有从历史和文化高度就时代背景和社会文化因素对翻译的影响进行的专门研究。正如其阶段性成果《文字·文学·文化——〈红与黑〉汉译研究》一书的书名所揭示的那样，一切都被包容在文字、文学与文化的和谐统一之上。此外，在这场讨论中，翻译批评充分发挥其沟通功能，引导并促进翻译场域内各主体要素之间的交流，译者、读者与出版者之间形成了积极互动，进而从不同层面共同把关翻译质量、深化对翻译活动的认识、构建良好的翻译环境。

透过翻译批评史上的这一重要事件，我们可以看到翻译批评的出发点和归宿：它在翻译理论的指引下，积极介入翻译实践，对文本及其价值进行分析与评判，对翻译生成的整个过程加以考察，它既是对翻译理论的实际应用，又通过实践反作用于翻译理论，对翻译理论进行检验、促进和引导，积极推动了翻译理论与实践的有机结合。

---

① 许钧《理论意识与理论建设——〈红与黑〉汉译讨论的意义》，《外语教学理论与实践》2011 年第 2 期，第 11 页。

② 同上。

第三节 翻译批评的建构力量与新时代翻译批评的责任

一、翻译批评的建构力量

就其本质而言，翻译批评首先具有实践性，是针对翻译作品、翻译过程和翻译现象展开的分析、阐释与评价活动。根据贝尔曼的观点，翻译批评的根本任务在于拓展翻译的可能性。在这个意义上，“翻译批评的首要任务就是要介入翻译实践，就翻译实践展开的动机、方法、质量等进行评价、检视、批评”[①]。介入性是翻译批评的本质要求，而作为一种对象性活动，翻译批评的价值正是通过实现其对象价值而得以实现的，因此，正如贝尔曼所强调的，“否定”不是翻译批评应有的姿态，任何简单的摧毁性工作都无法承载翻译批评的意义，也无益于实现翻译的目标与价值。翻译批评在有所“破”的同时必须有所“立”，即在理论与实践两个层面展现其建构力量。

新的历史时期，在经济全球化与文化多元化的背景下，翻译扮演着越来越重要而独特的角色。但令人担忧的是，翻译质量低劣、翻译风气浮躁、翻译道德沉沦、翻译人才青黄不接以及翻译出版机制不健全等问题的出现，似乎令翻译的繁荣背负了难以挣脱的“虚假”之名，不断遭受学界、媒体和读者的质疑与拷问。面对种种翻译危机，以维护翻译事业的健康发展、促进翻译价值的实现为使命的翻译批评唯有直面问题、积极介入翻译实践，以充分的理论自觉与在场意识，关注翻译现实，才能在“建构”中发挥必要的监督、规范与导向功能。改革开放以来的翻译批评史上，除了《红与黑》汉译大讨论这一影响深远、里程碑式的批评事件之外，围绕《堂吉诃德》杨绛译本的交锋、关于村上春树汉译的讨论以及《光明日报》以“构建与世界的通道”为题就翻译质量问题进行的系列报道等也是具有重要意义的批评个案。从翻

① 许钧《论翻译批评的介入性与导向性——兼评〈翻译批评研究〉》，《外语教学与研究》2016年第3期，第433页。

译批评实践出发，围绕这三个颇具代表性的翻译批评个案，通过对批评形式、内容、对象、目标、价值的深入考察，我们可以看到翻译批评在理论与实践两方面所展现出的争鸣、反思和警示等建构性力量。

1. 个案一：围绕《堂吉诃德》杨绛译本的交锋

从 20 世纪 90 年代起，《堂吉诃德》二十多种中译本中发行量最大的杨绛译本已经在西班牙语界引起过多次争议，而自 2003 年 6 月至 2005 年 9 月，短短的两年多时间里，《中华读书报》《文汇读书周报》《新京报》《外国文学》等媒体上刊登的有关《堂吉诃德》杨绛译本的评论文章则多达十余篇。争论程度之激烈，从各文章标题中出现的“背叛”“错译”“反面教材”“译坛歪风”等字眼里便可见一斑。概括来看，争论的焦点主要集中在对《堂吉诃德》第二十五章中桑丘所说的一句习语“de pelo en pecho”的不同译法，究竟是直译为“胸口长毛”，还是意译为“有股丈夫气”或“有股子男子气概”，众说纷纭，莫衷一是。以陈众议与林一安之间的“短兵相接”为例，2003 年 6 月 11 日，陈众议在《中华读书报》发表文章《背叛之背叛》，他认为，无论是杨绛的直译，还是董燕生的意译，都是译者有意无意在翻译过程中为完成翻译的使命而自由选择的结果，无可厚非，因为，“无论是翻译理论还是翻译实践，都提供了彼此殊异的可能性”①。随即，2003 年 8 月 6 日，林一安在《中华读书报》以《莫把错译当经典》为题发表文章予以回应，针锋相对地指出把这一习语译为“胸口长毛”是望文生义，并强调，“翻译的确可能会彼此殊异的，即所谓‘一千个译者，就有一千个莎士比亚’。但大前提是对原文的理解必须正确，否则就没有可比性”②。时隔一年不到，两位学者在《外国文学》2004 年第 3 期上同时撰文，就“胸口长毛”之争再次展开交锋。在陈众议看来，认为把“de pelo en pecho”译成“胸口长毛”是望文生义的批评者虽引经据典，却恰恰“回避了问题的关键，即‘胸口长毛’用在一个勇力过人的女人身上不仅贴切，而且形象”③。林一安则坚持认为：

① 陈众议《背叛之背叛》，《中华读书报》2003 年 6 月 11 日。

② 林一安《莫把错译当经典》，《中华读书报》2003 年 8 月 6 日。

③ 陈众议《评〈莫把错译当经典〉——与林一安先生商榷》，《外国文学》2004 年第 3 期，第 103 页。

“根据西班牙习语的用法惯例，‘de pelo en pecho’只用来形容一个人的禀性脾气，不指具体的形体，不是真的胸口一定就长毛”，因此，就像汉语中“胸有成竹”一类的成语一样，无论从逻辑上还是意义上来看，都“切不可按字面直译”①。

在陈、林两位西语专家的两次交锋之间，作为《堂吉诃德》的译者，杨绛在一次访谈中对林一安的质疑和批评进行了回应，并嘱咐访问者记下原话，“公开向林一安先生请教”。杨绛首先对林一安积极探讨文学翻译质量的态度表示了肯定，她认为，林一安“强调名家译作的失误乃至败笔，是应该而且‘必须指出并加以改正的’”，这种举动“是对名家更大的尊重和爱护，也是对读者的高度负责”，因此，“值得赞扬”。②但对于“错误乃至败笔”的判断，杨绛则坚决地予以了反驳，并从话语需符合人物形象的角度表明了自己的翻译立场，她指出，这个习语“译‘有男子汉的气概’或‘有大丈夫气概’都行，但是在桑丘嘴里，按成语直译，更切合桑丘的口吻。‘胸口生毛’，是男子汉的具体形象，成语，指的是男子汉的气概，是男子汉的抽象概念，按字面直译不失原意，而在桑丘嘴里，会显得更现成，更自然，也更合适”③。访谈最后，杨绛虚心向西语界专家求教，明确表示：“如果确实是错误，我应当改正；不仅心悦诚服，还深深感激。”④

至此，关于“胸口长毛”的争论积极、热烈，虽然一时间难有“孰是孰非”的结论，但评论者之间、译者与评论者之间的互动、探讨以及由此展现出的对翻译求真求美的学术风范似已成就了翻译界的一段佳话。然而，2005年4月，事件凸显新的波澜，《新京报》刊登的《董燕生：挑战杨绛译作的人》再次引发译界争端。这一次，交锋似乎更加激烈，引起了著名翻译家、资深出版人以及媒体的广泛关注，争论的内容也从对翻译方法的探讨升级为对译坛风气和学术道德的拷问。事情的起因是，《堂吉诃德》的译者之一董燕生在接受媒体采访时批评了杨绛译本中“胸口长毛”等译法，并指责杨绛译本

---

① 林一安《“胸毛”与“瘸腿”——试谈译文与原文的牴牾》，《外国文学》2004年第3期，第100-101页。

② 转引自张逢昕《向林一安先生请教》，《中华读书报》2003年8月27日。

③ 同上。

④ 同上。

比他的译本少了11万字，进而宣称“不畏前辈权威，敢把杨绛译文当反面教材”[①]。一石激起千层浪，包括叶廷芳、杨武能、毕冰宾、李景端在内的诸多翻译家和出版人纷纷回应，表示强烈的不满和谴责。例如，杨武能认为：“专挑名家名译的‘错儿’，攻其一点不及其余，贬低他人抬高自己，是这些年译坛的歪风之一。”[②]毕冰宾则严厉指出：“在这一事件中，董燕生有滥用职权的嫌疑”，因为，“作为一名教授，他这样是滥用国家给他在公共讲坛上传授知识的权利。在法律或学术界没有普遍认可和裁定的情况下，怎么能在课堂上私自给杨绛译本定性，而且是给一个有竞争的译本定性？这是滥用教师的职权，是一种学术腐败”[③]。对此，杨绛和董燕生两位当事人的态度都很明确。杨绛发表声明《不要小题大做》，明确表示：“董燕生先生对我的批评，完全正确，说不上‘歪风’。他‘不畏前辈权威’，勇于指出错误，恰恰是译界的正风，不是歪风。”[④]并且，在解释了为何直译的原因后，她表明了“希望化‘误解’为‘了解’”并向专家行家们求教的真诚愿望。而董燕生则以“目前批评他的这些人中没有一个懂西班牙语”为由，“不准备予以反驳”[⑤]。

今天，这场历时数年的激烈“笔仗”已经在翻译界的记忆中渐渐远去，我们也无意追问结果、评价是非。然而，“远离”并非也不应意味着“淡忘”，透过“交锋”与“互动”等热闹的外在形式，这场争论至少有以下两点是意义深远的，值得我们深入思考。

其一，突破语言学模式，关注翻译观对翻译实践的影响。翻译不能被简单地视为两种语言之间的转换，我们知道，翻译是一种主体性极强并富有理性的活动，任何对翻译策略的选择、对翻译方法的运用都不是盲目的，而是自觉的、有意识的，都渗透着译者对翻译本质、目标与价值的主观理解与认识。正如本雅明所认定的那样，直译和意译“从来都是翻译的立场，而不是翻译

① 转引自许嘉俊《杨绛译〈堂吉诃德〉被当“反面教材” 众译家据理驳斥译坛歪风》，《文汇读书周报》2005年8月26日。
② 同上。
③ 同上。
④ 杨绛《不要小题大做》，《文汇读书周报》2005年9月2日。
⑤ 刘晋锋《杨绛淡看〈堂吉诃德〉译本争端》，《新京报》2005年9月7日。

的方法”[①]，换言之，究竟是“直译”还是“意译”，这已经不再是表面看来的翻译的语言层面和技术层面问题，而是直接关系到译者的翻译观和翻译价值取向。在这个意义上，翻译批评必须突破传统的语言学模式，纠正“对”与“错”的简单化评价倾向，必须重视翻译观对翻译实践的影响。这也正是这场关于《堂吉诃德》杨绛译本的争论带给我们的思考之一。

一处看似简单的习语翻译涵盖了翻译理论、文本意义、风格、形象等与翻译行为密切相关的内容，其中折射出的是文学翻译的诗学特征，是译者作为翻译主体的立场与选择。杨绛在《不要小题大做》中耐心向董燕生解释，“胸口长毛”“这个词儿如果出于任何别人之口，该说是错。但桑丘用字往往不恰当，例如把美人的眼睛比作珍珠。[……] 桑丘引用成语，往往成双成串，紧接‘胸口生毛’下的一句也是成语，我也直译了”[②]。可见，问题的关键在于，“de pelo en pecho”这句习语究竟该直译还是意译，不能仅从语言层面判断，应首先考虑既定的文本语境与风格，因为文学翻译不同于文字翻译，它不仅是语言的转换，更是意义的传递、风格的再现。正是基于这样的认识，陈众议等评论者没有局限于单纯的语言层面，也没有孤立地看待翻译方法与翻译策略的选择，而是力图深入到翻译过程中还原译者的翻译观，并据此审视译者的翻译实践。“任何文学翻译若不注意形象、意蕴的移植或转换，读来必定是味同嚼蜡或者不得要领。”[③] 这想必正是杨绛虽未直接言明却努力践行的翻译立场。

其二，从求真出发，凸显强烈的批评意识与积极的批评氛围。意大利谚语说：“翻译即背叛。”尽管如此，或许正因为如此，在两种语言的相遇、两种文化的交流中，“求真”成为翻译赋予自身的永恒渴望与追求。而在求真的目标下，强烈的批评意识和积极的批评氛围是保证翻译批评价值的首要条件。在这一点上，关于《堂吉诃德》杨绛译本的争论无疑为翻译批评的健康发展提供了成功的范例。

---

① 袁筱一《从翻译的时代到直译的时代——基于贝尔曼视域之上的本雅明》，《外语教学理论与实践》2011 年第 1 期，第 93 页。

② 杨绛《不要小题大做》，《文汇读书周报》2005 年 9 月 2 日。

③ 陈众议《评〈莫把错译当经典〉——与林一安先生商榷》，《外国文学》2004 年第 3 期，第 104 页。

与《红与黑》事件呈现的规模性和组织性不同，《堂吉诃德》事件虽然经历的时间较长，但自始至终规模并不大，依据蒂博代对批评类型的划分，属于典型的“职业的批评”（即教授或学者的批评）。尽管如此，从以上对事件过程的梳理可以看出，无论西语专家对翻译方法的质疑和商榷，还是著名翻译家和资深出版人对不良倾向的批评，或是媒体对整个事件的关注，甚至译者本人对各种评论的回应，这场关于杨绛译本的评论与交锋一直表现出可贵的自发性和敏感性，既渗透着学者深厚的学识、缜密的思考，又散发着迅速、敏感、热烈的批评激情与魅力，彰显了参与者强烈的批评意识。相对于传统翻译批评的某种麻木和淡漠，这一点是相当可贵的。

昆德拉说：“对一个作家来说，没有什么比缺席遭批更糟的事了。”[①] 同样，对一个译者而言，也没有什么比批评的缺席和读者的沉默更令人遗憾的事了。然而，避免遗憾的主动权不在译者，而在评论界，在于它具有的批评意识，更在于它营造的批评氛围。在历时数年的关于《堂吉诃德》杨绛译本的争论中，虽然不乏言辞激烈的指责，但批评者真诚与热情的主观姿态展现无遗。从求真出发，深入分析，客观中肯，既不一味地寻美，也不一味地求疵，即便董燕生“不畏前辈权威，敢把杨绛译文当反面教材”之类的说法有过于偏激之嫌，若从其翻译求真的勇气和态度来看，也并非毫无值得嘉许之处。不难想象，杨绛之所以对董燕生的批评表示肯定甚至赞赏，恐怕也正是出于追求翻译之真的用心。此外，作为译者，杨绛自始至终表现出虚怀若谷的气度和风范，对营造积极的批评氛围起到了极为重要的作用。如果翻译界和批评界能再多一点“化‘误解’为‘了解’”的决心和勇气，翻译事业无疑将会向着更健康的方向发展。

2. 个案二：关于村上春树作品汉译的讨论

如果说阅读村上春树正在成为世界性的文学现象，那么，阅读林少华译的村上春树早已成为中国的文学现象。从 1989 年开始的 20 年间，村上春树在中国推出了 34 部作品，其中 33 部由林少华担任翻译，而林译《挪威的森林》

① 昆德拉《被背叛的遗嘱》，余中先译，上海：上海译文出版社，2003 年，第 24 页。

超过百万册的印数不仅成就了中国出版界的传奇，更把林少华由一个日本古典文学的研究者变成了影响广泛的翻译家。有学者指出，“大多数中国读者眼中的村上就是林少华笔下的村上，基本上相当于大多数读者眼中的巴尔扎克就是傅雷笔下的巴尔扎克”[①]，其影响力不言而喻。于是，译者终于从默默无闻的幕后走到了喧哗热闹的台前，事情倘若就这么继续下去，也不失为翻译界的美谈。然而，两起不大不小的事件却打破了既定的轨迹，直接引发了对村上春树作品汉译的大讨论，也把林少华或林译村上春树作品推上了风口浪尖：一是，2007 年，东京大学中文系教授藤井省三在专著《村上春树心目中的中国》中严厉批评了林译的“审美忠实”，认为村上春树的作品用的是“口语体”，唯有最大限度传达这一文体或风格的翻译才是“良质”翻译，而林少华的译本用的却是“文语体、书面语体”，他还引用了《挪威的森林》中有关玲子弹吉他的一段译文，把林少华译的大陆版与叶惠译的香港版、赖明珠译的台湾版进行了比较，指出林译虽美却难免有“浓妆艳抹”之嫌；二是，2009 年，村上春树新作《1Q84》的简体中文版权拥有者新经典文化出版公司选择了施小炜作为译者，理由是他的翻译“更为准确”，至此，林少华对村上作品 20 年的“垄断”被一举打破。有学者更把这两起事件联系起来，认为“今年春天‘村上御用翻译林少华遭《1Q84》版权方弃用’，在书界轰动一时，其实是两年前日本学者藤井省三在所著《村上春树心目中的中国》中批评林译村上春树作品的后续效应”[②]，导致关于林译的风格与准确性的争论持续不断，愈演愈烈。可以说，虽然没有具体的策划和组织，围绕村上春树林译的讨论已经借助媒体和网络的力量演变为一场规模和影响都相当可观的翻译批评，其范围远远超出翻译界，触及到了包括日语学界、评论界、读书界、媒体、出版界等诸多领域。

这里有两点需要说明：一是，上述两起事件只是关于村上春树林译的讨论的催化剂，而并非其源头，有学者指出，对村上春树作品汉译的讨论实际上由来已久，“可以追溯到 2004 年孙军悦用日文发表的《误译中的真理》，

---

① 邹东来、朱春雨《从〈红与黑〉汉译讨论到村上春树的林译之争》，《外语教学理论与实践》2011 年第 2 期，第 25 页。

② 止庵《关于翻译的外行话》，《文汇读书周报》2010 年 12 月 17 日。

第一次对林少华的翻译风格提出了质疑”[①]；二是，所谓“林少华遭《1Q84》版权方弃用”的深层背景在于，多年来与林少华合作的上海译文出版社以50万美元竞争中文版权，结果还是以落败告终，而最终的赢家新经典文化出版公司无论以何种方式制造吸引眼球的亮点或卖点，都在可以合理想象的范围。基于这样的认识，我们可以更加理性地从翻译本身而不是单纯从“事件”的角度来看待这一场大讨论，实际上，对村上春树作品汉译的讨论绝不仅仅是网络时代的一场热闹的口水战，其对翻译活动复杂性的揭示及对翻译根本问题的探究都给翻译批评带来了诸多反思。

首先，以文本为归依、以翻译方法为对象是翻译批评的必然途径。与其他翻译批评个案相比，关于村上春树作品汉译的讨论发生的背景颇有些特殊。其一，村上春树作品汉译的简体中文版基本上只有林少华一个译者。其二，作为译者的林少华虽然从未声称自己从事翻译理论研究，但却在报纸、杂志、博客等诸多媒体一再表明他对文学翻译的理解、阐述他所信奉的以“审美忠实”为核心价值的翻译观。正因为如此，林少华的翻译观与赖明珠、施小炜的翻译观形成了鲜明的“意译”与“直译”的二元对立。其三，林少华译的《挪威的森林》等一批村上春树的作品在读者中得到了广泛的接受与喜爱，林译的风格已经深深植根于几代人的青春记忆。特殊的评论背景使我们在试图追溯这一批评个案时面临三个相应的问题：①在所谓“御用”译者“遭版权方弃用”的风波下，如何避免批评的兴趣从翻译转向“事件”，从而使对翻译的关注沦为对“事件”的炒作？②如果说，“直译”与“意译”作为翻译方法从来都不是绝对的、排他的，而是相辅相成的，那么，这个从20世纪90年代的“《红与黑》事件”起就一再引发争论的话题如何在当下的讨论和反思中呈现出新的意义？③对读者已经普遍接受和喜爱的译文与风格，翻译理论界和评论界的质疑承载着怎样的目标与价值？

澄清上述问题的共同也是唯一途径就是回归文本，以理性的目光关注文字、探讨翻译方法，这既是翻译活动的实践性，也是批评活动的对象性所要求和决定的。因此，尽管关于村上春树作品汉译的讨论并非针对某一个文本，

① 邹东来、朱春雨《从〈红与黑〉汉译讨论到村上春树的林译之争》，《外语教学理论与实践》2011年第2期，第25页。

而是呈现出明显的“事件性”，我们仍然可以看到，在王成的《翻译的文体与政治——“林译”文体论争之刍议》、林璋的《文本的翻译与评说——以林少华译〈挪威的森林〉为例》、止庵的《关于翻译的外行话》、高宁的《关于文学翻译批评的学术思考——兼与止庵先生商榷》等较为重要的评论文章中，尽管论述的视角、对象和目标各不相同，但评价的依据都集中在《挪威的森林》的汉译版本，从而使形式、动机各异的翻译批评无一例外地回归于文字与文本，并最终指向翻译方法与翻译立场。

在网络与媒体的时代，对翻译的关注或争论不可避免地被赋予了热闹的外在形式，但同样毋庸置疑的是，对翻译方法的探究不仅永远存在，而且是实现翻译的价值、捍卫翻译批评的理性的唯一可靠途径，因为，翻译方法折射出的是译者对翻译活动的认识、对翻译作品的理解等诸多与翻译批评息息相关的问题。这个简单而深刻的道理既是长期的翻译理论研究和无数的翻译实践经验向我们表明的，也是关于村上春树作品汉译的讨论带给我们的反思。

其次，多样性是翻译的基本特征，多元化是翻译批评的根本属性。在围绕村上春树林译的争论中，质疑的焦点在于林译的风格以及必然牵连在内的忠实性问题。这一点已经形成共识，然而，棘手的是，其一，风格基本上是个仁者见仁、智者见智的问题，而对村上春树这类至今仍然活跃在文坛上的作家，就更加难以对其创作风格进行一劳永逸的界定与概括。其二，即便风格可以通过文本分析大体得以把握，它也无法在翻译中提供语言转换的具体对策，更无法在评论中提供可以量化的具体标准。因此，风格是否得以再现也是个见仁见智的问题。其三，鉴于日语和中文两种语言本身的差异，如何判定译文是否最大限度地传达村上春树作品的“口语体”风格，这也是个令人难以断言的难题。忠实性问题似乎更加复杂。一方面，尽管“忠实”是人们对翻译最根深蒂固的要求，但翻译界对“忠实于原文的什么？”这一问题一直以来都各持己见，难以形成统一的看法。另一方面，当学术界对林译的忠实性提出质疑时，我们却发现，林少华对翻译原则的理解正在于“忠实”二字，这从他对严复“信达雅”说的解读中可见一斑，他指出：“‘信’，侧重于内容（内容忠实）；‘达’，侧重于行文（行文忠实）；‘雅’，侧重于艺术境界（艺术忠实）。”[①]只不过，他认为，文学翻译的忠实性应体现在译文的“整体审美效果”，也就是说，“文学翻译最重要的是审美忠实”，因为，“无论有多少理由，翻译文学作品都不该译丢了文学性”。[②]

由此看来，关于村上春树作品汉译的讨论无疑再一次向我们揭示了翻译活动的复杂性。无论如何表述对翻译的定义、对翻译本质的理解，翻译首先是一种符号转换的过程，即在语言层面上“脱胎换骨”的过程。既然已经换了一副面容，那么如何才能保证译文是原文的再生呢？语言的转换、意义的传达和风格的再现都必须依赖一定的方法，而翻译方法从来都与翻译立场与翻译价值观息息相关，并充分体现出译者作为主体在翻译过程中的主观能动性及其对翻译结果的必然操控。在这个意义上，多样性无疑是翻译的基本特征。因此，翻译批评不应是否定，更不应是审判，而必须以多元化为其根本属性，通过多元化的批评视角与途径拓展翻译的可能性正是翻译批评的价值所在。

3. 个案三：《光明日报》围绕翻译质量问题的系列报道

从2001年12月13日起，《光明日报》以“构建与世界的通道”为主题，用半年多的时间就翻译质量问题进行了系列报道，并以整版篇幅揭露某些劣质译作，对其中存在的错译、误译、漏译、加译、乱译以及抄袭、剽窃等不容忽视的质量问题给予了严厉的批评与谴责。此外，许钧、何其莘、叶兆言、文舒、刘杲、陈应年、李景端等著名学者、作家、出版人还分别从翻译学科建设、翻译教学、翻译道德、翻译出版机制、翻译图书质量管理等方面指出翻译质量问题的症结所在并提出解决的途径与办法。

与前两个翻译批评案例相比，《光明日报》发起的这场有组织、有重点、有目标的集体批评不仅具有显著的特征，更具有特别的意义。

首先，从沟通文化、促进交流的高度看待翻译活动、审视翻译问题。世界化的进程是历史发展的必然，而如何在全球化和经济一体化日益加快的进程中尊重文化差异、维护文化多样性则是人类文明必须面对的挑战。那么，如何在文化交流中求同存异，从而展开真正的对话呢？为了实现这样的目标，

① 林少华《文学翻译的生命在文学——兼答止庵先生》，《文汇读书周报》2011年3月11日。
② 同上。

翻译可以说是必然的途径。对于翻译的跨文化交流本质，联合国教科文组织总干事松浦晃一郎认为“求同与存异唯有通过翻译才能并行不悖”，因为，翻译是“一种独一无二的工具，能够开通渠道，在个性与共性，多样化与对话之间找到契合点”[①]。1992年首个国际翻译日的主题即定为“翻译——至关重要的纽带”，而“沟通文化”是第19届世界翻译大会和国际翻译日共同的主题。无疑，这再一次表明，维护文化多样性，促成不同文化间的相互理解，实现不同文化的和平共处，这是历史赋予翻译活动的崇高使命。因此，只有从沟通文化、促进交流的高度明确认识翻译的本质、理解翻译的价值、审视翻译存在的问题，才能在翻译实践中更增加一份责任意识和批评意识，而这是保证翻译事业健康发展的首要条件。

其次，揭示文学名著复译的危机，呼吁加强译风译德建设、加强翻译出版管理。文学名著复译是翻译界一个颇为令人关注的现象，它既是翻译事业蓬勃发展的有力证明，也是翻译危机日益显现的是非之地。在《光明日报》的系列报道中，有数篇文章直接将批评指向名著复译问题，如叶兆言的《复译和抢钱》、孙会军的《复译的悲哀》、刘沛的《文学作品重译的误区》等等。复译本身无可厚非而且完全必要，问题是如何改变良莠不齐的状况，如何避免沦为简单、消极、不负责任的重复，如何为原著带来新的鲜活的生命力。要解决这些问题，复译必须有所超越与创新，这既是对原作者，也是对读者，更是对翻译事业的尊重。事实也一再证明，真正以超越前人、打破所谓“范本”桎梏的勇于尝试创新的复译作品深受读书界和翻译界好评，其价值是得到充分肯定的。正如路文彬在《贴近大师——我看“名著重译”》中所言：“对于翻译作品来说，‘信、达、雅’是我们始终坚守不弃的原则。但由于这一原则又是一个永远充满诱惑、没有终极点的目标，因而任何一位翻译权威都无法成为永久垄断性的。我们承认朱生豪之于莎士比亚、钱春绮之于歌德的权威性，但并不能因此就断定莎士比亚非朱生豪不可，歌德除钱春绮不行。梁实秋不是也译过莎士比亚吗？梁宗岱、卞之琳等也译过，

① 松浦晃一郎《促进文化交流、推动文明发展是翻译工作者的使命——联合国教科文组织总干事松浦晃一郎致世界翻译大会的贺词》，宫结实、苑爱玲译，《中国翻译》2008年第4期，第5页。

且都有胜于朱生豪的地方。‘有1000个读者就有1000个哈姆雷特’，同样，有1000个译者就有1000个莎士比亚或歌德。正是有赖于这无数个译者的不懈努力，我们方能更客观、更全面地贴近莎士比亚这些大师们。一双眼睛终究无法穷尽莎士比亚的方方面面。”[①]以朱生豪为例，他翻译的散文体《莎士比亚全集》风格清新、流畅、典雅，素来为读者称道，是令人爱不释手的经典译著；而方平没有拘泥于传统，发现了用散文体译莎剧“存在的固有的缺陷”，故以全新的追求，创造性地投入到用诗体翻译莎士比亚全集的工作中，使莎剧翻译取得了可喜的进展和成就，也使河北教育出版社推出的《新莎士比亚全集》格外引人注目。又如，傅雷笔下的《约翰·克里斯托夫》的译本“既得作者之心，又得到读者的共鸣，可以说是一部名著名译”，开头的“江声浩荡”四个字更是不知镌刻在多少读者的心中，这样一部经典译著是否可以重译呢？许渊冲在复译此书前也面临如此的困惑，且不论傅译和许译孰高孰低，但后者不仅充分体现了译者的翻译优化论这一理念，更为不同审美趣味的读者提供了新的选择。可见，翻译中的超越与创新是永无止境的，也是令人尊敬的。再如，米兰·昆德拉的作品近年来炙手可热，其中的代表作《生命中不能承受之轻》于1987年由作家出版社推出韩少功的译本，在国内引起巨大反响，总印数高达百万册。2003年，上海译文出版社又推出许钧的新译本《不能承受的生命之轻》，立即引起了各界的广泛关注，并引发了两位译者间以及翻译界、读书界、批评界就翻译本质、翻译观、翻译原则、对原文的理解与阐释等重要翻译问题的讨论。可以说，这部复译作品不仅使原作生命在新的文化语境中得以拓展与延伸，更在某种程度上积极推动了翻译理论研究。

倘若在纯粹经济利益的驱使下，复译沦为简单、消极、不负责任的重复，沦为翻译质量问题滋生的温床，那么，“违背了翻译的科学精神、艺术原理及道德原则”[②]的复译不仅毫无超越与创新可言，而且真的要与“抢钱”画上等号了。叶兆言说：“复译作为一种变相抢钱，在翻译界已是公开的

① 路文彬《贴近大师——我看“名著重译”》，载许钧主编《翻译思考录》，武汉：湖北教育出版社，1998年，第181–182页。

② 姜秋霞《不能这样翻译》，《光明日报》2002年5月9日。

秘密。”[①]或许这只是一家之言，或许这就是学界共识，但不得不承认，无法回避的文学翻译质量问题，尤其是名著复译的质量问题，一再令人触目惊心。

面对翻译质量问题，本着“维护翻译工作的神圣性，共同促进翻译事业健康地发展”的宗旨，季羡林、叶水夫、冯亦代、杨宪益等12位学者联合发表《关于恪守译德，提高翻译质量的倡议和呼吁》，呼吁加强译风译德建设、积极开展翻译批评。如果说这份倡议主要从翻译工作者的角度着重强调了恪守翻译职业道德的重要意义，那么，《光明日报》2002年6月20日刊登的对新闻出版总署图书出版管理司司长阎晓宏的专访则从政府职能部门的角度明确了加强翻译出版管理的重要性并提出了相应措施。阎晓宏认为，造成部分翻译图书质量滑坡的深层次原因大致有五种：一是社会责任问题；二是职业道德问题；三是出版单位片面追求经济利益；四是有些出版单位，组织翻译作品出版，但自身却不具备审定译稿的能力，缺乏对翻译稿件质量的判断、把关能力；五是不严格执行国家有关出版管理的规定。阎晓宏同时指出，要从根本上杜绝伪劣译作，关键在于加大对翻译图书出版物质量的社会监督与管理。第一，对于国外出版物的引进出版要进行宏观调控，减少翻译图书低水平重复出版；第二，要加强对翻译图书的专项治理和检查；第三，要加强舆论监督和社会批评工作。[②]

可以说，翻译质量问题的根本解决在很大程度上依赖于科学的价值评价体系，而建立科学的价值评价体系，除了树立对翻译标准和翻译批评标准的正确认识，关键还在于翻译出版部门必须具有严格和科学的翻译质量控制机制。董秋斯曾明确指出，翻译批评的重点之一就是“翻译书出版者的作风”[③]。译者作为翻译主体固然对翻译质量负有主要责任，但出版部门作为翻译活动的重要参与者，对于保证翻译质量同样起着不容忽视的作用，也理应具有必要的责任意识。从翻译版权引进、译者选择到译文的审定、译本的编辑，出版者介入了影响翻译质量的各个环节，若缺乏严格、科学的监督与控制，导

① 叶兆言《复译与抢钱》，《光明日报》2002年2月7日。

② 王玮《翻译图书质量管理要有新举措》，《光明日报》2002年6月20日。

③ 转引自陈福康《中国译学理论史稿》，上海：上海外语教育出版社，1992年，第364页。

致价值不高、品质低劣的译作流入图书市场，“既造成了对原作者的伤害，也造成了对读者利益的损害，更是对文化交流事业的一种亵渎”[①]，后果可谓十分严重。因此，建立科学、有效的价值评价体系，促进翻译事业真正走向繁荣，这不仅是翻译界的责任，也是出版界不可推卸的义务。

《光明日报》对翻译质量问题的关注和批评再次给翻译界、出版界敲响了警钟，如何加强译风译德建设，如何加强翻译出版管理，从而力求在根本上使文学翻译质量得到保证，这是翻译界、出版界、批评界必须严肃对待、认真反思并合力解决的问题。

4. 翻译批评的必要性、对象性与建设性

通过以上的个案考察，可以看到，围绕《堂吉诃德》杨绛译本的交锋、关于村上春树作品汉译的讨论以及《光明日报》以“构建与世界的通道”为题就翻译质量问题进行的系列报道这三个文学翻译批评个案尽管缘起、背景和所处的语境各异，所关注的问题和焦点也不尽相同，并且分别表现出争鸣、反思、警示等鲜明特点，但从根本上来看却共同折射出翻译批评研究中值得深入思考的本质问题，彰显了翻译批评在理论与实践上的建构力量。

（1）翻译批评的必要性。翻译批评的价值体现在哪里？究竟如何“给文学翻译一个方向”？从上述个案中我们看到，三起翻译批评事件的发生虽然有着不同的历史背景，但都可以归结于相同的线索和目标，即关注翻译实践、反思翻译问题或现象，进而展开讨论与互动，或揭示翻译实践中的种种复杂现象，或发现现象背后隐含的更深刻的问题，从而加深对翻译活动的理解、提高对翻译根本问题的认识、丰富翻译的可能性、拓展翻译理论建构的空间。

无论是可以追溯到20世纪90年代的关于《堂吉诃德》杨绛译本的争论，还是21世纪初发生的关于村上春树作品汉译的讨论，批评界对翻译实践的关注、对翻译根本问题的探究、对翻译“真善美”的追求从来没有停止过，哪怕有激烈持久的交锋，哪怕有悬而未决的难题，因为，翻译活动从来都比我们想象的更为复杂、更亟待澄清。“对历史上有争议但没有结果的问题，

① 许钧《翻译的危机与批评的缺席》，《中国图书评论》2005年第9期，第13页。

我们不能轻易放弃”①，这正体现了翻译批评的必要性及其指引实践、建构理论的立场和决心。

（2）翻译批评的对象性。翻译批评如何开展，在很大程度上取决于批评主体的身份、视角、素质与精神，取决于批评标准的普遍性与合理性，但翻译批评的价值首先体现在它的对象性上。这是由批评的“评价性”本质所决定的。

回顾以上三个翻译批评个案，事件本身虽然由于种种文本外的因素而直接引发关注，并且，媒体、出版界的介入也使局面变得复杂和热闹起来，但翻译界和评论界关注的目光并没有停留在表层，而是无一例外地回归于文本。可以说，这三起翻译批评事件的一个共同特征就在于其鲜明的对象性，以文本，尤其是经典文本为批评对象，没有将批评的兴趣局限于事件，使批评退化为某种新闻“炒作”。当然，一般来说，只有经典文本才能吸引目光、激发讨论，但身处媒体时代和网络时代的翻译批评首先应有明确的选择与立场。无论是《堂吉诃德》《挪威的森林》，还是北京燕山出版社出版的“世界文学文库”中的《飘》《红字》《双城记》《白鲸记》《傲慢与偏见》《大卫·科波菲尔》等等，以这些经典文本为批评对象，翻译批评实现了实践领域的双重价值：既延伸和拓展了文学经典在新的文化语境中的生命力，同时又促进了翻译文学经典在本土文化中的形成与确立。

（3）翻译批评的建设性。翻译批评被认为长期处于非理性状态，对翻译活动没有发挥必要的建设作用。我们认为，造成这一局面的根本原因之一在于翻译界尚未建立起积极、有效的批评空间，而拓展翻译批评空间，在于重构翻译批评话语权、树立翻译批评精神以及从翻译标准的探讨和翻译出版机制的完善两方面建立科学的价值评价体系。从这个意义上看，上述三个翻译批评个案无疑是建设性翻译批评的成功实践，具体表现在以下四个方面：

一是充分认识翻译活动的复杂性，发挥翻译批评的争鸣与讨论作用，关注翻译实践中出现的翻译根本性问题和重大翻译现象，既重视实践引导，又注重以理论构建为目标指向，加强翻译理论与实践的互动。

---

① 许钧主编《文字·文学·文化——〈红与黑〉汉译研究》（增订本），南京：南京大学出版社，2011 年，第 276 页。

二是发挥翻译批评的反思作用，在文本评价的基础上强调对翻译过程的剖析以及对影响翻译结果的诸多要素的考察，肯定翻译主体在翻译过程中的主观能动性，注重翻译理论对翻译实践的指导。

三是坚持翻译批评的求真精神，凸显批评的主体意识、独立意识和科学意识，营造积极的翻译批评氛围。

四是正视翻译活动中的种种不良倾向，发挥翻译批评的警示作用，呼吁加强译风译德建设，呼吁完善翻译出版与管理机制，建立严格和科学的翻译质量控制体系，从根本上对影响翻译质量的各个环节进行监控。

二、新时期翻译批评的责任

翻译批评的建构力量不容置疑，更不可或缺，同时，关于翻译质量、翻译伦理等种种翻译现实问题的存在不断提醒我们，在促进翻译事业健康发展的道路上，翻译批评任重而道远。改革开放以来，在新的时代语境中，我国的翻译活动越来越呈现出多维度特征，翻译的路径、形式、方法、内容和功能都在发生深刻变化，这些变化使翻译研究和翻译实践不断面临新的挑战。随着中国文化“走出去”成为当前我国文化建设与文化软实力提升的重要战略，被视为文化传播与推广最好方式之一的文学外译受到各方普遍关注，尤其是莫言获得诺贝尔文学奖以来，媒体和学界围绕与莫言获奖相关的问题展开了广泛而热烈的讨论。我们看到，一方面，翻译的重要性受到国内媒体、学界乃至普通读者前所未有的关注，翻译在中国文学外译与传播中具有的重要意义也得到充分的认识与肯定；而另一方面，翻译策略与方法、翻译标准、翻译观念等涉及翻译的根本性问题却一再引发争议和质疑，翻译在中国文学对外译介与中国文化对外传播过程中究竟应该扮演怎样的角色、发挥怎样的作用，文化界、文学界和翻译界对此都存有一定程度的疑问及某些有待澄清的认识。可以说，在中国文学、文化“走出去”的时代背景下，翻译既肩负着重要使命，同时也无疑面临着巨大挑战。

1. 翻译面临的问题与挑战

2012 年度诺贝尔文学奖一经揭晓，国内媒体和学界都不约而同把莫言的获奖首先归功于翻译，认为葛浩文、陈安娜等莫言作品的译者在其获奖中发挥了至关重要甚至是决定性的作用。如果说中国文学“走出去”必然离不开翻译，那么究竟由什么样的译者、采用什么样的方法和策略进行翻译才能促使中国文学在世界范围内更好地传播？对于译者模式问题，学界的观点基本是一致的，普遍认同汉学家译者模式或汉学家与中国学者相结合的翻译模式，而涉及翻译策略与方法这个更具实践意义的问题时，情况却似乎更复杂。

讨论莫言作品的翻译，就不能不提到葛浩文，这个被喻为“公认的中国现代、当代文学之首席翻译家”的美国汉学家在莫言获奖之后更被媒体称为“莫言唯一首席接生婆”。而伴随着葛浩文的名字迅速进入公众视野并引起译学界关注的，不仅是他对中国文学的有力推介，还有他在翻译中国文学作品时所采用的特色鲜明的翻译方法。在众多媒体上，“删节”“改译”甚至“整体编译”的翻译策略俨然成为葛浩文翻译的标签，而葛浩文式的翻译则几乎被视作中国文学外译中成功翻译的代名词。显然，就根本而言，葛浩文的翻译方法在某种程度上确实有悖于中国文学翻译研究视野下的翻译忠实性原则，对此，翻译界的部分学者指出，在“中国文化如何走出去”这个问题上，长期“存在着一个严重的认识误区，即把这个问题简单地理解为一个普通的翻译问题”[①]，并且，传统译学观念是“建立在千百年来以引进、译入外来文化为目的的‘译入翻译’基础上的”，“很难有效地指导今天的‘译出翻译’的行为和实践”[②]，倘若继续用“外译中”的眼光来看待“中译外”，无疑是把中国文学对外译介语境下的翻译问题简单化了。基于这样的认识，他们呼吁，在中国文学外译过程中“要尽快更新翻译观念”[③]，不应也不能继续以建立在“译入”基础上的、以“怎么译”为核心内容的翻译理论来指导中国文学外译，同时，明确提出在向国外译介中国文学时“不能操之过急，贪多、贪大、贪全，在现阶段不妨考虑多出节译本、改写本”[④]。如果说，“更新翻译观念”的呼吁针对的主要是中国文学外译中的所谓认识误区及其传统理论资源，那么，《文汇报》2013年9月11日头版在“中国文化如何更好

① 谢天振《中国文化走出去不是简单的翻译问题》，《社会科学报》2013年12月5日。
② 谢天振《新时代语境期待中国翻译研究的新突破》，《中国翻译》2012年第1期，第14页。
③ 谢天振《从译介学视角看中国文学如何走出去》，《中国社会科学报》2013年11月4日。
④ 张毅、綦亮《从莫言获诺奖看中国文学如何走出去——作家、译家和评论家三家谈》，《当代外语研究》2013年第7期，第55页。

地‘走出去’”栏目中刊登的一篇文章则更为明确地将质疑的目光聚焦于以忠实性为基本原则的翻译标准与翻译立场问题。这篇题为《“抠字眼”的翻译理念该更新了》的文章明确指出，“做翻译就要‘忠实于原文’，这几乎是绝大多数人对于翻译的常识。但沪上翻译界的一些专家却试图告诉人们：常识需要更新了！这种陈旧的翻译理念，已经成了影响中国文学和文化‘走出去’的绊脚石”，因为“翻译的译出行为是有特殊性的。如果译者对接受地市场的读者口味和审美习惯缺乏了解，只是一味地抠字眼，讲求翻译准确，即便做得再苦再累，译作也注定是无人问津”。文章进而表示，莫言的获奖与葛浩文的成功带给翻译界的启示应该是“好的翻译可‘连译带改’”。①不难看出，在莫言获奖引发的对翻译问题，尤其是对翻译策略与方法问题的思考中，翻译界部分学者认同并推崇葛浩文式的“不忠实”的翻译方法，并由此主张在中国文学外译过程中更新翻译观念、转换翻译策略，并且，在媒体的助力下，这种观点似有形成主流认识之势。

也许可以认为，葛浩文式的翻译，尽管在一定程度上有悖于翻译的忠实性原则，但就实际效果而言，却有力促使中国本土作家的作品最终得到诺贝尔文学奖的肯定，同时也有效促进了以莫言为代表的一批中国作家的作品在西方的接受与传播，这一事实本身无可厚非，甚至文学界乃至整个文化界都有理由为之欣喜，毕竟中国文学在“走出去”的艰难道路上向前迈进了至关重要的一步。事实上，国内文学评论界却似乎多有不同观点。在《直议莫言与诺奖》一文中，李建军对莫言的获奖提出质疑，并针对莫言作品的翻译提出了颇耐人寻味的观点，他指出，由于语言与文化的隔阂，“诺贝尔文学奖的评委们无法读懂原汁原味的‘实质性文本’，只能阅读经过翻译家‘改头换面’的‘象征性文本’”，“他们从莫言的作品里看到的，是符合自己想象的‘中国’、‘中国人’和‘中国文化’，而不是真正的‘中国’、‘中国人’和‘中国文化’”②。显而易见，李建军对中国文学外译中的翻译以及经由翻译而译介至国外的中国文学都存有疑问，试想，包括诺奖评委们在内的国外读者阅读到的仅仅是经过翻译“美化”

① 樊丽萍《“抠字眼”的翻译理念该更新了》，《文汇报》2013年9月11日。
② 李建军《直议莫言与诺奖》，《文学报》2013年1月10日。

的中国文学的“象征性文本”，而阅读这样的“象征性文本”所导致的结果只能是对中国文学与中国文化的误读，那么，在这样的误读下，中国文学的真正成就与中国文化的真正内涵如何能够被深刻地认知、被准确地评价？2014年2月13日的《文学报》“新批评”专栏刊登了李建军的另外一篇文章《为顾彬先生辩诬》。在这篇文章中，李建军再次对莫言的获奖提出质疑，也再次就中国文学外译中的翻译问题表明立场，他认为，“单从汉语的角度看，有些中国著名作家的语言，距离‘文从字顺，章妥句适’，尚且有着不近的距离，但却可以经过‘翻译’的包装，一译遮百丑，获得‘国际大奖’”，其深层原因在于，“西方人通过翻译读到的‘中国文学’，只能是一个‘影子’，只能是一个模糊的轮廓。对西方人来讲，一个中国作家的‘文学性’，完全决定于翻译者的汉语水平和母语水平”[①]。也就是说，如果没有葛浩文等译者对莫言作品的“包装”和“美化”，后者难以受到诺奖的垂青进而得到国际认可，在这个意义上，不仅理所当然应该将莫言的获奖首先归功于翻译，甚至可以认为，正如顾彬所言，“葛浩文创造了国外的‘莫言’，创造了中国当代世界文学”[②]。当然，顾彬的观点并非没有值得商榷的地方，翻译与创作之间存在着十分密切而复杂的相互关系，绝不是一两句简单的判断可以说清楚的，但文学评论界在此显然对翻译究竟应该在中国文学外译中扮演怎样的角色提出了质疑。倘若“走出去”的不是真正的中国的莫言，而是葛浩文的莫言，也不是真正的中国文学，而是经过翻译“改头换面”的中国文学，那么，如此的“走出去”到底还值不值得追求与期盼？我们看到，实际上，对于中国文学外译过程中翻译的作用问题，文学评论界的观点和立场十分明确：“将原作的风格和真貌，真实地介绍给读者，才是最为重要的事情——倘若无‘信’，所谓‘雅’和‘达’，便没有了意义，便是华丽而顺通的谎言。”因此，“葛浩文式的‘偷天换日’的‘改写’，实在太不严肃，太不诚实，简直近乎对外国读者的欺骗”[③]。如此认识或许不难理解，无论中国文学、文化“走出去”的愿望多么迫切，

① 李建军《为顾彬先生辩诬》，《文学报》2014年2月13日。
② 转引自李建军《为顾彬先生辩诬》，《文学报》2014年2月13日。
③ 李建军《为顾彬先生辩诬》，《文学报》2014年2月13日。

中国文学的被误读、中国文化的被曲解抑或外国读者的被欺骗都不能也不应成为中国文学外译中必然付出的代价，毕竟，正如莫言所说："世界需要通过文学观察中国，中国也需要通过文学来展示自己的真实形象。"[①]

不难看出，在中国文学外译的时代语境中，对翻译活动及其相关理论问题的讨论已不仅仅局限于翻译界，翻译成为翻译界、文学界乃至整个文化界共同关注的一个重要的现实问题。并且，在围绕翻译问题展开的讨论中，翻译界和文学界基于中国文学"走出去"这一共同目标却呈现出相互矛盾甚至相互对立的观点与立场，翻译界部分学者推崇葛浩文式的翻译方法，甚至将其视为译介中国文学唯一可行的翻译策略，并据此呼吁更新翻译观念，打破传统译学视野下的语言中心主义，以促进中国文学、文化更好地"走出去"，文学界却对葛浩文的翻译多有批判的声音，对翻译在中国文学外译中发挥的作用也存有疑问，认为在语言与文化的隔阂下译介并传播到国外的只能是中国文学的"象征性文本"或"影子"。在这样的背景下，究竟应该如何理解中国文学外译与文化传播中的翻译活动以及与之密切相关的诸多根本性问题，对此，翻译界存在着有待进一步从理论上加以澄清与引导的模糊甚至错误认识，文学界提出了有待翻译界尤其是翻译理论界切实关注并予以回应的质疑。应该说，在受到学界和文化界普遍关注与空前重视的同时，翻译在种种现实问题下也必然遭遇来自实践与理论两方面的诸多挑战。

翻译的挑战，首先在于在中国文学外译中究竟如何选择恰当的翻译方法。莫言的获奖与葛浩文的翻译所引发的广泛讨论中，翻译方法是各方热议的焦点问题，删节、改译甚至"整体编译"等在一定程度上没有恪守翻译忠实性原则的翻译方法到底是有利于中国文学、文化在国外的接受与传播，还是导致了国外读者对中国文学乃至中国文化的误读与曲解？我们知道，翻译方法问题从来都不应被孤立地看待，其背后涉及的是翻译观念、翻译立场、翻译的价值目标以及译者在翻译过程中的选择与适应等诸多密切关联、相互制约的要素。如果说，莫言获得国际认可在某种程度上证明了葛浩文的翻译对中国文学的有力推介作用，那么，这样的翻译策略与方法是否应该被翻译理论

---

① 转引自刘莎莎《莫言获奖折射我国文学翻译暗淡现状》，《济南日报》2012年10月24日。

界和媒体推崇为对外译介中国文学的唯一可行方法，或者相反，被文学评论界斥责为“不严肃”“不诚实”的“改写”？

翻译的挑战，其次在于在中国文学外译中究竟如何树立正确的翻译观念。当翻译界的部分学者提出要更新翻译观念时，他们很大程度上将葛浩文式的翻译方法与所谓传统译学视野下的忠实性原则对立起来看待。然而，传统译学观念究竟是什么？翻译的忠实性原则到底该如何理解？葛浩文的翻译是否能够被视为忠实性翻译的绝对对立面？试问，倘若“忠实于原文”的翻译理念果真已经成为阻碍中国文学对外译介与传播的“绊脚石”，那么，取而代之的又该是怎样的翻译标准与翻译原则？毕竟，翻译行为需要有明确的翻译标准与原则加以指导，否则，译者在翻译过程中所必然进行的一次又一次选择或许只能是盲目而轻率的。应该看到，随着翻译活动在形式和内容上的日益丰富，翻译观念的不断更新是中国文学外译背景下翻译自身的必然诉求，那么，究竟应该如何树立正确的翻译观念，才能促使翻译肩负起时代赋予的使命？

翻译的挑战，还在于在中国文学外译中究竟如何体现翻译应有的价值。中国文学外译涉及中外两种语言、两种文化之间的理解与交流，而跨语言、跨文化的交流必然离不开翻译的桥梁与媒介作用，这似乎是翻译毋庸置疑的价值所在。诚然，对于莫言以及其他许许多多与他一样只用中文进行写作的中国本土作家而言，他们的文学作品若想跨出国门、走向世界就必须借助并依赖于翻译，也正是出于这样的原因，以莫言为代表的一大批中国作家大都与其作品的外国译者保持着良好的信任、理解与合作关系，毕竟，如果没有翻译，中国文学的“走出去”几乎无法想象。但是，面对翻译界与文学界在翻译策略与方法、翻译标准与原则等种种涉及翻译的根本性问题上的观点分歧与认识差异，翻译的价值可以说同样面临着疑问与挑战。一个显而易见的问题就是，针对中国文学的译介与传播，翻译界关心和焦虑的是中国文学是否“走出去”了，而文学界却似乎更在乎“走出去”的究竟是什么，究竟是不是真正的中国文学与中国文化。在上述李建军的两篇文章中，翻译问题显然并非作者真正想要探讨的问题，却在某种意义上被借以质疑莫言的获奖、质疑中国文学在国外的接受，并且在如此的“借题发挥”中，与翻译关联在一起的往往是诸如“象征性文本”“影子”“包装”“欺骗”等颇具负面色彩的用语。正如有学者所指出的，“发展中译外事业是提升我国软实力，增强国际影响力的战略需要”[①]，然而，倘若翻译被认定只能扮演如此与“真实”相背离的角色，那么，翻译活动如何展现自身的价值？我国的文化软实力如何得以提升？中国文学和中国文化又能在国际社会产生怎样的影响？我们不能不清醒地意识到，所谓的“后诺奖时代”里，在国内文学评论界就中国文学“走出去”这一话题的探讨中，伴随着对于中国文学、文化是否被误读的疑问与担忧，翻译的价值已经在一定程度上受到严厉的拷问。如何回应中国文学、文化“走出去”的时代诉求，反思并体现翻译应有的价值，这显然已经成为翻译界必须予以重视并积极面对的一次挑战。

2. 翻译批评应尽的责任

对于翻译实践中出现的问题，翻译批评必须承担起应负的责任，这是鲁迅先生早在20世纪30年代就明确提出的。在当前中国文化“走出去”的时代语境中，翻译在方法选择、观念树立与价值体现等方面遭受质疑、面临挑战，如何在澄清认识的基础上消除质疑、应对挑战，进而更加积极有效地推动中国文学、文化的译介与传播，这既迫切需要翻译理论界进行深入思考，更亟待翻译批评以介入的姿态、敏锐的目光与批判的勇气，切实承担起“批评”应尽的责任。

首先，翻译批评的责任在于密切关注翻译现实，把握当前翻译实践中凸显的重大问题。正如上文所指出的，在当前时代背景下，伴随着莫言获奖引发的种种话题与争议，对翻译问题的关注与讨论不再局限于翻译界，翻译在某种程度上已经成为整个学界乃至普通读者共同关注的一个重要现实问题。关注翻译现实，翻译批评界应充分意识到翻译路径发生了切实的变化，以往，无论是翻译实践还是翻译研究，翻译界主要把目光投向“外译中”，对“中译外”的关注、实践和研究都存在一定的忽视。随着中国文化“走出去”成为当前我国文化建设的重要战略方针之一，翻译在文化

---

① 许方、许钧《关于加强中译外研究的基点思考——许钧教授访谈录》，《中国翻译》2014年第1期，第72页。

传播中的作用与影响越来越得到各界的重视，如何加强对“中译外”行为的研究并切实在认识层面和实践层面进行引导，这应该成为翻译理论界与批评界密切关注并深入探讨的重要课题。针对目前翻译面临的问题与挑战，翻译批评应在高度重视的基础上辩证而理性地看待翻译形式的变化。一方面，应当充分了解“中译外”与“外译中”两种不同方向的翻译行为之间存在的实际差异，及时转变研究对象与思路，以新的目光、从实践开展与理论探索两个层面推动中国文学外译语境下的翻译活动，尤其要针对其中存在的模糊不清的认识或有争议的问题进一步深化研究。我们知道，在促进中国文学、文化“走出去”的过程中，与文本转换这一狭义翻译过程同样重要并与之密切相关的还有翻译作品在国外的接受与传播问题。对此，译学界已经有所重视并展开了相关研究，但其中仍有不少问题有待进一步加深理解、澄清认识。例如，对于《红楼梦》的翻译以及英国汉学家霍克斯的译本与我国著名翻译家杨宪益的译本在国外读者中的接受这一问题，有学者研究指出：“与霍译本相比，杨译本在英语世界的传播、接受和影响（从译本的印刷数、再版数、图书馆的借阅人次数以及译本的被引用率、相关重要文学选本的入选率等数据看）却远不如霍译本。”[①] 然而，另有学者根据抽样调查、定量分析的结果却明确提出：“《红楼梦》最著名的两个译本的可接受性不存在本质区别。”[②] 两项同样基于实证与分析基础上的研究却得出完全相反的结论，这无疑揭示出中国文学在异域接受与传播问题的复杂性，同时也表明对这一问题深入探索的必要性。这就意味着，翻译批评应以积极的介入姿态与敏锐的学术目光，及时发现问题并引导翻译界从文本生命诞生、延续与发展的整个历程出发，从翻译活动所处的以自我与他者关系为中心、包含文本内外多重要素的互动系统出发对中国文学外译积极展开思考，力求从理论层面深化相关研究，进而有效地推动“中译外”翻译实践的开展。

翻译形式发生的变化、“中译外”的重要性与复杂性需要翻译界充分予

① 谢天振《中国文化走出去不是简单的翻译问题》，《社会科学报》2013 年 12 月 5 日。

② 刘朝晖《评〈红楼梦〉两个英译本的可接受性——以美国亚利桑那州立大学学生的抽样调查为例》，《中国翻译》2014 年第 1 期，第 85 页。

以关注，但另一方面，翻译批评应当客观地认识到，翻译活动是涉及两种语言的双向交流，在文化、历史、社会以及意识形态等多种因素的作用下，译入翻译和译出翻译必然具有一定差异，对于这一必然存在的差异性，翻译界固然不能漠然视之，但也不必过分夸大。因此，针对部分学者和媒体提出的在中国文学外译语境下“要尽快更新翻译观念”并据此对翻译忠实性原则提出质疑的观点，翻译批评应理性地加以辨识，避免某些绝对化的理解和认识。不难看出，无论“中译外”还是“外译中”，其中涉及的翻译问题在很大程度上具有共性，并相互可资借鉴。以葛浩文的翻译为例，他以西方读者的接受为出发点采用删节、改译等翻译策略，这在中国文学翻译史上不乏类似的例子，最具代表性的就是林纾的翻译。针对葛浩文与林纾在翻译策略与翻译观念等方面的相似性，翻译批评界可以借鉴有关林纾翻译的相关研究成果，从文化接受的阶段性与不平衡性的角度、以历史和发展的目光更加合理地看待葛浩文的翻译策略，并就这一翻译模式在中国文学外译中的作用与历史地位等问题做出更为深入而理性的思考。

其次，翻译批评的责任在于重新审视翻译的根本问题，坚持翻译的科学定位与价值导向。在中国文化“走出去”的时代语境下，一方面，翻译对于文学传播与文化建设的重要作用受到前所未有的重视与期待；另一方面，围绕中国文学外译中的翻译问题，翻译界内部以及翻译界与文学界等其他学科领域之间产生了认识上的差异与分歧，并引发种种争议与质疑。对此，翻译批评应从新的文化语境和历史背景出发，立足于对翻译活动本质特征的正确把握，就其中涉及的翻译方法、翻译标准、翻译观念以及翻译价值等诸多翻译领域的根本性问题重新加以审视，切实发挥翻译批评的导向性。

由莫言获奖与葛浩文的翻译所引发的关于翻译问题的讨论和争议中，一个最直接也最突出的问题就是翻译策略与方法问题。尽管不同观点的对话与交锋向来是深化认识、推动理论研究的积极力量，但令人担忧的是：“倘若翻译理论界和媒体在这样的思考中将葛浩文的翻译定性为‘连译带改’的翻译，并将这种‘不忠实’的翻译方法上升为译介中国文学的唯一正确方法，甚至是唯一正确模式，并据此对以‘忠实’为原则的翻译观念提出质疑，这是否有简单化、片面化看待问题之嫌？”[①] 我们知道，翻译方法的背后蕴含着丰富内容与复杂关系，从上述疑问不难看出，一方面，究竟如何认识或定性葛浩文的翻译方法仍有待译学界进一步从理论层面加以探讨；另一方面，依据一种尚未明确辨识的翻译模式便急于对翻译的忠实性原则进行质疑甚至否定，这样的观点同样有待译学界在深入研究的基础上予以澄清。对此，翻译批评应立足文本，深入翻译过程，重新审视翻译的忠实性问题。翻译“忠实”的内涵到底是什么？判定译文是否忠实的标准到底在于文字层面、意义层面还是审美层面抑或效果层面？翻译方法与翻译“忠实”之间的关系究竟如何？就目前翻译实践中凸显的问题来看，在急于进行定性评价之前有针对性地进行思考与探讨，显然是很有必要的。

与翻译方法密切相关的，除了对翻译标准的理解，还有对翻译价值的认识。语言与文化的巨大差异使得翻译在中国文学外译中扮演着不可或缺又遭受质疑的尴尬角色，甚至翻译的价值也因为对中国文学与文化被误读的担忧而面临拷问。同时，由于各界寄予中国文学对外传播的期待与中国文学尤其是当代文学整体“出海不畅”的现实之间的巨大落差，围绕究竟翻译什么、如何翻译以及如何才算“走出去”等问题与困惑，某种急于求成的浮躁心态与急功近利的价值取向凸显而出，并可能导致某些绝对或片面的观念。针对这样的事实，翻译批评必须切实发挥导向作用，引导各界客观、理性地认识翻译的价值与作用。一方面，坚持翻译的历史发展观，对中国文化“走出去”进程中的“现阶段”有清醒意识，以辩证、发展的观点认识与评价翻译活动。中国文学、文化“走出去”是一个漫长的过程，具有客观存在的阶段性特征，期待国外读者对中国文学、文化有一劳永逸的完整理解与接受，这是不现实的。但可以预见，随着西方国家对中国文学、文化接受程度的不断提高，翻译的忠实性和完整性必然会更好地得以体现，中国文学与文化的真实面貌也将得到最大程度的展现。另一方面，在中国文化与世界多元文化平等交流、共同发展这个开放的视野下来把握翻译的定位与价值。翻译不仅具有历史性，也有深刻的文化属性，是一种文化建构，翻译不仅深深地作用于文学史的书

① 刘云虹、许钧《文学翻译模式与中国文学对外译介——关于葛浩文的翻译》，《外国语》2014 年第 3 期，第 12 页。

写，更与一个国家或民族的思想史、文化交流史乃至整个社会的发展史密切相关。正如许钧所言："翻译是主导世界文化发展的一种重大力量，对翻译的定位与定义应站在跨文化交流的高度进行思考，以维护文化多样性为目标来考察翻译活动的丰富性、复杂性与创造性。"[①] 应该说，中国文学"走出去"并不是某位作家、某部作品的诉求，也不是某个社会群体或某种文学类别的诉求，更不是一时一事、不计长远的"权宜"或"迎合"，而是中国文化走向世界、与异域的他者文化进行平等交流与对话的愿望。当真正立足于此来探讨文学译介活动时，如何促进中国文化更真实、更有效地走向世界，向他者开放、向异质文化开放，这理应成为认识与理解翻译的基本出发点。目前，当中国文学在世界文学中仍然处于边缘位置、当全球范围内中国的文化影响力远远落后于其经济影响力时，显然更迫切需要将中国文学的外译与传播置于中国文化与世界多元文化相知相融、交流互鉴这一根本目标下来考察。这既是翻译的本质属性与根本价值所决定的，也是我们这个多元、发展的时代所要求的。

① 许钧《关于新时期翻译与翻译问题的思考》，《中国翻译》2015 年第 3 期，第 9 页。

第七章
中国口译研究的发展、成就和趋向

口译研究是翻译学中正在兴起的一门子学科。中国口译研究的发展与国家改革开放对口译人才的需求增长以及专业口译教学在一些院校的正式开设关系密切。1980—2015 年间，我国以“翻译”和“语言服务”为主营业务的工商局注册在营企业（不含港澳台地区）达到 7 369 家，口译是语言服务企业翻译业务的主要形式之一。[①] 中国翻译协会的相关数据显示，虽然全国范围内职业翻译有数万人，但能够胜任翻译工作的合格人才的缺口仍然很大，市场上高水平的翻译仍远远不够，尤其是高级口译人才缺乏。这已成为中国经济发展和对外交往中急需解决和必须面对的问题之一。[②] 因应改革开放对口译和笔译人才的巨大需求，1979 年，北京外国语学院（今北京外国语大学）设立“联合国译员培训班”；20 世纪 90 年代中期，北京外国语大学成立高级翻译学院；2000 年，新修订的英语专业本科教学大纲中口译成为英语专业高年级的必修课程；2004 年，上海外国语大学设立高级翻译学院；2005 年，广东外语外贸大学设立高级翻译学院。2006 年，教育部批准设置翻译本科专业，至今已有 272 家院校设置翻译本科，多数院校课程设置中包含口译课程；2007 年，国务院学位委员会批准设立翻译硕士专业学位（MTI），至今已有 249 所院校招生，其中不少设有口译方向。从口译课程的开设数量和口译学生人数来看，中

① 中国翻译研究院、中国翻译协会《2016 中国语言服务行业发展报告》，2016 年，第 60 页。

② 潘天翠《中国翻译人才的现状与培养——访国际译联第一副主席黄友义》，《国际人才交流》2008 年第 10 期，第 6-8 页。

国已经成为口译教学规模最大的国家。随着中国口译教学的蓬勃发展，中国的口译研究亦呈蓬勃发展之势。

本章全面梳理改革开放40年来中国口译研究的发展历程，以近40年发表的外语类核心期刊口译论文、口译研究著作和博士论文以及中国学者在国际期刊上发表的口译论文等文献计量数据为基础，从研究数量、研究主题、研究方法等方面分析中国口译研究的发展脉络、主要成就，以及发展趋势和前景。

第一节　中国口译研究的发展历程和概况

一、中国口译研究的四个发展阶段

基于“CNKI中国期刊全文数据库”外语类核心期刊论文数据所作的多项文献统计显示，近40年来在中国外语类核心期刊上发表的口译论文数量呈上升趋势，尤其是20世纪90年代和21世纪以来口译论文的发表数量呈快速上升趋势。相关文献计量研究有2009年穆雷、王斌华关于1978—2007年口译研究期刊论文的统计①、2015年Wang关于2008—2012年核心期刊口译研究论文的统计②和2015年王茜、刘和平关于2004—2013年期刊口译研究论文的统计③等。

从中国外语类核心期刊口译论文发表数量的分布时段来看（如图7-1所示），中国的口译研究发展历程经历了四个阶段，即20世纪70年代末到80年代末的“萌芽期”、20世纪90年代的“初步发展期”、21世纪头十年的“新兴期”、21世纪第二个十年进行中的“多元发展期”。

---

① 穆雷、王斌华《国内口译研究的发展及研究走向——基于30年期刊论文、著作和历届口译大会论文的分析》，《中国翻译》2009年第4期，第19–25页。

② Wang, Binhua. 2015. A Bibliometrical Analysis of Interpreting Studies in China. *Babel*, 61: 1, pp.62–77.

③ 王茜、刘和平《2004–2013中国口译研究的发展与走向》，《上海翻译》2015年第1期，第77–83页。

各阶段的发展成就和特点概述如下：

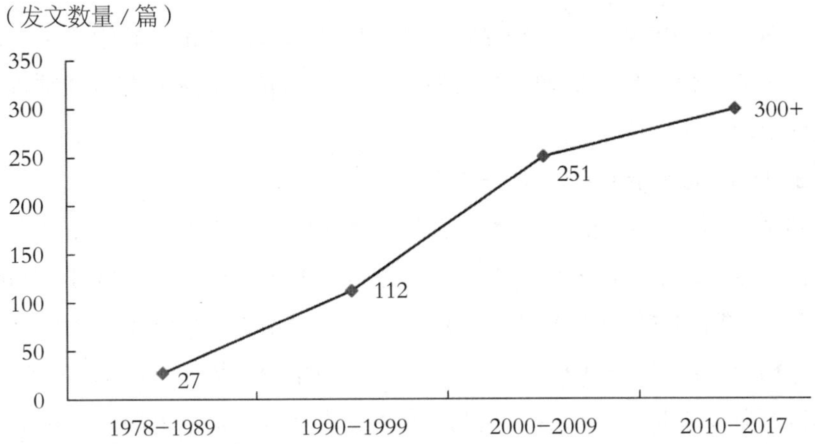

图 7–1　1978–2017 年中国外语类核心期刊发表口译论文数量分布

1. 20 世纪 70 年代末到 80 年代末的“萌芽期”

这一时期发表于外语类核心期刊的口译论文只有 27 篇，中国的口译研究尚处于萌芽阶段，论文所探讨的议题多停留在经验介绍层次，不少论文只提出了一些现象和问题而未从理论高度展开深入讨论。

这个时期中国口译界的大事是，1979 年“联合国口笔译员培训班”在北京外国语学院的开设，到 20 世纪 90 年代初为止，共培养了近 100 名口译学员。

2. 20 世纪 90 年代的“初步发展期”

1990—1999 年间发表于外语类核心期刊的口译论文共有 112 篇，中国的口译研究进入了“初步发展期”。这一阶段的论文多以口译技巧的经验总结和教学方法规定性探讨为主，总体来看，这一阶段的口译研究尚缺乏理论指导。虽然有少数学者（如鲍刚、刘和平等）关于口译教学理念的探讨开始注意和口译理论的结合，但理论视角尚比较单一，主要是释意理论。

在这一时期，专业口译教学开始在院校中启动。90 年代中期，北京外国语大学开始设立高级翻译学院，广东外语外贸大学在英文学院设立了翻译系，在英国文化委员会的支持下广东外语外贸大学和厦门大学均开始开设专业口译课程，当时的北京语言学院（今北京语言大学）也在法语专业中开设了专业口译课程。

1996 年和 1998 年召开的首届和第二届全国口译理论与教学研讨会是这一时期主要的口译学术活动，标志着中国口译研究开始进入有研究领域意识的发展阶段。

3. 21 世纪头十年的“新兴期”

进入 21 世纪后，随着口译专业在一些高校的正式设立以及口译实践向职业化和专业化的方向发展，中国的口译研究进入了新兴期，2000—2009 年外语类核心期刊共发表口译论文 251 篇。这一时期不仅口译论文数量有明显增长，相当于前一时期的两倍多，而且研究质量明显提升，口译研究者开始摆脱传统研究视角，注意借鉴其他学科的研究成果[①]，不再满足于提出一些规定性的口译和口译教学的原则和方法，而是开始尝试探究口译的内在规律和口译教学原则和方法背后的理念。

在这一时期，上海外国语大学和广东外语外贸大学等相继设立高级翻译学院，北京外国语大学、上海外国语大学、广东外语外贸大学等院校也相继开始口译研究方向博士生的培养。

在这一时期，“全国口译大会”每两年召开一届，成为凝聚口译研究力量的重要学术活动。2004 年召开的第五届全国口译大会暨国际口译大会以“口译专业化：国际经验和中国的发展”为主题，重点研讨了中国口译走上专业化道路所面对的问题和挑战，如行业规范化、专业化及口译的市场化等问题，并在口译培训和认证、口译理论及跨学科研究以及口译教学与评估等方面展开了讨论。[②] 会后开始出版全国口译大会论文集。

4. 21 世纪第二个十年进行中的“多元发展期”

2010—2017 年核心期刊口译论文总计 300 余篇。这一时期不仅口译论文发表数量继续增长，而且研究质量显著提升，研究主题呈多元化态势，研究方法亦更加多样化。

---

① 刘和平《口译理论与教学研究现状及展望》，《中国翻译》2001 年第 2 期，第 17–18 页。

② 慕媛媛、潘珺《专业化道路：中国口译发展的新趋势——兼评国际口译大会暨第五届全国口译实践、教学与研究会议》，《中国翻译》2005 年第 3 期，第 38–41 页。

这一时期中国口译研究的蓬勃发展与两股推动力密不可分，一是中国内地翻译本科专业和翻译硕士专业学位（MTI）的相继设立，二是中国口译研究界与国际口译研究界交流的加强。

在第七届全国口译大会暨国际研讨会期间，笔者与国际口译研究界代表人物的交流互动促成了国际口译研究权威期刊 *Interpreting: International Journal of Research and Practice in Interpreting* 于 2009 年出版中文口译研究专辑，并于 2011 年在 John Benjamins 出版公司著名的“本雅明翻译研究系列丛书”（Benjamins Translation Library）中以《中文口译 传译中国》为题名独立成书出版[①]，成为“中国口译研究界面向国际的一次集中展示”[②]。

在这一时期，中国一些青年学者陆续完成口译研究方向的博士论文，成为中国口译研究的新生力量，一部分中国的口译研究者开始走向国际学术界，与国际口译研究界形成互动。

二、中国口译研究界的主要学术活动：历届全国口译大会

中国口译研究发展进程的重要标志是历届全国口译大会的举办。20 世纪 90 年代中期，在国内口译研究和口译教学进入初步发展阶段之后，为推动口译研究和口译教学深入发展，1996 年，由厦门大学和广东外语外贸大学共同发起的首届全国口译理论与教学研讨会在厦门大学召开。此后，全国口译大会每两年举办一届，到 2016 年，全国口译大会已举办了十一届。会议规模不断扩大，研讨内容日趋专业，参会的专家学者来源也从少数高校扩展

---

① 2008 年，第七届全国口译大会暨国际研讨会在广东外语外贸大学召开，大会邀请到国际口译研究界两位代表人物 Daniel Gile 和 Franz Pöchhacker 参会并作主旨发言。会议期间，为了让两位教授对中国口译研究的发展有全面了解，笔者特意向他们系统介绍了近年来中国口译教学和研究蓬勃兴起的状况，他们对此印象深刻。于是笔者向他们提出，中国的口译研究成果虽然不少，却“养在深闺人未识”，建议国际口译研究期刊 *Interpreting* 出一期中国专辑，让国际口译研究界对中国有所了解。Pöchhacker 教授作为该刊的主编，当即答应下来。其后特约兼具中、英文背景的 Robin Setton 教授担任编辑，于 2009 年第 11（2）期出版了中文口译研究专辑。该专辑出版后，在国际口译研究界反响热烈。在此背景下，John Benjamins 公司于 2011 年将该专辑独立成书出版，即：Setton, Robin. (ed.) 2011. *Interpreting Chinese, Interpreting China*. Amsterdam/Philadelphia: John Benjamins。

② 王斌华、郑洵《中文口译研究界向国际的一次集中展示——*Interpreting Chinese, Interpreting China* 评介》，《中国翻译》2011 年第 6 期，第 52-54 页。

到多数高校，从口译教学领域扩展到各类口译实践领域，从中国大陆扩展到港澳台地区与国际范围。全国口译大会已成为中国口译界规模最大、影响最广的学术活动。

表 7-1 总结了历届全国口译大会的概况，包括举办年份、主办院校、会议名称和主题、会议论文数量和主要研讨议题。

表 7-1 历届全国口译大会概况

年 份	主办院校	会议名称 / 主题	论文数量	主要议题
1996	厦门大学	首届全国口译理论与教学研讨会	21	口译教学的现状和主要问题以及口译教学改革的设想
1998	广东外语外贸大学	第二届全国口译理论与教学研讨会	35	口译理论和教学研究
2000	西安外国语学院	第三届全国口译理论与教学研讨会	25	口译研究跨学科视角探索
2002	北京外国语大学	第四届全国口译理论与教学研讨会暨国际口译教学研讨会	62	跨学科研究和关于口译培训、认证及职业化等方面的新课题
2004	上海外国语大学	第五届全国口译实践、教学与研究会议暨国际口译大会 / “口译专业化：国际经验和中国的发展”	89	口译职业及其市场化、口译培训和认证、口译理论及跨学科研究以及口译教学与评估等
2006	对外经济贸易大学	第六届全国口译大会暨国际研讨会 / “进入 21 世纪的高质量口译”	110	从母语译入外语——国际口译界共同面临的挑战；口译教学——课程、方法、师资培训与国际合作；口译研究——理论的突破及其与实践的结合；口译专业化——职业考试、评估与市场开发

续表

年 份	主办院校	会议名称／主题	论文数量	主要议题
2008	广东外语外贸大学	第七届全国口译大会暨国际研讨会／“口译在中国——新趋势与新挑战”	125	口译质量评价——宏观与微观；口译师资建设——现状与问题；口译课程体系——翻译本科及翻译硕士专业学位；口译教学——如何面向口译市场
2010	四川大学	第八届全国口译大会暨国际研讨会／“全球化时代的口译”	182	译员培训、跨学科研究、专业领域口译、口译质量评估、口译与技术、手语翻译
2012	北京语言大学	第九届全国口译大会暨国际研讨会／“全球化时代的口译教育——口译人才培养模式探究”	178	重点围绕口译理论和口译教学展开研讨，以口译的不同教学环节为主线进行主旨发言、团队展示和研讨
2014	厦门大学	第十届全国口译大会暨国际研讨会／“口译研究：新视野、新跨越”	无公开统计数据	跨学科口译研究、口译教育、语料库口译研究、口译质量、手语传译、技术与口译及口译服务等
2016	浙江师范大学	第十一届全国口译大会暨国际研讨会／“职业化时代的口译研究、教学与发展”	无公开统计数据	口译理论研究现状与走势、口译职业化研究与发展、口译教育与人才培养

三、中国的口译研究著作、论文集和教材出版概况

改革开放40年来，中国共出版口译教材近300部。进入21世纪后，中国的口译学者陆续出版了一批口译研究著作和论文集，著作数量达30余部，

论文集10余部。

中国出版的口译研究著作已涵盖多方面主题，包括口译教学研究、口译学科理论研究、口译理论探索、口译理论史和研究史研究、口译的认知处理机制研究、口译的信息处理过程研究、译员角色研究、口译规范研究、口译评估研究、语料库口译研究、社区口译研究、口译语体研究、口译史研究等。中国口译研究著作的主题分布情况如表7–2。

表7–2　中国口译研究著作的主题分布

主　　题	著　　　　作
口译教学研究	刘和平《口译技巧：思维科学与口译推理教学法》，北京：中国对外翻译出版公司，2001年 刘和平《口译理论与教学》，北京：中国对外翻译出版公司，2005年 杨承淑《口译教学研究：理论与实践》，北京：中国对外翻译出版公司，2005年 陈菁、肖晓燕《口译教学：从理论到课堂》，上海：上海外语教育出版社，2014年 许明《以市场为导向的应用型翻译人才培养研究》，北京：清华大学出版社，2016年 许文胜《大数据时代云端翻转课堂模式下的口译教学探索》，上海：同济大学出版社，2016年 刘和平《职业口译教学与研究》，北京：外语教学与研究出版社，2017年
口译学科理论研究	仲伟合等《口译研究方法论》，北京：外语教学与研究出版社，2012年
口译理论探索	鲍刚《口译理论概述》，北京：中国对外翻译出版公司，2005年 刘宓庆《口笔译理论研究》，北京：中国对外翻译出版公司，2004年

续表

主　　题	著　　　　作
口译理论史和研究史研究	张吉良《巴黎释意学派口译理论研究》，上海：上海外语教育出版社，2010 年 刘和平《法国释意理论：译介、批评及应用》，北京：中国对外翻译出版公司，2011 年 高彬《同声传译理论研究与教学应用》，北京：对外经济贸易大学出版社，2016 年
口译的认知处理机制研究	张威《口译认知研究：同声传译与工作记忆的关系》，北京：外语教学与研究出版社，2011 年 康志峰《认知心理视阈下的口译研究》，北京：国防工业出版社，2012 年 王建华《口译认知研究》，北京：外文出版社，2015 年
口译的信息处理过程研究	杨承淑《口译的信息处理过程研究》，天津：南开大学出版社，2010 年
译员角色研究	任文《联络口译过程中译员的主体性意识研究》，北京：外语教学与研究出版社，2010 年 詹成《政治场域中口译员的调控角色》，北京：外语教学与研究出版社，2013 年
口译规范研究	王斌华《口译规范的描写研究——基于现场口译较大规模语料的分析》，北京：外语教学与研究出版社，2013 年
口译评估研究	蔡小红《口译评估》，北京：中国对外翻译出版公司，2007 年
语料库口译研究	张威《口译语料库建设与应用：理论、方法与实践》，北京：北京语言大学出版社，2013 年 胡开宝《基于语料库的记者招待会汉英口译研究》，北京：外语教学与研究出版社，2015 年
社区口译研究	刘建军《全球视域下的社区口译研究》，北京：中国社会科学出版社，2014 年
口译语体研究	肖晓燕《口语－书面语连续统：基于语料库的口译体研究》，厦门：厦门大学出版社，2015 年
口译史研究	黎难秋《中国口译史》，青岛：青岛出版社，2002 年

口译教材是口译研究成果在教学实践中的应用，教材建设是确保口译教学的规范化、系统化和科学化的主要手段，对于中国口译教学发展的推进意义重大。从口译教材的编写来看，中国口译教学理念的发展经历了一个转变的过程：早期的口译教材多以口译专题为主线，辅之以口译知识和技巧的介绍，代表教材有吴冰编《汉译英口译教程》（1995）、梅德明编《高级口译教程》（2000）等。近年来的口译教程多以口译技巧为主线，辅之以口译专题的练习，代表教材有雷天放、陈菁编《口译教程》（2006），仲伟合等主编《英语口译教程》（2006）和仲伟合等主编《同声传译教程》（2009）等。

近10年来，随着翻译专业本科、翻译硕士专业学位（MTI）在诸多高校的开办，外语教学与研究出版社和上海外语教育出版社均广邀专家学者，出版了面向翻译专业本科和翻译硕士的口译系列教材。这两家出版社的口译系列教材具有系统化和立体化的特点，不仅面向本科生和硕士生区分了不同的教学层次，而且对于不同的口译技能（如交替传译、同声传译、视译、联络口译等）不同教材各有侧重。这两个系列的口译教材体现了近年中国口译教学研究的新发展。

四、中国的口译研究博士论文

中国的口译研究博士培养从无到有，在21世纪初实现了零的突破，至今中国已培养了超过50位口译研究方向的博士，他们大多毕业于上海外国语大学，其次是广东外语外贸大学、北京外国语大学、厦门大学、四川大学、北京语言大学等。

中国口译研究博士论文的研究对象涵盖了口译过程、口译产品、口译教学和译员角色、口译研究史和口译理论思辨等。根据穆雷、王巍巍、许艺的统计，这些论文中，口译过程研究约占36%，口译产品研究约占26%，口译教学研究约占13%，口译研究史和口译理论思辨研究约占17%，译员角色研究约占8%。[①]

从研究方法路径来看，中国口译研究博士论文中实证研究约占51%，

① 穆雷、王巍巍、许艺《中国口译博士论文研究的现状、问题与思考(1997–2014)》，《外国语》2016年第2期，第97–109页。

实证研究即通过观察法、实验法和调查法等收集口译行为和活动的数据，并通过定量和 / 或定性的方法分析回答研究问题；理论推演研究约占 13%；以实证研究为主、理论分析为辅的约占 19%；以理论推演为主、实证研究为辅的约占 17%。另外，研究方法路径上采取跨学科借鉴的占博士论文总数的 51%。从具体研究方法来看，48.9% 的博士论文采用了实验法，36.2% 采用了问卷调查法，23.4% 采用了真实语料分析法，21.3% 采用了访谈法。[①]

作为年轻研究者首次大规模研究的成果，部分口译研究博士论文或多或少地存在一些问题，如：实验假设设定不够科学，尤其是对研究变量的考量不够全面；调查问卷设计不够科学，影响了数据收集的信度和效度；数据收集、分析和解读缺乏多方验证；论文结构和论文不够规范；等等。但是不可否认的是，博士论文作为研究者经数年钻研、系统研究并经过考核把关而成的研究成果，对于推进中国口译研究具有重大意义，中国培养的首批口译研究方向的博士中不少已成为中国口译研究的新生力量。

第二节　中国口译研究的代表性成就

一、中国口译研究界的代表著作

公开出版的著作是一个学科领域中系统和深度研究的标志性成果，中国口译研究界的代表著作主要包括中国对外翻译出版公司“翻译理论与实务丛书”推出的“口译研究卷”、外语教学与研究出版社出版的“翻译学博士研究论丛”的口译研究系列，以及外语教学与研究出版社出版的两部口译研究基础著作。

中国对外翻译出版公司出版的“翻译理论与实务丛书”一直以来影响颇大，2005 年起，该丛书推出了刘和平主编的“口译研究卷”，已出版四部论著，

① 穆雷、王巍巍、许艺《中国口译博士论文研究的现状、问题与思考 (1997–2014)》，《外国语》2016 年第 2 期，第 97–109 页。

包括鲍刚的《口译理论概述》（2005）、刘和平的《口译理论与教学》（2005）、杨承淑的《口译教学研究：理论与实践》和蔡小红的《口译评估》（2007）。“口译研究卷”的推出也成为国内口译研究学术地位提升的一个显著标志。

鲍刚、刘和平和蔡小红均为法语背景，与法国“巴黎高等翻译学校”渊源颇深，他们的著作代表了“释意派”口译理论在中国的发展和在教学中的系统应用。鲍刚的《口译理论概述》以“释意派”口译理论为纲，对口译过程进行了系统分析，对口译员的素质和能力进行了探讨，对口译研究的方法进行了初步的总结，他总结了十类研究方法：经验总结法、归纳思辨法、内省法、黑箱法、现场观察法、调查法、原/译语资料分析法、口译模式设定法、实验法、跨学科借鉴法。[①] 刘和平的《口译理论与教学》首次明确了口译研究的学科地位，总结了国内外口译理论研究的现状、特点和趋势，结合21世纪口译行业蓬勃发展的趋势对国内口译职业化的进程进行了分析，在探讨口译理论与口译教学关系的基础上对不同层次的口译教学和培训提出了相应的教学设计方案。[②]

杨承淑的《口译教学研究：理论与实践》提出了八条口译的一般原则，把口译教学的要素归纳为三个方面——“语言、知识、技法”，并探讨了“一般口译”的教材、教法等具体问题。针对“专业口译”，她以“会议口译”的教学为研究重点，探讨了这种“专业口译”教学的教学目标定位、核心课程规划、教学条件问题以及口译“专业考试”设计等研究课题。[③] 蔡小红的《口译评估》汇集了作者在口译质量评估方面发表的研究成果，在回顾口译评估领域研究成果的基础上，对口译质量评估的定义、参数、方法等主要问题进行了比较系统的探讨，厘清了三种口译评估的类型，即职业口译评估、口译教学培训评估、口译研究评估。[④]

其次，外语教学与研究出版社推出了“翻译学博士研究论丛”的口译博士研究系列，已出版多部著作，包括任文的《联络口译过程中译员的主体性

---

① 鲍刚《口译理论概述》，北京：中国对外翻译出版公司，2005年，第9–18页。
② 刘和平《口译理论与教学》，北京：中国对外翻译出版公司，2005年。
③ 杨承淑《口译教学研究：理论与实践》，北京：中国对外翻译出版公司，2005年。
④ 蔡小红《口译评估》，北京：中国对外翻译出版公司，2007年。

意识研究》(2010)、张威的《口译认知研究——同声传译与工作记忆的关系》(2011)、王斌华的《口译规范的描写研究——基于现场较大规模语料的分析》(2013)、詹成的《政治场域中口译员的调控角色》(2013)等。另外，其他出版社也出版了不少口译研究博士论文，如上海外语教育出版社出版了张吉良的博士学位论文《巴黎释意学派口译理论研究》(2010)，南开大学出版社出版了杨承淑的博士学位论文《口译的信息处理过程研究》(2010)，等等。

此外，仲伟合领衔的广东外语外贸大学口译研究团队出版了两部口译研究方面的基础著作，包括《口译研究概论》(中译本)[①]和《口译研究方法论》[②]。前者有助于国内各语种的口译研究者全面系统了解国际口译研究的概况，后者作为国内第一部口译研究方法论著作，有助于推进口译研究的科学化、学理化和学科化。[③]

二、中国口译研究论文质量不断提升

首先，中国口译研究的期刊论文发表档次稳步提升。从 20 世纪 90 年代开始，口译论文中发表于外语类核心期刊的比例逐渐增大，目前已占到期刊口译论文总数的 25%—30%。发表口译论文的核心期刊早期主要是《中国翻译》《中国科技翻译》《上海翻译》《语言与翻译》等翻译类期刊，在近 10 年所有外语类核心期刊上均有口译论文发表。2008—2012 年的 CSSCI/ 核心期刊口译论文的数据显示，这 5 年间，虽然《中国翻译》《中国科技翻译》《上海翻译》这 3 本翻译类期刊仍是口译论文发表的主要园地，但外语类期刊如《外语界》《外语与外语教学》等也发表了不少口译论文(如图 7-2)。[④]

① 弗朗茨·波赫哈克《口译研究概论》，仲伟合等译，北京：外语教学与研究出版社，2010 年。
② 仲伟合等《口译研究方法论》，北京：外语教学与研究出版社，2012 年。
③ 蓝红军《第一部口译研究方法论专著〈口译研究方法论〉评介》，《当代外语研究》2013 年第 11 期，第 73-75 页。
④ Wang, Binhua. 2015. A Bibliometrical Analysis of Interpreting Studies in China. *Babel*, 61: 1, pp.62-77.

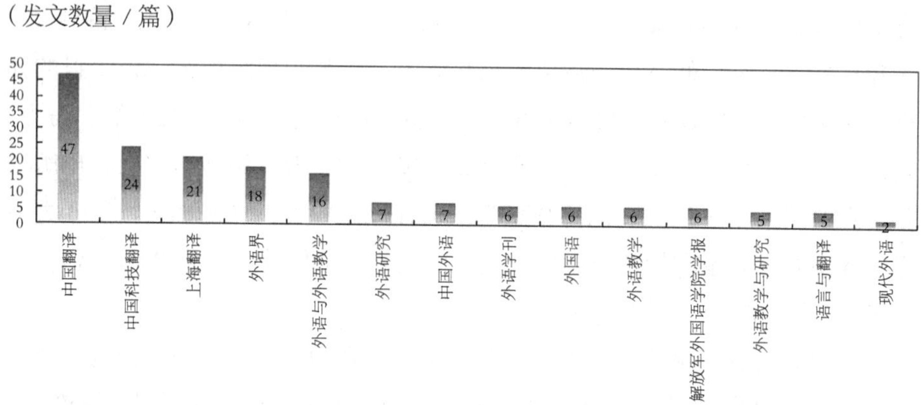

图 7–2　2008–2012 年外语类核心期刊发表口译论文数量

上述情况说明，学界对口译研究的认知从最初认为口译只是技巧和实践，转变为认可口译为翻译学的一个研究对象，再到近年认可口译研究的子学科地位及其可能做出的跨学科贡献。

其次，期刊口译论文的研究主题逐步多元化。有学者比较了前 30 年和 2008—2012 年这 5 年间 CSSCI/ 核心期刊口译论文主题分布的情况（如图 7–3）[①]，有如下发现：从数量比例上看，口译技巧和经验总结类的论文大幅减少，口译过程研究类论文增长迅速，口译教学研究和口译理论与学科建构类论文数量稳步上升，关注口译新形式的论文从无到有。从 2008—2012 年口译论文中口译教学研究主题之下的子题构成来看，以“口译教学”“口译培训”“口译训练”“口译办学”“口译人才培养”为关键词的宏观议题和以“口译能力”“口译课程”“口译测试”为关键词的中观议题占 3/4，以“教材”“学生”“笔记”“译入外语”“教学方法”为关键词的微观议题占 1/4，这说明研究者在密切关注翻译专业本科和翻译硕士专业学位开设后口译教学中的现实问题，在积极从各个层面探讨口译人才培养的理念、口译教学从课程到教材和测试的系统流程和具体的教学方法。另外，口译研究界开始关注国内近年出现的社区口译和电话口译等口译的新形式，手语传译亦开始进入口译研究的视野。

① Wang, Binhua. 2015. A Bibliometrical Analysis of Interpreting Studies in China. *Babel*, 61: 1, pp.62–77.

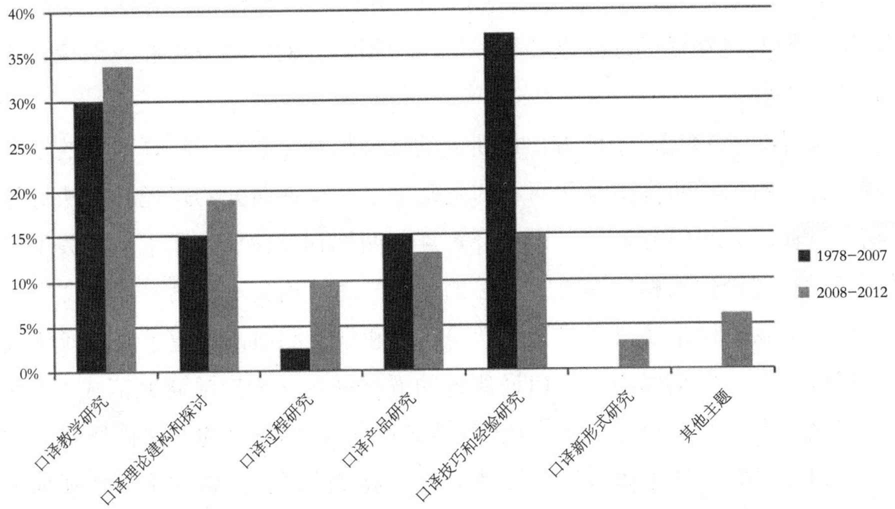

图 7–3　1978–2007 年和 2008–2012 年外语类核心期刊口译论文主题分布情况对比

再次，中国期刊口译论文的理论视角和研究方法逐步多样化，以数据为基础的实证研究比例上升。早期的口译论文多以国外院校和组织的介绍、口译技巧的经验总结和口译教学方法规定性探讨为主题，世纪之交过渡到对西方口译理论（主要是释意理论和口译认知负荷模式等）的应用，近 10 年口译研究的理论视角和研究方法逐步多样化。王斌华关于 2008—2012 年 CSSCI 来源期刊 / 核心期刊口译论文研究方法的分析显示，使用包括实验法、观察法和调查法在内的实证性研究方法的口译研究论文占 28%，理论建构和思辨类论文占 26%，口译技巧和经验总结类论文占 17%，结合理论的应用型分析论文占 16%，文献分析和综述类论文占 13%。①

三、口译理论和方法论建构逐步加强

从 20 世纪 90 年代末鲍刚和刘和平对巴黎高翻释意理论的介绍和发展，到 21 世纪初期刊口译论文对西方口译教学理念和口译认知处理模型的介绍

① Wang, Binhua. 2015. A Bibliometrical Analysis of Interpreting Studies in China. *Babel*, 61: 1, pp.62–77.

和引进，再到近10年来多位学者对口译研究学科理论建构、方法论建构和口译研究的发展路径进行的设计和探讨，中国学界的口译理论和方法论建构意识逐步加强。

王斌华、穆雷梳理了西方口译研究的发展历程，总结了口译研究的主要课题，在分析口译研究困难和问题的基础上，对口译研究的路径与方法进行了初步设计。[①] 2010年，《中国翻译》连续两期刊发仲伟合和王斌华关于口译研究学科理论建构和口译研究方法论建构的两篇论文。在第一篇论文中，仲伟合、王斌华讨论了口译研究的学科名称和学科归属，构建了“口译研究的学科框架”，并全面检视了口译研究的五种视角和相应的研究范式。[②] 在第二篇论文中，仲伟合、王斌华从学科视角建构口译研究的方法论体系，构建了“口译研究方法论体系”，总结了口译研究的六种主要方法，并规划了口译研究设计和实施的具体方案。[③]

此外，张吉良系统梳理了巴黎释意学派的口译理论成就[④]；高彬、柴明颎梳理了西方同声传译理论的发展路线[⑤]；许明在厘清同声传译的研究客体和内容的基础上，提出了同声传译研究的框架模型，并回顾了各种研究方法的代表成果[⑥]。张威分析了口译研究的跨学科探索的“萌发期”“停滞期”“成长期”“调整期”的阶段特征，总结了口译跨学科研究的成就，并提出了促进跨学科研究发展的思路。[⑦]

李德超、唐芳通过比较西方翻译研究范式与口译研究范式之流变，分析其异同背后的原因，并进一步讨论二者在策略、角色和规范等方面相互促进的可能性，希望厘清口译研究与翻译研究之间的关系，促进两个领域之间的

① 王斌华、穆雷《口译研究的路径与方法》，《中国外语》2008年第2期，第85-90页。
② 仲伟合、王斌华《口译研究的“名”与“实”——口译研究的学科理论建构之一》，《中国翻译》2010年第5期，第7-12页。
③ 仲伟合、王斌华《口译研究方法论——口译研究的学科理论建构之二》，《中国翻译》2010年第6期，第16-24页。
④ 张吉良《巴黎释意学派口译理论成就谈》，《中国科技翻译》2009年第4期，第17-19页。
⑤ 高彬、柴明颎《猜测与反驳——同声传译理论发展路线研究》，《中国翻译》2013年第2期，第12-16页。
⑥ 许明《论同声传译研究方法》，《中国翻译》2013年第1期，第12-18页。
⑦ 张威《口译研究的跨学科探索——困惑与出路》，《中国翻译》2012年第2期，第13-19页。

相互借鉴和良性互动。[①] 余静、王斌华探讨了如何借助翻译研究的多重视角，拓展口译跨学科研究的主题和方法，深化口译研究成果，并结合中国口译研究的实际提出了一些具体的研究课题。[②]

四、口译教学研究成就斐然

20 世纪 90 年代后期，北京外国语大学、广东外语外贸大学、北京语言学院（今北京语言大学）、厦门大学等几所口译教学方面先行的院校进行了口译教学实践的探索 。21 世纪以来，多所外语和语言专业院校如北京外国语大学、上海外国语大学、广东外语外贸大学和北京语言大学的高级翻译学院等进行了专业口译教学实践和研究的探索。如今，口译教学已成为中国口译研究成果最为集中的领域。

在 21 世纪初，仲伟合的三篇论文较为系统地总结了口译教学的内容和方法。仲伟合于2001年发表的第一篇论文[③]系统总结了连续传译（交替传译）和同声传译口译训练的模式、内容和方法，同年发表的第二篇论文[④]全面总结了英汉同声传译的技巧与训练方法，2003 年发表的第三篇论文[⑤]提出了译员的知识结构公式，并初步规划了专业口译的课程设置。上述三篇论文均成为中国口译教学研究中的高引用率论文，对中国的口译教学发展影响深远。

刘和平亦在 21 世纪初提出基于释意理论的技能化口译教学法原则[⑥]，此后相继对口译教学体系[⑦]、翻译能力发展的阶段性教学[⑧]、翻译教学模式[⑨]、口

---

① 李德超、唐芳《道不同，亦相与谋——西方翻译研究范式与口译研究范式流变之比较》，《中国翻译》2012 年第 3 期，第 20–25 页。

② 余静、王斌华《从翻译研究的多重视角看口译的跨学科研究》，《外国语》2016 年第 4 期，第 84–93 页。

③ 仲伟合《口译训练：模式、内容、方法》，《中国翻译》2001 年第 2 期，第 30–33 页。

④ 仲伟合《英汉同声传译技巧与训练》，《中国翻译》2001 年第 5 期，第 39–43 页。

⑤ 仲伟合《译员的知识结构与口译课程设置》，《中国翻译》2003 年第 4 期，第 63–65 页。

⑥ 刘和平《口译技巧：思维科学与口译推理教学法》，北京：中国对外翻译出版公司，2001 年；刘和平《对口译教学统一纲要的理论思考》，《中国翻译》2002 年第 3 期，第 56–58 页。

⑦ 刘和平《再谈翻译教学体系的构建》，《中国翻译》2008 年第 3 期，第 35–39 页。

⑧ 刘和平《论本科翻译教学的原则与方法》，《中国翻译》2009 年第 6 期，第 34–41 页；刘和平《翻译能力发展的阶段性及其教学法研究》，《中国翻译》2011 年第 1 期，第 37–45 页。

⑨ 刘和平《翻译教学模式：理论与应用》，《中国翻译》2013 年第 2 期，第 50–55 页。

译教育理念[①]进行了系统探讨和总结。她的两部口译教学研究著作[②]是中国口译教学研究的重要成果。

中国亦形成了较为成熟的专业口译教学模式。广东外语外贸大学作为教育部批准的“翻译”本科新专业和国务院学位委员会批准的“翻译硕士专业学位”（MTI）首批试点院校之一，“在翻译教学特别是口译专业教学理论与实践方面进行了30余年的积极探索和改革创新，形成了较完善的口译专业教学体系”[③]。仲伟合领导广东外语外贸大学的口译教学和研究团队，1997年在英文学院设立翻译系，2005年成立高级翻译学院，探索发展口译专业教学体系（见《中国翻译》2016年第6期至2017年第5期连载的关于广外口译专业教学体系理论与实践的系列论文）[④]，经过多年的努力，在全面总结口译教学原则、口译课程设置、口译教学方法、口译教材编写和师资团队建设等方面经验的基础上[⑤]，形成了具有推广价值的口译教学模式，即以口译技能为主线、以语言和专题为辅线，兼顾理论和实践两个板块的立体化口译课程设置[⑥]。口译技能主线进行分阶段的分解技能教学，专题辅线注重知识积累与技能强化教学，语言辅线进行面向口译的语言强化，口译理论板块帮助学生形成对口译技能的元认知，口译实践板块巩固强化技能应用。另外，作为国内较早进行专门口译教学的院校之一，厦门大学的口译教学团队从20世纪末开始出版技能化口译教材，其口译教学的理念和方法也受到国内口译教学界的关注。[⑦]

中国口译教学研究的成就还体现为对口译教学理念基础的探索。王斌华的系列论文提出以口译能力培养和译员能力发展为口译教学的理念基础，并

① 刘和平《中国口译教育十年：反思与展望》，《中国翻译》2016年第3期，第46–52页。

② 刘和平《口译理论与教学》，北京：中国对外翻译出版公司，2005年；刘和平《职业口译教学与研究》，北京：外语教学与研究出版社，2017年。

③ 《中国翻译》2016年第6期编者按。

④ 仲伟合、詹成《口译专业教学体系的构建——广外口译专业教学体系理论与实践（之一）》，《中国翻译》2016年第6期，第39–42页。

⑤ 王斌华、仲伟合《翻译本科新专业口译教学理念探索》，《广东外语外贸大学学报》2010年第4期，第78–82页。

⑥ 仲伟合、詹成《口译专业教学体系的构建——广外口译专业教学体系理论与实践（之一）》，《中国翻译》2016年第6期，第39–42页。

⑦ 陈菁、肖晓燕《口译教学：从理论到课堂》，上海：上海外语教育出版社，2014年。

对口译能力和译员能力进行了界定，厘清其与口译技能的差别和关系，探讨了口译能力和译员能力的构成，进而提出以译员能力培养为目标的各个阶段的专业口译教学设计，为从翻译本科阶段到翻译硕士阶段再到职业化阶段等不同层次的口译教学及其专业化水平发展提供了课程设置及其教学进阶的理念基础。① 王斌华、王丹以历时跟踪观察数据为基础，对口译学生口译能力的发展进行了描述，初步发现学生口译能力的发展过程以若干核心技能为标志，其发展由认知阶段经联结阶段向自动化阶段过渡，呈现一定的认知心理学规律。② 许明在其著作中也探讨了口译能力的构成、听辨能力、逻辑提取能力和译语生成能力的构成与发展等问题。③

五、语料库口译研究成果突出

作为一个年轻的学科领域，口译研究的理论需要建立在对口译现象充分而系统描写的基础上，近年语料库口译研究的发展在这方面发挥了积极作用。中国公开发表的语料库口译研究成果初见于2009年，《中国翻译》《解放军外国语学院学报》和《外语界》同年分别刊载了张威的《口译语料库的开发与建设：理论与实践的若干问题》、胡开宝和陶庆的《汉英会议口译中语篇意义显化及其动因研究》、王斌华和叶亮的《面向教学的口译语料库建设：理论与实践》。其后，中国的口译语料库建设和语料库口译研究发展迅速，建起了几个口译语料库，包括上海交通大学胡开宝等建设的“汉英会议口译语料库”、王斌华建设的“中国总理两会记者会汉英交替传译语料库”和“中国话语外译语料库”以及张威建设的“中国口译学习者语料库”等。

---

① 王斌华《口译能力评估和译员能力评估》，《外语界》2007 年第 3 期，第 44-50 页；王斌华《口译能力的评估模式及测试设计再探——以全国英语口译大赛为例》,《外语界》2011 年第 1 期，第 66-71 页；王斌华《从口译能力到译员能力：专业口译教学理念的拓展》，《外语与外语教学》2012 年第 6 期，第 75-78 页。

② Wang, Binhua. Describing the Development of Interpreting Competence-Based on a Longitudinal Observation on Chinese Students of Conference Interpreting. 载陈菁、杨柳燕主编《第 10 届全国口译大会论文集》，北京：外语教学与研究出版社，2016 年，第 150-160 页；王丹、王斌华《口译技能习得过程的描述研究——面向翻译本科和翻译硕士学生的跟踪观察》，《广东外语外贸大学学报》2017 年第 2 期，第 27-33 页。

③ 许明《以市场为导向的应用型翻译人才培养研究》，北京：清华大学出版社，2016 年。

语料库口译研究论文成为期刊口译论文中一个突出部分，约占外语类核心期刊口译论文总数的10%强。语料库口译研究在口译规范描写[①]和口译的语言特征描写[②]等方面基于大规模数据系统描写的研究成果对于口译研究的发展意义深远。

六、口译研究新生代力量涌现，并走向国际

根据相关文献统计，如王斌华关于2008—2012年CSSCI来源期刊/核心期刊口译论文的文献计量研究[③]和王茜、刘和平关于2004—2013年核心期刊加10本外语类期刊口译论文作者发表论文数量的统计结果[④]，并在王斌华建设的1978—2017年外语类核心期刊口译论文数据库中再次检索，可知中国口译研究论文发表数量居前15位的作者为：张威、刘和平、王斌华、仲伟合、张吉良、高彬、任文、穆雷、蔡小红、胡开宝、董燕萍、肖晓燕、唐芳、李德超、康志峰/王建华/王巍巍。

在上述学者中，刘和平、仲伟合和蔡小红是从20世纪90年代后期起就十分活跃的口译学者，穆雷、胡开宝、董燕萍均于近年开始指导口译研究的博士生，带领博士生和研究团队成功地在口译研究方面开拓了学术新天地。值得注意的是，其他口译研究学者，包括张威、王斌华、张吉良、高彬、任文、肖晓燕、唐芳、李德超、康志峰、王建华、王巍巍等，均是在近10年内获得博士学位（除一位以外，其他各位均是口译研究方向）。除此之外，还有不少青年学者在口译研究领域日趋活跃。由此可见，中国口译研究的新生代

---

① Wang, Binhua. 2012. A Descriptive Study of Norms in Interpreting: Based on the Chinese-English Consecutive Interpreting Corpus of Chinese Premier Press Conferences. *Meta*, 57:1, pp.198-212；胡开宝、陶庆《记者招待会汉英口译句法操作规范研究》,《外语教学与研究》2012年第5期，第738-750页；王斌华《口译规范的描写研究——基于现场口译较大规模语料的分析》，北京：外语教学与研究出版社，2013年；王斌华、秦洪武《汉英口译目标语交际规范的描写研究》,《外语教学与研究》2015年第4期，第438-451页。

② 李德超、王克非《汉英同传中词汇模式的语料库考察》，《现代外语》2012年第4期，第409-415页；胡开宝《基于语料库的记者招待会汉英口译研究》，北京：外语教学与研究出版社，2015年。

③ Wang, Binhua. 2015. A Bibliometrical Analysis of Interpreting Studies in China. *Babel*, 61: 1, pp.62-77.

④ 王茜、刘和平《2004-2013中国口译研究的发展与走向》，《上海翻译》2015年第1期，第77-83页。

力量已经成长起来。

中国口译研究界另一个可喜的发展是，近10年来部分中国口译学者开始走向国际，或在国际重要译学期刊上发表论文，或应聘国际知名院校的教职[①]，与国际口译研究界形成学术互动。

近10年来，中国口译学者在SSCI和A&HCI国际期刊上累计发表研究论文（不包括书评）50余篇，发文期刊包括：*Perspectives*、*Interpreting*、*Babel*、*Meta*、*The Interpreter and Translator Trainer*、*Across Languages and Cultures*、*Target*、*Translation and Interpreting Studies*、*Translation Studies* 等。在SSCI和A&HCI国际期刊上发表论文数量居前10位的中国口译研究者为：王斌华、潘珺、鄢秀、龙惠珠、王继红、韩潮、董燕萍、肖晓燕、李向东、胡开宝。

中国口译学者在国际期刊上发表论文的主题包括：口译教学研究、语料库口译研究、口译研究的文献计量分析、手语传译研究及电话口译研究、口译史研究、口译产品研究、译员角色研究、口译过程研究等。各研究主题的论文分布情况如表7-3：

表7-3　中国口译学者在SSCI和A&HCI国际期刊上所发表论文的主题分布

主　　题	发表论文
口译教学研究	Wang & Mu, 2009; Chen, 2009; Yan, Pan & Wang, 2010; Pan & Yan, 2012; Cai, Dong, Zhao & Lin, 2015; Li, 2015; Pan, 2016; Pan, Wang & Yan, 2017
语料库口译研究	Wang, 2012; Hu, 2013; Fu, 2016; Hu & Meng, 2017; Pan & Zheng, 2017; Wang & Feng, 2018
口译研究的文献计量分析	Yan & Pan, 2013; Wang, 2015; Pan, Wang & Yan, 2015; Li, 2014， 2015; Xu, 2015，2017

① 2017年，世界百强大学英国利兹大学设立“口译及翻译研究讲席教授”（Chair of interpreting and translation studies）职位，王斌华获聘此终身职位，成为首位在英国获聘讲席教授职位的华人翻译学者。

续表

主　　题	发表论文
手语传译及电话口译研究	Xiao, 2011， 2013; Xiao, Chen & Palmer, 2015; Wang, 2013; Wang & Napier, 2015; Wang, 2016， 2018
口译史研究	Lung, 2008， 2009a， 2009b，2015； Guo, 2014; Luo, 2016; Wang & Xu, 2016
口译产品研究	Hu, 2009; Zhan, 2012，2017; Zheng & Ren, 2017; Ouyang, 2018
译员角色研究	L ü , 2012; Jiang, 2013; Jiang, et al., 2014
口译过程研究	Ma, 2008; Dong & Lin, 2013; Wang & Li, 2015; Cai, Dong, Zhao & Lin, 2015

第三节　中国口译研究的发展趋势、特点和展望

一、中国口译研究的发展趋势

经过40年的发展，中国的口译研究呈现出以下几个方面的趋势：

（1）研究主题的多元化趋势。中国口译研究由当初比较单一的主题发展到现在比较多元化的主题。口译技巧和经验总结类论文逐步减少，口译教学研究和口译理论与学科建构类论文数量稳步上升，口译过程研究类论文数量迅速增长，社区口译和电话口译等口译的新形式和手语传译近年亦开始进入口译研究的视野。

（2）研究内容的具体化趋势。中国口译研究的内容趋向于各个研究主题的具体方面，而不是只停留于一般的原则和标准。

（3）研究路径的跨学科趋势。中国口译研究的路径和方法注意跨学科的借鉴，包括应用语言学、认知心理学、心理语言学、话语分析和语用学、史学、社会学等相邻学科的研究路径均在口译研究中有不同程度的应用。

（4）研究方法的科学化和实证化趋势。中国的口译研究已超越简单的个人经验总结和主观印象臆测，以数据为基础的实证研究正在兴起，在期刊口译论文中应用实验法、观察法、调查法和文献分析计量法的比例有明显提高，口译博士学位论文中以数据为基础的研究占主要部分。当然，理论推演型的研究对于口译研究的理论构建同样意义重大，只不过使用这类路径的研究要注意提升理论推演的逻辑严密性。

（5）研究交流的国际化趋势。中国口译研究界与国外的联系不断加强，对国外相关研究成果的了解也不断加深，对相关研究方法的借鉴也在逐步加强，近年部分研究者的成果开始走向国际。

二、口译研究呈现的特点

通过前文对口译研究发展历程的回顾和主要成果的梳理，我们可以初步总结，口译研究呈现以下几个特点：

（1）口译研究成果数量可观，口译研究作为翻译学的一个子学科已在事实上存在。西方口译研究自 20 世纪 50 年代萌芽至今和中国口译研究自 20 世纪 70 年代末发端至今，世界范围内的口译研究著作（包括收录口译研究论文较多的论集）已有数百部，各语种博士论文总数已超过两百篇，期刊论文已在成千上万之数。由此可见，口译研究作为一个专门研究领域或翻译学的一个子学科已在事实上存在。口译研究界在探讨口译研究的学科框架时，把“口译研究”定位为“翻译学”的一个子学科。[①] 这种定位亦得到国际翻译学界代表人物之一的 Jeremy Munday 的认同，他在其影响广泛的《翻译学导论》第 4 版中，指出：“鉴于口译（与笔译）的要求和活动内容均有很大不同，虽然口译（与笔译）有不少共通之处，或许最好是把其视为（与翻译研究）并列的领域或子学科，即‘口译研究’。”[②]

（2）口译研究成果以实证性成果为主。这主要体现在西方口译研究自

① 仲伟合、王斌华《口译研究的“名”与“实”——口译研究的学科理论建构之一》，《中国翻译》2010 年第 5 期，第 7–12 页；仲伟合《中国口译学科的未来发展》，《中国外语》2016 年第 5 期，第 4–9 页。

② Munday, Jeremy. 2016. *Introducing Translation Studies* (4th ed.). London / New York: Routledge. p.20.

20 世纪 90 年代以来的实证和科学化转向及国内口译研究近 10 年来发表的大量论文中。根据口译研究界代表人物法国巴黎高等翻译学校的 Daniel Gile 于 2015 年在其《口译研究信息通讯》中对国际范围内口译研究成果的统计，2000—2009 年期间，以数据为基础的实证研究占口译研究博士论文的 57%，占期刊和论集论文的 33%；2010—2014 年期间，实证研究占博士论文的 88%，占期刊和论集论文的 80%。无论是采用实验法、观察法、调查法或者系统的语料分析法，口译论文多以数据为基础。我们认为，实证研究不仅有助于口译研究构建基于充分描写的学科基础，而且使理念、模式乃至理论能够得到充分的实证检验，有利于确保口译研究的科学性。从这个意义上说，虽然口译研究不像相邻学科那样有那么多理论思辨式研究，但实证研究正是口译研究的特点，或许也是其优势所在。

（3）口译研究同样存在理论。理论可以界定为由一组相互关联的概念、定义与命题所构成的系统化的阐释。虽然大众印象中往往觉得口译偏重实务，并视理论和实务为两个对立面，但实际上理论的来源是实务，只不过它的特点是将事物的特征知识化、观念化、一般化、抽象化。从这一视角来看，口译研究有一系列学科概念，对口译行为和活动中的各种现象亦有描述和界定，在很多方面亦有基于实证研究形成的命题，因此，口译研究是有理论的，只不过其理论不是人们惯常印象中的那种思辨式和纯理式的理论，而是多体现为实证研究中形成的命题和模型。当然，作为一个子学科，口译研究尚需在诸多实证研究成果的基础上加强理论的系统化构建和阐释。

三、中国口译研究进一步发展的展望

在总结中国口译研究取得的上述成就的同时，我们有必要清醒地看到，发表在外语类核心期刊上的国内口译研究论文只占国内期刊口译论文总数的 25%—30%，中国口译研究的研究质量有必要进一步提升，研究成果的国际显示度仍然不高。中国口译研究还有很大的发展空间。

从国际范围来看，西方口译研究在 20 世纪 90 年代经历了奠定学科基础的“实证化”和“科学化”发展时期，形成了若干研究范式，包括释意理论研究范式、认知处理研究范式、话语互动研究范式、神经语言学研究范式、以目标语篇为导向的描述翻译学理论范式等。[1]进入21世纪后，西方口译研究呈现出“向内微观探索”和“向外宏观拓展”两个方向并行的发展趋势：一是“向内微观探索”的趋势，即利用近年来认知心理学和神经生理学方面发展较为成熟的新技术，如眼动仪（eye-tracking）、脑功能成像（ERP/EEG/f-MRI）等，对口译的内部认知处理过程进行探索；二是“向外宏观拓展”的趋势，即通过口译语篇考察口译行为在交际活动和社会、文化活动中的作用，或超越口译语篇，从宏观上考察口译活动在社会、文化和历史中的作用。

随着社区口译在西方的兴起以及研究者对口译活动在社会、文化宏观语境中作用的关注，西方口译研究在21世纪初开始出现了“社会转向”（social turn）和“文化转向”（cultural turn）。口译的社会—文化研究不仅仅考察口译活动发生的实时现场，还将这一现场放到宏观的社会、文化、历史背景下进行考察，关注口译活动发生的社会、文化和历史语境。研究者或选择关注口译活动的规律和背后的规范，探讨制约口译活动的客观因素，进行描述性的口译研究；或选择考察口译活动背后的权力关系、政治因素、意识形态等制约因素，进行解释性的口译研究。相对而言，西方口译研究主题更为多元化，研究也更细化；而国内口译研究主题仍比较狭窄，研究视野不够开阔，有必要在上述“向内微观探索”和“向外宏观拓展”两个方面进一步开拓研究视角和研究主题。

另外，需要指出的是，国内一些研究虽然开始采用上述某一路径，但往往存在方法适用的问题，如倾向于简单套用从西方引进的术语和理论框架，或是将口译语言简单视作转录的笔译话语进行分析等。中国口译研究要达到新的高度，不仅要结合口译活动的特点，回答口译研究感兴趣且只能由口译研究来解决的问题，而不是把口译研究作为翻译研究的翻版或是注脚；而且要结合中国口译行业和教学的实际情况，确定中国口译研究界可对国际口译研究学术共同体做出贡献的领域。从现在的口译课程数量和口译学生人数来看，中国已经成为口译教学规模最大的国家，因此，口译教学研究是中国口译研究大有可为的领域。

---

① Pöchhacker, F. 2004. *Introducing Interpreting Studies*. London/New York: Routledge, p.80.

总结起来，展望其发展趋势，中国的口译研究可以在以下几个方面加强努力：

（1）口译研究的理论建构意识可进一步加强，尤其是建立在包括系统描写和可重复实验以及大规模调查等实证研究基础上的理论建构。目前对同一研究主题的纵向和横向深入研究较为欠缺，例如针对同一口译类型的不同语种、话题、场合等参数的对比研究，及针对前人实验研究的可重复性检验等。[①]

（2）研究方法的科学性仍有待提高。目前国内口译研究中仍存在的典型问题包括：文献综述不够全面系统，特别是对国际范围内的口译研究成果缺乏了解；研究问题不够深入，角度不够新颖；研究方法不够科学严谨，重规定、轻描写，缺乏实证研究方法的应用，缺乏以数据为基础的研究；研究结果往往未经系统的理论推演或实证分析的验证；等等。

（3）研究取向要进一步关注口译行业新动态和口译活动的社会—文化属性。口译活动的职业性和社会性特点都很突出，但目前国内的口译研究大多关注口译理论、认知过程、教学培训等主题，缺乏对口译的行业动态和与口译相关的社会、文化背景的关注和研究，与口译行业紧密结合的研究成果较为缺乏。有必要加强对中国口译行业和口译市场的大规模调查，调研行业和市场中的典型问题，形成学术研究与口译职业的互动。

（4）口译研究队伍还需要发展壮大。口译研究要发展成熟，还有赖于其研究队伍的壮大。目前口译研究者人群构成还比较单一，主要是口译教师，而且不少教师和研究者缺乏对口译实践的感知。因此有必要培养实践型研究者加入研究队伍，加强研究界与教学界和业界之间的密切互动。

---

① 仲伟合《中国口译学科的未来发展》，《中国外语》2016 年第 5 期，第 4–9 页。

第八章
中国文学“走出去”与中译外研究

中国文学要“走出去”，翻译是必经之路。改革开放以来，随着中国对外文化交流的不断扩大与深入，中国文学也得到越来越多的译介。在中国文化“走出去”国家战略的实施进程中，中国文学的对外译介备受关注。

从广义上讲，中国文学“走出去”指的是小说、诗歌、戏剧、散文等各种文学体裁作品的海外传播；而狭义的理解则专指历朝各代文学典籍的对外传播；在当下的话语语境中，涉及的主要还是中国现当代文学作品“走出去”的问题。本章第一节对改革开放以来中国文学的海外传播历程进行回顾和勾勒，在此基础上，重点对改革开放以来中国文学“走出去”的发展历程与传播现状进行细致考察和深入分析。第二节则从学界关于中国文学“走出去”与中译外的研究入手，简单勾勒中国现当代文学研究现状与研究空白，在此基础上，提出中国文学“走出去”与中译外研究未来的研究思路。第三节则立足于翻译学等相关视角，从文学生产、文学消费和文学传播等环节，探讨中国文学“走出去”的未来愿景与现实途径。

第一节　中国文学“走出去”与中译外历程回顾

有论者称，中国文学现代性的发生始自20世纪初的中与西、新与旧交汇之际。在寻求民族、国家身份认同的这一进程中，中国文学对于现代性的迫切诉求也臻于巅峰。事实上，对“现代性”的各种诉求反映在文学的发生与发展进程中，则必然包含着“颠覆传统、重估价值、追求新知、重建秩序等主体动机与客观结果/后果因素”[①]。毋庸置疑，翻译之“重建秩序”和“追求新知”的价值与功能在此文化转型期必然得到最大程度的伸张与强调。按照谢少波的说法，它不仅“促成”而且“决定”着中国的现代性进程，同时它在中国版现代性的“生成”方面也功不可没。[②]然而，在域外文学的译入方面，我们一直孜孜不怠且成绩斐然，而中国文学“走出去”的步伐与中国文学现代性的进程却相对缓慢与艰难。

一、中国文学对外译介历程

改革开放以来，中国翻译学界越来越关注中国文学在国外的译介。应该看到，从晚清到“五四”时期，中国文学的对外译介活动呈现散乱零星的势态。自20世纪20年代始，中国现当代文学作品的对外译介才开始慢慢增多。客观而论，直至1949年中华人民共和国成立以前，文学外译活动呈现的仍然是以个别译者为主导的零散翻译模式；随着1949年10月中央人民政府新闻总署国际新闻局（外文出版社的前身）的成立，中华人民共和国的外宣工作被正式提上议事日程，中国文学的对外译介开始了国家机构主导的、有组织有计划的文学外译模式。

1978年12月，党的十一届三中全会确定了对内改革、对外开放的基本国策，对外宣传工作得到了党和国家的高度重视。1979年3月，外文出版发行事业局恢复为国务院直属局，业务上也由中央宣传部直接领导。面对改革开放对外宣传工作的新形势，中宣部明确要求我国对外宣传要“真实地（既不夸大也不缩小）、丰富多彩地（经济、政治、文化、人民生活、科学技术、文艺的以及中央和地方的）、生动活泼地介绍我国情况。主要是宣传报道新

---

① 陈历明《新诗的生成——作为翻译的现代性》，北京：商务印书馆，2014年，第4页。

② Xie, M. Transvaluing the Global: Translation, Modernity and Hegemonic Discourse, in Wang Ning & Sun Yifeng (eds.). *Translation, Globalisation and Localisation: A Chinese Perspective*. Clevedon & Buffalo & Toronto: Multilingual Matters Ltd, 2008, p. 137.

中国”[①]。在新形势下，《中国文学》的翻译出版也步入了黄金发展时期。《中国文学》当时的主编杨宪益于1981年倡议出版“熊猫丛书”，丛书主要用英、法两种文字出版中国当代、现代和古代的优秀作品，也出版了少量的德、日等文版“熊猫丛书”。由于丛书的作用日益重要，1987年2月，国家成立中国文学出版社，承担*Chinese Literature*杂志、“熊猫丛书”和中文文学书籍的出版、翻译与宣介工作。到2000年底，*Chinese Literature*杂志停刊，“熊猫丛书”也近乎停止出版。此后，“熊猫丛书”由外文出版社接手出版。至2009年底，“熊猫丛书”共出版英文版图书149种，法文版图书66种，日文版图书2种，德文版图书1种及中英法日四文对照版图书1种，共计200余种，其中现当代小说多达97种。[②]

随着改革开放政策的深入推进，要求了解中国、研究中国的各种人群逐渐增多，作为中国国家形象重要载体的中国现当代文学，更是受到了前所未有的关注。事实上，自中华人民共和国成立以来，中国作家的创作热情空前高涨，尤其是改革开放开始后，中国文坛经历了一次“井喷”，各种文学流派百花齐放、百家争鸣，涌现出“伤痕文学”“反思文学”“改革文学”“现代派文学”“寻根文学”“先锋文学”“新写实文学”等不同流派。客观而论，这一时期成就了整个20世纪80年代中国文学的空前繁荣。20世纪90年代，中国文学的繁荣景象仍在继续。进入21世纪以来，中国的文学景象更是让人目不暇接，在数字化和技术化手段的推动下，网络文学异军突起。

不言而喻，自改革开放以来，国内的文学创作迎来空前的发展与繁荣。中译外事业也因此迎来了前所未有的发展机遇，各种“走出去”的尝试与举措为中国文学在当代寻求“走出去”最优方案积累了宝贵经验。然而，因为众所周知的缘故，某些非文本因素在很大程度上影响和制约着中国文学“走出去”的步伐以及它在世界文学多元系统中文学地位的建构，中国文学的海外传播事实上并未取得预期的理想效果。从20世纪五六十年代《中国文学》

---

① 郭选《中国外文局历史概况》，载中国外文局编《中国外文局五十年回忆录》，北京：新星出版社，1999年，第643页。

② 耿强《国家机构对外翻译规范研究——以“熊猫丛书”英译中国文学为例》，《上海翻译》2012年第1期，第2页。

英文版与法文版的创刊，以及外文出版社的成立开始，到改革开放初期中国文学出版社的成立以及“熊猫丛书”系列译丛的诞生，再到世纪之交“大中华文库”项目的设立，其传播力与影响力较为有限。

自21世纪以来，一系列的“走出去”探索更是如火如荼地全面展开。2004年，中国外文局“对外传播研究中心”创设；2006年，《国家“十一五”时期文化发展规划纲要》提出要抓好文化“走出去”重大工程；同年，文化部制定了《文化建设“十一五”规划》，明确了中华文化“走出去”战略；2008年，中国人民大学宣布启动“国剧海外传播工程”；2009年，国家汉办批准北京师范大学与美国俄克拉荷马大学孔子学院共同申请的“中国文学海外传播”工程立项；同年10月，国家新闻出版总署推出“经典中国国际出版工程”，鼓励和支持适合国外市场需求的中国优秀图书选题的出版；2010年，中国作家协会启动“中国当代文学百部精品译介工程”；同年，全国哲学社会科学规划办公室批准设立“国家社会科学基金中华学术外译”项目，以及由北京外国语大学承办的“中国文化海外传播动态数据库”建设项目；2011年10月，党的十七届六中全会明确提出“组织对外翻译优秀学术成果和文化精品”；同年11月，《人民文学》推出其英文版*Pathlight*（《路灯》）季刊，由20多位英、美、澳汉学家及中国学者牵头开展中国文学作品外译工作；2013年11月，由中共江苏省委宣传部、江苏省作家协会、江苏凤凰出版传媒股份有限公司、南京师范大学共同筹建的江苏文学翻译与研究中心成立，并于2014年4月推出英文期刊*Chinese Arts and Letters*（《中华人文》），旨在向海外翻译推介中华文化的优秀成果；2014年，由中宣部指导，文化部、国家新闻出版广电总局、中国作家协会等单位联合主办的“中国当代作品翻译工程”正式启动，同年，针对“一带一路”倡议，推出了“丝路书香工程”；2015年，国家新闻出版广电总局公布了《加快推进我国新闻出版业向周边国家和“一带一路”沿线国家“走出去”工作方案》，为图书出版与海外传播确定了基本方向与任务；2016年6月，“CCTSS[①]中国当代文学海外译介推广平台”在北京启动；同年8月，“CCTSS—亚马逊”中国当代文学精品翻

① CCTSS：中国文化对外翻译与传播研究中心暨中国文化译研网。

译合作项目启动；等等。可以说，中国文学从未停止过努力"走出去"的步伐。我们也清楚地看到，21 世纪以来，通过各种渠道实施的文学"走出去"举措不胜枚举，中译外事业受到社会各界广泛关注。

不可否认的是，虽然中国文学"走出去"还有很长的路要走，但中国文学正在以自己的方式出现在世界各国读者的面前，而且随着中国改革开放进程的逐步深入，中国文学及其所负载的中国文化和中国形象，一定会逐步得到世界各国的关注、了解、信任和认同。

二、中国文学海外传播现状

在论及中国文学"走出去"的繁荣景象时，著名作家王安忆说道："好像全世界都爱我们，不是这样。"[①] 根据王安忆的说法，尽管经过那么多年的力推，但西方读者对于中国文学仍然知之不多。这一说法，其实也可以从国家版权局截至 2017 年 1 月 20 日的版权统计数据（见表 8-1）中，得到间接的印证。

表 8-1 中国引进 / 输出图书版权量一览表（2008–2015 年）[②]

		2008 年	2009 年	2010 年	2011 年	2012 年	2013 年	2014 年	2015 年
中国引进图书版权量（项）	美国	4 011	4 533	5 284	4 533	4 944	5 489	4 840	4 840
	英国	1 754	1 847	2 429	2 256	2 581	2 521	2 655	2 677
	法国	433	414	737	706	835	772	754	959
中国输出图书版权量（项）	美国	122	267	1 147	766	1 021	753	734	887
	英国	45	220	178	422	606	574	410	546
	法国	64	26	121	126	130	184	313	138

① 石剑峰《毕飞宇：中国文学走出去，还需要几十年》，《东方早报》2014 年 4 月 22 日。

② 表中的数据均出自中华人民共和国国家版权局官网截至 2017 年 1 月 20 日的统计结果。具体可参考：http://www.ncac.gov.cn/chinacopyright/channels/9977.html, 检索日期：2018-07-11。

从表 8-1 看，中国的图书版权贸易逆差清晰可见。以 2015 年为例，中国购买的美国图书版权总量多达 4 840 种，而美国购买的中国图书版权总量仅为 887 种。也就是说，中国图书版权的输出仅占中美两国图书版权购买总量的 15.49%。因此，有学者指出："中西之间这种巨大的'翻译赤字'经常被许多中国学者用来作为西方文化持续保持强势与霸权地位的证据。如何在西方强势文化和霸权话语面前维护文化自主权、文化特色和文化'深度'已成为许多中国知识分子的敏感话题，甚至是切肤之痛。"①这一说法有些言过其实，但"翻译赤字"的存在却是我们要坦然面对的严峻现实。

根据美国罗切斯特大学（University of Rochester）"百分之三"项目（Three Percent）②的统计，我们可以大致勾勒 2008—2018 年间中国文学，尤其是中国现当代文学在美国的传播图景，中国文学海外传播的真实境遇从中也可窥见一斑。统计数据显示，美国对于法语、西班牙语和德语文学作品的翻译数量稳居前三位，而对汉语文学作品的翻译数量则基本在第七至第十位之间徘徊，2015 年后略有上升。可以说，从翻译语种来看，汉语在美国翻译文学市场上并不受青睐。

相关统计数据还显示：2008 至 2018 年间，中国文学作品在美国翻译出版的共计 159 种，平均每年仅 14.45 种；其中小说和诗歌为最受欢迎的文学体裁。此外，其中有中国文学典籍作品 19 种，占比 12%，而中国现当代文学作品则有 140 种，占比 88%，这表明英语世界对于中国现当代文学或者说对于现代中国的关注度远高于他们对于中国古典文学和中国文学典籍的兴趣。再者，在英语世界翻译出版的中文作品的写作者中，中国大陆作家有 53 位（其中包括 4 位少数民族作家）、港台作家有 18 位、海外写作者

---

① Xie, M. Transvaluing the Global: Translation, Modernity and Hegemonic Discourse, in Wang Ning & Sun Yifeng (eds.). *Translation, Globalisation and Localisation: A Chinese Perspective*. Clevedon & Buffalo & Toronto: Multilingual Matters Ltd, 2008, pp. 26–27.

② "百分之三"项目创立于 2007 年，项目名称源于每年在美国本土出版的翻译文学作品大约仅占到文学作品全年出版总量的百分之三，项目旨在对 2008 年以来首次在美国本土出版或出现的翻译文学作品做出全面而系统的数据统计。下文所罗列的统计数据，均出自："Translation Database", Three Percent. http://www.rochester.edu/College/translation/threepercent/index.php?s=database, 检索日期：2016-07-27。

有 7 位，其中中国大陆作家约占 68%。

此外，统计数据还显示：西方世界系统、持续从事中国文学英译工作的译者并不多。2008—2018 年 11 年间，在美国有过汉语文学英译经历的译者不下 80 位，而其中不止一部汉语文学译作出版的译者则仅有 10 人左右。众所周知，中国文学英译的首席翻译家非葛浩文、林丽君夫妇（Howard Goldblatt & Sylvia Li-chun Lin）莫属，11 年间他们有 20 余部译作在美国出版发行；其次是美国汉学家陶忘机（John Balcom）以及英国翻译家韩斌（Nicky Harman），紧随其后的是美国翻译家罗鹏（Carlos Rojas）等人。尽管上述译者对于汉语文学作品均有持续性且具重点性的关注与翻译，然而一个令人尴尬的事实却是，他们在年龄上普遍偏大，葛浩文更是已年届八旬，汉语文学作品在西方世界的英译者队伍后继无人。

再者，从出版商方面考察，数据显示：在美国图书市场出版较多翻译文学作品的出版商当中，对汉语文学作品拥有持续关注度的出版商也不多见。创立于 2010 年、专事翻译出版的 Amazon Crossing 在 2008—2018 年间也仅仅出版了 10 余部汉语文学作品译作。此外，较具影响的出版商，诸如 New Directions、Knopf、Seagull Books 以及 Penguin 等，在此 11 年间出版的中国文学作品译作总数不到 20 种。可以说，除了专门出版诗歌译作的 Zephyr Press11 年间有 20 余本汉语英译诗集出版，对于中国（现代）诗歌的推介较具持续性以外，其他较大型出版商在汉语文学作品的译介与推广方面，均无可圈可点之处。

正如葛浩文在《论巧妇与无米之炊：当代中国小说在西方的特点与展望》（*Of Silk Purses and Sow's Ears: Features and Prospects of Contemporary Chinese Fictions in the West*）一文中所言：“中国文学翻译没有什么市场……翻译文学在美国并不被看好……美国读者普遍对亚洲国家不了解也缺乏兴趣，中国大陆、台湾、香港的小说和诗歌很少能够引起美国读者的兴趣。一些出版商会对某个健在的中国作家的某本书偶尔表现出兴趣，但是他们通常缺乏热情，也很少对译作进行市场营销。《纽约时报》书评夸张的溢美之词，封底性感的中国女人，或者‘中国禁书’的标签，或许可以提升一点销售业绩，但也仅此而已”[①]。当然，这是十余年前中国翻译文学在西方图书市场的接受状况，而近年来随着中国在各方面的不断崛起，这种状况已经有了很大改观。

不过，值得注意的是，作为文学多元系统重要组成部分的翻译文学在美国，乃至在整个西方世界处于边缘地位，却也是不争的事实。对于西方世界的这种歧视，王佐良早在20世纪80年代就曾经总结道：“西方的译者则不免仍受‘欧洲中心论’的束缚，对于还未形成时尚的小国远地的文学是不大注意的。影响及于读书界，于是三四流的西方作品在中国也有人知，而第一流的中国作品就是在英美的文学爱好者、研究者之间也寂无反响。这当中也有其他原因，但西方不够重视翻译以及译品选择上的偏颇也是因素之一。”[②]毫无疑问，无论是文化势差、民族心理、文化心态，还是上述所谓的“精英主义”态度和“学院做派”，它们的合力不约而同地促成了以英、美为代表的英语世界对于翻译及翻译作品的事实性歧视。

英国“新生代”汉学家蓝诗玲（Julia Lovell）指出，“中国文学作品不具阅读、出版价值”的偏见在从出版商到读者的整个英国图书行业大行其道。[③]毫无疑问，这种说法有些夸大其辞，但也间接地解释了，为什么整个20世纪，中国翻译的西方书籍近10万册，而西方完整翻译的中国书籍却很少。中华人民共和国成立以后，从1950年到2000年，据中国作家协会李朝全的统计，中国当代文学作品在国外的译介出版也仅有1000余部。[④]诚如陈晓明所言：“中国文学与世界当代文学的对话，不管是作家还是批评家，都隔膜得很可以了。”[⑤]除此之外，哈佛大学的王德威教授还提到了一个更为严峻的现实：“就文学而言，现在（美国）主流的看法仍是：在《红楼梦》以后，中国文学还有什么好看的呢？……随着中国政治地理效应的

① Goldblatt, H. Of Silk Purses and Sow's Ears: Features and Prospects of Contemporary Chinese Fictions in the West. *Translation Review*, 2000 (59), p. 22.

② 王佐良《译境》，北京：外语教学与研究出版社，2016年，第2页。

③ 转引自刘亚猛、朱纯深《国际译评与中国文学在域外的“活跃存在”》，《中国翻译》2015年第1期，第10页。

④ 李朝全《中国当代文学对外译介情况》，载中国作家协会编《汉学家文学翻译国际研讨会演讲汇编》，北京：中国作家协会，2010年，第104页。

⑤ 陈晓明《文学的时代难题与碎片化的疑虑》，《读书》2015年第5期，第77页。

提升，今日美国学术界的中国研究也受到进一步重视，在中国文学研究方面，对现当代的关注显然超过了中国古典文学。”[①] 这种状况的存在，一方面说明以美国为代表的西方世界对于中国文学的无知与偏见，同时也表明西方世界对于当代中国的认知兴趣远超过他们对于古代中国的兴趣。事实上，自中华人民共和国成立以来，尤其是改革开放以来，中国主动翻译和被翻译的文学作品中，以现当代作品居多。当然，翻译成品的背后，是一次次的不懈努力与孜孜以求。可以说，为了主动融入世界文学大家庭，“世界与中国共同见证了中国文学走向世界的每一次不懈尝试，以及这些尝试背后的种种现代性焦虑与文学复兴压力”[②]。按照陈思和的说法，中国学者有一种普遍的焦虑心情：他们认为中国文学是孤立的，被排除在“世界”之外，所以必须促使中国文学走向“世界”，被“世界”接纳。[③]

于是，我们看到，中国文学对外翻译活动不仅一直没有中断，而且还呈现出更加多元的译介和传播模式。按照有些学者的说法：“较之其他领域，文学以其独特的建构与维护、批判与整合功能，成为塑造和传播国家形象的重要载体。文学作品对外传播中所塑造的中国形象因其普罗大众的交流方式，具有较高的价值信任度。”[④] 因此，尽管在译本生产、消费、流通与接受等各个环节遭遇各种困难，但中国文学，尤其自改革开放以来，从未停下对外译介与传播的步伐，中国文学界与世界各国翻译家和作家的交流更加频繁密切。有相关数据显示，与10年前的逆差数字相比，中国图书版权引进输出比例结构已不断改善优化。在2017年的法兰克福国际书展上，中国图书版权引进与输出比约为1∶1.5；2017年的北京国际图书博览会上达成中外版权贸易协议5 262项，同比增长4.9%，其中各类版权输出与合作出版协议超3 200项，创历史新高，同比增长5.5%，当代原创

---

① 李凤亮《彼岸的现代性：美国华人批评家访谈录》，桂林：广西师范大学出版社，2011年，第93–94页。

② 胡安江《中国文学“走出去”之译者模式及翻译策略研究——以美国汉学家葛浩文为例》，《中国翻译》2010年第6期，第10页。

③ 陈思和《对中西文学关系的思考》，《中国比较文学》2011年第2期，第83页。

④ 姜智芹《当代文学海外传播中的国家形象建构》，《中国社会科学报》2017年08月21日。

文学类别在版权输出数量上排在前列。[①] 而且，据中国作家协会主席铁凝介绍，仅在2014—2016年间，中国作家协会就组织中国作家代表团42个，160多位中国作家访问了30多个国家，同时接待了来自13个国家的50多位作家。[②] 可以说，中国文学与世界的交流与接触之频繁，达到了前所未有的程度。

第二节 中国文学“走出去”与中译外研究现状

不言而喻，随着改革开放的逐步推进，中国文学与世界文学之间的对话越来越频繁，也越来越深入。但同样不言而喻的是，中国文学“走出去”是一个系统工程，除了前述的原因，其他因素如国家话语、意识形态、历史需求、文明视野、政治期许、诗学传统、语言规划、翻译规范、目标读者、编辑出版、商业市场以及文学审查、文学代理、文学评估、文学的跨国流通与接受等要素之间的博弈与协调在中国文学“走出去”的进程中同样不容忽视。因此，对于中译外的探讨似乎没有尽头。

改革开放以来，中译外研究也如同文学“走出去”一样，受到各方关注，似乎各行各业都能就中国文学翻译品头论足一番。从学术专著、期刊文章到报章杂志和微博微信，人们通过各种渠道发表自己对于中国文学海外传播的真知灼见或一孔之见，言语恳切者有之，言辞激烈者亦有之。早前的关注者和研究者大多从翻译本身入手探讨问题，所论相对单一。近年来，中译外的研究者也尝试从多元视角考察中国文学在世界主要语言中的传播与接受，所论问题也不囿于翻译与文学审美的狭隘范畴。客观来看，社会各界对于中译外的研究与关注，在很大程度上提升了中国文学在世界主要语言中的传播效度，中国文学的海外影响力也与日俱增。

---

① 许旸《一批原创小说作品海外传播成果卓著，突破散兵游勇单打独斗状态：中国当代文学“国际能见度”日益走高》，《文汇报》2017年11月7日。

② 铁凝《作家应该讲述我们自己的故事——在第三次汉学家文学翻译国际研讨会上的致辞》，载中国作家协会外联部编《翻译家的对话 III》，北京：作家出版社，2015年，第4页。

一、研究现状

目前来看，已有的中国文学“走出去”与中译外研究大致可以分为如下三类：

第一类属宏观研究。主要是通过理论探讨、数据统计、作家访谈或媒体观察，对中国文学海外传播与接受面临的困境、矛盾与问题进行梳理与分析，进而提出建议、方法和策略参考，如高方、谢天振、姜智芹、杨四平、季进、许方、许钧等对文学传播过程中的辩证关系、矛盾关系、国别关系、历史脉络、中西差异、读者接受、翻译批评、中国立场、理论与实践、方法及问题所进行的讨论。①

第二类属微观研究。主要进行某一种或某一类出版物，抑或某一作家（翻译家）的“个案”研究，探讨中国文学海外传播的现状，进而斟酌其得失，总结其经验，由此见微知著，从而对中国文学所面临的传播困境和急需解决的某些问题进行探讨，如姜智芹对余华、贾平凹、莫言、苏童、王蒙、姜戎

---

① 这一类的主要文章有高方、许钧《现状、问题与建议——关于中国文学走出去的思考》，《中国翻译》2010 年第 6 期，第 5-9 页；高方、许钧《中国文学如何走出去？》，《文艺报》2010 年 12 月 10 日；高方、许钧《中国文学如何真正走出去？》，《文艺报》2011 年 1 月 14 日；高方、毕飞宇《文学译介、文化交流与中国文化“走出去”——作家毕飞宇访谈录》，《中国翻译》2012 年第 3 期，第 49-53 页；高方、余华《“尊重原著应该是翻译的底线”——作家余华访谈录》，《中国翻译》2014 年第 3 期，第 59-63 页；高方、池莉《“更加纯粹地从文学出发”——池莉谈中国文学译介与传播》，《中国翻译》2014 年第 6 期，第 50-53 页；高方、贾平凹《“眼光只盯着自己，那怎么走向世界？”——贾平凹先生访谈录》，《中国翻译》2015 年第 4 期，第 55-58 页；谢天振《中国文学、文化走出去：理论与实践》，《东吴学术》2013 年第 2 期，第 44-54 页；谢天振《中国文学走出去：问题与实质》，《中国比较文学》2014 年第 1 期，第 1-10 页；姜智芹《英语世界中国当代文学译介与研究的方法论及存在问题》，《中外文化与文论》2013 年第 3 期，第 192-202 页；姜智芹《中国当代文学海外传播与中国形象塑造》，《小说评论》2014 年第 3 期，第 4-11 页；杨四平《中国学家对现代中国文学的译介与研究》，《文学评论》2013 年第 4 期，第 114-122 页；杨四平《海外认同与现代中国文学输出》，《南方文坛》2014 年第 4 期，第 11-17 页；杨四平《中国现当代文学海外传播与接受的“回返影响”》，《中国社会科学报》2015 年 4 月 3 日；季进《作为世界文学的中国文学——以当代文学的英译与传播为例》，《中国比较文学》2014 年第 1 期，第 27-36 页；季进、邓楚、许路《众声喧哗的中国文学海外传播——季进教授访谈录》，《国际汉学》2016 年第 3 期，第 19-26 页；季进《译介与研究》，《南方文坛》2018 年第 1 期，第 60 页；许方、许钧《关于加强中译外研究的几点思考——许钧教授访谈录》，《中国翻译》2014 年第 1 期，第 71-75 页。

等作家作品海外传播的研究及其对文学刊物《今日世界文学》传播实践的研究[①]；杨四平对贺敬之、艾青、北岛等的译介研究[②]，谢淼对鲁迅、老舍和阿城的译介研究[③]，吴赟对王安忆、毕飞宇、残雪等的译介研究[④]，耿强对“熊猫丛书”的研究[⑤]，倪秀华、韩江洪、郝俊芬、郑晔等对英文刊物《中国文学》的译介研究[⑥]，葛文峰对香港《译丛》的研究[⑦]，以及李文静、邵璐、刘云虹、许钧、孙会军、冯全功等对美国翻译家葛浩文的研究[⑧]，等等。

---

① 姜智芹《西方人视野中的余华》，《山东师范大学学报》2010 年第 2 期，第 3–10 页；姜智芹《欧洲人视野中的贾平凹》，《小说评论》2011 年第 4 期，第 103–112 页；姜智芹《中国当代文学海外接受中的解读偏好》，《中国比较文学》2015 年第 4 期，第 187–194 页。

② 杨四平《贺敬之文学创作在海外的传播与接受》，《文艺理论与批评》2012 年第 4 期，第 64–69 页；杨四平《中国学家对现代中国文学的译介与研究》，《文学评论》2013 年第 4 期，第 114–122 页。

③ 谢淼《〈骆驼祥子〉在海外的传播与接受》，《民族文学研究》2012 年第 4 期，第 127–130 页；谢淼《鲁迅在德语世界的传播及此历程中的互动关系》，《中国比较文学》2016 年第 5 期，第 73–83 页；谢淼《鲁迅在德语世界的经典化历程》，《文学评论》2017 年第 6 期，第 143–150 页；谢淼《德国汉学视野下中国当代文学的译介与研究》，南京：南京大学出版社，2017 年。

④ 吴赟《中国当代文学译介伦理探讨——以白睿文、陈毓贤英译〈长恨歌〉为例》，《中国翻译》2012 年第 3 期，第 98–102 页；吴赟《中国当代文学对外传播模式研究——以残雪小说译介为个案》，《外语教学》2015 年第 6 期，第 104–108 页。

⑤ 耿强《国家机构对外翻译规范研究——以“熊猫丛书”英译中国文学为例》，《上海翻译》2012 年第 1 期，第 1–7 页；耿强《“熊猫丛书”英译本的跨文化传播》，《解放军外国语学院学报》2013 年第 2 期，第 83–88 页；耿强《中国文学走出去政府译介模式效果探讨——以“熊猫丛书”为个案》，《中国比较文学》2014 年第 1 期，第 66–77 页。

⑥ 倪秀华《翻译新中国：〈中国文学〉英译中国文学考察（1951–1966）》，《天津外国语大学学报》2013 年第 5 期，第 35–40 页；韩江洪、郝俊芬《基于语料库的唐笙笔译风格研究——以〈中国文学〉(1951–1966) 唐笙英译小说为例》，《天津外国语大学学报》2016 年第 2 期，第 34–39 页；郑晔《从读者反应看中国文学的译介效果：以英文版〈中国文学〉为例》，《中国比较文学》2017 年第 1 期，第 70–82 页。

⑦ 葛文峰《香港〈译丛〉与鲁迅的译介传播》，《鲁迅研究月刊》2016 年第 9 期，第 38–45 页；葛文峰《〈中国文学〉与〈译丛〉：中国文学对外翻译出版模式的范例》，《出版发行研究》2014 年第 9 期，第 101–104 页。

⑧ 李文静《中国文学英译的合作、协商与文化传播——汉英翻译家葛浩文与林丽君访谈录》，《中国翻译》2012 年第 1 期，第 57–60 页；邵璐《莫言英译者葛浩文翻译中的“忠实”与“伪忠实”》，《中国翻译》2013 年第 3 期，第 62–67 页；刘云虹、许钧《文学翻译模式与中国文学对外译介——关于葛浩文的翻译》，《外国语》2014 年第 3 期，第 6–17 页；孙会军《葛译莫言小说研究》，《中国翻译》2014 年第 5 期，第 82–87 页；冯全功《葛浩文翻译策略的历时演变研究——基于莫言小说中意象话语的英译分析》，《外国语》2017 年第 6 期，第 69–76 页。

第三类属关系研究。主要讨论中国文学海外传播与国家形象建构之间的互动关系，如高方、杭零、许钧对中国现当代文学在法国的翻译与接受的考察[①]，谢淼关于新时期文学在德国的传播与中国形象建构的研究[②]，杨四平对现当代文学在日本、欧美和苏俄的海外认同的研究[③]，王亚民对中国现当代文学在俄罗斯的翻译与接受的考察[④]，姜智芹对中国现当代文学在英语世界中的国家形象建构的研究[⑤]，等等。

二、研究不足和空白

客观而论，中国现当代文学外译研究还存在如下不足和空白：

①对中国现当代文学的海外传播与接受的讨论多为零散、碎片化的理论与个案探讨；②研究成果也多集中在对于英语与法语世界的探讨，对于同为联合国官方语言的西班牙语和阿拉伯语世界的探讨几近空白；③现有研究大多讨论的是汉族作家的作品的传播与接受，尤其是小说和诗歌的海外传播与接受，而且多拘泥于传统文本的研究；④现有研究对中国现当代翻译文学与目标文化语境的文化（学）生态链建设语焉不详，同时对于文学传播与接受过程中海外影响与域外经验的梳理与分析欠系统；⑤现有研究对中国现当代文学海外传播与接受过程中的戏剧、散文、非虚构文学、网络文学以及新生代作家、海外华人作家、少数民族文学作家、网文作家的译介、传播与接受疏于关注与探讨；⑥现有研究对文学传播与文学接受环节中的文学影视改编、文学审查、文学代理、文学评估、文学市场、文学读者、文学的跨国流通与接受等重要议题均疏于理论和实践层面的实质性探讨。

---

① 高方《中国现代文学在法国的翻译和接受》，南京大学博士论文，2008 年。杭零《中国当代文学在法国的翻译和接受》，南京大学博士论文，2008 年。许钧《我看中国现当代文学在法国的译介》，《中国外语》2013 年第 1 期，第 1-11 页。

② 谢淼《〈骆驼祥子〉在海外的传播与接受》，《民族文学研究》2012 年第 4 期，第 127-130 页。

③ 杨四平《海外认同与现代中国文学输出》，《南方文坛》2014 年第 4 期，第 11-17 页。

④ 王亚民《中国现当代文学在俄罗斯的翻译与接受》，《外语教学理论与实践 》2016 年第 3 期，第 64-71 页。

⑤ 姜智芹《中国当代文学海外传播与中国形象塑造》，《小说评论》2014 年第 3 期，第 4-11 页；姜智芹《当代文学海外传播中的国家形象建构》，《中国社会科学报》2017 年 8 月 21 日。

基于上述研究不足和空白，当下的中国文学“走出去”与中译外研究需拓展新的思路。首先，在研究对象上，中国文学“走出去”与中译外研究至少应涵盖除汉语之外的其他五种联合国官方语言，即英语、法语、俄语、阿拉伯语、西班牙语；此外，考虑到典型性和区域性等问题，还有必要考察中国现当代文学在其他语言或地区中的传播与接受。其次，在研究路径上，可从汉语言文学、少数民族语言文学、语言学、翻译学、传播学、编辑出版学、社会语言学、文学社会学、文化地理学、民族学等学科视角多角度考察中国现当代文学在世界主要语言中的传播与接受及其相关环节的相关问题，以及在全球文明视野下中国现当代文学海外传播与接受过程中的各种文学元素和文化建构力量之间既冲突又妥协、既博弈又协调、既纠葛又对话的文化生态与未来愿景。再次，在研究方法上，应采用系统分析法将中国现当代文学的海外传播和接受纳入“文学”“国家”“世界”的大系统和知识文化谱系中进行考察，分析其历史与现状、问题与困境；同时可以采用个案研究法，坚持宏观与微观相结合、理论与实践相结合、以问题为导向的研究思路，探讨中国现当代文学海外传播中的文学生产、文学消费、文学翻译和文学传播等核心议题；此外，还应广泛运用比较研究法，采用历史与现状、自律与他律、中心与边缘、大众与小众、多数与少数等比较视角，探讨中国现当代文学自身与他者之间的博弈与协调、共性与差异。

总体而论，中国文学“走出去”与中译外研究可以从下述视角对相关议题展开集中探讨。

（1）历史与现状：可从宏观层面钩沉中国现当代文学在世界主要语言中的百年传播与接受史，以及在此过程中文学所承载的国家话语、政治期许、艺术审美与文化建构等向度，尤其对文学地理、地缘政治、历史叙述之间的微妙关系，以及政治文化、艺术审美与商业市场之间的博弈与协调展开集中论述。与此同时，考察中国现当代文学海外传播在世界文学的大背景下所面临的政治、审美与市场等多重身份危机，并据此探讨中国现当代文学海外传播与接受过程中的内部掣肘与外部生态。

（2）自律与他律：文学社会学中的“自律话语”探讨的是文学的形式与风格，而“他律话语”则关注文学的内容与伦理。这方面的议题探讨，可从微观层面重点考察中国现当代文学在不同时空范畴中的启蒙、革命、抒情与娱乐四个维度，并抽取此四种文学叙述中的经典作家及作品，结合文学作品的形式、风格、内容与伦理等话语特征考察其在世界主要语言中的传播与接受；同时对照它们在世界主要语言中的文学命运与在中国文学史上的文学地位，探讨引发此种差异或共鸣的背后动因。

（3）中心与边缘：现有研究大多讨论的是小说和诗歌在海外的传播与接受，作家作品的译介研究也多关注鲁迅、郭沫若、茅盾、巴金、老舍、曹禺等传统主流作家，文类和题材也大多追随主流叙述，对于戏剧、散文、非虚构文学、网络文学以及新生代作家、海外华人作家、少数民族文学作家、网文作家的译介、传播与接受均疏于细致讨论。因此，可从微观层面选取典型案例探讨上述文类及作家的文学叙事和话语特征，以及其在世界主要语言中的传播与接受，并重点对照分析这些相对边缘的文类及作家与主流文类及主流作家在传播力、影响力和接受度方面的异同。

（4）大众与小众：现有研究更多拘泥于对传统文本的研究，而对基于中国现当代文学的电影（视）改编、流行歌曲创作、网络游戏开发等非线性文本在海外的译介、传播与接受所论寥寥。因此，可考察中国现当代文学与影视改编（包括 IP 剧改编）、流行歌曲创作、网络游戏开发之间的互动关系以及这些旁系文学元素的文学叙事与文化建构特征；同时重点考察这些非线性文学文本在世界主要语言中的译介、传播与接受，以及这类文本相对于传统文本在传播方式、传播对象、传播效度上的新变化和新特点。

（5）多数与少数：相对汉族作家的创作成果而言，我国少数民族以汉语或非汉语创作的成果在海外的传播与接受所受关注度普遍不高。因此，可选取部分具有高度代表性的作家，探讨其作品的地域、民族、语言、民俗等地理景观和民族学特征，并重点讨论其在世界主要语言中的译介、传播与接受状况；同时考察他们的作品与汉族作家的作品在传播媒体、传播渠道、传播对象以及传播效度等方面的差异与共性。

（6）传播与接受：在上述分析与探讨的基础上，可从传播学、文学社会学、文化地理学、翻译学、译介学、比较文学以及加拿大马尔科姆·格拉德威尔（Malcolm Gladwell）的“引爆点”理论 (the Tipping Point) 的相关理论视角，重点讨论中国现当代文学在世界主要语言中的传播与接受进程中的媒介、场域、出版、传播以及文学审查、文学代理、文学评估、文学市场、文学读者、文学的跨国流通与接受等核心议题；同时同步反思新时代背景下中国现当代文学的生产、消费、翻译与传播等重要议题。

（7）参考与借鉴：现有研究很少讨论中国现当代作家在从译介到传播这一跨界过程中如何汲取域外经验和他者影响，进而反思其文学生产和文学接受诸问题，而且对中国现当代翻译文学对目标文化语境所产生的实际影响语焉不详，同时对于各国文学传播与接受的成功经验疏于细致分析。此外，现有研究多集中于本土作家作品在海外的译介研究，而对于海外的中国现当代文学研究以及中西学术界的双向互动则少有论及。事实上，对于各种海外影响和域外经验的关注与研究，可以帮助重建中国现当代文学海外传播中“中国”与“西方”平等、开放、深度的良性对话关系。因此，这方面的讨论可采用影响研究的思路，集中探讨各类海外影响与域外经验及文化生态对于中国现当代文学在世界主要语言中的传播与接受领域的多重意义和重要启示。

具体而言，上述研究思路可以很好地弥补现有研究之不足，或者说，这方面的研究应该达成以下研究目的、学术价值及应用价值。一是为了解中国现当代文学在英语、俄语、法语、西班牙语和阿拉伯语等世界重要语言中的传播与接受状况提供全面而系统的重要研究资料。二是为了解在此进程中“中国”与“世界”在国家话语、意识形态、艺术审美与文化建构等方面的碰撞与融合、理解与交流提供重要参考，也为我国制定语言规划及相关政策提供重要指南。三是可全面透视上述重要语种及其所代表的域外文化对于中国现当代文学及其所负载的中国形象的文化态度、民族心理、语言政策、主流话语、国族想象、文化景观、文学审查、文学评估、文学出版、文学传播等，从而丰富我国对于上述区域文化的全面认识与综合研判，也进一步丰富学界对于社会语言学、文学社会学、文化地理学、民族学以及翻译学的相关研究。四是可丰富出版业、影视业、大众传媒以及学界关于文学影视改编、流行歌曲创作、网络游戏开发、文学代理、文学刊物、文学评估、文学市场、文学的跨国流通等重要议题的理论认识与实践探讨。五是可为从事文学译介、编辑、出版与传播的研究者提供一个多维互动的话语交际平台，也为国家、地方政府、各级作协、民间机构、学术组织在文化“走出去”战略执行过程中的政策制定与精准决策提供重要智力支持。六是可深化对汉语言文学、语言学、翻译学、传播学、编辑出版学的多维认识，为新时代背景下的“文学”（中国语言文学、外国语言文学和新闻传播学）学科建设及学科创新提供有益参考。

第三节 中国文学“走出去”与中译外未来展望

中国文学，尤其是中国现当代文学，自改革开放以来所进行的一系列有关“走出去”的尝试，都深刻反映了中国文学海外传播过程的艰辛与不易。毋庸置疑，中国文学在译介与传播的过程中，积累了非常宝贵的“走出去”经验，取得了一些实实在在的“走出去”成绩，也得到了世界各国汉学家的高度认可。然而，需要正视的是，中国读者对于本土文学的漠视、西方读者对于中国文学的认知空白、英语世界对于翻译作品的先天歧视，以及翻译策略的决策偏失与本土传媒的制度缺陷，使得中国文学的海外传播依然长路漫漫。

事实上，这些症结性问题，是中国文学“走出去”进程中必须认真思考的理论问题、实践问题、现实问题和决策问题，它们共同制约着中国现当代文学走向世界的步伐。不言而喻，这些问题也是我们下一步要着力思考并希望能尝试给出解决办法的问题。那么，诸如如何通过翻译的斡旋，调停文化与文化之间的冲突与矛盾等问题，则是中国文学“走出去”进程中需要面对和解决的理论层面的症结性问题。因为这些问题在短时间内的“难以逾越”，注定了中国文学“走出去”是一桩“日积月累、和风细雨”的工作。[①] 为此，必须有充分的心理准备。

① 莫言《在第二次汉学家文学翻译国际研讨会闭幕式上的致辞》，载中国作家协会外联部编，《翻译家的对话 II》，北京：作家出版社，2012 年，第 11 页。

概括而论，中国文学“走出去”是一个系统工程，而广义的“翻译”又包括翻译生产的“前世（译前）”“今生（译中）”和“来世（译后）”等多个环节，立足于翻译学视角，大体可以从以下几个层面着力，以改观今日之“走出去”现状：

首先，从文学生产来讲，作家需要有意识地加强与国际同行的文学交流，增进彼此的互信和了解；同时，如果作家能紧跟世界文学创作与研究潮流，就能准确把握文学症候，从而生产出既有“世界性”又有“中国气度”的文学作品。显然，如果文学生产过分强调“中国性”和“中国文学传统”，势必对西方读者的阅读与认知构成极大挑战。此外，尽管“媚俗、情欲、暴力、过度娱乐化和消费主义、意识形态的文学叙事，已成为当代文学的普遍景观”①，但文学一旦沦为上述叙事视角的附庸，那么被西方世界戴着有色眼镜进行“东方主义”的阅读与凝视，就是自然而然的结果了。

而对于翻译生产，我们需要深刻反思早前在翻译实践和文学传播中的某些做法。一方面，如果固守意识形态或主流诗学导向的翻译选材，一味追求“充分性”而不是“可接受性”的异化翻译策略，继续笃信中规中矩的全译本翻译模式，其后果就是非但不能帮助中国文化“走出去”，而且还会起到相当程度的负面效应。尤其是在翻译选材方面，如果我们不扭转那种对外传播中的“宣传意识”和“宣传烙印”，则也无法大幅度地降低其传播难度，海外读者对中国文学和中国文化的接受度和信任感也就无法得到实质性的提升。“一部具体生动的《舌尖上的中国》相比逻辑清晰但生硬的论述”，更能引发海外读者的关注与热议。②因此，翻译选材无疑需要考虑接地气，也就是传播深度（受众对信息传播链中最长链上的节点数量的关注与讨论程度）的问题。

另一方面，就翻译生产中的译者模式而言，那些既熟悉中国文学的历史与现状，又了解海外读者的阅读需求与阅读习惯，同时还能熟练使用母语进行翻译生产，并有沟通国际出版机构与主流媒体及学术界便利的西方

① 周宪《小说修辞如何关乎伦理？》，《读书》2017 年第 4 期，第 66 页。
② 匡文波、张晗煜《大数据视角下的对外传播》，《对外传播》2017 年第 9 期，第 5 页。

汉学家群体，是中国文学“走出去”最理想的译者选择。因此，中国政府及各级作协应充分调动各方资源创立“世界汉学家资源库”，邀请汉学家来华进行文学与文化交流，同时设立各类文学翻译奖项，引导和鼓励汉学家进行中国文学的翻译、研究与推介工作。客观而论，在海外，“从出版社、媒体、学者到普通读者，大部分的读者对于中国文学一无所知，也不是抵制，也不是不喜欢，就是一个空白”[①]，面对这样的情况，充分发掘西方汉学家的各种资源优势和纽带作用，无疑是中国文学打开通向世界之门的重要渠道之一。按照马尔科姆·格拉德威尔的“引爆点”理论，西方汉学家无疑是中国文学海外传播进程中的“关键少数”(the Law of the Few)，他们既是专业人士（mavens），又是中介（connectors），同时还是推销员（salesmen）。[②]从这个意义上讲，与他们的积极合作有助于提升中国文学的传播广度（信息覆盖范围）和传播向度（受众对信息的情感倾向）。事实上，对外传播效果正是通过传播广度、传播深度和传播向度来进行评估的。当然，对于本国翻译家的倚重也不可忽视。同时，还需要大力培育后备翻译人才。毕竟，中国文学“走出去”和中译外事业需要各方力量的合力。

其次，从文学消费来讲，就翻译选材而论，无论是严肃文学、还是通俗文学，无论是大陆文学、还是海外华语语系文学，无论是汉民族文学、还是少数民族文学，都是中国文学的重要组成部分。理论上讲，所有题材的中国文学，无论是口头的、书面的，还是网络的文学与文论作品，都应该得到关注与译介。此外，翻译选材还应适度兼顾市场特点、减少官方色彩，同时借鉴电影分级审查机制，对不同类型的文本进行分类管理，从而满足不同读者群体的阅读需求。在此基础上，充分发挥专家、学者、文学代理人、版权经纪人、译者、媒体、书评人、书店等的集体智慧，生产出具有良好可读性与可接受性的翻译文学作品。值得一提的是，我们对于文学代理人/版权经纪人的重视程度是远远不够的。相比之下，英国早在 19 世纪中叶就

---

① 刘爽爽《翻译中国文学有多难：像用细水管连接水坝》，参见财新网 http://culture.caixin.com/2016-09-27/100992596.html?NOJP，检索日期：2016-09-27。

② Gladwell, M. *The Tipping Point: How Little Things Can Make a Big Difference*. Boston, New York, London: Little, Brown and Company, 2000，p. 30.

出现了第一位现代意义上的文学代理人[①]，他们在版权输出方面发挥了举足轻重的作用。因此，中国文学“走出去”与中译外事业还需要充分发掘文学代理人的重要作用。

当然，对文学消费的考量绝不能忽视目标读者的重要性。简单而论，应充分尊重译本对目标读者的可接受性，同时充分考虑互联网时代的传播特点和目标读者阅读方式的新变化，充分利用各类新媒体传播介质，为各级各类海外读者适时推出各种易于亲近的改写本、简写本、少儿本、彩绘本、动漫本等译本。试想，当中国人自己都不再阅读大部头的文学作品之际，怎可以期待西方读者对它们抱有兴趣？因此，对于我们试图主动推介的文学类型，也可以采用读者友好型的“改写本”作为翻译源本。此外，目标读者往往是从自身的文学传统、期待规范、文化资本等视角来阅读与评价翻译作品的，因此着眼于目标文本“可读性”与“可接受性”的“归化式”翻译策略理应成为翻译生产的一种重要方式。如前所述，当海外读者对中国文学和中华文化有了初步的认知和兴趣之后，我们即可以考虑适时推出原汁原味的“异化”译本。当然，多条腿走路、多种类型的文学译介与传播模式自然应该得到大力倡导。对于潜在目标读者的培育，则是重中之重的工作。政府部门和各级教育机构宜设立各类针对海外青少年的留学、访学及奖学金项目，吸引他们来华学习和深造。可以想象，当他们学成归国后，就自然成了遍布于世界各地的中国文学和中华文化海外传播的“星星之火”；有了这些“星星之火”，中国文学和中华文化海外传播才可能成就预想中的“燎原”之势。相较之下，这样的做法对于中国文学和中华文化“走出去”而言，可能才是最有效的长远之计。

再次，从文学传播来看，可以借鉴媒体融合的思路，集合各方资源，建立以市场为主要导向的文学传播机制；同时着力培养职业化的翻译专业人才队伍，建立健全选、编、译、校、用一体的翻译项目管理机制，建立健全文学代理人体系，建立健全职业出版经纪人制度，建立健全语言服务

---

① Squires, C. *Marketing Literature: the Making of Contemporary Writing in British*. New York: Palgrave Macmillan, 2007, p. 35.

的政策保障机制，从而在作者、译者、出版社、市场与读者之间搭起良好的互动交流平台。此外，在信息高速发展的数字化时代，中国文学“走出去”在传播机制上也需要充分利用信息技术与互联网时代的翻译特点与传播优势，充分借助现代信息技术，通过各种数字化手段，推进文学的对外传播。其中，“众包”翻译模式可以成为一种重要的补充形式。此外，如果能借鉴法、韩等国的传播经验，充分贯彻“数字化传播”与“数字外交”的理念，建立健全“数字化中国”的传播网络，中国文学的传播效度势必大大改观。按照王德威的说法，文学以什么样的形式印刷、出版、流传，甚至流行于今日的网络文学，都应该是要不断思考的对象。①

在文学传播过程中，还应当摒除行政干预，给予市场和译者更多翻译选材与翻译处理的权利；同时，各级政府应强化其作为文化居间者和赞助人的沟通与协调功能，为中国文学“走出去”搭台。此外，应大力挖掘与海外商业出版社的合作潜能，设立“中国文学出版基金”，邀请并资助那些愿意帮助中国文学“走出去”的出版机构或实体来华进行考察、调研、发行推广、版权输出以及资本运营。通过这种“请进来”的方式，让海外出版社近距离地了解中国文学和中国作家，这对于中国文学的传播而言同样至关重要。当然，我们也不能因噎废食，也需要对国内出版社进行引导和鼓励，其目的就是要动员一切积极的出版因素来为中国文学“走出去”和中译外事业贡献力量。

总体来看，由于文化差异与文化势差的客观存在，以及西方文化对待中国文化的思维惯习，中国文学“走出去”的过程必定是曲折的。我们也相信，通过政府、媒体、写作者、文学代理人、出版商、汉学家以及各类不同身份的翻译从业者的共同努力，中国作家的群体形象以及中国文学的绚烂色彩，必将立体丰盈地展现在世界读者面前。陈思和指出，中国对“世界”（其意涵即西方）而言，不应该自觉成为一个“他者”而期待被“世界”接纳。在具有普遍联系的“世界”框架里，中国（包括东方各个国家和地区）与西方的各个国家和地区同样属于“世界”的组成部分，它们之间互相联

① 王德威《现当代文学新论：义理·伦理·地理》，北京：三联书店，2014年，第21页。

系或发生影响，同时又呈现丰富的相异性。[①] 从这个意义上讲，文化自信在文学生产和文学传播过程中显得弥足珍贵。

---

① 陈思和《对中西文学关系的思考》，《中国比较文学》2011 年第 2 期，第 87 页。

第九章
技术手段与翻译研究

当代社会出现的问题愈来愈复杂，仅凭单一的纯学科研究无法解决。在这一历史背景下，当代学术研究开始由单一学科参与的纯学科研究转向多学科共同参与的跨学科交叉研究，尤其是科技与人文学科交叉与融合的趋势愈来愈显著，包括科学仪器和数据分析技术等在内的技术手段相继应用于人文学科研究。以翻译研究为例，语料库技术、键盘记录技术和眼动仪先后直接应用于翻译研究之中，导致翻译研究方法发生重要变革，而且丰富了翻译学研究的内涵。可喜的是，由于我国坚定不移地实行改革开放这一基本国策，我国翻译学界人员能够通过出国访问、参加国际学术会议或阅读最新国际学术期刊文章等途径，及时了解国外技术与人文相结合的趋势，掌握翻译研究应用技术的最新发展动向，并在消化、吸收国外学术研究成果的基础之上，开展以语料库技术、键盘记录技术和眼动仪应用为基础的翻译研究，取得了较为丰硕的研究成果。

第一节　技术手段助力翻译研究

一、概览

纵观国内外翻译研究历史，翻译研究一直采用内省式和诱导式研究方法，依据研究者的直觉和判断，或者通过实地调查和实验等手段，对翻译规律和翻译本质进行探索。这些方法和手段的应用极大地推动了翻译研究的发展，翻译研究范式实现了由传统的语文学范式向语言学范式和文化范式的历史转变，人类关于翻译本质的理解愈来愈丰富而全面。然而，不容否认的是，这些方法的应用使得翻译研究难以从根本上消除主观、片面等人文学科研究所固有的缺陷。有鉴于此，自20世纪90年代以来，技术手段在翻译研究中的应用开始进入国外翻译学界的视野。1993年，英国曼彻斯特大学Mona Baker发表题为Corpus Linguistics and Translation Studies: Implications and Applications的文章。该文分析了语料库技术在翻译研究中的意义、内涵与路径，从此拉开了技术手段应用于翻译研究的帷幕。1999年，哥本哈根商学院Arnt Lykke Jacobsen和Lasse Schou两位学者研制了翻译键盘录入软件Translog，利用键盘记录技术收集关于翻译过程的定量数据，开了技术直接应用于翻译过程研究的先河。

其时，我国学界与国外学术交流日益频繁，一大批学者先后出国访学或参加国际学术会议。这为我国翻译研究对接国际学术研究前沿，引进并吸收国际翻译研究的先进方法和前沿理论提供了得天独厚的便利条件。

二、语料库技术与翻译研究

自20世纪末以来，我国学者对语料库技术在翻译研究中的应用表现出愈来愈浓厚的兴趣，并相继建设不同类型、不同专题的平行语料库，采用语料库技术对外汉和汉外翻译开展较为系统、深入的研究。[①]一般而言，语料库技术在翻译研究中应用的领域包括翻译语言特征研究、译者风格研究、翻

---

① 冯跃进、陈伟《汉语“副职”英译的语料库调查研究》，《外国语》1999年第2期，第43–49页；廖七一《语料库与翻译研究》，《外语教学与研究》2000年第5期，第380–384页；柯飞《语料、网路与口笔译教学》，《外语教学与研究》2002年第3期，第231–232页；王克非《双语对应语料库：研制与应用》，北京：外语教学与研究出版社，2004年；王克非《双语平行语料库在翻译教学上的用途》，《外语电化教学》2004年第6期，第27–32页；王克非《新型双语对应语料库的设计与构建》，《中国翻译》2004年第6期，第75–77页；胡开宝、朱一凡《基于语料库的莎剧〈哈姆雷特〉汉译文本中显化现象及其动因研究》，《外语研究》2008年第2期，第72–80页；胡开宝《基于语料库的莎剧〈哈姆雷特〉汉译文本中“把”字句应用及其动因研究》，《外语学刊》2009年第1期，第111–115页；胡开宝、陶庆《汉英会议口译语料库的创建与应用研究》，《中国翻译》2010年第5期，第49–56页。

译规范研究、批评翻译学研究、翻译教学研究、口译研究和翻译实践研究。翻译语言特征研究包括翻译共性研究和具体语言对翻译语言特征研究。前者是指“由于翻译过程所形成的翻译文本所具有的区别于原创文本的特征，与源语和目的语之间的差异无关”[①]，具体表现为显化、隐化、简化和规范化等。后者是指“具体翻译文本在词汇、句法和语篇等层面所表现出的特点，以及翻译文本中具体词汇或句式结构使用的频率和特征”[②]。译者风格研究旨在研究译者在翻译文本选择、翻译策略与方法应用以及翻译文本语言结构应用等方面的个性化特征及其成因。翻译规范研究是对译者在特定历史条件下做出的规律性和习惯性选择及其成因的研究。批评翻译学研究旨在分析源语文本的选择、翻译文本的接受、翻译文本语言特征以及翻译策略和方法运用的规律性特征及其背后的意识形态，并以此为基础揭示翻译与意识形态之间的互动关系。

应当指出，语料库技术的应用对于翻译研究的发展具有十分重要的意义。一方面，由于语料库技术的应用，翻译研究中对翻译事实或翻译现象的描写建立在大量甚至海量的翻译语料或双语语料分析的基础之上，研究结论因而更加客观、科学。事实上，语料库的应用使得翻译研究打破了传统研究方法的桎梏，从而踏上以定量研究和定向研究相结合为主要特征的实证研究的发展道路。另一方面，语料库在翻译研究中的应用不仅拓展了翻译研究的外延，丰富了翻译研究的内涵，而且催生了全新的翻译研究领域。具体而言，语料库的应用使一直停滞不前的翻译规范研究、译者风格研究、批评翻译学研究和机器翻译研究等领域获得发展的动能，并且推动了翻译语言特征研究等全新研究领域的问世。

三、键盘记录和眼动仪技术与翻译研究

通常，翻译研究可以划分为以产品为导向、以功能为导向和以过程为导向三种类型。如果说语料库技术的应用推进了以产品为导向的翻译研究，键

---

① 胡开宝、朱一凡、李晓倩《语料库翻译学》，上海：上海交通大学出版社，2018 年，第 11 页。

② 胡开宝《语料库翻译学概论》，上海：上海交通大学出版社，2011 年，第 29 页。

盘记录和眼动仪等技术的应用则对以过程为导向的翻译研究产生了积极的推动作用。

以过程为导向的翻译研究，或翻译过程研究，关注译作生成过程中出现的各种现象，强调在收集和分析关于翻译过程相关数据的基础之上，对译者翻译过程的特征与规律进行客观描述，揭示翻译的心理机制和思维规律。自 20 世纪 80 年代至 1998 年，翻译过程研究一直采用有声思维法、反思法、日记法、问卷调查法和访谈法等方法来收集相关数据。这些方法均以译者的自我报告为中心，很容易受到译者因素的影响，难免具有主观性和片面性。为此，20 世纪 90 年代末至 21 世纪初，国外学界先后将键盘记录技术和眼动仪直接应用于翻译过程研究。1999 年，哥本哈根商学院 Arnt Lykke Jacobsen 采用 Translog 软件对翻译过程开展较为深入的研究。利用 Translog 软件，“可以记录翻译过程中译者在键盘上表现出的行为，如停顿、添加、删除、修正等，并以此分析译者的思维过程，特别是双语转换过程”[①]。2006 年，O’ Brian 应用眼动仪研究译者使用翻译记忆库工具时的认知负荷。眼动仪能够记录任一时间人眼在电脑屏幕上的聚焦位置，用以揭示译者大脑“黑匣子”的运作情况，故而进入翻译学界的视野。事实上，眼动仪在翻译过程研究中的应用，是基于这样的理论假设，即翻译过程中译者眼睛移动的方向、凝视时间的长短和瞳孔的大小可以用以揭示大脑思维过程属性及其特征。几乎与国外学界同步，我国翻译学界近年来也开始关注键盘记录技术和眼动仪在翻译过程研究中的应用。郑冰寒对 Translog 的功能和应用领域作了较为详细的介绍，阐述了 Translog 和有声思维法（Think-Aloud Protocol）相结合的多元数据分析模式。[②] 冯佳以 20 位学生译员为研究对象，采用眼动仪分析这些译员在译入与译出过程中的瞳孔直径、任务时间、平均注视时间、总注视时间和注视频率，研究口译过程中的认知负荷。[③] 应当指出，键盘记录技术和眼动仪在翻译过程研究中的应用不仅有效解决了先

① 李德凤《翻译认知过程研究之沿革与方法述要》，《中国外语》2017 年第 4 期，第 10–13 页。

② 郑冰寒《洞悉翻译过程的辅助工具——Translog 程序介评》，《中国科技翻译》2006 年第 4 期，第 20–24 页。

③ 冯佳《译入 / 译出认知负荷比较研究——来自眼动追踪的证据》，《中国外语》2017 年第 4 期，第 79–91 页。

前的翻译过程研究中存在的主观性和片面性问题，而且大大丰富了翻译研究的内涵。

第二节　语料库与翻译研究

一、总体回顾

以“语料库翻译”为关键词，在中国知网搜索主要外语类期刊（包括《当代语言学》《解放军外国语学院学报》《外国语》《外语电化教学》《外语教学》《外语教学理论与实践》《外语教学与研究》《外语界》《外语学刊》《外语与外语教学》《现代外语》《中国翻译》《中国外语》），发现自1999年以来，国内语料库翻译学研究的发文数量呈递增趋势。具体情况如图9-1所示。

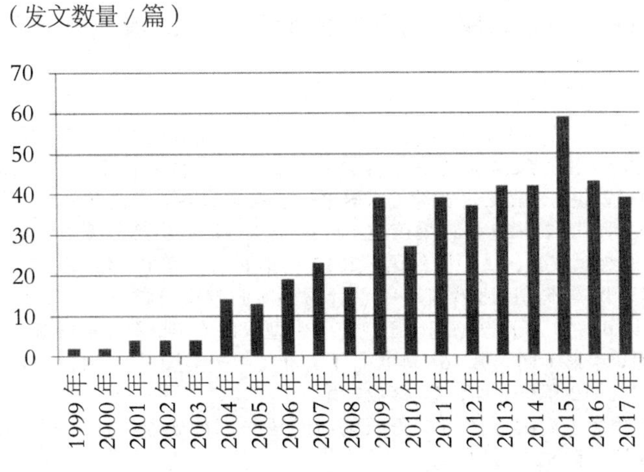

图9-1　1999年以来语料库翻译学研究发文数量

虽然以“语料库翻译”为检索项进行检索，并不能保证搜索到所有关于语料库在翻译研究中应用的论文，但多数论文已经包括在内。由图9-1可以看出，2004年以前，语料库在翻译研究中的应用刚刚起步，每年相关发文量不超过5篇。从2004年开始，发文数量逐渐增加，特别是自2009年以后，语料库广泛应用于翻译研究的不同领域，促进了我国翻译研究与国际翻译研究的同步发展。

二、主要研究进展

目前，应用语料库开展的翻译研究领域主要包括翻译学研究语料库的创建与应用、翻译共性、译者风格、翻译规范、翻译教学等。

1. 翻译学研究语料库的创建与应用价值研究

语料库的创建是语料库应用于翻译研究的首要条件。部分学者讨论了翻译学研究语料库研制和建设的原则、方法以及技术问题，如语料采集、分词、标注、对齐、检索等。[①] 另外，也有学者阐述了具体翻译学研究语料库的建设，包括双语平行语料库[②]、历时语料库[③]和变译语料库[④]等。

从语料体裁上看，国内已建成的翻译学研究语料库主要涉及小说、戏剧[⑤]等文学体裁，也涉及政治翻译、外宣翻译、医学翻译等应用语料。从时间跨度上来看，国内学者多关注共时语料库的创建，但近年来历时语料库[⑥]以及超大型双语平行语料库[⑦]的研制逐渐得到关注。其他类型语料库的研制

---

① 王克非《双语对应语料库：研制与应用》，北京：外语教学与研究出版社，2004年；谢家成《小型英汉平行语料库的建立与运用》，《解放军外国语学院学报》2004年第3期，第45–48页；黄俊红、范云、黄萍《双语平行语料库对齐技术述评》，《外语电化教学》2007年第6期，第21–25页；梁茂成、许家金《双语语料库建设中元信息的添加和段落与句子的两级对齐》，《中国外语》2012年第6期，第37–42页。

② 胡开宝、邹颂兵《莎士比亚戏剧英汉平行语料库的创建与应用》，《外语研究》2009年第5期，第64–71页；李德超、王克非《新型双语旅游语料库的研制和应用》，《现代外语》2010年第1期，第46–54页；王克非《中国英汉平行语料库的设计与研制》，《中国外语》2012年第6期，第23–27页。

③ 王克非、秦洪武《英汉翻译与汉语原创历时语料库的研制》，《外语教学与研究》2012年第6期，第822–834页。

④ 黄忠廉《变译平行语料库概说——以严复〈天演论〉为例》，《外语学刊》2009年第1期，第116–119页。

⑤ 胡开宝、邹颂兵《莎士比亚戏剧英汉平行语料库的创建与应用》，《外语研究》2009年第5期，第64–71页。

⑥ 王克非、秦洪武《英汉翻译与汉语原创历时语料库的研制》，《外语教学与研究》2012年第6期，第822–834页。

⑦ 王克非《中国英汉平行语料库的设计与研制》，《中国外语》2012年第6期，第23–27页。

也得到国内学界的关注，如口译语料库[①]、汉英对应评价意义语料库[②]，或其他语种的平行语料库，如汉日平行语料库[③]、俄汉文学平行语料库[④]。

2. 语料库与翻译共性研究

翻译共性，又称为翻译普遍性，是指与原创文本相比，翻译文本所具有的普遍性特征，是“翻译文本而不是源语文本体现的典型语言特征，并且这些特征不是特定语言系统相互作用的结果”[⑤]。自语料库翻译研究兴起以来，翻译共性一直是其重要的研究课题之一，也是目前应用语料库的翻译研究中成果最为丰硕的领域。国内一些学者引介了翻译共性研究[⑥]，探讨翻译共性研究的方法、研究对象等。此后，学界基于不同语料库的应用对翻译共性进行了实证检验，主要包括显化、简化、隐化和范化，并提出了新的翻译共性假设。

黄立波、胡显耀、曾佳、王克非、刘泽权、陈冬蕾、姚琴、佟玉平等基于文学语料库、政治语料库，从人称代词、语法标记和语气助词、人物特征

---

① 王斌华、叶亮《面向教学的口译语料库建设：理论与实践》，《外语界》2009年第2期，第23–32页；张威《口译语料库的开发与建设：理论与实践的若干问题》，《中国翻译》2009年第3期，第54–59页；胡开宝、陶庆《记者招待会汉英口译句法操作规范研究》,《外语教学与研究》2012年第5期，第738–750页；张威《口译语料库研究的原则与方法》，《外语电化教学》2013年第1期，第63–68页；张威《中国口译学习者语料库建设与研究：理论与实践的若干思考》，《中国翻译》2017年第1期，第53–60页。

② 彭宣维、杨晓军、何中清《汉英对应评价意义语料库》,《外语电化教学》2012年第5期，第3–10页。

③ 曹大峰《汉日平行语料库与翻译研究》，《外语教学与研究》2006年第3期，第221–226页。

④ 刘淼、邵青《俄汉文学翻译语料库的创建——基于契诃夫小说平行语料库的设计与建构》，《外语学刊》2016年第1期，第154–158页。

⑤ Baker, M. Corpus linguistics and Translation Studies: Implications and Applications. Baker et al. *Text and Technology: In Honour of John Sinclair*, Amsterdam/Philadelphia: John Benjamins Publishing Company, 1993, pp. 233–250.

⑥ 廖七一《语料库与翻译研究》，《外语教学与研究》2000年第5期，第380–384页；胡显耀《语料库翻译研究与翻译普遍性》,《上海科技翻译》2004年第4期，第47–49页；胡显耀《用语料库研究翻译普遍性》，《解放军外国语学院学报》2005年第3期，第45–48页；柯飞《语料、网路与口笔译教学》，《外语教学与研究》2002年第3期，第231–232页；刘康龙、穆雷《语料库语言学与翻译研究》，《中国翻译》2006年第1期，第59–64页；吴昂、黄立波《关于翻译共性的研究》，《外语教学与研究》2006年第5期，第296–302页；黄立波、王克非《翻译普遍性研究反思》，《中国翻译》2006年第5期，第36–40页。

等方面考察了显化现象。[①] 胡开宝、朱一凡分析了《哈姆雷特》汉译本在概念功能信息、人际功能信息和语篇功能信息方面的显化。[②] 许家金、徐秀玲对比了汉译英翻译英语和原创英语中的25项语篇衔接特征，发现翻译英语中有多项语法和词汇衔接呈现出衔接显化特征。[③] 此外，也有研究结果对显化共性提出质疑。缪佳、邵斌发现，与英语小说语料库相比，《兄弟》英文版译文显化程度更低，并不支持语内显化假设。[④]

学界对简化假设的证实包括词汇密度、实词比例、类符/形符比[⑤]、词类明晰化[⑥]等多个方面。然而，部分研究的发现与简化共性假设相左。秦洪武、王克非基于汉英双向对应语料库，发现翻译语言词汇丰富，在高频表达和句段长度等方面并不支持简化假设。[⑦] 肖忠华、戴光荣利用浙江大学汉语译文语料库和兰卡斯特汉语语料库，发现汉语译文虽然在词汇密度、连接词使用上表现出简化趋势，但汉语译文的平均句长并不支持简化假设。[⑧]

---

① 黄立波《英汉翻译中人称代词主语的显化——基于语料库的考察》，《外语教学与研究》2008年第6期，第454–459+481页；胡显耀、曾佳《对翻译小说语法标记显化的语料库研究》，《外语研究》2009年第5期，第72–79页；王克非、胡显耀《汉语文学翻译中人称代词的显化和变异》，《中国外语》2010年第4期，第16–21页；刘泽权、陈冬蕾《英语小说汉译显化实证研究——以〈查泰莱夫人的情人〉三个中译本为例》，《外语与外语教学》2010年第4期，第8–13页；姚琴《基于平行语料库的〈红楼梦〉意义显化翻译考察——以霍译本林黛玉人物特征为例》，《外语教学与研究》2013年第3期，第453–463页；佟玉平《基于语料库的汉英翻译显化现象研究——以人称代词主语为例》，《外语教学》2014年第1期，第104–107页。

② 胡开宝、朱一凡《基于语料库的莎剧〈哈姆雷特〉汉译文本中显化现象及其动因研究》，《外语研究》2008年第2期，第72–80页。

③ 许家金、徐秀玲《基于可比语料库的翻译英语衔接显化研究》，《外语与外语教学》2016年第6期，第94–102页。

④ 缪佳、邵斌《基于语料库的汉英翻译中的显化研究——以余华小说〈兄弟〉英译本为个案》，《外国语言文学》2014年第1期，第36–42页。

⑤ 胡显耀《基于语料库的汉语翻译小说词语特征研究》，《外语教学与研究》2007年第3期，第214–220页；王克非、胡显耀《基于语料库的翻译汉语词汇特征研究》，《中国翻译》2008年第6期，第16–21页。

⑥ 戴光荣、肖忠华《基于自建英汉翻译语料库的翻译明晰化研究》，《中国翻译》2010年第1期，第76–80页。

⑦ 秦洪武、王克非《基于对应语料库的英译汉语言特征分析》，《外语教学与研究》2009年第2期，第131–136页。

⑧ 肖忠华、戴光荣《寻求"第三语码"——基于汉语译文语料库的翻译共性研究》，《外语教学与研究》2010年第1期，第52–58页。

胡显耀、曾佳比较了“被”字句在汉语翻译小说和非翻译小说中的应用，证明了范化假设在翻译小说中的存在。[①]夏云基于历时语料库，从词汇、搭配和句法等层面对不同时期翻译文本的范化特征进行了实证分析。[②]然而，另外一些研究结果不支持范化假设，如汉语译文在结构容量和句子长度[③]、习语使用[④]以及话语重述标记[⑤]等方面与范化假设相左。

此外，国内学界开始利用口译语料库验证翻译共性假设。李德超、王克非基于自建的香港当代社会生活口译语料库，发现口译译文在词汇密度、高频词的比例、常用词语的重复使用频率方面支持简化共性的存在，但在平均词长、平均句长及名词化方面的参数与简化共性相左。[⑥]胡开宝、陶庆基于平行语料库研究指出，在汉英会议口译中，译员常常选用连接词 that、不定式标记 to 以及逻辑关系连接词来明示源语语句之间的关系，明示原文的组篇意义。[⑦]胡开宝、陶庆还发现汉英会议口译英译语料在标准类符 / 形符比和平均句长方面并未表现出简化趋势，但在高频动词、复合句应用上呈现简化趋势。[⑧]

3. 语料库与具体语言对翻译语言特征研究

具体语言对翻译语言特征是指由于源语和目的语语言影响，翻译文本所呈现的典型语言特征。借助语料库技术，学界从词汇、句法等不同层面考察了具体语言对翻译语言特征。

---

① 胡显耀、曾佳《翻译小说“被”字句的频率、结构及语义韵研究》，《外国语》2010 年第 3 期，第 73–79 页。

② 夏云《基于语料库的英汉翻译小说常规化研究：历时的视角》，山东大学博士论文，2010 年。

③ 秦洪武、王克非《基于对应语料库的英译汉语言特征分析》，《外语教学与研究》2009 年第 2 期，第 131–136 页。

④ 肖忠华、戴光荣《汉语译文中习语与词簇的使用特征：基于语料库的研究》，《外语研究》2010 年第 3 期，第 79–86 页。

⑤ 戴光荣、肖忠华《汉语译文中的话语重述标记：基于语料库的研究》，《外国语言文学》2011 年第 3 期，第 184–193 页。

⑥ 李德超、王克非《汉英同传中词汇模式的语料库考察》，《现代外语》2012 年第 4 期，第 409–415 页。

⑦ 胡开宝、陶庆《汉英会议口译中语篇意义显化及其动因研究——一项基于平行语料库的研究》，《解放军外国语学院学报》2009 年第 4 期，第 67–73 页。

⑧ 胡开宝、陶庆《汉英会议口译语料库的创建与应用研究》，《中国翻译》2010 年第 5 期，第 49–56 页。

国内学者对翻译语言词汇特征的考察主要集中于对总体词汇特征的分析[①]，多是针对显化、简化、范化等翻译共性假设参数的描写，对具体词汇的使用情况[②]探讨相对不足。

语料库软件的索引行等功能，促进了翻译中句法结构的研究。学界不仅从翻译文本的平均句长、结构容量、平均句段长[③]等角度考察翻译文本的总体句法特征，还对汉语特有的句法结构进行了分析。学者对典型句法结构的考察包括汉语“把”字句的英译分析[④]，翻译小说中“被”字句的频率、结构及语义韵[⑤]以及“的”字结构容量研究[⑥]，翻译新闻中“被”字句考察[⑦]，戏剧翻译中“得”字句[⑧]和“使”字句[⑨]的使用研究等。

语料库技术使得翻译语言的搭配特征和语义韵研究成为可能，但国内对

---

① 胡显耀《当代汉语翻译小说规范的语料库研究》，华东师范大学博士论文，2006 年；胡显耀《基于语料库的汉语翻译小说词语特征研究》，《外语教学与研究》2007 年第 3 期，第 214–220 页；王克非、胡显耀《基于语料库的翻译汉语词汇特征研究》，《中国翻译》2008 年第 6 期，第 16–21 页；秦洪武、王克非《基于对应语料库的英译汉语言特征分析》，《外语教学与研究》2009 年第 2 期，第 131–136 页；肖忠华、戴光荣《寻求“第三语码”——基于汉语译文语料库的翻译共性研究》，《外语教学与研究》2010 年第 1 期，第 52–58 页。

② 易焱、王克非《词汇类型学视角下的英汉语“相遇”类动词对比研究》，《外语教学》2013 年第 1 期，第 7–13 页。

③ 秦洪武《英译汉翻译语言的结构容量：基于多译本语料库的研究》，《外国语》2010 年第 4 期，第 73–80 页。

④ 柯飞《汉语“把”字句特点、分布及英译》，《外语与外语教学》2003 年第 12 期，第 1–5 页；胡开宝《基于语料库的莎剧〈哈姆雷特〉汉译文本中“把”字句应用及其动因研究》，《外语学刊》2009 年第 1 期，第 111–115 页。

⑤ 胡显耀、曾佳《翻译小说“被”字句的频率、结构及语义韵研究》，《外国语》2010 年第 3 期，第 73–79 页。

⑥ 胡显耀、曾佳《用语料库考察汉语翻译小说定语的容量和结构》，《解放军外国语学院学报》2009 年第 3 期，第 61–66 页。

⑦ 朱一凡、胡开宝《“被”字句的语义趋向与语义韵——基于翻译与原创新闻语料库的对比研究》，《外国语》2014 年第 1 期，第 53–64 页。

⑧ 胡开宝《基于语料库的莎士比亚戏剧汉译研究》，上海：上海交通大学出版社，2015 年。

⑨ 胡开宝、崔薇《基于语料库的莎士比亚戏剧汉译本中“使”字句应用的研究》，《外语教学》2016 年第 1 期，第 102–106 页。

翻译文本中的搭配特征研究[①]、语义趋向以及语义韵研究[②]相对滞后。戴光荣基于兰卡斯特汉语母语语料库与浙江大学汉语译文语料库，发现与汉语母语相比，汉语译文中节点词的搭配范围更广，词汇变化更大。[③]胡显耀发现翻译小说中"被"字句的语义韵特征有表现出更明显的否定或消极含义的趋势。[④]

部分学者利用口译语料库，考察口译文本中词汇的应用，如虚化动词[⑤]、不定量词[⑥]、情态动词[⑦]等。王丽、李桃基于自建的汉英口译语料库，发现会议口译中频繁使用模糊限制语，且多采用对等翻译法，并认为这与礼貌原则和合作原则有关。[⑧]李洋利用汉英交替传译口译语料库，考察了口译学生对语块的使用，发现口译水平越高，学生使用语块的能力越强。[⑨]

4. 语料库与译者风格研究

译者风格是译者在翻译选择、翻译策略和方法应用以及翻译文本语言结构应用方面所表现出的个性化特征，是译者"留在文本中的一系列语言和非语言的个性特征"[⑩]。长期以来，译者风格研究被严重忽略。不过，近年来，

---

① 唐义均《白皮书英译文本中动宾搭配调查与汉英翻译策略——一项基于汉英对比语料库的研究》，《上海翻译》2012 年第 3 期，第 26–29 页；武光军、王克非《基于英语类比语料库的翻译文本中的搭配特征研究》，《中国外语》2011 年第 5 期，第 40–47 页。

② 朱一凡、胡开宝《"被"字句的语义趋向与语义韵——基于翻译与原创新闻语料库的对比研究》，《外国语》2014 年第 1 期，第 53–64 页。

③ 左尚君、戴光荣《基于语料库的体标记在汉语母语与汉语译文中的分布差异与解读》，《外国语言文学》2013 年第 3 期，第 181–188 页。

④ 胡显耀、曾佳《翻译小说"被"字句的频率、结构及语义韵研究》，《外国语》2010 年第 3 期，第 73–79 页。

⑤ 胡开宝、刘静《记者招待会汉英口译中虚化动词 make 的应用研究》，《外语学刊》2016 年第 4 期，第 109–114 页。

⑥ 谢丽欣、胡开宝《记者招待会汉英口译中不定量词的应用研究》，《外语电化教学》2015 年第 1 期，第 17–22 页。

⑦ 李鑫、胡开宝《基于语料库的记者招待会汉英口译中情态动词的应用研究》，《外语电化教学》2013 年第 3 期，第 26–32 页。

⑧ 王丽、李桃《基于语料库的汉英会议模糊限制语口译研究》，《中国翻译》2015 年第 5 期，第 96–100 页。

⑨ 李洋《语块使用与学生口译水平的语料库研究——基于汉英交替传译 PACCEL 语料库的考察》，《外语与外语教学》2017 年第 5 期，第 88–96 页。

⑩ Baker, M. Towards a Methodology for Investigating the Style of a Literary Translator, *Target*, 2000 (2), vol. 12, pp. 241–266.

国内学界开始利用语料库技术，从词汇、句式和语篇等层面对译者风格进行语料库考察，或利用语料库技术分析译者风格的具体表现[①]，或探讨译者风格的属性和译者风格的研究方法[②]。

刘泽权、田璐、闫继苗、刘超朋、朱虹从不同角度比较了《红楼梦》不同译本的译者风格，研究的切入点包括汉语叙事标记语的处理、报道动词的英译以及词汇和句子层面的特征等。[③] 此外，学界还从汉语辞格、文化词和习语的英译[④]、英语性禁忌语的汉译[⑤]、“两可型”叙述话语处理方式[⑥]等角度分析译者风格。也有学者综合考察词汇信息、报道动词、叙事特征，对译者风格进行多维描述。[⑦]

5. 语料库与翻译规范研究

张继光、张翕荟对英汉散文翻译句法操作规范的语料库研究表明，译者在语句层面主要采用了繁复、变异、形合等操作规范，但是变异的程度和形合的程度均在汉语能够承受的结构张力范围内。[⑧] 胡开宝的研究显示，莎士比亚戏剧梁实秋译本和朱生豪译本均采用委婉语翻译“womb”这一敏感词汇，

---

① 黄立波、朱志瑜《译者风格的语料库考察——以葛浩文英译现当代中国小说为例》，《外语研究》2012 年第 5 期，第 64–71 页。

② 黄立波《语料库译者风格研究反思》，《外语教学》2018 年第 1 期，第 77–81 页；胡开宝、谢丽欣《基于语料库的译者风格研究：内涵与路径》，《中国翻译》2017 年第 2 期，第 12–18 页。

③ 刘泽权、田璐《〈红楼梦〉叙事标记语及其英译——基于语料库的对比分析》，《外语学刊》2009 年第 1 期，第 106–110 页；刘泽权、闫继苗《基于语料库的译者风格与翻译策略研究——以〈红楼梦〉中报道动词及英译为例》，《解放军外国语学院学报》2010 年第 4 期，第 87–92 页；刘泽权、刘超朋、朱虹《〈红楼梦〉四个英译本的译者风格初探——基于语料库的统计与分析》，《中国翻译》2011 年第 1 期，第 60–64 页。

④ 冯庆华《母语文化下的译者风格——〈红楼梦〉霍克斯与闵福德译本研究》，上海：上海外语教育出版社，2008 年。

⑤ 胡开宝《基于语料库的莎士比亚戏剧汉译研究》，上海：上海交通大学出版社，2015 年。

⑥ 黄立波《〈骆驼祥子〉三个英译本中叙述话语的翻译——译者风格的语料库考察》，《解放军外国语学院学报》2014 年第 1 期，第 72–80 页。

⑦ 刘泽权、王梦瑶《量性结合的〈老人与海〉及其六译本风格对比考察》，《外语教学》2017 年第 5 期，第 73–79 页；侯羽、刘泽权、刘鼎甲《基于语料库的葛浩文译者风格分析——以莫言小说英译本为例》，《外语与外语教学》2014 年第 2 期，第 72–78 页。

⑧ 张继光、张翕荟《当代散文翻译（英译汉）句法操作规范的语料库考察》，《西华师范大学学报（哲学社会科学版）》2010 年第 4 期，第 60–65 页。

作者指出净化这一操作规范与当时我国社会对性文化不够开放有关。①

根据徐剑、袁辉的研究，以“的”为标记的复杂定语的使用在 20 世纪 30 年代、20 世纪 50 年代和改革开放后三个时期《呼啸山庄》的五个汉译本中呈明显的递减状态，作者指出，受翻译规范和语言政策的影响，三个不同时期译者的翻译行为呈从欧化翻译逐渐回归汉语规范的态势。②

此外，口译规范也得到学界的关注。胡开宝、陶庆的研究表明，记者招待会汉英口译句法操作规范主要表现为显化和隐化、复杂化和简化以及强化和弱化。③王斌华、秦洪武发现了译员在汉英口译中倾向于通过衔接性增补、信息性增补和隐含义的显性化增补等，达到逻辑明晰化、信息具体化、话语意义显性化的交际规范。④

总体说来，基于语料库的翻译规范研究相对滞后。学界对基于语料库的翻译规范研究的内涵、路径等尚未开展系统、深入讨论，对翻译规范的历时演变考察较少。

6. 语料库与翻译教学研究

在语料库应用于翻译研究的初始阶段，国内学者就已开始探讨语料库在翻译教学中的应用。⑤事实上，将语料库应用于翻译教学，对以学生为中心

---

① 胡开宝《基于语料库的莎士比亚戏剧汉译研究》，上海：上海交通大学出版社，2015 年。

② 徐剑、袁辉《历时文本中汉译复杂定语的语料库研究——以〈呼啸山庄〉五个汉译本为例》，《外语与外语教学》2013 年第 5 期，第 65–68 页。

③ 胡开宝、陶庆《记者招待会汉英口译句法操作规范研究》，《外语教学与研究》2012 年第 5 期，第 738–750 页。

④ 王斌华、秦洪武《汉英口译目标语交际规范的描写研究——基于现场口译语料库中增补性偏移的分析》，《外语教学与研究》2015 年第 4 期，第 597–610 页。

⑤ 柯飞《语料、网路与口笔译教学》，《外语教学与研究》2002 年第 3 期，第 231–232 页；王克非《双语对应语料库：研制与应用》，北京：外语教学与研究出版社，2004 年；王克非《新型双语对应语料库的设计与构建》，《中国翻译》2004 年第 6 期，第 75–77 页；于连江《基于语料库的翻译教学研究》，《外语电化教学》2004 年第 2 期，第 40–44 页；肖维青《平行语料库与应用翻译研究》，《中国科技翻译》2007 年第 3 期，第 25–28 页；杨晓军《基于语料库翻译研究和译者教育》，《外语与外语教学》2007 年第 10 期，第 51–55 页；刘泽权、刘鼎甲《基于语料库的翻译教学与学习者译本评析初探》，《中国外语》2011 年第 5 期，第 48–56 页；王克非、秦洪武《论平行语料库在翻译教学中的应用》，《外语教学与研究》2015 年第 5 期，第 763–772 页；熊兵《基于英汉双语平行语料库的翻译教学模式研究》，《外语界》2015 年第 4 期，第 2–10 页；柴明颎、王静《技术时代的翻译教学改革——翻译专业教学语料库的建库探索》，《外语电化教学》2017 年第 6 期，第 25–31 页。

的翻译教学模式建构、翻译教材编写和翻译质量评估等具有重要价值。

一方面，语料库应用于翻译教学，有助于快速呈现丰富的翻译实例，改变传统翻译教学中的规定性方法，促进学生通过发现式学习和数据驱动式学习，充分发挥自主性。秦洪武、王克非认为，将对应语料库应用于翻译教学有利于创造自主学习的环境，更有利于增加学习者的主动性。①王克非、秦洪武、王海霞在分析双语对应语料库翻译教学平台应用效果的基础上，指出学生可以在观察语料的基础上，归纳、总结翻译技巧，评估或反思自己的翻译行为。②李德超、王克非利用旅游英语语料库在课堂上开展数据驱动学习，发现这种学习模式能促进教学理念的转变，丰富教学内容，增加师生互动。③

另一方面，将语料库应用于翻译教材的编写，可以相对客观、科学地确定翻译教学需求以及教学内容④，提高教学效率⑤。此外，语料库可应用于翻译质量评估，丰富评估的方式，减少传统教学模式下依赖教师直觉进行翻译质量评估的主观性误差。

应当指出，尽管香港城市大学等高等院校已建成翻译教学平台⑥，语料库在翻译教学中的应用目前仍然局限于理论探讨，将语料库应用于翻译课堂教学、翻译教材编写、翻译质量评估等方面的实证研究较为鲜见。

7. 国内语料库翻译研究对国际翻译学研究的贡献

必须指出，国内语料库翻译研究不仅丰富了我国翻译学研究的内涵，拓展了其外延，而且对国际翻译学研究做出了重要贡献。自 2010 年以来，我

---

① 秦洪武、王克非《对应语料库在翻译教学中的应用：理论依据和实施原则》，《中国翻译》2007 年第 5 期，第 49–52 页。

② 王克非、秦洪武、王海霞《双语对应语料库翻译教学平台的应用初探》，《外语电化教学》2007 年第 6 期，第 3–8 页。

③ 李德超、王克非《基于双语旅游语料库的 DDL 翻译教学》，《外语电化教学》2011 年第 1 期，第 20–26 页。

④ 刘敏贤《基于语料库的英语教材编写》，《西藏民族学院学报（哲学社会科学版）》2007 年第 4 期，第 100–102 页；陶友兰《基于语料库的翻译专业口译教材建设》，《外语界》2010 年第 4 期，第 2–8 页；胡开宝、李翼《当代英语教材语料库的创建与应用研究》，《外语电化教学》2016 年第 3 期，第 34–39 页。

⑤ 王树槐《论汉英翻译教材的编写原则》，《外语教学理论与实践》2011 年第 2 期，第 85–91 页。

⑥ 朱纯深、慕媛媛《以文本解释力为导向的语料库翻译教学——香港城大翻译与双语写作在线教学 / 自学平台的设计与试用分析》，《中国翻译》2013 年第 2 期，第 56–62 页。

国学者相继在国际重要学术期刊上发表多篇语料库翻译研究论文。这些论文的主题涵盖语料库创建、翻译语言特征、译者风格、翻译规范等多个方面。Hu Kaibao 和 Tao Qing 讨论了记者招待会汉英口译语料库的创建及其理论意义和研究价值。[①] Xiao Richard 和 Dai Guangrong 探讨了翻译汉语中词汇和语法层面体现的翻译共性。[②] Wang Kefei 和 Qin Hongwu 基于翻译语料库的分析，指出常用的句长分析解释力有限，句段长度和结构容量分析更能反映汉语翻译语言的特点。[③]Li Defeng、Zhang Chunlin 和 Liu Kanglong 以及 Hou Yu 分别从类符 / 形符比、平均句长、名物化等角度讨论了《红楼梦》不同译者的风格。[④]Wang Binhua 考察了中国总理记者招待会交替传译中的规范，其研究表明，译者通过增加、删减、修正等方式，遵循内容充分、逻辑关系明晰化、信息具体化、意义显化等四种规范。[⑤] Hu Kaibao 和 Meng Lingzi 从典型英语词汇应用和口译策略与方法运用方面讨论了记者招待会汉英口译中的性别差异，发现男性译员较女性译员更多地使用低值情态动词、强势词、态度词和“we”，更倾向于使用显化、强化和增译等口译方法，作者阐述了社会性别角色的差异对不同性别译员口译活动的影响。[⑥]

此外，国内学者还在 Springer 的《翻译研究前沿》（*New Frontiers in Translation Studies*）出版系列丛书，内容涉及语料库翻译学的基本框架和研

---

① Hu, K & Tao, Q. The Chinese-English Conference Interpreting Corpus: Uses and Limitations, *Meta*, 2014 (3), vol. 58, p. 626.

② Xiao, R & Dai, G. Lexical and Grammatical Properties of Translational Chinese: Translation Universal Hypotheses Reevaluated from the Chinese Perspective.*Corpus Linguistics & Linguistic Theory*, 2014 (1), vol. 10, pp. 11–55.

③ Wang, K & Qin, H. What is Peculiar to Translational Mandarin Chinese? A Corpus-based Study of Chinese Constructions’ Load Capacity.*Corpus Linguistics & Linguistic Theory*, 2014 (1), vol. 10, pp. 57–77.

④ Li, D, Zhang, C & Liu, K. Translation Style and Ideology: A Corpus-assisted Analysis of Two English Translations of Hongloumeng. *Literary & Linguistic Computing*, 2011 (2), vol. 26, pp. 153–166.

⑤ Wang, B. A Descriptive Study of Norms in Interpreting: Based on the Chinese-English Consecutive Interpreting Corpus of Chinese Premier Press Conferences. *Meta*, 2012 (1), vol. 57, pp. 198–212.

⑥ Hu, K & Meng, L. Gender Differences in Chinese-English Press Conference Interpreting. *Perspectives: Studies in Translatology*, 2017 (1), vol. 26, pp. 1–18.

究内容[①]、语料库文体学[②]、翻译汉语语言特征[③]等。

三、国内语料库翻译研究：问题与展望

国内语料库翻译研究虽然开始得比西方晚，但势头强劲，取得了较多研究成果。然而，该领域的研究仍存在一些问题，主要包括翻译学语料库建设难以满足翻译学研究需求，研究方法相对单一，跨学科研究需进一步加强，等等。

1. 语料库的建设与深层次开发有待加强，口译语料库的建设相对不足

目前，国内已经建成一些有影响力的翻译学研究语料库，并且产出了一大批研究成果，但对已有语料库的挖掘和利用尚不够充分。而且，目前已有的语料库种类不够丰富，难以满足翻译学研究的不同需求。国内现有翻译学研究语料库多为文学语料库，如莎士比亚戏剧英汉平行语料库、《红楼梦》汉英平行语料库等，收录应用文体语料的语料库较少，口译语料库更是寥寥无几。与笔译语料库相比，口译语料库的建设更为复杂、耗时，口译语料的采集、转写、标注等也往往较笔译语料更难。此外，因为版权、技术等问题，多数建成的语料库目前并不能实现资源共享，导致重复建库现象较为突出。

因此，国内学界首先应该充分利用已建成的语料库，从不同视角开展相关课题的研究。同时，应根据研究目的，建设更多类型的语料库，特别是要建设应用文体的翻译学研究语料库，如商务、法律、政治等题材的语料库，以满足不同的研究需求。学界还应开发相应的建库、检索、分析软件，建设标注、加工程度更精深的语料库。此外，在版权、技术等允许的情况下，应大力促进翻译学研究语料库的资源共享，以避免重复建库造成的人力和物力的浪费。

其次，国内已建成并广泛使用的口译语料库为数不多，而且所收录的语料均为会议口译语料，而收录商务口译、法庭口译或其他类型口译语料的口

① Hu, K. *Introducing Corpus-based Translation Studies*, Springer-Verlag Berlin Heidelberg, 2016.

② Huang, L. *Style in Translation: A Corpus-based Perspective*, Springer-Verlag Berlin Heidelberg, 2015.

③ Dai, G. *Hybridity in Translated Chinese: A Corpus Analytical Framework*, Springer-Verlag Berlin Heidelberg, 2016; Xiao, R & Hu, X. *Corpus-based Studies of Translational Chinese in English-Chinese Translation*, Springer-Verlag Berlin Heidelberg, 2015.

译语料库尚未研制。为此，应研制收录这些语料的口译语料库，为进一步加深、扩展口译研究提供物质基础。另外，为更好地了解翻译本质，在充分利用现有翻译产品语料库的同时，应加强翻译过程语料库和翻译学习者语料库的建设。

2. 研究方法比较单一，定量研究急需深化

如前所述，应用语料库及相关软件，可以对翻译语言特征、译者风格和翻译规范等进行定量研究，在数据分析的基础上发现单凭观察和推断所不能发现的翻译规律。然而，目前学界进行的定量研究所采用的数据多数是软件可以直接提供的基本数据，如词频、类符数、形符数、形符 / 类符比、平均句长等。译者风格和翻译规范等领域的研究，往往都基于语料库提供的简单数据，选取其中一个或几个参数，缺少对数据的深层挖掘。语料库语言学、计算语言学、统计学等领域的研究已经取得较大发展，但用于语料库翻译研究中的定量分析多数较为初级。这类数据虽然可以在一定程度上用于翻译语言的客观描写，但往往较为浅显，可揭示的翻译规律或现象也有限。另外，目前语料库驱动的翻译学研究尚在初级阶段。基于语料库的方法和语料库驱动的方法在语言学中均被广泛应用，但现有语料库翻译研究主要采用基于语料库的方法，采用语料库驱动方法的翻译学研究有待开展。因此，有必要借鉴语料库语言学、统计学、计算语言学中的运算方法，更加客观、科学地分析语言数据，为考察翻译现象和语言转换规律提供基础。具体而言，可将因子分析、多变量分析、回归分析等统计方法引入语料库翻译研究，必要时可建立数学模型描写具体翻译现象，以期全面、多维度分析相关研究数据。

还应指出，目前学界关注翻译语言共性时，常常对源语文本考察不足，导致定量研究基础上的定性分析不够充分。虽然在描写性翻译学框架下，译作不再从属于原作，被视为目的语文化事实，然而，必须注意到，翻译是在源语文本影响下进行的。只关注目的语文本，对源语文本考察不充分甚至脱离源语文本，会导致对双语转换过程、规律的认识不够深入，对翻译现象的阐释失之片面。[①] 显然，学界应加强对源语和目的语之间翻译转换的分析，

---

① 胡开宝《语料库批评翻译学：翻译研究新领域》，《中国外语》2017 年第 6 期，第 11-12 页。

综合两种比较模式，即翻译文本与原创文本比较，目的语文本与源语文本比较。如果只关注翻译文本与原创文本的异同，忽视对源语文本的考察，往往会导致研究结论不够全面。

此外，国内学界在应用语料库开展翻译学研究时，往往过分强调对翻译现象的定量分析和描写。语料库翻译研究不是一种数字游戏。如果"迷信数字，一味强调量化研究，具体课题的研究内容往往就会淹没于一大堆数据之中"[①]，因此，对翻译事实的量化描写和统计分析应与动因解释结合。在对数据进行客观描写并归纳总结的同时，应考虑数据之外的社会语境，从社会学、文学、语言学、认知科学等视角，对语料库结果所体现的翻译现象进行分析和解释，使文本特征分析与社会文化因素分析相互佐证。

3. 未能充分发挥翻译研究的跨学科特点

翻译学本质上是一门交叉学科，翻译学"必须不断地汲取其他相关学科的理论资源，同时力求对其他相关学科产生影响"[②]。然而，学界在应用语料库开展翻译学研究时，尚未充分发挥翻译学研究的跨学科特点。现有研究大多局限于语言学视角，很少选取文化视角，几乎没有研究将翻译文化或翻译中的文化现象作为研究对象。因此，应在深化具体语言对翻译语言特征、翻译规范、译者风格等领域研究的同时，依据批评话语分析和相关文学与文化理论，对有关翻译文化现象进行较为深入的分析，加强语料库翻译研究与其他学科的结合，重点关注语料库在批评翻译学研究和翻译认知研究等领域中的应用。

近年来，基于语料库的批评话语分析蓬勃发展，相应地，利用语料库方法探讨翻译与意识形态之间关系的研究也逐渐兴起。[③] 该领域的研究旨在采用语料库方法揭示翻译与意识形态之间的互动关系，是"在观察和分析大量

---

① 胡开宝《语料库翻译学概论》，上海：上海交通大学出版社，2011 年，第 196 页。

② 许钧、穆雷《中国翻译研究（1949—2009）》，上海：上海外语教育出版社，2009 年，第 17 页。

③ 胡开宝《语料库批评翻译学：翻译研究新领域》，《中国外语》2017 年第 6 期，第 11—12 页；耿强《翻译的意识形态研究：语料库视角》，《中国外语》2017 年第 6 期，第 70—80 页；胡开宝、李晓倩《语料库批评翻译学：内涵与意义》，《中国外语》2015 年第 1 期，第 90—100 页；王斌华《对外传播话语翻译抉择的"关键之处"：批评翻译学的实证路径探索》，《中国外语》2015 年第 1 期，第 101—106 页。

翻译文本的特征并进行相关数据统计的基础上，系统分析翻译文本特征和翻译过程背后的意识形态因素以及翻译对意识形态影响的研究”[①]。将语料库技术应用于批评翻译学研究，可以将语料库数据所体现的翻译文本语言特征描写与社会文化语境分析有机地结合起来，考察翻译文本语言特征以及翻译策略和技巧应用所蕴含的意识形态因素。

必须指出，现有语料库翻译学研究主要以翻译产品为研究对象，通过翻译产品间接了解翻译过程，较少直接考察翻译过程。为此，有必要开展基于语料库的翻译认知研究。[②]基于语料库的翻译认知研究可以将翻译过程研究和翻译产品研究有机结合起来。其一，语料库提供的高频词汇、典型句法结构等，或者翻译过程语料库呈现的阶段性特征，可为翻译认知研究提供出发点。其二，翻译认知研究可为语料库翻译研究中的定量分析提供阐释的理论依据。其三，翻译认知实验和语料库翻译研究结果可以相互佐证，证实或证伪各自研究领域中的假设。

第三节　键盘记录技术、眼动仪与翻译研究

一、总体回顾

翻译过程研究（Translation Process Research) 或翻译认知过程（Cognitive Processes of Translation）研究，“旨在从认知角度对翻译过程进行解释，建立具有心理现实性的翻译模式，从而揭示翻译过程中译者的心理机制和思维规律”[③]。翻译过程研究具有跨学科特点，大量借用心理语言学、认知科学、

---

① 胡开宝、李晓倩《语料库批评翻译学：内涵与意义》，《中国外语》2015 年第 1 期，第 90-100 页。

② 李德凤《翻译认知过程研究之沿革与方法述要》，《中国外语》2017 年第 4 期，第 10-13　页；胡开宝、李晓倩《语料库翻译学与翻译认知研究：共性与融合》，《山东社会科学》2016 年第 10 期，第 39-44 页。

③ 胡开宝、李晓倩《语料库翻译学与翻译认知研究：共性与融合》，《山东社会科学》2016 年第 10 期，第 39-44 页。

神经科学等相关学科的理论和方法。另外，翻译过程研究主要采用社会学和实证—实验研究两种路径。前者主要是考察社会、文化、政治、经济等各种外在因素在翻译过程中的作用，后者关注译者大脑运作机制，试图通过实验方法弄清楚翻译过程中译者大脑的思维活动以及认知神经机制，从而弄清楚译者在翻译过程中如何选择翻译策略和方法来完成翻译转换。[①]

翻译过程研究很大程度上不是“问题驱动”（question-driven），而是“方法驱动”（methodology-driven），因此，研究的突破取决于其研究方法的进步。根据其不同的研究方法，翻译过程研究大致走过了三个阶段。第一阶段为20世纪80年代至90年代末。Ericcson等学者早在20世纪70年代末提出“有声思维法”（think-aloud protocols，TAPs），用于心理语言学研究。20世纪80年代起，“有声思维法”被研究者用于翻译过程研究领域，来探索翻译过程中译者的翻译策略选择和决策过程。第二阶段为20世纪90年代至21世纪初。Jacobsen团队开发了翻译键盘录入软件“Translog”，用来记录翻译过程中译者在键盘上表现出的行为，包括停顿、添加、删除、修正等，并基于这些行为数据分析译者翻译过程中的思维活动和思维过程。一些研究者利用该技术，或将其与“有声思维法”结合，对翻译过程展开研究。同时，语料库技术在此期间也取得可喜进展，一些学者尝试利用语料库方法，统计分析文本中特殊类型词汇翻译模式，探索翻译过程中译者大脑的双语转换机制。[②]第三阶段始于21世纪初，近20年来，随着科技和人工智能的快速发展，翻译过程研究也进入了一个快速发展时期。一些原来只是在医学、心理学等学科使用的技术和设备被用来探索翻译认知过程，如眼动仪、脑电、近红外光谱扫描仪、核磁共振等，这也在很大程度上促进了翻译认知研究的发展，推动翻译认知过程研究进入实验实证阶段。[③]

---

① 李德凤《翻译认知过程研究之沿革与方法述要》，《中国外语》2017年第4期，第10-13页。

② 胡开宝、李晓倩《语料库翻译学与翻译认知研究：共性与融合》，《山东社会科学》2016年第10期，第39-44页。

③ 李德凤《翻译认知过程研究之沿革与方法述要》，《中国外语》2017年第4期，第10-13页。

二、代表性成就

1. 键盘记录技术与翻译研究

20世纪80年代，“有声思维法”被研究者用于翻译过程研究领域，但“有声思维法”本身存在一定的局限性，如干扰翻译过程、降低翻译速度、分散译者注意力以及不能全面反映认知过程等。[①] 作为对“有声思维法”的补充，键盘记录技术应运而生。键盘记录技术采用软件记录译者翻译过程中的各种键盘活动，如输入、删除、回车、光标活动、复制、剪切、粘贴以及鼠标操作活动，同时还记录所有键盘活动的时间。键盘记录软件有Translog、Inputlog和Scriptlog等，其中Translog主要用于翻译过程研究，后两者则广泛用于写作研究。

Translog软件由哥本哈根商学院的Jacobsen和Schou两位学者联合开发。他们1995年发布了面向DOS系统的Translog，2000年发布了面向Windows的Translog 2000。2002年，Translog将眼动追踪并入程序模块，并建设了Translog的网站主页。随后，2006年和2012年分别发布Translog 2006和Translog II。Translog II可同时连接眼动仪，同步记录和追踪译者翻译过程中的键盘活动数据和眼动数据。

翻译研究的键盘记录技术就是通过Translog II等软件在电脑后台运行，从而实时记录翻译过程中的全部键盘活动，完整而精确地记录译文产生的过程和不同键盘活动的时间差（停顿），并试图通过译者的这些键盘活动和译者键盘活动的时间，用数据解读译者在翻译过程中的思维过程和决策过程。该方法是“有声思维法”的重要补充，能为翻译过程研究提供更强有力的数据支撑。

键盘记录技术的一个重大突破就是分阶段考察翻译过程。根据键盘活动的分布特征，整个翻译过程可分为三个阶段：初始熟悉阶段、中间起草阶段和最终修订和监测阶段。初始熟悉阶段记录的是从译者看到原文到开始翻译之间的这段时间的活动，反映的是译者在开始翻译之前的原文阅读活动。中

① 冯佳《眼动追踪和键盘记录在翻译教学中的应用——以提高策略能力为中心的MTI教学实验》，《中国大学教学》2016年第12期，第65-71页。

间起草阶段记录的是译者从开始翻译到翻译结束的整个过程的键盘活动，如译者输入、删除、更改、剪切、复制和粘贴文本以及移动光标、点击鼠标等，主要反映译文生成和修改的过程。最终修订和监测阶段记录的则是大量的光标活动，反映的是译者审阅、评估和修订译文的活动。①

键盘记录技术的另一重大突破就是增加了对翻译过程中的停顿和认知翻译单位的认识。学界对翻译单位的研究多是属于面向翻译产品的。而认知翻译研究则是面向翻译过程的，认为翻译单位是在翻译过程中译者处理的动态变化的真实单位，建议通过译者翻译过程中的停顿来划分认知翻译单位，这是因为其反映了译者的工作记忆容量、认知努力和认知负荷大小。此外，还将翻译单位再细分为“宏观翻译单位”和“微观翻译单位”，以便进一步了解译者在翻译过程中的译文产出及译文修订行为。

此外，键盘记录技术的重播回放功能可以再现整个翻译过程，克服了传统反思法的记忆瞬时性、记忆容量限制和实验过程一次性等缺陷。键盘记录完成后，实验者可以将数据保存，然后在需要的时候，通过其重播功能再现翻译过程，重现所有的键盘活动。这种回放可以给受试者提供更多的细节，尽可能多地排除干扰数据，帮助其回忆当时的瞬时想法及决策依据等。Translog通过线性表征方式，呈现各项键盘活动及它们之间的时间差（停顿），并将这些时间差以图表形式呈现出来。

近年来，越来越多的国内学者开始关注键盘记录技术在翻译过程研究中的应用。谭思蓉和付莉萍介绍了西方翻译过程研究的两个主要发展阶段——反思法阶段和观察法阶段，并总结了各个阶段的成就和存在的不足，比较详细地介绍了西方学者运用键盘记录技术和眼部追踪技术进行实验实证翻译过程研究取得的成绩，并指出目前实证翻译过程研究主要在宏观理论模型指导、实验设计等方面存在不足，希望中国学者能从中吸取经验和教训。②李德凤的研究梳理了翻译认知过程研究的发展沿革，指出目前处于翻译认知的实证

① 冯佳《眼动追踪和键盘记录在翻译教学中的应用——以提高策略能力为中心的MTI教学实验》，《中国大学教学》2016年第12期，第65–71页。

② 谭思蓉、付莉萍《翻译过程实证研究：成就、不足和启示》，《东方翻译》2016年第5期，第23–27页。

实验阶段，Translog 键盘记录软件和眼动仪等软件和方法吸引了越来越多学者从事这方面的研究。[①] 翻译过程研究的很多方面，如研究问题设计和研究方法应用，都还处在摸索阶段。

冯佳是为数不多的既介绍了 Translog 在翻译认知研究中应用的相关理论又付诸实践的中国学者之一。冯佳和王克非概述了键盘记录和眼动追踪方法在翻译过程研究中应用的缘起、理论基础和对当前翻译研究的重要突破，认为键盘记录对翻译过程研究的贡献是将翻译过程分成三个不同阶段进行考察，以及采用停顿来处理翻译过程中的认知切分，指出键盘记录和眼动追踪技术的结合对于译者阅读理解过程、译者理解和产出协同过程的分析具有十分重要的意义。[②]

为了检验键盘记录技术和眼动追踪在翻译实践教学中的作用，冯佳邀请 36 名 MTI 学生参加了一项教学实验，利用 Translog II 键盘记录软件和 TobiiT120 眼动仪记录被试学生的键盘和眼动数据。实验结果表明，在翻译教学中使用键盘记录软件和眼动仪，可以让学生进一步了解翻译过程中的认知过程和认知机制，增强学生的自我反思意识和对自身翻译行为的监控意识，提升学生的翻译能力。主要体现在以下三个方面：①有助于译者更好地了解自己的翻译过程，尤其是译文生成和修订；②帮助被试学生认识翻译过程中的“认知节律”；③观察键盘活动有助于提高学生对翻译过程中遇到的问题的关注度，使他们更多地留心翻译中遇到的问题和解决问题的过程。[③]

王娅通过分析 Translog 软件记录的数据考察了 26 位翻译专业三年级研究生在翻译过程中处理语法隐喻翻译时的翻译策略。研究发现语法隐喻类型和受试类型的交互作用，在识别翻译难点、进行言外判断和联想方面作用突出，不同语法隐喻类型帮助实验组更加准确地辨别和理解翻译难点，但却阻

---

① 李德凤《翻译认知过程研究之沿革与方法述要》，《中国外语》2017 年第 4 期，第 10-13 页。

② 冯佳、王克非《探悉翻译过程的新视窗：键盘记录和眼动追踪》，《中国翻译》2016 年第 1 期，第 12-18 页。

③ 冯佳《眼动追踪和键盘记录在翻译教学中的应用——以提高策略能力为中心的 MTI 教学实验》，《中国大学教学》2016 年第 12 期，第 65-71 页。

碍控制组受试完成翻译任务。控制组往往因缺少理论指导而过度依靠言外判断和联想。[①]

2. 眼动仪与翻译研究

作为一种研究方法，眼动指“研究者采用某种方式，记录下在观测文字、图片或视频时眼睛的运动轨迹，并借以推断人的大脑处理这些信息的过程”[②]。传统的眼动研究主要关涉阅读领域，如阅读教学、阅读测验等。后来，眼动法被应用到了心理学领域，即研究眼动与认知心理的关系。随着计算机技术的发展，眼动仪被成功研制出来并先后应用于教育学、心理学、翻译学等领域的研究。

在翻译研究领域应用眼动仪，可以“记录翻译过程中人眼在电脑显示屏上的聚焦位置，能更系统完整地反映人脑黑匣子的运作状况”[③]。1981 年，McDonald 和 Carpenter 把眼动仪开创性地应用于翻译研究，探索在视译过程中译者如何理解和分析有歧义的表达，以及译者如何检测、校正视译过程中的误译。2006 年，眼动仪被应用于翻译过程研究。眼动仪应用于翻译过程研究的理论依据是 Just 和 Carpenter 1980 年提出的“眼脑一致假说”（eye mind assumption）。该假说认为“只要读者在大脑中对所读内容进行加工，那么眼睛就会注视正在加工的内容”[④]。同理，译者在翻译具体词汇或语言片段时，眼睛也应该注视这个词或者语言片段，注视的时间越长，表明其处理难度越大。

眼动仪与翻译认知研究结合的关键是合理选用眼动指标并探索眼动指标和特定翻译行为或结果之间的关联。因此眼动仪在翻译认知研究中应用的关键就在于依据研究目的进行实验设计，并选取相应的眼动数据作为指标进行分析。应用眼动仪进行分析的主要指标包括注视变量（注视时间、凝视时间、

---

① 王娅《语法隐喻翻译策略研究：键盘记录法与有声思维法》，广东外语外贸大学硕士论文，2017 年。

② 刘艳梅、冉诗洋、李德凤《眼动法在翻译过程研究中的应用与展望》，《外国语》2013 年第 5 期，第 59 页。

③ 同上。

④ 马星城《眼动跟踪技术在视译过程研究中的应用——成果、问题与展望》，《外国语》2017 年第 2 期，第 81–89 页。

总注视时间、注视次数）、眼跳变量（眼跳潜伏期、持续时间、眼跳距离、速率峰值）、回视变量（回视次数、回视出次数、回视入次数）以及瞳孔直径变量等。

眼动仪在翻译过程研究中的应用主要表现在以下几个方面：首先，眼动仪被用来考察翻译过程中的一些变量，如翻译方向、文本难度、时间压力、语义改变等；其次，是眼动仪在人机交互翻译中的运用，采用眼动仪，可以观察在人机交互翻译过程中不同类型的匹配给译者带来的认知负荷，以及译者如何协调翻译过程中理解与产出等问题。

眼动仪与翻译过程研究的结合具有重要的意义。借助眼动仪对译者的眼动进行分析，可以实现对译者翻译过程的实时监控和完整记录。眼动仪可以用于记录译者整个翻译过程中的各项眼动指标，如注视时间、注视点、注视频率以及瞳孔直径变化等。这些指标可以让研究者更好地分析译者的翻译过程。此外，如果实验者是学生，这些数据的分析可以帮助教师了解他们在翻译过程中的思维活动、行为表现、策略运用以及决策过程等，从而有利于教师在翻译教学中帮助他们认识翻译过程，提高翻译能力。眼动仪的应用与“有声思维法”、键盘记录法和语料库方法结合起来，可以进行交叉互证，相互取长补短，共同推进翻译过程研究。

近几年来，眼动仪在翻译过程研究中的应用得到国内学界的关注。一批学者开始从理论介绍、方法综述和实验检验等方面开展眼动与翻译相关研究。

刘艳梅等从介绍眼动研究的历史入手，介绍了眼动法与翻译过程研究结合的过程、理论基础以及二者结合的意义，归纳了眼动法在翻译过程研究中的主要内容和常用指标，并展望了眼动法在未来翻译研究中的发展趋势。[①] 王娟的研究梳理了过去20年眼动跟踪技术在国外翻译过程研究中的应用情况，对眼动技术在翻译研究中应用的理论依据和争议、翻译过程中眼动数据收集和分析方法等进行分类和比较，就应用眼动仪研究翻译过程的方法和趋

① 刘艳梅、冉诗洋、李德凤《眼动法在翻译过程研究中的应用与展望》，《外国语》2013年第5期，第59–66页。

势提出了自己的建议。① 马星城介绍了近年来眼动仪在国内外视译研究中的应用，认为眼动仪主要用来考察视译过程中的认知负荷、阅读模式、源语干扰、翻译策略和翻译错误等，并指出了目前相关研究存在的问题，认为加强眼动技术和其他多媒体技术的结合，有望成为未来视译研究的主要方向之一。② 王一方以瑞典 Tobii 公司的 TX300 型号眼动仪为例，分析了英汉翻译过程实证研究中眼动数据的分类和收集、常用的指标及特点、数据的呈现与导出形式、数据分析模型的设计等。③

冯佳利用眼动仪进行了一项关于眼动在翻译教学中应用的实验。实验结果表明通过观看眼动追踪回放，可以增强学生的自我反思意识和对自身翻译行为的监控意识，这也反映出眼动法在翻译过程研究中具有明显的积极作用。冯佳指出，眼动追踪在教学中的积极作用主要体现在以下三个方面：其一，有助于学生更清晰地了解自己的翻译过程，所有被试者均表示“通过观看眼动追踪的回放，我更了解自己的翻译过程了”；其二，帮助学生关注翻译过程中遇到的问题以及解决问题的过程。超过 80% 的被试者认为“通过观看眼动追踪的回放，我更多地关注到翻译过程中我碰到的问题”；其三，使学生更好地了解翻译过程中的时间分配和时间管理，进而更好地了解、监测和反思自己的翻译风格，近 90% 的被试者认为“通过观看眼动追踪的回放，我更了解自己在翻译过程中的时间分配和时间管理了”④。

三、键盘记录技术和眼动仪在翻译研究中的应用：问题与前景

毋庸讳言，键盘记录技术和眼动仪在翻译研究领域的应用有力推动了翻译过程研究。人们对于译者翻译过程的特征和规律的理解愈来愈清晰、客观。然而，以上领域的研究目前存在两方面的问题。

---

① 王娟《国外翻译过程实证研究中的眼动跟踪方法述评》，《外语学刊》2016 年第 4 期，第 124–129 页。

② 马星城《眼动跟踪技术在视译过程研究中的应用——成果、问题与展望》，《外国语》2017 年第 2 期，第 81–89 页。

③ 王一方《翻译过程研究中眼动数据的收集、呈现与分析》，《中国外语》2017 年第 6 期，第 76–81 页。

④ 冯佳《眼动追踪和键盘记录在翻译教学中的应用——以提高策略能力为中心的 MTI 教学实验》，《中国大学教学》2016 年第 12 期，第 65–71 页。

其一，作为眼动追踪法的最重要的设备，眼动仪需要经费去购置，同时还需要配备专门的实验室才能很好地发挥其作用。目前用于键盘记录的软件 Translog 专业版需要付费才能使用。李德凤指出，由于 Translog 没有完全解决汉语界面的问题，只能用来进行汉译英研究，很少用来进行英译汉研究。[①] 此外，研究者还需要花相当多的时间去学习才能熟练使用这些软件和设备。对于许多研究者而言，以上因素是应用眼动仪和键盘记录技术从事翻译过程研究所面临的困难。

其二，键盘记录技术和眼动仪在翻译研究中的应用缺乏宏观理论模型和相关理论的指导。肖开容和文旭指出，作为新兴的研究方向，翻译过程研究借用相邻学科（心理语言学、认知心理学、神经科学和认知语言学等）的相关概念建立模式，但这些模式关注面不够广，只能解释部分现象，对于译者一般翻译行为的认知机制很难做出令人信服的解释。[②] 此外，对键盘记录技术和眼动仪应用于翻译过程研究的实验设计，目前尚无理论提供有效的指导。毕竟，要想将应用键盘记录技术和眼动仪所得到的数据与翻译过程中译者的认知行为和机制联系起来，必须理解这些数据在阐释译者翻译过程中大脑认知和思维机制方面的作用，这就需要在设计具体实验时就弄清楚哪些数据是关键数据，哪些是次要数据，哪些是干扰数据，等等。只有如此，才能收到很好的实验效果。

事实上，正是由于上述原因，目前国内翻译过程研究大多局限于国外相关理论和方法的引介和国外翻译过程研究的介绍。应用键盘记录技术和眼动仪的实证研究成果屈指可数。键盘记录技术和眼动仪在翻译研究中的应用仍然处于初始阶段，尚有许多问题需要梳理和分析。然而，我们在看到问题和困难的同时，更应看到这些新技术、新方法带来的机遇和美好前景。我们可以从以下几方面着手，积极推进键盘记录技术和眼动仪在翻译过程研究中的应用。

首先，我们可以在研制和改进翻译过程研究硬件和软件方面下大功夫，让相关软件和硬件设备能更好地为翻译研究服务。具体而言，我们可以研发

① 李德凤《翻译认知过程研究之沿革与方法述要》，《中国外语》2017 年第 4 期，第 10–13 页。
② 肖开容、文旭《翻译认知过程研究的新进展》，《中国翻译》2012 年第 6 期，第 5–10 页。

轻便且可穿戴、高度集成的翻译研究设备和软件，如集成了眼动、键盘追踪、脑电、近红外光谱扫描、核磁共振等技术的可穿戴翻译研究设备。古人云“工欲善其事必先利其器”，新的高性能多功能翻译研究设备的开发和应用，将克服实验场地限制，最大限度减少对被试者心理的影响，让被试者脱离特定的被试环境，从内心和形式上摆脱实验心理，将研究实验置于真实的翻译环境中进行，获取更加真实有效的实验数据，实验数据因此将更加客观、更具说服力。

其次，应积极组织翻译过程研究的研讨和培训，扩大翻译过程实证研究的影响。翻译实证研究一般都会涉及实验和数据分析，这必然会用到相关设备和软件。许多学者出于对软件和设备的戒备和恐惧心理，对翻译实证研究也就“敬而远之”。组织翻译过程研究的研讨和培训，分享翻译过程研究的成果，可以消除人们对软件、设备和数据分析的戒备和恐惧心理，吸引更多人参与翻译过程实证研究，从而推动翻译过程实证研究发展。

此外，应加强翻译过程研究实验—实证方法的理论及模型建构。一直以来，翻译过程研究借用心理语言学、认知心理学、神经科学和认知语言学等学科概念来建构研究模式，确定研究方法。然而，来自于不同学科的研究模式和方法应用于翻译研究之中，必须进行融合与改进，才能成为行之有效的翻译研究方法。这就需要翻译研究者从自身研究的需求和实际出发，融合不同领域的概念和模型，设计适合翻译研究的方法和模式，并在实践中不断改进，最终形成适合于翻译研究的研究方法和模型。

最后，有必要扩大翻译过程实证研究的研究范围。目前，国内翻译过程实证研究局限于翻译教师针对翻译本科专业学生和 MTI 翻译硕士研究生所做的实验，如冯佳[①]。有鉴于此，翻译过程实证研究的实验范围、对象、领域以及所涉语种均有待进一步拓展。具体而言，实验范围可以从学校拓展到任何从事翻译实践和研究的个人、机构和团体；实验对象可以从翻译专业学生扩大至翻译公司的专业笔译、口译人员，自由译者，在线的人机

① 冯佳《眼动追踪和键盘记录在翻译教学中的应用——以提高策略能力为中心的 MTI 教学实验》，《中国大学教学》2016 年第 12 期，第 65–71 页；冯佳《译入 / 译出认知负荷比较研究——来自眼动追踪的证据》，《中国外语》2017 年第 4 期，第 79–91 页。

交互翻译等；实验领域可以从笔译拓展到口译，甚至到机器翻译；实验语种也可以从目前的英汉互译拓展到其他语对。只有这样，才能更好地从不同领域、范围、对象和语言视角进行翻译过程研究，推动翻译过程研究的发展，从而促进翻译学科的发展。

第十章
中国的翻译职业发展

改革开放、邓小平南方谈话、中国加入世贸组织等一系列重大政治决策与经济活动，以及近年“一带一路”倡议的顺利推进和着力打造融通中外的中国特色话语体系的需要，都为我国的翻译职业化提供了有利契机。经济全球化、翻译服务市场化、翻译技术普及化，促使翻译职业化时代最终到来。[①] 翻译职业化又改变了翻译的工作模式、翻译内容和研究途径，对业界、学界和政府行业主管部门都提出了新要求。本章分为三节，第一节在界定翻译职业化内涵的基础上，考察翻译职业化的动力、条件，以及改革开放以来我国翻译职业化发展的历程。第二节从翻译能力、翻译服务领域、翻译技术、翻译规范和翻译质量标准、翻译训练等五个方面介绍目前翻译职业研究的主要动态。基于翻译职业化过程就是翻译市场化过程、翻译服务是翻译市场核心活动的判断，第三节对翻译市场的构成要素及其运行机制进行细致解读，并从宏观的行业管理和微观的实践管理两个层面，详细阐释翻译管理的内涵和技术要求。

第一节　中国的翻译职业化发展概况

改革开放以来，国内翻译职业化研究成果日渐丰硕。笔者以“翻译职业”和“翻译职业化”为主题词，在中国知网作跨库高

① 谢天振《翻译：从书房到作坊——2009 年国际翻译日主题解读》，《东方翻译》2009 年第 2 期，第 4–10 页。

级检索，剔除通讯文稿、书评后，共搜得1986—2017年间的研究文献195篇，按所涉主题内容划入翻译专业教育与教学、翻译能力建设、职业译员培养、翻译行业研究、特色职业化课程建设、翻译技术应用与教学、翻译项目管理、翻译伦理与职业道德、特定专业领域职业化、特殊翻译研究等10个领域。

我国的翻译职业化在改革开放的东风中诞生并成长，应用翻译研究的长足发展和市场化翻译服务的旺盛需求都为翻译职业化奠定了坚实的理论和实践基础。厘清翻译职业化的内涵，阐明其核心要素和基本进程，对新时期国家语言服务能力建设，高校翻译人才培养，中国企业、文化、学术“走出去”，以及“讲好中国故事，传播好中国声音”使命的实现都具深远意义。

一、翻译职业化的理论内涵

科技发展日新月异，市场化翻译需求急剧增长，促使翻译与其他行业分离，步入职业化时代。国际学者对翻译职业化的研究包括翻译规范研究、翻译市场研究、翻译伦理研究、翻译社会肯定和认同研究，以及翻译职业的规范化和专业化研究。自我国教育部2006年批准试办翻译本科以来，国内学者渐次展开翻译职业化研究，涵盖职业翻译教育，口译职业化，职业翻译人才培养，翻译职业化对翻译教育、翻译研究和翻译行业的影响等内容。基于学者曾文中提出的口译职业化模型[①]，汝明丽从产业化的视角对该模型定义的无序状态、获得社会认可、成立专业协会和行业自治等四个发展阶段做出修正，特别突出了专业机构（如会议口译公司和培训机构）和执业资格认证制度的重要性[②]。黄德先等认为，在逐步职业化的进程中，市场需求、翻译立法、翻译组织与协会、翻译教育和翻译资格认证是翻译职业化的保障。[③]方梦之基于ESP研究，将翻译职业化定义为“在市场经济的条件下，由权威的机构（国外通常是翻译协会）导向并监管、以职业翻译为主体、有信息技

① Tseng, J. *Interpreting as an Emerging Profession in Taiwan: A Sociolinguistic Model*. Unpublished Master's Thesis. Fu Jen Catholic University, Taiwan, 1992, p. 43.

② 汝明丽《台湾口译产业专业化：Tseng模型之检讨与修正》，《编译论丛》2009年第2期，第120页。

③ 黄德先、杜小军《翻译的职业化及对翻译研究的影响》，《上海翻译》2010年第1期，第73-77页。

术支撑的翻译行为过程”①。寇莹瑾通过文献收集、问卷调研、访谈等手段分析了我国翻译职业化的现状、特点及存在的问题，特别强调了翻译立法的重要性。②赵军峰等则全面阐述了我国语言服务立法的必要性、可行性和操作路径。③

具体到翻译职业化的内涵，鲍川运认为职业化包含职业化素养、职业化行为规范和职业化技能等三方面内容④，而黄德先等则提出翻译职业化至少包括翻译职业技能、翻译职业意识和翻译职业道德⑤。俄罗斯学者 Tyulenev 特别强调译员的执业资格，包括受过正规的学历教育，能熟练使用计算机辅助翻译工具，加入专业组织/行业协会，获得社会认可的执业资格证书，等等。⑥与此类似，穆雷及赵军峰等都表示，职业教育、行业协会和执业资格认证是影响职业化进程的三大核心要素。⑦

翻译职业化是不断建构的动态过程。在微观层面，翻译职业化指译员获取并持续提升其从事翻译职业所必需的能力和素养，包括语言转换能力、翻译技术运用能力、翻译流程控制能力、翻译项目管理能力、团队/客户沟通能力，以及较高的职业道德水准；在宏观层面，则指政府主管部门、行业协会、翻译教育培训机构、中立的执业资格认证组织协力打造有利的职业发展环境。

二、翻译职业化历程

1. 翻译职业化的动力

1919 年的巴黎和会被认为是现代职业口译的开端，而 1945 年的纽伦堡审判则标志着翻译开始成为一种大众职业。战后联合国、世界银行、国际货

---

① 方梦之《ESP 与翻译职业化》，《上海理工大学学报（社会科学版）》2012 年第 1 期，第 2 页。

② 寇莹瑾《中国翻译行业职业化进程与立法问题研究》，广东外语外贸大学硕士学位论文，2015 年。

③ 赵军峰、寇莹瑾《中国语言服务行业立法现状调查分析》，《中国外语》2017 年第 1 期，第 4–10 页。

④ 鲍川运《口译的职业化》，《中国翻译》2007 年第 1 期，第 50–51 页。

⑤ 黄德先、杜小军《翻译的职业化及对翻译研究的影响》，《上海翻译》2010 年第 1 期，第 73–77 页。

⑥ Tyulenev, S. *Translation and Society: An Introduction*. Routledge, 2014, pp. 68–69.

⑦ 穆雷《也论翻译研究之用》，《中国翻译》2012 年第 2 期，第 5–11 页；赵军峰、寇莹瑾《中国语言服务行业立法现状调查分析》，《中国外语》2017 年第 1 期，第 4–10 页。

币基金组织等国际组织的成立和欧美经济重建带来的大量国际资本、人员流动和文化交流创造了稳定的成规模的翻译需求，是具有市场意义的翻译职业化的真正起点，而 20 世纪 70 年代开始升温的跨国公司市场寻求型投资才是推动翻译职业最终形成的原动力。

（1）市场需求推动。20 世纪 70 年代以后，随着经济全球化和信息化的不断深入，跨国公司对外投资的动机也由传统的资源寻求型和效率寻求型转向市场寻求型，努力向投资东道区域的市场大量投放其产品和服务。为了更好地营销产品，跨国公司必须使用生动、标准、精练、合法的东道区域语言撰写产品介绍和销售文件，其翻译需求具有内容多样且碎片化、交付周期短、质量要求高、多语种文本需要同期发布等特点。另外，由于翻译服务并非大多数跨国公司的核心业务，在全球市场不断融合的背景下，跨国公司多选择将翻译业务外包给专业的翻译和本地化公司。这一举措不仅降低了跨国公司的全球化成本，提高了语言服务质量，在客观上也为翻译行业的发展注入了活力。卡门森斯顾问公司（CSA）2016 年发布的《语言服务市场》研究报告显示，外包语言服务[①]和相关技术市场的产值在 2015—2016 年度上涨至 402.7 亿美元，比上年增长 5.52%[②]。跨国公司的企业实践进一步表明，某一产品能否真正实现全球化并适应不同市场的需求，在很大程度上取决于翻译质量和翻译流程管理的效率。[③]

市场范围和市场容量的增大也促使翻译服务内容多元化。卡门森斯顾问公司指出，虽然当下传统口、笔译服务仍占据较大的市场份额，但新兴服务内容，如软件本地化、创译、笔译技术开发、机器翻译译后编辑、多媒体本地化、网站国际化、国际化测试等方兴未艾。与此同时，翻译服务需求方要求在确保质量的前提下，大幅缩短工作周期，促使翻译技术工具的使用更加普遍，翻译的产业组织形式演进为沿着语言服务“价值链”展开团队协作，即“技术写作（上游）→本地化翻译（中游）→多语种文本同期发布（下游）”

① 语言服务与翻译服务之间理论上应是包含与被包含的关系，但国内很多学者甚至专业机构都将二者等同。鉴于语言服务和翻译服务目前都不具备行业统计学意义，这种等同存在一定的合理性。

② Common Sense Advisory. *The Language Services Market: 2016* . May 2016.

③ 谢天振等《中西翻译简史》，北京：外语教学与研究出版社，2009 年，第 322 页。

模式的协同攻关，团队成员的地理分布也由集中在投资东道区域转变为按语种和技术匹配实施全球资源配置。毫无疑问，旺盛的语言服务需求借助“看不见的手”即市场的力量进一步推进了翻译职业化进程。

（2）国家政策导向。在全球化时代，语言是主权国家在高度竞争的市场环境中获取政治、经济、文化利益的有力武器。我国在21世纪初正式提出“走出去”战略，包括企业“走出去”和文化、学术“走出去”。就企业而言，当时中国企业对外直接投资年均仅有6.2亿美元。[①]时至今日，在商务部登记备案的境外投资企业数超过25 000家。中国企业2016年对外直接投资达1 961.5亿美元，创历史新高，比上年增长34.7%，占全球对外投资总额的13.5%。2013年，习近平总书记提出建设“丝绸之路经济带”和“21世纪海上丝绸之路”的倡议，赢得了国际社会的高度关注和广泛参与。2015年3月，国家发展改革委员会、外交部、商务部联合发布的《推动共建丝绸之路经济带和21世纪海上丝绸之路的愿景与行动》标志着“一带一路”倡议正式实施。作为一个开放的互利共赢体系，“一带一路”倡议至少涵盖64个沿线国家和56种官方及通用语言，打造“一带一路”沿线国家的“语言之路”是实现互联互通的根本前提。

在企业“走出去”的同时，为了提升中国的国际话语权，近年来文化和学术成果的对外译介也由积极“走出去”迅速向有效“走进去”迈进，国家社科基金中华学术外译项目、中国图书对外推广计划、经典中国国际出版工程、中国文化著作对外翻译出版工程等已经成为阐释中国道路、中国模式、中国经验、中国核心价值观的重要平台。

在中国企业加大对外直接投资，国家鼎力推进“走出去”战略的时代背景下，语言已经成为国家核心竞争力的重要来源。中国要用语言体现国家意志、民族品格、改革开放的骄人成就和社会主义核心价值观，并向世界积极推介中国的优秀科技、文化成果。无论是文化、学术和意识形态传播层面的“讲好中国故事，传播好中国声音”，还是外向型经济的发展，都离不开高品质的翻译服务。集全社会之力推动翻译职业化已是大势所趋。

---

① 邢厚媛《中国企业走出去的现状和对语言服务的需求》，《中国翻译》2014年第1期，第12页。

2. 翻译职业化的条件

在信息化时代，翻译的职业化、市场化和服务性日趋明显，对从业人员的综合能力提出了新要求。翻译职业化需要政府主管部门、语言服务企业和行业协会通力合作，以市场为导向，通过建立有效的准入机制，最终达到行业自治。翻译立法、行业协会与专业组织的成立、职业翻译教育体系的不断完善、执业资格认证制度的有效实施是翻译职业化的关键条件。

（1）翻译立法。翻译是全球化时代文化交际与传播的重要手段。随着翻译职业化进程的加快，只有通过翻译立法，翻译行业才能改变“无序市场”状态，最终实现“行业自治”。与翻译有关的法律、法规属于跨部门行业法，内容涉及翻译服务标准、职业行为规范、从业人员执业资格、行业监管等。立法旨在加强翻译市场管理，监控行业准入，完善翻译质量审核与控制体系，促进翻译行业健康有序发展。

我国翻译行业虽然发展迅速，但对从业人员资质认证不严，阻碍了行业的整体健康发展，市场混乱情况亟须立法纠正。[①] 作为翻译立法的积极倡导者，黄友义在全国政协会议上多次强调行业立法的重要性。我国直接涉及翻译服务的立法尚属空白，目前只有三部由国家质量监督检验检疫总局颁布的翻译国家标准：《翻译服务规范 第 1 部分：笔译》（2003）、《翻译服务译文质量要求》（2005）、《翻译服务规范 第 2 部分：口译》（2006）。此外，中国翻译协会受商务部委托，起草了《语言服务业和服务贸易发展政策制订》（2013），近年又相继发布《本地化业务基本术语》《笔译服务报价规范》《口译服务报价规范》《本地化服务报价规范》《本地化服务供应商选择规范》《本地化翻译和文档排版质量评估规范》《翻译服务——笔译服务要求》等，但仅作为行业参照标准，不具行政管理强制力，无法在法律意义上真正承担规范翻译行业发展和企业经营行为的使命。

（2）成立行业协会与专业组织。成立职业团体是翻译职业化的关键步骤。与翻译有关的职业团体包括行业协会和各类专业组织。作为国际、全国或地区性翻译社团组织，有效运作的行业协会对内为会员制定职业行为规范和服

---

① 谢天振《为翻译立法，此其时也》，《文汇读书周报》2011 年 6 月 21 日。

务标准，对外适当设置职业条件，控制市场准入，努力建立积极正面的行业形象，承担必要的社会责任，保护会员的合法权益。

1953 年，国际译联（FIT）、国际会议口译员协会（AIIC）相继成立。国际译联是国际最权威的翻译工作者组织，目前拥有遍及全球 70 余个国家和地区的 115 个成员组织。国际译联在协调翻译行业标准、维护全世界翻译工作者权益方面做出了积极贡献。中国翻译工作者协会成立于 1982 年（2005 年名称改为中国翻译协会），是由与翻译及与翻译工作相关的企事业单位、社会团体及个人自愿结成的全国性、行业性、非营利性社会组织，是翻译领域唯一的全国性社会团体，其宗旨是协助政府有关部门加强对翻译行业的指导与管理，规范行业行为；开展翻译研究和交流，促进人才培养和队伍建设；维护翻译工作者的合法权益；开展与国内外相关组织之间的交流与合作，为提高翻译质量、改进翻译服务、促进翻译行业健康可持续发展服务。不可否认，中国翻译协会仍然是开放性组织，需进一步加强对行业监管的权威性。[①]

随着翻译职业化进程的加快，各类翻译专业组织应需而生。与行业协会相比，专业组织通常制定更加严密的行业标准，同时提供专业培训、执业资格认证和会员交流服务。本地化行业标准协会（LISA）1990 年在瑞士成立，于 1998 年正式颁布世界上第一个本地化技术标准——“翻译记忆数据库交换标准”（TMX），使本地化公司能够依据此标准对外进行数据交换。此后又有“术语库交换标准”（TBX）、“断句规则交换标准”（SRX）、“全球信息管理度量交换标准”（GMX）等相继投入使用。结构化信息标准促进组织（OASIS）则制定了 XLIFF 标准，为全球有效解决各种数据兼容和语言资产管理问题提供了便利。[②] 本地化专业人员学会（TILP）通过组织培训和考试，推进本地化技术、理念和职业道德发展，其认证考试（“注册本地化专业人员一级证书”，简称 CLPI）已被本地化客户广泛接受。成立于 2002 年的全球化与本地化协会（GALA）旨在促进会员企业与语言部

① 方梦之《ESP 与翻译职业化》，《上海理工大学学报（社会科学版）》2012 年第 1 期，第 4 页。

② 王华树、冷冰冰、崔启亮《信息化时代应用翻译研究体系的再研究》，《上海翻译》2013 年第 1 期，第 10 页。

门交流，分享知识、应用技术和标准。2007年，GALA发起网上系列讲座（Webinar），2011年启动标准动议，2016年又推出“连接社区”（Connect Community）活动。据悉，GALA的翻译和本地化服务标准通常每三年进行一次变更和完善。

（3）创建职业翻译教育体系。职业化应包含培训体系、职业团体、规章制度、道德准则等结构性制度的不断建立和完善。[①]职业翻译教育体系是翻译职业化的基础性保障，包括学历教育和非学历在职培训。

市场对职业翻译的有效需求催生了专门的翻译培训机构。1930年，在德国的曼海姆成立了欧洲第一所翻译学校。二战结束后，一批专门培养翻译人员的学校相继成立，其中包括巴黎高等翻译学院、日内瓦大学翻译学院，以及冷战时期专为联合国培养译员的莫斯科学院等。全世界目前约有近300所高校设有各类翻译学历教育项目，1961年还成立了“国际大学翻译学院联合会”（CIUTI）。

翻译是公认的人类最复杂的智力活动之一，翻译人才自身技能的不断完善与更新是行业发展的必然要求。以口译为例，口译职业化“涉及训练、资格认证、专业组织和继续教育等各个方面”，译员拥有执业资格和必要的职业道德素养仅是进入翻译行业的“敲门砖”，继续教育和动态考核评估更为重要。[②]对于职业翻译而言，非学历在职培训的重要性丝毫不亚于学历教育。目前，国际著名的译员在职培训的机构有联合国训练研究所（U.N. Institute for Training and Research）、欧盟笔译总司（Directorate-General for Translation）等。

改革开放以来，我国构建了从本科到硕士的职业翻译教育体系。国务院学位委员会2006年和2007年分别批准设立翻译本科和翻译硕士专业学位教育，截至2018年4月，我国共有翻译本科院校272所，翻译硕士院校249所，这是我国翻译学历教育的基础与核心。

我国非学历翻译培训由来已久，最早可追溯到1862年由清政府开办的

---

① 刘思达《职业自主性与国家干预——西方职业社会学研究述评》，《社会学研究》2006年第1期，第197–221页。

② 鲍川运《口译的职业化》，《中国翻译》2007年第1期，第51页。

翻译培训学校——京师同文馆。1919年至1993年，三家培养职业翻译人才的培训机构享有盛誉，即中华人民共和国成立前的“军委会战地服务团译员训练班”（1941）和“延安外国语学校”（1944），中华人民共和国成立后的“北京外国语学院联合国译员训练班”（1979—1993）。随着翻译本科和翻译硕士学历教育的开启，翻译教学受到了空前重视，但师资短缺的问题也渐渐浮出水面。中国翻译协会于1997年首次举办短期师资培训，迄今已在全国组织了近20期，这可能是全世界规模最大的非学历翻译师资培训。

（4）执业资格认证。较高的职业认可度和社会尊重是职业发展的重要目标。[①] 执业资格认证既是衡量译员专业水准的重要途径，也是翻译职业化的必要条件。国际上权威的翻译认证机构有国际会议口译员协会（AIIC）、欧盟委员会口译司（JICS）、加拿大口译和笔译工作者委员会（CTIC）、澳大利亚翻译资格认可局（NAATI）等。另外，美国翻译协会（ATA）颁发了多达27种语言服务的许可执照，而荷兰的ATA Taalmerk、意大利的UNI10574、德国的DIN2345、英国的BS 5750和BS 4755、奥地利的NORM D 1200也都是国际知名的执业资格考试。[②]

实施执业资格认证制度对于规范翻译行业发展十分必要。我国的翻译资格考试是在对外开放的背景下，随着市场对翻译人才需求的持续上升而相继出台的，职业化特征鲜明。自1995年上海率先试行“外语口译岗位资格证书”（SIA）考试以来，至2015年底，国内已先后推出十余种翻译资格考试[③]，其中两个国家级翻译资格考试最具影响力，即北京外国语大学与教育部考试中心联合举办的“全国外语翻译证书考试”（NAETI）[④]，以及国家人力资源和社会保障部于2003年推出的“全国翻译专业资格（水平）考试”（CATTI）。另外，厦门大学推出“英语口译资格证书”（EIC）考试，全国商务英语翻

---

① Tyulenev, S. *Translation and Society: An Introduction*. Routledge, 2014, pp. 68–69.

② 方梦之《ESP与翻译职业化》，《上海理工大学学报（社会科学版）》2012年第1期，第3页。

③ 黄敏、刘军平《中国翻译资格考试二十年：回顾、反思与展望》，《外语电化教学》2017年第1期，第49–54页。

④ NAETI已于2016年被取消。

译专业委员会也推出“全国商务英语翻译考试”（ETTBL）。[①]

3. 我国的翻译职业化

自改革开放后，我国翻译职业化已历经40年风雨，翻译职业化进程可粗略划分为以下四个阶段：

（1）萌芽阶段（1978—1991）。随着改革开放的不断深入，各类外国公司大量进入中国市场，我国政府也积极向联合国等国际组织派遣各类雇员，逐渐产生了对职业翻译人才的有效需求。1979年，北京外国语学院联合国译员训练班成立，标志着翻译职业化在我国已经出现。1982年，中国翻译工作者协会成立，并不断增设下属专业委员会。尽管当时各委员会的“主要任务是开展学术交流，谈不上翻译的职业问题”[②]，但对翻译市场化仍有积极的推动作用。在该阶段，真正意义上的翻译市场开始显现，而行业协会的成立为翻译职业化奠定了组织和制度基础。

（2）起步阶段（1992—2000）。1992年邓小平视察南方，改革开放进一步深化。繁荣的翻译市场创造了更多就业机会。基于翻译市场的实际人才需要，有关学者和翻译从业人员发出培养“职业翻译家”的呼声，翻译职业真正成形。1994年，北京外国语学院联合国译员训练班结束历史使命后开启翻译方向研究生教育，我国成规模的职业翻译训练由此起步。

（3）快速发展阶段（2001—2012）。2001年中国加入世贸组织，随后提出“走出去”发展战略，迎来了对外开放的新格局，翻译职业化进程加快。在此期间，我国翻译行业、职业翻译教育和应用翻译研究都取得令人瞩目的成就。2003年，“全国翻译专业资格（水平）考试”推出，中国翻译协会更加关注行业发展。随着翻译本科（2006）、翻译硕士（2007）教育在全国高校的推进，我国翻译职业化的发展进入快车道。

（4）深化发展阶段（2013—今）。2013年“一带一路”倡议的推出和我国对外投资大国地位的确立，由企业、文化、学术“走出去”带来的大量汉译外翻译需求，以及翻译本科和翻译硕士教育在全国高校的迅速普及，都

---

① 黄敏、刘军平《中国翻译资格考试二十年：回顾、反思与展望》，《外语电化教学》2017年第1期，第50页。

② 方梦之《ESP与翻译职业化》，《上海理工大学学报（社会科学版）》2012年第1期，第3页。

标志着我国翻译职业化进入以市场为导向、以服务为宗旨、以质量为内涵、以规模求效益的深化发展阶段。

中国的翻译职业化是改革开放取得的重要成就。翻译职业不但为外语、翻译及其他相关专业人才创造了就业机会，成为中国对外文化和经贸交流的桥梁和纽带，还努力向世界展示、传递中国的核心价值观和主流意识形态，积极打造融通中外的中国特色话语体系。不可否认，当前我国翻译职业的吸引力不高，专职翻译的薪酬在职场中只处于中等水平；语言服务人才的市场需求尽管已经呈现多元化态势，但高校翻译人才培养模式仍较单一，严重缺乏专业和区域特色，难以成为推动区域社会经济发展的有效动力；语言服务企业（含翻译和本地化公司）规模普遍较小，多数企业仍以传统的技术文档翻译为主业，翻译技术应用率低，造成企业间低水平的“同质竞争”严重；与此同时，语言服务人才市场出现“结构性不匹配”——低端翻译人才供大于求，而高端人才则重金难求。翻译职业遇到的这种“成长的烦恼”与社会整体发展水平密切相关，有关部门应该在深入研究的基础上，关注主要矛盾和矛盾的主要方面，力争有所作为。

三、翻译职业化研究

1. 翻译立法研究

翻译立法是我国翻译职业化所面临的重要任务。我国翻译立法研究始于黄友义的翻译立法提案。[①] 2011 年，黄友义在全国政协会议上正式提出翻译立法问题。谢天振也专门发文呼吁翻译立法[②]，学术界对翻译立法的关注度逐渐提高。王隆文专题研究了翻译立法与国家权力间的关系，指出翻译与国家权力、国家文化战略的实施密切相关，翻译立法有助于中国在国际舞台上获得更多的政治、经济和文化话语权。[③] 蒋莉华等通过分析德国联邦法律对“翻译人员资格要求”“翻译人员承担公共翻译的程序”“翻译人员的权利

---

① 黄友义《应规范翻译从业人员，提高翻译质量与水平》，《人民政协报》2010 年 7 月 5 日。

② 谢天振《为翻译立法，此其时也》，《文汇读书周报》2011 年 6 月 21 日。

③ 王隆文《文化强国的法律保障：加强我国翻译立法的思考——基于文化语境下翻译与权力关系的考察》，《中国翻译》2012 年第 6 期，第 60–64+127 页。

和义务”的相关规定，提出职业化时代中国翻译行业必须制定针对翻译人员的政策法规，借助翻译标准控制翻译质量。[①] 寇莹瑾的硕士学位论文是国内首部研究翻译职业化与翻译行业立法的文献，该研究遵循“社会—机构”的视角，借助问卷调查和人员访谈，就翻译职业化阶段、行业自治与机构介入的关系、行业立法的可行性等三方面问题进行探讨，分析了我国翻译立法的必要性、立法时机、立法要件、立法程序及目前存在的立法“瓶颈”，强调翻译立法势在必行。[②] 此后，赵军峰等则将研究视野进一步拓宽至语言服务行业的立法层面，就语言服务立法的必要性、可行性和操作性进行综合阐述，以期为行业立法提供理论支撑。[③] 随着翻译职业化进程的加快，翻译立法迫在眉睫。但是，缺乏明确的翻译行业行政主管部门是制约翻译立法的短板。[④] 探索我国翻译职业化进程中的立法问题，有效规范市场行为，是学界未来重要的研究内容。

2. 行业协会和专业组织研究

国内对翻译行业协会的研究较为零散，尚处起步阶段。穆雷等依据专业化理论，从职业团体的内部控制（专业知识控制、准入控制、成员控制）和外部控制（市场控制）的角度，比较了中国和加拿大两国四家专业协会（包括中国翻译协会，加拿大语言产业协会，加拿大翻译、术语和口译委员会，魁北克翻译、术语和口译协会），得出以下结论：在专业知识控制方面，中国专业协会须明确界定语言服务业及其业务范围；在准入控制方面，中国专业协会应采取多种认证方式（如档案认证和辅导认证），在“认证推广和实施中发挥主体作用”；在成员控制方面，中国专业协会应设置职业监控和投诉制度，贯彻职业伦理准则、行规行约，积极制定语言服务各业务板块的行业标准，依此进行产品质量检测或企业认证；在外部控制方面，中国专业协

---

① 蒋莉华、王化平、严荔《中国翻译行业立法之路：来自德国的借鉴》，《中国翻译》2012 年第 4 期，第 49–52 页。

② 寇莹瑾《中国翻译行业职业化进程与立法问题研究》，广东外语外贸大学硕士学位论文，2015 年。

③ 赵军峰、寇莹瑾《中国语言服务行业立法现状调查分析》，《中国外语》2017 年第 1 期，第 4–10 页。

④ 黄友义《推动翻译立法，促进翻译行业的健康发展》，《中国翻译》2011 年第 3 期，第 29–30 页。

会应加大客户教育和公共宣传力度，积极开展政策游说和立法建议。[①]

刘明从双语政策执行的角度，分析了加拿大翻译局[②]及其下属术语和标准化委员会的具体职能，强调加拿大《官方语言法案》《翻译局法案》《翻译局管理条例》等法律、法规的出台为确保翻译局顺利开展语言工程建设提供了法律保障[③]，此点值得我国借鉴。王传英等也从支持中国企业、学术、文化“走出去”的视角，指出制约我国语言服务基础设施建设的困境之一，是作为行业主管部门的中国翻译协会不具备实质性和约束性的公共行政管理权限。[④]

3. 职业翻译教育研究

自2006年开办翻译专业本科以来，我国已建立起较为完整的学历型职业翻译教育体系，并取得了一系列研究成果，为职业化翻译人才培养做出了贡献。

（1）职业翻译教育的理论探讨。改革开放40年以来，我国应用翻译研究从无到有，不断发展，研究领域多、覆盖面广，为职业翻译教育奠定了坚实的理论基础。方梦之基于翔实的文献统计，从学术交流、研究进展、研究特点和理论建设等方面回顾了30年间（1980—2010）应用翻译研究成果，将其划分为初期阶段（1979—1989）、中期阶段（1990—1999）、新世纪阶段（2000—2010）等三个阶段，他提出，作为未来应用翻译学科建设的主攻方向，职业翻译教育将成为“新世纪阶段”应用翻译研究的重要领域。[⑤]谢天振最先明确表示我国进入翻译职业化时代，这是因为翻译活动已经历根本性的变革，翻译对象、翻译方式、翻译工具和翻译手段均发生显著变化，文化作品外译是当前的重要内容，同时翻译的内涵和外延也获得了极大地丰富

---

① 穆雷、韩莹《专业协会在语言服务业专业化进程中的角色——中国和加拿大相关协会职能的对比研究》，《中国翻译》2014年第6期，第63-68页。

② 加拿大翻译局（Translation Bureau of Canada）直接受加拿大政府管理，经费主要来自加拿大公务及采购部（Public Works and Government Services, Canada）。

③ 刘明《面向翻译的术语库建设——加拿大Termium的实践与启示》，《中国翻译》2017年第5期，第81-86页。

④ 王传英、崔启亮、朱恬恬《“一带一路”走出去的国家语言服务基础设施建设构想》，《中国翻译》2017年第6期，第65页。

⑤ 方梦之《应用翻译研究30年（1980—2010）》，《上海翻译》2012年第2期，第22-27页。

和拓展。[1] 在此新形势下，职业翻译教育需要新的教育理念、教学方法、教学资源和人才培养模式。

（2）学历教育体系研究。我国职业翻译教育侧重翻译专业本科和硕士人才培养。仲伟合依据《高等学校翻译本科专业教学要求》（试行）制定的背景与目的，结合本科人才培养的目标与定位，从专业知识与能力构成、课程设置、教学要求、教学原则、教学手段与方法、评估与测试、实践教学等方面，详细阐述了翻译专业的专业知识与能力构成（含语言知识与能力、翻译知识与技能、通识教育等）及核心课程设置，强调该《教学要求》对高等学校翻译专业本科人才培养具有规范和指导作用。[2]

穆雷等基于对 2010 年前获批的 40 所翻译硕士办学单位翻译学硕士（MA）和翻译硕士专业学位（MTI）的课程设置进行的比较研究，发现各校在 MTI 培养目标和培养模式上都存在显著差别。她特别建议各培养单位必须结合自己的实际教学资源，突出本单位 MTI 教育的职业化特色。为此，穆雷等还特别规划了 MTI 教育八大培养方向，包括口译方向、通用翻译方向、法律翻译方向、商务翻译方向、传媒翻译方向、计算机辅助翻译方向、科技翻译方向、翻译管理方向，并提供了各方向相应的核心课程设置方案。[3]

许钧提出，新形势下，翻译教育应该从观念、结构、培养等各个环节推进改革，从社会发展和市场需要的角度去认识翻译专业学位教育，并努力处理好四种关系，即教育与产业及市场的关系、翻译学术研究与翻译产业的关系、翻译硕士专业学位教育与科技发展的关系、专业教育与树立行业形象的关系。[4]

（3）翻译硕士学位论文研究。穆雷总结了翻译硕士学位论文存在的问题，包括套用传统的学术型学位论文模式，论文指导、答辩、评审沿用学术型论文标准，与翻译行业的实际操作脱节等。为此，穆雷结合翻译的职业特点、

① 谢天振《现行翻译定义已落后于时代的发展——对重新定位和定义翻译的几点反思》，《中国翻译》2015 年第 3 期，第 14–15 页。

② 仲伟合《高等学校翻译专业本科教学要求》，《中国翻译》2011 年第 3 期，第 20–24 页。

③ 穆雷、王巍巍《翻译硕士专业学位教育的特色培养模式》，《中国翻译》2011 年第 2 期，第 29–32+95 页。

④ 许钧《关于翻译硕士专业学位教育的几点思考》，《中国翻译》2010 年第 1 期，第 52–54 页。

其他专业学位论文的要求和翻译行业的实际操作流程，将翻译硕士指导性培养大纲规定的三种学位论文写作方案调整为四种，即重要岗位的实习报告、翻译实践报告、翻译实验报告和翻译调研报告。① 为进一步分析翻译实践报告的内涵与质量，穆雷等还将实践报告分为单纯译事报告、能够结合理论或具体问题进行分析研究的报告等两大类，他们对全国首批 15 所办学单位的首批毕业生学位论文调研后发现，近 60% 的翻译实践报告为单纯译事报告，总体上“学生只会漫谈项目翻译实践的过程，没有针对任何具体的问题进行探究，也没有结合相关理论对自己的叙述进行理论上的提升，连翻译经验总结都谈不上，因为学生根本没有发现任何值得总结的经验，也体现不出硕士研究生应有的、起码的写作水平”②。

（4）翻译硕士就业研究。王立非和崔启亮率先开展了翻译硕士就业调查。王立非等专门研究了毕业生的就业能力和就业质量，发现“分类分层、就业导向”的培养模式对于提高毕业生的就业能力具有正面影响，指出应以行业发展和就业需求为基准，培养服务于“一带一路”建设和中国文化及企业“走出去”所急需的各类职业翻译人才。③ 崔启亮主持了“全国翻译硕士专业学位研究生教育与就业调查”，其调查范围覆盖全国主要省份，调查对象包括教师、在校学生、毕业生和用人单位，结果显示排名前三的就业行业是教育、信息技术服务业和文化娱乐业，排名前三的岗位则是教师、市场销售和传媒。该调研还显示，不少用人单位反映翻译硕士毕业生职业能力不足，普遍存在综合素质差、文本理解能力低、专业知识匮乏、翻译实践欠缺、计算机辅助翻译（CAT）软件使用不熟练等问题。④

（5）特色职业化课程建设研究。翻译硕士专业学位教育催生了一系列特色职业化课程建设方案。王传英等针对翻译项目管理人才匮乏的现状，在

---

① 穆雷《翻译硕士专业学位论文模式探讨》，《外语教学理论与实践》2011 年第 1 期，第 77–82 页。

② 穆雷、邹兵《翻译硕士专业学位毕业论文调研与写作探索——以 15 所高校首批 MTI 毕业生学位论文为例》，《中国翻译》2011 年第 5 期，第 41 页。

③ 王立非、王婧《翻译硕士专业学位研究生就业能力实证研究》，《上海翻译》2016 年第 2 期，第 6–12+94 页。

④ 崔启亮、王华树、吴萍《全国翻译硕士专业学位研究生教育与就业调查报告》，北京：对外经济贸易大学出版社，2017 年。

调研蒙特雷国际研究院两年制“翻译及本地化管理”硕士学位项目（MATLM）课程设置的基础上，提出了包括基础翻译技能、翻译和翻译项目管理、特定领域专业知识、模拟翻译项目运作、翻译工作软件和网络技术、沟通技巧与团队协作等在内的六大训练模块，作为翻译项目管理课程设置的参考。[①]王华树概括了国外翻译技术教学现状，将我国的翻译技术课程体系分为“翻译技术实践 I”“翻译技术实践 II”及“本地化与国际化工程”三个层次，并从课程目标、课程模块和考核方式等三方面详细阐述了翻译技术课程的实施方案，同时归纳了目前国内翻译技术教学中遇到的主要问题，包括学生计算机操作能力薄弱，办学单位软硬件基础设施建设滞后，教学内容亟待优化，合格的翻译技术师资匮乏，翻译技术理念有待普及等，并提出了相应的对策建议，如控制生源并鼓励学生选修或旁听计算机科学的相关课程；争取校方或教育主管部门的支持，同软件提供商商讨战略合作；灵活调整授课内容，邀请行业专家授课，开展多层次的翻译技术师资培训；等等。[②]令人欣慰的是，本地化、翻译项目管理、翻译技术等课程目前已经进入很多翻译硕士办学单位的培养计划。

（6）翻译硕士教育问题研究。仲伟合围绕翻译本科和硕士的专业建设，回顾了翻译专业教育和学科建设中存在的七大主要问题，即人才培养理念不清、人才培养方案不妥、师资队伍建设不强、教学方式方法不新、实践教学基地不用、教学管理方法不变、职业资格证书不接，并提出解决上述问题的五条对策：厘清翻译专业人才培养理念，探索国际化的人才培养模式，突出实践性的教学方向，顺应市场的发展需求，打造实践型师资队伍。[③]何刚强在肯定翻译硕士教育取得的成绩的同时，重点剖析了目前普遍存在的四大突出问题，即开设课程与翻译市场需求脱节，高端翻译人才培养机制不完善，师资力量与水平有待提高，翻译专业教学质量缺乏审核评估机制。[④]

---

① 王传英、闫栗丽、张颖丽《翻译项目管理与职业译员训练》，《中国翻译》2011 年第 1 期，第 58–59 页。

② 王华树《信息化时代背景下的翻译技术教学实践》，《中国翻译》2012 年第 3 期，第 57–62 页。

③ 仲伟合《我国翻译专业教育的问题与对策》，《中国翻译》2014 年第 4 期，第 40–44 页。

④ 何刚强《“四重忧患”伴“三关失守”——我国翻译专业研究生教育何去何从？》，《上海翻译》2016 年第 2 期，第 1–5+94 页。

4. 执业资格认证研究

翻译职业化离不开执业资格考试、认证和培训。黄友义在国内首次提出翻译资格考试能推进翻译职业化的观点。卢敏等和赵玉闪等研究了全国翻译专业资格（水平）考试（CATTI）的相关数据，从测试学的角度对英汉二、三级口笔译试题内容进行信度、效度分析，认为试题设计基本合理，符合大纲要求，能够实现测试目的，但设计和编制试题时还需要确保“题量控制的统一性和均衡性”[①]。

王传英等曾基于本地化行业翻译人才缺口大且国内暂无高校开设本地化培养方向的事实，建议将本地化在职培训与执业资格认证挂钩，尽快推出本地化翻译人才执业资格考试。[②]杨英姿总结了CATTI考试的六大特点，即面向社会、突出能力、服务对外开放、重视任职资格、发挥行业管理作用、引导教学等，并提出翻译资格考试应与翻译专业技术职称评聘、中国翻译协会行业会员管理及翻译硕士专业学位授予衔接。[③]许多等重点分析了推出法律翻译执业资格认证制度的必要性，指出该制度是树立中国公正司法形象的内在要求。[④]俞敬松等总结了CLP、SDL、LPM和MOS等认证项目的设计经验，并参考北京大学“计算机辅助翻译方向硕士”多年的教学实践，提出应建立面向国内语言服务业的专门执业资格认证考试——“翻译技术认证考试”。[⑤]

黄敏等梳理了我国20年来翻译资格考试的整体发展状况，将其粗略划分为四个阶段，即起步阶段（1995—2000）、发展阶段（2001—2003）、繁

---

① 卢敏、刘琛、巩向飞《全国翻译专业资格（水平）考试英语口译试题命制一致性研究报告》，《中国翻译》2007年第5期，第57-61+96页；赵玉闪、王志、卢敏《全国翻译专业资格（水平）考试笔译试题命制一致性研究报告》，《中国翻译》2007年第3期，第53-56+94页。

② 王传英、崔启亮《本地化行业发展对职业翻译训练及执业认证的要求》，《中国翻译》2010年第4期，第76-79+95页。

③ 杨英姿《谈翻译专业资格（水平）考试的三个衔接》，《中国翻译》2011年第3期，第81-83页。

④ 许多、屈文生《关于建立法律翻译职业准入制度的若干思考》，《外语与外语教学》2014年第4期，第86-90页。

⑤ 俞敬松、王惠临、王聪《翻译技术认证考试的设计与实证》，《中国翻译》2014年第4期，第73-78页。

荣阶段（2004—2012）、调整阶段（2013—2015），并总结了存在的问题，包括相关研究严重不足，专业领域不完整，认证质量参差不齐，与市场和职业化要求难以对接等，指出应建立专门类型的翻译资格考试，同时加快翻译立法。[①] 任文全面对比了我国 CATTI 考试和澳大利亚 NAATI 考试，提出立足中国国情，借鉴国际翻译资格考试在命题和评估方法上的先进经验，逐步提高我国执业资格认证的水平。[②]

在经济全球化的大背景下，语言成为打造国家和企业核心竞争力的战略资产，是推动企业国际化和文化、学术“走出去”的重要驱动力。我国已经进入翻译职业化时代，翻译研究、翻译教育、翻译行业都在经历着深刻的变革。国际经验表明，翻译立法、翻译专业组织和行业协会对市场化翻译活动的有力监管，职业翻译教育体系和执业资格认证制度的健康成长，能有效提升翻译行业的市场竞争力，培养更多高端职业翻译人才。我国翻译行业主管部门、专业组织、高等院校、语言服务企业应从助推中华民族百年复兴的战略高度，调动全社会力量形成合力，共同推进翻译职业化进程。

第二节　翻译职业研究的对象与主要研究成果

改革开放以来，随着我国外向型经济的迅猛发展和构建融通中外的中国特色话语体系的实际需要，翻译职业所具有的基础性、服务性、市场性、战略性功能愈发凸显。在此背景下，我国的翻译职业研究集中讨论以翻译能力建设为基础，综合运用一切技术资源和制度安排，通过持续有效的专业训练不断改善译者的职业能力，并最终在全球化格局中提升翻译行业竞争力的理论、路径与方法。

经济全球化的不断深入和数字化时代的到来促使译者实践渐趋多元化和复杂化，主要体现在以下五个方面：①翻译能力体系化。职业译者不仅需要

---

① 黄敏、刘军平《中国翻译资格考试二十年：回顾、反思与展望》，《外语电化教学》2017 年第 1 期，第 49-54 页。

② 任文《中澳口译水平考试及资格认证对比谈》，《中国翻译》2005 年第 1 期，第 62-66 页。

掌握语言转换技能，了解异域文化和具备深度知识学习的意愿和能力，还需熟练使用翻译技术工具，同时具备较高的职业道德素养。②翻译对象多样化。职业翻译的对象不仅有传统的纸质文件，还包括大量的超文本，很多甚至是“碎片化”文本，同时商业文本翻译的创意投入不断增加。③译者主体性进一步弱化。翻译活动的目的性和服务性更强，客户对翻译产品的具体技术和质量要求高于一切，译者在翻译生产中更加“隐形”。④翻译流程精细化。在全球化语境中，翻译服务是产品全球化的重要环节，翻译流程不断细化，团队工作特征更加明显，译员从获取任务到最终交付之间控制程序繁多，需要遵循严格的时间节点和质量标准。⑤翻译规范专业化。职业化时代的翻译规范更趋具体、严格，其中跨国公司本地化翻译规范、技术写作规范等构成指导商业文本全球化的技术框架。

翻译职业研究涵盖五方面内容：①翻译能力研究。作为翻译职业的基础和前提，翻译能力的内涵和构成要素在不断拓展，发展翻译能力是翻译教育的核心目标。②翻译服务领域研究。信息化时代翻译对象更加多元，新的翻译服务内容不断涌现，译者的专业分工更加精细。③翻译技术研究。翻译技术是当前职业翻译开展翻译活动不可或缺的助手，应用范围急剧扩大。④翻译规范和翻译质量标准研究。翻译规范更多是译者—客户层面达成的自我约束机制，而翻译质量标准则是翻译行业规范化监管的基石。⑤翻译训练研究。毫无疑问，建设具有特色的系统而专业的翻译训练体系是持续提升译者职业能力和行业竞争力的根本保障。

一、翻译能力研究

翻译能力是译者开展翻译活动必备的职业技能和心理素养。[①] 全球化时代翻译产品的一个重要效用是在不同民族文化之间起到重要的协调与沟通作用。[②] 这种由翻译活动日渐“世界化”带来的文化翻译趋势明显提升了对译者职业能力的要求，为此，科学的职业译者训练体系应该以翻译能力的构成

① 王传英《从“自然译者”到 PACTE 模型：西方翻译能力研究管窥》，《中国科技翻译》2012 年第 4 期，第 32 页。

② 王宁《民族主义、世界主义与翻译的文化协调作用》，《中国翻译》2012 年第 3 期，第 5 页。

因素和发展层次为基础。[①] 在翻译职业化时代，非文学翻译成为市场化翻译的主要内容，传统的翻译工作坊逐渐升级为基于信息技术的现代企业，这就对译者的翻译能力提出了更高要求。翻译职业化极大地推动了翻译能力研究，体现在其理论研究的不断深入和应用范围的日益扩展，而翻译能力研究的相关成果又加速了翻译职业化进程，并对翻译教学模式和职业译者训练体系产生了深远影响。

国际翻译能力研究大致经历了从20世纪70年代的“自然译者”观到20世纪90年代的复合翻译能力观，直至目前占据主流学术地位的多元动态能力构建学说等三个阶段，主要从翻译能力的性质、构成要素、发展阶段、译者训练和翻译测试等方面进行探讨，其中以西班牙巴塞罗那自治大学的“翻译能力构建模型”（简称PACTE）最具影响力。[②] 国内翻译能力研究大致经历了国外理论述评、翻译能力理论探索和实证研究等三个阶段，主要从翻译能力的构成要素、发展层次、能力培养和评估等方面进行探讨。

1. 翻译能力构成要素

国内学者从不同的视角界定了翻译能力的构成要素，并探讨了其分类依据和范畴。姜秋霞等基于翻译的动态过程，提出翻译能力包括语言能力、文化能力、审美能力和转换能力等。[③] 苗菊认为翻译能力由认知能力、语言能力和交际能力三部分构成。[④] 王树槐等创建了翻译能力的综合模式，包括语言—语篇—语用能力、文化能力、策略能力、工具能力、思维能力和人格协调能力等六种构成要素。[⑤] 王华树等认为翻译技术能力是翻译能力的重要组成部分，其中包括计算机基本应用能力、信息检索能力、CAT工具应用能力、

① 王树槐、王若维《翻译能力的构成因素和发展层次研究》，《外语研究》2008年第5期，第80页。

② 王传英《从“自然译者”到PACTE模型：西方翻译能力研究管窥》，《中国科技翻译》2012年第4期，第32页。

③ 姜秋霞、权晓辉《翻译能力与翻译行为关系的理论假设》，《中国翻译》2002年第6期，第11–15页。

④ 苗菊《翻译能力研究——构建翻译教学模式的基础》，《外语与外语教学》2007年第4期，第47页。

⑤ 王树槐、王若维《翻译能力的构成因素和发展层次研究》，《外语研究》2008年第5期，第85页。

术语能力和译后编辑能力等。①

2. 翻译能力发展层次

翻译能力的发展是一个由点到面，循序渐进的过程。王树槐等基于智力与非智力因素、外部与内部因素、行为与心理、过程与结果等四个范畴构建了翻译能力综合模式，并以此为依据从翻译技能发展、翻译策略发展、翻译思维发展、翻译创造性发展、文化能力发展和翻译人格发展等六个维度探讨了翻译能力的发展层次。②王宏则以翻译能力的构成要素为参照，分析了国内以汉语为母语者汉译英能力的现状，将汉译英能力发展层次分为初级、中级和高级，分别对应于翻译专业本科、硕士和博士阶段结束时的汉译英能力水平。③

3. 翻译能力培养

高校外语专业是培养合格翻译的重要阵地，科学有效的培养理念和教学模式有助于锻造学生的翻译能力。苗菊认为翻译能力研究是构建翻译教学模式的基础，指出翻译教学中应重点培养学生的转换能力、语言对比能力、语篇对比能力、非语言能力、策略能力、专业操作能力和心理生理素质等，并结合“以学生为中心，以能力培养为导向”的过程教学法探讨了如何在课堂教学中培养学生的翻译能力。④李瑞林基于翻译能力自然观、要素观、最简观和认知观，以译者能力这一概念为切入点探讨了翻译教育的目标内涵，提出了以高阶思维能力为核心的译者能力动态观和译者素养观。⑤葛林等依据Nord的翻译能力理论对我国的翻译硕士培养模式进行了分析和反思，指出应合理设置教学内容、教学方式和教学进度，关注实践课程的开设与完善，

---

① 王华树、王少爽《信息化时代翻译技术能力的构成与培养研究》，《东方翻译》2016年第1期，第13-14页。

② 王树槐、王若维《翻译能力的构成因素和发展层次研究》，《外语研究》2008年第5期，第85页。

③ 王宏《汉译英能力构成因素和发展层次研究》，《外语研究》2012年第2期，第72页。

④ 苗菊《翻译能力研究——构建翻译教学模式的基础》，《外语与外语教学》2007年第4期，第47-50页。

⑤ 李瑞林《从翻译能力到译者素养：翻译教学的目标转向》，《中国翻译》2011年第1期，第46-51页。

培养高素质的师资队伍，以科学的态度检验学生的翻译能力。[①]

4. 翻译能力评估

翻译能力评估是衡量翻译教学质量的有效手段，因而如何尽早实现翻译能力评估的科学性和客观性日益成为学术界和业界共同关心的重要课题。穆雷认为可以把翻译能力分解成若干可以评估的因素，在命题时设计翻译实际操作来量化翻译能力；针对翻译教学中的文本（段落或篇章）翻译测试，她在综合各种评分模式的基础上，提出模糊学综合评分模式。[②]罗选民等基于对13所大学翻译教学测试现状的调查，指出目前翻译教学测试存在不足，提议在教学大纲中明确对翻译能力发展的具体要求，改革传统的测试模式，以切实提升翻译教学测试的效用。[③]肖维青结合现代翻译教学和测试理论，提出基于多元素翻译能力观来设计能力测验，以切实提高翻译测验的科学化水平。[④]

近年来，国内学者的翻译能力研究取得了较大进展，理论研究硕果频出，实证研究小有突破。但目前理论研究视角较为单一，实证研究缺乏客观性。未来的研究趋势似应主要体现在以下几方面：①理论视角不断丰富。学术界对翻译能力的定义、性质、构成要素的讨论趋于多元，随着翻译职业化进程的迅速推进，翻译能力的内涵会不断拓展，势必融合更多要素，结构更趋复杂。同时，对翻译能力的习得、培养和评价机制的探讨亦将更加深入。②实证研究更加科学化。不少学者采用“有声思维法”、问卷调查法获取分析数据，借助各类专业软件和设备，融合定性和定量分析，兼顾过程研究和产品研究，以期建立系统的描写和分析模式，从而使翻译能力研究更具科学性、客观性。③研究路径多元化，跨学科范式日渐明显。信息科学、心理学、测试学等学科领域的知识为翻译能力研究提供了有力的分析工具和手段，有望打破原有的学科划分，尽早实现对翻译能力的整合性研究。

---

① 葛林、罗选民、董丽《诺德翻译能力理论观照下的MTI培养模式研究——以十三所高校问卷调查为例》，《中国翻译》2011年第4期，第31–36页。

② 穆雷《翻译能力与翻译测试》，《上海翻译》2006年第2期，第43–47页。

③ 罗选民、黄勤、张健《大学翻译教学测试改革与翻译能力的培养》，《外语教学》2008年第1期，第76–82页。

④ 肖维青《多元素翻译能力模式与翻译测试的构念》，《外语教学》2012年第1期，第109–112页。

二、翻译服务领域研究

“一切皆可译。各类文本、资料、信息或部分信息，以及代码元素，都可能成为翻译对象”[①]。改革开放以来，国内翻译学者针对不同翻译对象做出大量研究，取得了较为丰硕的成果，但由于翻译对象涉及面广，其分类亦有不同标准。本文从翻译职业化的视角，参考卡门森斯顾问公司对全球语言服务领域的划分，同时结合中国翻译协会专业委员会的设置情况，将翻译职业所涉及的主要服务领域划分为文学翻译、法律翻译、科技翻译、军事翻译、外事翻译、本地化服务、口译等七大类。

1. 文学翻译

尽管文学翻译正逐步退出翻译活动的核心位置，实用文献、商业文书和政治文本翻译日益占据翻译的主流市场[②]，但不可否认，文化在当今社会中的优先性和决定性使得具有文化生产属性的文学翻译在对外传播中仍占据主导话语地位[③]。各国知识分子以及政治、经济精英是文学翻译的主要消费者。也正是因为这个原因，尽管文学翻译市场容量不大（约占市场总量的10%），但其在主权国家话语体系构建中的关键角色从未动摇。在中国文化“走出去”的时代背景下，文学翻译仍旧是传播中国声音、讲述中国故事的重要手段。

黄友义指出，在翻译职业化时代，无论是文学还是非文学翻译，翻译质量的保障都离不开政府部门、行业协会、客户企业和翻译服务提供商的通力协作。[④] 在翻译职业劳动分工与团队协作共存的市场条件下，文学译者的职业化和社会化的程度也在加深，与政府部门、出版机构、专业评论家、最终读者共同构成“利益共同体”。中国科幻作家刘慈欣的《三体》2015年获得雨果奖，专业团队的贡献功不可没。中国教育图书进出口有限公司是《三体》

① 达尼尔·葛岱克《职业翻译与翻译职业》，刘和平、文韫译，北京：外语教学与研究出版社，2011年，第4页。

② 谢天振《论翻译的职业化时代》，《东方翻译》2014年第2期，第8页。

③ 王传英、赵林波《从翻译场域看译入语社会经济网络的运行》，《外语教学》2017年第1期，第90页。

④ 参见 http://www.china.com.cn/culture/zhuanti/zgyxd6/2009-11/07/content_18844920.htm，检索日期：2017-07-25。

的运作方，采取中外合作的出版模式，选择了在美国久负盛名的托尔公司作为出版合作方。《三体》三部曲中的前两部《三体问题》和《死神永生》的译者刘宇昆是美籍华裔，而该书的美方编辑曾五次被提名雨果奖最佳编辑奖，对《三体》最后一部《黑暗森林》的润色超过1 000处，编辑之细，质量之高，令中国同行叹服。①

2. 法律翻译

国内学者近年来围绕法律翻译理论、法律翻译史、法律翻译策略、法律翻译职业准入等问题开展研究。李德凤等认为当前法律翻译研究存在的突出问题表现在研究缺乏系统性，同时方法论指导和学科独立意识不足，为此，他呼吁加强法律翻译理论、法律翻译史和法律翻译批评建设。② 屈文生等归纳了我国近代法律翻译的三个时期（包括法律翻译肇始、洋务运动、变法修律），阐述了法律翻译对法制近代化和翻译学发展所做出的贡献，围绕清末民初政府负责法律修订的重要机构——“修订法律馆”有组织、有系统的外国法律和法学著作翻译活动，指出该机构不但为中国法律的近代化和转型创造了条件，其法律翻译实践所涉及的翻译标准、翻译技巧、译名统一等内容丰富了翻译实践方法论。③ 赵军峰等从保留原文的逻辑结构、统一定义联项和谨慎处理专业术语等方面阐释了法律定义条款的翻译策略。④ 程乐等通过具体的翻译实证研究得出两点结论：①在同一法律体系内，可以通过翻译语义三角实现法律翻译精确对等；②借助社会符号学构成的语义参考方案、法定意义与社会意义的区分和语言元功能，可以更好地理解法律翻译的复杂性。⑤ 许多等专题讨论了我国建立法律翻译职业准入制度的重要性和必要性，强调法律翻译职业准入是很多国家和地区通行的做法，也是保证国家司法公

---

① 参见 http://www.xinhuanet.com/info/2015-08/14/c_134514199.htm，检索日期：2017-07-25。

② 李德凤、胡牧《法律翻译研究：现状与前瞻》，《中国科技翻译》2006 年第 3 期，第 47-51 页。

③ 屈文生、石伟《论我国近代法律翻译的几个时期》，《上海翻译》2007 年第 4 期，第 58-62 页。

④ 赵军峰、郑剑委《法律定义条款探析及其翻译策略》，《外语学刊》2015 年第 4 期，第 110 页。

⑤ 程乐、宫明玉、李俭《社会符号学视角下法律翻译对等研究》，《浙江大学学报（人文社会科学版）》2016 年第 4 期，第 77 页。

正的关键举措，适时推出国家法律翻译考试不仅便于综合考评法律翻译工作者的职业能力，也是为法律翻译职业精英化提供制度保障。[①]

3. 科技翻译

1991年，李亚舒首次提出创建“中国科技翻译学”的构想，后来又先后更名为“科技翻译学”和“科学翻译学”。为此，李亚舒特别撰文论述了“中国科技翻译学”的内涵，指出中国科技翻译的概念受到局限，科技翻译理论严重匮乏。[②]随后，李亚舒又阐述了创建中国科技翻译学的路径，包括建设国家科技翻译馆、全国科技翻译基金、全国科技翻译网络等。[③]周依萍和李亚舒共同提出的“科技翻译学”理论构架由翻译基本理论、科技翻译的方法和技巧、科技翻译的多视角研究等三部分构成。[④]2000年，李亚舒与黎难秋联袂主编《中国科学翻译史》，全书概述了汉至明初、明清两代、民国和中华人民共和国的科学翻译实践，明确提出了中国科学翻译史的研究对象、中国科学翻译的发展历程及其理论架构，重点阐述了各个历史时期中国科学翻译的译介活动、翻译机构和译者群体，系统梳理了中国科学翻译的发展脉络。该书被严济慈院士誉为“我国科学翻译研究领域的开创性著作”。

4. 军事翻译

现代战争将跨越国界的语言、文化差异表现得淋漓尽致，懂得如何利用语言为战争服务至关重要，而翻译服务恰为重要的解决途径。[⑤]穆雷等系统分析了国内外军事翻译研究的现状和发展，指出了目前国内军事翻译研究人才及成果匮乏的现状，呼吁加强军事翻译研究和军队外语能力建设，并把军事翻译定义为：“在国防建设、战争的准备与实施、非战争军事行动、军事科学研究等与军队或战争相关的活动事项中，牵涉到的把一种语言文字的意义用另一种语言文字通过各种形式表达出来，以及把代表语言文字的符号、

---

① 许多、屈文生《关于建立法律翻译职业准入制度的若干思考》，《外语与外语教学》2014年第4期，第86–90页。

② 李亚舒《中国科技翻译学的科学内涵（上）》，《中国科技翻译》1991年第3期，第1–4页。

③ 李亚舒《中国科技翻译学的科学内涵（下）》，《中国科技翻译》1991年第4期，第1–6页。

④ 周依萍、李亚舒《科技翻译学刍议》，《上海科技翻译》1996年第4期，第35–36页。

⑤ Tymoczko, M. *Enlarging Translation, Empowering Translators*.St. Jerome Publishing, 2007.

数码、手势等用语言文字表达出来的社会实践活动。”[①]可以预料，随着我国军事力量的不断强大和国家核心战略利益的明确界定，以及与其他国家越来越频繁的军事交流与合作，今后军事翻译会更加重要。

5. 外事翻译

外事翻译直接关乎国家利益和国家形象。佳丁论述了外事翻译人员必须具备的修养，包括过硬的业务素质、严格的组织观念、高超的政策水平、严谨的翻译作风和高度的政治觉悟等。[②]何群探讨了高级外事翻译的培养模式——“核心课程 + 辅助课程 + 翻译实践”，即课程设置中以口笔译为核心课程，以语言文学类、国际政治类、国际经济类课程为辅助课程，同时在实际训练中，贯彻理论指导实践和精讲多练的原则，充分利用外交外事重大活动组织和丰富翻译实践。[③]涂和平认为外事翻译主要是向对方传达国家、政府的政治立场和态度，因而在外事翻译实践中要特别注重翻译的政治性和时代性。[④]

6. 本地化服务

本地化研究既是中国改革开放的成果，也是中国企业“走出去”的技术保障。本地化行业标准协会（LISA）将本地化定义为跨国公司将特定产品转化成在语言、文化、法律上都符合不同目标市场需要的产品的完整过程，具体包括软件本地化、网站国际化、多媒体本地化、国际化服务、创译、国际化测试、机器翻译译后编辑等内容。本地化要解决的主要问题包括语言和翻译问题、技术问题、商业问题和文化问题[⑤]，而翻译是本地化的核心环节，整个本地化过程都围绕产品或服务的翻译转换任务展开[⑥]。近年来，国内对本地化问题的研究聚焦在以下几个方面：

（1）本地化行业。本地化行业具有业务覆盖面广、市场需求大、知识和技术密集、服务附加值高的特点。王传英、崔启亮提出那些产品生命周期

---

① 穆雷、王祥兵《军事翻译研究的现状与展望》，《外语研究》2014 年第 1 期，第 82–83 页。
② 佳丁《谈外事翻译人员的修养》，《中国翻译》1983 年第 6 期，第 46–48 页。
③ 何群《高级外交外事翻译培养模式》，《外交学院学报》2001 年第 4 期，第 62–68 页。
④ 涂和平《外事翻译的政治性和时代性》，《上海翻译》2005 年第 3 期，第 37–39 页。
⑤ Lommel, A (ed). *The Globalization Industry Primer:* Localization Industry Standards Association, 2006.
⑥ 王华树、刘明《本地化技术研究纵览》，《上海翻译》2015 年第 3 期，第 78–84 页。

短、技术变化激烈、最终产品由为数众多的中间品构成的产业，如软件、信息及通讯设备、电子和电气产品、医疗设备、运输设备等都是本地化服务的主要对象。[①] 多语种科技文本翻译及转换是本地化服务的重要环节，涉及翻译项目管理，软件、公司主页和在线帮助翻译与测试，多语种文档排版与印刷，技术写作，多语种产品支持，翻译策略咨询等工作内容。本地化服务可以为客户企业带来节约成本、提高产品市场接受度、增强企业核心竞争力等诸多优势。

（2）本地化项目管理。崔启亮率先提出通过分层质量管理提高本地化项目质量。[②] 2017 年，崔启亮在其《本地化项目管理》中，依据本地化项目的管理特性和实施节点，将传统项目管理的九大要素浓缩成质量管理、资源管理和风险管理三大主题。在质量管理环节，专题论述组织层、语言资产层和实施层对项目质量的影响。在资源管理环节，重新定义了本地化项目管理资源，认为此类资源是项目管理中可利用的人力资源、软件工具资源、机器设备资源、语言信息资源的总和，由此拓宽了本地化项目管理资源的内涵，使其在管理技术、管理方法和管理绩效评估上都更贴近实战化要求。在风险管理环节，从不同项目阶段的风险管理和项目主体风险管理两个层面，详细阐述了项目启动、规划、实施、收尾等阶段的风险类型及应对策略，提出项目主体（客户企业、本地化企业、外部供应商）间的深度合作与稳定的利益共同体关系是降低本地化项目风险的有效方式。

（3）本地化教学。苗菊等借鉴加拿大约克大学本地化教学实践的经验，在国内最早定义了本地化与翻译的关系，同时在对本地化工作内容进行描述的基础上，明确了本地化翻译人才的培养目标和课程设置原则，对我国翻译硕士课程体系中的本地化课程建设做出了开拓性贡献。[③] 此后，崔启亮还专题讨论了翻译硕士本地化课程教学问题。[④]

---

① 王传英、崔启亮《本地化行业发展对职业翻译训练及执业认证的要求》，《中国翻译》2010 年第 4 期，第 76 页。

② 崔启亮《本地化项目的分层质量管理》，《中国翻译》2013 年第 2 期，第 80–83 页。

③ 苗菊、朱琳《本地化与本地化翻译人才的培养》，《中国翻译》2008 年第 5 期，第 30–34 页。

④ 崔启亮《高校 MTI 翻译与本地化课程教学实践》，《中国翻译》2012 年第 1 期，第 29–34 页。

7. 口译

国内口译研究主要包括口译基础理论研究，以及新兴口译服务形式和口译技术研究，如社区口译、电话口译等。仲伟合等率先将口译研究定位为“翻译学”的子学科，提出口译研究的学科框架包含理论基础和应用研究两大部分，通过对不同视角的口译研究成果的回顾，系统梳理了口译研究的学科发展历程。[①] 随后，仲伟合等又从学科视角建构口译研究的方法论体系，分析总结了观察法、实验法、调查法、文献研究法、理论思辨法和经验总结法等六种口译研究方法。[②] 肖晓燕等回顾了社区口译的概念、特点及其研究历史，探讨了社区口译中电话口译的特点，并指出影响电话口译在中国未来发展的关键因素主要有技术局限、市场成熟度和译员培训。[③] 任文等借助法国社会学家布迪厄的场域、惯习和资本概念，分析了社区口译中的权力关系和意义共建，强调社区口译并非简单孤立的语言转换，而是发生在特定历史、社会和文化语境下的机构内活动，而在这个“不确定地带”，活动参与方处于一种复杂的权力关系网络之中，受到机构的控制和外界社会的影响。[④] 赵毅慧从技术哲学的视角探讨了口译技术的存在理据，指出口译技术的实质是智力要素、实体要素、协作要素的有机统一。[⑤]

三、翻译技术研究

随着信息技术的迅猛发展，计算机已经成为人类生活的重要工具和手段。技术革命对翻译服务也产生了深刻的影响，大幅提升了翻译效率和翻译质量。翻译技术专指“应用于人工翻译、机器翻译和计算机辅助翻译的不同类型的

---

① 仲伟合、王斌华《口译研究的“名”与“实”——口译研究的学科理论建构之一》，《中国翻译》2010 年第 5 期，第 7–12 页。

② 仲伟合、王斌华《口译研究方法论——口译研究的学科理论建构之二》，《中国翻译》2010 年第 6 期，第 18–24 页。

③ 肖晓燕、郁锐玲《社区口译新趋势——电话口译》，《中国翻译》2009 年第 2 期，第 22–27 页。

④ 任文、徐寒《社区口译中的场域、惯习和资本——口译研究的社会学视角》，《中国翻译》2013 年第 5 期，第 16–22 页。

⑤ 赵毅慧《技术哲学视域下口译技术的“名”与“实”探析》，《外语教学》2017 年第 6 期，第 89–94 页。

技术手段”[①]。

翻译技术和工具的种类异常繁多，王华树根据系统论，将翻译过程中的技术划分为核心技术、关联技术和基础技术。[②]翻译自动化用户协会（TAUS）则将翻译技术分为翻译记忆技术、机器翻译技术、术语管理技术、翻译项目管理技术和质量保证技术。常用的计算机辅助翻译工具包含翻译记忆工具、机器翻译工具、文档处理工具和术语工具等。这些翻译工具有很强的实用性，在翻译实践中的应用日益广泛。

国内对翻译技术的早期研究以介绍国外研究进展为主。1980年，徐志敏编译了Bruderer的《机器和机器辅助翻译的目前情况》一文，并刊登在《国外自动化》[③]杂志上。该文在国内较早介绍了机器翻译和计算机辅助翻译技术的进展。近些年翻译技术研究呈现多元态势，且较多关注翻译技术在翻译教学和翻译实践中的具体应用。国内学者有关翻译技术的研究成果主要体现在翻译技术基础理论研究、翻译技术应用、翻译技术教学、语言服务基础设施建设等四个方面。

1. 基础理论研究

理论研究主要包括国外翻译技术研究述评、翻译技术核心概念辨析以及基础理论领域的新探索。袁亦宁率先综述了国外计算机辅助翻译的发展历程，介绍了机器翻译和计算机辅助翻译的原理、功能和应用，以及各自的特点和局限性。[④]冯志伟的专著《机器翻译研究》在对机器翻译进行详细定义的基础上，系统介绍了机器翻译的发展历史和现状、各类型机器翻译系统、机器翻译方法和机器翻译的实现过程，着重说明了计算机自然语言分析的过程，充分展现了计算语言学的关键作用。[⑤]钱多秀厘清了计算机辅助翻译的基本概念，同时还界定了广义与狭义的翻译工具。[⑥]崔启亮详细阐述了机器翻译

---

① Bowker, L. *Computer-aided translation technology: A practical introduction*. University of Ottawa Press, 2002.

② 王华树《系统论视域下的翻译技术课程建设》,《当代外语研究》2016年第3期，第54页。

③ 该杂志后于1986年更名为《机器人》。

④ 袁亦宁《国外计算机翻译的发展和近况》，《上海翻译》2002年第2期，第58–59页。

⑤ 冯志伟《机器翻译研究》，北京：中国对外翻译出版公司，2004年。

⑥ 钱多秀《“计算机辅助翻译”课程教学思考》,《中国翻译》2009年第4期，第49–53页。

译后编辑的概念，并基于译后编辑的应用和研究现状分析，提出了改进编辑质量和效率的实践准则。[①] 胡开宝等从研究缘起、研究内容、研究路径等方面探讨了语料库批评译学的内涵与意义。[②] 王华树的博士学位论文《系统论视域下的现代翻译技术研究》（2016年）首次从系统论的视角，将翻译技术视为一个独立系统进行整体性研究，详细论述了翻译技术体系的元素、结构、功能和环境，重点讨论系统各要素间的关系以及在翻译实践中的作用机制。

2. 翻译技术应用

近年来翻译软件的不断更新见证了翻译技术的迅猛发展，译员借助翻译工具开展翻译活动的趋势愈发明显。据统计，从1984—2012年的29年间，平均每年有3种计算机辅助翻译（CAT）工具问世。[③] 苏明阳从翻译记忆模型、翻译记忆检索和翻译编辑环境三个角度梳理了现有的翻译记忆系统，论述了当前翻译记忆技术的局限性，并指出其未来发展将呈现与机器翻译相结合的趋势。[④] 王华树在阐述计算机辅助翻译技术基本概念的基础上，讨论了其在现代翻译实践中的具体应用和发展趋势，并指出该技术已经成为现代译学的有机组成部分，对于提高语言服务业市场竞争力和促进译学理论创新具有重要意义。[⑤]

3. 翻译技术教学

随着翻译本科和翻译硕士专业学位的相继设立，计算机辅助翻译（CAT）课程在翻译教学体系中的地位愈发重要。国内学者有关翻译技术教学的研究成果主要体现在CAT课程设置、问题及对策研究等方面。柯平等梳理了世界主要高校翻译专业CAT课程设置情况，强调我国翻译技术教学急需完善翻译学科设置和教学结构，重视机器翻译和机助翻译课程建设。[⑥] 此建议对

---

① 崔启亮《论机器翻译的译后编辑》，《中国翻译》2014年第6期，第68-73页。

② 胡开宝、李晓倩《语料库批评译学：内涵与意义》，《中国外语》2015年第1期，第90-100页。

③ 陈善伟《翻译科技新视野》，北京：清华大学出版社，2014年，第35页。

④ 苏明阳《翻译记忆系统的现状及其启示》，《外语研究》2007年第5期，第70-74页。

⑤ 王华树《信息化时代的计算机辅助翻译技术研究》，《外文研究》2014年第3期，第92-97页。

⑥ 柯平、鲍川运《世界各地高校的口笔译专业与翻译研究机构（下）》，《中国翻译》2002年第6期，第45-51页。

完善翻译硕士技术教学具有启发意义。王华树从课程目标、课程模块和考核方式等方面探讨了信息化时代背景下翻译技术课程设计问题，着重分析了翻译技术课程的教学需求和教学实施过程，总结了翻译技术教学中存在的问题，包括学生计算机整体操作水平薄弱，软硬件基础设施建设滞后，教学内容需合理取舍，翻译技术师资匮乏，翻译技术理念亟待普及等，并提出了相应的解决方案。[①] 傅敬民等阐述了翻译技术教学在现代翻译教学中的应用价值，结合目前国内翻译技术教学实践，围绕CAT工具应用、翻译记忆库及术语库建设、翻译实践语料选择、课程体系规划、师资队伍建设等五个方面的问题开展了深入探讨。[②]

4. 语言服务基础设施建设

崔启亮最早提出企业语言资产（linguistic assets）的概念，认为其专指企业在产品全球化过程中形成的、由企业拥有或者控制的、预期会给企业带来经济利益的语言资源，包括“四库＋两规范”，即翻译记忆库、术语库、项目案例库、语言知识库，以及技术写作规范和翻译风格规范。[③]2015年，“中华思想文化术语的整理、传播与数据库建设”“中国企业走出去跨文化大数据平台建设”“双语术语知识库建设与应用研究”等三项研究课题获得国家社科基金重大项目立项，而上述三个研究课题都明显具有公共语言资产的特征。基于上述认识，王传英等提出了“语言服务基础设施”的概念，将其定义为基于语言信息处理技术和互联网技术的发展，以政府机构、行业协会、高校为代表的公共部门向社会各界公开发布的具有“公共品”性质的开放性语言资产，包括语言使用标准、语言服务规范、语言工具、语言资料（案例库、语料库、翻译记忆库、术语库、术语知识库等）、语言人才信息等。语言服务基础设施的建设目的是通过创建产生“溢出效应”的外部性，确保用户能够以极低成本甚至无成本的方式获得各类高品质语言资产，而语言服务基础设施的服务对象则是全社会具有现实语言服务需求的人士或机构，包括译者、

① 王华树《信息化时代背景下的翻译技术教学实践》，《中国翻译》2012年第3期，第57—62页。

② 傅敬民、谢莎《翻译技术的发展与翻译教学》，《外语电化教学》2015年第6期，第37—41页。

③ 崔启亮《企业语言资产内容研究与平台建设》，《中国翻译》2012年第6期，第64—67页。

外语学习者、语言服务需求方、语言服务企业、语言技术开发商、高等院校和研究机构等。他们提出，为了有效服务“一带一路”建设和“讲好中国故事，传播好中国声音”战略，专业数据库、术语库和术语知识库，语言使用标准与语言服务规范，以及语言服务人才 / 机构数据库可成为近期的建设重点。

四、翻译规范和翻译质量标准研究

20 世纪 80 年代，特拉维夫学派的代表人物 Toury 在其描写翻译研究中，将翻译行为放到译入语社会空间进行考察，创立了翻译规范理论。翻译规范是“对译者行为的约束”，控制着翻译过程的所有决策环节。[①] 职业化时代的翻译规范更趋严格化和具体化，其中跨国公司本地化翻译规范、技术写作规范更是商业文本全球化的重要依据。另外，翻译质量标准是翻译行业衡量翻译产品质量的准绳，为行业的规范化质量管理提供了保障。

国外学者率先开展了系统的翻译规范基础理论研究，大体经历语言学规范、文本语言学规范和描写翻译规范等三个阶段。[②] 国外职业团体更是就翻译质量标准问题开展了大量的前瞻性研究，代表性成果如本地化行业标准协会（LISA）推出的“LISA 质量评估模型”（LISA QA Model）和翻译自动化用户协会（TAUS）构建的动态质量框架（DQF），都大幅提升了翻译质量评估的客观性和科学性。

国内学者早期以述评西方翻译规范理论和翻译质量评估研究成果为主。近年来不断有学者将理论与实践结合，从多重视角开展翻译规范和翻译质量标准研究。

1. 翻译规范理论研究

苗菊较早将 Toury 的翻译规范理论介绍到国内，详细阐述了 Toury 对翻译规范的分类及其对描写翻译研究的学术贡献。[③] 王传英从翻译社会学的视角，对翻译规范的社会作用、获得和发展进行了探讨，指出翻译规范的根本

---

① Toury, G.*In Search of a Theory of Translation*. Porter Institute, 1980，p.51.

② 王传英《翻译规范理论的社会学重释》，《上海翻译》2013 年第 3 期，第 17 页。

③ 苗菊《翻译准则——图瑞翻译理论的核心》，《外语与外语教学》2001 年第 11 期，第 29–32 页。

目的是解决社会—文化网络内部的人际协调问题，而翻译规范的获得需通过译者行为的社会化来实现。[①] 翻译规范理论从个体行为与集体结构的契合、翻译能力的后天养成、规范的动态发展等三个层面重构了译者的职业行为。

2. 本地化翻译规范研究

经济全球化的不断深入和信息技术的快速发展促使本地化成为当今世界翻译活动的主流。[②] 中国翻译协会先后发布了《本地化业务基本术语》（2011）、《本地化服务报价规范》（2013）、《本地化服务供应商选择规范》（2014）。王传英等在阐述本地化翻译实践特征的基础上，在译入语社会经济网络的分析框架下，遵循本地化"价值链"的流程展开研究，探讨各类规范（法律法规、技术规范、专业规范等）在指导本地化翻译中的具体运用，并从国际化文本对译入语社会语言、文化、法律法规、社会习俗的"可接受性"的视角，将具有翻译社会学传统的翻译规范理论用于本地化翻译理论构建中。[③]

3. 翻译质量标准研究

文艺等从翻译公司和翻译行业的视角剖析了影响翻译质量的因素，指出翻译行为过程中的各方协作、翻译公司的科学化管理和规范化流程是提高翻译质量的关键，而翻译质量评估正从单一模式走向多种模式的结合，从静态的、个性化的评估标准发展为动态的、普适性的评估标准。[④] 中国翻译协会颁布的《本地化翻译和文档排版质量评估规范》（2016）定义了本地化翻译和排版的错误类别和错误级别，规定了具体错误类别和错误级别影响整体质量的权重，以及本地化翻译和文档排版的质量得分和质量等级，为供应商和服务需求方（客户）提供了评估翻译和排版质量的框架性规范。崔启亮则重点论述了本地化翻译质量模型、本地化分层质量管理模型和质量管理实施模型，提出了企业网站本地化质量评价模型和一系列评价指标。[⑤]

---

① 王传英《翻译规范理论的社会学重释》，《上海翻译》2013 年第 3 期，第 14–19 页。

② 张莹、柴明颎《 GILT 本地化产业与翻译研究新动向》，《中国翻译》2011 年第 3 期，第 77 页。

③ 王传英、卢蕊《本地化翻译规范研究》，《上海翻译》2015 年第 2 期，第 63–69 页。

④ 文艺、朱宪超《翻译质量的探讨——相关方、企业解决思路和行业趋势》，《中国翻译》2014 年第 2 期，第 83–86 页。

⑤ 崔启亮《本地化项目管理》，北京：对外经济贸易大学出版社，2017 年。

国内翻译规范和翻译质量标准研究已取得了相当成果，揭示了翻译活动的科学性、客观性和实践性，为职业化时代的翻译实践提供了指导。未来翻译规范和翻译质量标准研究有望呈现以下发展态势：①为各专门领域翻译提供差异化的翻译规范指导，如医学、金融和法律翻译规范。②翻译规范的研究范围逐渐从译者拓展到社会文化和意识形态层面，从特定历史时期的翻译规范延伸到翻译规范的历时演进及其发展动因。③翻译规范研究从静态阐释走向动态构建，这是因为规范与译者惯习之间的互动研究会进一步拓宽描写翻译研究的范畴。④鉴于新媒体革新了翻译运作模式，催生了视频口译、创译、影视翻译、网站国际化等一系列新兴翻译服务领域，翻译质量评估的目的、对象及功能将不断拓展，评估模式也会趋于多元，综合各种评估标准的多维互补评估模式将逐渐形成，为此，翻译质量评估将充分结合定性评估和定量评估，确保其评估标准更加客观。

五、翻译训练研究

语言服务业的迅猛发展需要大量专业化、复合型人才，传统的外语教学模式已无法满足我国社会经济发展的实际需求。[①] 为了满足语言服务业对翻译人才的“差异化”要求，需要根据不同的训练目标、训练对象和训练资源，有步骤、有计划地展开训练，职业翻译训练是一个渐进而多元的过程。[②] 国内学者近年对职业翻译训练开展了全方位研究，内容集中在借鉴国外办学经验、探讨分层培养模式、设计职业化课程、研讨新型教学法、职业道德和伦理建设等方面。

1. 借鉴国外办学经验

就职业翻译训练而言，欧盟委员会 2005 年开始启动的“欧盟笔译硕士”（EMT）项目颇具影响力。EMT 项目具有以下显著特点：①严控训练强度，每年最低为 60 学分，其中课堂训练量每年最少要达到 900 训练小时。②人

---

① 王立非、崔启亮、蒙永业《中国企业“走出去”语言服务蓝皮书（2016）》，北京：对外经济贸易大学出版社，2016 年，第 60 页。

② 王传英《从“自然译者”到 PACTE 模型：西方翻译能力研究管窥》，《中国科技翻译》2012 年第 4 期，第 32 页。

才培养模式明确，旨在为欧盟机构培养大批合格的笔译人才。③扩大业界与学术界的学术合作，特别鼓励语言服务企业与高校开展包括关键技术研发、人才培养、合作研究等的深度合作。④基于 PACTE 翻译能力构建模型，在课程设置中设定了翻译行业实务知识、翻译理论、文本分析与翻译任务派发、跨文化交际、术语管理、翻译行业信息技术、语言意识与语言训练、特定工作领域专业及语言知识、翻译实践等训练模块。[①] ⑤重视翻译实践，EMT 项目涉及的翻译实践多由欧盟笔译总司安排到欧盟机构中进行。⑥组建 EMT 教育网络（EMT Network），为 EMT 成员高校打造就教学理念、应用翻译理论研究、职业翻译教育实践、教学资源共享等问题进行集中讨论交流的平台。鉴于 EMT 项目在国外翻译训练领域极具代表性，国内学者以其为参照，对我国翻译训练的教学模式、翻译能力模型、课程设置等多方面进行了探讨。贺显斌分析了 EMT 课程设置特点，提出我国翻译训练应紧密联系行业实际，注意训练课程间的密切联系，突出术语和信息技术教学，重视培养学生分析翻译问题和解释翻译策略的能力。[②] 方梦之根据 EMT 项目的运作经验，提议我国翻译硕士课程设置中纳入文献检索、中高级科普、科技文本类型和翻译伦理等内容，以便提高学生的信息挖掘能力、主题知识能力和翻译服务能力。[③]

2. 探讨分层培养模式

为适应我国改革开放和社会主义现代化建设的需要，我国高校已先后启动翻译专业本科（BTI）和翻译专业硕士（MTI）教育，以培养不同层次的应用翻译人才。穆雷等在借鉴国外翻译专业博士，尤其是澳大利亚翻译专业博士教育经验的基础上，论证了我国设置翻译专业博士（DTI）的重要性、必要性和可行性，明确提出 DTI 教育旨在“培养具有娴熟的双语 / 多语口笔译能力、本地化技术能力、翻译项目管理能力或语言服务业实际问题对策研

① 王传英、崔启亮《本地化行业发展对职业翻译训练及执业认证的要求》，《中国翻译》2010 年第 4 期，第 78 页。

② 贺显斌《“欧盟笔译硕士”对中国翻译教学的启示》，《上海翻译》2009 年第 1 期，第 45—48 页。

③ 方梦之《科技翻译与 MTI 教学》，《上海理工大学学报（社会科学版）》2015 年第 4 期，第 301—305 页。

究能力的职业化、复合型、高技能行业研究专家，能够对我国传统文化和现代政治术语翻译疑难问题的解决发挥关键作用的后备翻译人选，以及高校翻译硕士专业骨干教师”[①]。如果DTI最终能够设立，我国职业翻译学历教育体系将得以完整化。

具体到职业能力发展问题，朱玉彬基于翻译实践教学的循序递进理论，提出分层翻译训练模式，将翻译实践教学划分为初级阶段、高级阶段和职业化阶段。翻译实践教学的初级阶段是以“转换操作”引导“知识获取”的教学阶段，侧重培养学生的双语转换能力，对于相关知识的关注在教学中暂处次要地位；翻译实践教学的高级阶段则在强化学生双语转换能力的同时，指导学生使用百科全书、专业术语词典以及网络技术手段解决翻译中遇到的专业知识问题，即“转换操作”和“知识获取”并举；翻译实践教学的职业化阶段是通过“知识获取”强化“转换操作”的教学阶段，根据学生译者所从事的专业领域，大力强化其双语转换能力。[②]

3. 设计职业化课程

加强特色课程建设是优化翻译训练体系的重要途径。苗菊等基于翻译行业的需求状况和职业趋向，提出翻译硕士教育应紧密联系翻译行业，突出培养职业能力和注重实用性课程的设置（如翻译技术应用、技术写作、翻译校改、翻译编译等）。[③]王传英等提出翻译硕士课程设置应首先满足本地化行业发展对复合型翻译人才的需要，实现这一目标的有效途径是依据翻译能力模型构建科学的本地化训练体系，具体训练内容包括本地化翻译服务总览、本地化翻译技术和项目管理、本地化翻译实践与案例分析、职业素质培养等。[④]王传英等还在考察国外技术写作训练的基础上，尝试规划了翻译硕士“技术写作方向”的课程设置，涵盖必修课、选修课、技术写作实践和毕业论文设

① 穆雷、仲伟合《翻译博士专业学位的定位思考——从设置方案的修改论证谈起》，《外语界》2017年第4期，第27–34页。

② 朱玉彬《以教学为取向的翻译能力探讨》，《外语研究》2008年第3期，第71–76页。

③ 苗菊、王少爽《翻译行业的职业趋向对翻译硕士专业（MTI）教育的启示》，《外语与外语教学》2010年第3期，第63–67页。

④ 王传英、崔启亮《本地化行业发展对职业翻译训练及执业认证的要求》，《中国翻译》2010年第4期，第76–79页。

计等内容。①

4. 研讨新型教学法

科学合理的教学方法是提高课堂训练质量的根本保障。苗菊等认为翻译硕士教育需要多样化的教学方法，具体包括案例教学法、情景模拟教学法、实训教学法、翻译工作坊和实践实习等。② 刘和平探讨了如何围绕实践展开教学，通过实践让学生感知、领悟、学习、内化并掌握翻译技能，具体教学方法包括基于任务型的实战式教学法、自省式教学法、情景模拟教学法、互动式教学法和团队式教学法等。③ 穆雷等进一步提出未来的翻译专业博士（DTI）教育应采用以实训为主的模块化课程教学，开展团队学习、专题研讨、案例分析、岗位实践。④

5. 职业道德和伦理建设

职业道德教育是翻译训练过程中的关键环节，伦理建设则事关翻译行业的可持续发展。穆雷等特别强调职业翻译训练应重视培养行业规则和职业道德，包括了解翻译流程、行业运作及相关规章制度；熟悉重要的规范性文件，如“翻译工作者章程”“会议口译员职业道德守则”“国际会议口译员协会职业标准”“翻译人员职业操守与商业行为守则”等；通晓并遵守职业操守，工作内容和客户资料严格保密，承担约定的法律责任等。⑤ 苗菊等指出伦理建设是翻译行业发展的保障。为此，他们从宏观体系、微观体系和制约体系等三个层面探讨了翻译伦理体系建设问题，其中宏观体系包括礼道伦理、平衡伦理和共存伦理，微观体系蕴含管理伦理、服务伦理、交际伦理和规范伦理，而制约体系则包含了产业政策、规章制度和法律规范。⑥

---

① 王传英、王丹《技术写作与职业翻译人才培养》，《解放军外国语学院学报》2011 年第 2 期，69-73 页。

② 苗菊、高乾《构建 MTI 教育特色课程——技术写作的理念与内容》，《中国翻译》2010 第 2 期，第 35-38 页。

③ 刘和平《翻译教学模式：理论与应用》，《中国翻译》2013 年第 2 期，第 50-55 页。

④ 穆雷、仲伟合《翻译博士专业学位的定位思考——从设置方案的修改论证谈起》，《外语界》2017 年第 4 期，第 32 页。

⑤ 穆雷、王巍巍《翻译硕士专业学位教育的特色培养模式》，《中国翻译》2011 年第 2 期，第 32 页。

⑥ 苗菊、宁海霖《试论构建翻译行业伦理理论体系》，《翻译界》2016 年第 1 期，第 61-73 页。

综上所述，翻译职业的基础是翻译能力建设，其工作对象是分工日益精细的多元化服务领域，而从事现代翻译职业又离不开翻译技术、翻译规范和翻译质量标准、职业翻译训练等外部体系性支撑。上述五个方面也由此构成翻译职业研究的主要内容。目前取得的相关研究成果深刻揭示了职业化时代翻译活动沿着语言服务“价值链”进行大纵深产业协同而引发的跨学科研究特征和团队工作特性，既有理论方法的创新，又有对实践经验的总结。随着翻译职业化进程的不断加快，翻译职业研究将会呈现以下发展趋势：①研究范畴逐步拓展，涵盖翻译职业所涉及的方方面面，例如翻译人才培养与市场需求的有效对接，语言服务业的资源整合与理性并购，语言服务平台的转型升级与生产流程自动化，富媒体技术和翻译协同技术的创新性发展，数字化翻译实训平台的研发与应用等。②实证研究有望实现突破，与理论阐释形成良性互动，大幅提升翻译职业研究的理论内涵和实践指导价值。通过观察、实验等方法对翻译流程中译者思维和翻译能力发展路径展开系统研究，以此探究制约译者决策的各种变量和不确定性，以更好地认识翻译过程、阐释翻译现象、指导翻译实践。③理论体系逐渐完善，成为应用翻译研究的重要组成部分。翻译职业化催生了新型翻译工作模式、翻译服务内容和职业翻译训练体系，由此拓宽了应用翻译研究领域，并成为应用翻译研究发展的内在动力。

第三节　翻译市场与翻译管理的未来展望

翻译职业化的过程就是翻译市场化的过程。许建忠指出，长期以来，人们将翻译视为一种文化媒介，却忽略了翻译本身也是一种经济行为。[①] 在这里，翻译公司和译者是生产者，客户及读者构成消费者，翻译的供需及产品交换共同推动了翻译市场的形成。改革开放推动了社会主义市场经济体制的确立与不断完善，同时为翻译职业化提供了良好的政策空间与市场环境，翻译活

① 许建忠《翻译经济学》，北京：国防工业出版社，2014 年，第 1 页。

动得以按照市场调节机制运行，最终融入市场，并由此产生翻译管理需求。

翻译市场与翻译管理属于应用翻译研究的新领域，目前仍处于翻译研究的边缘地带，缺乏全面系统的探索。但面对市场化翻译实践翻天覆地的变化，不少学者已将研究视线聚焦于此，呼吁加强对翻译市场与翻译管理的研究。《中国翻译》杂志为此于2012年开辟了“行业研究”专栏，至今已刊登文章30余篇，内容涉及国内外翻译/语言服务市场、翻译人才需求与培养、翻译立法、新兴翻译服务内容、翻译技术应用与认证考试、语言资产与国家语言服务基础设施建设、翻译质量和翻译风险、翻译项目管理等诸多方面。中国翻译协会定期发布《中国语言服务业发展报告》，为研究我国翻译市场提供了大量数据参考。田传茂主持的国家社科基金项目“中国翻译市场发展60年研究”对1949—2009年间我国的翻译市场情况进行了全面系统的梳理。李宇明等学者更是将语言提升到国家战略高度，强调语言不仅是文化资源，也是极其重要的经济资源，事关国家安全和社会经济发展，在国家语言规划中应特别重视语言产业的发展。可以预言，对翻译市场、翻译管理的系统研究即将到来。

一、翻译市场的构成要素及分类

何为翻译市场？如不考虑翻译服务的交换方式及价值规律的作用程度，可将翻译市场定义为“一切翻译服务交换关系的总和”[①]。翻译市场存在的前提是翻译服务成为有交换价值的商品。据此，田传茂进一步提出，我国计划经济时期（1949—1977）也存在初级形态的、一定规模的封闭型翻译市场，只是价值规律在其中起到的作用不大。[②]当然，翻译市场不等于翻译市场化，实现市场化后的翻译市场具有明显的开放性、平等性和竞争性，翻译活动完全受市场机制和价值规律引导。[③]任东升等按译员完成翻译任务所获得的经济收益，及其成果创造的进一步效益，将翻译的经济效益划分为译内经济效

① 田传茂《我国计划经济时期翻译市场的性质与特点》，《语言与翻译》2014年第3期，第57页。

② 田传茂《我国计划经济时期翻译市场的性质与特点》，《语言与翻译》2014年第3期，第59页。

③ 任东升、高玉霞《翻译市场化与市场化翻译》，《外语教学》2016年第6期，第98页。

益和译外经济效益，并强调翻译经济效益的实现离不开翻译市场。[①] 我国改革开放以来的翻译市场是一个由封闭走向开放、由计划走向竞争的市场。

翻译服务是翻译市场的核心活动。随着时代变迁，特别是20世纪90年代以来世界主要经济体政治经济依存关系日益紧密，翻译需求不断增长并迅速延伸，翻译实践的内涵也因此拓展——翻译已从狭义的语言转换扩展为语际和符际间的信息服务，翻译产品由此成为信息产品，最终还可能发展成为知识产品，广义的翻译市场也演进为语言服务市场。[②] 随着翻译全球化、市场化程度的加深，其服务“价值链”已覆盖提供翻译产品的全部技术、人才和知识环节，由此产生翻译及本地化服务、语言技术工具研发、语言教育与培训、多语信息处理与咨询等业务领域。

根据市场构成要素，翻译市场由可供交换的翻译产品、翻译产品供给方及需求方共同组成。翻译产品有三类形态：核心层以人为主体，涵盖笔译、口译、手语翻译等；边缘层为人机结合，包括软件和网页本地化、计算机辅助翻译、机器翻译等；相关层则包含翻译培训、翻译软件和机器开发等。[③] 供给方包括翻译公司、个体译员、编录排辅助人员等，需求方则包括一切有实际翻译需求的政府部门、企事业单位、社会团体、个人等。中国翻译协会在《中国语言服务业发展报告2012》[④] 中采用类似的划分，将语言服务业划分为核心层、相关层和支持层：核心层包括翻译与本地化公司、翻译工具与技术开发公司、翻译培训机构、多语信息咨询机构等，相关层包括国家外事外宣和新闻出版部门、大型跨国公司以及旅游、对外贸易和信息技术等涉外行业的机构和企业，而支持层包括政府相关决策和管理部门、行业协会、高

---

① 任东升、高玉霞《翻译市场化与市场化翻译》，《外语教学》2016年第6期，第96页。

② 卡门森斯顾问公司等专业机构近10年来多使用“语言服务”代替“翻译”。2010年10月，语言服务（language services）这一概念正式进入我国学术界，但翻译及本地化服务仍是语言服务中最基础也是最核心的内容。很多学者认为用语言服务的概念替代翻译是大势所趋，因为市场化翻译实践早已离不开体系化的技术、培训和知识服务支撑。鉴于上述两个概念所涉内容存在重叠，且均缺乏独立的行业地位和明确的统计学支持，在本章中，翻译市场、语言服务市场、翻译行业、语言服务业等的名称选择取决于所引文献的原始用法。

③ 贺宏志《语言产业引论》，北京：语文出版社，2013年，第158页。

④ 中国翻译协会、中国翻译行业发展战略研究院《中国语言服务业发展报告2012》，2013年。

等院校和科研机构等。王立非等也从产业链的角度，指出语言服务业由语言服务购买方、语言服务提供方、语言技术提供方、语言服务行业协会、语言服务人才培养方、语言服务咨询和研究方构成。[①]

我国目前对翻译市场的研究多从行业切入，但对行业的概念界定较为模糊，不少学者和研究机构经常将翻译行业、翻译产业、语言服务业、语言服务产业、语言服务行业等概念混淆使用。[②]田传茂首次对翻译市场的概念进行了界定，并创造性地提出翻译市场的构成要素包括主体要素和客体要素，前者指具有行为能力的翻译行为个体，包括译者、客户、翻译中间人、管理与专业服务人员，后者则包括翻译要素、实体要素、经济要素和服务要素。[③]

具体而言，客体要素中的翻译要素指所有与翻译实践活动直接相关的要素，如国家政策、翻译目的与功能、翻译原则与标准、翻译策略与方法、翻译质量评估、翻译规范、翻译职业道德等。实体要素涵盖翻译服务供给与需求所涉及的各类法人实体，其中供给方包括翻译及本地化公司、企事业单位内的翻译部门、在线语言服务平台、翻译技术工具开发商、翻译培训与咨询机构，需求方包括政府机关、各类企事业单位、非政府组织等。经济要素包括翻译成本、翻译价格、翻译利润、翻译产值、翻译市场规模等影响翻译服务质量和翻译行业发展的经济变量。服务要素专指为提供特定的翻译产品所必需的一切辅助或延伸服务，如翻译服务供需双方的互动协商机制、翻译项目管理与质量控制、翻译技术工具开发、译员培训等。

翻译市场可从不同角度进行划分。Pym 按劳动力构成将翻译市场分为低端的低收入译员市场、中端的合同制译员市场及高端的由语言和信息技术专家组成的市场。[④] Gouadec 划分市场类型的依据是语对转换方向、地域、专业化程度、翻译对象、翻译语境、翻译规模、翻译数量、市场可否自由进入、

---

① 王立非、崔启亮、蒙永业《中国企业“走出去”语言服务蓝皮书（2016）》，北京：对外经济贸易大学出版社，2016 年，第 1 页。

② 姚亚芝、司显柱《中国语言服务产业研究综述及评价》，《北京交通大学学报（社会科学版）》2016 年第 1 期，第 44 页。

③ 引自田传茂即将出版的专著《中国翻译市场发展 60 年研究》；经作者同意，在此引用。

④ Pym, A. Training Translators and European Unification: A Model of the Market. Paris: The European Commission’s Translation Service “Theory Meets Practice” Forum, 2000.

有无延伸服务等因素。[①]田传茂还按市场性质、地理位置、服务方式、服务内容、服务层次、翻译内容、翻译服务产品的最终形式等对市场进行了详细分类：按市场性质，翻译市场可分为垄断型翻译市场和自由竞争型翻译市场；按地理位置，可划分为欧洲、北美、南美、亚洲、非洲、大洋洲等区域市场，每一区域内部又可进一步按国家、省市区等逐级细分；按服务方式，可分为自给市场和外包市场；按服务内容，可分为口译市场、笔译市场、本地化市场、语言技术开发市场、语言培训与咨询市场等；按翻译服务产品的最终形式，可分为出版类和非出版类翻译市场。此外，翻译市场还可按市场可否自由进入划分为开放市场、封闭市场、灰色市场；按附加值高低划分为低端市场、中端市场、高端市场等。[②]

二、翻译市场发展与要素研究

进入21世纪以来，国内学者从不同角度来审视、分析和探究我国的翻译市场发展。他们或通过深入观察来描绘翻译市场的发展形态，或采用不同方法专门研究翻译市场的主、客体要素。

1. 市场发展研究

近年来，我国学者对国内外翻译市场的发展进行了总结和反思。魏清光系统分析了我国改革开放以来翻译活动的社会运行、动因及问题，并就翻译运行整体规划、翻译系统内部运行机制优化、译者职业道德约束机制构建、中国图书“走出去”运行机制优化、翻译人才培养机制优化提出相应建议。[③]杜承南等回顾了改革开放后30年的翻译事业，分析了翻译市场中译者地位、译者培养和译著出版等存在的问题，强调了提高翻译地位、重视人才培养、规范翻译行业的重要性。[④]王传英依据语言服务业是经济全球化活动所引发深层次劳动分工结果的判断，对全球语言服务业的发展格局和基本特征进行

---

① Gouadec, D. *Translation as a Profession*. John Benjamins, 2007.

② Gouadec, D. *Translation as a Profession*. John Benjamins, 2007，p.137.

③ 魏清光《改革开放以来中国翻译活动的社会运行研究》，北京：中国社会科学出版社，2014年。

④ 杜承南、覃军《回眸与展望：改革开放30年中国翻译成果论》，《重庆大学学报（社会科学版）》2009年第4期，第133–137页。

了细致研究，同时结合战略管理学派阐释行业竞争力的“菱形理论”（*The Diamond Theory*），深度分析了我国语言服务业发展所面临的机遇与挑战，并提出相应的政策建议。他指出，当前我国翻译市场的需求条件非常有利，人才等要素条件不容乐观，上游产业智力支持不足，企业同质化竞争严重，面临重要转型压力。其率先使用的“赫芬达尔—赫希曼指数”（HHI）① 计算方法已被《中国企业“走出去”语言服务蓝皮书（2016）》等国内近期重要研究成果所采纳，以反映语言服务业的产业集中度。②

刘习良从市场发展的角度，总结了造成我国翻译市场翻译质量低下的原因，包括缺乏对翻译工作行之有效的监督体制和机制，翻译人才和翻译质量评估标准与机制尚不完善，高水平的翻译专业人才和翻译专业师资队伍严重匮乏，翻译工作的价值与作用尚未得到社会的充分认可与重视，翻译资源过度分散，等等。③ 面对本地化行业的迅猛发展，崔启亮梳理了我国1993—2012年间本地化市场的发展历程，将其划分为萌芽时期（1993—1995）、探索时期（1996—2009）和规范化时期（2010—2012），并预测了本地化行业逐步走向创新驱动发展的趋势。④

2. 主体要素研究

在主体要素研究上，译员和客户是研究重心。唐艳芳分析了译者在英译外宣资料时出现的差错，强调译者的职业素养、道德水准及市场监管对规范翻译市场的重要性。⑤ 韩子满归纳了翻译商业化、产业化和职业化趋势及其

---

① 赫芬达尔—赫希曼指数（Herfindahl-Hirschman Index，简称HHI）是测度某一行业产业集中程度的综合指数。具体而言，HHI是特定行业的市场竞争主体（主要指规模较大的厂商）所占行业总收入或总资产百分比的平方和，通常介于0-10000之间。HHI越高，市场集中度就越强，而当HHI为10000时，行业就完全被少数企业所垄断。根据美国司法部的标准，HHI高于1000即意味着相关行业已经出现某种程度的垄断，而HHI低于500则表明该行业处于高度分散且趋于完全竞争（perfect competition）的市场结构。

② 王传英《语言服务业发展与启示》，《中国翻译》2014年第2期，第78-82页。

③ 刘习良《加强行业管理推动我国翻译产业的可持续发展——当前我国翻译工作中存在的问题和对策建议》，《中国翻译》2006年第4期，第5-7页。

④ 崔启亮《中国本地化行业二十年（1993—2012）》，《上海翻译》2013年第2期，第20-24页。

⑤ 唐艳芳《从外宣资料的英译看译者应具备的素质——兼谈规范翻译市场》，《温州大学学报》2002年第4期，第51-54页。

为译员带来的经济压力、学习压力和道德压力。[①] 丁立福从目的论下的四类翻译失误入手，为翻译市场中的译者提出风险规避建议，即树立责任意识、重视文本功能、培养跨文化意识、提高翻译能力、树立文本意识，同时注重对具体翻译要求的研究和把握。[②] 陈走明等问卷调研了义乌翻译市场的译员和客户，发现二者在翻译能力、工作报酬和业务稳定性等方面均存在较大的认识分歧。[③] 苗菊等通过分析全国60家主要翻译公司招聘信息，梳理了市场对译员的素质要求及需求状况，为改进翻译硕士教育提出建议。[④] 潘华凌等通过对江西省135家用人单位的管理者和译员进行问卷调查和访谈，了解了翻译从业人员的基本构成及需求状况，提出要建立适应区域经济社会发展需要的翻译人才培养模式。[⑤] 穆雷等则对国内10家翻译企事业单位的员工现状及市场需求进行了分析，提出建立以市场需求为导向的专业翻译人才培养体制。[⑥] 崔启亮在《本地化项目管理》一书中明确提出，本地化商务运营要以客户为中心，项目实施以项目经理为中心，本地化业务以翻译为中心，以此构建客户和项目经理双核心主体。

3. 客体要素研究

（1）翻译要素研究。谢天振曾指出，职业化时代，翻译从观念到翻译的方式、方法、手段、环境等都发生了巨大变化，翻译的内涵进一步扩大，意识形态、赞助人、诗学等制约翻译行为的因素进入研究视野，忠实原文不再是唯一标准，翻译功能与目的实现与否成为新的质量判断维度，互联网、翻译软件与工具成为必不可少的助手。[⑦] 市场化翻译仍然离不开翻译规范的

---

① 韩子满《翻译商业化与译者的生存》，《上海科技翻译》2003年第3期，第71–74页。
② 丁立福《翻译市场化下的译者研究》，《安徽理工大学学报（社会科学版）》2012年第1期，第56–61页。
③ 陈走明、陈群《义乌翻译市场的调查分析》，《时代经贸（下旬刊）》2007年第10期，第7–9页。
④ 苗菊、王少爽《翻译行业的职业趋向对翻译硕士专业（MTI）教育的启示》，《外语与外语教学》2010年第3期，第63–67页。
⑤ 潘华凌、刘兵飞《翻译人才需求状况调查及其培养对策研究——基于江西省的情况》，《解放军外国语学院学报》2011年第1期，第79–83页。
⑥ 穆雷、杨冬敏《从翻译企事业员工的现状和市场需求看专业翻译人才的培养》，《外语与外语教学》2012年第3期，第57–60页。
⑦ 谢天振《论翻译的职业化时代》，《东方翻译》2014年第2期，第5页。

制约，但又为之增添了新的内涵，译学体系面临巨大的变化。翻译伦理和翻译质量评估成为关注热点。陈学斌等通过分析翻译市场存在的问题，提出译者、翻译管理者和出版社等各方应严格遵守翻译伦理和道德，努力保证翻译质量，促进翻译市场健康发展。[①] 许宏进一步对应用翻译伦理展开研究，指出应用翻译伦理研究的核心关注点应该是“翻译行业中的特殊道德关系和利益矛盾”，最终目的是提供“良好的翻译服务”，而“良好的翻译服务”不仅要求译者按期交稿、保守商业秘密等，更要全面提高业务能力。[②] 在翻译质量方面，文艺等分析了翻译质量的影响因素、翻译公司的质量观、翻译行业质量标准与趋势，指出除了语言层面的因素外，发起人、委托人、译文读者等相关方的目的和地位，原文质量，交稿时间等都会对翻译质量产生不同程度的影响，翻译项目的质量是各方协作的结果，翻译公司应通过制定规范的标准和流程，实行分层管理，形成闭环，从而不断提高翻译质量。[③] 王华树等从翻译生产过程的角度探讨翻译质量评估，论述了原文质量、项目时间、项目预算、译员 / 团队水平、翻译流程、翻译技术以及客户要求等因素对翻译质量的影响，为今后的翻译质量研究提供了产业和职业视角。[④]

（2）实体要素研究。中国翻译协会先后发布《中国语言服务业发展报告 2012》《中国翻译服务业分析报告 2014》以及《2016 中国语言服务行业发展报告》。前二者皆立足于对中国语言服务企业的调研和分析，后者添加了对分布在各个行业的非语言服务企业及有语言服务需求的政府机关、事业单位等语言服务需求方的调查。除此以外，王传英调查了 65 家语言服务类和非语言服务类企业对语言服务人才的需求，呼吁尽快实施差异化人才培养路径和公共部门的“外部性”建设。[⑤] 邢厚媛介绍了我国企业“走出去”的现状及对语言服务的需求特征，并从增强服务意识、扩大服务覆

① 陈学斌、刘彤《翻译市场呼唤翻译伦理》,《商场现代化》2007 年第 33 期，第 398—399 页。

② 许宏《应用翻译伦理研究》，《上海翻译》2016 年第 1 期，第 19—24 页。

③ 文艺、朱宪超《翻译质量的探讨——相关方、企业解决思路和行业趋势》，《中国翻译》2014 年第 2 期，第 83—86 页。

④ 王华树、高寒雨《基于语言服务视角的翻译质量评估研究》，《语文学刊（外语教育教学）》2014 年第 3 期，第 22—24 页。

⑤ 王传英《2011 年企业语言服务人才需求分析及启示》，《中国翻译》2012 年第 1 期，第 67—70 页。

盖范围、提高语言服务的深度、创新服务方式等四方面为语言服务企业的经营发展提供了参考意见。[①]王立非等的《中国企业“走出去”语言服务蓝皮书（2016）》是我国第一部专门从需求方入手的翻译市场调查报告，全面介绍了“走出去”企业所需语言服务的基本类型、行业差别、实施方式、语种选择、选择标准等，梳理了语言服务企业的发展策略。[②]邵张旻子等从语言服务用户视角调查了上海自贸区对外文化贸易企业对语言服务的认知，发现语言服务的需求趋向多元化，但用户的语言服务意识仍旧淡薄。[③]此外，肖强论述了翻译公司对翻译研究的贡献，包括明确翻译流程与质量控制，建立翻译保密制度，促进本地化翻译研究，引起对机器翻译研究的重视，等等。[④]贾立平探讨了英语翻译专业与翻译公司的校企合作培养模式。[⑤]穆雷等对中国和加拿大两国的四家语言服务专业协会的职能进行了对比分析，为中国翻译协会更好地行使行业协会职能提供了借鉴。[⑥]

（3）经济要素研究。国内部分翻译市场研究者跨越翻译学的学科局限，借用理论经济学和产业经济学、区域经济学的分析框架，在市场语境中开展研究。田传茂在研究翻译价格、市场翻译规范的基础上，判断出翻译市场国际化、品牌化、专业化和制度化的发展趋势。[⑦]解肱一等探讨了经济发展对翻译活动和具体翻译行为的影响。[⑧]胡冰霞提出翻译产业是区域经济发展的必然趋势，区域经济发展是翻译产业的前提和保证。[⑨]王群沣通过勾

① 邢厚媛《中国企业走出去的现状和对语言服务的需求》，《中国翻译》2014 年第 1 期，第 12–17 页。

② 王立非、崔启亮、蒙永业《中国企业“走出去”语言服务蓝皮书（2016）》，北京：对外经济贸易大学出版社，2016 年。

③ 邵张旻子、孙海琴、柴明颎《对外文化贸易视域下的语言服务现状分析》，《中国翻译》2017 年第 3 期，第 62–68 页。

④ 肖强《论翻译公司对翻译研究的贡献》，《沧桑》2010 年第 6 期，第 163–164 页。

⑤ 贾立平《基于英语翻译专业与翻译公司合作的校企合作培养模式研究》，《高教学刊》2015 年第 19 期，第 34–35 页。

⑥ 穆雷、韩莹《专业协会在语言服务业专业化过程中的角色——中国和加拿大相关协会职能的对比研究》，《中国翻译》2014 年第 6 期，第 63–68 页。

⑦ 田传茂《市场翻译研究》，《长江大学学报（社会科学版）》2007 年第 4 期，第 106–108 页。

⑧ 解肱一、马昭《论翻译与经济发展的辩证关系》，《大庆师范学院学报》2008 年第 4 期，第 120–124 页。

⑨ 胡冰霞《翻译产业对区域经济发展的影响研究》，《生产力研究》2013 年第 7 期，第 69–70 页。

画翻译产业的“微笑曲线”来分析翻译产业链，探讨了翻译产业发展状况及存在的问题。[①] 司显柱等利用产业组织理论的SCP（结构—行为—绩效）范式分析了我国翻译市场的结构、市场行为和运行效果。[②] 司显柱等还运用阿克洛夫20世纪70年代提出的“柠檬市场理论”，分析了我国翻译服务的市场风险，提出以市场治理为主、行政治理为辅的行业治理对策。[③]

（4）服务要素研究。一些学者就近年来明显影响翻译市场发展的特定要素开展了专门研究。王传英等所著《翻译项目管理与职业译员训练》一文在整体描述翻译项目管理特征的基础上，对其工作要点和操作流程进行了归纳，并从高端职业译员能力培养的角度探讨了翻译项目管理训练必需的知识模块构成。该论文是我国学术界首次系统讨论翻译项目管理的研究成果，为后续研究奠定了基础。另外，苗菊等的《本地化与本地化翻译人才的培养》和王传英等的《本地化行业发展对职业翻译训练及执业认证的要求》都明确提出，决定本地化翻译服务质量的，是具备出色翻译技能和特定领域专业知识、熟练使用计算机辅助翻译工具、具有一定项目管理经验的新型实用型翻译人才。苗菊等的《构建MTI教育特色课程——技术写作的理念与内容》及王传英等的《技术写作与职业翻译人才培养》沿着语言服务“价值链”上溯到企业文本国际化阶段，从不同角度讨论开设技术写作课程的必要性与可行性。此外，岳峰等对比分析了161家国内翻译公司的翻译流程，发现国内翻译市场在流程设置方面尚不完备。[④] 程林华等对理工类翻译市场需求及翻译人才培养进行了专题研究。[⑤]

纵观翻译市场研究现状，不难看出，问卷调查法、访谈法、文献分析法

---

① 王群洋《基于微笑曲线理论的翻译产业发展研究》，《生产力研究》2015年第3期，第106-109页。

② 司显柱、姚亚芝《中国翻译产业研究：产业经济学视角》，《中国翻译》2014年第5期，第67-71页。

③ 司显柱、郭小洁《试析中国翻译服务市场现状：基于柠檬市场理论》，《中国翻译》2016年第5期，第65-69页。

④ 岳峰、黄杨勋《目前国内翻译市场中翻译流程探究：问题及对策》，《外国语文研究》2016年第1期，第64-72页。

⑤ 程林华、刘芹、禹一奇《翻译市场导向的翻译人才培养研究——以理工科MTI为例》，《语文学刊（外语教育教学）》2012年第11期，第59-62页。

是最常用的研究方法，但这些方法都有局限性。问卷和访谈的数据真实性和有效性有待商榷，不同机构或个人研究者的统计口径常不一致，而文献分析又多停留在对表面现象的经验观察，系统性研究成果匮乏。实际上，目前翻译市场研究的难点在于研究者难以获得客观全面的数据，同时，指导市场研究的理论匮乏、视角单一。今后翻译市场研究可从以下三方面寻求突破：①扩大业界、学界与政界的交流合作，提高数据的可获得性、全面性和客观性。②促进经济学、社会学、信息技术、系统工程及其他相关学科与翻译学的深度融合，为翻译市场研究提供新的视角和方法。③加强翻译市场业务领域研究、国别与区域研究、阶段研究、技术创新趋势研究和企业个案研究。

三、翻译市场运行

西方发达国家在20世纪初就已出现面向市场的专业化翻译公司。二战后国际组织的出现，国际间大规模人口迁徙和资本流动，跨国公司的快速成长，以及信息与通信技术（ICT）的进步，共同促成了20世纪50年代中期以后世界翻译服务需求的迅猛增长，RWS、Semantix等公司的前身应运而生。20世纪80年代，全球化的深入再次促使翻译市场获得突飞猛进的发展，一大批专业的翻译与本地化公司涌现。进入20世纪90年代，翻译公司也加快了国际化步伐，市场范围由原先的国内市场为主拓展到全球市场，形成了完整的跨国翻译服务供应链。本地化服务的出现更赋予翻译服务新的内涵，使翻译业务走向多元，语言服务的概念开始出现，并逐步得到业界和学术界的认可。尽管如此，语言服务衍生于主体经济行为的特质没有发生根本性改变，行业整体竞争力亟待加强。全球语言服务市场呈现以下发展格局：①市场稳步增长，但地理分布极不均衡。②企业主体是中、小、微型企业，与大型企业的市场竞争力差距明显。③行业高度分散，并购重组活跃。④服务内容和服务模式趋于多样化。

2010年以来，中国翻译协会先后发布《中国语言服务业发展报告2012》《中国翻译服务业分析报告2014》《2016中国语言服务行业发展报告》。2016年，王立非等撰写《中国企业“走出去”语言服务蓝皮书（2016）》。有关研究显示，在深化改革开放，实施“一带一路”倡议，推动企业国际化和文化、学术“走出去”，促进对外交流和话语传播方面，基于翻译的语言服务有着巨大的社会需求，创造了显著的经济价值和社会效益。

改革开放以来，我国翻译市场经历了由封闭到开放、由政府主导向市场引领转变的发展过程。计划经济时期，我国的翻译市场还是一种“以政府部门和企事业单位翻译为主要形式的、直接或间接向国家提供翻译服务的、具有计划性质的封闭型市场。其特点是服务对象的定向性、翻译报酬的固定性以及市场性质的单一性”①。20 世纪 70 年代末期，依附于政府或国有企事业部门，我国出现了第一批翻译公司，如 1978 年成立的江苏省工程技术资料翻译有限公司（现江苏省工程技术翻译院有限公司）和中国对外翻译出版公司等，随后一批私营翻译公司也应需而生。1992 年社会主义市场经济体制正式提出后，一大批完全市场化的翻译公司开始涌现，而全球服务外包的快速增长也带动了中国首批本地化公司的成立，如博彦科技公司、文思创意软件技术有限公司、创思立信科技有限公司等。据统计，我国大陆地区 1980 年注册的翻译公司仅有 16 家，到 1991 年达到 767 家，1992 年猛增至 1 432 家。② 进入 21 世纪后，全球化和信息化继续发展，外包和本地化快速增长，加之中国成功加入世贸组织、举办奥运会等，翻译行业发展进入“快车道”，企业数量也由 2002 年的 8 179 家迅速增长到 2011 年的 37 197 家。③ 2013 年，随着大批中国企业“走出去”，我国翻译市场迎来另一重要转折，汉译外的需求首次超过外译汉需求，这也从侧面说明市场寻求型投资活动正在增多。如今，“一带一路”倡议的提出更给中国翻译市场带来了空前的发展机遇。

（1）翻译服务需求侧特征。2010 年以后，随着经济全球化的发展和“走出去”战略的推进，我国企业对外直接投资、对外工程承包、对外劳务合作和海外资产收购越来越多，规模也越来越大，由此衍生出巨大的语言服务需求。据统计，2016 年我国投资者共对全球 164 个国家和地区的 7961 家境外

---

① 田传茂《我国计划经济时期翻译市场的性质与特点》，《语言与翻译》2014 年第 3 期，第 57 页。

② 中国翻译协会、中国翻译行业发展战略研究院《中国语言服务业发展报告 2012》，2013 年，第 5 页。

③ 中国翻译协会、中国翻译行业发展战略研究院《中国语言服务业发展报告 2012》，2013 年，第 6 页。

企业进行了非金融类投资，累计投资金额 11 299.2 亿元人民币，比上年增长 44.1%[①]，这显然离不开语言服务的支持。

《中国企业“走出去”语言服务蓝皮书（2016）》总结了翻译需求方的基本特征。从地区分布上看，有语言服务需求的企业大多是“外向型”企业，集中在北、上、广等经济发达区域；从行业性质上看，信息与通信技术、工程机械、能源、传媒、医药与医疗器械、建筑、金融、咨询等行业对语言服务的需求较高，但业务需求类型不尽一致；从业务内容上看，笔译、口译、文案 / 技术写作需求量最大，其次是文档排版、网站本地化、语言服务培训、软件本地化、字幕和配音、本地化测试、游戏本地化等；从语种分布上看，中译外和外译中的双向翻译需求总体分布较为均衡，其中中英互译需求最大，且中译英的需求量已逐渐超过英译中的需求；从语种需求上看，除英语外，日语、德语、法语、俄语等都是需求很大的语种。

（2）翻译服务供给侧特征。截至 2015 年底，我国大陆地区工商局注册的翻译及相关企业共有 72 495 家，比 2013 年的 55 975 家增长了近 30%。[②] 这些企业以内资私营企业为主，分布在全国各个省市，但主要集中在北京、上海、广东、江苏、山东等外商投资最密集的地区。中部和西部地区企业数量较少，但中部地区数量呈增长态势，原因是“一带一路”倡议的推进带动了沿线接壤地区翻译市场的发展。另一方面，尽管整体上行业已具相当规模，仅 2015 年产值就约达 2 822 亿元，但行业准入门槛仍旧较低，企业规模偏小，多为小微企业，部分甚至还沿用家庭作坊式运营模式，上市公司或拥有分公司的企业数量极少。另外，国内翻译公司成立年限普遍较短，自然消亡率居高不下。具体到并购重组业务，据统计，截至 2016 年 6 月，受调查的 423 家公司中开展过并购业务的仅有 19 家，占比 4.5%。[③]

另据统计，绝大多数翻译公司都提供传统的口笔译业务，约 40% 的公司能够提供多语信息咨询和语言培训，但提供本地化和技术写作服务的企业

① 余桂兰《〈中国企业“走出去”语言服务蓝皮书〉解读》，《对外经贸实务》2017 年第 4 期，第 75 页。

② 中国翻译协会《2016 中国语言服务行业发展报告》，2016 年。

③ 同上。

较少，这主要是因为本地化和技术写作对技术和工具的要求较高。目前市场化翻译服务特别集中于法律合同、化工能源、机械制造、建筑、矿业等领域，而英语、日语、法语、德语、俄语、西班牙语、朝鲜语、葡萄牙语、阿拉伯语等都是翻译公司常见的服务语种。

至于人员构成，除口、笔译译员外，翻译公司还雇佣审校人员、项目经理、技术写作人员、排版员等。目前，我国翻译公司最急缺高级译审、项目经理、高级翻译等人才，其次是技术写作员、技术经理、文档排版员、多媒体工程师等与本地化业务相关的专业人士。具有多学科背景的跨专业人才、英语和理工科专业毕业生成为翻译公司青睐的对象。[①] 具体到学历结构，研究显示，目前翻译公司职员学历以本科学历为主，研究生次之，同时年龄结构偏年轻化——有相当部分的从业人员工作年限在 5 年以下，因而整个行业的专业服务能力仍待提高。

（3）翻译市场存在的问题。对于我国翻译市场存在的问题，杨蓓曾做出概括：翻译机构数量多但规模大都有限；语种多、服务领域广但业务不精；翻译行业出现衍生业务但普及范围窄；翻译手段不断更新但目前仍以传统手段为主。近年的研究表明，三大弊端制约了我国翻译行业市场竞争力的形成。

首先，翻译市场的市场机制不健全，具体表现为：①供求关系出现结构性失衡，中低端市场供大于求，而高端市场则供不应求。②行业准入门槛低造成很多企业对翻译的重要性认识不足，而低端的译员和翻译公司为了争夺客户资源竞相压价，最终导致恶性价格竞争和服务质量不断下滑。③服务同质化严重，翻译公司普遍缺乏自己的专业特长或品牌优势，这种现象在中低端翻译市场表现尤为明显。

其次，翻译市场缺乏规范和管理，导致无序化发展。黄友义曾将目前翻译服务存在的突出问题归纳为：①缺乏规范的管理和权威的企业资质认证，导致翻译公司鱼龙混杂。②翻译从业人员执业资格认证度普遍不高，业务素质高低不一，服务质量无法得到保障。③翻译服务恶性竞争严重，造成

① 王传英《2011 年企业语言服务人才需求分析及启示》，《中国翻译》2012 年第 1 期，第 67 页。

市场混乱。④缺乏有效的行政监管，行业得不到规范性治理。[①] 仲善平等则从企业的角度，指出我国翻译市场存在着七大问题：即缺乏理性的客户环境，缺乏全国领先的翻译服务提供商，专业性不强，缺乏大批合格的翻译人员，缺乏翻译技术支持，缺乏科学规范的企业管理，缺乏系统的市场营销与售后服务。[②]

最后，翻译公司翻译技术应用和信息化水平普遍较低。在中国翻译协会调查的 423 家企业中，21.4% 的受调查企业表示未曾使用任何翻译技术；在使用翻译技术的企业中，运用最多的是计算机辅助翻译工具和翻译质量保证工具，而最受国际同行企业重视的翻译管理系统、翻译众包平台等应用很少，这显然不利于翻译流程化、规模化和专业化。

四、翻译管理

翻译市场的有序发展和翻译职业化都呼唤更加健全和规范的翻译管理，不仅包括对整个翻译行业和市场的宏观管理，也包括企业层面的微观管理。前者需要政府、行业协会、语言服务企业乃至翻译从业者的共同努力，后者则涵盖企业翻译服务流程的各个方面与有关环节。

彭蓉探讨了宏观意义上的翻译行业管理，从国家翻译标准的出台、以客户为核心的企业专业化翻译管理、翻译人才评估和培养体系的建立、信息技术的发展应用等四个方面梳理了翻译管理在专业化演进之路上取得的成就，强调专业化翻译管理已经成为翻译产业化的核心问题，渗透到翻译服务的各个环节，其设计的“翻译管理高阶课程”特别将翻译管理细化为翻译行业管理、翻译机构管理、翻译项目管理、翻译质量管理、翻译管理技术应用等内容。[③] 管新潮等则重点探讨了微观层面上的翻译实践管理，专门区分了

① 黄友义《推动翻译立法，促进翻译行业的健康发展》，《中国翻译》2011 年第 3 期，第 29–30 页。

② 仲善平、朱宪超《加强行业整合，服务全球化——浅谈商业翻译服务运作中存在的问题与对策》，《中国翻译》2006 年第 1 期，第 67–70 页。

③ 参见彭蓉 2008 年在第十八届世界翻译大会上宣读的论文《新时期专业化翻译管理的发展趋势》，及 2009 年“全国首届翻译硕士教育与翻译产业研讨会”论文《浅谈北大 MTI 核心课程——翻译行业与翻译管理的开设》。

翻译管理和翻译项目管理，提出翻译管理是“一个翻译组织或系统以其所拥有的资源，通过特定的管理流程或工作流程来提供达到具体翻译项目质量要求的翻译服务以及相应的增值服务”，而翻译项目管理则是指“在一个确定的时间范围内，通过特殊形式的临时性组织运行机制来充分利用各种有限资源，以完成既定的翻译目标”①。在企业层面，翻译管理是连续的、全方位的，而翻译项目管理是阶段性的，随着翻译项目的启动而开始、结束而终止。具体而言，翻译管理包含了翻译项目管理、译员与审校人员管理、技术资源管理、客户管理、增值服务管理、翻译风险管理等内容。②王华树等将翻译管理纳入新时代背景下的应用翻译研究体系，指出翻译管理研究包含了对基本要素管理、流程管理、质量管理、人力资源管理和语言资产管理等内容的研究。③方梦之将翻译管理研究视作应用翻译研究框架下的六大子系统之一，指出翻译管理应该包括翻译流程、翻译质量、人力资源、语言资产、翻译标准等方面的内容。④

1. 翻译行业管理

一个行业的健康有序发展离不开政府的支持和监管，也离不开行业协会的有效治理，更离不开企业的自我规范。改革开放以来，我国翻译行业由以少数国有翻译及出版公司为主体，发展到各类翻译公司遍地开花。尽管市场力量日益成为主导，但不能忽视政府主管部门和行业协会的关键作用。

（1）优化顶层设计。政府主管部门推动行业发展的顶层设计是运用系统论的方法，从全局的高度，为实现特定政策目标而统筹规划发展路径，集中使用优势资源。造成我国翻译行业乱象的原因恰恰在于顶层设计缺乏，表现为行业隶属不明、翻译立法缺失、“外部性”建设薄弱。

我国最新的《国民经济行业分类》（GB/T 4754—2017）共包含 20 个门

---

① 管新潮、熊秋平《翻译管理——应对语言服务行业的策略与技术》，《工业工程与管理》2015 年 2 期，第 142 页。

② 管新潮、熊秋平《翻译管理流程的界定与优化》，《工业工程与管理》2012 年第 2 期，第 98 页。

③ 王华树、冷冰冰、崔启亮《信息化时代应用翻译研究体系的再研究》，《上海翻译》2013 年第 1 期，第 10 页。

④ 方梦之《应用（文体）翻译学的内部体系》，《上海翻译》2014 年第 2 期，第 1–6 页。

类、97 个大类、473 个中类、1 380 个小类[①]，但都未将翻译或语言服务列入其中，翻译行业的地位未能得到确认。在实际操作中，翻译活动分散在不同行业，由翻译衍生出的其他语言服务更加剧了行业的复杂性，致使翻译行业始终缺少统一的行政主管部门，无法有力推动翻译立法等顶层设计。另外，翻译行业又因存在管理交叉而出现行政监管盲区，企业在面临具体困难时无法及时得到政策支持和权益保障。翻译行业管理顶层设计的完善与优化是提升我国翻译行业管理水平的关键举措。

西方发达国家对国家语言能力、语言安全和语言规划十分重视，出台了一系列重大语言政策和措施、翻译行业标准及法律法规。相比之下，我国尚未制定翻译法，已有的标准与规范也存在着权威性不足，指导力不强，内容不全面，无法适应行业的快速发展变化等问题。由于翻译行业规模尚小、行政主管部门缺位、社会对翻译重要性认识不足等问题，翻译立法不会一蹴而就。目前推动翻译立法可以先从法律翻译、法庭口译、医疗翻译等关乎民众生命财产安全的领域逐步推进，最终的目标是建立完善的翻译行业法律法规体系。

在“互联网 +”时代，自然语言处理、大数据挖掘、云计算、移动和社交平台的有效整合为公共部门的“外部性”（externalities）建设创造了极为有利的条件。语言服务基础设施直接服务于企业国际化和文化、学术类著作的译者，且使用成本近乎为零，是公共部门营造“外部性”的最佳节点。[②]语言服务基础设施近年在经济发展水平较高、语言多元化特征显著的欧洲、北美得到了较为广泛的应用，但在我国因政府部门重视程度不够、经费投入不足，还处于起步阶段。语言服务基础设施的建设、维护、升级成本高，投资期长，数据内容庞杂且专业，对数据获取能力和处理能力的要求极高，目前只能由政府部门主导建设。[③]

（2）强化协会治理。我国共有各级翻译协会 70 余家，但绝大多数对翻

① 参见：http://www.stats.gov.cn/tjsj/sjjd/201709/t20170929_1539276.html，检索日期：2018-3-26。

② 王传英、崔启亮、朱恬恬《“一带一路”走出去的国家语言服务基础设施建设构想》，《中国翻译》2017 年第 6 期，第 62 页。

③ 王传英、崔启亮、朱恬恬《“一带一路”走出去的国家语言服务基础设施建设构想》，《中国翻译》2017 年第 6 期，第 62-67 页。

译行业发展的推进能力有限，影响力较大的只有中国翻译协会。[①] 近年来，中国翻译协会工作范围从原来的学术领域不断向行业领域拓展和延伸，通过召开行业大会，开展市场调研，组织考试和培训，制定标准与规范等彰显其对翻译市场发展的专业引领与服务功能。中国翻译协会积极倡导并协助有关部门组织实施了“全国翻译专业资格（水平）考试”，同时还自行组织了“语言服务能力培训与评估”（LSCAT）认证项目，近年又先后出台包括《本地化业务基本术语》在内的七个语言服务规范，“全国翻译专业学位研究生教育兼职教师认证”和“全国翻译专业学位研究生教育实习基地认证”两个认证规范，以及《翻译服务规范 第一部分 笔译》等三个国家标准，但这些规范与标准“只是指导性的参照标准，而不是强制性的行政管理标准，不具有像《会计法》对于会计行业、《计量法》对于质检行业、《建筑法》对于建筑行业等的规范约束力，无法承担规范翻译行业、规范翻译企业经营行为的使命”[②]。中国翻译协会拥有丰富的行业资源和管理经验，了解本行业发展特点和“走出去”企业的实际需求，洞悉国家对外发展战略和语言服务人才培养要点。中国翻译协会各专业委员会与对接的各领域优质语言服务企业建立了紧密联系，在建章立制、制定语言服务标准与业务规范方面拥有独特优势，而中国翻译研究院等专业研究机构的设立，使中国翻译协会得以更好地把握市场需求和行业发展动态。在未来的翻译行业治理中，中国翻译协会理应发挥主导作用。

（3）加强企业自我规范。我国翻译行业进入门槛低，翻译公司以中小企业为主，且多处于初创阶段，普遍存在企业管理不规范、低价同质竞争、国际化资源不足、专业译员及技术匮乏等问题，制约了翻译行业的发展。翻译公司必须加强自我规范，共同维护良好的市场秩序。

目前我国的翻译公司资质各异。中国翻译协会的调查显示，截至 2016 年 6 月，在受调查的 423 家企业中，仅有 70 家获得翻译标准资质认证，不

① 穆雷、韩莹《专业协会在语言服务业专业化过程中的角色——中国和加拿大相关协会职能的对比研究》，《中国翻译》2014 年第 6 期，第 63-68 页。

② 黄友义《推动翻译立法，促进翻译行业的健康发展》，《中国翻译》2011 年第 3 期，第 30 页。

少企业对资质认证的重要性认识不足，或者根本不愿投入时间和金钱去认证。[①] 为了切实提升行业竞争力，除行业协会应加强规范与管理、制定行业准入规则外，更需要企业以长远的眼光去努力提升品牌价值，完善业务流程管理，严格控制服务质量，组织内部学习与培训，扩大与同行企业的交流。必要时，可选择通过资产并购重组来整合不同企业的优势资源，尽快获得竞争优势，实现跨越式增长。

（4）市场治理和行政治理相结合。行业存在的问题大多可通过行政力量或市场力量解决。司显柱等提出，我国现在的翻译市场是建立在语言服务供需双方信息不对称基础上的“柠檬市场”（the market for lemons），信息不对称产生不利于市场资源配置的“逆向选择”，使劣质服务驱逐优质服务，最终将导致整个翻译市场的萎缩和弱化。具体而言，在治理“柠檬市场”方面，一般侧重于以政府为主体的行政治理，主要途径是政府加强监管性质量检测和建立产品责任制。然而，翻译服务难以全部通过政府部门监管把控质量，政府应逐步加强行业协会的主导作用，让行业协会走向前台，规范、引领翻译行业的发展，政府则通过设计和完善行业协会的评价机制，包括建立行业协会信用评级、信息保密和失信惩戒机制等，加强对行业协会的监管，同时加大扶持力度，通过财政和金融政策加快翻译行业产业化。司显柱等认为，翻译市场应以市场治理为主、行政治理为辅，通过有效的信息披露机制、声誉机制和质保机制来抑制信息不对称，同时避免过度行政干预带来的行政成本增加。[②]

2. 翻译实践管理

随着全球化和信息化的发展，翻译服务的工作主体、目标客户、工作内容和工作方式已经发生根本性变化。翻译服务从传统的个人或小作坊生产模式转变为规模化、流程化、全球协作化的公司运营模式，跨国公司成为需求主体，本地化服务成为新的业务增长点，这就催生了翻译实践管理的变革。各类翻译技术和管理系统的应用、语言服务标准的出台、翻译管理理论框架

---

① 中国翻译协会《2016 中国语言服务行业发展报告》，2016 年。

② 司显柱、郭小洁《试析中国翻译服务市场现状：基于柠檬市场理论》，《中国翻译》2016 年第 5 期，第 65–69 页。

的确立又进一步推动翻译管理向纵深发展。[①] 企业全方位、可持续的翻译管理涵盖的内容很多，最突出的就是翻译项目管理，包含时间管理、成本管理、质量管理、人力资源管理、沟通管理、风险管理、采购管理、范围管理、集成管理等九大要素，可视为企业翻译管理的缩影。另一方面，如今的翻译管理早已离不开翻译技术的支持，正如吴玲兰所指出的那样，翻译“是技术与管理的联姻”[②]。

（1）翻译项目管理。翻译项目管理是以项目经理为管理主体，综合运用项目团队的知识、技能、工具和技术，保质保量地完成翻译任务，并将成本控制在预算范围内，其根本任务是提高翻译公司的竞争力和市场价值。翻译项目管理通常包含项目启动、项目计划、项目执行、项目监督与控制、项目收尾等 5 大步骤。[③]

国内最早系统介绍翻译项目管理的著作是王华伟等的《翻译项目管理实务》。该书基于美国项目管理协会（PMI）发布的项目管理知识体系，从翻译项目的过程管理和要素管理两方面入手，构建起翻译项目管理的理论框架，并在此基础上定义了翻译项目启动、计划、实施、收尾阶段的主要管理内容。随后，吕乐等的《翻译项目管理》，崔启亮等的《翻译项目管理》，以及崔启亮的《本地化项目管理》也相继问世，为翻译公司项目管理实践提供了有力指导。但我国翻译行业市场化起步较晚，很多企业没有独立的项目管理部门，更缺乏高水平的翻译项目经理，常由于管理不善致使“项目进度严重滞后，出现质量偏差、成本失控等问题”[④]。

质量管理、时间控制和成本管理是翻译项目管理的三大核心内容，也是决定翻译项目成败的关键因素。如果一个翻译本地化管理项目“能够按照原定进度、不超过预算且达到质量要求而顺利交付，即可认为项目管理

---

① 管新潮、熊秋平《翻译管理——应对语言服务行业的策略与技术》，《工业工程与管理》2015 年第 2 期，第 138 页。

② 吴玲兰《翻译的语言服务转向》，《外语与翻译》2017 年第 2 期，第 15 页。

③ PMI.*A Guide to the Project Management Body of Knowledge*. Project Management Institute, Inc., 2008, p. 6.

④ 王华树《MTI“翻译项目管理”课程构建》，《中国翻译》2014 年第 4 期，第 55 页。

取得了成功”[①]。在上述三大核心内容中，翻译质量由于难以量化而成为学界和业界关注的焦点。实际上，质量管理的结果取决于项目资源、项目过程质量追踪和译员动态评估机制、项目团队与客户的沟通能力，以及交付前质量测试的水准等因素。为此，崔启亮在本地化服务的语境下，构建了本地化项目分层质量管理模式，从组织层、语言资产层和实施层入手控制项目质量。[②]文艺等则提出翻译质量不仅与项目经理、审校或质控、翻译、桌面排版、技术支持、知识管理等内圈工作人员相关，也与市场营销和客户等外圈人员关系密切，内、外圈人员都应发挥主观能动性以实现“零缺陷”。[③]由此可见，翻译质量管理不仅涉及翻译过程中的多个主体，还贯穿于翻译服务的整个流程。

翻译项目管理的流程按时间序列可分为译前准备、项目跟踪、译后审订、项目提交、项目总结等五个阶段。[④]合理而完善的流程设计有利于实现翻译质量的最优化和经营风险的最小化，但我国翻译公司在流程设置方面还不完备，普遍轻视译后审订和语言资产的动态建设，翻译流程各环节间的信息互动和反馈也存在不足。

（2）翻译管理技术应用。现代化的翻译管理需要多个业务部门通力协作，多项任务并进展开。翻译管理技术借助自动化流程替代重复性人工操作，为语言处理、业务评估、流程控制、项目监督、人员管理、沟通管理提供技术支撑，最大限度地提升翻译效率和质量。目前翻译管理技术主要包括翻译管理系统（TMS）、内容管理系统（CMS）、全球管理系统（GMS）、翻译文档管理技术、语言资产管理技术等，其中翻译管理系统将“企业职能部门、项目任务、工作流程和语言技术整合于一体，以便支持大规模的翻译活动，

---

① Esselink, B. *A Practical Guide to Localization*. John Benjamins Publishing Company, 2000, p. 429.

② 崔启亮《本地化项目的分层质量管理》，《中国翻译》2013 年第 2 期，第 80–83 页。

③ 文艺、朱宪超《翻译质量的探讨——相关方、企业解决思路和行业趋势》，《中国翻译》2014 年第 2 期，第 85 页。

④ 王传英、闫栗丽、张颖丽《翻译项目管理与职业译员训练》，《中国翻译》2011 年第 1 期，第 55–59 页。

并可有效协调企业组织内外部以及企业组织之间各方参与者的工作”[①]。国内外不少大型语言服务企业都根据自身的需求购买或研发独立的翻译管理系统。这些翻译管理系统的架构、功能、响应速度、可靠性、兼容性、语言支持能力等都有所不同，企业采购时需结合实际需求和购买能力综合权衡。未来结合云计算技术的翻译管理系统、内容管理系统、全球管理系统等将会取得新的技术突破，为翻译管理实践提供更多的技术便利。

改革开放后，我国的翻译市场在国家政策和经济健康发展等多重利好的有力推动下，成为全球语言服务市场新的“增长极”。尽管当前翻译市场及翻译管理依旧面临诸多问题，但得益于中国经济硬实力和文化软实力持续上升的态势，以翻译为核心的语言服务业将进一步巩固其基础性、先导性和战略性地位。同时也应看到，随着商业模式和翻译技术的“颠覆性”创新型发展，尤其是大数据挖掘技术和人工智能技术不断取得重大突破，全球语言服务业正在孕育着极其深刻的变革，我国语言服务业将面临史无前例的挑战。当前我国的翻译市场与翻译管理研究还处于起步阶段，缺乏客观翔实的数据支持，尤其缺乏多样化研究视角和分析工具，理论阐释力也明显不足。为了顺应语言服务的快速发展变化，今后翻译市场和翻译管理研究的对象将进一步细化，大纵深、跨学科研究有望成为主导力量，政、产、学、研将深度融合，以提供更为强大的科研智力支撑和更优的科技成果转化环境。

就翻译职业而言，纵观全球翻译市场的发展格局，我国翻译职业的未来走势可以概括为五个“不可替代”：①服务于中国“走出去”的行业发展目标不可替代。②由翻译立法、职业团体、职业教育、执业资格认证共同打造的翻译职业发展环境不可替代。③语言服务企业以市场价值为导向的商业运作模式和高度专业化的语言服务内容不可替代。④旨在培养高端、复合型语言服务人才的差异化人才培养路径不可替代。⑤各类创新性翻译技术和知识服务的支撑作用不可替代。在新的历史时期，中国的翻译职业发展任重而道远。

---

① Sargent, B. & D. Depalma. *Translation Management Takes Flight: Early Adopters Demonstrate Promise of TMS*. Common Sense Advisory, 2009.

第十一章
翻译学术出版

作为与人类文明的进步事业相伴而行的新闻出版，肩负着传承人类文明以及传播科学知识的重大使命。它是记录历史、保留档案、传承文化、积聚知识、普及科学、资政育人的重要载体。学术出版是专业出版中一个十分重要的分支，现在愈来愈受到人们的关注与重视。这是因为，作为出版业中一种独特的出版类别，学术出版不仅事关“出版”问题，而且更加关涉“学术”问题，它所要体现的是一个民族、一个国家的精神高度和思想深度。

改革开放40年，学术出版大放异彩。在翻译研究领域，随着翻译学学科的建设与发展，翻译学术出版空前繁荣。本章重点梳理改革开放以来的翻译学术出版业绩，目的有二：一是通过展示改革开放40年来中国翻译学术出版成果，让我们能够更加清晰地领略翻译学学科发展的脉络；二是翻译学术出版是以出版促翻译研究的重要动力与方式。翻译学术的创新与进步离不开出版业的大力支持，更得益于一批具有学术眼光的出版人。

第一节　翻译学术出版概述

改革开放以来，中国的学术出版机构，牢记出版事业的使命，热情高涨，极大地促进了学术出版的发展。尤其是党的十七届六中全会和党的十八大从文化产业发展的国家战略高度，专门提出要推动社会主义文化大发展大繁荣，建设社会主义文化强国，这为作为文化产业核心组成部分的出版业指明了发展方向，学术出版更是以前所未有的速度阔步前行。学术出版机构，主要包括出版学术图书的出版社、出版学术期刊论文的期刊社等，它们是学术出版物的主要生产加工机构。提及学术出版，在国际上常常指的是那些代表学术研究前沿的期刊论文、专著和学位论文。基于此，本章首先通过考察中国创办的专业翻译学术期刊和外语类专业期刊所开设的翻译研究栏目，并检索中国学术期刊网络出版总库、中国优秀硕士学位论文全文数据库、中国博士学位论文网络出版总库，再通过梳理部分出版社推出的翻译研究丛书和学术专著等，勾画改革开放以来中国翻译学术出版的面貌。

改革开放以前，中国的翻译学术出版业发展缓慢，出版翻译学术论文的期刊较少，就我们掌握的材料看，发文的数量很少，尚不足 300 篇。[①] 改革开放以后，翻译学术出版事业发展增快，诞生了《中国翻译》（前身为《翻译通讯》）、《上海翻译》（前身为《上海科技翻译》）、《中国科技翻译》、《语言与翻译》、《民族翻译》、《外语与翻译》、《东方翻译》、《翻译论坛》、《翻译界》、《翻译史研究》、《翻译研究与教学》、《翻译教学与研究》、《翻译论坛》等专业翻译学术期刊，同时《外语教学与研究》、《外国语》、《外语教学》、《中国比较文学》、《外语学刊》、《中国外语》、《外语研究》、《当代外语研究》、《外语与外语教学》、《外语界》、《外国语文》（前身为《四川外语学院学报》）、《外文研究》、《外语教学理论与实践》（前身为《国外外语教学》）、《外国语言文学》（前身为《福建外语》）、《山东外语教学》、《解放军外国语学院学报》等外语类专业期刊也大多开设了翻译研究栏目，发表翻译研究学术论文。另外，承载高等教育人才培养任务的高校，往往都办了具有促进学术交流功能的学报，这些学报以及一些非翻译专业学术期刊和非外语研究方面的学术期刊也发表翻译研究学术论文，推动翻译学术研究的发展和翻译学学科的建设。

总的来说，上述学术期刊在改革开放以后，出版了近 14 万篇有关翻译研究的学术论文。[②] 其中，专业翻译学术期刊出版了近 15 000 篇有关翻译研

① 数据来源为中国学术期刊网络出版总库，检索时段为 1949 年至 1977 年。
② 数据来源为中国学术期刊网络出版总库，检索时段为 1978 年至 2018 年。

究的学术论文[①]，外语类专业期刊出版的翻译学术论文是专业翻译学术期刊的二分之一[②]，两者共出版了 2 万余篇。非外语研究方面的专业学术期刊和高校学报虽然不是从事外国语言文学学术交流的专门期刊，但是它们承载着繁荣国家人文社会科学、促进文化交流的使命和任务，也持续发表翻译研究论文。每一种期刊出版的翻译学术文章虽然不多，但是它们毕竟面广量大，总量远远超过了专业翻译学术期刊和外语类专业期刊的数量，这类期刊改革开放以来发表的有关翻译研究方面的论文达 11 万余篇。[③]

学术出版是出版业永远绕不开的主题。除了学术期刊，另外一个承担学术出版重任的就是出版社。在出版行业，出版社有专业出版社和大学出版社之分。专业出版社，顾名思义，往往定位于出版具有较强学术性和专业性的图书。在外语界，外语教学与研究出版社和上海外语教育出版社是两家影响最大的外语专业出版社。它们义不容辞的职责之一就是服务于外国语言文学学科建设，出版能够提升学术水平的著作。而大学出版社则因传播学术之需要而产生，且以繁荣学术为目标，构成了出版界一支比较特殊的力量。美国出版协会（Association of American Publishers）曾经把大学出版社界定为大学的学术出版臂膀，或者说是具有学术功能的机构，它的目标就是推进学术传播、促进教育发展。目前，我国有 500 余家出版社，大学出版社约占其中的五分之一，有 107 家。这几百家出版社，为中国的翻译学术出版事业做出了重要贡献，几乎每家出版社都或多或少地出版过翻译研究方面的学术专著或教材。改革开放以后，出版社更显生机勃勃，出版的翻译学术专著更是数以千计，尤其是新千年之后，发展势头更为迅猛。[④]其中有多家出版社，既有专业出版社，也有大学出版社，更是富有远见卓识，组织规划出版了一批很有学术分量的翻译研究丛书，滋养翻译学人，培育学术后生，推动翻译研究，促进学科发展。有关丛书信息见下表。[⑤]

---

① 数据来源为中国学术期刊网络出版总库，检索时段为 1978 年至 2018 年。

② 同上。

③ 同上。

④ 冯全功《国内翻译研究丛书：出版现状与未来展望》，《东方翻译》2017 年第 3 期，第 17–23 页。

⑤ 同上。

表 11-1 改革开放以来国内翻译类丛书出版信息

序号	丛书名称	出版社	出版信息
1	译论书丛	江西教育出版社	1990 年开始，已出版 3 种
2	中华翻译研究丛书	湖北教育出版社	1994 年开始，已出版 29 种
3	翻译理论与实务丛书	中国对外翻译出版公司	1998 年开始，已出版 61 种
4	外国翻译理论研究丛书	湖北教育出版社	2000 年开始，已出版 4 种
5	国外翻译研究丛书	上海外语教育出版社	2001 年开始，已出版 43 种
6	巴别塔文丛	湖北教育出版社	2001 年开始，已出版 12 种
7	翻译与跨学科学术研究丛书	清华大学出版社	2004 年开始，已出版 13 种
8	外教社翻译研究丛书	上海外语教育出版社	2005 年开始，已出版 22 种
9	译学新论丛书	上海译文出版社	2005 年开始，已出版 33 种
10	刘宓庆翻译论著全集	中国对外翻译出版公司	2005 年开始，已出版 11 种
11	外研社翻译研究文库	外语教学与研究出版社	2006 年开始，已出版 28 种
12	翻译资料与翻译研究丛书	北京航空航天大学出版社	2006 年开始，已出版 6 种
13	翻译研究新探索丛书	国防工业出版社	2008 年开始，已出版 13 种

续表

序号	丛书名称	出 版 社	出版信息
14	外教社博学文库（翻译类）	上海外语教育出版社	2009 年开始，已出版 15 种
15	外研社翻译教学与研究丛书	外语教学与研究出版社	2010 年开始，已出版 5 种
16	民族典籍翻译研究丛书	民族出版社	2010 年开始，已出版 3 种
17	语料库翻译学文库	上海交通大学出版社	2011 年开始，已出版 6 种
18	应用翻译理论与教学文库	国防工业出版社	2011 年开始，已出版 16 种
19	中译翻译文库	中国对外翻译出版公司	2011 年开始，已出版 30 种
20	“通天塔”丛书	湖南人民出版社	2012 年开始，已出版 5 种
21	中国当代翻译研究文库	复旦大学出版社	2014 年开始，已出版 8 种
22	中国文化走出去：理论与实践丛书	南开大学出版社	2014 年开始，已出版 2 种
23	译家之言	外语教学与研究出版社	2014 年开始，已出版 11 种
24	翻译理论与文学译介研究文丛	南京大学出版社	2015 年开始，已出版 5 种
25	翻译前沿研究系列丛书	中山大学出版社	2016 年开始，已出版 2 种
26	中华民族典籍翻译研究	大连海事大学出版社	2016 年开始，已出版 5 种

以上是改革开放以来中国的翻译学术出版的大致概况。我们可以清楚地看到40年来中国学术出版界所做出的努力，近14万篇的发文数量和数以千计的专著出版，翻译学术出版可谓成绩喜人。

第二节　翻译学术出版的成绩

一、翻译学术出版的成绩简况

改革开放以来，中国的翻译学术出版取得了较大成绩。仔细分析这些出版成绩，可以看到中国翻译研究的发展脉络。借助对中国知网的检索，如果把改革开放以来的40年以每十年为一个时段来考察中国翻译学术出版的话，出版的脉络路径、研究重点和历史性突破可以得到清晰的廓示。

改革开放以前，我国的翻译研究进展缓慢，翻译学术未得到重视。1978年的改革开放政策让中国的出版业迎来了春天，翻译学术研究与出版也从此焕发了无限生机。

如前文所述，从1949年至1978年，发表的严格意义上的翻译研究学术论文不足300篇。改革开放以来，随着翻译事业的不断发展，翻译研究得到了重视，催生了学界的翻译学学科意识。

1. 改革开放后的第一个十年（1978—1988）

发表的翻译研究论文数量已跃升至近5 000篇[①]，平均每年近500篇。

2. 改革开放后的第二个十年（1989—1998）

翻译学学科意识从萌动走向加强，翻译研究的受重视程度愈来愈高，发文数量继续直线上升，达10 000余篇[②]，是首个十年的两倍还多。在这个时期，除少量的学术专著出版外，出版界还开始组织策划出版翻译类丛书。江西教育出版社、湖北教育出版社和中国对外翻译出版公司三个专业出版社分别于1990年、1994年和1998年推出了《译论书丛》《中华翻译研究丛书》和《翻

① 数据来源为中国学术期刊网络出版总库，检索时段为1978年至1988年。
② 数据来源为中国学术期刊网络出版总库，检索时段为1989年至1998年。

译理论与实务丛书》三套翻译研究丛书。

3. 改革开放后的第三个十年（1999—2008）

翻译学学科地位得到确立，国家批准了翻译作为人才培养的一个独立专业，被纳入人才培养体系，开始招收本科专业学生和研究生。这个时期，翻译研究与出版从业者受到了莫大的激励，翻译界释放了无限的研究热情，出版论文的数量可以用“飙升”二字来形容，达到了近 40 000 篇[①]，是第二个十年的将近 4 倍，是第一个十年的近 8 倍。由于这个时期的翻译学学科意识更加浓厚，翻译学术出版界更加注重翻译研究丛书的组织策划。专业出版社依然是率先示范，湖北教育出版社继 1994 年推出了《中华翻译研究丛书》之后，又分别于 2000 年和 2001 年开始出版《外国翻译理论研究丛书》和《巴别塔文丛》两套翻译研究丛书。中国对外翻译出版公司继 1998 年推出了《翻译理论与实务丛书》之后，又于 2005 年开始出版《刘宓庆翻译论著全集》。上海外语教育出版社分别于 2001 年和 2005 年开始出版《国外翻译研究丛书》和《外教社翻译研究丛书》两套翻译研究丛书。上海译文出版社 2005 年开始推出了《译学新论丛书》。外语教学与研究出版社 2006 年开始推出了《外研社翻译研究文库》。国防工业出版社 2008 年开始出版《翻译研究新探索丛书》。大学出版社在这个时期也开始组织策划翻译研究丛书的出版，在全国一百多家高校出版社中，清华大学出版社和北京航空航天大学出版社率先行动，分别于 2004 年和 2006 年推出了《翻译与跨学科学术研究丛书》和《翻译资料与翻译研究丛书》。在这第三个十年阶段，共有 10 套翻译研究丛书规划出版。

4. 改革开放后的第四个十年（2009—2018）

翻译研究论文出版的数量是第三个十年的两倍还多，达到了 84 000 余篇。[②] 更多的出版社开始策划出版翻译研究丛书，共有 12 家出版社策划出版了 13 套丛书。其中，中国对外翻译出版公司作为专业的翻译出版社，在第二个十年时期就开始以丛书形式出版系列翻译研究学术著作，第三和第四个十年时期都出版了翻译类丛书，2011 年开始出版《中译翻译文库》。上海外

---

① 数据来源为中国学术期刊网络出版总库，检索时段为 1999 年至 2008 年。

② 数据来源为中国学术期刊网络出版总库，检索时段为 2009 年至 2018 年。

语教育出版社和外语教学与研究出版社两大外语专业出版社在改革开放后的第三个十年时期，都组织策划出版了翻译研究丛书，其中上海外语教育出版社出版了两套，外语教学与研究出版社出版了一套。在这个时期，两大出版社又义不容辞，前者于2009年开始出版《外教社博学文库》（翻译类）丛书，后者于2010年和2014年分别出版《外研社翻译教学与研究丛书》和《译家之言》丛书。国防工业出版社继2008年推出了《翻译研究新探索丛书》之后，再度于2011年策划出版《应用翻译理论与教学文库》。其他的专业出版社，如民族出版社结合自身的专业特点，从2010年开始，组织出版了《民族典籍翻译研究丛书》；湖南人民出版社从2012年开始，组织出版了《“通天塔”丛书》。在改革开放后的第四个十年时期，上海交通大学出版社、复旦大学出版社、南开大学出版社、南京大学出版社、中山大学出版社、大连海事大学出版社等6家大学出版社参与进来，组织策划了《语料库翻译学文库》《中国当代翻译研究文库》《中国文化走出去：理论与实践丛书》《翻译理论与文学译介研究文丛》《翻译前沿研究系列丛书》和《中华民族典籍翻译研究》等6套丛书的出版，相比上个十年时期只有清华大学出版社和北京航空航天大学出版社两家大学出版社组织策划系列翻译学术著作的出版，规模更大，成果更丰，充分显现出高等学校出版社这支生力军的力量。

以上是自改革开放以来学术期刊翻译研究论文出版和出版社翻译研究著作出版的主要成就。就学位论文的出版情况看，中国优秀硕士学位论文全文数据库收录了近40 000篇翻译研究硕士论文①，中国博士学位论文网络出版总库收录了近1 500篇翻译研究博士学位论文②。综观改革开放以来40年的学术期刊、中国优秀硕士学位论文全文数据库、中国博士学位论文网络出版总库的翻译研究论文出版及出版社翻译研究学术著作出版状况，可谓成绩喜人，翻译学术出版呈现出明显的特点：从零散走向系统，从感性走向理性，从稚嫩走向成熟，从经验走向科学。

① 数据来源为中国优秀硕士学位论文全文数据库。

② 数据来源为中国博士学位论文网络出版总库。

二、翻译学术出版的重点

1. 改革开放后第一个十年的出版重点

国家实行改革开放政策后的第一个十年，翻译学术出版的重点主要在于对翻译的原则、标准、目标、技巧、艺术、风格、思维、批评方法、可译性等的探讨，涉及对直译、意译、逐字译的讨论和对具体课程翻译教学（如外贸英语函电翻译教学）、翻译教学内外关系的体会，还有对翻译症、翻译等值、翻译与文学素养、机器翻译的初步研究，也还有对外国翻译理论的引入介绍。这一时期翻译出版很明显的一个特征就是经验式的，出版的文章标题多用断想、感想、初探、刍议、浅谈、漫谈、谈谈、纵横谈、笔谈、杂谈、点滴、管窥、管见、散论、杂记、随笔、史话、漫话、简论、概要、拾零、浅议等字眼。对于翻译的标准、翻译批评的方法及具有民族文化特色的词汇、诗词等是否可译问题争执不下。如同郭著章在1987年撰文所指出的那样，在这一时期，我国尚无系统的翻译理论著作和一部完整的翻译史，但翻译文论的梳理取得了重要进展，出版了具有代表性的翻译论集。学界各执一说、长期争论不休的情况，不仅出现在围绕翻译标准和翻译批评方法这些重大问题的讨论上，而且还出现在可译性等涉及理论与实践两个方面的问题的探讨中。① 总的来说，这头十年，各项事业都在复苏中，翻译学术出版也才刚刚起步。这一阶段属于认识性的、探究摸索阶段，进行的多是规定性的、非描写性的研究。然而难能可贵的是，翻译学术界已经初步有了建立翻译学的学科意识，具有学科建设里程碑意义的全国第一次翻译理论研讨会于1987年7月25日至31日在青岛召开，中国是否要建立翻译学的问题已经进入翻译学界的讨论范畴，有的学者撰文探讨了翻译和翻译学的问题。在青岛会议召开的前后，南京师范大学外国语学院教师黄龙的书稿《翻译学》正在由江苏教育出版社编辑排版，1988年3月正式出版面世。出版社在“出版者的话”中指出：“这是我国首部翻译学论著，它的出版将填补翻译学研究方面的一项空白。”②《翻译学》这部著作“对翻译理论和实践进行了系统的、深入的研究。从理论上

① 郭著章《中国译学状况回顾与反思》，《武汉大学学报（社会科学版）》1987年第3期，第89–92页。

② 黄龙《翻译学》，南京：江苏教育出版社，1988年，第2页。

阐述了如何正确处理翻译理论与翻译实践之关系，阐明了带有普遍适用性的翻译标准和语言可译性的界限，提出了翻译的唯物辩证观、知行统一观、三位一体观、体貌相称观、寓美于微观、信息时代观和智能科学观之新说。无疑，这对于繁荣翻译理论的学术研究，指导翻译教学和实践活动都会有较大的启迪”①。

2. 改革开放后第二个十年的出版重点

改革开放头十年的翻译学术出版与改革开放前大半个世纪的翻译研究出版重点相较而言，在著作出版方面，黄龙的《翻译学》独树一帜，具有标志性。而在期刊论文出版上，主要是研究人员的群体不断壮大，研究的规模不断发展，范围也不断拓展，数量明显增多。就研究的聚焦来说，则变化不大，均多属于研究者的心得体会，感悟多，理性深入研究少。所以，整体的出版情况不成体系。而在改革开放后第二个十年，翻译学术出版虽然系统性也不强，出版的研究论文和著作尽管成熟性还有所欠缺，但是对比上个十年，已经有了很大的改观，迈出了很大一步。首先是三家出版社高瞻远瞩，组织策划了翻译研究丛书的出版。其中，江西教育出版社于 1990 年策划了《译论书丛》。1994 年，湖北教育出版社策划了《中华翻译研究丛书》，被列入湖北省“九五”“十五”重点图书及国家“十五”重点图书。在丛书“编辑的话”中，唐瑾阐明了该丛书的主要目的是请专家学者从多方面探讨、记述中国翻译的渊源与发展、成就与不足以及翻译对中国文化事业的影响和贡献，促进中国翻译事业的新发展。这套丛书的选题涵盖了翻译理论、翻译批评、翻译史、翻译美学、歌剧翻译、翻译家研究等重要方面。这套丛书具有相当的开创性，出版的著作在翻译领域都具有很强的开拓意义。② 其中，部分著作获得了国家级图书奖，折射出这套丛书的出版质量之高。

江西教育出版社在改革开放后第二个十年期间，率先策划与出版翻译研究丛书，体现出独到的眼光与开拓精神，遗憾的是只出版了三部名家的著作。中国对外翻译出版公司作为专业的翻译出版社迎头赶上，1998 年开

① 黄龙《翻译学》，南京：江苏教育出版社，1988 年，第 2 页。
② 冯全功《国内翻译研究丛书：出版现状与未来展望》，《东方翻译》2017 年第 3 期，第 17–23 页。

始策划了《翻译理论与实务丛书》的出版，丛书被纳入“十五”国家重点图书，先后出版61部，是当前国内出版的规模最大的一套翻译研究丛书。这套《翻译理论与实务丛书》，顾名思义，选题既包括翻译理论研究，又包括翻译实务研究；既有文学翻译研究，又有非文学翻译研究；既有笔译研究，又有口译研究；既有学术研究，又有教学研究；既有翻译家研究，又有翻译史研究；既有人工翻译研究，又有机器翻译研究；既有翻译方法探索，又有翻译批评研究；既有理论抽象建构，又有具体问题对策研究，全面丰富，是其一大特色。

在学术出版方面，这个时期翻译学术出版对翻译的原则、标准、目标、技巧、艺术、风格、思维、批评方法、可译性等涉及翻译具体问题的探讨明显减少，对翻译理论的研究、翻译本质的认识、翻译学的讨论大幅增加。学界出版了一系列西方翻译理论（苏联、英国、法国、美国等国家的翻译理论）研究的论文，讨论了卡特福德、纽马克、奈达等翻译理论家的翻译观点，就交际翻译、语义翻译、释意理论、等值翻译发表了看法。出版成果对翻译教学、翻译史、翻译文化史、中西翻译理论对比、中国传统翻译理论、科技翻译、机器翻译、企业翻译学、系统功能翻译学、科学翻译学、话语翻译学都有探究，对其他学科对翻译学的观照也有较深入的研究，比如翻译哲学、翻译美学、翻译传播学等。这个时期的翻译出版重点之一，就是对西方翻译理论的介绍与引进，尤其是对语言学途径的翻译理论引进较多，形成热潮。

3. 改革开放后第三个十年的出版重点

1999年至2008年是改革开放后的第三个十年，这个时段，翻译学术出版飞速发展，学术期刊发表的翻译研究论文中虽然也有翻译技巧一类话题的出现，但是明显减少。虽有对西方翻译理论流派、翻译史、翻译价值、翻译哲学、翻译思维学、翻译研究的哲学诠释学、翻译心理学、翻译批评、翻译质量评估、应用翻译研究、机器翻译研究、翻译本体、翻译本质的形而上反思、翻译教学体系构建、翻译能力培养、翻译专业建设思考的聚焦，但翻译学术出版的重心则由翻译的内部研究走向翻译的外部研究。西方翻译界在20世纪发生了翻译研究的文化转向，翻译活动所处的文化语境进入了翻译研究的视野，翻译主体（性）得到重视。德国功能主义翻译研究也异军突起，文本的功能和翻译目的受到关注。所以，这个时期对翻译的主体、主体性、主体间性、翻译的意识形态、翻译的诗学、翻译的赞助人、翻译的政治、翻译中的权力话语、翻译的创造性叛逆等问题的研究成果出版较多，功能主义翻译论、翻译目的论、后现代主义翻译观、翻译伦理、女性主义翻译理论、后殖民主义翻译理论、解构主义翻译理论研究成果成为这个时期主要的翻译学术出版对象。

2001 年 12 月，翻译界在青岛召开了全国翻译学学科专题讨论会，也就是全国第二次翻译学科建设研讨会。会上统一了思想和认识，认为翻译学作为一门独立学科已经成为事实，无需再为翻译究竟是不是科学而论争，而要思考如何建立翻译学，如何推进翻译学的学科建设等问题。方向明确了，出版社的翻译学术出版更加注重翻译研究丛书的组织策划。湖北教育出版社素来就有强烈的翻译学学科建设意识，于 2000 年策划出版了《外国翻译理论研究丛书》，该丛书邀请许钧担任主编，出版了《当代英国翻译理论》（廖七一编著）、《当代美国翻译理论》（郭建中编著）、《当代法国翻译理论》（许钧等编著）和《苏联翻译理论》（蔡毅、段京华编著）等四部国外翻译理论研究著作。这套丛书力求“有介绍、有评论、有比较、有分析”[①]，为国内读者和翻译研究人员系统了解西方国家的翻译理论提供了很大的帮助。2001 年，湖北教育出版社又策划出版了一套《巴别塔文丛》，该套丛书由许钧与唐瑾共同担任主编，遴选了李文俊、施康强、林一安、吕同六、刘靖之、杨武能、郭宏安、屠岸、金圣华、方平、董乐山、叶渭渠等 12 位著名的翻译家，就他们对翻译的理解、认识与感悟及他们在翻译道路上的苦与乐作总结提炼，以启示后学。12 部翻译家的翻译心得以及外国文学赏析著作，展现了这 12 位翻译家的翻译人生及他们在翻译事业道路上历经坎坷、砥砺前行的身影和孜孜以求、战胜自我的执着精神，为学界开展译者研究或者说翻译家研究提供了丰富的第一手资料，在翻译界被称为“了解当代翻译家、从事译学研究的必读书”[②]。

---

① 许钧《翻译出版对翻译学科建设的启示》，《中国翻译》2006 年第 1 期，第 65–66 页。

② 林穗芳《了解当代翻译家、从事译学研究的必读书——〈巴别塔文丛〉读后》，《出版科学》2003 年第 4 期，第 75–78 页。

翻译学学科建设的旗帜已经扬起，作为外国语言文学学科领域两大龙头专业出版社的上海外语教育出版社和外语教学与研究出版社也积极行动起来，推动翻译学术出版事业的发展。上海外语教育出版社于2001年开始策划出版了《国外翻译研究丛书》43部，2005年又开始策划出版了《外教社翻译研究丛书》22部。外语教学与研究出版社在2006年也开始推出了《外研社翻译研究文库》，共出版了28部国外翻译学著作。《国外翻译研究丛书》《外教社翻译研究丛书》和《外研社翻译研究文库》三套翻译研究丛书的出版对学界系统把握国外具有代表性的翻译理论和国内翻译研究的学术动态和学术前沿大有裨益。

大学出版社紧随上海外语教育出版社和外语教学与研究出版社之后，为繁荣科学研究，增进学术交流添砖加瓦。《翻译与跨学科学术研究丛书》和《翻译资料与翻译研究丛书》分别由清华大学出版社和北京航空航天大学出版社出版。2004年，《翻译与跨学科学术研究丛书》拔锚，所收入的《翻译科技新视野》《胡适诗歌翻译研究》《翻译研究的文化转向》《翻译与脉络》等著作陆续出版。2006年《翻译资料与翻译研究丛书》起航，《中国翻译史研究百年回眸》《中国翻译技巧研究百年回眸》《中国翻译教学五十年回眸：1951—2005中国翻译教学研究论文、论著索引》先后付梓。在大学出版社翻译学术出版中，《翻译与跨学科学术研究丛书》和《翻译资料与翻译研究丛书》具有学术拓展与学术积累的价值，获得了学界高度认可。

在改革开放20年的时点推出了富有特色的《翻译理论与实务丛书》之后，中国对外翻译出版公司又于2005年酝酿策划，开始出版第二套翻译研究丛书《刘宓庆翻译论著全集》。该丛书出版了著名翻译研究学者刘宓庆的11部翻译研究著作，全面展示了刘宓庆对翻译学的多角度探索。

与中国对外翻译出版公司同步，翻译领域的专业出版社上海译文出版社也在2005年开始策划出版《译学新论丛书》。《译学新论丛书》由张柏然与许钧担任主编，从2005年始到2009年终，持续5年共出版了《英汉词典历史文本与汉语现代化进程》（胡开宝著）、《双语词典释义研究》（魏向清著）、《翻译研究的语用学转向》（李菁著）、《汉诗英译的主体审美》（刘华文著）、《从文学翻译到翻译文学》（马红军著）、《翻译的社会性研究》

（俞佳乐著）、《普遍与差异——后殖民批评视阈下的翻译研究》（孙会军著）、《平行语料库与积极性汉英词典的编研》（李德俊著）、《理解与接受中意义的构建》（申迎丽著）、《认知视角的汉英词典词类标注实证研究》（王仁强著）、《梁启超“豪杰译”研究》（蒋林著）、《中国传统译论范畴及其体系》（张思洁著）、《鲁迅传统汉语翻译文体论》（李寄著）、《美的变迁》（仇蓓玲著）、《〈道德经〉在英语世界：文本行旅与世界想像》（辛红娟著）、《翻译研究的互文性视角》（秦文华著）、《第三类语言面面观》（吴南松著）、《翻译的本体论研究》（蔡新乐著）、《梁实秋中庸翻译观研究》（严晓江著）等33部著作。

始于2008年的《翻译研究新探索丛书》由国防工业出版社出版，《翻译效应论》《逻辑比较与英汉翻译》《翻译学研究方法论》《文学翻译审美学》《原型：模型翻译理论》《商务英汉汉英翻译深论》《翻译学的哲学视野》《服装文字语言的翻译探索——理论与实践》《认知隐喻翻译研究》《隐喻汉英翻译原则研究》等13部著作先后得到出版。

4. 改革开放后第四个十年的出版重点

2009年，翻译界的专家学者又汇聚青岛，召开了第三次全国翻译理论研讨会，明确新的时期新的任务，翻译学术出版进入了改革开放后的第四个十年。翻译界不再纠缠于翻译是否为科学的论争，翻译学术出版从对早期翻译经验的总结到对西方翻译理论的引进运用，从对西方翻译界文化转向的跟从到对翻译的重新审视与理论构建，实现了从经验总结到理性探索的历史性突破。这一时期，学术期刊的出版重在发表译者行为、翻译伦理、生态翻译学、翻译生态学、翻译社会学、翻译地理学、翻译经济学、语料库翻译学、语料库批评译学、翻译变译、翻译变异、操控理论、海外汉学（家）、中国现当代文学外译、中国文学（化）“走出去”译介模式、典籍翻译、翻译教育、翻译史等方面的研究成果。十几家出版社策划出版了十多套翻译研究丛书。

2009年，上海外语教育出版社开始出版《外教社博学文库》（翻译类），包括15部较高水平的研究著作。2010年和2014年，外语教学与研究出版社分别策划出版《外研社翻译教学与研究丛书》和《译家之言》丛书。

2011年，中国对外翻译出版公司又开始策划出版一套新的翻译类丛书《中译翻译文库》。至今已经出版了《热词新语翻译谭》（共六册）、《口译理论概述》、《释意学派口笔译理论》、《汉英文化比较与翻译》、《文学翻译论》、《实用英汉对比与翻译》、《英汉翻译写作学》、《非文学翻译理论与实践（第二版）》等30册著作，里面有一些是该公司出版过的另外两套丛书中的著作再版而被列入其中的。这套丛书还计划在原来已经出版书目的基础上增加“翻译名家研究”“翻译思想与理论研究”“经典作品翻译与传播研究”“翻译史研究”等系列丛书，难能可贵的是，中国对外翻译出版公司的出版理念能够与时俱进，把“行业翻译与翻译产业研究”等最新的翻译研究领域列入其出版的丛书范围之中。

同年，国防工业出版社策划出版了一套新的翻译类丛书《应用翻译理论与教学文库》。该套丛书由学术专著、翻译教材和工具书三种类别构成，目前已经出版了《应用翻译学》《译学研究批判》《计算机辅助翻译实践》《翻译经济学》等16部著作。其中有些著作紧跟社会的发展，体现出时代特色，质量较高。

从2010年开始，民族出版社策划出版了《民族典籍翻译研究丛书》。民族出版社能够结合自身的专业行业特点，准确定位丛书的出版方向，特色鲜明，目前已经出版了《阿诗玛英译研究》《玛纳斯翻译传播研究》《蒙古族典籍翻译研究——从〈蒙古秘史〉复原到〈红楼梦〉新译》3部。湖南人民出版社从2012年开始，组织出版了《“通天塔”丛书》。这套丛书以《圣经》故事中对翻译的比喻“通天塔”命名，目前共出版了罗新璋、张佩瑶、王宏志、张旭等的《译艺发端》《传统与现代之间：中国译学研究新途径》《中国英诗汉译史论（1937年以前部分）》和《中国译名研究（1950年以前）》等著作，质量较高，富有学术价值。

改革开放40年以来，翻译学术著作出版数以千计①，大学出版社在其中付出了不少努力。这个时期，上海交通大学出版社从2011年开始组织策划了《语料库翻译学文库》，复旦大学出版社从2014年开始组织策划了《中

① 冯全功《国内翻译研究丛书：出版现状与未来展望》，《东方翻译》2017年第3期，第17–23页。

国当代翻译研究文库》，南开大学出版社也是从2014年开始组织策划了《中国文化走出去：理论与实践丛书》，南京大学出版社从2015年开始组织策划了《翻译理论与文学译介研究文丛》，中山大学出版社从2016年开始组织策划了《翻译前沿研究系列丛书》，大连海事大学出版社从2016年开始组织策划了《中华民族典籍翻译研究》，这些丛书的主编和作者都是学界前辈名流和一些青年才俊。遗憾的是，这些丛书出版的体量不大，出版体量最大的一套也不到10部著作，当然，丛书还会继续出版下去，毕竟其中大多数丛书才历时三四年，历时最长的《语料库翻译学文库》也只不过是从2011年开始策划出版的。

改革开放40年，是中国全面发展，社会进步、经济腾飞、文化提升，各项事业齐头并进、奋发有为的40年，也是翻译学术出版快速发展，取得突破性进展的40年。快速发展的翻译学术出版催生了翻译学的诞生，提升了翻译学的学科地位，促进了翻译学学科建设，翻译学学科建设又反哺了翻译学术研究与出版，引领其健康发展。本节内容勾画了改革开放40年来的翻译学术出版重点与突破，下一节将重点阐明翻译学术出版对翻译学学科建设与发展的作用与贡献，并分析翻译学术出版面临的难题，提出相应的建议及对策。

第三节　翻译学术出版与翻译学学科建设

一、翻译学术出版与翻译学学科建设的互动发展

改革开放40年来，中国的翻译学术出版成绩显著。学术出版是学科建设至关重要的要素，也是学科建设成绩的外在表征。中国的翻译学学科建设先驱们历经坎坷，筚路蓝缕，学科建设成绩不凡。翻译学从没有学科地位，到取得与语言学一样的学科地位，翻译研究的学术出版在其中功不可没。翻译学术出版促进了翻译学学科建设，翻译学学科建设反过来也引领了翻译学术研究与出版的方向。

1. 翻译学学科建设促进翻译学术发展

方梦之主编的《中国翻译学大辞典》（2011）专门设置了“译论百部”词目，挑选出100部有重要影响的翻译研究著作。该大辞典显示，改革开放前的大半个世纪，能够入选“译论百部”的代表性论（编）著只有《翻译学通论》（蒋翼振编著，上海美利印刷公司1927年出版）、《翻译论集》（黄嘉德编，上海西风社1940年出版）、《翻译研究》（思果著，香港友谊出版社1971年出版）和《翻译的技巧》（钱歌川编，台湾开明书店1972年出版）。1978年，改革开放政策实行，而后10年内发表的翻译研究论文有近5 000篇[①]，出版的具有代表性的学术著作有《林纾的翻译》（钱锺书著，商务印书馆1981年出版）、《翻译论集》（刘靖之主编，香港三联书店1981年出版）、《意态由来画不成？》（翁显良著，中国对外翻译出版公司1983年出版）、《翻译研究论文集》（中国翻译协会主编，外语教学与研究出版社1984年出版）、《翻译论集》（罗新璋编，商务印书馆1984年出版）、《中国翻译简史——五四以前部分》（马祖毅著，中国对外翻译出版公司1984年出版）、《翻译的艺术》（许渊冲著，中国对外翻译出版公司1984年出版）、《翻译学》（英文版）（黄龙著，江苏教育出版社1988年出版）[②]。改革开放头十年，翻译学术出版明显加快，翻译界的学科意识开始萌芽。在而后30年的发展中，在翻译学术出版的推动下，翻译学学科建设得到加强，逐渐走向成熟。

（1）创办翻译专业学术期刊。翻译学术研究界第二件要做的事情就是创办翻译专业学术期刊，发表学术研究成果，增进学术交流，推动翻译学学科建设。与出版社的学术出版传播相比，学术期刊是一种不可替代的信息源，它能够及时地呈现学术研究的前沿和研究方向，反映专业领域的热点、焦点和重点，关注专业领域的疑点、要点和难点，既历时、又共时地记录学术进步的足迹，为学界所看重。就学科建设来说，一批高水平的、富有特色的专业学术期刊在响应国家的出版方针与政策、推动学科建设发展的过程中起着至关重要的作用。翻译学学科建设也是如此。所以，改革开放以后，伴随着翻译学术出版的进步，摆在翻译界面前的重要任务之一就是需要创办翻译学

---

① 数据来源为中国学术期刊网络出版总库，检索时段为1978年至1988年。

② 方梦之《中国翻译学大辞典》，上海：上海外语教育出版社，2011年，第396-412页。

的学科专业期刊，以便为翻译研究学术出版搭建交流对话的平台。

在改革开放的第三年，中国对外翻译出版公司为切磋翻译技巧、交流翻译经验、沟通翻译信息，有效完成国家委派的联合国有关资料、文件翻译任务创办的内部刊物《翻译通讯》正式公开出版发行。1982 年，中国翻译工作者协会成立后，协会的学科建设意识让其思索创办学术期刊促进翻译学术交流。中国对外翻译出版公司获悉后希望中国翻译工作者协会能够接办《翻译通讯》。于是，中国翻译工作者协会把《翻译通讯》列为协会的会刊，重新确定了编辑出版方针。其办刊宗旨为：开展译学理论研究、交流翻译经验、传播译事知识、评介翻译作品、促进外语教学、介绍新老翻译工作者、报道国内外译界思潮和动态、繁荣翻译事业。就这样，翻译学界第一份翻译学专业期刊《翻译通讯》走上学科建设的舞台。随着形势的发展变化，也是应读者的要求，1986 年《翻译通讯》改名为《中国翻译》。自创办以来，《中国翻译》坚持正确的办刊方向，打造栏目特色，发展成为国内一份具有引领性作用的专业翻译学术期刊，在翻译学术出版方面出版了 6 000 余篇翻译研究文章[①]，影响、助推着中国的翻译学学科建设，连续获评为最具国际影响力的学术期刊，有力地提升了翻译学学科的学术影响力，彰显了学科建设的显示度。

在中国翻译工作者协会办刊《翻译通讯》4 年之后，上海市科学技术协会领导下的上海市科技翻译学会于 1986 年创办了学术期刊《上海科技翻译》，这是翻译学界第二份翻译类专业学术期刊。《上海科技翻译》的办刊宗旨定为：探讨翻译理论，传播译事知识。总结翻译经验，切磋方法技巧。广纳微言精理，侧重应用翻译。把握学术方向，推动翻译事业。自办刊以来，《上海科技翻译》一直注重特色打造，侧重应用翻译。随着事业发展的需要，2005 年改名为《上海翻译》，但是办刊宗旨没有改变。主要办有理论思考、应用探讨、教学园地、翻译技术（管理）、政策研究、典籍译研、词语（术语）之窗、书斋译话等栏目。30 多年来，《上海翻译》办刊方向明确，在应用翻译研究出版方面特色鲜明，共出版了近 3 000 篇翻译研究文章[②]，在翻译

① 数据来源为中国学术期刊网络出版总库，检索时段为 1986 年至 2018 年。
② 同上。

学术出版方面和《中国翻译》一样，都发挥了重要的作用。1988 年，中国科学院科技翻译工作者协会创办了翻译学界第三份翻译类专业学术期刊《中国科技翻译》。《中国科技翻译》的办刊宗旨是：贯彻理论与实践相结合的方针，强调翻译工作的实践性，鼓励翻译工作者探索科技翻译理论，介绍翻译研究成果，提高科技翻译水平，促进机器翻译的研究与应用，报道大专院校科技翻译教学经验，并辅导科技翻译自学，介绍国内外翻译界动态，加强国际学术交流。30 年来，《中国科技翻译》一直坚持着职业操守，走出版科技翻译学术研究成果的特色发展之路，出版了近 2 500 篇翻译研究文章[①]，在翻译学术出版方面也发挥了较大的作用。该刊曾于 1993 年 8 月在国际翻译家联盟（FIT）第 13 届世界大会上荣获“国际译联 1990—1993 年度最佳国家级翻译期刊奖”。

《中国翻译》《上海翻译》和《中国科技翻译》是翻译研究领域三大重要的专业学术期刊，影响较大。其中，《中国翻译》以出版翻译理论研究文章见长，《上海翻译》重视应用翻译理论探讨与实证研究，《中国科技翻译》着力围绕科技翻译研究打造出版特色。三份翻译学专业期刊各有侧重，优势互补，共同推动翻译学学科的发展与进步。另有《语言与翻译》创刊较早，1985 年创办，定位于开展语言与翻译理论研究，传播语言与翻译知识，促进双语教学与双语学习，促进各民族语言文字的规范化、标准化，加强语文建设，促进各民族语言文字的繁荣与发展，至今已经出版近 800 篇翻译研究论文。[②]1994 年，《外语与翻译》创刊，作为内部刊物出版，2015 年获准正式公开出版，设有“翻译研究”栏目，在学术界也形成了一定的影响，格调较高，曾经刊发刘宓庆、张柏然、张佩瑶、单德兴、朱志瑜、蒋骁华等著名学者的翻译学术研究论文，促进学科建设。2008 年，《民族翻译》创刊，以开展民族语文翻译理论研究、交流翻译经验、提高翻译质量、促进民族语文翻译事业的发展为办刊宗旨，10 年来，已经出版了 500 多篇翻译研究文章。[③]近年来，《东方翻译》《翻译论坛》《翻译界》《翻译史研究》等翻译学术

① 数据来源为中国学术期刊网络出版总库，检索时段为 1988 年至 2018 年。
② 数据来源为中国学术期刊网络出版总库，检索时段为 1985 年至 2018 年。
③ 数据来源为中国学术期刊网络出版总库，检索时段为 2008 年至 2018 年。

期刊或者是以书代刊相继创办，起步较高，在翻译学术出版领域耕耘。这些专业学术期刊助推了翻译学的成长，在促进学科发展方面，发挥了十分重要的作用。“正是翻译学术期刊展示、存储、评价和传播研究成果，引领翻译研究方向，辅助学科人才培养，为学术交流搭建了必要的平台，促进着翻译学科的繁荣”①。

（2）召开翻译学科建设主题会议。从 1978 年到 1987 年，改革开放后短短的 10 年释放出的学术生产力是巨大的。基于翻译学术出版的成绩有待提升的状况，翻译界需要明确方向，凝聚力量以求更好更快的发展。于是，一边面对翻译界学人的热情和翻译出版的进步，一边面对着没有学科地位的尴尬局面，一批富有远见卓识的翻译学者主动肩负起建设翻译学学科的责任，开始思考翻译学的学科建设问题。1987 年召开的“第一次全国翻译理论研讨会”，启动了建设中国翻译学学科的工程。

这次学科建设研讨会由《中国翻译》编辑部、江苏省翻译协会、山东省翻译协会、青岛市翻译协会联合主办，国内老一辈的翻译家和中青年学者围绕着探讨中国翻译理论体系、介绍各派翻译理论（特别是语言学、交际学、美学和符号学翻译理论）的研究成果和发展趋势、交流国内外翻译理论研究的新信息等会议议题进行了讨论与交流。这次大会是我国翻译界老中青三代学者史无前例地齐聚一堂讨论国家的翻译事业如何发展的盛会，会议释放出了注重翻译学学科建设的信号，唤起了翻译界的理论意识。在这次会上，翻译学成为了与会专家学者论述翻译学术研究时的关键词。从此，翻译学学科建设成为我国译界的重要话题。②

有了这次统一思想的盛会，翻译的研究与出版就有了前行的动力和方向。从此，翻译学术出版界围绕翻译学的理论体系构建展开了讨论与研究，到 2001 年召开第二次全国翻译理论研讨会之前，学术期刊出版了以翻译学为题的文章 200 多篇，发表评介国外翻译理论、探究翻译史和翻译标准的文

---

① 蓝红军《学术期刊、理论创新与学科发展——翻译学术期刊暨翻译国际研讨会综述》，《中国翻译》2014 年第 5 期，第 55–57 页。

② 方梦之《〈翻译学理论的系统建构〉序——为纪念杨自俭教授而作》，《上海翻译》2009 年第 4 期，第 78–80 页。

章数千篇。[1]出版社也出版了不少翻译研究著作和论集，题为翻译学、翻译理论、翻译史、翻译批评的专著也不断问世，具有代表性的有：王寿兰主编的《当代文学翻译百家谈》（1989）、杨自俭和刘学云主编的《翻译新论》（1994）、李亚舒等主编的《科技翻译论著集萃》（1994）、杜承南等主编的《中国当代翻译百论》（1994）等翻译理论研究文集；黄龙的《翻译学》（1988）、刘宓庆的《现代翻译理论》（1990）（1993 年的修订版改为《当代翻译理论》）、张泽乾的《翻译经纬》（1994）和刘宓庆的《翻译美学导论》（1995）等翻译理论探索专著；谭载喜的《西方翻译简史》（1991）、陈福康的《中国译学理论史稿》（1992）和许钧的《文学翻译批评研究》（1992）等翻译史、译论史和翻译批评三个方面的著作。可见，在这次翻译学科建设大会的号召与推动下，翻译学术出版取得了可喜的成绩，在翻译学学科的理论框架体系建设方面，都有开创性的著作出版。诚然，我们也必须坦率地承认，整个翻译学的学科建设还只是处于起步阶段，还需要翻译界学人和出版界的携手努力，把翻译学的学科建设推向深入。继 1987 年召开的全国第一次学科建设会议之后，在 2001 年、2009 年和 2017 年分别又召开了三次全国性的学科建设会议。

1987 年在青岛召开的全国第一次学科建设会议主要讨论的问题是翻译究竟是否有理论，到底是否需要建立翻译学。在迈入 21 世纪的 2001 年，全国第二次学科建设会议也在青岛召开。这个新千年的盛会统一了认识，与会的专家学者一致认为把翻译学作为一门独立学科去建设已经是无可辩驳的事实，翻译界面对的问题是需要讨论如何建立翻译学，如何有序地推进翻译学的学科建设，而不是纠缠于翻译是否是科学的问题。所以，会议明确了要讨论的议题为两个，一是讨论翻译学学科建设的基本理论观念问题，具体涵盖学科概念的界定、学科建设的标准、学科的研究对象、学科在人类知识系统中的位置、学科的理论与范畴系统、学科的研究方法和翻译学的相关学科等七个方面；二是讨论翻译学学科建设的基础与条件，具体包括中国传统译学与现代翻译学学科建设、外国翻译学研究与外国翻译学学科建设、1949 年以来我国翻译学研究的主要成就、国内外翻译理论与实践活动提出的新课题、

① 杨自俭《谈谈翻译科学的学科建设问题》，《现代外语》1996 年第 3 期，第 25–29 页。

中外翻译学研究成果相结合以及我国翻译学学科建设的有利与不利条件等六个方面。方梦之认为，全国第二次学科建设会议的上述议题是中国翻译学建设的宣言书。[①]它如同一幅简笔画，勾勒出中国翻译学的整体蓝图。第二次全国会议唤起了我国翻译界的学科意识，使我国翻译学研究开始朝精细化、系理化、系统化方向发展。从此，翻译研究作为一门综合性的学科踏上了新的历程。[②]2009 年 4 月，在时隔 8 年之后，全国第三次学科建设会议，也就是翻译学科理论系统构建高层论坛，在青岛召开，具体探讨翻译学学科理论的系统构建问题。这次会议讨论的议题主要有四个方面：一是梳理中外翻译学学科理论系统研究和学科基本范畴研究的现状、成绩与不足；二是讨论待构建的翻译学的研究对象、性质、学科地位、相关学科及方法论；三是研讨待构建的翻译学理论系统并厘清理论系统内部各部分之间的关系和各层次之间的关系；四是探究翻译学在研究生教育学科目录中的位置、级别及其分支学科。这次会议意在盘点、梳理改革开放 30 年来中国翻译学的研究路径及研究成果，为国家翻译学科的教育教学系统完善群策群力，为我国翻译学科走向成熟作了思想理论准备，也为我国翻译学有系统、分层次的建设吹响了号角。[③]

从 1987 年到 2009 年的三次学科建设会议的议题嬗变中可以看出，翻译界对翻译学学科建设的认识一次比一次深刻，思路一次比一次清晰，任务一次比一次明确。在这三次重要的学科建设研讨会的带动下，中国翻译协会等一些国家、省市级的学术机构又组织召开了多次全国性的专项研究论坛或研讨会，比如全国翻译理论高层论坛、全国翻译批评高层论坛、中国翻译史高层论坛、中国典籍外译高层论坛、全国典籍英译高层论坛、中译外高层论坛、全国翻译高层论坛、中国翻译学学科建设高层论坛暨中国比较文学学会翻译研究会学术会议、中国生态翻译与认知翻译研讨会、全国应用翻译研讨会、生态翻译学研讨会、全国科技翻译研讨会、全国翻译教学高端论坛、全国商

① 方梦之《〈翻译学理论的系统建构〉序——为纪念杨自俭教授而作》，《上海翻译》2009 年第 4 期，第 78–80 页。
② 同上。
③ 同上。

务翻译高端论坛、全国商务翻译研讨会、全国公示语翻译研讨会、全国多语翻译理论研讨会、全国旅游暨文化创意产业（多语种）翻译研讨会、中国诗歌翻译研讨会、面向翻译的术语研究全国学术研讨会、《论语》翻译研讨会、全国民族典籍翻译研讨会、翻译学词典及翻译理论研讨会、“中西译论的对话与争鸣”专题研讨会、“大数据时代下的翻译”高层论坛等，其中有的论坛和研讨会已经召开了好几届。这些论坛和研讨会团结了队伍，凝聚了力量，达成了共识，全国上下的学术出版界与翻译学界保持了较为密切的联系，有些学术出版机构主动参与到翻译学界的讨论、研究与策划中来，加强翻译学术出版，为中国翻译学学科的建设和发展营造了良好的氛围。

2. 翻译学术出版助推翻译学学科建设

学术期刊与出版社对中国翻译学学科的建设和发展所起到的推动作用是巨大的。香港岭南大学翻译系孙艺风曾经就学术期刊的学术出版对学科建设的推动作用，指出翻译专业学术期刊的作为之所在。他强调说：“追求理论创新，开展国际学术交流，推进学科发展是学术期刊的宗旨，翻译学术期刊反映和记录了整个翻译学发展的历程。学术期刊的建设关系到学科的学术生态环境的塑造和形成，对学科的形成、定位及走向起着至关重要的作用。”[①]《中国翻译》《上海翻译》《中国科技翻译》《外语与翻译》《民族翻译》《翻译界》《翻译论坛》，以及外语类期刊中所开办的翻译研究栏目等，都在翻译学学科的形成与发展过程中发挥了重要的组织和引导作用。在这方面，国内翻译专业性学术期刊《中国翻译》最具有代表性。

《中国翻译》借助其在翻译研究学术出版领域的领跑者优势，坚持组织国内翻译学人广泛参与有关翻译研究的学术争鸣和讨论，增强中国翻译界的理论研究意识，以促进翻译学学科意识的觉醒。《中国翻译》先后组织过的较有影响的学术争鸣与研讨的主题就有“科学与艺术”之争、“理论与实践”之辩、“西学派”与“特色派”之探、“中西译论”之商、“翻译学（科）”之议等，还组织过新时代语境下对翻译定义的再审视等争鸣。这些学术争鸣和讨论文章的出版澄清了学界的误区，统一了思想，加深了对翻译以及翻译

① 蓝红军《学术期刊、理论创新与学科发展——翻译学术期刊暨翻译国际研讨会综述》，《中国翻译》2014 年第 5 期，第 55–57 页。

学科性质的认识。另外，《中国翻译》还通过开办理论研究、译史纵横、译介研究、翻译教学、书刊评介、学术访谈、翻译评论、学术争鸣、实践探索和行业研究等各种栏目，出版相关文章进行翻译学理论探讨，有力地促进了翻译学术研究。改革开放40年来，《中国翻译》出版的翻译学理论研究文章经历了从语言学研究范式，到文化研究范式，再到跨学科研究范式的嬗变，推动着中国翻译界的理论研究向跨学科研究的纵深方向发展，从而促进了翻译学学科体系的构建，加快了翻译学学科建设的步伐。

学术期刊是连续性出版物，出版文章周期短、速度快，出版文章数量大，能够及时广泛地交流学术思想和观点，在学科建设中发挥的作用是毋庸置疑的。出版学术著作的出版社对学科建设的推动作用也是有目共睹的。在全国率先出版了第一部翻译学著作的江苏教育出版社，在《翻译学》“出版者的话”中指出，黄龙的著作《翻译学》“对翻译理论与实践进行了系统的、深入的研究”①，“希望《翻译学》能得到翻译界同仁共同关心，使之更臻完善，同时也希望《翻译学》能帮助翻译工作者提高翻译理论水平和实践水平，促进高质量的翻译人才的培养，建立我国的翻译学，以推动翻译事业的蓬勃发展”②。

在所有的翻译研究图书的出版中，表11-1中26套翻译研究丛书的出版在翻译学学科建设与发展史上的作用很大。毋庸赘言，湖北教育出版社、中国对外翻译出版公司、上海外语教育出版社和外语教学与研究出版社成绩最为突出，出版的翻译研究著作不仅数量多，而且质量高，影响力大。1994年，《中华翻译研究丛书》在出版人唐瑾的策划下，在湖北教育出版社陆续出版。1995年，唐瑾在丛书《编辑的话》中指出：“近年来，出版界出现了名著复译的热点现象。然而，令人遗憾的是，有关翻译研究著作的出版似乎一直不太为人所关注、所重视。事实上，翻译作为语言学中的一门独特学科早已分支而立，形成一门具有国际性的独立学科……如果说对翻译进行多角度的、不懈的研究是促进翻译事业进步与发展的基本前提，那么出版翻译研究的有关著作既是促进这门学科日趋规范、日趋成熟的重要条件，也是出版界人士

① 黄龙《翻译学》，南京：江苏教育出版社，1988年，第2页。
② 同上书，第3页。

责无旁贷的职责，我们应当让它理所当然地在众多出版物中占有一席之地。”[①]从丛书策划者唐瑾的上述一番言语中，许钧总结出三点核心要义：一是肯定翻译对国家文化事业进步所做出的重大业绩；二是翻译研究是促进翻译事业发展的前提；三是出版翻译研究著作是促进翻译学科日趋规范和成熟的重要条件。[②]从中，我们可以了解到出版界以真切的行动对翻译研究和翻译学学科的重视与支持。在湖北教育出版社与策划兼责编的努力下，三套翻译研究丛书和《中国翻译词典》（1997）的出版构成了一个全面、立体的翻译研究出版体系，形成了翻译研究出版品牌效益，“对日益兴起的翻译学研究和翻译学学科建设的发展发挥了应有的作用”[③]。

为了推动翻译学学科的建设，上海外语教育出版社策划出版了《国外翻译研究丛书》《外教社翻译研究丛书》和《外教社博学文库》（翻译类）三套丛书。《国外翻译研究丛书》是从国外的出版社购买版权出版的一套丛书。《外语界》曾经刊文评价说：“这套丛书涉及的论著时间跨度大，既有经典，也有新论，内容覆盖面也相当广泛，既有翻译本体的研究，也有跨学科的研究，所选书目皆为译学发展史上具有里程碑意义的名家名著，堪称译学经典。”[④]该丛书皆是原版引进的国外翻译学书籍，到目前为止已经出版的有43部，应该说是国内当前最有影响的一套翻译研究丛书，较好地解决了“国内翻译教学原版参考书多年匮乏的困难”[⑤]，为翻译界人士所津津乐道。“国内耳熟能详的国外翻译理论大多源自该套丛书，如功能（动态）对等、翻译目的论、翻译改写论、翻译系统论、描写（描述）翻译研究、语义翻译与交际翻译等等”[⑥]。与从国外引进出版的原版翻译学术书籍《国外翻译研究丛书》相对应，《外教社翻译研究丛书》和《外教社博学文库》（翻译类）两套丛书系国内

---

① 许钧《翻译出版对翻译学科建设的启示》，《中国翻译》2006年第1期，第65–66页。
② 唐瑾《编辑的话》，载许钧《20世纪法国文学在中国的译介与接受》，武汉：湖北教育出版社，2007年，第479页。
③ 许钧《翻译出版对翻译学科建设的启示》，《中国翻译》2006年第1期，第65–66页。
④ 《外语界》编辑部《〈国外翻译研究丛书〉简介》，《外语界》2001年第3期，第63页。
⑤ 杨自俭《借鉴与创造（代序）》，HATIM B. *Communication across Cultures: Translation Theory and Contrastive Text Linguistics*，上海：上海外语教育出版社，2001年，第2页。
⑥ 冯全功《国内翻译研究丛书：出版现状与未来展望》，《东方翻译》2017年第3期，第17–23页。

翻译研究学者的著作。其中，《外教社翻译研究丛书》已出版22部，如《应用翻译研究：原理、策略与技巧》（方梦之著）、《翻译学——一个建构主义的视角》（吕俊、侯向群著）、《文学翻译批评论稿》（王宏印著，已出第二版）等在学界影响较大。《外教社博学文库》不是专门的翻译研究丛书，而是一套涵盖语言学、文学、翻译、教学法研究等方面，选题范围较广的外语类丛书。不过其中已经出版了15部翻译研究类著作，数量可观，质量也较高。这套丛书是专门遴选国内优秀的博士论文，在经过后期修改基础上给予出版的，作者群体中多有国内译坛新秀、青年才俊，也体现出了出版社提携学术后人，培养学科梯队的胸襟、眼光与意识。上海外语教育出版社组织策划的三套丛书国内和国外相结合，互为补充，相得益彰，在国内具有广泛的影响力[①]，有力地推动了国内翻译学学科建设。

其他的专业出版社如中国社会科学出版社、中国科学技术出版社、科学出版社、经济科学出版社、商务印书馆等，或大学出版社如华东师范大学出版社、同济大学出版社、武汉大学出版社、华中师范大学出版社等，也都出版过翻译研究著作或教材，为翻译学学科的建设添砖加瓦，贡献了一定的才智和力量。多年来，学术出版界与翻译学界形成了信息互通、共建同构的良好局面，翻译学学科从萌芽到发展，渐渐趋向成熟。改革开放以来，“尤其是近几十年来，翻译理论已日趋系统化，很多专著都有着自成体系的理论框架，如刘宓庆的《现代翻译理论》、张今的《文学翻译原理》、申丹的*Literary Stylistics & Fictional Translation*、许钧的《文学翻译批评研究》、柯平的《英汉与汉英翻译教程》等，已为构建翻译学的美学理论、批评原理、文体学理论和语符学理论等奠定了坚实的基础”[②]。当然，不可否认的是，翻译学术出版界还有提升的空间，翻译学学科的建设还不能止步。

二、翻译学术出版与翻译学学科建设的努力方向

① 冯全功《国内翻译研究丛书：出版现状与未来展望》，《东方翻译》2017年第3期，第17–23页。

② 张柏然、姜秋霞《对建立中国翻译学的一些思考》，《中国翻译》1997年第2期，第7–9页。

改革开放40年来，在翻译学的学科建构过程中，不乏对西方翻译理论的引进与学习。20世纪末期，我国学者几乎穷尽性地搜索并引介西方翻译理论，对西方译论的基本命题作了全面思考和讨论。[①]翻译学术出版界空前繁荣，出版了数以万计的学术论文和数千部著作，内容涉及翻译的语言学途径论、翻译文化转向论、翻译主体论、翻译主体间性论、译者主体性、等值（效）翻译论、功能主义翻译论、翻译目的论、多元系统理论、翻译操控论、翻译改写论、结构主义翻译论、解构主义翻译论、建构主义翻译论、后殖民主义翻译论、女性主义翻译论等方面，西方的翻译学者如卡特福德、纽马克、奈达等在改革开放头20年国内出版的论文论著中常常被提及，尤其是美国翻译理论家奈达备受青睐，一时间在国内达到了“言必称奈达”的局面。[②]而后随着翻译文化转向论在国内的引进，奈达趋冷，代之而起的是巴斯耐特、勒菲维尔、诺德、弗米尔等。这些引进与研究，虽然能够“学有所获，但终究创新乏力”[③]。

进入21世纪，学科体系建设之意识在中国翻译学界得以加强。种种宏观总论、中观分论和微观细论翻译学的系统论文和著作如同雨后春笋，不断问世。方梦之一直参与对中国翻译学学科建构的设计，对改革开放后的翻译学术出版一直悉心关注，并投身其中。他曾经对我国的翻译学术出版情况作过梳理，仅以“翻译学”或“译学”作为关键词进行检索，查到的相关专著（不含研究集刊、重版的著作和因组织召开翻译学研讨会或论坛而出版的学术会议文集），比如“图解翻译学”“比较翻译学”“中西比较翻译学”“语言翻译学”“文化翻译学”“实用文化翻译学”“语料库翻译学”“科学翻译学”“认知翻译学”“应用翻译学”“生态翻译学”“共生翻译学”“大易翻译学”“英诗汉译学”等，就已经达到70余种之多[④]，并且大多出版在

① 方梦之《翻译大国需有自创的翻译学话语体系》，《中国外语》2017年第5期，第93-100页。
② 陈宏薇《从奈达现象看中国翻译研究走向成熟》，《中国翻译》2001年第6期，第46-49页。
③ 方梦之《翻译大国需有自创的翻译学话语体系》，《中国外语》2017年第5期，第93-100页。
④ 同上。

2000年之后，由此可见国内翻译出版界的“翻译学”名类的著作之斑驳繁杂。另外，还有很多“翻译心理学”“翻译伦理学”“翻译经济学”“翻译地理学”“翻译思维学”“翻译修辞学”“翻译社会学”“翻译文化学”“翻译美学”“翻译美学导论”“翻译美学比较研究”“实用翻译美学”等冠以“翻译某某学”之名的著作，不一而足。据方梦之的统计，还有书名中带有“导论”“概论”“选论”“通论”“新论”“入门”“津源”“原理”“教程”等字样的学术著作或者翻译教材对翻译学作整体性的宏观观照，给予基础性的勾勒或综合性的描述；更有多部著作直接冠以“翻译学”三个大字出版面世。上述蔚为大观的出版面貌仅仅是通过使用关键词“翻译学”或“译学”进行检索得出的结果，还不包括“翻译研究”“翻译理论”“翻译论”一类的学术出版成果。由这些翻译学术著作出版的丰硕程度，可见改革开放后，尤其是21世纪以来翻译界构建翻译学学科体系的热情和自觉意识。

翻译学术出版繁荣的背后，也存在一些问题，这引起了翻译界学者的反思。蓝红军评价说：“在以体系构建为中心的知识生产过程中，翻译学理论研究容易陷入‘为体系而体系’的旋涡，学者们热衷于创立形式上推动学科进步的各种‘学说’，忙于移植其他学科的概念和范畴、探讨建构新理论（体系）的必要性和可行性，而忽略了实质上推动学科发展的动因——发现和解决实践中的具体问题，因而也就形成学界所诟病的‘理论脱离实践’。”[①] 方梦之指出：“有的论著看似交叉学科研究，但实际上多为概念转述、术语套用，用翻译现象来论证另类学科的可证性、适用性。还有那种从西方来还西方去的表述，拾人牙慧，未必中听。有的论著或有新概念、新范畴，但处于‘说了传不开’的境地，对我国译学话语水平的提高贡献有限。”[②] 这说明翻译学术出版在理论研究方面还需要进一步加强。

许钧曾撰写《翻译学科建设任重道远》一文，文中针对翻译学学科建设的现状，指出翻译理论研究工作的重要性，并特别强调这是当务之急、重中之重，希望引起翻译界同仁的高度重视。他指出：“近三十年来，有不少理

① 蓝红军《译学理论何为——对我国翻译学理论研究现状与发展的思考》，《上海翻译》2015年第1期，第18-19页。

② 方梦之《翻译大国需有自创的翻译学话语体系》，《中国外语》2017年第5期，第95页。

论研究成果问世，但我们还缺乏有突破性的、有重大学术价值的研究成果，也缺少自成体系、独成一家的理论探索，更少见到能对其他学科产生较大影响的基础性的理论专著。翻译理论研究的这些薄弱之处，需要我们认真思考、认真对待，更需要我们继续努力探索，以使我们的研究工作不断深化，为翻译学科建设提供更坚定的理论基础。”[①] 为此，我们建议：首先，中国的出版界要转变观念，加大学术出版力度。其次，中国的翻译学术出版界要进一步加强与翻译界的联系，实现互联互动，提高组织程度，做好顶层设计，策划选题，遴选作者，树立精品观念，增强品牌意识，提高出版质量，有效推动翻译学学科建设。

1. 转变出版观念，加大翻译学术出版力度，推动学科建设

在出版界，一个普遍的现象就是学术出版赢利不够，出版业不愿投入学术出版，这也就是湖北教育出版社《中华翻译研究丛书》的出版人唐瑾在丛书“编辑的话”中所说的“有关翻译研究著作的出版似乎一直不太为人所关注、所重视”的原因之一。然而，作为人类出版基本单元之一的学术出版，其功能在于传播思想、传承文化，体现的是民族的精神高度，处于出版业的顶端。科学技术发展到任何时候都离不开学术出版，科技工作者的教学、科研、技术推广、创新研发等，都不能没有学术出版工作的助力。为此，学术出版发挥着重要的桥梁作用，沟通信息，促进交流，及时地把最新的科学研究成果推向世界。但是，作为商业机构，出版社又不能不考虑商业利益。这就需要出版界统筹兼顾，协调好学术出版与教育出版和大众出版的关系。“在科技文化发达的国家，学术出版占整个出版的经济份额已超过 30%，并且成为市场最稳定、利润最高、最能实现社会效益和经济效益相统一的出版产品”[②]，所以中国的出版业也要转变观念，走出经济利益的误区，加大学术出版的力度。我们特别希望翻译学术出版的力度在未来的发展中不断得到增强。

---

① 许钧《翻译学科建设任重道远》，《中国翻译》2004 年第 3 期，第 38 页。

② 郛书林《加强学术出版打牢中华民族伟大复兴知识根基》，《中国新闻出版报》2013 年 8 月 13 日，第 1 版。

图书是没有围墙的大学，出版是大学科研和教学之外的第三种力量。① 在出版领域，大学出版社与其他专业出版社相比，属于一支相对特殊的力量，原因就在于大学出版社能够拥有其他出版社所不能拥有的母体大学。大学有丰富的学科资源与作者资源，学术资源方便整合，较之其他出版社，优势得天独厚，便于推进科学研究，带动学科建设。所以，不管是论大学出版社建立的初衷，还是论大学出版社所要承担的社会责任，大学出版社的天然使命就是要繁荣学术研究、推动社会文化积累。在这个层面上讲，学术出版理所应当是大学出版社产品结构中必不可少的板块，而且是主要板块。毫无疑问，大学出版社构成了学术出版的主力军。通过对中国翻译学术出版界出版的26套翻译研究丛书的考察，可知大学出版社对翻译学术出版的参与状况。26套翻译研究丛书共由17家出版社出版，然而大学出版社却只有8家参与，大学出版社参与度显然不够。为此，我们建议大学出版社要积极参与到翻译学术出版的队伍中来，与专业出版社一道为翻译学学科建设贡献力量。

2. 实现互联互动，提高出版质量，推动学科建设

改革开放40年以来，翻译学术出版所取得的成绩是有目共睹的，但是成绩与困难同在，压力与挑战并存。学术出版机构与学术研究者的角色不同但又密不可分。有学者指出："在学术研究生产中，学术出版不应只是一个摘果子式学术研究总结，而应主动与作者一起选种、种树，学术出版人要以其编辑的思维方式和创造性劳动，来组织、推动、引领和规范学术研究。"② 这就启示我们，学术出版与学术研究不是两张皮的关系，学术出版对于学术研究而言有着极其重要的引领作用和推动作用。在目前翻译出版的理论研究有待深入的局面下，还需要出版机构能够进一步了解中国翻译学学科的发展状况，适时调整出版思路，变被动地接受与回应翻译学人的研究成果为积极主动地介入并引导翻译学界的发展，加强与翻译界学者的联系，在宏观层面上与翻译学界互联互动，按照翻译学学科建设的设计，开出"书目菜单"，

---

① 韩建民《坚守学术出版之路，建设学术成果走向世界的桥头堡》，《科技与出版》2013年第1期，第4-5页。

② 刘永红《学术出版应体现精神高度与思想深度》，《出版参考》2015年第12期，第61-62页。

遴选能够胜任的作者，出精品、树品牌，提高出版质量，推动翻译学学科建设向纵深发展，同时翻译学的学科建设也能够带动翻译学术出版，使其更加繁荣。

2017 年 4 月 27 日，中国翻译与翻译学界的第四次翻译学科建设会议，即“中国翻译学学科建设三十年高层论坛”在青岛大学召开。论坛再次在曾经召开过三次翻译学学科建设重要会议的青岛举行，具有特别的意义。这次会议以“翻译学的过去、现在与未来”为主题，回顾翻译学学科建设的历史，总结经验教训，研判发展现状，制订未来建设规划。在一定意义上，这次大会为下一阶段翻译学学科建设指明了方向，将对新时代中国翻译学学科发展起到重要的推动作用。而翻译学术出版也必将以更加优质的理论成果，促进翻译学学科建设走向成熟与繁荣。

第十二章 新时代翻译研究值得思考的问题与探索展望

进入 21 世纪以来，中国翻译研究发生了一些重要的变化。从整体情况看，有两点尤其显著：一是问题意识增强，二是研究路径多样。问题意识的增强，表现在翻译研究对国家战略需求的积极回应。中国文化“走出去”与“一带一路”倡议的实施，无论在理论层面还是在实践层面，给中国翻译界提出不少需要关注并研究的问题。而研究路径的多样，一方面是因为新技术给翻译实证研究带来了新的可能性；另一方面是新时期翻译活动的丰富性与复杂性需要学界探求新的研究路径，以回应新时代对翻译学提出的挑战。在历史发生急剧或者重大变化的时期，出现的新问题，往往会催生新的思想与观念，同样也会引起某些困惑与思考，如学界对翻译的本质问题、翻译的价值问题与翻译的伦理问题都有不同的认识，也存在一些困惑和不同观点，本章将针对这些问题与困惑，讨论新时代翻译研究应该思考的重大问题，在此基础上就翻译研究的探索重点加以展望。

第一节　新时代中国翻译研究值得思考的问题

一、翻译应该如何定位

在新的历史时期，翻译活动呈现出一些新的特点，学界予以了充分的关注，提出应该重新为翻译定位。2015 年 3 月 28–29 日，在广东外语外贸大学召开了“何为翻译？——翻译的重新定位与定义”的高层学术论坛。[①] 谢天振、王宁、仲伟合、穆雷、胡开宝等学者在会上发表了各自的观点。在这一时期国内召开的有关翻译学术研讨会对翻译重新定位问题也多有涉及。

关于翻译的重新定位，《中国翻译》2015 年第 3 期集中刊登了有关学者的看法。作为翻译学者，谢天振密切关注时代的发展与翻译活动的新变化，自觉而敏感地提出了重新定位与定义翻译的问题。他多次在会议上呼吁翻译学界对此问题展开讨论，而且就此问题明确表态，其基本观点有二：一是现行的翻译定义已经落后于时代的发展；二是翻译发生了重大变化，翻译应该重新定位。无论从理论自觉还是从观点的逻辑演进看，谢天振的观点无疑都值得重视，也正因为如此，他提出的重新定位翻译的呼吁得到了译学界的积极响应。其观点的具体内容，在其撰写的《现行翻译定义已落后时代的发展——对重新定位和定义翻译的几点反思》一文中有明确的表达。既然是重新定位，就必然有对现行定位与定义的反思。那么，现行的翻译定义是什么呢？谢天振在文章中举了具有代表性的中西各两种定义：“中文以《辞海》和《中国大百科全书 · 语言文字卷》里对翻译的释义为代表。前者称：‘翻译：把一种语言文字的意义用另一种语言文字表达出来。’后者说：‘翻译：把已说出或写出的话的意思用另一种语言表达出来的活动。’西方的定义则可以《牛津英语词典》里的释义为例：(a)‘The action or process of turning from one language into another; also, the product of this;a version in a different language’（从一种语言到另一种语言的转换行为或过程；亦指这一行为的结果；用另一种语言表述出来的文本。）(b)‘to turn from one language into another; to change into another language retaining the sense...’（把一种语言转换到另一种语言；把一种语言转换成另一种语言并保留原意……）”[②] 值得

① 参见蓝红军《翻译本质的追寻与发现——“何为翻译？——翻译的重新定位与定义”高层论坛综述》，《东方翻译》2015 年第 2 期，第 92–95 页。

② 谢天振《现行翻译定义已落后时代的发展——对重新定位和定义翻译的几点反思》，《中国翻译》2015 年第 3 期，第 14 页。

关注的是，谢天振列举的中西“现行”的对翻译的定义有着惊人的一致。这样的翻译定义，译学界自然应该反思。但问题是，如果我们翻译学界的讨论以词典上的这几条明显落后于时代的定义为基础，那么近40年来学界对翻译的探索及其研究成果应该如何看待呢？换句话说，翻译学界对翻译的重新定位和定义，应该充分考虑到中外翻译学界近40年来对翻译的探索成果。对翻译的定义，一般会从形式与功能两个层面入手。谢天振列举的所谓的“现行”定义，就是从形式入手，对翻译活动加以定位，这样的定义是狭义的，也是不充分的。改革开放以来，中外翻译学界对翻译不断探索，不断深化对翻译的认识。我们以这样的定义作为学界讨论翻译重新定位的基础，既不符合翻译学界的研究实际，也无益于推动对翻译的进一步探索。

那么，在新的历史时期，到底应该如何为翻译定位呢？仲伟合的观点具有重要的引导性。他在《中国翻译》上发表了《对翻译重新定位与定义应该考虑的几个因素》一文，针对学界对翻译的模糊认识，提出对翻译重新定位与定义，应该考虑如下的因素：一是对翻译进行重新定义与定位应当了解翻译的特征；二是对翻译进行重新定义与定位应当了解翻译的本质；三是对翻译进行重新定义与定位应当了解翻译所起的作用；四是对翻译进行重新定义还应该关注翻译活动及翻译学学科发展的几个变化。① 仲伟合的观点值得关注，讨论翻译的重新定位问题，不应该忽视中外翻译学界对翻译的本质、作用、价值的深入思考，也不应该忽视学界获得的重要成果和研究进展。仲伟合在他的文章中提出应该关注翻译活动及翻译学学科发展中所出现的六个方面的变化，这一点，无疑受到谢天振有关观点的启发。我们特别注意到谢天振提出的五个方面的变化，涉及翻译的主流对象、翻译的方式、翻译的工具与手段等。他在对第四个方面变化的表述中指出：“越来越多的国家和民族开始积极主动地把自己的文化译介出去，以便世界更好地了解自己，这样两千多年来以‘译入行为’为主的翻译活动发生了一个非常重要的变化，民族文化的外译也成为当前翻译活动的一个重要领域。相应的，文化外译，包括

① 仲伟合《对翻译重新定位与定义应该考虑的几个因素》，《中国翻译》2015年第3期，第11-12页。

相应的文化外译理论，正成为当前翻译研究的重要内容。”[①]这一点非常重要，在新的历史时期，要认识翻译与理解翻译，确实应该关注到翻译路径的变化和文化外译的研究状况。

就总体而言，我们认为对翻译的认识还应更进一步，其中有几点需要学界加以关注：一是要对翻译有本质的认识，必须认识翻译的本质性特征，尤其是正确认识符号创造在人类社会中的地位以及对于人类自身发展、社会进步与文化创造的重要贡献；二是认识翻译与理解翻译，应该树立历史的发展观；三是认识翻译与理解翻译，应该有对现实重大问题的关照；四是对翻译的定位与定义应站在跨文化交流的高度进行思考，以维护文化多样性为目标来考察翻译活动的丰富性、复杂性与创造性。[②]

二、翻译的价值应该如何认识

在上文中，我们已经提到，要为翻译定位，就应该了解翻译所起的作用。进入 21 世纪以来，中国译学界一直在思考翻译价值问题。之所以思考翻译的价值问题，主要原因之一就是无论是学界，还是社会各界，往往是站在实用的层面去考量翻译的作用的。这样的状况直到现在还没有大的改变，有两种情况尤其值得重视：一是随着语言服务行业的兴起，翻译被定位于语言服务的范畴，这种定位容易将翻译的作用归结于其工具性；二是在中国文化走出去的过程中，“翻译界和文化界对于中国文学的对外译介与传播或多或少表现出某种急功近利、急于求成的功利主义倾向”[③]。工具性与功利性这两种情况应该引起翻译学界的高度警觉，因为前一种情况把翻译的作用定位于实用层面，归结于工具性，必然导致矮化翻译的结果；而后一种情况缺乏对翻译复杂性的认识，只从市场角度评价翻译作为一种工程项目的即期效益，而未从精神建构的角度来衡量翻译作为一种促进人类文明交流和发展的事业

---

① 谢天振《现行翻译定义已落后时代的发展——对重新定位和定义翻译的几点反思》，《中国翻译》2015 年第 3 期，第 15 页。

② 许钧《关于新时期翻译与翻译问题的思考》，《中国翻译》2015 年第 3 期，第 8-9 页。

③ 刘云虹《中国文学对外译介与翻译历史观》，《外语教学理论与实践》2015 年第 4 期，第 1 页。

所产生的长远的历史影响，急功近利，必然会导致翻译焦躁症与市场决定论。更加值得关注的是，我们的翻译学界缺乏翻译的价值观的指导，过分强调翻译活动的实践功能，在中国文学外译与传播的讨论中，强调以所谓的实际效果为准绳，忽视对翻译过程的多层面研究以及对翻译价值的深刻认识。

作为人类社会历史最悠久的活动之一，翻译对文化交流与社会发展具有强大的推动作用。季羡林对此有重要的论述："中华文化之所以能长葆青春，万应灵药就是翻译。翻译之为用大矣哉！"[①] 回望中国的近现代史，无论是梁启超、严复对西学的翻译，还是林纾对欧美小说的翻译，都通过新思想、新精神、新文化的引进，启发和教育了一代又一代青年。在新时期，翻译更是在我国的文化强国战略中发挥了不容忽视的作用。翻译与社会的发展密切联系，为解放思想、改革开放和中华民族的复兴起到了开拓性的作用，对新时期中国文化走向世界，提高中国文化软实力，提升中国在国际舞台上的形象发挥了重要作用。

建立翻译价值观，一方面要以对翻译之"用"的理论探讨与历史思考为基础；另一方面又要超越对翻译的实际之用的描述与分析，对翻译之"用"进行价值的是非评判。在与翻译批评学者刘云虹的一次对话中，我们提出"翻译界应立足于翻译的本质特征和根本属性来认识翻译活动的丰富性与复杂性，从翻译的符号转换性和创造性出发把握翻译的本质并真正理解翻译的建构性力量"。同时"应警惕翻译观念与翻译行为的功利主义倾向，以历史的目光与开放的视野，从历史发展和多元文化平等交流的高度考察翻译活动的丰富性、复杂性与创造性，从而进一步认识与彰显翻译活动的各种价值"[②]。基于翻译的"社会性""文化性""符号转换性""创造性"和"历史性"等本质特征，我们认为翻译活动具有相应的社会价值、文化价值、语言价值、创造价值及历史价值。

首先，翻译的社会价值主要体现在翻译活动对社会交流与发展的强大推

① 季羡林、许钧《翻译之为用大矣哉》，载许钧等著《文学翻译的理论与实践——翻译对话录》（增订本），南京：译林出版社，2010 年，第 1–5 页。

② 刘云虹、许钧《如何把握翻译的丰富性、复杂性与创造性——关于翻译本质的对谈》，《中国外语》2016 年第 2 期，第 95 页。

动作用上。“翻译与民族交往共生，与文化互动同在。一部翻译史就是一部活生生的接受史。从佛经北传到西风东渐，从中国革命到改革开放，翻译既开始了中华民族的精神启蒙，也参与了中国社会的全面改造”[①]。翻译因人类的交际需要而产生，在克服阻碍交流的语言差异的同时，翻译为交流打开了通道，人类社会从相互阻隔走向相互交往，从封闭走向开放，从狭隘走向开阔。翻译给人类社会带来的，既有精神之光芒，又有物质之果实。借助翻译，人类社会不断交流其创造的文明成果，互通有无，彼此促进。应该说，没有旨在沟通人类心灵的跨文化交际活动，即我们所说的翻译活动，人类社会便不可能有今天的发展。此外，翻译的社会价值，还表现为翻译对于民族精神的塑造力。翻译通过对他国先进科技文化的介绍，能够引进知识，开启民智，塑造民族精神和国人思维，在特殊时期甚至能对社会重大政治运动和变革实践产生直接的影响。

其次，翻译具有文化价值。翻译不仅仅是一种语言转换活动，更是一种跨文化的交流活动，在世界文明进程中扮演着重要而独特的角色。翻译活动集中体现了跨文化交流中可能出现的障碍和冲突，也能通过本领域的经验为其他形式的跨文化交流的顺利达成提供借鉴。毫不夸张地说，一部翻译史，就是一部文化交流史。一个民族的文化是不断创造、不断积累的结果。而翻译，在某种意义上，则是在不断促进文化的积累与创新，同时又是民族文化在空间上的一种拓展，在内涵上的一种丰富。

再次，翻译的语言价值体现在符号的转换性上。从某种意义上说，翻译活动，必然有出发语与目的语的接触，而两种语言符号的转换以及两者的交锋有可能创生“第三种语言”，从出发语到目的语的转换，能够从句法、词汇等方面丰富并拓展后者。新词汇也意味着新观念，语言上的变化亦会对思想观念、思维方式造成影响，这就是鲁迅所提倡的通过翻译丰富汉语、改造国人思维方式。翻译的价值，在五四运动中的“白话文运动”“新文学运动”与“新文化运动”中都有显著表现，这里不再赘述。

第四，翻译的创造价值彰显了翻译的精神，即敢于打开封闭的自我，在

---

① 汪堂家《可译性、不可译性与思维模式的转换》，《辞海新知》2001 年第 7 期，第 11 页。

与“异”的交流、碰撞与融合中丰富自身的求新的创造精神，这种翻译精神构成了翻译的创造功能之源泉。而翻译打开的新的世界，更是为人们进行新的创造起到间接但却广泛的作用。以文学创作来说，不少当代作家在谈论自己的创作经历时，都会谈及自身从西方翻译文学中汲取的养分，谈及翻译的创造性及其对他们自身创作所产生的推动作用。

最后，翻译具有重大的历史价值。我们要充分认识翻译对于人类历史的发展所做的实际贡献。考察人类文明发展史，我们发现历史的每一次重大进步与发展，都离不开翻译，都伴随着翻译的高潮，如古希腊、古罗马文化的复兴，往往以翻译为先锋。

关于翻译价值，《中国翻译》2017 年第 2 期中一篇题为《关于外语学科翻译成果认定的几个问题》的文章中也有涉及。从总体来看，翻译活动的社会价值、文化价值、语言价值、创造价值及历史价值，突显了翻译的交流、传承、沟通、创造与发展的本质属性，在某种意义上，这也正是翻译精神之体现。

在我们所处的新时代，随着中国国际地位的不断提升，中国的翻译活动越来越丰富，出现了新的特点，翻译活动的走向有了新的变化，我们要予以密切关注。

三、翻译是否应该恪守伦理原则

深入认识翻译的本质特征，建立翻译历史观，明确翻译的价值，对于我们正确把握翻译活动有着重要的指导意义。2012 年，莫言荣获诺贝尔文学奖，引起了社会各界对翻译的关注，也引发了学界对翻译的很多讨论。其中最为重要的一点，是对翻译方法的讨论，其焦点问题就是翻译的“忠实性”原则是否应该恪守。有论者认为，葛浩文对莫言作品的翻译有“删改”，有“调整”，是一种“连译带改”的翻译，这样的翻译方法有效，是帮助中国文学成功“走出去”的“灵丹妙药”。在此基础上，有论者明确提出，忠实于原作的翻译方法已经过时，提倡“忠实”的翻译原则已经不合时宜。时代的发展呼唤对翻译本质、功能和目标的重新认识，这是理所当然的。但有关翻译的“忠实性”原则已经过时或行不通了的说法，则有必要进一步讨论，因为这不仅关乎翻译方法问题，而且关乎对翻译价值和翻译本质的认识问题，更是一个翻译伦理问题。这里有必要指出，葛浩文的翻译是不是“连译带改”，还有待进一步研究。将葛浩文的翻译定性为“连译带改”，再借助葛浩文对莫言获奖所起的作用来论证“忠实性”翻译原则已经过时，这样的逻辑值得怀疑。我们认为：“文学对外译介与传播中的翻译方法问题，就其本质而言，折射的是跨文化交流中如何看待语言文化异质性、如何对待他者文化的伦理问题，非常有必要从翻译伦理的角度进行深入思考。”[①]1984年，贝尔曼在《异的考验——德国浪漫主义时代的文化与翻译》一书中提出“翻译伦理”的概念，并呼吁展开翻译伦理研究。此后，诸多翻译学者对这一问题展开了探索和思考。事实上，“忠实性”是一个伦理概念，我们所说的“信”，也在此范畴。因此，要廓清围绕“忠实”翻译所引起的困惑，在某种程度上就是要回答“翻译是否应该恪守伦理原则”这一问题。就此，我们主要有如下几点看法。

一方面，恪守伦理原则是翻译的本质要求。翻译是以符号转换为手段，意义再生为任务的一项跨文化的交际活动。[②]其目标在于打破文化隔阂、促进不同文化之间相互了解与融合，是自我与他者之间的一种双向交流。从这个意义上来看，翻译活动中的许多重要问题都跟伦理有关。其中，对“异”的伦理的认识，在当下显得特别重要。翻译中的“异”既指差异、不同，也有他者、异域的意思，涉及语言、文化、思维等多个层面。翻译的缘起就在于一个“异”字，如果没有“异”，就没有翻译的必要性。翻译活动因语言之“异”而产生，但又不仅仅是一种语言活动，而是涉及语言、文化、社会、历史、意识形态等诸多要素。因此，除了语言之间的“异”，还有与之相关的思维、文化等更深层的“异”。有“异”就有“同”，“异”与“同”相反相成。相同的东西无所谓交流，相异的东西才有交流的必要。[③]翻译本质就是要在异中求同，在同中存异。

文学翻译需要处理好异同关系。翻译不是简单的语码转换，也不是单纯的信息传递，而是向一个世界的经验开放。因此，“异”的考验体现为，在

① 刘云虹、许钧《异的考验——关于翻译伦理的对谈》，《外国语》2016年第2期，第74-75页。
② 许钧《翻译论》（修订版），南京：译林出版社，2014年，第50页。
③ 许钧《文化“差异”与翻译》，《中国比较文学》1997年第1期，第76页。

超越“异”的同时又要传达“异”，一定程度上保留原作的异质性。翻译通过语言的转换促进文化的开放，继而又促进思维的开放，其本质在于自我与他者建立某种联系。[①] 通过翻译，自我可以经由他者返回自身、观照自身、丰富自身。要实现文化开放、求同存异的目标，恪守忠实性伦理至关重要。贝尔曼认为，忠实是翻译的自身目标和内在需要，翻译伦理就在于如何定义“忠实”，而忠实“是人对于自我、对于他者、对于世界和对于经验，当然也是对于‘文本’的某种‘态度’”[②]。贝尔曼所谓“某种态度”实际上就是一种“尊重”。具体而言就是尊重原作及原作中的语言和文化的异质性。我们认为，这是贝尔曼翻译伦理思想的核心内容，也是他心目中翻译的伦理目标之所在。[③] 如何对待“异”与“同”，如何协调“自我”与“他者”之间的关系，是理解翻译伦理问题的关键，也是我们在思考中国文学对外译介问题时需要关注的问题。

另一方面，恪守伦理原则是思想文化传承的必要条件。就翻译活动而言，语言转换只是手段，文化传承与交流才是根本。因为语言文化的差异，翻译过程中有所变通，当然有其必要性。但是，对“忠实性”的坚守，既是翻译伦理的要求，也是思想与文化继承和传播的必要条件。在翻译过程中，译者难免会遇到因为差异所导致的种种困难和障碍。这些差异包括世界之异、思维之异、语言之异、文化之异，等等。它们不仅从根本上构成了翻译的必要性，也在具体的翻译实践中导致了实际的翻译障碍与困难。有翻译经历的人对此都会有切身的体验。翻译工作首先要解决的问题，就是如何对待不同的文化。是偏向一方，以牺牲另一方的利益为代价？还是以平等的态度，努力促进沟通与交流？这是需要认真思考的问题。从中西翻译史上来看，无视、轻视或仰视异域文化的态度，都是有悖于翻译的本质及通过翻译促进不同文化间平等交流这一根本目标的，也是有悖于翻译伦理的。

如果文学翻译是一种跨文化交流活动，那么，“文化的核心问题是伦

① 许钧、高方《“异”与“同”辨——翻译的文化关照》，《南京大学学报（哲学·人文科学·社会科学版）》，2004 年第 1 期，第 106 页。

② Berman, A. *La traduction et la lettre ou l' auberge du lointain*. Editions du Seuil, 1999, p.74.

③ 刘云虹、许钧《异的考验——关于翻译伦理的对谈》，《外国语》2016 年第 2 期，第 73 页。

理道德问题，包括道德信仰、道德原则与道德情感。伦理道德，从本质的意义上说，乃是如何使人成为人，成为具有人格，既尊重自己又尊重他者的看待方式与对待方式”[①]。不同的文化态度和价值取向决定了不同的译介、接受和传播方式。在中国文学外译活动中，人们所从事的不仅仅是两种语言之间的转化，更重要的是要在承认差异、尊重差异的基础上，实现一种真正的双向交流。这种交流既是不同文化间的相互沟通，更是不同文化间平等而长远的对话与融合。“连译带改”的翻译方法及其所体现的价值取向虽然在特定时空环境下有其合理性，但无疑也有其内在风险，需要引起我们的注意。通过翻译进行改头换面，甚至任意“梳妆打扮”，不仅是对中国文学主体性的伤害，而且有违文化生态多样性的理念，与通过翻译实现双向交流的目标背道而驰。翻译如果在某种程度上成为文化误读或文化过滤的同谋，那就完全背离了翻译在其跨文化交流本质下的根本目标。因此，在“异”的考验中检视翻译对他者的立场与态度、对“异”的认识与处理方式，这是翻译伦理的要求，也是对翻译的必要性与翻译的价值的维护。

四、中国文化主动“走出去”有否必要

从当前中国语境来看，这个问题似乎已经不成其为问题，因为随着中国文化“走出去”发展战略的实施，中国文化“走出去”的步伐在不断加快，已经难以阻挡。但是我们也注意到，在这个过程中，来自国内外的各种争议与批评之声不绝于耳。总结起来，质疑者的观点主要有两点：一是文化交流应产生自交流双方的自身需求，在平等的基础上进行，现在中国在不考虑其他国家社会状况与文化需求的情况下，集大量人力物力财力将自己的文化硬推向世界，这种行为似有强行输出意识形态之嫌；二是文化交流与接受都有自己的规律，我们不考虑接受规律，一厢情愿地将我们认为“好的”文化推出去，恐怕最后难以达到预期效果。

这些质疑的声音动机不同，各有侧重，但它们在某种意义上都是对中国

① 晏辉《现代性与伦理多样性问题》，《新华文摘》2017 年第 5 期，第 37 页。

文化主动“走出去”的一种怀疑或者否定。对此，我们觉得有必要予以回应。文化交流可以有多种形式，既可以是民间纯粹自发的交流互动，也可以是通过官方渠道进行的交流往来，而后者无论何时何地都摆脱不了意识形态因素的影响，从根本上说，文化本身就包括意识形态的因素。在这个意义上，中国文化主动“走出去”并不比美国文化、法国文化、德国文化主动“走出去”更具意识形态色彩。另外，“走出去”的文化涵盖的范围非常广泛，仅从对外译介的作品来看，既包括当代文学作品，也包括文化典籍，涉及中国文学、美学、哲学、政治、伦理的方方面面，是中华民族几千年来精神财富的结晶，远非“意识形态”几个字就可以草草概括。

随着科技发展和全球化程度的加深，人类社会已进入了一个新的阶段，意识形态之争确实存在，但合作与发展才是全人类应面对的首要问题。中国作为一个政治、经济、文化大国，在今日之世界和平与发展进程中扮演着越来越重要的角色，是世界其他国家主动寻求合作的对象，而具有可持续性的合作必然奠基于合作双方的彼此理解之上。实际上，近年来，海外学习汉语的人数越来越多，海外华人与当地居民共同庆祝中国新年，中国不断成为各国书展的主宾国，“请进来”与“走出去”的活动越来越频繁，这些都表明世界一直在通过不同的方式，表达自己对了解中国的渴望。中国文化主动“走出去”，表达了中华民族推进世界各种文明交流交融的美好愿望，也顺应了丰富世界文化、维护文化多样性的时代要求。

从效果来说，文化“走出去”既然是文化发展战略，那么对其效果也应从战略高度去评价。以文化的重要组成部分——文学的对外译介为例，实际上，对于像“熊猫丛书”、《大中华文库》“这样的具有战略意义的出版物，仅仅以当下的市场销售与读者接受情况来衡量便得出否定性的结论，是值得商榷的”[①]。改革开放之初，在杨宪益等人的推动下，“熊猫丛书”设立，通过译介图书向外国介绍中国文学与文化。据耿强统计，从1981年至2007年，“熊猫丛书”共计出版英法日德语图书200余种，不仅包括文学作品，也包括文化典籍，甚至还包括民间文化书籍；从文学作品看，体裁涉及小说、诗

① 许多、许钧《中华文化典籍的对外译介与传播——关于〈大中华文库〉的评价与思考》，《外语教学理论与实践》2015年第3期，第13页。

歌、戏剧、散文、相声等。[①] 这些外译的图书有很多被海外各类图书馆收藏，引起了欧美一些读者的关注，部分还获得了专业研究者的推介。特别需要指出的是，在经历 30 年的中西隔绝之后，这些图书的翻译出版向西方介绍了真实的中国文学与文化，为渴望了解中国文化的西方读者打开了一扇大门，其作用不应该仅仅从文学接受的层面加以论定，还应该从思想的开放与文化的交流层面去探讨。翻译学者有越来越多的机会与外国汉学家、文学家进行交流，后者对中国主动向国外译介中华典籍和中国文学作品的做法也在不同场合表达了自己的看法，总体而言，他们的态度也是在不断变化与发展的。如获 2008 年诺贝尔文学奖的法国作家勒克莱齐奥，就持赞成的态度，他曾在中国旅行途中认真阅读南京大学出版社推出的一套有关中华典籍的英译文本，且在其公开演讲中讲述了他的读书心得。对于《大中华文库》，学界有一些微词。但在我们看来，《大中华文库》对外译介工程在对外介绍中国文化之源流、构建系统的中国文化价值观、培养国内高水平翻译与语言服务人才方面都具有不可忽视的价值。[②]

在全球化的时代，在物质的领域，在经济贸易的活动中，主动“走出去”是一种常态。而在精神交流活动中，主动“走出去”也应该是一种常态。歌德为推进“世界文学”的交流，就特别鼓励各个民族奉献出最优秀的文学成果，在世界精神之市场去交流，通过异之明镜，认识自身，丰富自身。中国文化主动“走出去”，是时代的呼唤，也是历史的必然。

第二节　翻译研究的发展趋势与探索重点

一、克服翻译研究的泛文化倾向与翻译研究的本体性回归

从 20 世纪 50 年代开始，西方的翻译研究从大的方面来看经历了语言学、

① 耿强《中国文学走出去政府译介模式效果探讨——以“熊猫丛书”为个案》，《中国比较文学》2014 年第 1 期，第 67 页。

② 许多、许钧《中华文化典籍的对外译介与传播——关于〈大中华文库〉的评价与思考》，《外语教学理论与实践》2015 年第 3 期，第 14–15 页。

文化两次所谓的转向，但前一次转向显然没有后一次转向造成的影响深远。自20世纪90年代起，我国翻译研究界开始密集地引进西方翻译理论，一时间，各种原本并不为传统翻译研究所熟悉的术语一起进入我们的视野，诸如“意识形态”“权力”“操纵”“文化资本”“话语权”“赞助人”“抵抗式翻译”“等级”等，还有“多元系统”“解构主义”“女性主义”“后殖民主义”，甚至“食人主义”等等理论或流派。这些理论和相关术语很快吸引了不少学者的目光，相关的研究著作和论文大量涌现。

应该说，作为20世纪后半叶以来学科交叉互涉程度加深、学科间边界不断被跨越的结果，文化学派或文化研究范式的兴起当然不是翻译研究领域独有的景象。其他人文学科领域出现的现象可能更为极端。例如过去的几十年，“theory”一词在美国乃至在受美国理论影响的区域摇身一变，成为首字母大写的“Theory”，指涉及种族、性别、等级、身份等诸多文化社会问题的“后结构主义”或“解构主义”理论。这让人不禁深思，究竟是“理论”一词的意义变狭窄了，还是“解构主义”所指涉的问题几乎无所不包。

文化研究范式之所以能得到学界的关注并广为运用，原因是多方面的。在翻译研究领域，这首先与翻译活动的本质特征有关。有学者曾给翻译提出过如下定义：“翻译是以符号转换为手段、意义再生为任务的一项跨文化的交际活动。”[①] 翻译活动的跨文化属性决定了诸多的翻译现象在一定程度上都可以由文化理论来解释。从某种意义上说，举凡涉及人的精神层面的东西，我们都可以求助于文化理论。文化理论似乎成了一种放之四海而皆准的东西。周宪写过《文化研究：为何并如何？》一文，里面有一句话很说明问题：“当文化研究取代文学研究时，几乎没有什么不可以成为研究对象。”[②] 在翻译研究领域也是如此，我们可以说，当文化研究取代传统翻译研究甚至语言学翻译研究途径时，几乎没有什么不可以成为研究对象，几乎没有什么不可以用文化理论来解释。翻译研究中逐渐出现了泛文化的倾向。

不能否认，在产生之初，翻译研究的文化转向的确有着不可抹杀的意义，它有助于我们解释一些依靠单纯的语言学、文艺学无法解决的问题，看到意

① 许钧《翻译论》（修订版），南京：译林出版社，2014年，第50页。
② 周宪《文化研究：为何并如何？》，《文艺研究》2007年第6期，第23页。

识形态、文化因素在广义的翻译活动中所起到的重要作用。与此同时，大量引进西方文化学派理论的时期，也与我们努力尝试在中国建立翻译学学科的时期相吻合，理论的引进，视野的开阔，疆域的拓展，以及借助文化学派业已在学术界获得的话语权来建立我们自己的话语权，这对于正在为学科的合法地位苦苦挣扎的一代学人来说实在具有非常重要的意义。但我们也知道，过犹不及，喧宾就容易夺主，如果翻译研究泛化成为了文化研究，乃至社会研究、历史研究，那么整个翻译学也就失去了其作为独立学科存在的基础和意义。

所幸这个问题现已引起了国内一些学者的关注。进入 21 世纪以来，已有不少学者呼吁翻译研究要回归本体。但如何真正实现向翻译研究本体的回归，除了呼吁之外，我们还须面对现实，认真思考，着力于廓清翻译研究的本体，将目光拉回到翻译活动本身，让翻译理论探索围绕翻译活动展开。翻译活动的确是一项跨文化交流活动，但它最根本的属性，是一种语言实践活动，是一种符号转换活动，以狭义的翻译而论，是一种语言转换活动。有学者指出："从语言和语言学的角度研究翻译可以说是一种回归，一种必然的回归，翻译的栖息地毕竟离不开语言，离不开文本，离不开结构。"[①] 对这一观点，学界同行一定有不同的意见。对翻译研究本体的回归，并不意味着研究方法必然回归到语言学的研究途径。但我们能否跳出一种非此即彼的排他性思路？翻译研究，无论是语言学研究途径、文化研究途径，还是女性主义研究途径，都不是排他性的或颠覆性的，其所谓的转向，也不是从根本上对前者的否定，而应该是某种补充、深化或丰富。不同的研究途径会给我们对翻译的认识、理解提供一种新的视角，开启一种新的可能性。我们不应该在强调文化研究途径的时候忽视甚至否定其他研究途径的贡献。我们所强调的回归，不仅仅是指方法上，而是一种方向性的，希望学界同仁能够重视探讨并明确翻译研究的对象。没有专属于自己的研究对象，就不可能有真正意义上的独立学科的存在。翻译研究本体的回归，首先是要明确研究对象，对翻译活动的本质属性有深刻的研究和认识。无论是翻译研究的语言学转向、

① 王东风《功能语言学与后解构主义时代的翻译研究》，《中国翻译》2007 年第 3 期，第 9 页。

文化转向，还是新近提出的社会转向或伦理转向，都离不开对翻译活动本质属性的探索与把握。

二、挖掘翻译研究的理论性资源与理论创新的可能性

关于前面提到的翻译研究本体回归的问题，我们的确存在一些模糊的认识。与此相关的是，我们翻译研究界在研究方法上似乎遭遇到了发展的瓶颈。翻译研究的泛文化倾向，从某种意义上也说明了翻译研究新方法、新理论的缺乏。我们不能不看到，半个多世纪以来的翻译研究，大都是借助其他学科的理论发展起来的。而国内的翻译研究界，也已经习惯了某种拿来主义。一方面，西方的翻译理论界遭遇到了理论性资源的缺乏，目前很难再借助其他学科的理论“发展”出什么新的理论；另一方面，中国翻译研究界三十多年来将很多的精力放在引进西方翻译理论上，虽然这种引进有思考和批评，但更多的是照搬和套用。有学者很早就意识到了这种局限于拿来主义传统的危险，提出了要着力于建设具有“中国特色的翻译学”，但终因为“中国特色”这四个字带有太多的中国政治色彩，太具有主流意识形态的色彩而受到了不少学者，特别是具有国外或境外工作和学习经历的学者的批评，在译学界也有过争鸣与讨论。争论问题的背后，凸显的是中国译学界关注的焦点：我们如果没有理论创新，一个学科就无法向前走，所以现在是时候自问，我们应该往哪里走？怎么走？针对这些问题，我们认为要处理好几层关系。

首先，要处理好理论引进与本土化的关系。不可否认，外来的理论对我们的吸引力是很大的，而且很多理论的确具有某种普适的维度。但正所谓一方水土养一方人，一方水土也养一方理论，如果盲目引进，理论到了我们这里水土不服了，我们利用病态的理论，只能结出畸形的果实。比如基于西方语言文学传统的理论是否一定适合我们汉语语言文学系统呢？西方文化语境下产生的现代性概念和解构主义的某些理论是否可以原样照搬到我们国家呢？这些问题都需要我们在接受外来理论过程中持批判的目光和审慎的态度，历史地考察理论，理顺其来龙去脉，选取真正具有共性的维度，来观照我们的问题，在拓展广度的同时，也拓展理论的深度。

其次，要处理好传统与创新的关系。我们国家有悠久的翻译历史和翻译

思考的传统，但因中国传统译论话语的方式不太符合今日占统治地位的西方学术话语方式，所以渐渐失去了话语权。但是，传统译论的丰富内涵是不是得到了我们足够的重视呢？推陈出新之路，我们不应该忽视。在不同的发展阶段用不同视角去审视传统译论，能发现不同的意蕴和内涵。比如研究傅雷，一部分是对傅雷翻译思想的整理和阐释，通常我们将傅雷的翻译思想归结为“神似”两字，但通过对傅雷翻译手稿、译序、跋及与家人友人的书信的研究，可以发现傅雷对翻译的思考具有整体性，有其一以贯之的诗学追求，有其明确的诗学观。傅雷的个案尚且如此，那么由罗新璋归纳的整整一条“案本——求信——神似——化境”传统译论的脉络能够给我们提供的思考和研究的可能性是不容忽视的。我们要做的，是如何立足当下，对中国传统译论进行再发掘与再阐释，赋予其在新时代的新内涵。中国传统译论可以说是进行理论建设与创新很重要的资源。在这方面，学界作过一些尝试，如对“信、达、雅”翻译标准的再阐释①，对其顽强的生命力予以关注和解释。

最后，还要处理好继承与发展的关系。人文学科的一个突出特点是理论传承、拓展与深化，创新很多时候是说起来容易做起来难，写一部著作或一篇文章，不能忽视对前人成果的梳理和探究。翻译研究的理论创新也是如此。“新”永远是相对“旧”而言的，如果不能很好地理解“旧”，创新也就无从谈起。近些年来，各种理论与其说是有机传承、和谐共生，不如说是此消彼长，某一种理论热门了，其他理论似乎就会被冷落甚至被否定。随着全球化进程日渐加快，中外交流日益扩大，目前我们几乎能够实现对西方学术界最新成果的同步接受。这看似一种进步，实际上造成的困扰也不小，因为我们在相对集中的时间内译介了西方在较长时间跨度上发展起来的理论，尤其是近十年，理论更新速度那么快，以至于我们还没来得及消化一种理论，就立即被另一种新的理论湮没。在这种情况下，特别需要戒除一种理论速食主义。这种理论速食主义在两点上特别有危害，第一点是浅尝辄止，理论的精髓还没来得及被细细品味，好好加以利用，就已被淘汰出局；第二点是不加鉴别，还没来得及辨别理论本身有没有营养，它就已经被加工成了各种文章

---

① 刘云虹、许钧《理论的创新与实践的支点——翻译标准“信达雅”的实践再审视》，《中国翻译》2010 年第 5 期，第 13-18 页。

论著。理论速食主义导致了一个奇怪的现象：我们的研究看似不断地在出新，实则很多都浮于表面，用孙艺风的话说就是："如此走马灯似地你方唱罢我登场的喧闹，有时不免让人有蜻蜓点水般的肤浅感觉。"[①] 这种你方唱罢我登场的喧闹，其危害不仅在于其肤浅，更在于其对传统的割裂。理论创新，不是凭空可以做到的，也不是通过对前者的一味否定产生的。从历史发展的角度看，没有继承就没有发展。理论创新不是一味否定，也不是一味趋新。在目前阶段，没有必要因为没有可以引进的新的外国译论而惶惑，也不要因为国际上暂时没有中国创立的什么学派而焦躁。我们需要的是不断反思自身，对我们所走过的路、所作过的努力进行反思，在对以往的理论的思考、批评与探索中发现新的价值，予以继承与发展。比如在目前阶段，对于中国文化如何"走出去"，如何发挥翻译的作用，我们就可以结合"多元系统论"和西方的文化社会学理论，对中国文化的现实地位、译介心态和传播方式进行研究，提出自己的观点，形成某种译介与传播的理论，其发展前景和作用是不容小觑的。在这方面，学界也作过一些探索，就中国文学"走出去"，促进中外文化交流提出过看法和建议[②]，有了反响，有关部门做出过积极的回应。

三、拓展翻译研究的本质内涵，加强翻译研究与其他学科的互动性

从词源看，translation一词有"转渡"的意思，用古人的话来说，"译即易"。说得宽泛一点，只要涉及精神层面的转移、转换活动，在广义上都可以用"翻译"来指代之。又因语言文化中的"转渡""变易"经常伴随着各个层面的冲突，时常会触及人类存在的一些根本问题，因此翻译活动在历史上总会引起一些富有洞察力、思维敏锐的思想家的关注。但我们在欣喜于翻译活动重要性得到肯定的同时，也应认识到，很多学者谈论翻译的目的是醉翁之意不在酒，他们往往是借对翻译的思考来阐发自己的思想和观点，发展自己的理

① 孙艺风《翻译学的何去何从》，《中国翻译》2010年第5期，第5页。

② 高方、许钧《现状、问题与建议——关于中国文学走出去的思考》，《中国翻译》2010年第6期，第5-9页。

论。翻译研究者应该具备翻译研究的独立意识，在注意吸收他们对翻译的深刻思考成果的同时，防止把他们就翻译发表的论说或只言片语当作译学的体系性指南。从改革开放以来我国翻译研究的情况看，我们从哲学、语言学、文化学、文化社会学甚至人类学等种种思潮中吸收了不少养分，但我们发现，在不少情况下，相关领域学者对翻译的思考往往是其学科理论研究的副产品，在一定程度上，造成了翻译研究依赖于其他学科的附属性倾向。

翻译研究尽管在中西方都有相当长的历史，但从学科角度来说，翻译学才刚刚起步，早些年，将翻译研究归入语言学、比较文学领域的观点于我们并不陌生。近些年，对于研究的地位和归属，我们已经达成了比较明确的共识。那么对于研究方法呢？谭载喜在21世纪初出版的《翻译学》一书中提出了翻译研究的多种途径，包括文艺学途径、语言学途径、交际学途径、社会符号学途径和翻译学途径。[①] 对于前面四个途径，我们今天已经很熟悉了，值得思考的是最后那个“翻译学途径”。谭载喜是这样定义的：“翻译学途径是一个综合性研究。它不仅综合上述各个途径的优点，同时还综合其他一切翻译研究途径的优点或特点。翻译学途径明确区分翻译和翻译研究，认为翻译本身只能是一种技术、一门艺术，决不是科学；而有关翻译的那门学问却是科学，并且是一门不隶属于任何其他学科（包括语言学）的相对独立的综合性科学。……翻译学途径的主要特点，除高度的综合性之外，还有高度的描述性、开放性和灵活性。”[②] 又是近20年过去了，似乎这个翻译学途径并没有建立起来，但就我们的理解，谭载喜指出的这个翻译学途径，应该是指一种围绕翻译活动展开的跨学科研究途径。

实际上，早在20世纪90年代，就已有不少学者认识到了翻译研究的跨学科性质。例如穆雷在1991年指出：“翻译学从语言学、文艺学、交际学、符号学、人类文化学、思维科学、应用数学和计算机科学等社会科学与自然科学的角度，对翻译进行多层次、多角度、全方位、立体化的研究和探讨，形成一门综合性、交叉性的研究翻译的新的边缘学科。”[③] 杨自俭指出：

① 谭载喜《翻译学》，武汉：湖北教育出版社，2000年，第40页。
② 同上书，第51页。
③ 穆雷《用模糊数学评价译文的进一步探讨》，《外国语》1991年第2期，第68页。

“翻译科学是一门跨学科的综合性很强的学科，它既不属于语言学，也不属于文学或文艺学，而是一门独立的学科。”[①] 申雨平也指出：“翻译已真正成了跨学科的研究领域……”[②] 但是，如何真正有效地开展跨学科研究，保证翻译研究能在借助其他学科成果的同时保持自身的独立性，需要我们进行认真思考。国外有些学者探讨过跨学科研究方法，总结出“中心模式、多元模式和整合模式”[③] 这三种模式。这些模式有各自的优势，例如中心模式强调本学科理论和方法的中心地位，多元模式强调问题的主导地位，整合模式强调多学科间的团结协作来解决同一个大问题。但它们也有各自的致命缺陷，假如本学科研究缺乏具有区别性特征的理论和方法，则很难采取中心模式，多元模式以问题为导向容易缺失系统性，整合模式综合各个学科却容易失却中心。

综合这几种模式的优劣，我们认为翻译研究必须具备跨学科意识，我们的翻译研究可能要有五点坚持：一、始终坚持翻译研究的中心地位，保持翻译研究的独立性。由于研究对象的特殊性，翻译领域在建设中似乎总是不得不向其他学科借思想借方法。但正如我们不断重申的那样，借来的方法必须是贴合翻译研究的，能为解决我们这个领域的问题服务，能加深对自身研究对象的认识，而不是用翻译现象去佐证其他学科的观点。二、坚持进一步明确翻译研究的对象，确立包括翻译基本问题、翻译史、翻译批评、翻译教学以及翻译技术等在内的基本稳定的研究框架和体系，促进各分支领域的发展。三、坚持培养问题意识，以问题为导向，从问题出发去探索理论。而不是反过来，为了理论而理论，为了方法而方法。失去问题意识，理论便有可能成为象牙塔内自娱自乐的文字游戏。四、面对同一个问题，坚持多角度多方法的研究原则，避免以偏概全、以一代多的倾向。方法和视角本身无所谓优劣，只要能够帮助我们认识问题、解决问题，就是有价值的。五、在坚持研究独立性的同时，加强与其他人文学科的对话。近30年来，我们的研究取得了

---

① 杨自俭《谈谈翻译科学的学科建设问题》，《现代外语》1996年第3期，第91页。

② 申雨平《〈描写性翻译研究内外〉介绍》，《外语教学与研究》1999年第1期，第75页。

③ Van Leeuwen, T. *Three Models of Interdisciplinarity*. *A New Agenda in (critical) Discourse Analysis: Theory, Methodology and Interdisciplinarity*. Ruth Wodak and Paul Chilton/John Benjamins Publishing Company, 2005, pp.3–18.

长足发展，但在整个人文学科中，实际上还处于边缘地位，很多人对我们的研究不关心不了解更不重视，这在一定程度上影响了翻译学科的建设和发展。加强对话对于我们自身有利，对于其他学科也未尝不是一件有益的事，因为处于我们视野中心的文化“差异”“他者”“碰撞”“对话”“补偿”“相互丰富”“文化多样性”等问题，关乎人类社会的多元发展，而翻译研究独特的跨文化视角，能为解决这些问题提供某种有益的途径。从长久的发展看，没有翻译研究的参与，这些与文化交流相关的问题将无法得到全面的认识。跨文化视角的形成以及跨文化语境下对话意识的培养，有可能使我们的研究为其他学科提供理论参照和借鉴，形成与其他学科的互动，增强翻译学科研究对其他学科的辐射性和影响力。

四、增强翻译研究的探索性与对重大社会问题的关注

法国翻译理论家贝尔曼曾说过：“翻译是一种能够在思考中打开自身、（重新）理解自身的经验。更确切地说：从起源来看，作为一种经验，它本身就是一种思考。”[①] 反思性、自省性内在于翻译活动本身，这一方面从源头解释了翻译理论与实践的关系，另一方面从深层次证实了实践不会也不能缺少理论或思考的维度。翻译的规定性研究与描述性研究，我们应该比较熟悉了。但是，对于翻译研究的探索性，我们以前往往比较关注其方法的层面。理论的探索，应该有历史的担当。我们认为，对社会重大问题的关注，是凸显翻译研究探索性的有效途径。

纵观中西方历史，大规模的翻译活动总是出现在每个重大历史转折点或危难时期。从西方来看，古罗马征服希腊一统西方的时期，十五六世纪的文艺复兴、宗教改革时期，十八九世纪的浪漫主义时期都是翻译活动频繁的时期。从中国历史来看，我们曾经历了三次翻译高潮，包括东汉至唐宋时期的佛经翻译、明末清初的科技翻译、五四运动时期的文学翻译，现在已进入了空前繁荣的第四个翻译时代，涉及互译的语种之多、领域之广都是前所未有的，可以说翻译活动已渗透到人类精神生活的方方面面。对于这些现象之间

---

① Berman, A. *La traduction et la lettre ou l'auberge du lointain*. Editions du Seuil, 1999, p.16.

的联系，我们已经作了一些探索。社会文化发展需要推动力，这一推动力，可以向传统寻求，也可以向外部寻求，而无论是传统的更新，还是外来文化和思想的引入，都离不开或狭义或广义的翻译，翻译活动往往处于文化交流，乃至宗教和社会变革的先锋地位，这在根本上决定了翻译与重大社会实践之间深刻的内在联系。

翻译研究对历史与社会重大问题的关注和贡献可以从以下两个大的方面来考虑：

一是从翻译史角度出发对人类交流历史进行研究与探索。通过梳理某个国家某一重要时期的翻译现象、翻译主体活动和重大翻译事件，或通过考察某个具体译者或译本个案，从翻译活动兴起的原因、展开的模式、译介的内容等诸多层面入手，揭示某一国家某一特定历史时期的社会状况和精神面貌，加深我们对历史的了解和认识。这个工作已经开展了很多年，并取得了不少重要成果，应该继续深入下去。最近一个时期，中国学术界对“西学东渐”和“东学西传”问题非常关注，我们认为翻译学界大有用武之地，无论是个案研究、断代研究或文本研究，中国学者所大力倡导的译介学将随着研究的深入焕发出越来越强盛的生命力。

二是从翻译的本质和功能出发去考察翻译活动在整个社会历史变革中的地位，明确翻译活动的作用与使命。文化学派从这个意义上说的确为我们的研究打开了视野。历史上，翻译活动在很多地区和民族的语言文化形成与发展过程中起到了决定性的作用，《圣经》翻译对基督教的贡献，路德的翻译对德意志民族语言和思想发展的贡献，我国“五四”时期的文学翻译对我们的语言、文学与文化改造所做的贡献，大家都是再熟悉不过的。时至今日，一个国家内部的发展与国际地位的奠定很大程度上要依赖文化软实力，而文化软实力无论输入与输出，在我们看来首先是一个翻译问题。在我们这个时代，翻译活动出现了新的特点，翻译活动的走向有了新的变化，社会开始特别关注中国文化与思想的对外译介，这为翻译研究提供了前所未有的机遇，也提出了新的问题。我们应该从自己的视角和立场出发争取发出更大的声音，对翻译活动及以此为依托的跨文化交流活动的机制进行探索，提出建议，促使决策者对跨文化交流中的各种影响因素有更为理性的理解，引导文化交流向更理智、更健康的方向发展，努力减少误读和误解，化解冲突，共创平等对话的交流环境和双赢结果。在目前阶段，中国对外文化交流空前活跃，也空前迫切。翻译研究界责无旁贷，应该在实现中华民族复兴的进程中，以实实在在的能力，做出我们应有的贡献。只有这样，翻译研究才有可能焕发生机，与时代同行，逐渐增强我们的研究的社会影响力。

我们有数千年悠久的翻译历史，新时代对翻译更有着广泛而深刻的要求，翻译活动涉及社会发展的各个方面，深刻影响着人类的精神生活和交流。对这样的活动进行研究，不可能是无源之水，其需要是内在的，其发展是可以期待的。我们在上面提出的一些想法可能失之片面，但我们希望这些思考和想法能引起学界同行的关注，重视翻译研究界目前存在的问题和困惑，对译学未来的研究工作如何发展进行思考并提出积极的建议，进行不懈的探索。

参考文献

外文部分

[1] Alvarez, R. & M. C. A. Vidal.(eds.). *Translation, Power, Subversion*. Multilingual Matters Ltd., 1996.

[2] Alves, F.(ed.). *Triangulating Translation: Perspectives in Process Oriented Research*. Amsterdam and Philadelphia: John Benjamins, 2003.

[3] Alvstad, C., A. Hild & E. Tiselius. *Methods and Strategies of Process Research: Integrative Approaches in Translation Studies*. Amsterdam and Philadelphia: John Benjamins, 2011.

[4] Anderman, G. & Rogers, M . (eds.). *Incorporating Corpora: The Linguist and the Translator*. Clevedon: Multilingual Matters, 2007.

[5] Baker, M. *Routledge Encyclopedia of Translation Studies (2nd)*. London and New York: Routledge, 2009.

[6] Barlow, M. *ParaConc and Parallel Corpora in Contrastive and Translation Studies*. La Jolla, CA: Athelstan Publications, 2009.

[7] Bassenett, S. *Translation Studies*. London & New York: Routledge, 1991.

[8] Beeby, A., I. Rodríguez, & P. Patricia et Sánchez-Gijón. (eds.). *Corpus Use and Translating: Corpus Use for Learning to Translate and Learning Corpus Use to Translate*. Amsterdam/Philadelphia : John Benjamins. 2009.

[9] Benjamin, A. *Translation and the Nature of Philosophy*. London & New York: Routledge, 1989.

[10] Berman, A. *L' épreuve de l' étranger, culture et traduction dans l' Allemagne romantique*. Paris: Gallimard, 1984.

[11] Berman, A. *Pour une critique des traductions: John Donne*. Paris: Gallimard, 1995.

[12] Bermann, S. & C. Porter. *Blackwell Companion to Translation Studies*. New Jersey: Wiley-Blackwell, 2014.

[13] Bunnin, N. & J. Yu. *The Blackwell Dictionary of Western Philosophy*. Malden & Oxford: Blackwell Publishing, 2004.

[14] Carl, M., S. Bangalore & M. Schaeffer (eds.). *New Directions in Empirical Translation Process Research: Exploring the CRITT TPR-DB*. Berlin and Heidelberg: Springer, 2016.

[15] Catford, J. *A Linguistic Theory of Translation: An Essay in Applied Linguistics*. Oxford: Oxford University Press, 1965.

[16] Chan S. *Routledge Encyclopedia of Translation Technology*. London and New York: Routledge, 2015.

[17] Chan, L. T. *Twentieth-Century Chinese Translation Theory*. Amsterdam, The Netherlands / Philadelphia, USA: John Benjamins Publishing Company, 2004.

[18] Cheung, P. Y. *An Anthology of Chinese Discourse on Translation: Volume 1: From Earliest Times to the Buddhist Project*. Manchester, UK: St. Jerome Publishing, 2006.

[19] Cheung, P.Y. *An Anthology of Chinese Discourse on Translation: Volume 2: From the Late Twelfth Century to 1800*. Manchester: St. Jerome Publishing, 2017.

[20] Cronin, M. *Translation and Globalization*. Routledge, 2003.

[21] Dai, G. *Hybridity in Translated Chinese: A Corpus Analytical Framework*. Berlin and Heidelberg: Springer, 2016.

[22] Danks, J. H., G. M. Shreve, S. B. Fountain & M. K. Mcbeath. (eds.). *Cognitive Processes in Translation and Interpreting*. London and New Delhi: Sage Publications, 1997.

[23] Delisle, J. & J. Woodsworth. *Translators through History*. Amsterdam: John Benjamins Publishing Co.,1995.

[24] Delisle, J. *L'enseignement de l'interprétation et de la traduction: de la théorie à la pédagogie*. Ottawa: Editions de l'Universitéd'Ottawa, 1981.

[25] Delpech, E. M. *Comparable Corpora and Computer-assisted Translation*. London: Wiley-ISTE, 2014.

[26] Diana, S. *Translation-based Corpus Studies: Contrasting English and Portuguese Tense and Aspect Systems*. London and New York: Rodopi, 2004.

[27] Dimitrova, B. E. *Expertise and Explicitation in the Translation Process*. Amsterdam and Philadelphia: John Benjamins, 2005.

[28] Doherty, S. *Eye Tracking in Translation*. London and New York: Routledge, 2018.

[29] Ehrensberger-Dow, M., S. Göpferich & S. O'Brien. (eds.). *Interdisciplinarity in Translation and Interpreting Process Research.* Amsterdam and Philadelphia: John Benjamins, 2015.

[30] Evans, J. & F. Fernandez. *The Routledge Handbook of Translation and Politics*. London and New York: Routledge, 2018.

[31] Fang ,Gao. *La traduction et la réception de la littérature chinoise moderne en France.coll.* Perspectives comparatistes .Paris：Classiques Garnier, 2016 .

[32] Fantinuoli, C. & Zanettin, F. (eds.). *New Directions in Corpus-based Translation Studies.* Berlin: Language Science Press, 2015.

[33] Fantinuoli, C. (ed.). *New Directions in Corpus-based Translation Studies*. Berlin: Language Science Press, 2017.

[34] Ferreira, A. & J. W. Schwieter. (eds.). *Psycholinguistic and Cognitive Inquiries into Translation and Interpreting*. Amsterdam and Philadelphia: John Benjamins, 2015.

[35] Gallego-Hernández, D. (ed.). *New Insights into Corpora and Translation*. Newcastle: Cambridge Scholars Publishing, 2016.

[36] Gambier, Y. & L. van Doorslaer. *Handbook of Translation Studies (Vol 1-4)* . Amsterdam and Philadelphia: John Benjamins, 2010/2011/2012/2013.

[37] Gentzler, E. *Contemporary Translation Theories.* London & New York: Routledge, 1993.

[38] Göpferich, S., A. L. Jakobsen & I. M. Mees. (eds.). *Looking at Eyes: Eye-tracking Studies of Reading and Translation Processing*. Copenhagen: Samfundslitteratur Press, 2008.

[39] Göpferich, S., A. L. Jakobsen. & I. M. Mees. (eds.). *Behind the Mind: Methods, Models and Results in Translation Process Research*. Copenhagen: Samfundslitteratur Press, 2009.

[40] Göpferich, S., F. Alves & I. M. Mees. (eds.). *New Approaches in Translation Process Research*. Copenhagen: Samfundslitteratur Press, 2010.

[41] Gouadec, D. *Translation as a Profession*. John Benjamins, 2007.

[42] Granger, S., J. Lerot & S. Petch-Tyson. (eds.). *Corpus-based Approaches to Contrastive Linguistics and Translation Studies*. London and New York: Rodopi, 2008.

[43] Grucza, S., M. Pluzyczka & J. Zajac. (eds.). *Translation Studies and Eye-tracking Analysis*. Frankfurt am Main: Peter Lang, 2013.

[44] Gutt, E-A. *Translation and Relevance*. Oxford: Basil Blackwell Ltd, 1991.

[45] Hale, S. & J. Napier. *Research Methods in Interpreting-A Practical Resource*. New York: Bloomsbury, 2013.

[46] Hansen-Schirra, S., S. Neumann & E. Steiner. (eds.). *Cross-linguistic Corpora for the Study of Translations: Insights from the Language Pair English-German*. Berlin and New York: De Gruyter Mouton, 2012.

[47] Harding, S. & O. C. Cortes. *The Routledge Handbook of Translation and Culture*. London and New York: Routledge, 2018.

[48] Hatim, B. & I. Mason. *Discourse and the Translator*. London: Longman, 1990.

[49] Hatim, B. & I. Mason. *The Translator as Communicator*. London & New York: Routledge, 1997.

[50] Hermans, T. *Translation in Systems: Descriptive and Systemic Approaches Explained*. Manchester: St. Jerome Publishing, 1999.

[51] Higgs, J. (ed.). *Writing Qualitative Research*, Sydney: Hampten Press, 1998.

[52] Holmes, J. S. *Translated! Papers on Literary Translation and Translation Studies*. Amsterdam: Rodopi, 1988.

[53] Holmes, J. S., L. José & R. B. van Den. (eds.). *Literature and Translation*. Leuven: Academic Publishing, 1978.

[54] Hou, Y. *A. Corpus-based Study of Nominalization in Translations of Chinese Literary Prose: Three Versions of Dream of the Red Chamber*. Frankfurt am Main: Peter Lang, 2014.

[55] House, J. *Translation: A Multidisciplinary Approach*. Basingstoke: Palgrave Macmillan, 2014.

[56] Hu, K. *Introducing Corpus-based Translation Studies*. Berlin and Heidelberg: Springer, 2016.

[57] Huang, L. *Style in Translation: A Corpus-based Perspective*. Berlin and Heidelberg: Springer, 2015.

[58] Hubscher-Davidson, S. *Translation and Emotion: A Psychological Perspective*. London and

New York: Routledge, 2018.

[59] Ippolito, M. *Simplification, Explicitation and Normalization: Corpus-based Research into English to Italian Translations of Children's Classics.* Newcastle: Cambridge Scholars Publishing, 2013.

[60] Izwaini, S. *Translation and The Language of Information Technology: A Corpus-based Study of the Vocabulary of Information Technology in English and Its Translation into Arabic and Swedish.* Saarbrücken: VDM Verlag Dr. Müller, 2010.

[61] Jeffery, M. G. *Thinking through Translation.* Athens: University of Georgia Press, 2001.

[62] Ji, M, M. Oakes, D. Li & L. Hareide. (eds.). *Corpus Methodologies Explained: An empirical Approach to Translation Studies*. London and New York: Routledge, 2016.

[63] Ji, M. *Phraseology in Corpus-Based Translation Studies*. Frankfurt am Main: Peter Lang, 2010.

[64] Jorg, T. *New Thinking in Complexity for the Social Sciences and Humanities: A Generative, Transdisciplinary Approach*. Utrecht: Springer, 2011.

[65] Kenny, D. *Lexis and Creativity in Translation: A Corpus-based Approach*. London and New York: Routledge, 2014.

[66] Krings, H. P. *Repairing Texts: Empirical Investigations of Machine Translation Post-editing Processes*. Kent: The Kent State University Press, 2001.

[67] Kruger, A., J. Munday, & K. Wallmach (eds.). *Corpus Based Translation Studies: Research and Applications*. London: Continuum, 2011.

[68] Kuhiwczak, P. & K. Littau. *A Companion to Translation Studies*. Clevedon: Multilingual Matters, 2007.

[69] Kuhn, T. *The Structure of Scientific Revolutions.* Chicago: University of Chicago Press, 1962.

[70] Laviosa, S. *Corpus-based Translation Studies: Theory, Findings, Applications*. Amsterdam and New York: Rodopi, 2002.

[71] Laviosa, S., A. Pagano, H. Kemppanen & M. Ji. (eds.). *Textual and Contextual Analysis in Empirical Translation Studies*. Berlin and Heidelberg: Springer, 2017.

[72] Lefevere, A. (ed.). *Translation, Rewriting, and Manipulation of Literary Fame*. London:

Routledge, 1990.

[73] Liu, L. *The Clash of Empires: The Invention of China in Modern World Making.* Cambridge / London: Harvard University Press, 2004.

[74] Liu, L.(ed.). *Tokens of Exchange: The Problem of Translation in Global Circulations.* Durham and London: Duke University Press, 1999.

[75] Lorsher, W. *Translation Performance, Translation Process, and Translation Strategies: A Psycholinguistic Investigation*. Tubingen: Narr, 1991.

[76] Malamatidou, S. *Corpus Triangulation: Combining Data and Methods in Corpus-Based Translation Studies*. London and New York: Routledge, 2017.

[77] Malmkaer, K. *The Routledge Handbook of Translation Studies and Linguistics*. London and New York: Routledge, 2018.

[78] Malmkjaer, K. & K. Windle. *The Oxford Handbook of Translation Studies*. Oxford University Press, 2011.

[79] Martín, R. M. (ed.). *Reembedding Translation Process Research*. Amsterdam and Philadelphia: John Benjamins, 2016.

[80] Mastropierro, L. *Corpus Stylistics in Heart of Darkness and Its Italian Translations*. London: Bloomsbury Academic, 2017.

[81] Mauranen, A. & P. Kujamäki. (eds.). *Translation Universals: Do They Exist?* Amsterdam / Philadelphia: John Benjamins, 2004.

[82] Mees, I. M., F. Alves. & Göpferich, S. (eds.). *Methodology, Technology and Innovation in Translation Process Research: A Tribute to Arnt Lykke Jakobsen*. Samfundslitteratur, 2010.

[83] Mellinger, C. D. & T. A. Hanson. *Quantitative Research Methods in Translation and Interpreting Studies*. London and New York: Routledge, 2017.

[84] Mikhailov, M. & R. Cooper. (eds.). *Corpus Linguistics for Translation and Contrastive Studies: A Guide for Research*. London and New York: Routledge, 2017.

[85] Millan, C. & F. Bartrina. *The Routledge Handbook of Translation Studies*. London and New York: Routledge, 2013.

[86] Mounin, G. *Les problèmes théoriques de la traduction.* Paris: Gallimard, 1963.

[87] Munday, J. *Introducing Translation Studies: Theories and Applications (3rd)*. London and

New York: Routledge, 2012.

[88] Munday, J. *The Routledge Companion to Translation Studies (Revised Edition)* . London and New York: Routledge, 2009.

[89] Newmark, P. *A Textbook of Translation*. Shanghai: Shanghai Foreign Language Education Press, 2002.

[90] Newmark, P. *Approaches to Translation.* Oxford: Pergamon Press/ Shanghai: Shanghai Foreign Language Education Press, 1981/2001.

[91] Nida, E. & C. Taber. *The Theory and Practice of Translation*. Leiden: E. J. Brill, 1982.

[92] Nida, E. *Towards a Science of Translation: With Special Reference to Principles and Procedures Involved in Bible Translating.* Leiden: E. J. Brill, 1964.

[93] Oakes, M. P. & M. Ji. (eds.). *Quantitative Methods in Corpus-based Translation Studies*. Amsterdam and Philadelphia: John Benjamins, 2012.

[94] O'Brien, S. (ed.). *Cognitive Explorations of Translation*. London and New York: Continuum, 2011.

[95] Olohan, M. *Introducing Corpora in Translation Studies.* London and New York: Routledge, 2004.

[96] Olohan, M. *Introducing Corpora in Translation Studies*. London: Routledge, 2004.

[97] Palumbo, G. *Key Terms in Translation Studies*. London and New York: Continuum, 2009.

[98] Panou, D. *Idiom Translation in the Financial Press: A Corpus-based Study*. Newcastle: Cambridge Scholars Publishing, 2014.

[99] Pastor, G. & M. Seghiri. (eds.). *Corpus-based Approaches to Translation and Interpreting: From Theory to Applications*. Frankfurt am Main: Peter Lang, 2016.

[100] Pöchhacker, F. *Introducing Interpreting Studies.* London & New York: Routledge, 2004.

[101] Pochhacker, F. *Routledge Encyclopedia of Interpreting Studies.* London and New York: Routledge, 2015.

[102] Pym, A. *Method in Translation History*. Manchester: St. Jerome Publishing, 1998.

[103] Quah, C. K. *Translation and Technology*. Palgrave Macmillan, 2006.

[104] Robinson, D. *Becoming a Translator：An Accelerated Course*. Routledge, 1997/2003.

[105] Robinson, D. *The Translator's Turn*. London: The John's Hopkins University Press, 1991.

[106] Robinson, D. *Western Translation Theory From Herodotus to Nietzsche (second edition).* New York & London: Routledge, 2014.

[107] Rojo, A. & I. Ibarretxe-Antunano. (eds.). *Cognitive Linguistics and Translation*. Berlin and New York: De Gruyter Mouton, 2016.

[108] Rose, M.G. (ed.). *Translation Horizons: Beyond the Boundaries of Translation Spectrum*. Binghamton: State University of New York, 1996.

[109] Saldanha, G. & S. O'Brien. *Research Methodologies in Translation Studies*. London & New York: Routledge, 2014.

[110] Samuelson-Brown, G. *A Practical Guide for Translators*. Multilingual Matters, 2010.

[111] Schaffner, C. (ed.). *Translation and Norms:Current Issues in Language and Society*. Clevedon & Philadelphia: Multilingual Matters Ltd, 1999.

[112] Schwieter, J. W. & A. Ferreira. *The Handbook of Translation and Cognition*. New Jersey: Wiley-Blackwell, 2017.

[113] Shreve, G. M. & E. Angelone. (eds.). *Translation and Cognition: Recent Development*. Amsterdam and Philadelphia: John Benjamins, 2010.

[114] Snell-Hornby, M. *The Turns of Translation Studies: New Paradigms or Shifting Viewpoints*? Amsterdam/Philadelphia: John Benjamins Publishing Company, 2006.

[115] Snell-Hornby, M. *Translation Studies: An Integrated Approach*. John Benjamins Publishing Company, 1988.

[116] Steiner, G. *After Babel: Aspects of Language and Translation.* Shanghai: Shanghai Foreign Language Education Press, 2001.

[117] Sun, Y. *Translating Foreign Otherness: Cross-Cultural Anxiety in Modern China.* New York: Routledge, 2018.

[118] Tengku Mahadi, T. S., H. Vaezian. & Akbari, M. *Corpora in Translation: A Practical Guide*. Frankfurt am Main: Peter Lang, 2010.

[119] Tiedemann, J. *Recycling Translations: Extraction of Lexical Data from Parallel Corpora & Their Application in Natural Language Processing*. Uppsala Universitet: Upp-sala, 2003.

[120] Tirkkonen-Condit, S. & R. Jaaskelainen. (eds.). *Tapping and Mapping the Processes of Translation and Interpreting*. Amsterdam and Philadelphia: John Benjamins, 2000.

[121] Toury, G. *Descriptive Translation Studies and Beyond*. Amsterdam & Philadelphia: John Benjamins Publishing Company, 1995.

[122] Toury, G. *In Search of a Theory of Translation.* Tel Aviv: Porter Institute for Poetics and Semiotics, Tel Aviv University, 1980.

[123] Tytler, A. F. *Essay on the Principles of Translation*. London: J. M. Dent & Sons Ltd, 1907.

[124] Venuti, L. (ed.). *The Translation Studies Reader*. London & New York: Routledge, 2012.

[125] Venuti, L. *The Translators Invisibility: A History of Translation*. London & New York: Routledge, 1995.

[126] Véronis, J. *Parallel Text Processing: Alignment and Use of Translation Corpora*. Berlin and Heidelberg: Springer, 2013.

[127] Wang, X. *A Critique of Translation Theories in Chinese Tradition: From Dao' an to Fu Lei*. Salt Lake City, USA: American Academic Press, 2018.

[128] Williams, J. & A. Chesterman. *The Map: A Beginner' s Guide to Doing Research in Translation Studies*. Manchester: St. Jerome Publishing, 2002.

[129] Wilss, W. *Knowledge and Skills in Translator Behavior*. Amsterdam:Philadelphia, PA: John Benjamins Publishing Co., 1996.

[130] Wilss, W. *The Science of Translation: Problems and Methods*. Tubingen: Gunter Narr Verlag, 1982.

[131] Wotjak. G.& H. Schmidt (eds.). *Modelle der Translation/Models of Translation*.Festschrift Albrecht Neubert. Frankfurt: Vervuert, 1997.

[132] Xia, Y. *Normalization in Translation: Corpus-based Diachronic Research into Twentieth-century English Chinese Fictional Translation*. Newcastle: Cambridge Scholars Publishing, 2014.

[133] Xiao, R. & X. Hu. (eds.). *Corpus-based Studies of Translational Chinese in English-Chinese Translation*. Berlin & Heidelberg: Springer, 2015.

[134] Xiao, R. (ed.). *Using Corpora in Contrastive and Translation Studies*. Newcastle: Cambridge Scholars Publishing, 2010.

[135] Zanettin, F. *Translation-driven Corpora: Corpus Resources for Descriptive and Applied Translation Studies*. London and New York: Routledge, 2012.

[136] Zanettin, F., S. Bernardini, & D. Stewart. (eds.). *Corpora in Translator Education*. Manchester: St. Jerome Publishing, 2003.

中文部分

[1] 巴尔胡达罗夫著《语言与翻译》，蔡毅等编译，北京：中国对外翻译出版公司，1985 年。

[2] 鲍刚著《口译理论概述》，北京：中国对外翻译出版公司，2005 年。

[3] 蔡小红著《口译评估》，北京：中国对外翻译出版公司，2007 年。

[4] 蔡新乐著《文学翻译的艺术哲学》，开封：河南大学出版社，2001 年。

[5] 蔡毅、段京华编著《苏联翻译理论》，武汉：湖北教育出版社，2000 年。

[6] 曹丹红著《诗学视角下的翻译研究》，南京：南京大学出版社，2015 年。

[7] 查明建、谢天振著《中国 20 世纪外国文学翻译史》，武汉：湖北教育出版社，2007 年。

[8] 陈德鸿、张南峰编《西方翻译理论精选》，香港：香港城市大学出版社，2000 年。

[9] 陈惇、孙景尧、谢天振主编《比较文学》，北京：高等教育出版社，1997 年。

[10] 陈福康著《中国译学理论史稿》，上海：上海外语教育出版社，1992 年。

[11] 陈福康著《中国译学史》，上海：上海人民出版社，2010 年。

[12] 陈刚著《旅游翻译与涉外导游》，北京：中国对外翻译出版公司，2004 年。

[13] 陈吉荣著《翻译认知能力建构研究》，杭州：浙江大学出版社，2014 年。

[14] 陈菁、肖晓燕主编《口译教学：从理论到课堂》，上海：上海外语教育出版社，2014 年。

[15] 陈浪著《当代语言学途径翻译研究的新发展——语篇 • 斡旋调解 • 语境化》，天津：南开大学出版社，2011 年。

[16] 陈历明著《新诗的生成——作为翻译的现代性》，北京：商务印书馆，2014 年。

[17] 陈琳著《基于语料库的〈红楼梦〉说书套语英译研究：以杨、霍译本为例》，上海：上海外语教育出版社，2015 年。

[18] 陈世明著《新疆现代翻译史》，乌鲁木齐：新疆大学出版社，1999 年。

[19] 陈秀等编著《浙江省译家研究》，杭州：浙江大学出版社，2007 年。

[20] 陈玉刚主编《中国翻译文学史稿》，北京：中国对外翻译出版公司，1989 年。

[21] 陈忠诚著《法窗译话——法律翻译絮谈》，北京：中国对外翻译出版公司，1992 年。

[22] 成昭伟著《文学翻译概论》，北京：国防工业出版社，2007 年。
[23] 程小娟著《God 的汉译史：争论、接受与启示》，北京：社会科学文献出版社，2013 年。
[24] 崔启亮著《本地化项目管理》，北京：对外经济贸易大学出版社，2017 年。
[25] 戴光荣著《译文源语透过效应研究》，上海：上海交通大学出版社，2013 年。
[26] 戴明瑜、马珂主编《译苑人物》，西安：陕西人民出版社，1990 年。
[27] 单继刚著《翻译的哲学方面》，北京：中国社会科学出版社，2007 年。
[28] 邓联健著《委曲求传：早期来华新教传教士汉英翻译史论（1807-1850）》，北京：清华大学出版社，2015 年。
[29] 邓志辉著《翻译专长与翻译的不确定性管理过程》，广州：中山大学出版社，2016 年。
[30] 刁克利主编《翻译学研究方法导论》，天津：南开大学出版社，2012 年。
[31] 丁国旗著《认知语法视角下的意象分析与翻译》，杭州：浙江大学出版社，2011 年。
[32] 丁言模著《曹靖华：百年翻译家传略》，上海：上海外语教育出版社，1998 年。
[33] 董明著《翻译：创造性叛逆》，北京：中央编译出版社，2006 年。
[34] 杜承南、文军主编《中国当代翻译百论》，重庆：重庆大学出版社，1994 年。
[35] 段峰著《文化视野下文学翻译主体性研究》，成都：四川大学出版社，2008 年。
[36] 顿官刚著《中国翻译研究范式论》，北京：外语教学与研究出版社，2009 年。
[37] 方华文著《20 世纪中国翻译史》，西安：西北大学出版社，2005 年。
[38] 方梦之、庄智象主编《中国翻译家研究》，上海：上海外语教育出版社，2017 年。
[39] 方梦之编著《科技英语实用文体》，上海：上海翻译出版公司，1989 年。
[40] 方梦之主编《应用翻译研究》，上海：上海外语教育出版社，2015 年。
[41] 方梦之主编《中国译学大辞典》，上海：上海外语教育出版社，2011 年。
[42] 方梦之著《应用翻译研究：原理、策略与技巧》，上海：上海外语教育出版社，2013 年。
[43] 费道罗夫著《翻译理论概要》，李流等译，北京：中华书局，1955 年。
[44] 冯敏萱著《汉英平行语料库的平行处理》，北京：世界图书出版公司，2011 年。
[45] 冯志杰著《汉英科技翻译指要》，北京：中国对外翻译出版公司，1998 年。
[46] 冯志杰著《中国近代翻译史晚清卷》，北京：九州出版社，2011 年。
[47] 冯志伟、杨平编著《自动翻译》，北京：知识出版社，1987 年。
[48] 冯志伟著《机器翻译研究》，北京：中国对外翻译出版公司，2004 年。
[49] 冯志伟著《自然语言机器翻译新论》，北京：语文出版社，1995 年。

[50] 弗朗茨·波赫哈克著《口译研究概论》，仲伟合等译，北京：外语教学与研究出版社，2010年。
[51] 高惠群、乌传衮著《翻译家严复传论》，上海：上海外语教育出版社，1992年。
[52] 高巍著《论同声传译过程中语篇连贯：基于理想化认知模型分析》，北京：外语教学与研究出版社，2016年。
[53] 龚光明著《翻译思维学》，上海：上海社会科学院出版社，2004年。
[54] 辜正坤著《中西诗比较鉴赏与翻译理论》，北京：清华大学出版社，2003年。
[55] 顾均著《鲁迅翻译研究》，福州：福建教育出版社，2009年。
[56] 管新潮、陶友兰著《语料库与翻译》，上海：复旦大学出版社，2017年。
[57] 郭建中编著《当代美国翻译理论》，武汉：湖北教育出版社，2000年。
[58] 郭建中著《科普与科幻翻译——理论、技巧与实践》，北京：中国对外翻译出版公司，2004年。
[59] 郭延礼著《中国近代翻译文学概论》，武汉：湖北教育出版社，1998年。
[60] 郭延礼著《中西文化碰撞与近代文学》，济南：山东教育出版社，1999年。
[61] 郭著章主编《翻译名家研究》，武汉：湖北教育出版社，1999年。
[62] 韩迪厚著《近代翻译史话》，香港：辰冲图书公司，1969年。
[63] 韩一宇著《清末民初汉译法国文学研究（1897-1916）》，北京：中国社会科学出版社，2008年。
[64] 韩子满著《文学翻译杂合研究》，上海：上海译文出版社，2005年。
[65] 何绍斌著《越界与想象——晚清新教教士译介史论》，上海：上海三联书店，2008年。
[66] 何寅、许光华主编《国外汉学史》，上海：上海外语教育出版社，2002年。
[67] 贺宏志主编《语言产业引论》，北京：语文出版社，2013年。
[68] 胡翠娥著《文学翻译与文化参与——晚清小说翻译的文化研究》，上海：上海外语教育出版社，2007年。
[69] 胡德香著《翻译批评新思路：中西比较语境下的文化翻译批评》，武汉：武汉出版社，2006年。
[70] 胡庚申著《翻译适应选择论》，武汉：湖北教育出版社，2004年。
[71] 胡庚申著《生态翻译学：建构与诠释》，北京：商务印书馆，2013年。
[72] 胡开宝，朱一凡，李晓倩著《语料库翻译学》，上海：上海交通大学出版社，2018年。

[73] 胡开宝、潘峰、李鑫著《基于语料库的记者招待会汉英口译研究》，北京：外语教学与研究出版社，2015 年。

[74] 胡开宝主编《语料库翻译学研究导引》，南京：南京大学出版社，2012 年。

[75] 胡开宝著《基于语料库的莎士比亚戏剧汉译研究》，上海：上海交通大学出版社，2015 年。

[76] 胡开宝著《语料库翻译学概论》，上海：上海交通大学出版社，2011 年。

[77] 胡显耀、李力主编《高级文学翻译》，北京：外语教学与研究出版社，2009 年。

[78] 胡兆云著《美学理论视野中的文学翻译研究》，北京：中国书籍出版社，2013 年。

[79] 黄嘉德编《翻译论集》，上海：西风社，1940 年。

[80] 黄立波著《基于语料库的翻译文体研究》，上海：上海交通大学出版社，2014 年。

[81] 黄龙著《翻译学》，南京：江苏教育出版社，1988 年。

[82] 黄鸣奋著《英语世界中国古典文学之传播》，上海：学林出版社，1997 年。

[83] 黄勤著《基于语料库的〈红楼梦〉中的元话语及其英译对比研究》，武汉：武汉大学出版社，2015 年。

[84] 黄生太著《基于语料库的〈红楼梦〉拟声词英译研究》，成都：西南交通大学出版社，2017 年。

[85] 黄振定著《翻译学：艺术论与科学论的统一》，长沙：湖南教育出版社，1998 年

[86] 黄忠廉、方梦之、李亚舒等著《应用翻译学》，北京：国防工业大学出版社，2013 年。

[87] 黄忠廉、李亚舒著《科学翻译学》，北京：中国对外翻译出版公司，2004 年。

[88] 黄忠廉等著《翻译方法论》，北京：中国社会科学出版社，2009 年。

[89] 黄忠廉著《变译理论》，北京：中国对外翻译出版公司，2002 年。

[90] 黄忠廉著《翻译变体研究》，北京：中国对外翻译出版公司，2000 年。

[91] 贾文波著《应用翻译功能论》，北京：中国对外翻译出版公司，2004 年。

[92] 姜莉著《庄子英译：审美意象的译者接受研究》，北京：北京师范大学出版社，2014 年。

[93] 姜秋霞、利全国主编《翻译学方法论研究导引》，南京：南京大学出版社，2012 年。

[94] 姜秋霞著《文学翻译与社会文化的相互作用关系研究》，北京：外语教学与研究出版社，2009 年。

[95] 姜秋霞著《文学翻译中的审美过程：格式塔意象再造》，北京：商务印书馆，2002 年。

[96] 姜治文、文军编著《翻译批评论》，重庆：重庆大学出版社，1999 年。

[97] 蒋林著《梁启超“豪杰译”研究》，上海：上海译文出版社，2009 年。
[98] 蒋翼振编著《翻译学通论》，上海：商务印书馆，1927 年。
[99] 金兵著《文学翻译中原作陌生化手法的再现研究》，上海：复旦大学出版社，2009 年。
[100] 金梅著《傅雷传》，长沙：湖南文艺出版社，1993 年。
[101] 酒井直树、花轮由纪子主编《西方的幽灵与翻译的政治》，南京：江苏教育出版社，2002 年。
[102] 卡特福德著《翻译的语言学理论》，穆雷译，北京：旅游教育出版社，1991 年。
[103] 康志峰著《认知心理视阈下的口译研究》，北京：国防工业出版社，2012 年。
[104] 黎昌抱著《基于平行语料库的文学自译现象研究》，北京：高等教育出版社，2017 年。
[105] 黎难秋编著《同文三馆：晚清翻译家外交家的摇篮》，武汉：武汉大学出版社，2016 年。
[106] 黎难秋主编《中国科学翻译史料》，合肥：中国科学技术大学出版社，1996 年。
[107] 黎难秋主编《中国口译史》，青岛：青岛出版社，2002 年。
[108] 黎难秋著《中国科学翻译史》，合肥：中国科学技术大学出版社，2006 年。
[109] 黎难秋著《中国科学文献翻译史稿》，合肥：中国科学技术大学出版社，1993 年。
[110] 黎子鹏著《经典的转生——晚清〈天路历程〉汉译研究》，香港：香港基督教中国宗教文化研究社，2012 年。
[111] 李冰梅编著《文学翻译新视野》，北京：北京大学出版社，2011 年。
[112] 李河著《巴比塔的重建与解构——解释学视野中的翻译问题》，昆明：云南大学出版社，2005 年。
[113] 李惠红著《翻译学方法论》，北京：国防工业出版社，2010 年。
[114] 李寄著《鲁迅传统汉语翻译文体论》，上海：上海外文出版社，2008 年。
[115] 李今著《三四十年代苏俄汉译文学论》，北京：人民文学出版社，2006 年。
[116] 李晶著《当代中国翻译考察（1966–1976）：“后现代”文化研究视域下的历史反思》，天津：南开大学出版社，2008 年。
[117] 李林波著《中国新时期翻译研究考察：1981–2003》，西安：西北工业大学出版社，2007 年。
[118] 李龙泉著《借鉴与批判——解构主义翻译观专题研究》，重庆：重庆大学出版社，2009 年。
[119] 李琴著《新世纪中国翻译文学研究》，北京：中国社会科学出版社，2013 年。

[120] 李声凤著《中国戏曲在法国的翻译与接受（1789-1870）》，北京：北京大学出版社，2015 年。
[121] 李奭学著《译述：明末耶稣会翻译文学论》，香港：香港中文大学出版社，2012 年。
[122] 李奭学著《中国晚明与欧洲文学：明末耶稣会古典型证道故事考诠（修订本）》，北京：生活·读书·新知三联书店，2010 年。
[123] 李伟著《中国近代翻译史》，济南：齐鲁书社，2005 年。
[124] 李文革著《西方翻译理论流派研究》，北京：中国社会科学出版社，2004 年。
[125] 李亚舒、黎难秋主编《中国科学翻译史》，长沙：湖南教育出版社，2000 年。
[126] 李亚舒、严毓棠、张明、赵兰慧合编《科技翻译论著集萃》，北京：中国科学技术出版社，1994 年。
[127] 李亚舒、赵文利、吴伟雄主编《科技翻译论著新萃》，北京：气象出版社，2000 年。
[128] 李亚舒编著《译海采珠：科学家谈翻译》，天津：天津科技翻译出版公司，1993 年。
[129] 李颖玉著《基于语料库的欧化翻译研究》，上海：复旦大学出版社，2012 年。
[130] 李长森著《近代澳门翻译史稿》，北京：社会科学文献出版社，2017 年。
[131] 栗长江著《文学翻译语境化探索》，北京：线装书局，2008 年。
[132] 廖七一编著《当代西方翻译理论探索》，南京：译林出版社，2000 年。
[133] 廖七一编著《当代西方翻译研究原典选读》，北京：外语教学与研究出版社，2010 年。
[134] 廖七一等编著《当代英国翻译理论》，武汉：湖北教育出版社，2001 年。
[135] 廖七一著《中国近代翻译思想的嬗变——五四前后文学翻译规范研究》，天津：南开大学出版社， 2010 年。
[136] 林本椿主编《福建翻译家研究》，福州：福建教育出版社，2004 年。
[137] 林大津总主编《福建翻译史论》，厦门：厦门大学出版社，2013 年。
[138] 林煌天、贺崇寅主编《中国科技翻译家词典》，北京：中国对外翻译出版公司，1991 年。
[139] 林煌天主编《中国翻译词典》，武汉：湖北教育出版社，1997 年。
[140] 林辉主编《中国翻译家辞典》，北京：中国对外翻译出版公司，1988 年。
[141] 林新华著《文学翻译与语义认知》，福州：福建人民出版社，2005 年。
[142] 林学忠著《从万国公法到公法外交：晚清国际法的传入、诠释与应用》，上海：上海古籍出版社，2009 年。
[143] 刘禾著《跨语际实践——文学，民族与被译介的现代性》，宋伟杰等译，北京：生

活·读书·新知三联书店，2002 年。
[144] 刘和平编著《口译理论与教学》，北京：中国对外翻译出版公司，2005 年。
[145] 刘宏照著《林纾小说翻译研究》，上海：上海译文出版社，2011 年。
[146] 刘华文著《翻译诗学》，北京：外语教学与研究出版社，2015 年。
[147] 刘华文著《汉诗英译的主体审美论》，上海：上海译文出版社，2005 年。
[148] 刘靖之主编《翻译论集》，香港：三联书店，1981 年。
[149] 刘军平著《西方翻译理论通史》，武汉：武汉大学出版社，2009 年。
[150] 刘克强著《〈儒林外史〉语词典型翻译：基于平行语料库的研究》，北京：光明日报出版社，2015 年。
[151] 刘克强著《〈水浒传〉四英译本翻译特征多维度对比研究：基于平行语料库的研究范式》，北京：中央编译出版社，2014 年。
[152] 刘满芸著《共生翻译学建构》，上海：复旦大学出版社，2015 年。
[153] 刘宓庆、章艳著《翻译美学理论》，北京：外语教学与研究出版社，2011 年。
[154] 刘宓庆著《当代翻译理论》，北京：中国对外翻译出版公司，1999 年。
[155] 刘宓庆著《翻译教学：实务与理论》，北京：中国对外翻译出版公司，2003 年。
[156] 刘宓庆著《翻译美学导论》，北京：中国对外翻译出版公司，2005 年。
[157] 刘宓庆著《翻译与语言哲学》，北京：中国对外翻译出版公司，2001 年。
[158] 刘宓庆著《文化翻译论纲》，武汉：湖北教育出版社，1999 年。
[159] 刘宓庆著《文体与翻译》，北京：中国对外翻译出版公司，1986 年。
[160] 刘宓庆著《现代翻译理论》，南昌：江西教育出版社，1990 年。
[161] 刘宓庆著《新编当代翻译理论》，北京：中国对外翻译出版公司，2005 年。
[162] 刘宓庆著《中西翻译思想比较研究》，北京：中国对外翻译出版公司，2005 年。
[163] 刘毅著《他山的石头——中国近现代法学译著研究》，北京：中国法制出版社，2012 年。
[164] 刘云虹、许钧主编《翻译批评研究之路：理论、方法与途径》，南京：南京大学出版社，2015 年。
[165] 刘云虹著《翻译批评研究》，南京：南京大学出版社，2015 年。
[166] 刘重德编著《文学翻译十讲》，北京：中国对外翻译出版公司，1991 年。
[167] 卢晓娟著《语料库驱动下的鲁迅小说译者风格研究》，北京：中央编译出版社，2015 年。
[168] 罗新璋、陈应年编《翻译论集》（修订本），北京：商务印书馆，2009 年。

[169] 罗新璋编《翻译论集》，北京：商务印书馆，1984 年。

[170] 罗选民主编《外国文学翻译在中国》，合肥：安徽文艺出版社，2003 年。

[171] 罗选民著《翻译与中国现代性》，北京：清华大学出版社，2017 年。

[172] 吕俊、侯向群著《翻译批评学引论》，上海：上海外语教育出版社，2009 年。

[173] 吕俊、侯向群著《翻译学——一个建构主义的视角》，上海：上海外语教育出版社，2006 年。

[174] 吕俊著《跨越文化障碍——巴比塔的重建》，南京：东南大学出版社，2001 年。

[175] 马海燕著《翻译过程中认知语境等值的界面研究》，北京：中国社会科学出版社，2016 年。

[176] 马会娟、苗菊编著《当代西方翻译理论选读》，北京：外语教学与研究出版社，2009 年。

[177] 马珂、孙承唐主编《中国当代翻译工作者大辞典》，西安：陕西人民教育出版社，2001 年。

[178] 马士奎著《中国当代文学翻译研究（1966-1976）》，北京：中央民族大学出版社，2007 年。

[179] 马祖毅、任荣珍著《汉籍外译史》，武汉：湖北教育出版社，1997 年。

[180] 马祖毅等著《中国翻译通史》，武汉：湖北教育出版社，2006 年。

[181] 马祖毅著《中国翻译简史——“五四”以前部分》，北京：中国对外翻译出版公司，1984 年。

[182] 毛荣贵著《翻译美学》，上海：上海交通大学出版社，2005 年。

[183] 蒙兴灿著《五四前后英诗汉译的社会文化研究》，北京：科学出版社，2009 年。

[184] 孟昭毅、李载道主编《中国翻译文学史》，北京：北京大学出版社，2005 年。

[185] 慕媛媛著《基于语料库的叙事文本翻译概念识解研究》，合肥：中国科学技术大学出版社，2017 年。

[186] 穆雷编著《中国翻译教学研究》，上海：上海外语教育出版社，1999 年。

[187] 穆雷主编《翻译研究方法概论》，北京：外语教学与研究出版社，2011 年。

[188] 穆雷著《通天塔的建设者——当代中国中青年翻译家研究》，北京：开明出版社，1997 年。

[189] 裴源著《佛经翻译史实研究——中国翻译史纲（上篇）》，台北：大乘文化出版社，

1983年。

[190] 裴源著《明末清初东来耶稣会士翻译著述之研究——中国翻译史纲（中篇）》，台北：建一书局，1984年。

[191] 彭桂芝、何世杰编著《中外翻译史解读》，武汉：武汉大学出版社，2016年。

[192] 彭建华著《现代中国的法国文学接受——革新的时代、人、期刊和出版社》，北京：中国书籍出版社，2008年。

[193] 彭卓吾著《翻译学——一门新兴学科的创立》，北京：北京图书馆出版社，2000年。

[194] 平保兴著《五四翻译文学史》，北京：中国文史出版社，2005年。

[195] 钱锺书等著《林纾的翻译》，北京：商务印书馆，1981年。

[196] 钱锺书著《七缀集》，北京：生活·读书·新知三联书店，2002年。

[197] 秦洪武、夏云著《基于历时语料的翻译与现代汉语互动研究》，上海：上海交通大学出版社，2017年。

[198] 屈文生著《从词典出发——法律术语译名统一与规范化的翻译史研究》，上海：上海人民出版社，2013年。

[199] 瞿云华著《基于双语语料库的汉英体转换规则的形式研究》，北京：科学出版社，2016年。

[200] 热扎克·买提尼牙孜主编《西域翻译史》，乌鲁木齐：新疆大学出版社，1994年。

[201] 任东升著《圣经汉译文化研究》，武汉：湖北教育出版社，2007年。

[202] 任淑坤著《五四时期外国文学翻译研究》，北京：人民出版社，2009年。

[203] 任晓霏、戴文静等著《语料库翻译文体学》，北京：中国社会科学出版社，2016年。

[204] 任晓霏、冯庆华等著《语料库戏剧翻译文体学》，北京：中国社会科学出版社，2014年。

[205] 荣振华著《在华耶稣会士列传及书目补编（上下）》，耿昇译，北京：中华书局，1995年。

[206] 陕西省翻译工作者协会编《翻译家辞典》，北京：中国文联出版公司，1989年。

[207] 商瑞芹著《诗魂的再生：查良铮英诗汉译研究》，天津：南开大学出版社，2007年。

[208] 商务印书馆编辑部编《论严复与严译名著》，北京：商务印书馆，1982年。

[209] 邵璐著《文学中的模糊语言与翻译》，北京：商务印书馆，2011年。

[210] 申迎丽著《理解和接受中意义的建构——文学翻译中的“误读”现象研究》，上海：上海译文出版社，2008年。

[211] 申雨平编《西方翻译理论精选》，北京：外语教学与研究出版社，2002 年。
[212] 沈国威著《近代中日词汇交流研究：汉字新词的创制、容受与共享》，北京：中华书局，2010 年。
[213] 沈苏儒著《论信达雅：严复翻译理论研究》，北京：商务印书馆，1998 年。
[214] 施蛰存主编《中国近代文学大系·翻译文学集（1–3）》，上海：上海书店，1990 年。
[215] 宋丽娟著《“中学西传”与中国古典小说的早期翻译（1735–1911）——以英语世界为中心》，上海：上海古籍出版社，2017 年。
[216] 宋莉华著《传教士汉文小说研究》，上海：上海古籍出版社，2010 年。
[217] 宋莉华著《近代来华传教士与儿童文学的译介》，上海：上海古籍出版社，2015 年。
[218] 宋庆伟著《莫言小说英译风格研究：基于语料库的考察》，济南：山东大学出版社，2014 年。
[219] 苏畅著《俄苏翻译文学与中国现代文学的生成》，北京：社会科学出版社，2013 年。
[220] 孙艺风著《视角、阐释、文化——文学翻译与翻译理论》，北京：清华大学出版社，2004 年。
[221] 孙艺风著《文化翻译》，北京：北京大学出版社，2016 年。
[222] 孙轶旻著《近代上海英文出版与中国古典文学的跨文化传播（1867–1941）》，上海：上海古籍出版社，2014 年。
[223] 孙迎春主编《翻译简史》，天津：天津教育出版社，2011 年。
[224] 孙致礼编著《1949–1966：我国英美文学翻译概论》，南京：译林出版社，1996 年。
[225] 孙致礼主编《中国的英美文学翻译：1949–2008》，南京：译林出版社，2009 年。
[226] 谭业升著《认知翻译学探索：创造性翻译的认知路径与认知制约》，上海：上海外语教育出版社，2012 年。
[227] 谭载喜编译《奈达论翻译》，北京：中国对外翻译出版公司，1984 年。
[228] 谭载喜著《翻译学：作为独立学科的求索与发展》，上海：复旦大学出版社，2017 年。
[229] 谭载喜著《翻译学》，武汉：湖北教育出版社，2000 年。
[230] 谭载喜著《西方翻译简史》，北京：商务印书馆，1991 年。
[231] 万宏瑜著《视阅口译的认知研究》，青岛：中国海洋大学出版社，2017 年。
[232] 王斌华著《口译规范的描写研究——基于现场口译较大规模语料的分析》，北京：外语教学与研究出版社，2013 年。

[233] 王秉钦著《20 世纪中国翻译思想史》，天津 : 南开大学出版社，2004 年。
[234] 王秉钦著《文化翻译学：文化翻译理论与实践》，天津：南开大学出版社，2007 年。
[235] 王朝晖、余军著《基于 CAT 及语料库技术的电子商务翻译研究》，厦门：厦门大学出版社，2016 年。
[236] 王丹阳著《文学翻译中的创作论》，南京：南京师范大学出版社，2009 年。
[237] 王东风著《跨学科的翻译研究》，上海：复旦大学出版社，2014 年。
[238] 王非著《口译过程研究：记忆机制与信息加工模型》，北京：科学出版社，2017 年。
[239] 王宏印著《文学翻译批评概论：从文学批评到翻译教学》，北京：中国人民大学出版社，2009 年。
[240] 王宏印著《文学翻译批评论稿》，上海：上海外语教育出版社，2006 年。
[241] 王宏印著《中国传统译论经典诠释——从道安到傅雷》，武汉：湖北教育出版社，2003 年。
[242] 王宏志编《翻译与创作：中国近代翻译小说论》，北京：北京大学出版社，2000 年。
[243] 王宏志主编《翻译史研究》（2011），上海：复旦大学出版社，2011 年。
[244] 王宏志主编《翻译史研究》（2012），上海：复旦大学出版社，2012 年。
[245] 王宏志主编《翻译史研究》（2013），上海：复旦大学出版社，2013 年。
[246] 王宏志主编《翻译史研究》（2014），上海：复旦大学出版社，2015 年。
[247] 王宏志主编《翻译史研究》（2015），上海：复旦大学出版社，2015 年。
[248] 王宏志主编《翻译史研究》（2016），上海：复旦大学出版社，2017 年。
[249] 王宏志著《翻译与近代中国》，上海：复旦大学出版社，2014 年。
[250] 王宏志著《重释“信、达、雅”——20 世纪中国翻译研究》，北京：清华大学出版社，2007 年。
[251] 王建华著《口译认知研究》，北京：外文出版社，2015 年。
[252] 王建华著《口译心理学》，北京：外文出版社，2013 年。
[253] 王建开著《五四以来我国英美文学作品译介史（1919−1949）》，上海：上海外语教育出版社，2003 年。
[254] 王金铃著《文学翻译新论》，北京：作家出版社，1999 年。
[255] 王克非编著《翻译文化史论》，上海：上海外语教育出版社，1997 年。
[256] 王克非等著《双语对应语料库：研制与应用》，北京：外语教学与研究出版社，2004 年。

[257] 王克非著《语料库翻译学探索》，上海：上海交通大学出版社，2012 年。
[258] 王丽娜编著《中国古典小说戏曲名著在国外》，上海：学林出版社，1988 年。
[259] 王柳琪、刘绍龙著《词汇翻译的认知探索》，北京：科学出版社，2016 年。
[260] 王宁主编《视角：翻译学研究》，北京：清华大学出版社，2004 年。
[261] 王宁著《比较文学、世界文学与翻译研究》，上海：复旦大学出版社，2014 年。
[262] 王平著《文学翻译批评学》，杭州：杭州出版社，2006 年。
[263] 王平著《文学翻译审美学》，北京：国防工业出版社，2009 年。
[264] 王平著《中国传统译论的美学特色研究》，杭州：浙江工商大学出版社，2011 年。
[265] 王青建著《科学译著先师徐光启》，北京：科学出版社，2000 年。
[266] 王寿兰编《当代文学翻译百家谈》，北京：北京大学出版社，1989 年。
[267] 王韬、顾燮光等编《近代译书目》，北京：北京图书馆出版社，2003 年。
[268] 王铁钧著《中国佛典翻译史稿》，北京：中央编译出版社，2006 年。
[269] 王宪明著《语言、翻译与政治：严复译〈社会通诠〉研究》，北京：北京大学出版社，2005 年。
[270] 王向远著《东方各国文学在中国——译介与研究史述论》，南昌：江西教育出版社，2001 年。
[271] 王向远著《二十世纪中国的日本翻译文学史》，北京：北京师范大学出版社，2001 年。
[272] 王向远、陈言著《二十世纪中国文学翻译之争》，南昌：百花洲文艺出版社，2006 年。
[273] 王晓丹著《翻译史话》，北京：社会科学文献出版社，2000 年。
[274] 王晓元著《翻译话语与意识形态——中国 1895-1911 年文学翻译研究》，上海：上海外语教育出版社，2010 年。
[275] 王雪玲著《美国生态散文汉译语料库研究：以缪尔和巴勒斯生态作品为例》，哈尔滨：哈尔滨工业大学出版社，2015 年。
[276] 王友贵著《20 世纪下半叶中国翻译文学史：1949-1977》，北京：人民出版社，2015 年。
[277] 王友贵著《翻译家周作人》，成都：四川人民出版社，2001 年。
[278] 王佐良著《译境》，北京：外语教学与研究出版社，2016 年。
[279] 旺堆次仁等著《藏族翻译史及历代译师传略明鉴：藏文》，北京：民族出版社，2001 年。
[280] 卫茂平著《德语文学汉译史考辨：晚清和民国时期》，上海：上海外语教育出版社，

2004 年。
[281] 温秀颖著《翻译批评——从理论到实践》，天津：南开大学出版社，2007 年。
[282] 温中兰等编著《浙江翻译家研究》，上海：上海交通大学出版社，2010 年。
[283] 文军、穆雷主编《西方翻译理论著作概要》，北京：北京航空航天大学出版社，2007 年。
[284] 文军编著《科学翻译批评导论》，北京：中国对外翻译出版社，2006 年。
[285] 文军主编《中国翻译史研究百年回眸》，北京：北京航空航天大学出版社，2006 年。
[286] 吴笛等著《浙江翻译文学史》，杭州：杭州出版社，2008 年。
[287] 吴笛著《浙籍作家翻译艺术研究》，杭州：浙江大学出版社，2009 年。
[288] 吴洁敏、朱宏达著《朱生豪传》，上海：上海外语教育出版社，1990 年。
[289] 吴南松著《“第三类语言”面面观——文学翻译中的译作语言探索》，上海：上海译文出版社，2008 年。
[290] 吴曙天编《翻译论》，上海：光华书局，1933 年。
[291] 吴志杰著《传统译论专题研究》，上海：上海译文出版社，2009 年。
[292] 武光军著《基于汉英类比语料库的翻译文本中的搭配特征研究》，北京：中国社会科学出版社，2014 年。
[293] 奚永吉著《文学翻译比较美学》，武汉：湖北教育出版社，2000 年。
[294] 向洪全著《翻译家巴金研究》，上海：复旦大学出版社，2016 年。
[295] 肖维青著《翻译批评模式研究》，上海：上海外语教育出版社，2010 年。
[296] 肖晓燕著《口语 - 书面语连续统——基于语料库的口译体研究》，厦门：厦门大学出版社，2015 年。
[297] 肖忠华著《英汉翻译中的汉语译文语料库研究》，上海：上海交通大学出版社，2012 年。
[298] 谢天振、查明建主编《中国现代翻译文学史（1898-1949）》，上海：上海外语教育出版社，2004 年。
[299] 谢天振、李小均著《傅雷：那远逝的雷火灵魂》，北京：文津出版社，2005 年。
[300] 谢天振等著《中西翻译简史》，北京：外语教学与研究出版社，2009 年。
[301] 谢天振著《比较文学与翻译研究》，上海：复旦大学出版社，2011 年。
[302] 谢天振著《译介学（增订本）》，南京：译林出版社，2013 年。
[303] 谢天振著《译介学》，上海：上海外语教育出版社，1999 年。
[304] 谢天振著《翻译研究新视野》，青岛：青岛出版社，2002 年。

[305] 谢天振著《译介学导论》，北京：北京大学出版社，2007 年。
[306] 谢天振著《海上译谭》，上海：复旦大学出版社，2013 年。
[307] 谢天振著《隐身与现身：从传统译论到现代译论》，北京：北京大学出版社，2014 年。
[308] 谢天振著《超越文本 超越翻译》，上海：复旦大学出版社，2014 年。
[309] 熊月之著《西学东渐与晚清社会》，上海：上海人民出版社，1994 年。
[310] 许建忠著《翻译地理学》，哈尔滨：黑龙江人民出版社，2010 年。
[311] 许建忠著《翻译经济学》，北京：国防工业出版社，2014 年。
[312] 许建忠著《翻译生态学》，北京：中国三峡出版社，2009 年。
[313] 许钧、穆雷主编《翻译学概论》，南京：译林出版社，2009 年。
[314] 许钧、穆雷主编《中国翻译研究（1949–2009）》，上海：上海外语教育出版社，2009 年。
[315] 许钧、宋学智、胡安江著《傅雷翻译研究》，南京：译林出版社，2016 年。
[316] 许钧、宋学智著《20 世纪法国文学在中国的译介与接受》，武汉：湖北教育出版社，2007 年。
[317] 许钧、袁筱一等编著《当代法国翻译理论》，武汉：湖北教育出版社，2001 年。
[318] 许钧等著《文学翻译的理论与实践：翻译对话录》，南京：译林出版社，2001 年。
[319] 许钧主编《傅雷的精神世界及其时代意义》，上海：中西书局，2011 年。
[320] 许钧主编《文字•文学•文化——〈红与黑〉汉译研究》（增订本），南京：译林出版社，2011 年。
[321] 许钧主编《文字•文学•文化——〈红与黑〉汉译研究》，南京：南京大学出版社，1996 年。
[322] 许钧著《翻译概论》，北京：外语教学与研究出版社，2009 年。
[323] 许钧著《翻译论》，武汉：湖北教育出版社，2003 年。
[324] 许钧著《历史的奇遇：文学翻译论》，南京：南京大学出版社，2015 年。
[325] 许钧著《文学翻译批评研究》（增订本），南京：译林出版社，2012 年。
[326] 许钧著《文学翻译批评研究》，南京：译林出版社，1992 年。
[327] 许渊冲著《翻译的艺术》（增订本），北京：五洲传播出版社，2006 年。
[328] 许渊冲著《文学翻译谈》，台北：书林出版有限公司，1998 年。
[329] 许渊冲著《文学与翻译》，北京：北京大学出版社，2003 年。
[330] 严晓江著《梁实秋中庸翻译观研究》，上海：上海译文出版社，2008 年。

[331] 颜方明著《翻译过程的认知机制研究》，广州：世界图书出版公司，2016 年。

[332] 颜林海著《翻译认知心理学》，北京：科学出版社，2008 年。

[333] 杨焯著《丁译〈万国公法〉研究》，北京：法律出版社，2015 年。

[334] 杨承淑著《口译教学研究：理论与实践》，北京：中国对外翻译出版公司，2005 年。

[335] 杨惠红著《翻译学方法论》，北京：国防工业出版社，2010 年。

[336] 杨柳著《20 世纪西方翻译理论在中国的接受史》，上海：上海外语教育出版社，2009 年。

[337] 杨全红著《翻译史另写》，武汉：武汉大学出版社，2010 年。

[338] 杨晓荣著《翻译批评导论》，北京：中国对外翻译出版公司，2005 年。

[339] 杨义主编《二十世纪中国翻译文学史（全六册）》，天津：百花文艺出版社，2009 年。

[340] 杨镇华著《翻译研究》，上海：商务印书馆，1935 年。

[341] 杨自俭、刘学云编《翻译新论》，武汉：湖北教育出版社，1994 年。

[342] 袁锦翔著《名家翻译研究与赏析》，武汉：湖北教育出版社，1990 年。

[343] 袁筱一、邹东来著《文学翻译基本问题》，上海：上海人民出版社，2011 年。

[344] 袁筱一著《文字 • 传奇——法国现代经典作家与作品》，上海：复旦大学出版社，2008 年。

[345] 袁新著《文学翻译审美问题研究》，北京：中国社会科学出版社，2011 年。

[346] 岳峰著《架设东西方的桥梁——英国汉学家理雅各研究》，福州：福建人民出版社，2004 年。

[347] 臧克伦编著《中国翻译史话》，济南：山东教育出版社，1991 年。

[348] 张柏然、辛红娟著《译学研究叩问录：对当下译论研究的新观察与新思考》，南京：南京大学出版社，2016 年。

[349] 张柏然、许钧主编《面向 21 世纪的译学研究》，北京：商务印书馆，2002 年。

[350] 张柏然、许钧主编《译学论集》，南京：译林出版社，1997 年。

[351] 张柏然、许钧主编《译学新论》，上海：上海外语教育出版社，2008 年。

[352] 张柏然著《译学卮言》，南京：南京大学出版社，2012 年。

[353] 张柏然著《字林微言》，南京：南京大学出版社，2017 年。

[354] 张成柱著《文学翻译研究》，西安：陕西人民出版社，2002 年。

[355] 张付花著《基于语料库的英语翻译研究》，北京：中国水利水电出版社，2017 年。

[356] 张今著《文学翻译原理》，开封：河南大学出版社，1987 年。

[357] 张曼涛主编《佛典翻译史论》，台北：大乘文化出版社，1978 年。

[358] 张曼涛主编《佛典译述及著录考略》，台北：大乘文化出版社，1978 年。

[359] 张佩瑶著《传统与现代之间——中国译学研究新途径》，长沙：湖南人民出版社，2012 年。

[360] 张其春著《翻译之艺术》，上海：开明书店，1949 年。

[361] 张思洁著《中国传统译论范畴及其体系》，上海：上海译文出版社，2006 年。

[362] 张威编著《口译语料库的建设与应用：理论、方法与实践》，北京：北京语言大学出版社，2013 年。

[363] 张秀仿著《河北省翻译史专题研究》，北京：中国对外翻译出版有限公司，2012 年。

[364] 张旭著《近代湖南翻译史论》，长沙：湖南人民出版社，2014 年。

[365] 张旭著《跨越边界：从比较文学到翻译研究》，北京：北京大学出版社，2010 年。

[366] 张旭著《湘籍近现代文化名人·翻译家卷》，长沙：湖南师范大学出版社，2011 年。

[367] 张旭著《中国英诗汉译史论——1937 年以前部分》，长沙：湖南人民出版社，2011 年。

[368] 张泽乾著《翻译经纬》，武汉：武汉大学出版社，1994 年。

[369] 张智中著《许渊冲与翻译艺术》，武汉：湖北教育出版社，2006 年。

[370] 赵光育著《中国翻译小说史论》，天津：天津人民出版社，1999 年。

[371] 赵彦春著《翻译学归结论》，上海：上海外语教育出版社，2005 年。

[372] 赵颖主编《当代西方翻译理论导读》，成都：西南交通大学出版社，2010 年。

[373] 赵勇主编《西方翻译理论导读》，北京：北京师范大学出版社，2013 年。

[374] 郑冰寒著《英译汉过程中选择行为的实证研究》，北京：外语教学与研究出版社，2012 年。

[375] 郑海凌著《文学翻译学》，郑州：文心出版社，2000 年。

[376] 郑诗鼎著《语境与文学翻译》，重庆：西南师范大学出版社，1997 年。

[377] 中国对外翻译出版公司选编《翻译理论与翻译技巧论文集》，北京：中国对外翻译出版公司，1983 年。

[378] 中国翻译工作者协会《翻译通讯》编辑部编《翻译研究论文集（1894-1948）》，北京：外语教学与研究出版社，1984 年。

[379] 中国翻译工作者协会《翻译通讯》编辑部编《翻译研究论文集（1949-1983）》，北京：外语教学与研究出版社，1984 年。

[380] 仲伟合等著《口译研究方法论》，北京：外语教学与研究出版社，2012 年。
[381] 周方珠著《文学翻译论》，北京：中国对外翻译出版有限公司，2014 年。
[382] 周领顺著《译者行为批评：理论框架》，北京：商务印书馆，2014 年。
[383] 周领顺著《译者行为批评：路径探索》，北京：商务印书馆，2014 年。
[384] 周仪、罗平著《翻译与批评》，武汉：湖北教育出版社，1999 年。
[385] 朱安博等著《朱生豪的文学翻译研究》，北京：国防工业出版社，2014 年。
[386] 朱塞佩·帕伦博（Giuseppe Palumbo）著《翻译学核心术语》，王东风注，北京：外语教学与研究出版社，2016 年。
[387] 朱珊著《翻译心理学研究：认知与审美》，北京：新华出版社，2017 年。
[388] 朱玉彬著《双语对应语料库与学生译者翻译能力研究》，北京：科学出版社，2015 年。
[389] 朱振武等著《汉学家的中国文学英译历程》，上海：华东理工大学出版社，2017 年。
[390] 朱志瑜、黄立波著《中国传统译论：译名研究》，长沙：湖南人民出版社，2013 年。
[391] 朱志瑜、朱晓农著《中国佛籍译论选辑评注》，北京：清华大学出版社，2006 年。
[392] 邹德艳著《交替传译工作记忆能力的差异研究》，北京：中央编译出版社，2017 年。
[393] 邹德艳著《口译的记忆训练——理论与实践》，北京：中央编译出版社，2016 年。
[394] 邹振环著《20 世纪上海翻译出版与文化变迁》，南宁：广西教育出版社，2000 年。
[395] 邹振环著《20 世纪中国翻译史学史》，上海：中西书局，2017 年。
[396] 邹振环著《江苏翻译出版史略》，南京：江苏人民出版社，1998 年。
[397] 邹振环著《疏通知译史》，上海：上海人民出版社，2012 年。
[398] 邹振环著《晚明汉文西学经典：编译、诠释、流传与影响》，上海：复旦大学出版社，2011 年。
[399] 邹振环著《晚清西方地理学在中国——以 1815 至 1911 年西方地理学译著的传播与影响为中心》，上海：上海古籍出版社，2000 年。
[400] 邹振环著《西方传教士与晚清西史东渐——以 1815 至 1900 年西方历史译著的传播与影响为中心》，上海：上海古籍出版社，2007 年。
[401] 邹振环著《译林旧踪》，南昌：江西教育出版社，2000 年。
[402] 邹振环著《影响中国近代社会的一百种译作》，北京：中国对外翻译出版公司，1996 年。

术语对照表

汉英对照

A

阿里斯狄亚书简	Letter of Aristeas
案本	following the source

B

白马寺	White Horse Temple
本地化	localization
本体论	ontology
比较翻译研究	comparative translation studies
笔译	written translation
变异	variation
表达	express
表情功能	expressive function
表情型文本	expressive text
补偿	compensation
不可通约	incommensurability
部分翻译	partial translation

C

操控学派	School of Manipulation
操作规范	operational norms
层次	levels
层级转换	level shift
差异	difference
差异伦理	ethics of difference

产品规范	product norms
超额翻译	over-translation
超然	detachment
成分分析法	componential analysis
呈现	presence
持续时间	duration
充分性 / 适当性	adequacy
抽象词	abstracts
传递知识的翻译	informative translation
传输光明	translumination
创译	transcreation
创造性叛逆	creative treason
纯语言	pure language
词汇翻译	lexical translation
词汇密度	lexical density
词类	parts of speech

D

搭配	collocation
单位 / 单元	unit
单一论	monadist
单一注视	single fixation
抵抗式翻译	resistant translation
第三对比项	tertium comparationis
第三空间	third space
第三语码	third code
第三语言	third language
第一次通过凝视时长	first pass gaze duration
电话口译	telephone interpreting
定量研究	quantitative research

定性研究	qualitative research
东方主义	orientalism
动态对等	Dynamic Equivalence
多变量分析	multivariable analysis
多元系统	polysystem

E

耳朵—声音时间差	ear-voice span
耳语口译	whispering/ whispered Interpreting

F

法律翻译	legal translation
法律口译	legal interpreting
法则符号	legisign
翻译	translation
翻译标准	translation criterion
翻译表现手法	impressionistic approach to translation
翻译层次	levels of translation
翻译产品	product of translation
翻译单位	unit of translation/ translation unit
翻译的规律	translational laws
翻译的文化研究	cultural approach to translation studies
翻译的哲学研究	philosophical approach to translation studies
翻译对等	translation equivalence
翻译方向	direction of translation
翻译风格	style in translation
翻译服务	translation service
翻译副文本	paratext of translation
翻译工具	translation tools
翻译共性 / 翻译普遍性	translation universals
翻译管理系统	translation management system, TMS

翻译规范	translation norms
翻译过程	translation process
翻译行为	translation performance
翻译话语	translation discourse
翻译机构	translating institution
翻译即符号阐释过程	translation is a trans-semiosis
翻译记忆	Translation Memory, TM
翻译技术	translation technology
翻译教学	translation teaching
翻译科学	the science of translation
翻译客户	translation client
翻译理论	translation theory
翻译立场	standpoint of translating
翻译伦理	ethics of translation
翻译伦理观	views on translation ethics
翻译能力	translation competence
翻译批评	translation criticism
翻译批评标准	criteria for translation criticism
翻译批评的方法	method of translation criticism
翻译批评的类型	type of translation criticism
翻译批评的理论途径	theoretical approach to translation criticism
翻译批评原则	principle of translation criticism
翻译腔	translatese
翻译认知研究	cognitive translation studies
翻译软件	translation software
翻译三原则	Three principles of translation
翻译思维	thinking in translation
翻译体	translationese
翻译文学	translation literature

翻译项目管理	translation project management
翻译效果	translation effects
翻译效果评价	assessment of translation effects
翻译性	tranlationality
翻译学	Translation Studies
翻译学科建设	construction of Translation Studies as a discipline
翻译研究	translation studies
翻译用户	translation user
翻译语料库	translational corpus
翻译语言特征	features of translated language
翻译原则	translation principle
翻译政策	translation policy
翻译质量管理	quality management in translation
翻译主体	subject of translation
翻译主体间性	translation inter-subjectivity
翻译主体性	translation subjectivity
反思和情感	reflection and feeling
范围	extent
方法论	methodology
非个性化	depersonalized
非疆界化	deterritorialization
非强制性	non-obligatory
非文学翻译	non-literary translation
分析	analysis
佛经翻译	Buddhist sutra translation
符号	sign
符号等同	identity across codes
符号学	Semiotics
符号域	semiosphere

符际翻译	intersemiotic translation
副本	reproduction
副文本	paratexts
副中央凹区域	para-foveal

G

感知经验模型	perception and experiential models
高频词	high frequency items
个体符号	sinsign
给提示回溯式口头报告	cued retrospection
根本翻译 / 彻底翻译	radical translation
功能	function
功能对等	functional equivalence
功能性磁共振成像	functional magnetic resonance imaging
共生关系	symbiosis
共享的视角	shared perspective
构成成分	constitutive
古典阶段	classical stage
固视	fixation
固视时长	fixation duration
关键词	key words
关联翻译理论	Relevance Translation Theory
关系词	relationals
关系范畴	relation
关系实体	relational entity
观念科学	science of ideas
广学会	The Society for the Diffusion of Christian and General Knowledge Among Chinese
归化	domestication
规定性翻译研究	normative translation studies

规范	norm
规范化 / 范化	normalization
规范或习俗	norms and conventions
规约性	prescriptive
规则	rules
国学	traditional Chinese studies

H

含义对等	significational equivalence
寒暄功能	phatic function
贺拉斯模式	The Horace Model
后顾式翻译	retrospective translation
后期眼动手段	late eye movement measure
后殖民主义翻译理论	Post-colonialism Translation Theory
厚重翻译 / 深译	Thick Translation
互文性	intertexuality
化境	ultimate realm of transformation
话语指示词	discourse deixis
回视	regression
回视出次数	regression out count
回视次数	regression count
回视行为	backtracking
回视入次数	regression in count
会话分析	conversation analysis
会话隐含意义	conversational implicature
会话原则	maxims of conversation
会议口译	conference interpreting
活动词	events

J

机器翻译	machine translation，MT

机助翻译	computer-aided translation，CAT
基本核心句	kernel sentence
基于规则的机器翻译	rule-based MT
基于语料库的机器翻译	corpus-based MT
级阶	rank
即时翻译	instant translator
即时加工假说	immediacy assumption
集簇图	cluster
集体聚合	collective assemblage
技术写作	technical writing
间接翻译	indirect translation
简化	simplification
键击行为	key press event
键击事件序列号	key press event index
键盘记录法	keystroke logging
键入	insertion
交叉互证法	triangulation
交际翻译	communicative translation
交替传译	consecutive interpreting
接触区	contact zone
接力口译	relay interpreting
接受美学	reception aesthetics
结构	structure
结构容量	construction’s load capacity
解释性	hermeneutic
进攻	aggression
经典化与非经典化	canonized and non-canonized
经贸翻译	business translation
精化	refinement

精密阶 delicacy
静态对等 static equivalence
境界 artistic / aestheticstate
句段长度 sentence segment length
句法操作规范 syntactic operational norm
距离的矛盾 antinomy of distance
决策过程 decision making process
绝对的意义 absolute meaning
绝对翻译 absolute translation

K

科技翻译 scientific and technical translation
可比语料库 comparable corpus
可接受的翻译 acceptable translation
可接受性 acceptability
可译性 translatability
口译（过程） interpreting
口译 / 解释 interpretation
口译笔记 note-taking in interpreting
口译产品 interpreting product
口译过程 interpreting process
口译教学 interpreter training
口译教育 interpreter education
口译能力 interpreting competence
口译评估 interpreting assessment
口译研究 interpreting studies
口译语料库 interpreting corpus
口译员 / 解释者 interpreter

L

来世 afterlife

滥用的忠实	abusive fidelity
类别	class
类符 / 形符比	type/token ratio
理解即翻译	understanding as translation
连续	seriality
连续体	continuum
联络口译	liaison interpreting
联想性	associative
联想意义	associative meaning
灵敏度限制	acuity limitation
旅游翻译	tourism translation

M

媒介实体	medium substance
媒介形式	medium form
美学功能	aesthetic function
描述性 / 描写性	descriptive
描写翻译学	Descriptive Translation Studies, DTS
描写性翻译研究	descriptive translation studies
明晰化的控制法	dominance of transparency
命题符号	dicisign/decent sign
模仿	copy
母体规范	matricial norms
目标	aim
目的	purpose
目的语	receptor language/ target language

N

内容中心的文本	content-focused text
能产	productive
拟作	imitation

凝视时间	gaze duration
凝视事件类型	gaze event type
凝视事件时长	gaze event duration
女性主义翻译理论	Feminism Translation Theory

P

批评译学研究	critical translation studies
偏离规范	norm deviation
篇际连贯	inter-textual coherence
篇内连贯	intra-textual coherence
篇章语言学规范	textual-linguistic norms
平行语料库	parallel corpus
平均句长	average sentence length
平均注视时长	mean fixation duration
屏幕记录法	screen recording
屏幕凝视时间	gaze time on screen
普世性	universalism

Q

起始规范	initial norm
前瞻式翻译	prospective translation
前知识	pre-knowledge
潜伏期	latency
欠额翻译	under-translation
情景—框架语义	scenes-frames semantics
求信	seeking faithfulness
区别性特征	distinctive features
全文翻译	full translation
缺席的在场	an absent presence

R

热点图	heat map

人类心灵的行为方式	modes of action of the human soul
人为的行为模式	artificial behavior stereotypes
人文精神	humanistic spirit
认识论	epistemology
认知发展模型	cognitive developmental models
认知环境	cognitive environment
认知机器	cognitive apparatus
认知性	cognitive
任务	assignment
萨丕尔—伍尔夫假说	Sapir-Whorf Hypothesis
三分定义的模式	triadic model
三元模型概率值	trigram probability
散文翻译	prose translation
扫视	saccades
上下文意义 / 语境意义	contextual meaning
少数语言的翻译	minority language translation
社会指示词	social deixis
社区口译	community interpreting
深入和掳取	penetrate and capture
神似	likeness in spirit
生产规范	production norms
生命的延续	continued life
诗歌翻译	poetry translation
诗学	poetics
施为作用	illocutionary force
时间标记	timestamp
时间差	time delay
实施性	operative
实体	substance

实证研究	empirical research
食人主义翻译理论	Brazilian Cannibalism Translation Theory
事物词	objects
视觉注意力	visual attention
视译	sight interpreting/translation
适当的翻译	adequate translation
手语传译	sign-language interpreting
首次通过注视时间	first-pass fixation time
首次注视时长	first fixation duration
输血	transfusion of blood
术语管理	terminology management
术语库	term database
述位	rheme
顺应 / 改编式翻译	adaptation
说明阶	exponence
速率峰值	peak velocity
溯因推理	abduction
索引符号	index

T

特异倾向	idiosyncrasies
停顿图	pause ploto
通顺	fluency
同情关系	sympathetic bond
同声传译	simultaneous interpreting
同一的伦理价值观	ethics of sameness
瞳孔测量法	pupillometry
瞳孔反应时间	pupillary reaction time
瞳孔延迟	pupillary latency
瞳孔直径	pupil diameter

瞳孔值	pupil dilation
透明性	transparency
脱离词语外壳	deverbalization

W

外围区域	peripheral
完全翻译	total translation
完全理解	complete comprehension
伪译	pseudo-translation
伪友	false friends
文本的目的	text skopos
文本等值	textual equivalence
文本规范	textual norm
文本外规范	extratextual norm
文笔	competent pen for writing
文化不可译性	cultural untranslatability
文化翻译	translating culture
文化翻译研究	cultural translation studies
文化介入和文化协调	cultural involvement and mediation
文化侵越	transgression
文化特性	culture-specificity
文化意象	cultural image
文化意义的概念	cultural specific concepts
文化杂合	cultural hybrid
文化转向	cultural turn
文派	school of refined translation
文体对应	stylistic correspondence
文学翻译	literary translation
文学翻译笔法	skill of the pen for literary translation
文学翻译批评	criticism of literary translation

文学性	literariness
无所为而为的观照	disinterested contemplation
五失本，三不易	five cases of losing the source, three difficulties in translation

X

西方译论	Western translation theory
吸收	incorporation
戏仿	parody
戏剧翻译	drama translation
系统	system
系统的变异	mutation of system
系统规律	systematicism
下到上的研究方法	bottom-up method
显化	explicitation
显形 / 显身	visibility
显性翻译	overt translation
现代转换	modern transformation
线上修订	online revision
线性多元回归模型	Liner Mixed-effect Regression Model
相对时长	relative duration
相对性	relativism
象似符号	icon
象征符号	symbol
消歧	disambiguation
小说翻译	fiction translation
协调者	mediator
心理转换	mental transfer
信达雅	faithfulness, communicability, and elegance
信任	trust
信息	information

信息处理模型	information-processing models
信息度	informativity
信息功能	informative function
信息型文本	informative text
形成性规范	formative norm
形式对等	formal equivalence
形式对应	formal correspondence
形式关系	formal relations
形式意义	formal meaning
兴趣区	area of interest
兴趣区位置	area of interest position
兴趣区长度	area of interest length
性质符号	qualisign
序列	sequence
叙事特征	narrative features
宣告	declarative
玄思阶段	metaphysical stage

Y

延迟	to defer
延异	différance
言后作用	perlocutionary force
言内意义	linguistic meaning
言语	parole
言语行为	speech acts
言中行为	locutionary act
眼部追踪法	eye-tracking
眼动—击键时间差	eye-key span
眼球—大脑假设	eye-mind assumption
眼跳距离	distance

眼跳距离	saccadic amplitude/length/size
扬弃	Aufhebung
要素	element
一元模型频率值	unigram frequency
移植海伦	transhelenization
移植魔鬼	transluciferation
移植天堂	transparadisation
以词译词	verbum pro verbo/word for word translation
以形式为中心的文本	form-focused text
以义译义	sense for sense translation
异化	foreignization / alienation
译笔	competent pen for translation
译场	workshop for Buddhism translation
译介学	Medio-Translatology
译论范畴	categories of translation theory
译名	translating names
译入语	target language
译味	translating taste
译文	translated text
译意	translating meaning
译员能力	interpreter competence
译者	translator
译者风格	translator’s style
译者伦理	translator ethics
译者腔	translatorese
译者主体性	translator’s subjectivity
意识	consciousness
意识形态	ideology
意识形态国家机器	Ideological State Apparatus，ISA

意图	intention
意向性	intentionality
意义	meaning
意译	free translation/liberal translation
意元符号	rheme/seme
意指	significance
音位翻译	phonological translation
音译	transliteration
隐含意义	implicature
隐化	implicitation
隐性翻译	covert translation
影视翻译	audiovisual translation
应用翻译研究	Applied Translation Studies/ applied translation studies
硬数据	hard data
硬译	servile translation
有声思维法	Think-Aloud Protocols, TAPs
有限翻译	restricted translation
右眼瞳孔	pupil right
语段	utterance
语法翻译	grammatical translation
语法与词汇形式	grammatical and lexical form
语际翻译	interlingual translation
语境	situation
语境关系	contextual relations
语境因素	situationality
语料库翻译学	Corpus Translation Studies
语料库批评译学	Corpus-based Critical Translation Studies
语内翻译	intralingual translation
语篇	text

语篇结构	textuality
语文学翻译研究	philological approach to translation studies
语言不可译性	linguistic untranslatability
语言服务	language service
语言学翻译研究	linguistic approach to translation studies
语言学转向	Linguistic Turn
语义对应	semantic correspondence
语义翻译	semantic translation
语义范畴	semantic category
语义连贯性或连贯	coherence
语义趋向	semantic preference
语义学	Semantics
语义韵	semantic prosody
语用学	Pragmatics
语用阅读	pragmatic reading
预备规范	preliminary norms
预设	presupposition
元语言功能	metalinguistic function
原文	original text
原型—副本	model-copy
原语	original language
源文	source text, ST
源语	source language, SL
云翻译	cloud translation

Z

杂合	hybridity
再现与想象	representation and imagination
赞助人	patronage
粘着性或衔接	cohesion

召唤功能	vocative function
召唤型文本	vocative text
肇始阶段	incipient stage
哲罗姆模式	The Jerome Model
真实意义	literal meaning
整体性	holistic
政论翻译	translation of political writings
政治直接关联	political immediacy
知觉	perception
直觉	intuition
直觉阶段	intuitive stage
直接翻译	direct translation
直译	literal translation
指称对等	referential equivalence
指称意义	designative
指令	directive
指令性规范	mandatory norm
指示词	deictic expressions
指示功能	deixis
质量对等	qualitative equivalence
质派	school of unhewn translation
中国传统译论	translation theories in Chinese tradition; traditional translation theory in China
中国传统译论研究	Study of Traditional Chinese Discourses on Translation
中国翻译理论史	Chinese history of translation theory
中国翻译史	Chinese history of translation
中国翻译思想史	Chinese intellectual history of translation
中国翻译学	Chinese Translation Studies
中国现代译论	modern Chinese translation theory

中华学术外译	Translation of Chinese Humanities and Social Sciences Academic Boutique
中介语言	mediating language
中介状况	in-betweenness
中西译论比较研究	comparative studies of Chinese and Western translation studies
中心与边缘	centre and periphery
中央凹区域	foveal
忠实	fidelity/ faithfulness
众包翻译	crowd-sourcing translation
重播	replay
重组	reconstructure
逐行对照式翻译	interlinear translation
逐字翻译	metaphrase
逐字记录	verbatim
主题化	topicalization
主体间性	intersubjectivity
主体身份的塑造	interpellation
主体性	subjectivity
主位	theme
注视次数	fixation count/ number of fixation
注视点 X 轴坐标	fixation point X
注视点 Y 轴坐标	fixation point Y
注视行为	gaze activities
注视模式	gaze pattern
注视频率	fixation rate
注视所占比例	gaze sample to fixation percentage
注视序列号	fixation index
注视总时长	total fixation duration
转换	transformation

转换生成语法	Generative Transformation Grammar
转移	transfer
自动处理过程	automatic process
字幕翻译	subtitle translation
字位翻译	graphological translation
总凝视时间	total gaze time
总体性	totality
总阅读时间	total reading time
最大的语境效果	maximum context effects
最大最小原则	minimax principle
最小的处理努力	minimum processing efforts
左眼瞳孔	pupil left

英汉对照

A

abduction	溯因推理
absolute meaning	绝对的意义
absolute translation	绝对翻译
abstracts	抽象词
abusive fidelity	滥用的忠实
acceptability	可接受性
acceptable translation	可接受的翻译
acuity limitation	灵敏度限制
adaptation	顺应 / 改编式翻译
adequacy	充分性 / 适当性
adequate translation	适当的翻译
aesthetic function	美学功能
afterlife	来世
aggression	进攻
aim	目标
an absent presence	缺席的在场
analysis	分析
antinomy of distance	距离的矛盾
Applied Translation Studies / applied translation studies	应用翻译研究
area of interest	兴趣区
area of interest length	兴趣区长度

area of interest position	兴趣区位置
artificial behavior stereotypes	人为的行为模式
artistic / aestheticstate	境界
assessment of translation effects	翻译效果评价
assignment	任务
associative	联想性
associative meaning	联想意义
audiovisual translation	影视翻译
Aufhebung	扬弃
automatic process	自动处理过程
average sentence length	平均句长

B

backtracking	回视行为
bottom-up method	下到上的研究方法
Brazilian Cannibalism Translation Theory	食人主义翻译理论
Buddhist sutra translation	佛经翻译
business translation	经贸翻译

C

canonized and non-canonized	经典化与非经典化
categories of translation theory	译论范畴
centre and periphery	中心与边缘
Chinese history of translation	中国翻译史
Chinese history of translation theory	中国翻译理论史
Chinese intellectual history of translation	中国翻译思想史
Chinese Translation Studies	中国翻译学
class	类别
classical stage	古典阶段
cloud translation	云翻译
cluster	集簇图

cognitive	认知性
cognitive apparatus	认知机器
cognitive developmental models	认知发展模型
cognitive environment	认知环境
cognitive translation studies	翻译认知研究
coherence	语义连贯性或连贯
cohesion	粘着性或衔接
collective assemblage	集体聚合
collocation	搭配
communicative translation	交际翻译
community interpreting	社区口译
comparable corpus	可比语料库
comparative studies of Chinese and Western translation studies	中西译论比较研究
comparative translation studies	比较翻译研究
compensation	补偿
competent pen for translation	译笔
competent pen for writing	文笔
complete comprehension	完全理解
componential analysis	成分分析法
computer-aided translation，CAT	机助翻译
conference interpreting	会议口译
consciousness	意识
consecutive interpreting	交替传译
constitutive	构成成分
construction of translation studies as a discipline	翻译学科建设
construction’s load capacity	结构容量
contact zone	接触区
content-focused text	内容中心的文本
contextual meaning	上下文意义 / 语境意义

contextual relations	语境关系
continued life	生命的延续
continuum	连续体
conversation analysis	会话分析
conversational implicature	会话隐含意义
copy	模仿
Corpus Translation Studies	语料库翻译学
Corpus-based Critical Translation Studies	语料库批评译学
corpus-based MT	基于语料库的机器翻译
covert translation	隐性翻译
creative treason	创造性叛逆
criteria for translation criticism	翻译批评标准
critical translation studies	批评译学研究
criticism of literary translation	文学翻译批评
crowd-sourcing translation	众包翻译
cued retrospection	给提示回溯式口头报告
cultural approach to translation studies	翻译的文化研究
cultural hybrid	文化杂合
cultural image	文化意象
cultural involvement and mediation	文化介入和文化协调
cultural specific concepts	文化意义的概念
cultural translation studies	文化翻译研究
Cultural turn	文化转向
cultural untranslatability	文化不可译性
culture-specificity	文化特性

D

decision making process	决策过程
declarative	宣告
deictic expressions	指示词

deixis	指示功能
delicacy	精密阶
depersonalized	非个性化
descriptive	描述性 / 描写性
descriptive translation studies	描写性翻译研究
Descriptive Translation Studies, DTS	描写翻译学
designative	指称意义
detachment	超然
deterritorialization	非疆界化
deverbalization	脱离词语外壳
dicisign/decent sign	命题符号
différance	延异
difference	差异
direct translation	直接翻译
direction of translation	翻译方向
directive	指令
disambiguation	消歧
discourse deixis	话语指示词
disinterested contemplation	无所为而为的观照
distance	眼跳距离
distinctive features	区别性特征
domestication	归化
dominance of transparency	明晰化的控制法
drama translation	戏剧翻译
duration	持续时间
Dynamic Equivalence	动态对等

E

ear-voice span	耳朵–声音时间差
element	要素

empirical research	实证研究
epistemology	认识论
ethics of difference	差异伦理 (价值观)
ethics of sameness	同一的伦理 (价值观)
ethics of translation	翻译伦理
events	活动词
explicitation	显化
exponence	说明阶
express	表达
expressive function	表情功能
expressive text	表情型文本
extent	范围
extra-textual norm	文本外规范
eye-key span	眼动—击键时间差
eye-mind assumption	眼球—大脑假设
eye-tracking	眼部追踪法

F

faithfulness, communicability, and elegance	信达雅
false friends	伪友
features of translated language	翻译语言特征
Feminism Translation Theory	女性主义翻译理论
fiction translation	小说翻译
fidelity/ faithfulness	忠实
first fixation duration	首次注视时长
first pass gaze duration	第一次通过凝视时长
first-pass fixation time	首次通过注视时间
five cases of losing the source, three difficulties in translation	五失本，三不易
fixation	固视
fixation count/ number of fixation	注视次数

fixation duration	固视时长
fixation index	注视序列号
fixation point X	注视点 X 轴坐标
fixation point Y	注视点 Y 轴坐标
fixation rate	注视频率
fluency	通顺
following the source	案本
foreignization / alienation	异化
formal correspondence	形式对应
formal equivalence	形式对等
formal meaning	形式意义
formal relations	形式关系
formative norm	形成性规范
form-focused text	以形式为中心的文本
foveal	中央凹区域
free translation/liberal translation	意译
full translation	全文翻译
function	功能
Functional Equivalence	功能对等
functional magnetic resonance imaging	功能性磁共振成像

G

gaze activities	注视行为
gaze duration	凝视时间
gaze event duration	凝视事件时长
gaze event type	凝视事件类型
gaze pattern	注视模式
gaze sample to fixation percentage	注视所占比例
gaze time on screen	屏幕凝视时间
Generative Transformation Grammar	转换生成语法

grammatical and lexical form	语法与词汇形式
grammatical translation	语法翻译
graphological translation	字位翻译

H

hard data	硬数据
heat map	热点图
hermeneutic	解释性
high frequency items	高频词
holistic	整体性
humanistic spirit	人文精神
hybridity	杂合

I

icon	象似符号
identity across codes	符号等同
Ideological State Apparatus，ISA	意识形态国家机器
ideology	意识形态
idiosyncrasies	特异倾向
illocutionary force	施为作用
imitation	拟作
immediacy assumption	即时加工假说
implicature	隐含意义
implicitation	隐化
impressionistic approach to translation	翻译表现手法
in-betweenness	中介状况
incipient stage	肇始阶段
incommensurability	不可通约
incorporation	吸收
index	索引符号
indirect translation	间接翻译

information	信息
information-processing models	信息处理模型
informative function	信息功能
informative text	信息型文本
informative translation	传递知识的翻译
informativity	信息度
initial norm	起始规范
insertion	键入
instant translator	即时翻译
intentionality	意向性
intention	意图
interlinear translation	逐行对照式翻译
interlingual translation	语际翻译
interpellation	主体身份的塑造
interpretation	口译 / 解释
interpreter	口译员 / 解释者
interpreter competence	译员能力
interpreter education	口译教育
interpreter training	口译教学
interpreting	口译（过程）
interpreting assessment	口译评估
interpreting competence	口译能力
interpreting corpus	口译语料库
interpreting process	口译过程
interpreting product	口译产品
interpreting studies	口译研究
intersemiotic translation	符际翻译
intersubjectivity	主体间性
inter-textual coherence	篇际连贯

intertexuality	互文性
intralingual translation	语内翻译
intra-textual coherence	篇内连贯
intuition	直觉
intuitive stage	直觉阶段

K

kernel sentence	基本核心句
key press event	键击行为
key press event index	键击事件序列号
key words	关键词
keystroke logging	键盘记录法

L

language service	语言服务
late eye movement measure	后期眼动手段
latency	潜伏期
legal interpreting	法律口译
legal translation	法律翻译
legisign	法则符号
Letter of Aristeas	阿里斯狄亚书简
level shift	层级转换
levels	层次
levels of translation	翻译层次
lexical density	词汇密度
lexical translation	词汇翻译
liaison interpreting	联络口译
likeness in spirit	神似
Liner Mixed-effect Regression Model	线性多元回归模型
linguistic approach to translation studies	语言学翻译研究
linguistic meaning	言内意义

Linguistic Turn	语言学转向
linguistic untranslatability	语言不可译性
literal meaning	真实意义
literal translation	直译
literariness	文学性
literary translation	文学翻译
localization	本地化
locutionary act	言中行为

M

machine translation，MT	机器翻译
mandatory norm	指令性规范
matricial norms	母体规范
maxims of conversation	会话原则
maximum context effects	最大的语境效果
mean fixation duration	平均注视时长
meaning	意义
mediating language	中介语言
mediator	协调者
Medio-Translatology	译介学
medium form	媒介形式
medium substance	媒介实体
mental transfer	心理转换
metalinguistic function	元语言功能
metaphrase	逐字翻译
metaphysical stage	玄思阶段
method of translation criticism	翻译批评的方法
methodology	方法论
minimax principle	最大最小原则
minimum processing efforts	最小的处理努力

minority language translation	少数语言的翻译
model-copy	原型—副本
modern Chinese translation theory	中国现代译论
modern transformation	现代转换
modes of action of the human soul	人类心灵的行为方式
monadist	单一论
multivariable analysis	多变量分析
mutation of system	系统的变异

N

narrative features	叙事特征
non-literary translation	非文学翻译
non-obligatory	非强制性
norm	规范
norm deviation	偏离规范
normalization	规范化 / 范化
normative translation studies	规定性翻译研究
norms and conventions	规范或习俗
note-taking in interpreting	口译笔记

O

objects	事物词
online revision	线上修订
ontology	本体论
operational norms	操作规范
operative	实施性
orientalism	东方主义
original language	原语
original text	原文
overt translation	显性翻译
over-translation	超额翻译

P

para-foveal	副中央凹区域
parallel corpus	平行语料库
paratext of translation	翻译副文本
paratexts	副文本
parody	戏仿
parole	言语
partial translation	部分翻译
parts of speech	词类
patronage	赞助人
pause ploto	停顿图
peak velocity	速率峰值
penetrate and capture	深入和掳取
perception	知觉
perception and experiential models	感知经验模型
peripheral	外围区域
perlocutionary force	言后作用
phatic function	寒暄功能
philological approach to translation studies	语文学翻译研究
philosophical approach to translation studies	翻译的哲学研究
phonological translation	音位翻译
poetics	诗学
poetry translation	诗歌翻译
political immediacy	政治直接关联
Polysystem Theory	多元文化系统论
Post-colonialism Translation Theory	后殖民主义翻译理论
pragmatic reading	语用阅读
Pragmatics	语用学
pre-knowledge	前知识

preliminary norms	预备规范
prescriptive	规约性
presence	呈现
presupposition	预设
principle of translation criticism	翻译批评原则
product norms	产品规范
product of translation	翻译产品
production norms	生产规范
productive	能产
prose translation	散文翻译
prospective translation	前瞻式翻译
pseudo-translation	伪译
pupil diameter	瞳孔直径
pupil dilation	瞳孔值
pupil left	左眼瞳孔
pupil right	右眼瞳孔
pupillary latency	瞳孔延迟
pupillary reaction time	瞳孔反应时间
pupillometry	瞳孔测量法
pure language	纯语言
purpose	目的

Q

qualisign	性质符号
qualitative equivalence	质量对等
qualitative research	定性研究
quality management in translation	翻译质量管理
quantitative research	定量研究

R

radical translation	根本翻译 / 彻底翻译

rank	级阶
reception aesthetics	接受美学
receptor language/ target language	目的语
reconstructure	重组
referential equivalence	指称对等
refinement	精化
reflection and feeling	反思和情感
regression	回视
regression count	回视次数
regression in count	回视入次数
regression out count	回视出次数
relation	关系范畴
relational entity	关系实体
relationals	关系词
relative duration	相对时长
relativism	相对性
relay interpreting	接力口译
Relevance Translation Theory	关联翻译理论
replay	重播
representation and imagination	再现与想象
reproduction	副本
resistant translation	抵抗式翻译
restricted translation	有限翻译
retrospective translation	后顾式翻译
rheme	述位
rheme/seme	意元符号
rule-based MT	基于规则的机器翻译
rules	规则

S

saccades	扫视
saccadic amplitude/length/size	眼跳距离
Sapir-Whorf Hypothesis	萨丕尔—伍尔夫假说
scenes-frames semantics	情景—框架语义
School of Manipulation	操控学派
school of refined translation	文派
school of unhewn translation	质派
science of ideas	观念科学
scientific and technical translation	科技翻译
screen recording	屏幕记录法
seeking faithfulness	求信
semantic category	语义范畴
semantic correspondence	语义对应
semantic preference	语义趋向
semantic prosody	语义韵
semantic translation	语义翻译
Semantics	语义学
semiosphere	符号域
Semiotics	符号学
sense for sense translation	以义译义
sentence segment length	句段长度
sequence	序列
seriality	连续
servile translation	硬译
shared perspective	共享的视角
sight interpreting/translation	视译
sign	符号
significance	意指

significational equivalence	含义对等
sign-language interpreting	手语传译
simplification	简化
simultaneous interpreting	同声传译
single fixation	单一注视
sinsign	个体符号
situation	语境
situationality	语境因素
skill of the pen for literary translation	文学翻译笔法
social deixis	社会指示词
source language, SL	源语
source text, ST	源文
speech acts	言语行为
standpoint of translating	翻译立场
Static Equivalence	静态对等
structure	结构
Study of Traditional Chinese Discourses on Translation	中国传统译论研究
style in translation	翻译风格
stylistic correspondence	文体对应
subject of translation	翻译主体
subjectivity	主体性
substance	实体
subtitle translation	字幕翻译
symbiosis	共生关系
symbol	象征符号
sympathetic bond	同情关系
syntactic operational norm	句法操作规范
system	系统
systematicism	系统规律

T

target language	译入语
technical writing	技术写作
telephone interpreting	电话口译
term database	术语库
terminology management	术语管理
tertium comparationis	第三对比项
text	语篇
text skopos	文本的目的
textual equivalence	文本等值
textual norm	文本规范
textuality	语篇结构
textual-linguistic norms	篇章语言学规范
The Horace Model	贺拉斯模式
The Jerome Model	哲罗姆模式
the science of translation	翻译科学
theme	主位
theoretical approach to translation criticism	翻译批评的理论途径
Thick Translation	厚重翻译 / 深译
Think-Aloud Protocols, TAPs	有声思维法
thinking in translation	翻译思维
third code	第三语码
third language	第三语言
third space	第三空间
Three principles of translation	翻译三原则
time delay	时间差
timestamp	时间标记
to defer	延迟
topicalization	主题化

total fixation duration	注视总时长
total gaze time	总凝视时间
total reading time	总阅读时间
total translation	完全翻译
totality	总体性
tourism translation	旅游翻译
traditional Chinese studies	国学
tranlationality	翻译性
transcreation	创译
transfer	转移
transformation	转换
transfusion of blood	输血
transgression	文化侵越
transhelenization	移植海伦
translatability	可译性
translated text	译文
translatese	翻译腔
translating culture	文化翻译
translating institution	翻译机构
translating meaning	译意
translating names	译名
translating taste	译味
translation	翻译
translation client	翻译客户
translation competence	翻译能力
translation criterion	翻译标准
translation criticism	翻译批评
translation discourse	翻译话语
translation effects	翻译效果

translation equivalence	翻译对等
translation inter-subjectivity	翻译主体间性
translation is a trans-semiosis	翻译即符号阐释过程
translation literature	翻译文学
translation management system, TMS	翻译管理系统
Translation Memory, TM	翻译记忆
translation norms	翻译规范
Translation of Chinese Humanities and Social Sciences Academic Boutique	中华学术外译
translation of political writings	政论翻译
translation performance	翻译行为
translation policy	翻译政策
translation principle	翻译原则
translation process	翻译过程
translation project management	翻译项目管理
translation service	翻译服务
translation software	翻译软件
Translation Studies	翻译学
translation studies	翻译研究
translation subjectivity	翻译主体性
translation teaching	翻译教学
translation technology	翻译技术
translation theories in Chinese tradition; traditional translation theory in China	中国传统译论
translation theory	翻译理论
translation tools	翻译工具
translation universals	翻译共性 / 翻译普遍性
translation user	翻译用户
translational corpus	翻译语料库

translational laws 翻译的规律

translationese 翻译体

translator 译者

translator ethics 译者伦理

translator' s style 译者风格

translator' s subjectivity 译者主体性

translatorese 译者腔

transliteration 音译

transluciferation 移植魔鬼

translumination 传输光明

transparadisation 移植天堂

transparency 透明性

triadic model 三分定义的模式

triangulation 交叉互证法

trigram probability 三元模型概率值

trust 信任

type of translation criticism 翻译批评的类型

type/token ratio 类符 / 形符比

U

ultimate realm of transformation 化境

understanding as translation 理解即翻译

under-translation 欠额翻译

unigram frequency 一元模型频率值

unit 单位 / 单元

unit of translation/ translation unit 翻译单位

universalism 普世性

utterance 语段

V

variation 变异

verbatim	逐字记录
verbum pro verbo/word for word translation	以词译词
views on translation ethics	翻译伦理观
visibility	显形 / 显身
visual attention	视觉注意力
vocative function	召唤功能
vocative text	召唤型文本

W

Western translation theory	西方译论
whispering/whispered interpreting	耳语口译
White Horse Temple	白马寺
workshop for Buddhism translation	译场
written translation	笔译

后 记

去年9月，新学年刚刚开始不久，我接到唐瑾编审的电话。简单的问候之后，她直奔主题，说2018年是中国改革开放40周年，中国翻译研究界有必要对改革开放以来40个春秋中国翻译事业的发展，尤其是翻译研究的探索之路，做一回顾、检视、反思与展望，能否再次携手合作，组织中国翻译学界的专家，撰写一部《改革开放以来中国翻译研究概论（1978—2018）》，我没有多加思索，欣然应允了。应允的原因有二：

一是我和唐瑾编审有过一些非常有效的合作。中国翻译学界的朋友一定记得由唐瑾一手策划、组编、责编的《中华翻译研究丛书》，这套丛书对翻译进行了多学科、多方位、多角度的学术透视。其原创性、权威性与系统性深得学界赞扬。我先后为这套丛书撰写了多部著作，如《翻译思考录》《翻译论》《20世纪法国文学在中国的译介与接受》。且为其中多部具有代表性的著作写过序或书评，如《翻译学》《翻译适应选择论》等。此外由唐瑾策划、组编、责编，我主编的《当代西方翻译理论丛书》4种，以及我与她合作主编的《巴别塔文丛》12种，都具有很高的学术价值和社会意义，其中有多部曾获得全国外国文学优秀图书一等奖以及省部级哲学社会科学优秀成果奖等。

二是唐瑾的想法与我不谋而合。我一直也在思考，中国的改革开放，对于我们翻译学界而言，应该具有特别重要的意义，因为开放的精神，就是翻译的精神诉求。打破隔阂，开阔视野，促进理解与交流，拓展思想疆域，增进不同民族文明的互学互鉴，丰富与繁荣世界文化，是翻译活动的价值所在。正是在这一认识的基础上，我高度认可唐瑾编审的提议，积极回应她的计划，拟对改革开放40年来中国翻译研究的发展之路作一系统、深刻的梳理、分析、总结与思考。

欣然接受唐瑾的提议，还有另外一个原因，那就是我有中国翻译学界各位专家的全力支持。如我与穆雷教授就有过多次合作的经历。在9年前，我和穆雷已经进行过类似的基础研究工作，我们合作主编了《中国翻译研究（1949—2009）》一书，后又主编了《翻译学概论》一书。唐瑾给我打电话之后，我马上打电话与穆雷讨论《改革开放以来中国翻译研究概论（1978—2018）》一书的撰写计划、框架和重点，我们的认识比较一致，且在最短时间内在蓝红军教授的支持下，完成了本书的编写说明、全书的内容安排，确定了全书各章节的撰写专家名单，提交给湖北教育出版社。出版社很快审查选题，予以通过。

《改革开放以来中国翻译研究概论（1978—2018）》一书的撰写，得到了翻译界与翻译学界的大力支持。首先是中国翻译协会与中国翻译研究院的支持。该课题的研究工作得到了中国翻译研究院的高度认可，被列入中国翻译研究院的重大研究项目。项目完成后，中国翻译研究院又组织了专家评审，提出了不少具有建设性的修订意见。其次，中国翻译协会常务副会长黄友义先生和著名翻译理论家谢天振先生为本选题撰写了具有重要理论导向性的推荐意见，他们的肯定与支持对我们而言，是莫大的激励。特别值得一提的是，当我邀请国内翻译研究领域具有代表性的专家共担重任、撰写本书时，他们都做出了积极的回应，尽管时间紧，任务重，每一位专家都明确表示一定尽全力，做好本书的撰写工作。在本书的撰写过程中，各位专家都高度负责，根据主编与出版社的要求，认真打磨，努力提升书稿质量。

《改革开放以来中国翻译研究概论（1978—2018）》的撰写，是翻译学界精诚合作、勇于探索的结晶。全书的内容、结构与章节安排由许钧与穆雷统筹。许钧负责全书的统稿与修订，蓝红军也参与了其中的多项工作。具体分工如下：

绪论作者：许钧、蓝红军；第一章作者：穆雷；第二章作者：蓝红军；第三章作者：王宏印；第四章作者：刘军平；第五章作者：屈文生、王克非；第六章作者：刘云虹；第七章作者：王斌华；第八章作者：胡安江；第九章作者：胡开宝；第十章作者：王传英；第十一章作者：屠国元；第十二章作者：许钧。

此外，王晓农参加了第三章的写作。辛红娟教授、蓝红军教授、刘云虹教授和许多副教授还参加了部分章节的修改工作。在这里，我们要特别感谢各位专家的努力和付出的心血，感谢湖北教育出版社的大力支持，更要感谢唐瑾编审的信任与指导，她的指导性意见以及在书稿修改过程中提出的建议对本书的撰写起到了重要作用。同时，我们也深刻地意识到，这项工作涉及面广，无论是整体上的把握，还是重点的概述评价，都很有可能因为我们的疏忽，或收集的资料不全，而出现我们没有考虑到或遗漏的地方；在具体的评述中，也可能存在认识不到位、评价不充分，甚至有误的地方。在此，我们诚恳地希望中国翻译学界在关心、支持我们这项具有挑战性的工作的同时，对本书撰写中存在的不足之处不吝赐教，提出批评。

许钧

2018 年夏

图书在版编目（CIP）数据

改革开放以来中国翻译研究概论（1978—2018）/许钧主编.—武汉：湖北教育出版社，2018.11
ISBN978－7－5564－2621－8
Ⅰ.①改… Ⅱ.①许… Ⅲ.①翻译－研究－中国
Ⅳ.①H059

中国版本图书馆CIP数据核字（2018）第246919号

改革开放以来中国翻译研究概论（1978—2018）

出品人 方 平　　特约策划 唐 瑾
责任编辑 刘 宁 王艳波　　整体设计 牛 红
责任印制 张遇春　　责任校对 李 镧
出版发行 湖北教育出版社
地　　址 武汉市洪山区雄楚大道268号C座18楼（邮编：430015）
电　　话（027）83619605
网　　址 http：//www.huedup.com
经　　销 全国新华书店
印　　刷 武汉中远印务有限公司
开　　本 710mm×1000mm 1/16
字　　数 480千字
印　　张 33.25
版　　次 2018年11月第1版 2018年11月第1次印刷
书　　号 ISBN978－7－5564－2621－8
定　　价 128.00元